U0144695

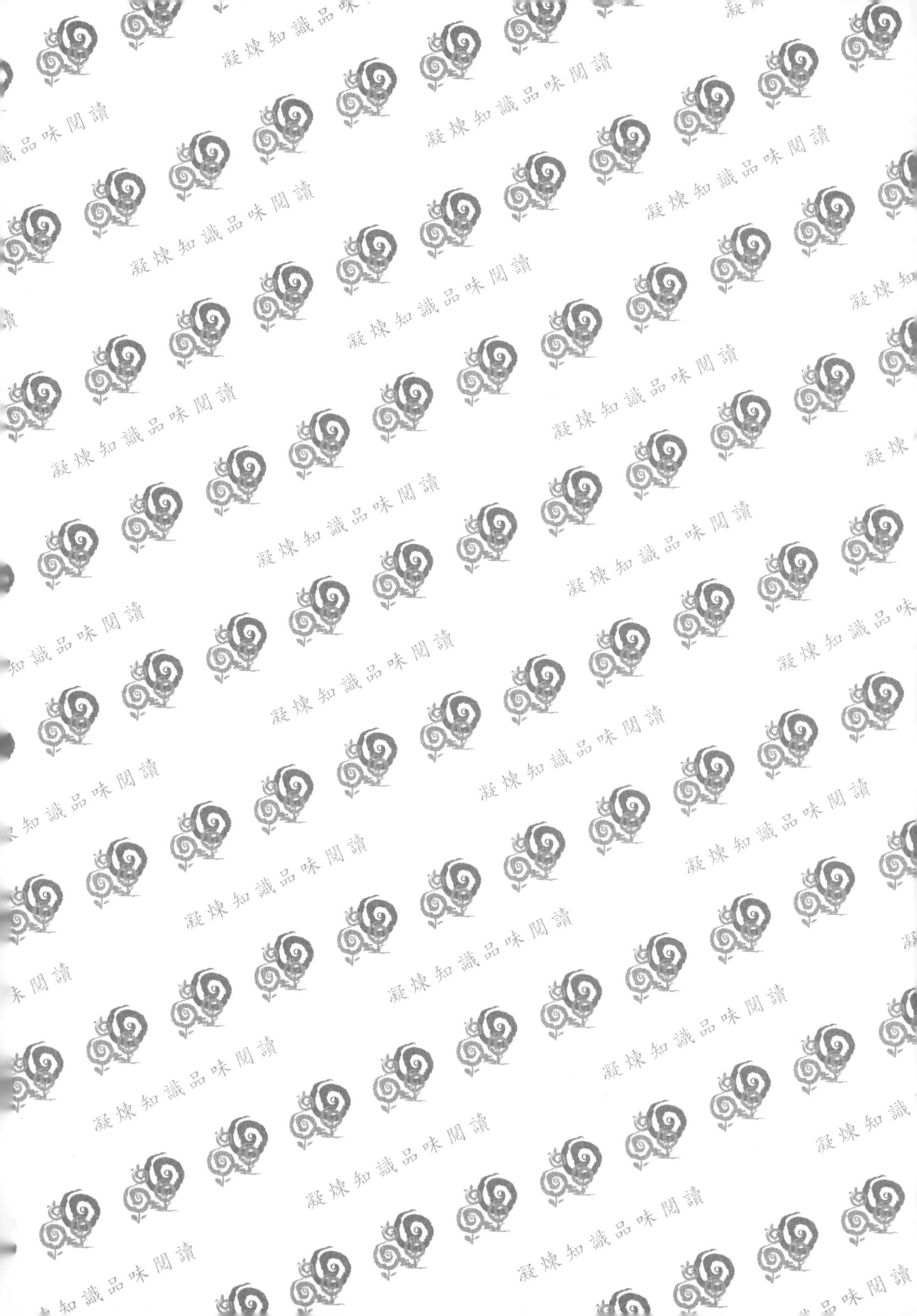

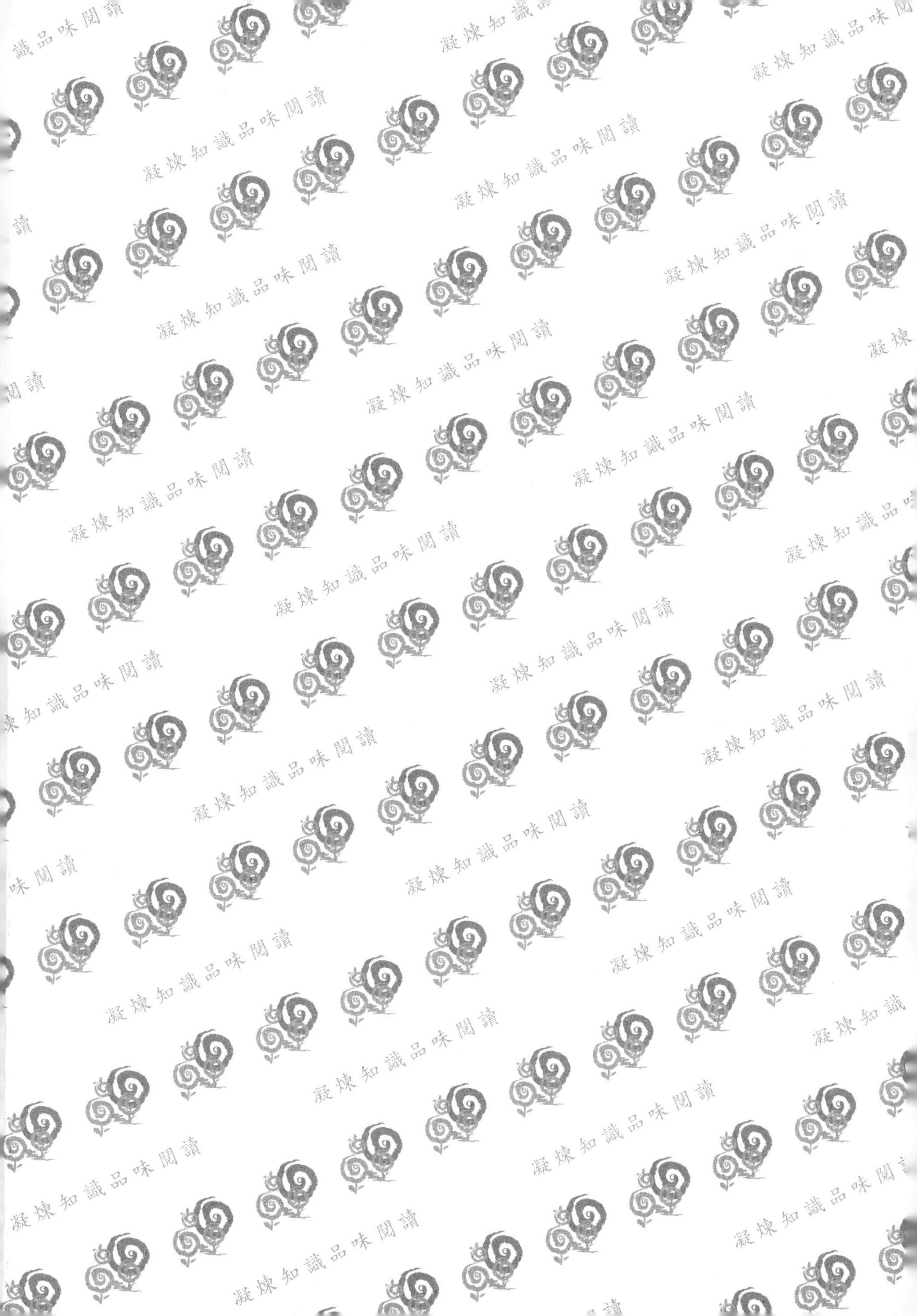

社會調查資料分析
活用SPSS與Amos

陳耀茂 編著

五南圖書出版公司 印行

序言

理工科系的領域主要是以進行實驗或驗證假設的研究方式居多，大多使用實驗計畫法、變異數分析的統計方法。另一方面，社會科學的領域主要是使用調查的方法蒐集大量的數據，使用因素分析或結構方程模式分析，此種多變量分析的統計方法，以探索的方式去導出結果的情形居多。

統計學家 Karl Pearson 曾說「統計學是科學的文法」（Statistics is the grammer of science），社會科學經常需要多變量分析此種複雜的統計處理，對於不喜歡數學的學生來說，即使選擇了文謅謅的論文題目，也無法避免使用複雜的統計處理。

本書是針對「雖然對統計並不熟悉，但也想使用多變量分析看看」的使用者，從利用 SPSS 輸入數據，到利用因素分析或 Amos 的結構方程模式分析爲止，以「可以隨心所欲地進行分析」的地步作爲標的。

目前市面上銷售有 SPSS 與 Amos 此種非常容易使用的統計套裝軟體，任誰都可以輕鬆地進行統計處理。可是，SPSS 並非萬能，如果統計處理的步驟有錯誤，SPSS 也無法指出，即使出現非常合適的輸出，可是原本使用該統計方法並不適切的情形也有。對於剛學習統計的使用者來說，了解「要使用哪一種統計方法才好」以及「在執行此統計方法上應注意的事項是什麼」是很重要的。因此本書不只列出 SPSS 的使用步驟，從學習最少所需的基礎知識（或複習）開始，到各種統計方法所需的知識以及應注意的重點儘可能的編列進去。

並且，資料分析並非只使用一個方法就可完成。譬如，檢查平均值或標準差之後再進行因素分析，一面觀察 Cronbach's α 係數一面建構尺度，計算尺度之間的相關係數，再進行迴歸分析、結構方程模式分析，有時也進行集群分析或變異數分析等，是利用統計方法的「總合技術」來形成一篇論文的方式。因此，每一個統計方法並非個別存在而是有關聯的，先有此種認識是非常重要的。

以個人的親身經驗來說，不僅僅統計方法，就是統計的知識也好，實際上，試著從分析數據開始是最佳的捷徑。自己如果能從蒐集數據開始時，甚至各種甘苦面均可實際感受。對於專攻社會科學的學生來說，爲了理解出現在論文的統計方法，最好自己能透過親身去體驗該方法是最好不過的了。目前各領域也都要求具有資料分析的能力。對於這些的許多人士來說，若能利用本書相信對您的研究將會是一大助力。

本書的特色是幾乎每章都以案例解說 SPSS 或 Amos 的用法，不僅步驟明確可讓初學者按步就班的學習各種手法，同時也有非常清楚的解說，讓初學者能了解分析結果的含意，進而觸類旁通，本書除了可供研究生作爲撰寫論文的參考之外，對從事社會科學研究的相關人士也可最爲研究參考之用。

由於倉促成書，書中若有誤植之處，尚請賢達賜正。

陳耀茂 謹誌於
東海大學企管系所

CONTENTS 目錄

一、SPSS 篇

一、SPSS 篇

第1章 資料分析基本事項

1.1 希望能記住的基礎知識

1.1.1 尺度水準

統計學設定有尺度以對應測量對象所具有的特徵，此時需了解資料的形式、輸入與代表值。

依名義尺度 < 次序尺度 < 間隔尺度 < 比例尺度的次序，資訊量變大，水準的尺度變得更高。把以高水準的尺度所定義的測量值變換成低水準的尺度之值是可能的，但反之是行不通的。

依尺度水準，可行的統計處理是不同的，因之需要注意。

尺度的水準	特　徵	印　象	例
名義尺度	只是當作文字或記號使用。 相同的東西或同種的東西分配相同的記號。	A、B、C （質的差異）	電話號碼 性別 血型 等
次序尺度	只表示測量值之間的大小關係。 大小或高低等的順位關係雖然明確，但其「差異」是不表現的。	A < B < C （順位而已）	成績的順位 比賽的排名 等
間隔尺度	順位的概念之外，加入「值的間隔」之概念。 不只是大小關係，其差與和也具有意義。	A < B < C （順位或等間隔）	溫度（攝氏、華氏） 智能指數 考試的分數 等
比例尺度	原點 0 是一致性地決定。 將測量值之間的倍數關係（比）當作問題是可能的。 在間隔尺度上加上原點。	0 < A < B < C （順位 & 等間隔 & 原點）	長度 重量 絕對溫度 等

＊間隔尺度．比率尺度在 SPSS 中合稱爲「尺度」，是以量尺（scale）之形式設定，通常不區分也行。比例（proportion）表示總體中兩個部分之間的比較，一般用幾比幾的形式表示。比率（ratio）表示總體中的一部分與總體作比較，一般用百分比的形式表示。

＊攝氏溫度 30 度雖是攝氏溫度 15 度的 2 倍，但若是轉換成華氏溫度時，就不是 2 倍關係

了，所以溫度不適用比例尺度，只適用間隔尺度，若採用絕對溫度時即可適用比例尺度，因有絕對零點。絕對溫度的發現者「凱爾文（Kelvin）」是熱力學上的一種單位，絕對溫度的 K 就來自於他姓氏的縮寫，把分子能量最低時的溫度定爲絕對零度，記爲 0 K，相當於 –273.15℃（即 0 K = –273.15℃），是一種極限溫度，在此種溫度下，分子運動不再具有可以轉移給其他系統的能量，絕對溫度通常是用在色溫的計量單位，在 0 K 時，所有的物體都是黑色的。

1.1.2 質性資料與量性資料

所謂資料是當想要調查某主題或假設時，基於某設定有組織地蒐集有關主題的資訊，依照目的或假設設定，再加以蒐集者。

質性資料（定性資料）	量性資料（定量資料）
• 說明對象的屬性之性質或內容。 • 沒有數量的概念。 • 難以數量的方式表現，且表現也無意義。 • 可由名義尺度或次序尺度而得。	• 利用數量表示對象的屬性。 • 設定某種的基準，將屬性的特徵可以作成計量性者來表現。 • 無法以數字來表現之現象，或當作資料蒐集也有不可能的時候。 • 可由間隔尺度或比例尺度而得。

量性資料與質性資料，能使用統計處理的方法是有所不同的。並且量性資料如可視爲沒有數量性的資訊時，即可使用質性資料的統計處理方法。可是，無法將質性資料利用量性資料的統計處理方法來進行分析。

是否爲質性資料或量性資料，與「是否爲數字」無關。譬如，將男性當作 1，女性當作 2，儘管以如此的數字表示，但 1 + 2 = 3 的數式並不具有意義。

1.1.3 離散變量與連續變量

資料分析大多以「數字」表現，此種數值或數量資料，有所謂離散變量與連續變量者。

離散變量：無法再進一步細分，得出零散之值的資料。

連續變量：本質上是蒐集連續數值之資料。

離散變量的例子像是人數與次數。繼之 10 人是 11 人，繼之 3 次是 4 次，得出零散之值。10.23 人或 3.87 次的數值原本是不存在的，但計算平均值時可以方便的加以使用。

連續變量的例子像是長度、重量、時間等。這些的數值是連續的，如將測量方法更精密地進行時，不管多細的數值均能讀取。譬如身體測量，身高假定是 163.5cm 時，如使用更精密的身高計時，像 163.512823……cm 那樣，不管多細密均能測量。可是，實際上觀察量尺或時鐘的刻度也可了解，連續變量也可在某個一定的基準下當作零散之值表現。

【註】變量（variate）與變數（variable）的異同。
根據牛津英語詞典的解釋如下：
Variate: "a quantity having a numerical value for each member of a group, especially one whose values occur according to a frequency distribution."
Variable: "a factor or quantity able to assume different numerical values."
牛津英語詞典具有或多或少相同的定義，有時當作相同意義使用。

1.1.4 獨立變數與從屬變數

資料與以下有密切關聯，即查明研究的主題或目的，再設定關聯的「假設」，以及爲了使假設明確設定所需要的「變數」，再驗證假設。

所謂變數，是意指在一定的範圍內取任意之值的數字或記號，說明各個測量對象的不同屬性。

一般來說，說明一方的變數稱爲獨立變數（或稱自變數：Independent Variable），被說明的一方的變數稱爲從屬變數（或稱依變數：Dependent Variable）。換言之，成爲原因之條件即爲「獨立變數」，當作結果的事項即爲「從屬變數」。

但此關係是相對的，一個變數對某個變數來說是獨立變數，對其他的變數而言也有成爲從屬變數者。

哪一個變數是獨立變數，哪一個變數是從屬變數，取決於假設的設定方式或其背景存在的理論。

原　因	結　果	主要用途
獨立變數	從屬變數	• 在實驗計畫等所使用。 • 操作獨立變數，測量從屬變數。 • 有設定控制變數 * 者

原　因	結　果	主要用途
說明變數或 預測變數	基準變數或 目的變數	• 在多變量分析等所使用。 • 依外在基準（成為預測的判別對象之基準）之有無，能使用之多變量分析之方法有所不同。

* 控制變數以獨立變數而言是為了將操作以外的要因視為固定而控制的變數，用於設定實驗群與控制群等之手法。

1.1.5 選擇哪種分析方法

分析方法是以目的與變數的特徵來選擇。以下說明選擇的條件。

①分析的目的是什麼？檢討關聯、因果關係⇨參②

②觀察關聯或因果關係時（並非網羅所有的分析，只顯示書中所處理的方法）

依變數	自變數	備註	分析方法
量性	量性	1 個自變數	迴歸分析
		2 個以上的自變數	複迴歸分析
		檢討關聯・假定常態分配 *	Pearson 積率相關
		檢討關聯・未假定常態分配 *	順位相關
	質性	自變數 1 個且 2 類・無對應	無對應 t 檢定
		上記且依變數未假定常態	Mann-Witney 檢定
		自變數 1 個且 2 類・有對應	有對應 t 檢定
		上記且依變數未假定常態	Wilcoxn 等級和檢定
		自變數 1 個且 3 類以上	1 要因變異數分析
		上記且依變數未假定常態	Kruskal-Wallis 檢定
		自變數 2 個無對應	2 要因變異數分析
		自變數 2 個有・無對應	2 要因變異數分析（混合計畫）
		自變數 2 個均無對應	2 要因變異數分析（均無對應）
		自變數 3 個	3 要因變異數分析
		依變數有數個	多變量變異數分析

* 檢討關聯時不區分依變數・自變數。

依變數	自變數	備註	分析方法
量性	量性・質性	依變數 1 個	共變異數分析（ANCOVA）
		依變數數個	多變量共變異數分析（MANCOVA）
		使用虛擬變數 *	複迴歸分析
質性	量性	依變數為 2 值以上	判別分析
	值性	2 個變數的關係	χ^2 檢定
	量性・值性	依變數為 2 值（0，1）	羅吉斯迴歸
		依變數為 3 值以上	多元羅吉斯迴歸

* 質變數分配數值（例：男性 1，女性 0）當作自變數使用。

③記述・整理

變數	備註	分析方法
1 個	記述分配的特徵	分數分配、平均值、標準差、偏度與峰度
數個	記述內部整合性	Alpha 係數
	整理量性變數	因素分析、主成分分析
	整理質性變數	對應分析、多重對應分析
	將變數・回答者分類	集群分析

1.2 統計的檢定

1.2.1 統計上的顯著

許多時候，數據是由母體所抽出的樣本所取得。譬如，像國勢調查那樣，從「所有的國人」（母體）蒐集有困難時，乃從一部分的國人去蒐集數據。

原則上，樣本是由母體隨機取得。此稱爲隨機抽樣（random sampling），但是，不管進行哪種的抽樣，完全隨機蒐集樣本可以認爲是不可能的。在研究中所建立的假設，像是針對「人有……的傾向」、「國人是……吧」、「大學生是……吧」、「所有的人」、「所有的國人」、「所有的大學生」所建立的。可是，事實上所蒐集的數據不過是「一部分人」、「一部分國人」、「一部分大學生」吧。

所謂統計上的檢定，是以機率的方式判定由「樣本」所獲得之數據的特徵，是否也能適配在「母體」上。接著，最終的判斷是設定顯著水準來進行判斷。

所謂顯著水準是對於偶然發生來說，由於發生了不太容易發生的事情，因之，判定「這並非偶然發生」的一種基準。

- 「偶然發生」之假設稱爲虛無假設。
- 與虛無假設相對的假設（並非偶然發生）稱爲對立假設。
- 顯著水準通常使用 0.05（5% 水準），0.01（1% 水準），0.001（0.1% 水準）之基準。
- 雖然也有將 0.10（10%）水準記述爲「顯著傾向」，但基本上最好避免此種記述。
- 不顯著時，也有使用 **n.s.**（no significant）之表現。

原本的預料是以對立假設加以表現，它的否定即虛無假設是否「不可能發生」呢？要根據顯著水準來判斷。

亦即，如依據虛無假設時，100 次中只發生 5 次以下的事項實際上是發生了，因之想判斷這並非偶然發生（虛無假設有不合理）的一種想法。此事稱爲否定或拒絕虛無假設。

此事以圖表示時即爲如下：

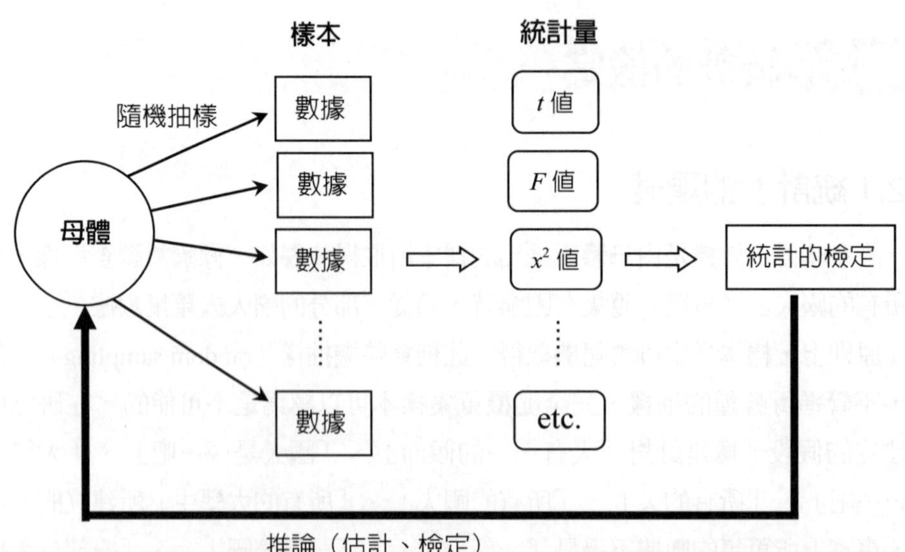

1.2.2 顯著水準也稱為「冒險率」

以 5% 水準否定虛無假設，結論是「顯著」，換言之，它的結論眞正是錯誤的機率有可能在 5% 以內發生。基於此種事情，也將顯著水準稱爲冒險率。

虛無假設儘管眞正是正確的，卻否定虛無假設，稱爲第 1 種錯誤。

例：所有國人，儘管男性與女性「沒有」分數差異（換言之，虛無假設正確），由樣本所得到的數據其結論是「有差異」（否定虛無假設）。

虛無假設儘管眞正是錯誤，卻接受虛無假設是正確的，稱爲第 2 種錯誤。

例：所有國人，儘管男性與女性「有」分數差異（換言之，虛無假設錯誤），由樣本所得到的數據其結論是「無差異」（接受虛無假設）。

統計檢定所犯錯誤之類型

		虛無假設真正是	
		正確時	錯誤時
虛無假設	否定	第 1 種錯誤 α 顯著水準 冒險率	正確決定 $1-\beta$
	接受	正確決定 $1-\alpha$	第 2 種錯誤 β

此表中「原本的虛無假設的正確或錯誤」是無法知道的。

* 我們來看「顯著」一詞的由來。顯著與否，係依據發生機率的大小。發生機率較大的事件若發生，乃屬稀鬆平常，無須大驚小怪。但若小機率事件發生，此事件便屬顯著，顯著事件自然引人注意。至於怎樣的機率算小？0.05 或 0.01？當然視情況而定，不能一概而論。所以得先訂個標準，亦即給與顯著水準，依此以決定拒絕域。因而觀察値若落在拒絕域，便稱檢定結果為顯著，即拒絕 H_a；否則便是不顯著，暫且接受 H_0。

譬如，建立「男女的分數並無差異」的假設進行檢定，當作在 5% 水準下是顯著。

1.「母體的分數有無不同」，誰也都不知道。

2. 進行檢定時所建立的「虛無假設」是「男女無差異」。

3. 檢定的結果是「5% 顯著」，即「支持虛無假設的機率只有 5% 以下」，因此，接受對立假設「男女有差異」。

而且，此結果，也意謂「5% 左右有可能是第 1 種錯誤」。

另外，雖然建立「男女的分數並無差異」的假設進行檢定，卻當作在 5% 水準下並不顯著。

1.「母體的分數有無不同」，誰也都不知道。

2. 進行檢定時所建立的「虛無假設」是「男女無差異」。

3. 檢定的結果是「不顯著」，即「支持虛無假設的機率是 5% 以上」。

此種情形一般是採取保守的表現，即「由此結果來看無法否定虛無假設」亦即「男女不能說有差異」。

注意：畢竟在研究上建立「A 與 B 無差異」之虛無假設進行檢定是非常困難的（建立「A 與 B 或許沒有差異，但 A 與 C 或許有差異」之假設的情形也有）。

STEP UP：不只是顯著與否……

此處，就統計性顯著與否的判斷方式簡單加以整理。只是「統計上顯著」就下結論認爲「有差異」、「有關聯」、「有因果關係」不能說是正確判斷。

譬如相關係數的情形，1% 顯著（$p < 0.01$；雙邊檢定）的係數如下表所示。

樣本大小（N）	相關係數（r）
10	0.76
25	0.51
50	0.36
100	0.26
200	0.18
400	0.13
1000	0.08

像此表那樣，樣本數愈大，爲了得出「1% 顯著」的結論，所需的相關係數的大小會變小。另外，原本在研究上將 r=0.25 程度的相關係數雖視爲問題，但樣本數只有 50 而不顯著，結論認爲無關聯，會發生如此的問題。

如表所示，以 1000 人爲對象的調查時，儘管相關係數低於 0.1，也會判斷

「是顯著的」。此事在研究上容易發生不稱心的狀態，像是「目前相關係數雖不顯著，但再追加一些數據也許就會顯著」、「如追加 10 名的數據幾近顯著，好極了⋯⋯」。

因此，不光是顯著與否，建議要報告效果的大小（效果量）。譬如，相關係數也是效果量。其他，t 檢定中記述 d，變異數分析記述偏 η^2，此類之值甚多，因之也要查明看看。

這些效果量是效果大小的指標。譬如，相關係數 r 的情形，下方之值可視爲指標。

以整合分析（Meta Analysis）的手法統合在數個研究中所報告的效果量，可以得出研究上更明確的結論。譬如報告自尊感情與憂鬱傾向的相關係數，10 篇研究呈現不一之值的相關係數，將這些值利用整合分析加以統合，可以估計接近眞值的相關係數（母相關係數）。

小的效果	0.1
中的效果	0.3
大的效果	0.5

若將今後要進行的研究，事前決定以多少的效果量作爲問題，估計適切的樣本大小也是可行的（檢定力分析）。

另外，SPSS Statistics V25 處理貝氏統計是可行的（【分析 (A)】⇨【貝氏統計 (B)】）。利用此，並非「從樣本判斷統計上是否顯著」而是基於「從數據估計眞正的值」的想法，這可以利用 SPSS 輕鬆去嘗試。

1.3 數據輸入

1.3.1 SPSS 的啓動

試著啓動 SPSS 看看。如出現以下的視窗時，按一下【取消】或畫面右上的【×】。如勾選「以後不要顯示此對話框」，從下次啓動時就不會顯示此對話框。

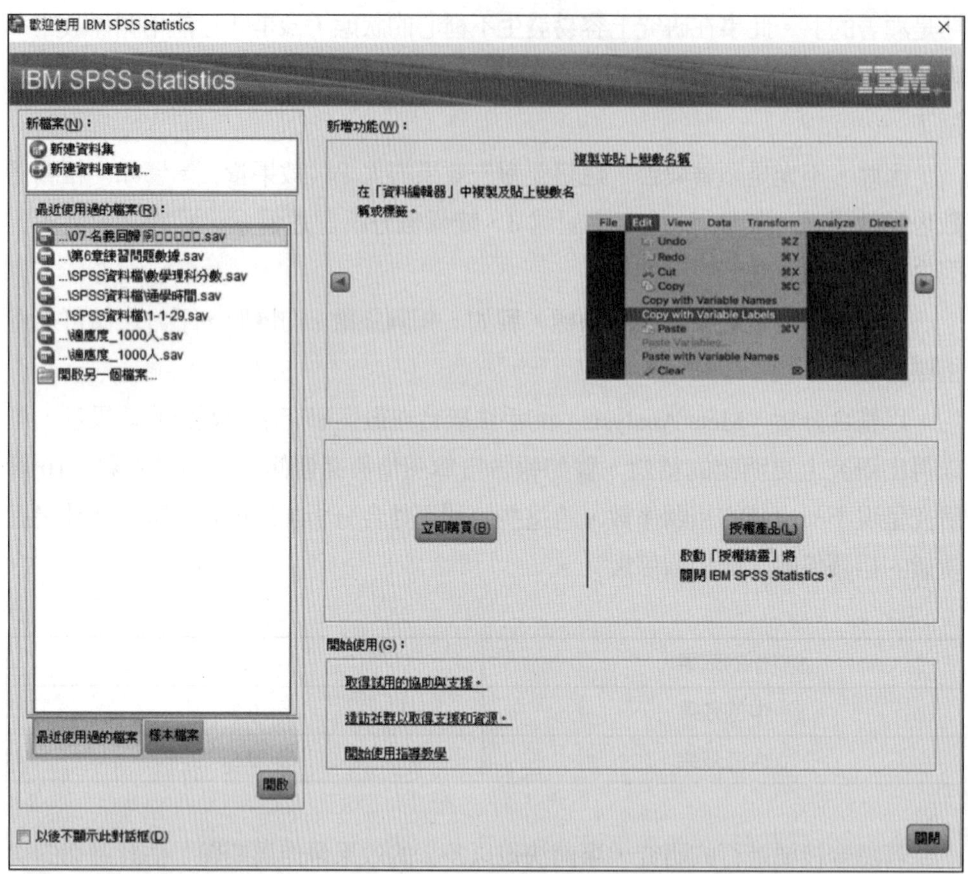

於是顯示像 Excel 的畫面，此即爲 SPSS 的工作單，稱爲編輯程式，編輯程式是將數據值輸入、編輯的畫面。

SPSS 的工作單有 2 種，分別於左下方記有**資料視圖**與**變數視圖**。按一下這些視圖時，即可切換 2 種工作單。

下圖即爲資料視圖的畫面。

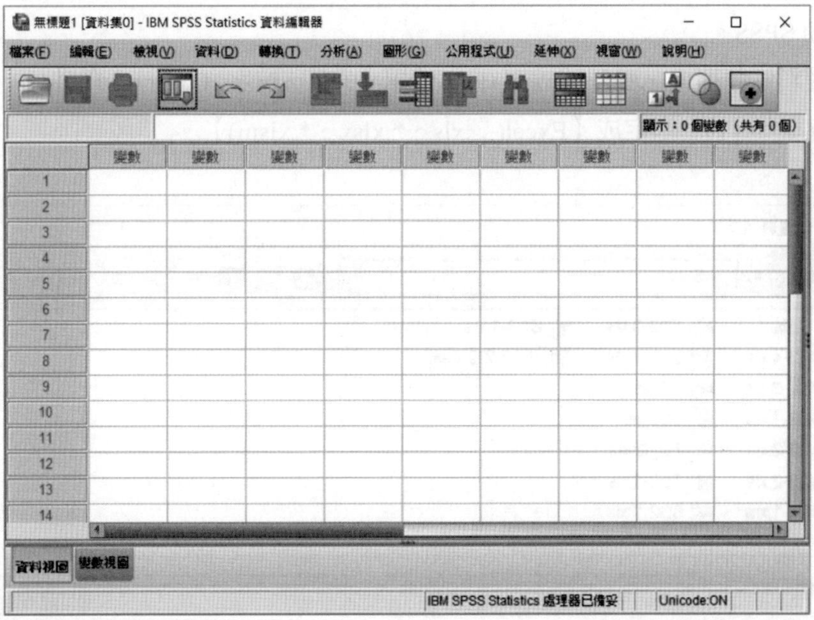

按一下變數視圖時，即爲如下的畫面。

STEP UP：以 SPSS 讀取 Excel 數據等方法

SPSS 也可以將輸入在 Excel 等的數據讀取。

- 啓動 SPSS。
- 在資料編輯器上，點選「檔案 (F)」清單⇨「開啓檔案 (O)」⇨「資料 (D)」。
- 檔案類型 (T)：指定成【Excel(* .xls、*.xlsx、*.xlsm)】。

選擇對象檔案，按「開啓舊檔 (O)」。

- 顯示有「開啓 Excel 資料來源」的視窗。
  - ➢ 在 Excel 的第 1 行輸入變數名時，要確認已點選「從資料第一列讀取變數名稱 (V)」。
  - ➢【判定資料類型的値百分比 (E)】之値，是基於其比率自動判斷數據類型。讀取數據時，要確定「數據類型」。

    數據類型有 3 種，尺度（間隔、比率尺度）、序數（順序）、名義（名義尺度）。另外數據的內容，取決於文字列、日期、時間，圖像的形狀會改變。

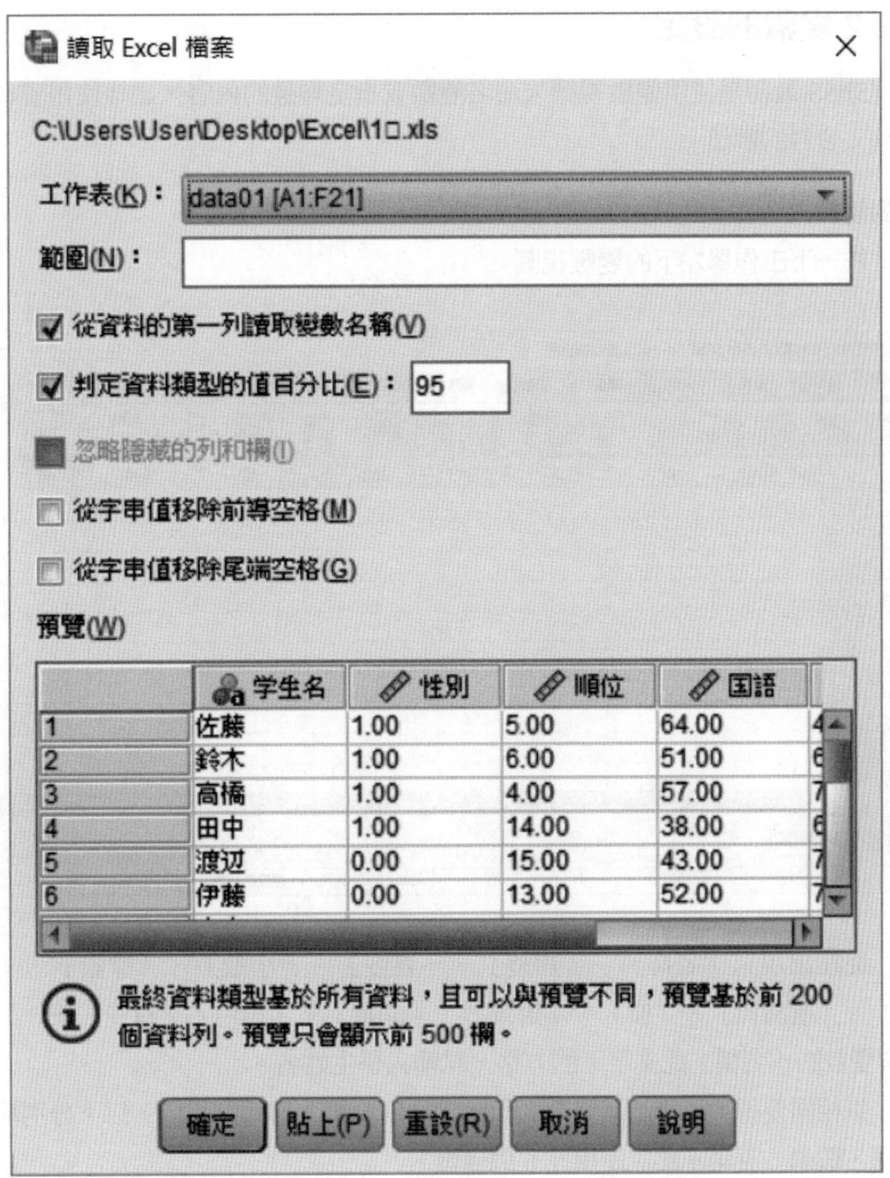

● 按一下【確定】。

● 變數名稱與資料均讀進 SPSS。變數名稱的文字數甚多時，可當作「標籤」指定。

那麼實際上輸入資料看看。

1.3.2 變數的設定

SPSS 最初是使用變數視圖來命名變數或指定變數的內容，之後使用資料視圖輸入資料的數值。

1. 對變數命名

按一下工作單左下的變數視圖。

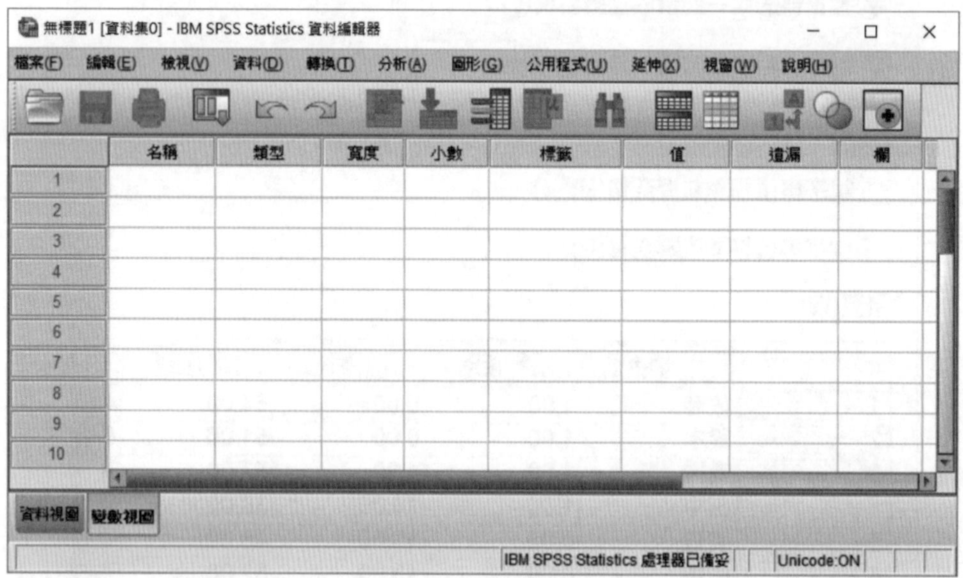

從左出現有「名稱」、「類型」、「寬度」、「小數」、「標籤」、「數值」、「遺漏值」、「欄」、「對齊」、「測量」、「角色」。首先，按一下第 1 個變數的「名稱」此文字下的方格，試輸入學生姓名。

以相同要領，將第 2 個變數名稱輸入性別，第 3 個輸入順位，以下分別輸入國語、數學、英語。此次使用此 6 個變數。

SPSS 25.0 關於變數名稱有以下的規則：

- 半形英數時，64 文字以內，漢字等全形文字在 32 文字以內。
- 變數名稱以漢字、英文字母等開始。
- 無法以數字或記號開始，（例）○：item3　×：3item
- 不行加入空白、句點。
- 無法使用！？* 等的特殊文字。

- 對數個變數不行取相同的名稱。
- 大文字與小文字的組合是可以的。

2. 指定變數的「類型」

【變數視圖】編輯器的最初變數：學生姓名此列的右側，按一下【類型】的下方。按一下【數值】此文字的左側出現的【…】時，顯示出【變數類型】此畫面。

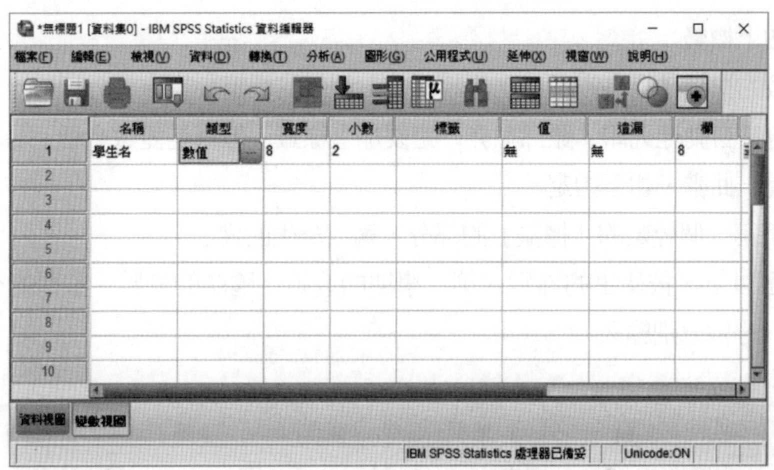

變數類型

- 數值(N)
- 逗點(C)
- 點(D)
- 科學記號表示法(S)
- 日期(A)
- 美元(L)
- 自訂貨幣(U)
- 字串(R)
- 受限的數值（包含前導零的整數）(E)

寬度(W)：8
小數位數(P)：2

該「數值」類型允許使用位數分組設定，而「受限的數值」永不會使用位數分組。

確定　取消　說明

變數如為學生的姓名時，選擇【字串 (R)】，按一下【確定】。若是像國語、數學等其他的資料全部是輸入數值，因之變數的類型選擇【數值 (N)】。

點選【數值 (N)】時，輸入部分顯示有寬度（W）與小數點位數（P）。數據並未包含小數以下的數值時，小數位數當作 0 也無妨（當然照預設也無妨）。寬度是指輸入數據的數值範圍。譬如，123.4 此數值的「寬度」是整數部分 + 小數點 + 小數部分的位數 = 5。SPSS 所能輸入之數據的最大寬度是 40，最大的小數位數是 16。

3. 變數加上標籤

變數的標籤是指各變數所加的說明文。變數的標籤，於進行分析時，在表或圖形上會被自動地列印。雖然並非一定要加上標籤，但只是變數名稱不易理解時加入為宜。此處，如下指定。

- 按一下第一個變數的「標籤」的部分，輸入學生的姓名。
- 第 2 個以下，按學生的性別、第一學期的成績、國語的分數、數學的分數、英語的分數分別輸入。

	名稱	類型	寬度	小數	標籤
1	學生名	字串	1	0	學生姓名
2	性別	數值	11	0	學生的性別
3	順位	數值	11	0	1學期的成績
4	國語	數值	11	0	國語的成績
5	數學	數值	11	0	數學的成績
6	英語	數值	11	0	英語的成績

4. 類別變數加上數值標籤

所謂數值標籤是指類別變數（名義尺度）的各個數值之標籤。

0：女性，1：男性

1：臺北，2：臺中，3：臺南，4：高雄

此次，試在第 2 個數據「性別」加上數值標籤。性別是將 0 當作女性，1 當作男性。

	名稱	類型	寬度	小數	標籤	值
1	學生姓名	數值	8	2		無
2	學生性別	數值	8	2		無

● 按一下性別之列的「數值」方格，並按一下【…】。

➢ 在【數值 (U)】的方格中，將數字的 0 以半形英數字輸入。

➢ 其次在數值【標籤 (L)】之中，輸入女性。

● 按一下【新增 (A)】時，輸入完成。

同樣，將 1 配置到男性。

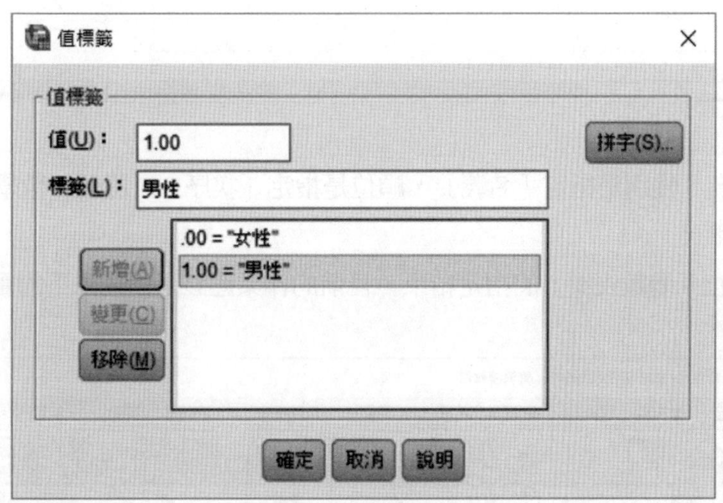

5. 關於遺漏值

SPSS 只要沒特別指定，是將有遺漏值（沒有數據的部分）的觀察值除外進行分析。SPSS 有處理遺漏值的各種機能。關於遺漏值的處理，請參考各類的資料、相關書籍。

6. 尺度水準的指定

● 在學生名稱的最右側，按一下測量的部分。

● 按一下 ▼ 時，可以選擇尺度水準（名義、次序、尺度）。

名義、次序是意指各個數據分別是名義尺度、次序尺度的水準，尺度是意指間隔尺度以上的水準。

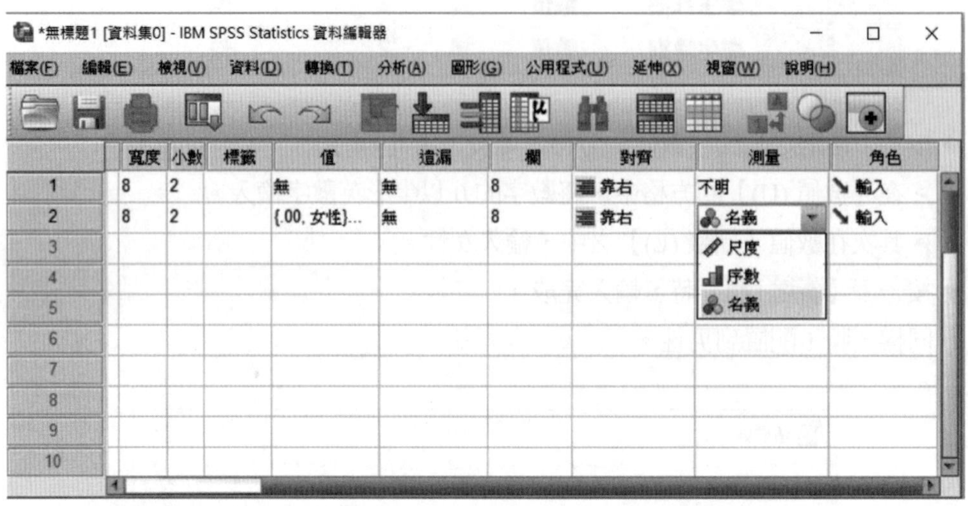

◎學生姓名、性別是指定「名義」，順位是指定「次序」，國語、數學、英語是指定「量尺」。

至此爲止「變數視圖」的指定結束，目前的作業應該是變成以下的畫面。

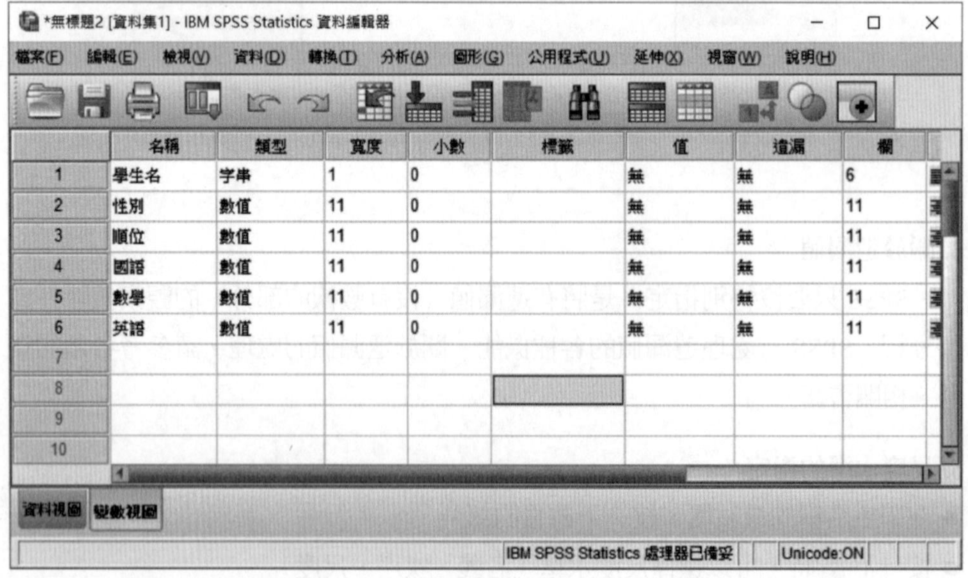

7. 角色的指定

19 版以後可以對變數指定「角色」。

◆輸入——當作獨立變數使用的變數。

◆目標——當作依變數使用的變數。

◆兩方——可當作「輸入」、「目標」的變數。

◆無——不是獨立也不是從屬的變數。

◆分割——與 Modeler 往來時所使用。

預設的狀態全部是「輸入」。「輸入」的變數不能用於依變數。如果是一般的分析範圍內，照這樣是不成問題的。以上「變數視圖」的指定結束。目前的作業應該是像以下的畫面。

	名稱	類型	寬度	小數	標籤	值	遺漏	欄	對齊	測量	角色
1	學生名	字串	1	0	學生姓名	無	無	8	靠左	名義	輸入
2	性別	數值	11	0	學生的性別	{0, 女性}...	無	11	靠右	名義	輸入
3	順位	數值	11	0	1學期的成績	無	無	11	靠右	序數	輸入
4	國語	數值	11	0	國語的成績	{1, ~20}...	無	11	靠右	尺度	輸入
5	數學	數值	11	0	數學的成績	{1, ~20}...	無	11	靠右	尺度	輸入
6	英語	數值	11	0	英語的成績	{1, ~20}...	無	11	靠右	尺度	輸入

1.3.3 數據的輸入

接著，按一下視窗左下的「資料視圖」，輸入資料。

試輸入以下的數值看看（假想資料）。

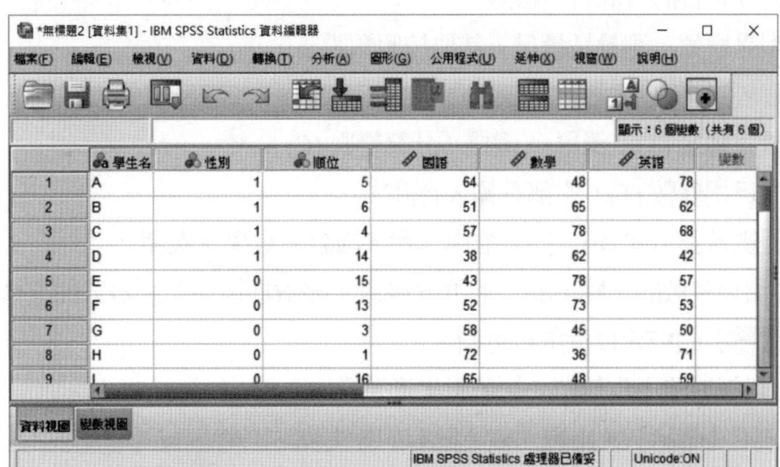

	學生名	性別	順位	國語	數學	英語
1	A	1	5	64	48	78
2	B	1	6	51	65	62
3	C	1	4	57	78	68
4	D	1	14	38	62	42
5	E	0	15	43	78	57
6	F	0	13	52	73	53
7	G	0	3	58	45	50
8	H	0	1	72	36	71
9	I	0	16	65	48	59

按一下工具列中的數值標籤的圖像▣時，即成爲標籤的顯示。

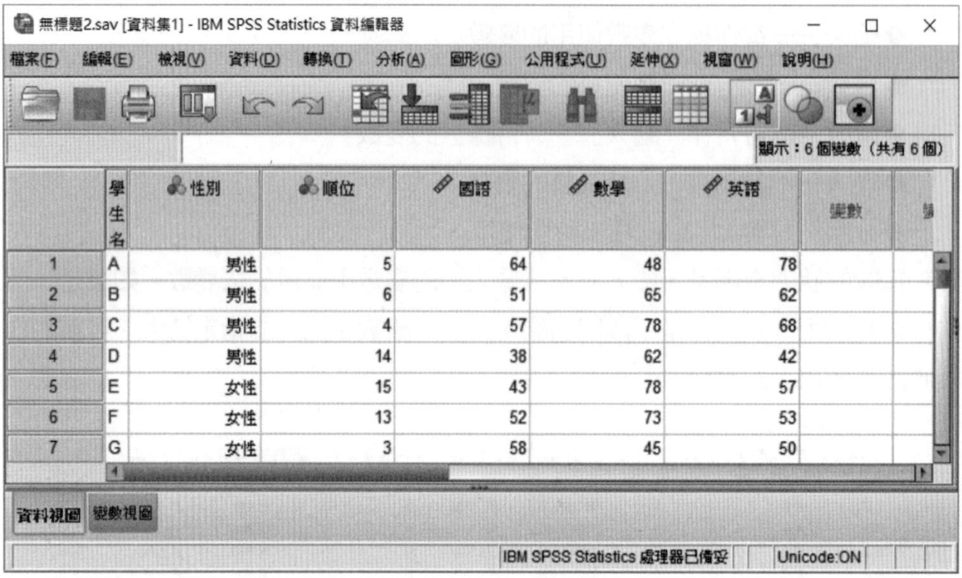
無標題2.sav [資料集1] - IBM SPSS Statistics 資料編輯器
檔案(F) 編輯(E) 檢視(V) 資料(D) 轉換(T) 分析(A) 圖形(G) 公用程式(U) 延伸(X) 視窗(W) 說明(H)
顯示：6 個變數（共有 6 個）
學生名 性別 順位 國語 數學 英語 變數
1 A 男性 5 64 48 78
2 B 男性 6 51 65 62
3 C 男性 4 57 78 68
4 D 男性 14 38 62 42
5 E 女性 15 43 78 57
6 F 女性 13 52 73 53
7 G 女性 3 58 45 50
資料視圖 變數視圖
IBM SPSS Statistics 處理器已備妥
Unicode:ON

1.3.4 求出合計分數

以「合計」的變數名稱計算國語、數學、英語的合計分數。

● 開啓「變數視圖」。

➢ 在姓名的行、英語的下方輸入**合計**。

➢ 輸入 **3 科目的合計**當作標籤。

➢ 類型是數値，測量是量尺，其他按照預設。

● 回到資料視圖。

➢ 開啓「轉換 (T)」清單 ⇨ 選擇「計算變數 (C)」。

➢ 在「目標變數 (T)」的部分輸入**合計**。

➢ 在「數値表示式 (E)」的方框中，輸入**國語 + 數學 + 英語**。

◆ 出現變數的一覽，點一下再按▣時，變數即被複製到數式的方框中。

◆【＋】的按鈕以滑鼠也可輸入。

◆ 以鍵盤輸入也無妨（記號以半形英數）。

➢ 按一下【確定】，出現「變更既有的變更嗎？」時，按【確定】。

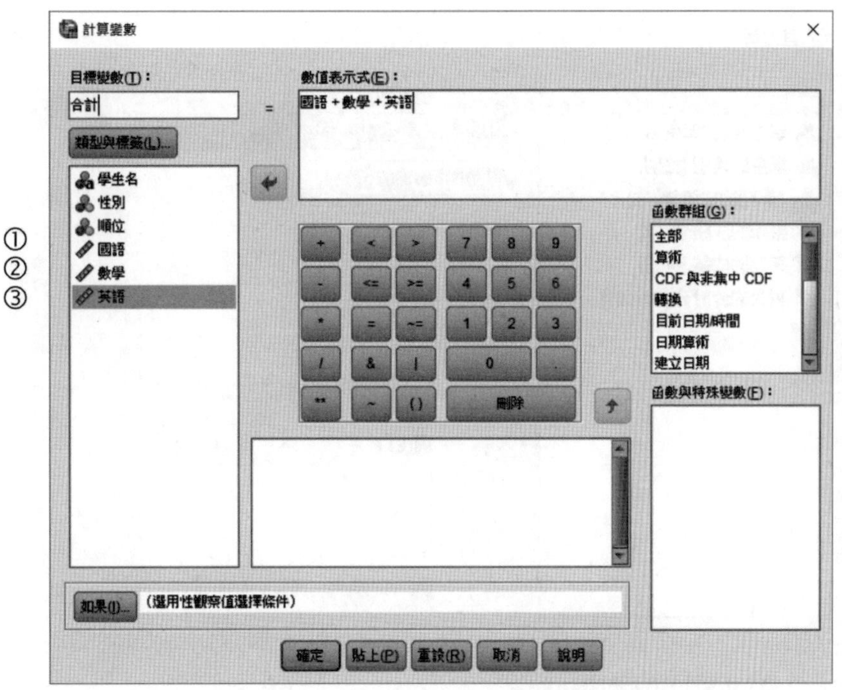

變數視圖中未事前指定變數名稱，於上面視窗的「目標變數 (T)」中指定「合計」時，變數即新加入，之後只要設定標籤即可。

至此爲止如完成時，不妨計算簡單的記述統計量看看。

1.3.5 觀察分配

首先，爲了掌握資料的特徵，試描畫直方圖看看。雖然選擇

「圖形 (G)」清單 ⇨「直方圖 (I)」

也可描畫，但進行更詳細的設定再描畫直方圖時，選擇

「圖形 (G)」清單 ⇨「圖表版範本選擇器 (G)」

也可繪製，而此處選擇

「圖形 (G)」清單 ⇨「舊式對話框 (L)」⇨「直方圖 (I)」

- 顯示出「直方圖的製作」視窗。
  - 在「變數 (V)」的定義中，將國語的成績拖移到右側的方框中（一面按滑鼠的左鍵，一面移動滑鼠）。

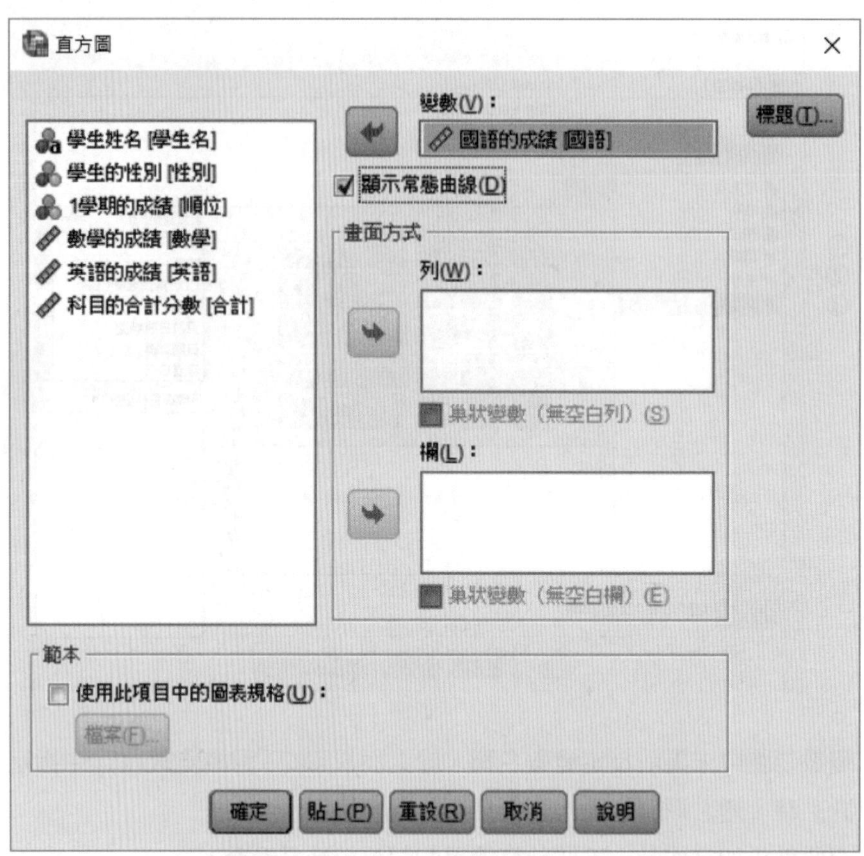

➢ 按一下「直方圖」標題 (T)。

◆ 勾選顯示常態曲線 (C) 時，即可顯示常態分配曲線，可以當作判斷資料是否近似常態分配的材料。

◆ 設定區間大小時，可以設定幾個區間，或區間寬度要當作多少。此處先圈選自動設定選區間大小 (S)。

➢「標題 (T)」，可以加上圖形的名稱、子標題、解說。

● 按【確定】時，【SPSS 檢視器】可以顯示如下的直方圖。

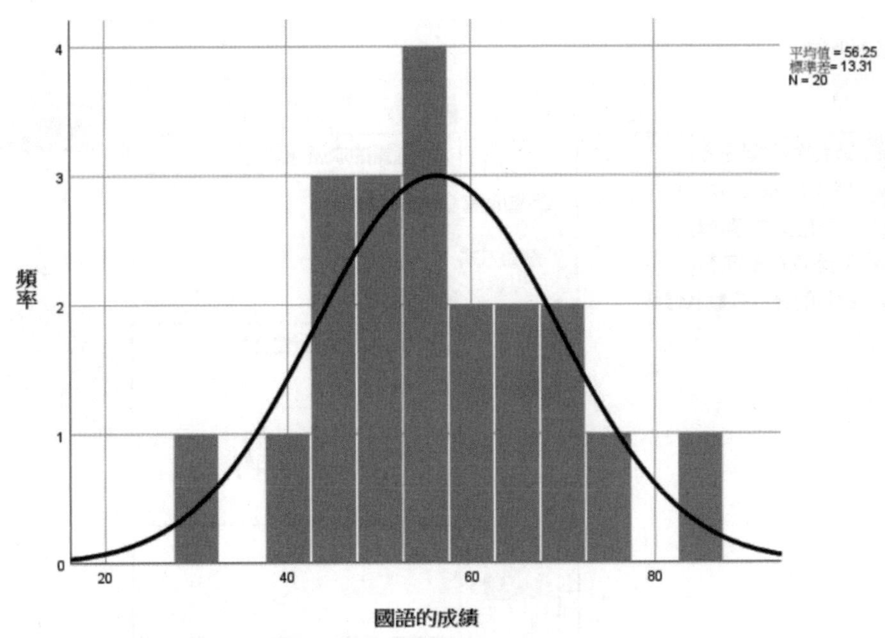

同樣也試著描畫數學、英語的直方圖。

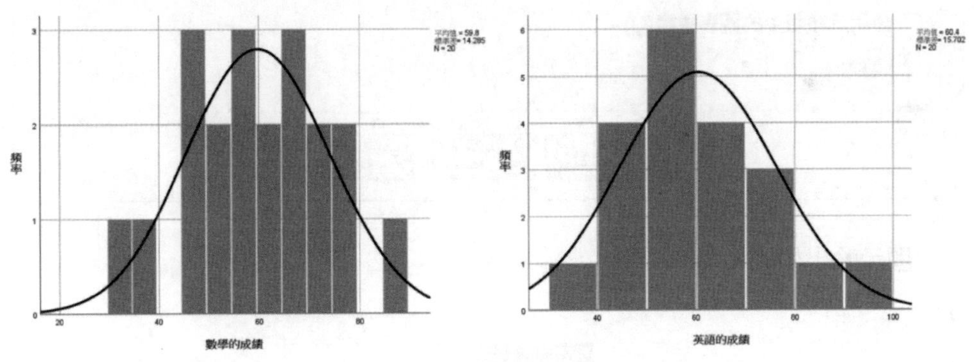

STEP UP：繪製組別的直方圖

➢ 譬如，利用此次的數據描畫男女別的直方圖時，在【直方圖】視窗中將性別拖移到行或欄的方框中即可，之後的操作與上述相同。

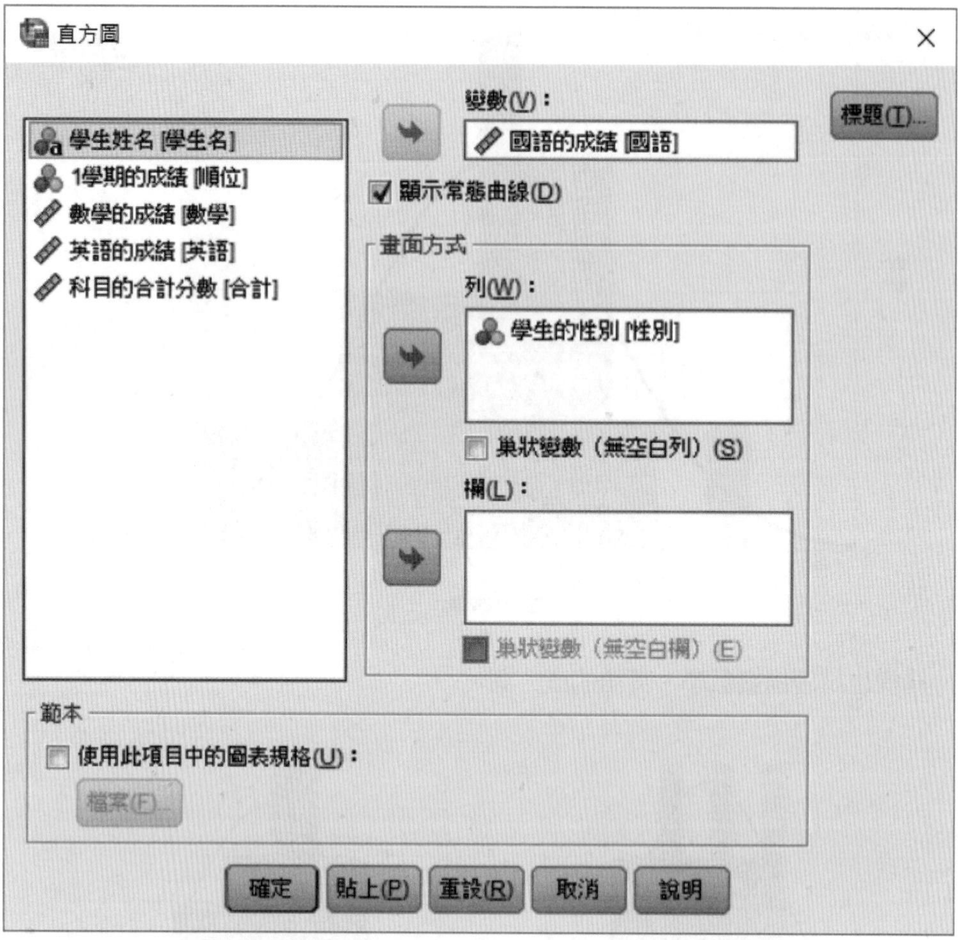

直方圖

學生姓名 [學生名]
1學期的成績 [順位]
數學的成績 [數學]
英語的成績 [英語]
科目的合計分數 [合計]

變數(V)：
國語的成績 [國語]
顯示常態曲線(D)

畫面方式
列(W)：
學生的性別 [性別]
巢狀變數（無空白列）(S)
欄(L)：
巢狀變數（無空白欄）(E)

範本
使用此項目中的圖表規格(U)：
檔案(F)...

標題(T)...

確定 貼上(P) 重設(R) 取消 說明

顯示輸出如下。

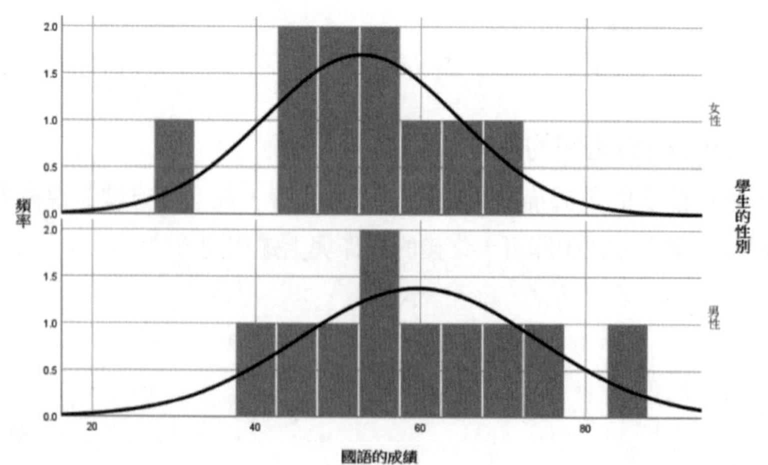

1.3.6 代表值與散佈度

1. 統計指標的概略與特徵

將經常所使用的統計指標歸納如下：

<table>
<tr><th colspan="2">尺度的水準</th><th>統計指標</th><th>概略及特徵</th></tr>
<tr><td rowspan="3">代表值</td><td>名義尺度以上</td><td>眾數</td><td>表示最多次數的測量值（資料）之值</td></tr>
<tr><td>次序尺度以上</td><td>中央值</td><td>將數據按次序排列時，正中的測量值之值</td></tr>
<tr><td>間隔尺度以上</td><td>【算術】平均</td><td>以測量值的個數除各個測量值之和所得之值</td></tr>
<tr><td rowspan="5">散佈度</td><td>名義尺度以上</td><td>平均資訊量</td><td>也稱為熵（Entropy）
總次數與各類別次數之比較</td></tr>
<tr><td rowspan="2">次序尺度以上</td><td>全距</td><td>最大測量值與最小測量值之差</td></tr>
<tr><td>四分位偏差</td><td>與中央值一起使用</td></tr>
<tr><td rowspan="2">間隔尺度以上</td><td>變異數</td><td>與測量值之平均的偏差經平方後再予以平均</td></tr>
<tr><td>標準差</td><td>取變異數的平方根，也記成 SD</td></tr>
<tr><td rowspan="2">分配的形狀</td><td rowspan="2">間隔尺度以上</td><td>峰度</td><td>分配的尖峰程度，表示分配兩邊擴散程度
統計軟體（SPSS）常態分配當作 0（基準），+⇒高狹分配</td></tr>
<tr><td>偏度</td><td>分配的非對稱性，表示分配中心的偏離
分配偏左的分配→正之值，偏右之分配→負之值</td></tr>
</table>

此次所輸入的資料，包含有名義尺度（**姓名**、**性別**）、次序尺度（**順位**）、間隔尺度（**國語**、**數學**、**英語**）等。

2. 計算代表值與散佈度

計算國語、數學、英語的代表值與散佈度。

- 計算平均值、標準差、最大值、最小值、峰度、偏度。
  - 選擇【分析 (A)】清單 ⇨【敘述統計 (E)】⇨【敘述統計 (D)】。
  - 出現視窗，按一下**國語**、**數學**、**英語**（或者按住滑鼠的左鍵再選擇），按一下 ，將變數移到右側的方框中。

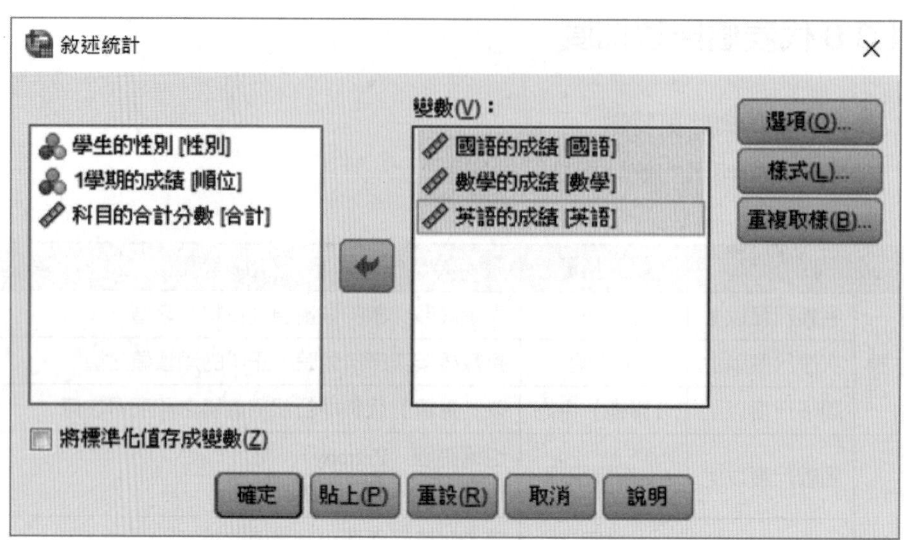

➢ 按一下【選項 (O)】，勾選平均值 (M)、標準差 (T)、最大值 (X)、最小值 (N)、峰態 (K)、偏態 (W)。

➢ 按一下【繼續】，再按一下【確定】時，即可計算出結果。

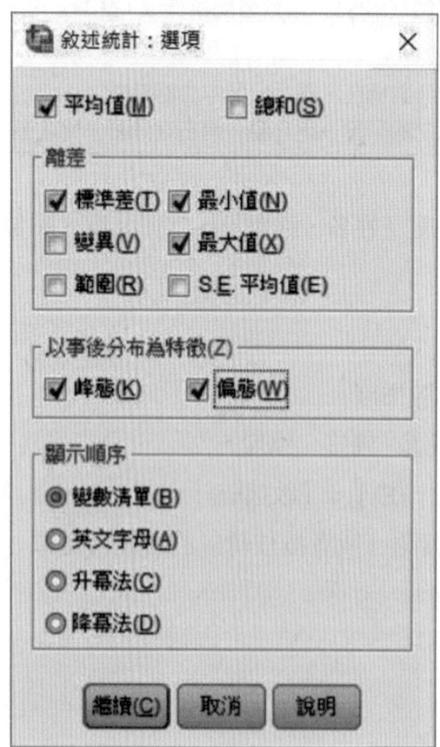

【輸出結果】

敘述統計

	N	最小值	最大值	平均值	標準偏差	偏態		峰態	
	統計量	統計量	統計量	統計量	統計量	統計量	標準錯誤	統計量	標準錯誤
國語的成績	20	30	85	56.25	13.310	.201	.512	.140	.992
數學的成績	20	32	88	59.80	14.285	-.057	.512	-.207	.992
英語的成績	20	35	97	60.40	15.702	.668	.512	.295	.992
有效的 N（listwise）	20								

試比較先前所輸出的直方圖與各代表值看看。

3. 計算順位的中央值與全距

●計算中央值與全距

➢ 選擇【分析 (A)】清單 ⇨【報告 (P)】⇨【觀察值摘要 (M)】，

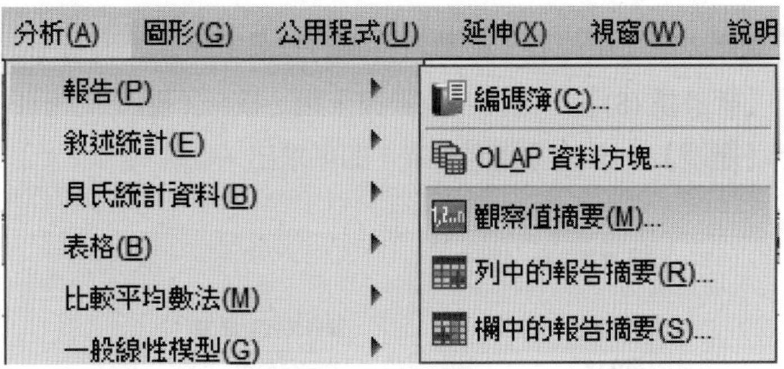

出現彙總觀察值畫面。

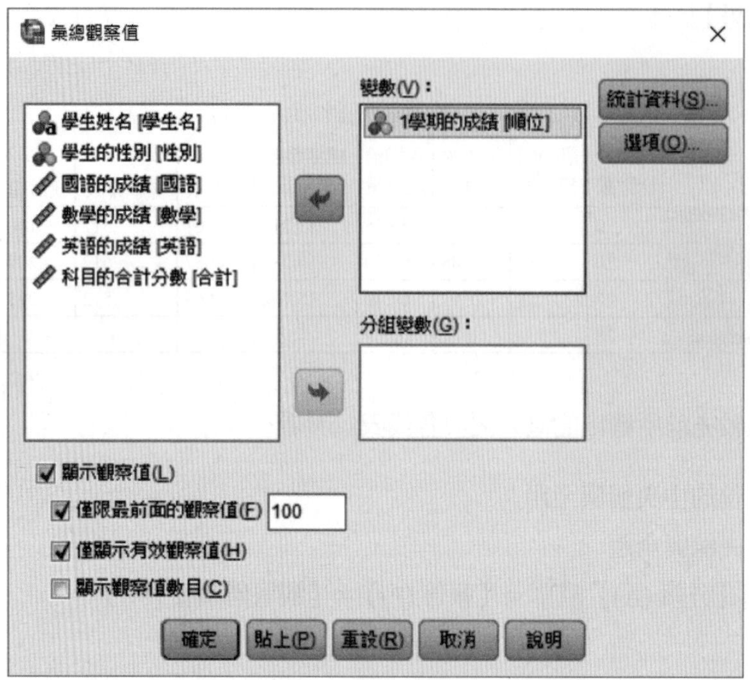

➢ 按一下學期成績【順位】，移動到右側的方框中。

➢ 按一下【統計量 (S)】，選擇中位數與全距，按一下▶。

➢ 按一下【繼續】，再按【確定】時，即可求出。

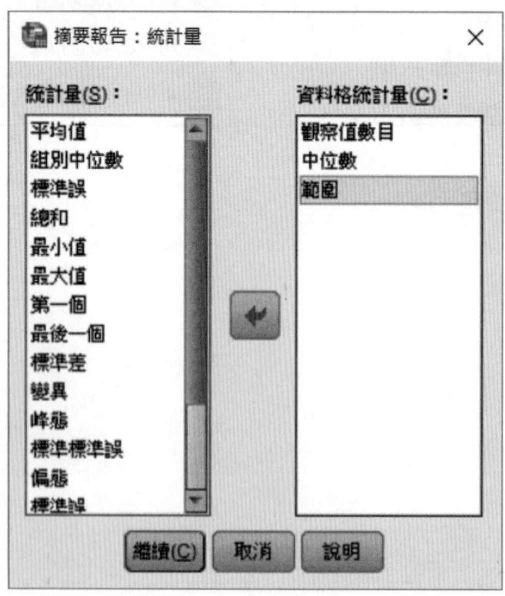

4. 輸出統計量與直方圖

● 統計量與直方圖的輸出

➢【分析 (A)】⇨【敘述統計 (E)】⇨【預檢資料 (E)】。

➢【依變數 (D)】中輸入國語、數學、英語。

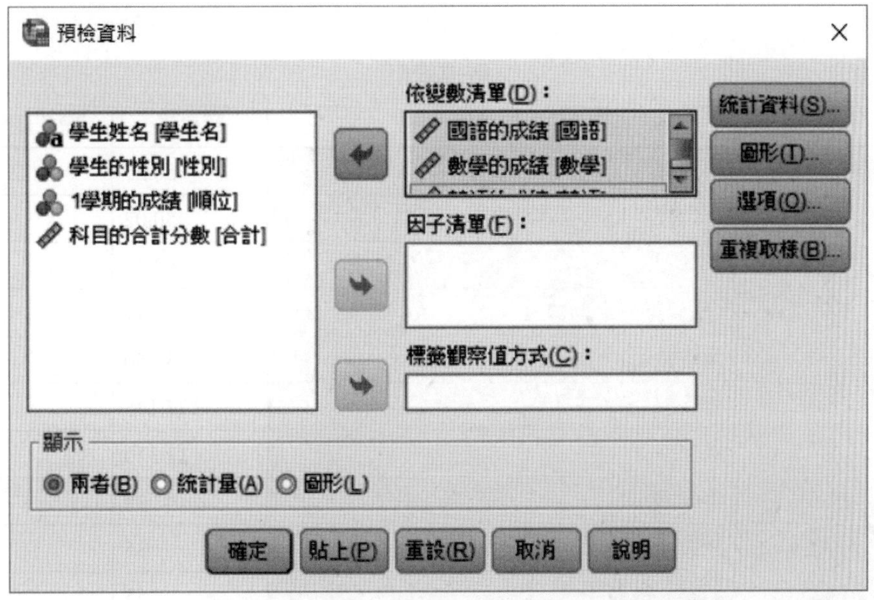

➢ 按一下【圖形 (T)】，勾選敘述統計中的【直方圖 (H)】。

➢ 按一下【繼續 (C)】，再按一下【確定】時，即可同時輸出各種統計量與直方圖。

● 除直方圖外，也可輸出莖葉圖與盒形圖。

● 盒形圖：顯示最小值、第一四分位點、中央值、第三四分位點、最大值。

【輸出結果】

敘述統計

			統計量	標準錯誤
國語的成績	平均數		56.25	2.976
	平均數的 95% 信賴區間	下限	50.02	
		上限	62.48	
	5% 修整的平均數		56.11	
	中位數		55.50	
	變異數		177.145	
	標準差		13.310	
	最小值		30	
	最大值		85	
	範圍		55	
	內四分位距		18	
	偏態		.201	.512
	峰度		.140	.992
數學的成績	平均數		59.80	3.194
	平均數的 95% 信賴區間	下限	53.11	
		上限	66.49	
	5% 修整的平均數		59.78	
	中位數		60.00	
	變異數		204.063	
	標準差		14.285	
	最小值		32	
	最大值		88	
	範圍		56	

	內四分位距		22	
	偏態		-.057	.512
	峰度		-.207	.992
英語的成績	平均數		60.40	3.511
	平均數的 95% 信賴區間	下限	53.05	
		上限	67.75	
	5% 修整的平均數		59.78	
	中位數		58.00	
	變異數		246.568	
	標準差		15.702	
	最小值		35	
	最大值		97	
	範圍		62	
	內四分位距		21	
	偏態		.668	.512
	峰度		.295	.992

以下以國語顯示直方圖、莖葉圖、盒形，其他科目則省略。

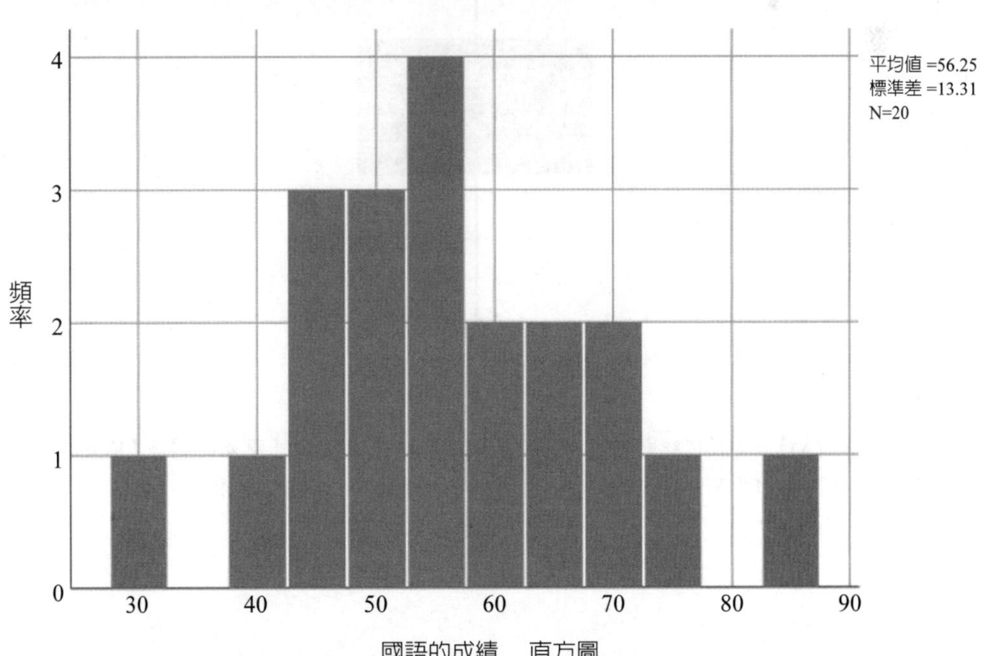

國語的成績　莖葉圖

頻率	Stem &	葉節點
2.00	3 .	08
3.00	4 .	335
8.00	5 .	12235678
4.00	6 .	1459
2.00	7 .	26
1.00	8 .	5

詞幹寬度：　10
每個葉節點：　1 觀察值

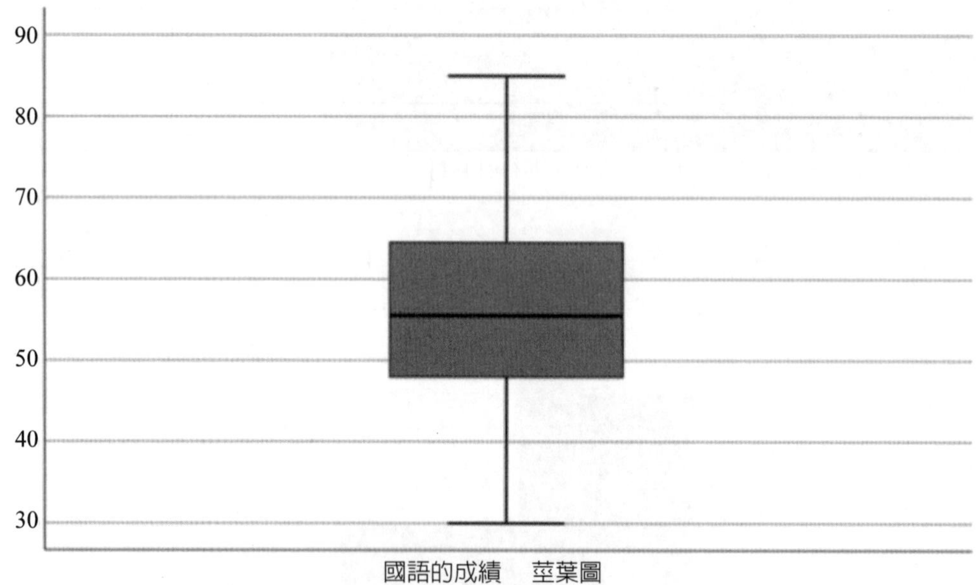

國語的成績　莖葉圖

＊選擇【分析 (A)】⇨【敘述統計 (E)】⇨【次數分配表 (F)】，再從【圖表 (C)】⇨【圖表類型】中選擇直方圖，也可畫出直方圖。哪一清單中有何種功能，各自嘗試看看。

【輸出結果】

觀察值摘要 [a]

		1 學期的成績
1		5
2		6
3		4
4		14
5		15
6		13
7		3
8		1
9		16
10		17
11		12
12		18
13		2
14		19
15		20
16		11
17		8
18		7
19		10
20		9
統計	N	20
	中位數	10.50
	範圍	19

a. 限制為前 100 個觀察值。

◎【分析 (A)】⇨【報告 (P)】⇨【觀察值摘要 (M)】，也是可以分析間隔尺度以上的資料。

參考計算眾數時，

➢【分析 (A)】⇨【敘述統計 (E)】⇨【次數分配表 (F)】。

➢ 選擇變數，從【統計量 (S)】所出現的視窗上勾選【眾數 (O)】。

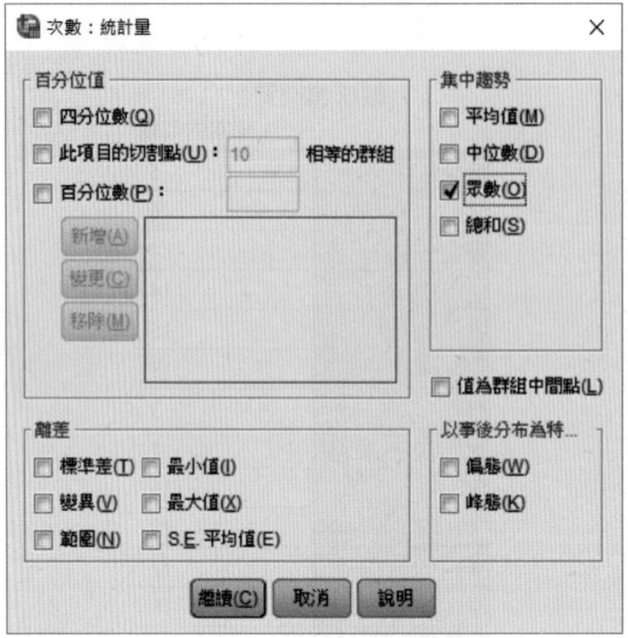
次數：統計量
百分位值
四分位數(Q)
此項目的切割點(U)：
10
相等的群組
百分位數(P)：
新增(A)
變更(C)
移除(M)
集中趨勢
平均值(M)
中位數(D)
眾數(O)
總和(S)
值為群組中間點(L)
離差
標準差(T)
最小值(I)
變異(V)
最大值(X)
範圍(N)
S.E. 平均值(E)
以事後分布為特...
偏態(W)
峰態(K)
繼續(C)
取消
說明

第 2 章　主題研究所需知識

2.1　進行主題研究時的心理準備

2.1.1「基礎分析」與「主要分析」

實際進行主題研究時所需要的注意事項，在於如何將每一個分析手法組合在一起找出最終的結論。

因之，各個分析手法是在何種的目的下，應用在何種的數據上？由該處可以知道什麼？此種的基本知識當然是不可欠缺的。而且，通常要組合好幾種的分析手法去找出最終的結論。

不妨仔細地閱讀論文中所記載的統計分析步驟看看。其中所記載的分析手法，從其目的來看可大略分成兩種。

第一是「基礎分析（Base Analysis）」。這可以說是在進行許多的研究中「必須要先進行的分析」。如果未先做好此分析時，閱讀論文的研究者會浮現出各種的疑問，像是「此部分的情形如何？」「想知道此部分的情形是如何？」「在提出結論之後，這些事項是否已加以考量了呢？」。因此，不管是否寫在論文上，進行此「基礎分析」可以說是最少所需的步驟。

第二是「主要分析（Main Analysis）」。這以料理來說，相當於主菜（main dish），此即爲由此結果導出主要的結論之部分。教科書中所記載的圖形或路徑圖、概念圖等，有許多可以說是由此「主要分析」所導出來的。

此處所區分的兩種，並非是哪一部分包含哪種的分析方法。譬如，即使是相同的相關係數，有的是爲了「基礎分析」所導出者，以及有的是爲了「主要分析」所導出者。前者，也就是說「此部分的相關係數已有求出，所以讀者可以安心」，是爲了迴避讀者心中所持有的疑問。後者，是論文的作者最想主張的部分，「此處的相關關係是最想要說明的事項」。

2.1.2 論文執筆的「默認規則」

先前，雖然曾提過「不管是否寫在論文上」這一句話，但並非所進行的全部分析結果都要揭載在論文中。可是，閱讀論文的人，卻是視爲理所當然要進行某種統計分析來閱讀，亦即，該處存在某種規則。

相反地，也不需要將所輸出的分析結果全部寫進論文中，「此處是理所當然的，不撰寫也行」的部分也有，這是在論文中經常出現的例子，好歹全部進行了所想到的統計分析，於是將它全部寫在結果中，結果此種論文想說什麼，有很多是全然不得而知的。

論文並非照樣記述「思考的過程」，而是要使之有說服力，有順序地、精巧地整理想向讀者傳達的事項，對於主題研究來說也是相同的，朝向最終的結論且有條不紊地去整理可以說是有需要的。

2.1.3 從模仿開始

爲了學習分析的技術，總之自己要親身嘗試各種的分析看看。可以的話，從調查的計畫自己親自去思考，實際蒐集數據，試著著手分析。一度嘗試之後，即可看出自己的調查、研究，何處有問題點。

不管是哪種的職業、技術的世界，最初難道不是從「模仿」開始的嗎？不模仿卻想要突然成爲專家是相當不易的。即使是學術的論文，如果發現讀起來也覺得有趣的論文時，可以實際嘗試進行與該論文相關的調查、實驗（或者自己略爲斟酌內容）。嘗試過此種經驗後，不僅可以確認新得到的數據眞的可以表現出與先行研究相同的結果，同時也可學習論文中所撰寫的分析方式與結果的撰寫方式。

當模仿時，只以本書之結果寫法作爲參考是不行的，畢竟要好好閱讀自己專長領域中的論文，模仿該領域的論文寫法才行；領域如果不同時，結果的寫法當然也是不同的，並且，結果的記述方式也大大地反映個人的偏好，即使是學者之間，結果的寫法也不會有完全相同的，而且，結果的寫法也會取決於時代有所不同，何況是其他的領域，採取與本書不同的寫法，可以說是理所當然的。

2.1.4 只是模仿是不行的

進入研究所之後，想要從事專門領域的研究是自待不言的，即使是大學部或研究所的畢業論文，只是模仿也是不行的，一面模仿一面自己思考，雖然成果的部分並不會太多，但必然比只是模仿也可獲得較好的評價吧！

試將目光轉向更細微的部分吧！此即論文中對結果之記述方式，結果的寫法此事似乎格式固定，但也並未完全固定，即使是論文中的某一處，也仍有各種的考量，它是以表格來表現平均值嗎？或是以圖形表現嗎？如可得到幾個相關係數時，要從哪一對去記述才好？平均值全部列在本文中是否較好呢？促使參照表就行嗎？事實上並不只是如此，對於圖形的做法、表格的做法，雖然學會中有「執筆、投搞的索引」等的手冊，但每個人仍有各種考量的餘地，只是模仿，還是學不到箇中精髓的。

重要的是要容易閱讀，能夠理解，可以主張想說的結果。也許有人會認爲，結果的部分是將客觀所得到的結果能陳列出來即可，它的確在某一方面是正確的，當然，表面上要注意客觀的記述，可是，實際上，它是要把所分析的資訊進行取捨選擇、資訊的重排。論文以整體而言，是要用最有說服力的方式撰寫自己想主張的事項，即使是結果的記述也毫無例外。如果在考察部分中有什麼想主張的事項時，於結果的記述中也必須讓該主張可以充分導出才行，要注意要存有意圖的結果敘述。

2.2 調查的方法

2.2.1 蒐集數據

社會科學是使用實驗法、觀察法、面談法、調查法等各種資料蒐集法進行研究。具有如此多樣的資料蒐集法，可以說是社會科學的一大特徵。

最具說服力的科學方法是**實驗法**。

- 許多是在實驗中進行，操作、控制對結果有影響的條件，以某種的方式進行測量。
- 實驗法中考察如何控制條件，如何排除對結果有影響之其他要因是重點所在。

觀察法如其名是利用觀察蒐集資料的方法。

- 觀察法可分成，於事前先準備查檢表或編碼表等，累計所觀察的行爲的一種「有體系式觀察法」，以及記述所觀察的現象或收錄在影帶之後再按類別分類以查檢表累計的「非體系式觀察法」。
- 後者可分成以第 3 者觀察對象的「非參與觀察法」，以及一面與對象一起行動一面進行觀察的「參與觀察法」。

面談法是以一對一或者針對少數，以口頭的方式詢問對方得到回答的手法。

- 此有事先設定詢問的內容，然後記錄回答的「構造化面談」，以及事先設定某種程度的詢問內容，利用當場的回答臨時應變地應對的「半構造化面談」。

調查法是將意見表提供給受訪者使其記錄回答，用以蒐集資料的方法。

- 這是在現場調查每人的想法、態度、行爲。許多時候是給與語言上的刺激再取得資料，利用如此的步驟來進行。
- 所得到的資料再利用多變量分析的手法，檢討複雜變數間之關聯。

每一種手法都有優點與缺點，有需要取決於研究目的予以活用。

	優點	缺點
實驗法	•因果關係容易特定，規則性、法則性容易明確地加以推導。 •進行相同的步驟，可以檢討結果是否能重現。 •可以驗證理論是否妥當。	•因為是在研究者所設定的人工環境中進行，因之，不一定可以照樣應用在現實的場合中。 •研究者操作不了的條件有可能存在。 •數據蒐集要花成本（時間、費用）。
觀察法	•可柔軟地應用在許多的現象中，即使設有充分的假設也能蒐集資料。 •可以柔軟地分析資料，不管是質性資料、量性資料的哪一種分析方法均能應對。	•正在觀察的現象其原因是什麼，容易變得不明確。 •觀察對象是特定的母體等，容易變成事例的檢討。 •資料受觀察者的心理作用有可能扭曲。
面談法	•可以就個人的想法獲得合乎現實的資訊。 •可以獲得有關個人的許多詳細資訊。	•許多時候變成質的分析。 •在面談者與面談對象的互動中，有可能導出與原本面談對象不同的想法的回答。 •取得許多的資料要花時間上的成本。
調查法	•可以掌握平常場合中的想法、態度、行為。 •可以一次獲得許多的資訊。 •資料蒐集的成本（時間、費用）少。	•即使分析資料，明確特定因果關係甚為不易。 •回答有可能潛藏虛偽的報告。 •有需要考量詢問或回答的方法。

本書主要是使用「調查的手法」，體驗所獲得的資料之實際分析。關於其他的手法，請參考適切的文獻。

2.2.2 詢問與回答

幾乎所有的問卷是由數個問項所構成。詢問的方式有各式各樣，資料的分析方法依其形式而有不同。

試著整理如下：

<table>
<tr><th colspan="2">回答形式</th><th>例</th><th>特徵</th></tr>
<tr><td colspan="2">自由回答法</td><td>您認為大學生活中什麼是重要的呢？請自由地記述您的想法。
〈回答欄〉</td><td>• 進行質性分析；不適合量性分析。</td></tr>
<tr><td rowspan="6">選擇題法</td><td>單一回答法</td><td>您認為大學生活中最重要的是什麼？請在以下中選出最合適的一個。
1. 學業 2. 打工 3. 友人關係 4. 戀愛</td><td>• 需要準備適切的選項。</td></tr>
<tr><td>複數回答法</td><td>您認為大學生活中最重要的是什麼？請在以下之中選出全部合適者。
1. 學業 2. 打工 3. 友人關係 4. 戀愛</td><td>• 資料的處理比單一回答法複雜。
• 需要準備適切的選項。</td></tr>
<tr><td>限定回答法</td><td>您認為大學生活中最重要的是什麼？請在以下中選出 2 個以內。
1. 學業 2. 打工 3. 友人關係 4. 戀愛</td><td>• 資料的處理比單一回答法複雜。
• 需要準備適切的選項。</td></tr>
<tr><td>順位法</td><td>您認為大學生活中最重要的依序？由 1 到 4 加上號碼。
（）學業（）打工（）友人關係（）戀愛</td><td>• 選取次序尺度或名義尺度的資料處理方法。</td></tr>
<tr><td>一對比較法</td><td>您認為以下的組合中，何者是您認為大學生活中最重要者？請圈選。
（學業 打工）（學業 友人關係）
（學業 戀愛）（打工 友人關係）
（打工 戀愛）（友人關係 戀愛）</td><td>• 雖然嚴密，但組合多時，不易回答，資料處理也變得複雜。</td></tr>
<tr><td>強制選擇法</td><td>您認為以下 2 個大學生活之敘述，何者是適合您的？請圈出合適者。
1. 大學生活中以學業為優先。
2. 大學生活中以學業以外的活動為優先。</td><td>• 也有採用此方式的心理檢查。
• 基本上，成為名義尺度水準的分析方法。</td></tr>
</table>

回答形式	例	特徵
評定尺度法	想打聽您對大學生活的想法。對於以下的各個詢問，認為對大學生活是最合適者，請圈選出數字。 1. 完全不合適 2. 不怎麼合適 3. 很難說 4. 略微合適 5. 完全合適 (1) 認為大學生活中學業應最為優先 ………1　2　3　4　5 (2) 對大學生而言認為打工是社會學習所需 ………1　2　3　4　5 (3) 大學生活中友人關係並不太重要 ………1　2　3　4　5	• 社會科學的調查研究中最常使用。 • 問題尺度水準的分析方法可以適用。 • 大多設定了到 7 級的回答方式。 • 回答部分並不只數字像 ├──┼──┼──┼──┤ 這樣以線段來表示的也有。
SD（Semantic differential）法	打聽您對大學生活的印象。在各成對的用法中認為最合適者以數字圈出。 (1) 明朗　1 2 3 4 5　黑暗 (2) 喜歡　1 2 3 4 5　不喜歡 (3) 活力的 1 2 3 4 5　疲倦的	• 測量印象時經常使用。 • 設定法的一種形態。 • 能適用間隔尺度水準的分析方法。

在社會科學的問卷法中，最常使用的是選項法中的「評定尺度法」。不管對哪一個形式來說，要注意的是，問卷內容是否符合想知道的事項？詢問與回答的方法是否一致？詢問文回答者是否容易回答等。

2.2.3 詢問項目（或簡稱為問項）

在利用選項法的調查中要注意的是，不會得到研究者事先所準備好的選項以外的回答。

- 另外，問卷的內容並非要全部重新製作。
- 對於自己想測量的內容，如果在過去的研究中，已充分檢討了信度與效度的問項時，可以使用它。

其次，列舉製作問項時的注意事項。

- **明確反映詢問的意向。**

- ➢ 詢問的內容與回答的方式是否一致？
  - ◆ 對於「您喜歡何種的水果」之詢問來說，即使備妥「是」、「不是」也是沒有意義的。
- ➢ 詢問文如不明確時，可能會發生意料之外的回答。
  - ◆ 不清楚的詢問文，考慮數個回答的情形也有。
- ➢ 是否在一個詢問文之中打聽 2 個以上的事項？
  - ◆「您是屬於容易生氣，將生氣發洩到周邊的人身上嗎？」
    此種詢問，變成了打聽「是否容易生氣」以及「是否向他人發洩怒氣」2 件事情。

● **注意文章表現。**
- ➢ 是否是過於複雜的文章或太長的文章，或過短而有多重意義的文章呢？
- ➢ 是否使用方言或只有自己才使用的用語、措詞呢？
- ➢ 是否是正確的文句呢？

● **避免誘導回答的詢問。**
- ➢ 譬如「目前的社會中有諸多的不便，您對此種的社會覺得有不滿嗎？」此種詢問即為誘導「不滿」的回答。
- ➢ 即使至目前為止並不明確，但背地裡煽動回答者的反感或共鳴的回答是不理想的。
- ➢ 對於回答者的隱私或不想回答之反應要多加顧慮。

● **其他。**
- ➢ 是否打聽個人的想法、打聽一般的想法、針對一般的想法打聽個人的意見等，區分出打聽的概念後再製作詢問項目。
- ➢ 句點、逗點的用法或語氣要一致。

2.2.4 尺度

社會科學中一般將利用評定法的幾個項目聚集之後再構成「尺度」。

● 項目→（集合）→下位尺度→（集合）→尺度

雖然一般是採用如此的構造，但是只由一個下位尺度所構成的尺度也是有的。

● 下位尺度
- ➢ 項目所聚集的下位尺度是以一條直線來表現。

➢ 下位尺度是由相互有正向相關關係的項目群所構成。

➢ 與其他的項目有負向相關關係之項目，視為逆轉項目，要將它的分數相反地換算。

➢ 一般下位尺度的分數，是將構成下位尺度的項目分數予以合計求出。

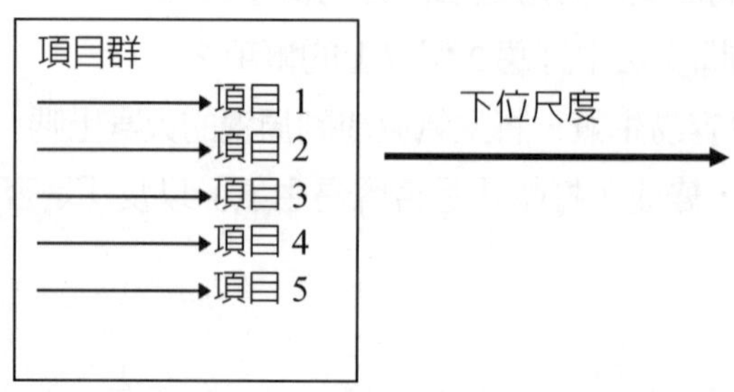

另外，項目的集合體亦即下位尺度雖是由數條項目群的直線所構成，但下位尺度的集合體亦即「尺度」，卻不一定是由數條直線所表現。

● 尺度

➢ 一個尺度所包含的數個下位尺度，並未顯示相互有正相關、無相關或負相關的情形也有。

➢ 某個尺度所包含的下位尺度間之相互關聯是何種關係，取決於該尺度反映何種概念而有不同。

以下的 3 個圖是顯示出 3 種代表性的類型。

圖 2.1 是測量整個尺度具有一定的方向性之概念時，經常見得到的構造。

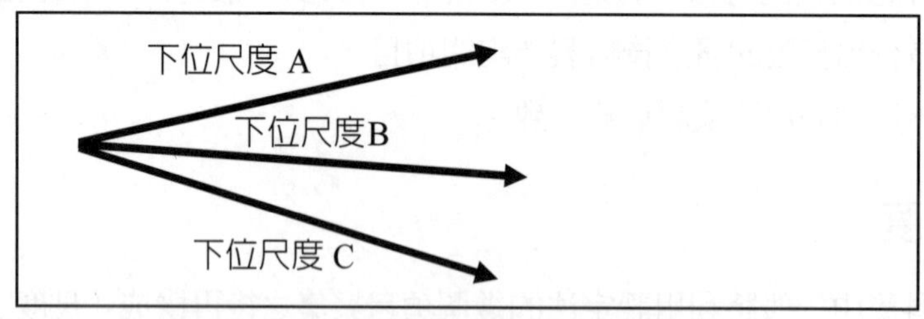

圖 2.1　下位尺度相互有正的相關關係

➢ 譬如，意指 A 不安，B 不安，C 不安 3 種不安內容。

製作了由下位尺度所構成的「概括性的不安尺度」。

- 「概括性的不安尺度」所包含的 3 個下位尺度均是表現「不安」，因之相互呈現正的相關關係。
- 如果存在有與其他的下位尺度未呈現正向相關之下位尺度時，將它設想爲「概括性的不安」時是否可以接受，有需要充分考量。

圖 2.2 是在下位尺度間未假定特定的相關之情形。

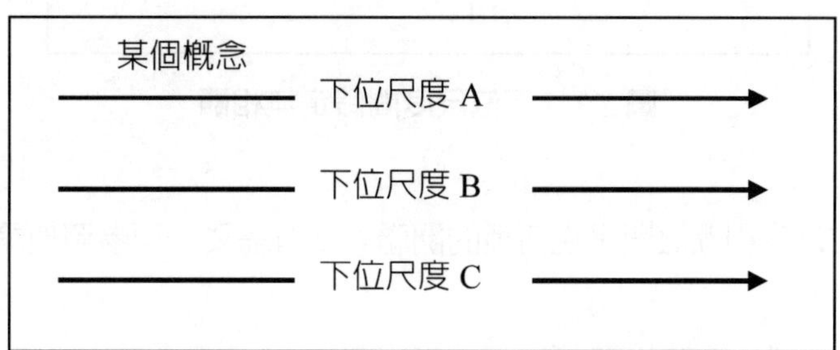

圖 2.2　下位尺度間未假定特定的相關

譬如，製作「大學生的行動電話使用方式」此種尺度時，

- 以自由記述形式或面談形式進行預備調查，由此資訊設定某種程度的數個項目進行調查。
- 在此種步驟時，存在幾個下位尺度呢？以及下位尺度之間的關聯是如何呢？並無明確的假定，一面進行項目的取捨選擇，一面利用探索式的因素分析去明定下位尺度。
- 因事前未決定方向性，一個尺度之中所包含的數個下位尺度相互之間有可能是正相關、負相關、無相關的任一類型。

圖 2.3 是假定下位尺度無相關之情形。

- 設定 2 個下位尺度，基於其平均值將調查對象分成 4 組那樣進行資料處理時，2 個下位尺度有需要假定相互間幾乎無相關。
  - 「A、B 均爲高的組」、「A 高 B 低的組」、
    「A 低 B 高的組」、「A、B 均低的組」
    可以設定 4 組。
- 即使設定 3 個以上的下位尺度，從理論的觀點來看，相互之間有時假定無相關。

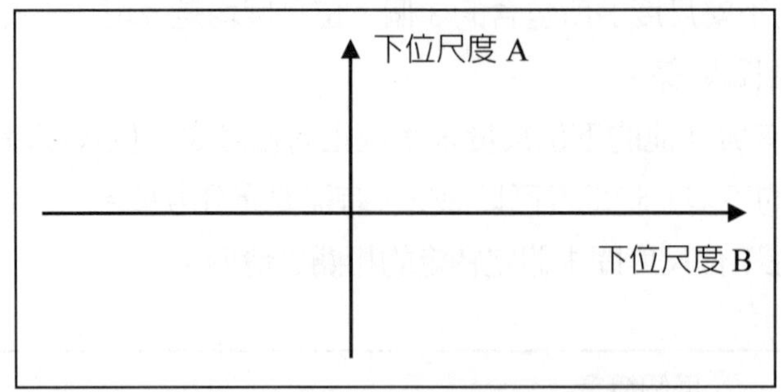

圖 2.3　下位尺度間假定無相關

關於下位尺度相互之間呈現何種的關聯呢？有需要一面參照理論一面進行考察。

2.2.5 信度（Reliability）

測量人類的行為或心理之狀態的數據均含有誤差。

- 「測量值」=「真值」+「測量的誤差」之關係是成立的。
- 誤差有因研究者的不當行為所引起者，以及進行測量時所發生之預測困難者。
- 研究者的人為誤差，利用慎重地檢討研究步驟可以某種程度地迴避，但處理測量時所發生之誤差是很困難的。
  考察正確測量視力的情形吧！
- 第 1 次測量視力之後，是 1.2。在 1 分鐘後再測量 1 次是 1.3。此 0.1 的差異是否反映視力增加呢？還是誤差呢？
- 一種想法是認為測量帶有誤差，測量幾次視力後求出平均值，將該平均值視為接近其正確視力之值。
  因為所測量的數據帶有誤差，因之有需要以某種方式來表現所測量之數據的信度或所使用之測量用具的信度。
  在為數甚多的信度的檢討方法之中，提出較具代表性者。

名稱	內容
再檢查法	•以某種時間間隔，進行 2 次相同的測量，求出測量值之間的相關係數，當作信度係數的估計值。 •經過一段時間後，將安定的測量值視為真值。
折半法	•尺度以數個項目的合計分數表現時，將此數個項目分成內容或難易度相等的2群，將合計分數之間的相關係數當作信度的估計值。 •分成奇數號碼之項目與偶數號碼之項目來檢討的也有。
評定者之間的一致度	•同時由 2 名以上評定者進行測量，求出評定者之間的相關係數或一致率後，當作信度係數的估計值。 •觀察數據的評定或記述數據的分類時所使用的居多。
內部整合性	•尺度以數個項目的合計分數表現時所使用，在數個項目中的共同成分即視為真值。 •大多求出稱為 α 係數的信度係數，以 0~1 之間的數值表示，愈接近 1，即判斷內部整合性愈高。 •α 係數是在測量重複進行時分數之間的相關係數的估計值，提供真正的信度係數的下限值。

2.2.6 效度（Validity）

不管使用信度多高的測量用具，無法測量想測量的對象，亦即如果欠缺效度是沒有意義的。

● 譬如，

➢ 使用某器具測量了視力。即使測量幾次也都得出相同的數值，即爲信度非常高的器具。

➢ 可是，B 君的數值雖比 A 君高，但 A 君可以看見遠處的東西而 B 君卻看不見，似乎覺得有些奇怪。

➢ 因此仔細調查該器具時，測量的並非「視力」而是「聽力」。

也許您會認爲「不會吧！」，但與此相似的事情在社會科學的調查中經常出現。調查中測量的對象無法直接看到的構成概念，測量的對象即使有誤，也相當不易知道。

● 譬如，

➢ 想測量「對人不安傾向」所作成的尺度，事實上如當作測量「內向性」時會如何呢？

- 對人「不安傾向」與「內向性」的何處相同何處相異，如理論上未能先查明時，所作成的尺度要測量 2 個之中的何者即無法判斷。
- 要怎麼辦才能說是「測量對人不安傾向，而非內向性」呢？

● 查明此事即爲效度的驗證。

- 信度與效度並非一定相對。上述的例中所出現的器具，信度非常高，可是，將此器具當作視力計使用是不適切的。

因爲，當作視力計是欠缺效度的緣故。

名稱	內容
內容的效度	•應測量的概念是否有過與不足地反映在測量用具上呢？從理論上加以檢討。 （例）規劃出一學期的數學的考試問題。為了檢討該考試問題的效度，是否全部涵蓋了該學期所教的內容呢？是否包含有該學期未教的內容呢？在進行該學期的評價時，要就問題是否適切進行檢討。
基準關聯效度	•設定某種的外在基準。檢討該基準與所測量之值的關聯。 •事先將確認效度的指標當作外在基準檢討關聯（並存的效度），或者檢討能否預測將來的事件（預測的效度）等。 （例）製作了診斷某疾病的查檢表。為了檢討它的效度，分成經醫師診斷是該疾病的群、診斷是另一疾病的群、以及診斷是健康的群，此以 3 群比較查檢表的分數。此時，醫師的判斷即為外在基準。
構成概念效度	•所測量的分數是否與從理論所導出的各種社會科學的事實相整合呢？進行檢討。 •並非只是檢討測量值之間的關聯，從理論檢討背後的概念，該理論真的能反映在所測量之值嗎？進行檢討甚為重要。 （例）重新作了測量「社會外向性」之尺度。從社會外向性此概念的背後的各種理論來看，社會外向性高的人，被認為具有廣泛的友人關係且對人不安低。因此，製作了測量友人關係的廣泛性與對人不安的尺度，檢討可否同意此種關聯。

當製作新的尺度時，有需要檢討該尺度的效度。可是，即使說是已經檢討了與其他幾個尺度之關聯，也並非已經完全驗證新尺度的效度。

在調查研究方面，效度並非完全可以滿足。在重複研究之中，該尺度的效度會變得更爲確實，或許是以此種立場去面對吧！

➢ 譬如，您已製作測量「對人不安傾向」的新尺度。爲了檢討效度，決定檢討與既有的「對人不安尺度」之相關。

➢ 結果，新的尺度與既有的尺度之間的相關係數 r = 0.8 非常高，您即下結論認爲新的尺度反映新的對人不安之概念。

➢ 可是，指導教授指出「能得出如此高的相關係數，是因爲您所作成的尺度與既有的尺度是相同的，因之沒有重新製作的意義，不是嗎？」。

您對該指謫也啞口無言。

的確在檢討新尺度的效度時，檢討與既存尺度之關聯是常有的事。

➢ 可是，重要的是要查明新的尺度是否反映何種理論，與既有的尺度有何不同？新作成的尺度有何優點呢？均要使之明確。

2.3 要使用哪種分析呢？

首先複習在哪種時候進行哪種分析吧！

社會科學中經常使用Pearson的積率相關係數、順位相關係數、偏相關係數。

	相關係數之名稱	值的範圍	能應用之尺度的水準	應用時的條件
2變數間的相關係數	獨立係數 （定性相關係數）	0~+1	名義尺度	
	ϕ 係數 （點相關係數）	-1~+1	名義尺度、順序尺度	2 變數均只取 2 個值之離散變量
	Sperarman 的順位相關係數	-1~+1	順序尺度	
	Kendall 的順位相關係數	-1~+1	順序尺度	
	四分相關係數	-1~+1	間隔尺度以上	•2 變數均服從常態分配 •2 變數為直線性迴歸 •2 變數只有分割點上下的資訊
	點雙列相關係數	-1~+1	1 個變數（X）是名義尺度、順序尺度 1 個變數（Y）是間隔尺度以上	•X 是 2 個值的離散變數 Y 是服從常態分配

	相關係數之名稱	值的範圍	能應用之尺度的水準	應用時的條件
2變數間的相關係數	雙列相關係數	-1~+1		•2 變數均服從常態分配 •2 變數為直線迴歸 •1 變數只有分割點上下的資訊
	Pearson 的積率相關係數	-1~+1	間隔尺度以上	•2 變數均服從常態分配 •2 變數為直線迴歸
	相關比	0~+1	1 變數（X）為任何的尺度水準均可 1 變數（Y）是間隔尺度以上	•對應 X 的各個 Y 分別服從常態分配 •2 變數間為曲線迴歸
3變數以上的相關關係	一致係數	0~+1	順序尺度	
	複相關係數	0~+1	間隔尺度以上	•服從多變量常態分配 •呈現直線迴歸
	偏相關係數	-1~+1	間隔尺度以上	•服從多變量常態分配 •呈現直線迴歸

2.3.2 檢討「差異」

檢討群間的差異時，首先要掌握的是檢討比率之差異呢？還是檢討平均值之差異呢？

目的	統計量	資料的種類	同時分析的變數個數				
			1 變數	2 變數		3 變數以上	
				無對應	有對應	無對應	有對應
差異	變異數	量的數據	利用 χ^2 分配的檢定	F 檢定	t 檢定	Cochran 檢定、Bartlett 檢定	變異數分析的應用

	平均	量的數據	利用常態分配，t 分配的檢定	t 檢定	有對應的 t 檢定	變異數分析 多重比較	有重複的變異數分析 共變異數分析（相關分析）（ANOCOVA） 多變量變異數分析（MANOVA）
	類別間之差異人數或 %	質的數據（名義尺度）	χ^2 檢定（比率的檢定）	2×2 的 χ^2 檢定 2×k 的 χ^2 檢定	有對應的 χ^2 檢定	r×k 的 χ^2 檢定	χ^2 檢定（Cochran 的 Q 檢定）

2.3.3 進行「多變量分析」

不管哪種分析都是如此，首先使目的明確是很重要的。

多變量分析的目的，大略可分爲預測與整理。

預測時，依獨立變數（自變數）與從屬變數（依變數）的數據種類，所應用的分析而有不同。

<table>
<tr><td rowspan="2">要做什麼？</td><td colspan="2">尺度水準是？</td><td rowspan="2">多變量分析的手法</td></tr>
<tr><td>從屬變數（基準變數、目的變數）</td><td>獨立變數（說明變數）</td></tr>
<tr><td rowspan="4">從數個變數預測、說明、判別一個變數</td><td rowspan="2">量的數據</td><td>量的數據</td><td>複迴歸分析</td></tr>
<tr><td>質的數據</td><td>數量化 I 類</td></tr>
<tr><td rowspan="2">質的數據</td><td>量的數據</td><td>判別分析</td></tr>
<tr><td>質的數據</td><td>數量化 II 類</td></tr>
<tr><td rowspan="2">檢討數個變數間之關聯性壓縮、整理</td><td colspan="2">量的數據</td><td>因素分析
主成分分析
集群分析</td></tr>
<tr><td colspan="2">質的數據</td><td>數量化 III 類
對應分析</td></tr>
</table>

* 嚴格來說，因素分析與主成分分析是不同的，前者是假定存在潛在變數的分析方法。

2.3.4 進行「結構方程模式分析」

像因素分析、複迴歸分析等許多的多變量分析，可以利用結構方程模式分析來檢討。

所謂結構方程模式分析（Structural Equation Model），是爲了調查構成概念與觀測變數之性質，同時分析所蒐集之許多觀測變數的統計手法。

結構方程模式分析雖可處理各種的因果模式，但是對於何種的分析會成爲何種的因果模式，使用者必須先設定才行。

可以利用 Amos 軟體進行結構方程模式分析，有關此部分的分析請參考本書中的第 11 章至第 21 章。

第3章 相關性分析

3.1 表示關聯的方法

在研究上常有針對變數間的關係進行檢討，此處學習能表示其關聯的方法，再從中學習相關係數與相關檢定的方法。

3.1.1 交叉表（Cross Table）

交叉表經常用在數據是名義尺度以上的情形。組合 2 個以上的獨立變數作成表將從屬變數放入到表中，或組合各獨立變數的數個反應類別放入各次數的情形等有許許多多。

交叉表的格式

	a	b	c	…	橫的合計
a	n_{aa}	n_{ab}	n_{ac}	…	$n_{a\cdot}$
b	n_{ba}	n_{bb}	n_{bc}	…	$n_{b\cdot}$
c	n_{ca}	n_{cb}	n_{cc}	…	$n_{c\cdot}$
•	•	•	•	…	•
•	•	•	•	…	•
•	•	•	•	…	•
縱的合計	$n_{\cdot a}$	$n_{\cdot b}$	$n_{\cdot c}$	…	計（縱橫合計）

例：男女與對意見的贊成、反對的表明

性別＼意見		意見		合計
		贊成	反對	
性別	男	30	20	50
	女	10	40	50
合計		40	60	100

3.1.2 散佈圖

數據是次序尺度以上時，以散佈圖將數據表示也行。基本上，將 2 個變數作成縱軸與橫軸，將各測量值畫在它的交點上。

利用【轉換 (T)】⇨【編碼成不同變數 (R)】，將量尺資料轉成名義尺度，再利用【交叉資料表 (C)】。

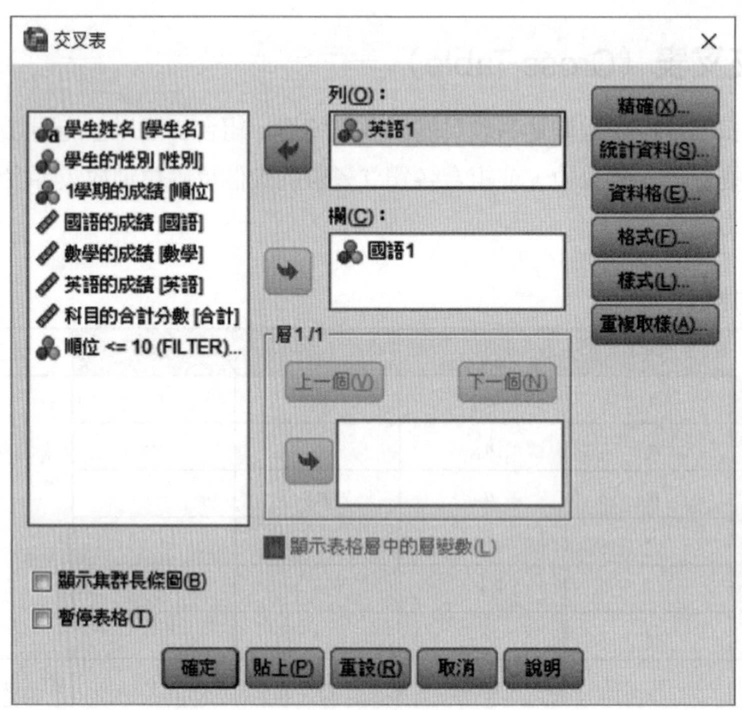

英語 1* 國語交叉列表

計數

		國語 1							
		2.00	3.00	4.00	5.00	6.00	7.00	8.00	總計
英語 1	3.00	0	0	0	0	0	0	0	1
	4.00	0	1	1	0	0	0	0	5
	5.00	1	0	2	1	0	0	0	5
	6.00	0	0	0	1	0	0	0	4
	7.00	0	0	0	1	1	1	1	3
	8.00	0	0	0	1	0	0	0	1
	9.00	0	0	0	0	1	1	0	1
總計		1	1	3	4	2	2	1	20

例：國語與英語之分數的散佈圖

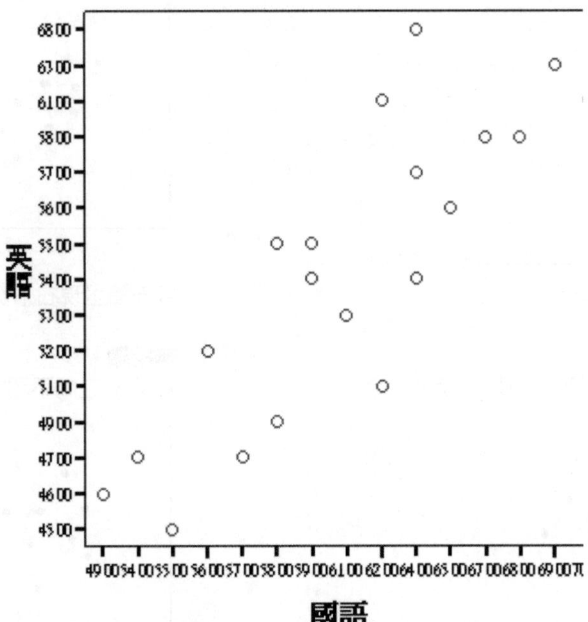

1.【圖形 (G)】清單⇨【舊式對話框 (L)】⇨【散佈圖 / 點狀圖 (S)】，
2. 選擇【簡式散佈圖】，按一下【定義】，
3.【Y 軸：】指定英語，【X 軸：】指定國語，按【確定】。

● 英語與數學均爲量尺數據。

3.1.3 相關係數與相關檢定

以統計的指標將散佈圖上以視覺的方式所表現的 2 個變數的關聯性（相關）加以表現者即爲相關係數。

正的相關關係
隨著X之值的增加Y之值也增加。

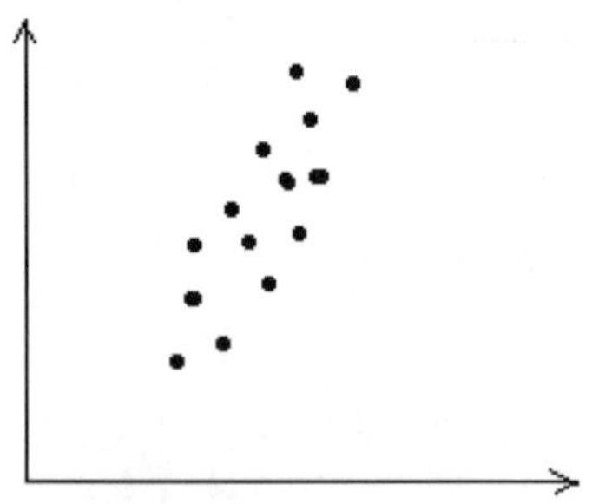

散佈圖呈現右上傾向。

負的相關關係
隨著X之值的增加Y之值在減少。

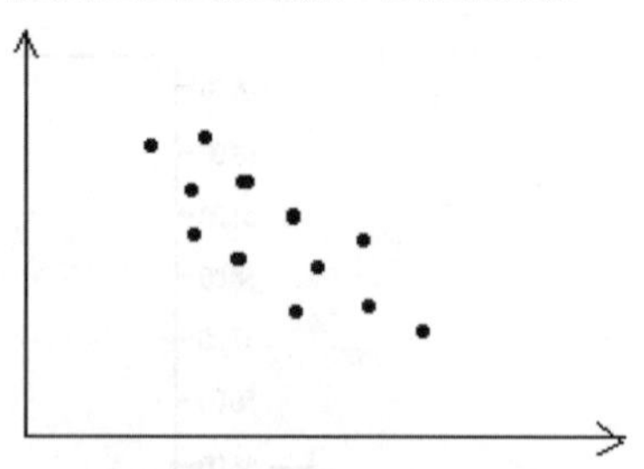

散佈圖呈現右下傾向。

曲線相關
X與Y雖無直線的關係，卻有一定的關係。

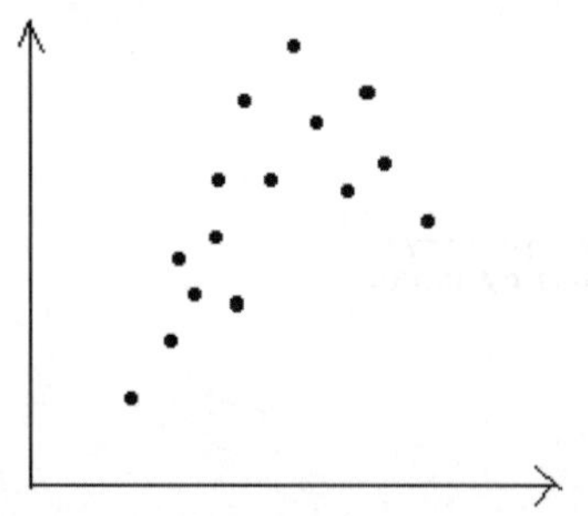

譬如，考察授課的難易度（X）與激勵的高低（Y）之間的相關吧！不管授業太難或太簡易，激勵也是低吧！難易度適當，可以預估激勵會是最高的。

無相關
X與Y之間不認為有什麼關係。

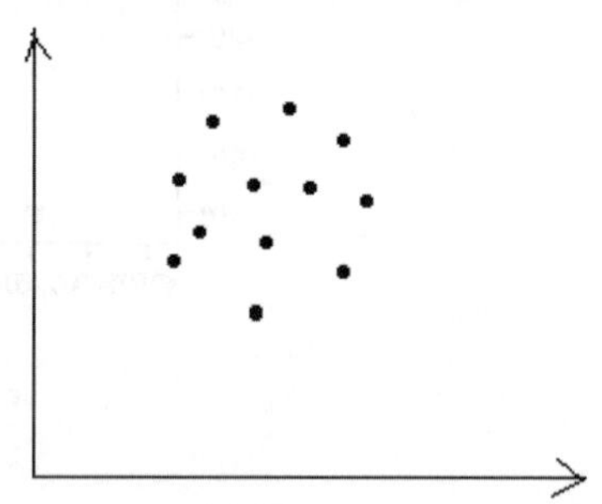

散佈圖接近圓形。

通常相關係數是取 -1 到 +1 之間的值。得到哪一程度的相關係數時才是「有關聯」呢？取決於數據的個數與處理的變異而異。

一般大多如以下來判斷。

.00 ~ ± .20	幾乎沒有相關（.00 是無相關）
±.20 ~ ± .40	有低（弱）的相關
±.40 ~ ± .70	有相關（較強）的相關
±.70 ~ ± 1.00	有甚高（強）的相關 （+1.00 是完全正相關，-1.00 是完全負的相關）

SPSS 除計算相關係數之同時，也可以輸出稱之爲無相關檢定（相關的顯著性檢定）的檢定結果。

例：國語與英語的分數的相關係數

相關性

		國語的成績	英語的成績
國語的成績	皮爾森（Pearson）相關性	1	.653**
	顯著性（雙尾）		.002
	N	20	20
英語的成績	皮爾森（Pearson）相關性	.653**	1
	顯著性（雙尾）	.002	
	N	20	20

**. 相關性在 0.01 層級上顯著（雙尾）。

- 相關性檢定
  - 無相關檢定，是爲了調查由該數據所得出的相關係數就母體而言是否仍可以判斷爲有意義的相關係數而進行的。
  - 設定「母體不認爲有相關關係」的虛無假設，如虛無假設被否定時，判斷母體也可以認爲有相關。（論文中記述「相關是顯著」）。
  - 以 5% 水準顯著（$*P < 0.05$），1% 水準顯著（$**P < 0.01$），0.1% 水準顯著（$***P < 0.001$）此種基準來判斷的甚多。

3.1.4 相關係數的種類

一般經常所使用的相關係數的正式名稱，即爲 Pearson 積率相關係數。

對於間隔尺度以上的尺度水準所得到的數據來說，Pearson 積率相關係數可以適用。

除此之外相關係數也有幾種（參照下表）。

3.1.5 使用相關係數時的注意點

1. 相關關係與因果關係是不同的

- 即使相關係數之值很大，也不一定能說有因果關係。
- 對於假定因果關係的條件來說，參照第 7 章 1-3 使用多變量解析時的注意點。

2.「偏離值的影響」

- Pearson 的積率相關係數因爲是使用平均與標準差求出（數據的分配方式的影響），因之如數據存在偏離值時，容易受其影響。
- 數據數愈少，此傾向即愈大。
- 數據存在偏離值時，除去偏離值計算相關係數，或者可以使用順位相關係數。

3. 不能說是數倍大

- 相關係數並非間隔尺度或比率尺度的數值。因此，像是「A 與 B 的相關係數（= 0.60）是 A 與 C（= 0.30）的 2 倍大」是不可以如此說的。

相關係數的種類與應用條件

	相關係數的名稱	值的範圍	能適用之尺度的水準	適用時的條件等
2 變數間的相關係數	獨立係數（定性相關數）	0~+1	名義尺度	
	ϕ 係數（點相關係數）	-1~+1	名義尺度、次序尺度	2 變數均取 2 個值的離散變數
	Spearman 的順位相關係數	-1~+1	次序尺度	
	Kendall 的順位相關係數	-1~+1	次序尺度	
	四分相關係數	-1~+1	間隔尺度以上	2 變數均服從常態分配 2 變數是直線迴歸 2 變數均只有分割點的上下次數的資訊
	點雙列相關係數	-1~+1	1 變數（X）是名義尺度、次序尺度 1 變數（Y）是間隔尺度以上	X 是 2 個值的離散變量 Y 是服從常態分配
	雙列相關係數	-1~+1	間隔尺度以上	2 變數均服從常態分配 2 變數是直線迴歸 1 變數只有分割點的上下次數的資訊

	相關係數的名稱	値的範圍	能適用之尺度的水準	適用時的條件等
	Pearson 的積率相關係數	-1~+1	間隔尺度以上	2 變數均服從常態分配 2 變數是直線迴歸
	相關比	0~+1	1 變數（X）是任一尺度水準均行 1 變數（Y）是間隔尺度以上	對應各個 X 的 Y 是分別服從常態分配
3 變數以上的相關係數	一致係數	0~+1	次序尺度	
	複相關係數	0~+1	間隔尺度以上	服從多變量常態分配 表示直線的迴歸
	偏相關係數	-1~+1	間隔尺度以上	服從多變量常態分配 表示直線的迴歸

4. 依照檢討的假設需要進行適切地資料蒐集

● 依數據的選取方法在相關係數的數值與方向性（＋－）出現不同傾向的情形也有。

例 1.：男女的相關的正負不同時，男女合計求出相關係數時，接近無相關（各群的相關將爲分割相關，或層別相關）。

例 2.：雖然入學前的成績與入學後的成績原本顯示正的相關，但因爲沒有未入學者（入學前成績者低）的數據，因之相關係數變低（稱爲切斷效果）。

5. 未反映平均之差異

● 計算相關係數時，將數值變換成標準分數（即平均爲 0，變異數爲 1）。因此，平均爲 0 的數據全部加 100，平均即成爲 100，相關係數也不變。

6. 假相關與偏相關係數

● 因第 3 變數的影響，2 個變數間的相關係數外表上有時會變大。稱此爲假相關。此種情形，可以計算除去第 3 變數的影響後之相關係數，即「偏相關係數」。

例：包含從兒童到成人在內的數據，計算身高與體重的相關係數時，會變得很大，這是因爲隨著年齡的增加，身高與體重也會增加之緣故。除去年齡此第 3 變數之影響，計算身高與體重的偏相關係數時，相關係數略爲降低。

那麼，試計算相關係數看看。

3.2 計算相關係數

3.2.1 計算 Pearson 的積率相關係數

計算 Pearson 的積率相關係數（記號 r）。試使用第 3 章所輸入的 SPSS 的數據（3-1.sav）進行分析看看。

試計算國語、數學、英語的相互相關看看。

- 打開【分析 (A)】清單⇨選擇【相關 (C)】⇨【雙變量 (B)】。
  - 選擇國語、數學、英語的變數，按一下 。
  - 相關係數是勾選【Pearson(N)】（Pearson 的積率相關係數）。
  - 顯著差檢定是當作【雙邊 (T)】。
  - 如未勾選「相關顯著性訊號 (F)」時，則可勾選。
- 按一下【確定】時，即可求出 3 個變數的相互相關。

【輸出結果】

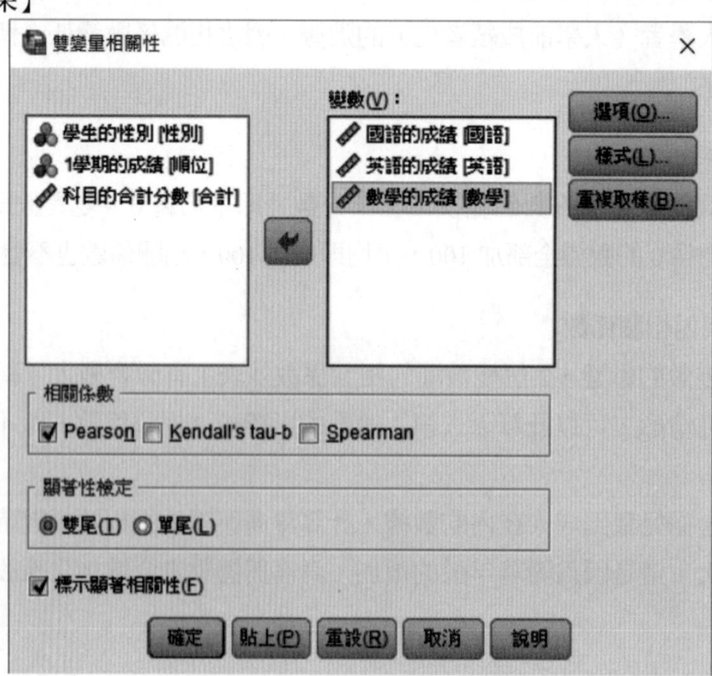

相關性

		國語的成績	英語的成績	數學的成績
國語的成績	皮爾森（Pearson）相關性	1	.653**	-.038
	顯著性（雙尾）		.002	.873
	N	20	20	20
英語的成績	皮爾森（Pearson）相關性	.653**	1	-.031
	顯著性（雙尾）	.002		.898
	N	20	20	20
數學的成績	皮爾森（Pearson）相關性	-.038	-.031	1
	顯著性（雙尾）	.873	.898	
	N	20	20	20

**. 相關性在 0.01 層級上顯著（雙尾）。

◎輸出內容由上往下看是相關係數、顯著機率（顯著時加 *）、數據數。

◎選項 (O) 的遺漏值中，如選擇【成對方式排除 (L)】時，即會除去遺漏值再進行分析。

另外勾選【平均值與標準差 (M)】時也可輸出敘述統計。

3.2.2 計算順位相關係數

數據的順位，像是表示一學期的成績。這是一班內一學期的「順位」，它是次序尺度的水準。基本上，Pearson 的積率相關係數可以適用於間隔尺度以上的尺度水準，使用次序尺度時要計算順位相關係數。

順位相關係數有 Spearman 的順位相關係數（記號 ρ）與 Kendall 的順位相關係數（記號 τ）。

那麼，試求出國語、數學、英語與順位的「順位相關」。

- 開啓【分析 (A)】清單⇨選擇【相關 (C)】⇨【雙變量 (B)】。
- 以變數而言，選擇國語、數學、英語、順位。
- 相關係數的勾選是「Kendall's tau-b(K)」（Kendall 的順位相關係數），【Spearman (S)】（Spearman 的順位相關係數）。
- 按【確定】時，即可求出順位相關係數。

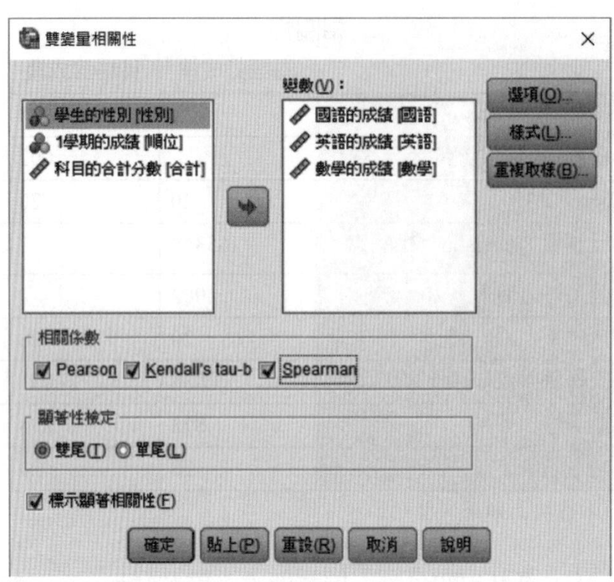

【輸出結果】

相關性

			國語的成績	英語的成績	數學的成績
Kendall 的 tau_b	國語的成績	相關係數	1.000	.515**	-.096
		顯著性（雙尾）	-	.002	.558
		數目	20	20	20
	英語的成績	相關係數	.515**	1.000	-.069
		顯著性（雙尾）	.002	-	.672
		數目	20	20	20
	數學的成績	相關係數	-.096	-.069	1.000
		顯著性（雙尾）	.558	.672	-
		數目	20	20	20
Spearman 的 rho	國語的成績	相關係數	1.000	.700**	-.150
		顯著性（雙尾）	-	.001	.527
		數目	20	20	20
	英語的成績	相關係數	.700**	1.000	-.093
		顯著性（雙尾）	.001	-	.695
		數目	20	20	20
	數學的成績	相關係數	-.150	-.093	1.000
		顯著性（雙尾）	.527	.695	-
		數目	20	20	20

**. 相關性在 0.01 水準上顯著（雙尾）。

3.2.3 計算偏相關係數

除去英語的影響後計算國語與數學的偏相關係數。

- 打開【分析 (A)】清單⇨選擇【相關 (C)】⇨【局部 (R)】。
- 在【變數 (V)】中，選擇國語、英語與數學。
- 在【爲此項目進行控制 (C)】中，選擇順位。
- 按【確定】時，控制順位後的國語、英語與數學的偏相關係數即可求出。

【註】Partial correlation 常使用偏相關的名詞，SPSS 則稱為局部。

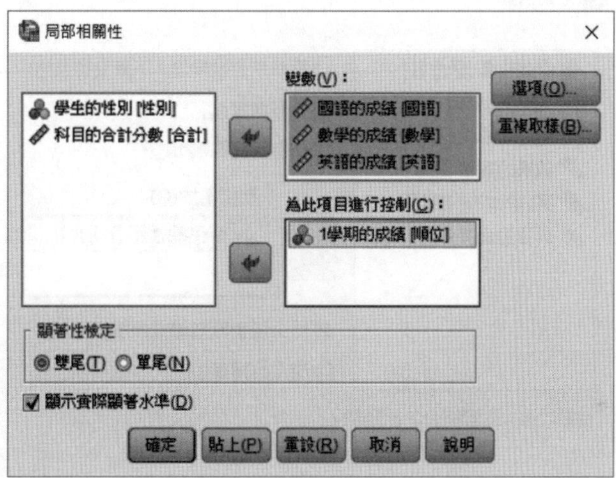

【輸出結果】

相關性

控制變數			國語的成績	英語的成績	數學的成績
一學期的成績	國語的成績	相關係數	1.000	.082	.589
		顯著性（雙尾）	-	.738	.008
		數目	0	17	17
	英語的成績	相關係數	.082	1.000	.155
		顯著性（雙尾）	.738	-	.525
		數目	17	0	17
	數學的成績	相關係數	.589	.155	1.000
		顯著性（雙尾）	.008	.525	-
		數目	17	17	0

注意：在此數據中，控制英語的分數並無意義。
計算偏相關係數時，需要理論上的根據。

3.2.4 按類別計算相關係數

■檔案分割

- 在資料檢視中，打開【資料 (D)】清單⇨選擇【分割檔案 (F)】。
  - ➢ 勾選【依群組組織輸出(O)】，選擇性別，按◼，將性別的變數移到方框之中。
  - ➢ 按一下【確定】。
  - ➢ 資料視圖的右下方會顯示【分割依據 性別】。

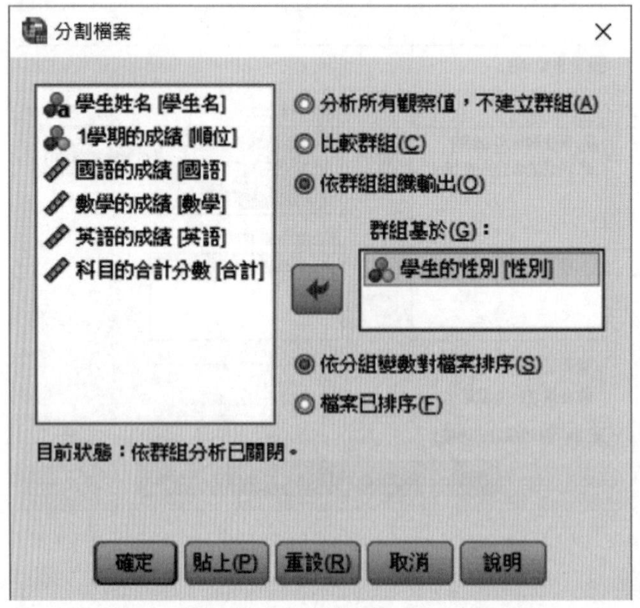

檔案(F) 編輯(E) 檢視(V) 資料(D) 轉換(T) 分析(A) 圖形(G) 公用程式(U) 延伸(X) 視窗(W) 說明(H)

顯示：7 個變數（共有 7 個）

	學生名	性別	順位	國語	數學	英語
1	E	女性	15	43	78	57
2	F	女性	13	52	73	53
3	G	女性	3	58	45	50
4	H	女性	1	72	36	71
5	I	女性	16	65	48	59
6	K	女性	12	30	55	53
7	L	女性	18	56	72	49
8	O	女性	20	52	68	45
9	P	女性	11	55	52	63

資料視圖 變數視圖

IBM SPSS Statistics 處理器已備妥 | Unicode:ON | 分割依據 性別

■男女別的相關係數

- 回到資料檢視，計算國語、數學、英語間的 Pearson 的積率相關係數時，求出男女別的相關係數。
- 再次，分析所有的觀察值時，
  - ➢ 打開【資料 (D)】清單⇨選擇【分割檔案 (F)】。
  - ➢ 勾選【分析所有觀察值 (A)】。
  - ➢ 按【確定】。

學生的性別 = 女性

相關性 [a]

		國語的成績	英語的成績	數學的成績
國語的成績	皮爾森（Pearson）相關性	1	.450	-.476
	顯著性（雙尾）		.192	.165
	N	10	10	10
英語的成績	皮爾森（Pearson）相關性	.450	1	-.584
	顯著性（雙尾）	.192		.076
	N	10	10	10
數學的成績	皮爾森（Pearson）相關性	-.476	-.584	1
	顯著性（雙尾）	.165	.076	
	N	10	10	10

a. 學生的性別 = 女性

學生的性別 = 男性

相關性 [a]

		國語的成績	英語的成績	數學的成績
國語的成績	皮爾森（Pearson）相關性	1	.719*	.222
	顯著性（雙尾）		.019	.537
	N	10	10	10
英語的成績	皮爾森（Pearson）相關性	.719*	1	.091
	顯著性（雙尾）	.010		.802
	N	10	10	10
數學的成績	皮爾森（Pearson）相關性	.222	.091	1
	顯著性（雙尾）	.537	.802	
	N	10	10	10

* 相關性在 0.05 層級上顯著（雙尾）。

a. 學生的性別 = 女性

3.2.5 計算只有上位群組的相關

其次，試就第一學期的成績只有上位 10 名的相關係數看看。

■**抽出上位 10 名的資料**

● 打開【資料 (D)】清單⇨選擇【選取觀察值 (S)】。

➢ 顯示【選取觀察值】視窗，按一下【如果滿足條件 (C)】。

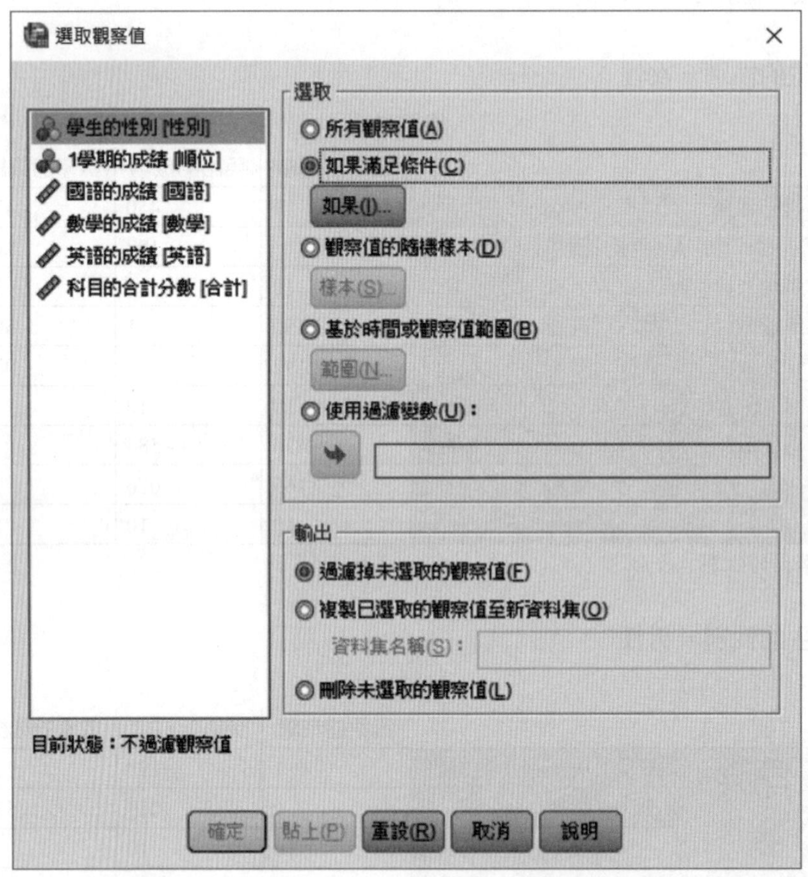

➢ 按一下【如果 (I)】時，出現【選擇觀察值：IF】視窗

從變數之中選擇順位，按一下➡。

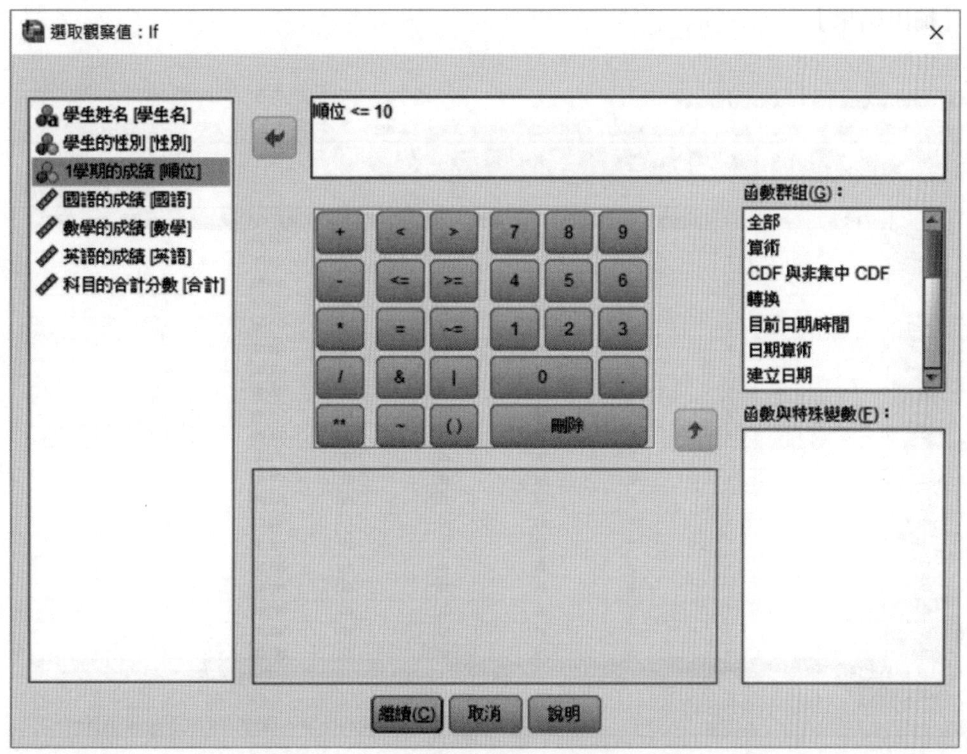

如方框中「順位 <= 10」那樣，從鍵盤輸入或以滑鼠單擊按鈕來輸入。

< 10 是未滿 10（不包含 10）

<= 10 是 10 以下（包含 10）

>10 是 10 以上（不包含 10）

>=10 是 10 以上（包含 10）

按【繼續】

- 確認【過濾掉未選取觀察值 (F)】已被指定。
- 按【確定】。

■只有上位 **10** 名的相關係數

觀察資料檢視時，順位在 10 以上的觀察值號碼加入斜線（意指除分析除外）。如計算國語、數學、英語間的 Pearson 積率相關係數時，即可求出第 1 學期的成績只有上位 10 名的相關係數。

【輸出結果】

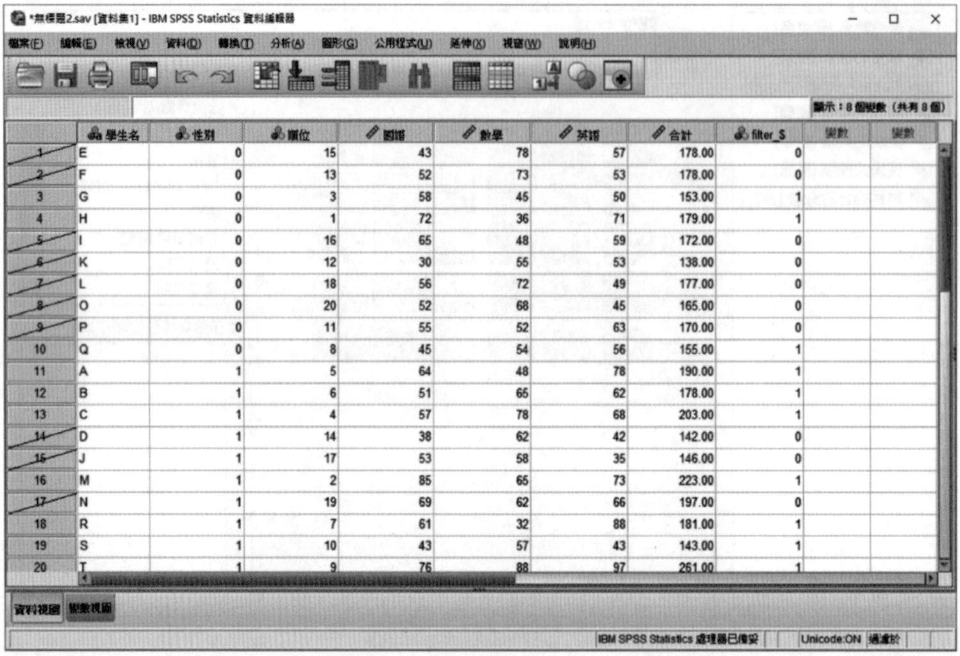

*無標題2.sav [資料集1] - IBM SPSS Statistics 資料編輯器

檔案(F) 編輯(E) 檢視(V) 資料(D) 轉換(T) 分析(A) 圖形(G) 公用程式(U) 延伸(X) 視窗(W) 說明(H)

顯示：8 個變數（共有 8 個）

	學生名	性別	順位	國語	數學	英語	合計	filter_$	變數	變數
1	E	0	15	43	78	57	178.00	0		
2	F	0	13	52	73	53	178.00	0		
3	G	0	3	58	45	50	153.00	1		
4	H	0	1	72	36	71	179.00	1		
5	I	0	16	65	48	59	172.00	0		
6	K	0	12	30	55	53	138.00	0		
7	L	0	18	56	72	49	177.00	0		
8	O	0	20	52	68	45	165.00	0		
9	P	0	11	55	52	63	170.00	0		
10	Q	0	8	45	54	56	155.00	1		
11	A	1	5	64	48	78	190.00	1		
12	B	1	6	51	65	62	178.00	1		
13	C	1	4	57	78	68	203.00	1		
14	D	1	14	38	62	42	142.00	0		
15	J	1	17	53	58	35	146.00	0		
16	M	1	2	85	65	73	223.00	1		
17	N	1	19	69	62	66	197.00	0		
18	R	1	7	61	32	88	181.00	1		
19	S	1	10	43	57	43	143.00	1		
20	T	1	9	76	88	97	261.00	1		

資料視圖 變數視圖

IBM SPSS Statistics 處理器已備妥 Unicode:ON 過濾於

相關性[a]

		國語的成績	英語的成績	數學的成績
國語的成績	皮爾森（Pearson）相關性	1	.679*	.148
	顯著性（雙尾）		.031	.682
	N	10	10	10
英語的成績	皮爾森（Pearson）相關性	.679*	1	.185
	顯著性（雙尾）	.031		.610
	N	10	10	10
數學的成績	皮爾森（Pearson）相關性	.148	.185	1
	顯著性（雙尾）	.682	.610	
	N	10	10	10

* 相關性在 0.05 層級上顯著（雙尾）。

◎再次將所有的觀察值當作分析對象時：

- 打開【資料 (D)】清單⇨選擇【選取觀察值 (S)】
  - ➢ 勾選【所有觀察值 (A)】。
  - ➢ 按一下【確定】。
- 如觀察資料檢視時，斜線即消失。

【本章附錄】

以貝氏統計執行相關分析看看。

- 【分析 (A)】⇨【貝氏統計 (B)】⇨【皮爾森 (Pearson) 相關 (C)】。
  - ➢ 將國語、數學、英語指定爲【檢定變數 (T)】
  - ➢【貝氏分析】中選擇【使用兩種方法 (B)】
  - ➢ 其他選項參照 Help 各自確認看看。

【輸出結果】

- 有關每對的相關係數的因子推論：輸出的不是顯著機率而是【貝氏因子】。
  - ➢ 貝氏因子是像本書說明的假設檢定那樣可以使用的數值，此處是表示在虛無假設（無關聯）與對立假設（有關聯）的哪一個假設中，此次的數據容易取得。預設雖輸出 JZS（Jeffreys-Zellner-Siow）的方法，但此處因爲是虛無假設 / 對立假設（BF_{01}）之值，因之，値愈小，對立假設比虛無假設更爲正確，値愈大，虛無假設比對立假設更爲正確。

成對相關性的貝氏因子推論 [a]

		國語的成績	英語的成績	數學的成績
國語的成績	皮爾森（Pearson）相關	1	-.038	.653
	貝氏因子		5.788	.047
	數目（C）	20	20	20
英語的成績	皮爾森（Pearson）相關	-.038	1	-.031
	貝氏因子	5.788		5.815
	數目（C）	20	20	20
數學的成績	皮爾森（Pearson）相關	.653	-.031	1
	貝氏因子	.047	5.815	
	數目（C）	20	20	20

a. 貝氏因子：空值與替代假設。

● 每對相關係數的事後分配評估：顯示相關係數的衆數、平均值、變異數與可能區的範圍。

➢ 95% 信爛區間是表示眞正的相關係數以 95% 的機率進入此範圍。國語與英語的相關係數的信賴區間是 0.30（下限）~0.84（上限），未包括 0 因之被推估爲正的相關，相對的國語與數學是 -0.43~0.37，包括 0，故不確定。

成對相關性的後段分佈特徵 [a]

			國語的成績	英語的成績	數學的成績
國語的成績	後段	眾數		-.037	.643
		平均值		-.032	.585
		變異		.044	.021
	95% 信賴區間	下限		-.432	.296
		上限		.373	.838
	數目（C）		20	20	20
英語的成績	後段	眾數	-.037		-.030
		平均值	-.032		-.025
		變異	.044		.044
	95% 信賴區間	下限	-.432		-.427
		上限	.373		.379
	數目（C）		20	20	20
數學的成績	後段	眾數	.643	-.030	
		平均值	.585	-.025	
		變異	.021	.044	
	95% 信賴區間	下限	.296	-.427	
		上限	.838	.379	
	數目（C）		20	20	20

a. 分析採用參照事前（c＝0）。

● 圖形：可畫出從對數概似函數（Log Likelihood Function）與事前分配（Prior Distribution）求出事後分配（Posterior Distribution）的圖形。

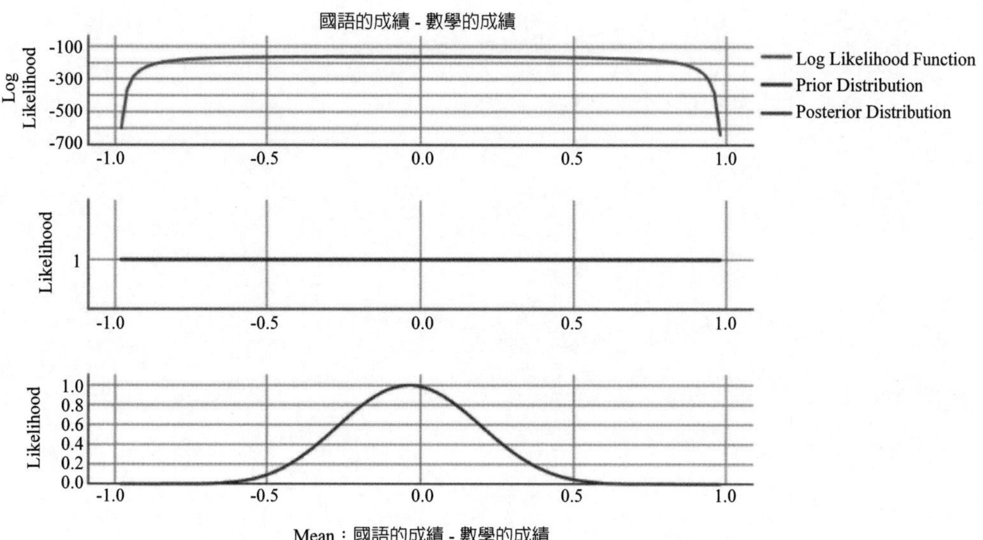
國語的成績 - 數學的成績
Log Likelihood
-100
-300
-500
-700
-1.0
-0.5
0.0
0.5
1.0
Log Likelihood Function
Prior Distribution
Posterior Distribution
Likelihood
1
-1.0
-0.5
0.0
0.5
1.0
Likelihood
1.0
0.8
0.6
0.4
0.2
0.0
-1.0
-0.5
0.0
0.5
1.0
Mean：國語的成績 - 數學的成績

第4章 差異性分析

4.1 調查差異的方法

分析首先是從想要調查什麼、如何調查開始。取決於觀察變數間的關聯性或是變數間的差異性，所使用的方法即有不同，此處學習關聯性與差異性檢定的方法，亦即如何利用 χ^2 檢定與 t 檢定。

首先試觀察「差異」看看。

4.1.1 與差異有關聯的各種檢定方法

目的	同時分析之變數個數						
	統計量	數據的種類	1 變數	2 變數		3 變數以上	
				無對應	有對應	無對應	有對應
差異	變異數	量的數據	利用 χ^2 分配之檢定	F 檢定	t 檢定	Cochran 檢定 Bartley 檢定	變異數分析的應用
	平均	量的數據	利用常態配、t 分配的檢定	t 檢定	有對應的 t 檢定	變異數分析（ANOVA）多重比較	有重複的變異數分析、共變異數分析（相關分析）（ANCOVA）多變量變異數分析（MANOVA）
	類別間之差異人數或 %	質的數據（名義尺度）	χ^2 檢定（比例的檢定）	2×2 的 χ^2 檢定 2×k 的 χ^2 檢定	有對應的 χ^2 檢定	r×k 的 χ^2 檢定	χ^2 檢定（Cochran 的 χ^2 檢定）

4.1.2 檢定方法的選取方法

譬如，

1. 在男女的英語分數上是否有差異

- 男性的英語分數與女性的英語分數→同時分析的是 2 變數
- 男性與女性→無對應
- 英語的分數→量的資料
- 想檢定男女的平均值的差異
- 那麼分析方法是？

2. 對某意見「贊成」是 10 名，「反對」是 20 名。反對的一方在統計上可否說是顯著地多呢？

- 對某意見是「贊成」或「反對」→同時分析的是 1 變數
- 贊成或反對→質的資料
- 想檢定贊成、反對的人數比率
- 那麼分析方法是？

3. 針對 C 大學 5 個學院各 100 名合計 500 名調查對大學的滿意度，想知道哪一個學院的學生的滿意度最高呢？

- 5 個學院的滿意度→同時分析的是 3 個變數以上
- 5 個學院→無對應
- 滿意度→量的資料
- 想檢定滿意度的平均值的差異
- 那麼分析方法是？

4. 想知道上課前與上課後的考試分數是否有差異呢？

- 上課前的考試分數與上課後的考試分數→同時分析的是 2 變數
- 1 位學生接受上課前與上課後的 2 次考試→有對應
- 想檢定考試分數的平均值之差異
- 那麼分析方法是？

5. 想針對男女打聽有無戀愛的經驗，想知道男女在戀愛經驗的有無上是否有差異呢？

- 男與女，戀愛的「有」「無」→同時分析的是 2 變數
- 男與女，「有」「無」→均爲質的資料
- 滿意度→量的資料
- 想檢定人數的比例差
- 那麼分析方法是？

6. 對文科系 100 名（男性 40 名，女性 60 名）與理科系 100 名（男性 60 名，女性 40 名）實施學習行爲尺度。想知道學習行爲尺度的分數是否因文科系、理科系，男性、女性而有差異呢？

- 文科系的男性，文科系的女性，理科系的男性，理科系的女性的分數→同時分析的是 3 變數以上
- 4 個學習行爲分數→量的資料，無對應
- 想檢定學習行爲尺度分數的平均值的差異
- 那麼分析方法是？

【答】(1)（無對應）t 檢定，(2)χ^2 檢定，(3) 變異數分析
(4)（有對應）t 檢定，(5)(2×2)χ^2 檢定，(6) 變異數分析

4.2 χ^2 檢定

檢討在某詢問的回答類型中的差異，以及次數、人數或 % 之差異時，要使用 χ^2 檢定。所謂 χ^2 檢定，不管是在由名義尺度所得到的「質性資料」或以樣本所得到的差異在母體中是否可以認爲有差異所使用的推測方法。

另外，不嚴格設定母體是常態分配的假定，使用名義尺度或次序尺度進行檢定的方法，稱爲無母數檢定法。

4.2.1 1 變量的 χ^2 檢定

對 20 名進行某詢問的結果，5 名「贊成」，15 名「反對」。利用 χ^2 檢定來檢定此結果，想要表示反對意見的人比贊成意見的人在統計上是否顯著地較多。

首先輸入資料（參數據檔 4-2-1.sav）。

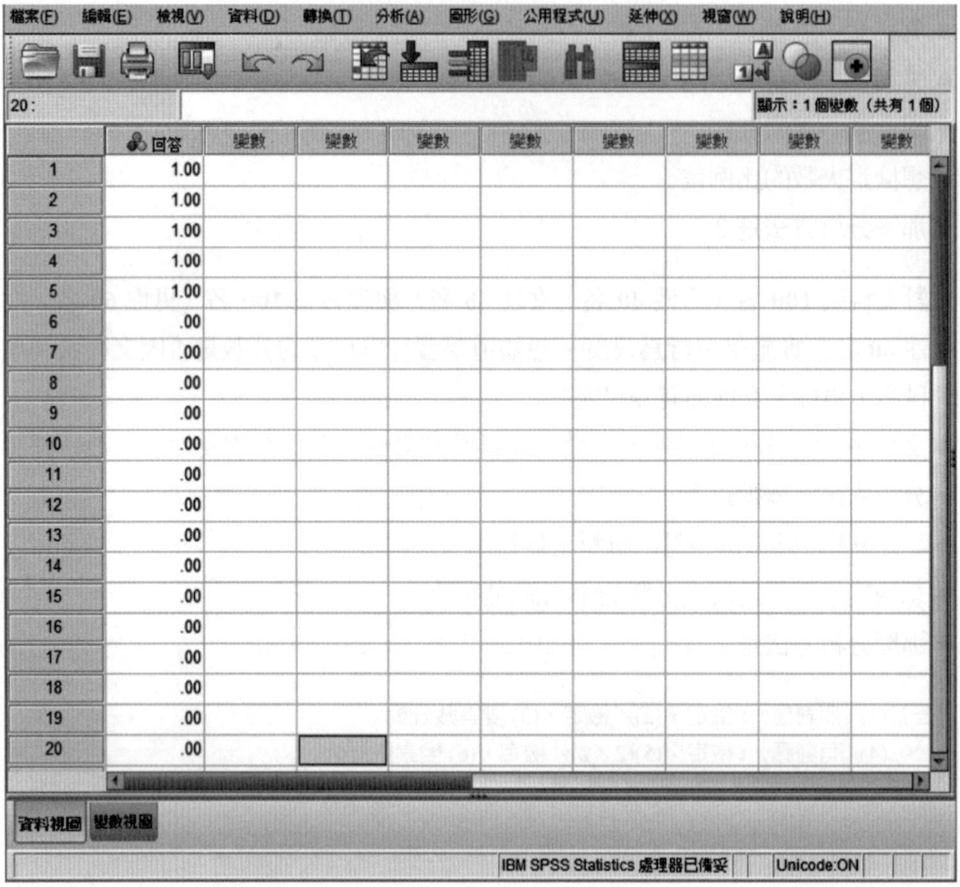

檔案(F) 編輯(E) 檢視(V) 資料(D) 轉換(T) 分析(A) 圖形(G) 公用程式(U) 延伸(X) 視窗(W) 說明(H)

20:　　顯示：1 個變數（共有 1 個）

	回答	變數	變數	變數	變數	變數	變數	變數	變數
1	1.00								
2	1.00								
3	1.00								
4	1.00								
5	1.00								
6	.00								
7	.00								
8	.00								
9	.00								
10	.00								
11	.00								
12	.00								
13	.00								
14	.00								
15	.00								
16	.00								
17	.00								
18	.00								
19	.00								
20	.00								

資料視圖　變數視圖

IBM SPSS Statistics 處理器已備妥　Unicode:ON

■資料類型的指定與輸入

- 開啓 SPSS 編輯器的「變數視圖」。
  - ➢ 第一個變數的名稱輸入**回答**。
  - ➢ 類型是數值，寬度、小數位數照預設。
  - ➢ 標籤是輸入**詢問的回答**。
  - ➢ 按一下數值的【…】，指定數值標籤。
    - ◆ 指定「0」是「反對」，「1」是「贊成」。
  - ➢ 測量的部分當作名義（因爲是名義尺度的水準）。

● 開啓 SPSS 編輯器的「資料視圖」。

➢ 從第 1 到第 5 縱向輸入 1（贊成），從第 6 到第 20 輸入 0（反對）。

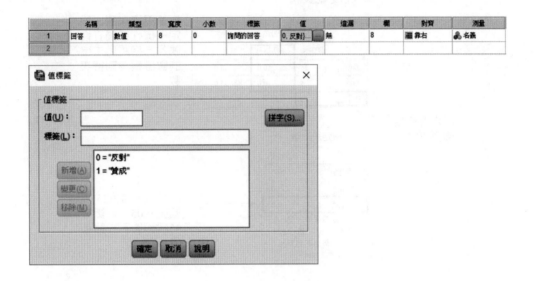

	名稱	類型	寬度	小數	標籤	值	遺漏	欄	對齊	測量
1	回答	數值	8	0	詢問的回答	0, 反對}...	無	8	靠右	名義
2										

值標籤

值標籤

值(U)：

標籤(L)：

拼字(S)...

0 = "反對"

1 = "贊成"

新增(A)

變更(C)

移除(M)

確定 取消 說明

■ χ^2 檢定

●【分析 (A)】⇨【無母數檢定 (N)】⇨【舊式對話框 (L)】⇨【卡方分配 (C)】

➢ 在「檢定變數清單 (T)」移入詢問的回答。

● 按【確定】時，即顯示出檢定結果。

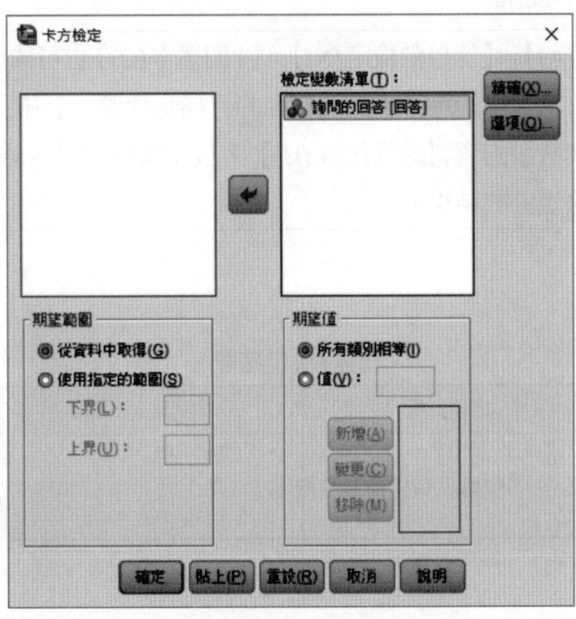

【輸出結果】

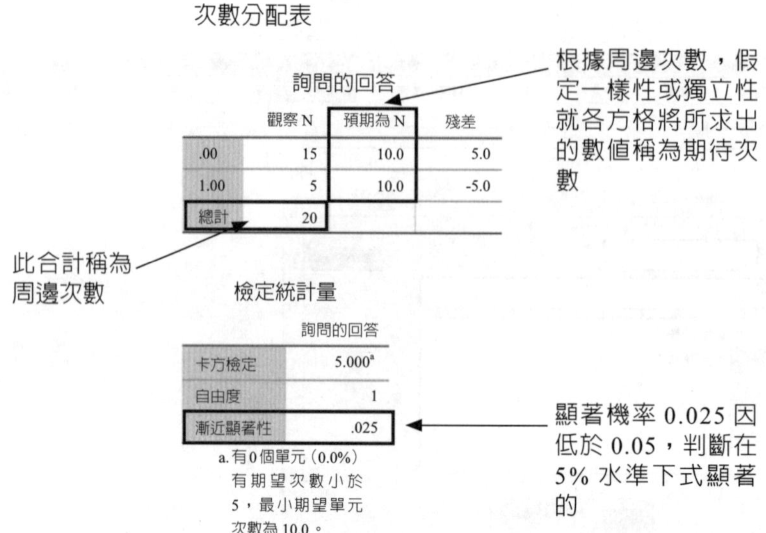

次數分配表
詢問的回答
觀察 N
預期為 N
殘差
.00
15
10.0
5.0
1.00
5
10.0
-5.0
總計
20
根據周邊次數，假定一樣性或獨立性就各方格將所求出的數值稱為期待次數
此合計稱為周邊次數
檢定統計量
詢問的回答
卡方檢定
5.000a
自由度
1
漸近顯著性
.025
a. 有 0 個單元 (0.0%) 有期望次數小於 5，最小期望單元次數為 10.0。
顯著機率 0.025 因低於 0.05，判斷在 5% 水準下式顯著的

自由度 1*，卡方值是 5.00，5% 水準是顯著。

因此，「反對」的人數可以說比「贊成」顯著地多。

* 關於自由度是指「計算所決定的統計量時，可以自由改變其值之要因的個數」，此處僅止於如此的說明，詳細情形請參考其他文獻。

STEP UP：小提醒

即使使用【分析(A)】⇨【無母數檢定(N)】⇨【1個樣本(O)】也可輸出同樣的結果。

▸ 選擇清單後，在目標的選片中的【在你的目標是什麼？】中選擇【自動將觀察到的資料與假設的資料進行比較(U)】，按【執行(R)】⇨輸出二項檢定（2類的偏態性檢定）的結果。

【輸出結果】

假設檢定摘要

	虛無假設	檢定	顯著性	決策
1	詢問的回答的種類具有相等發生機率。	單一樣本卡方檢定	.039	拒絕虛無假設。

顯示漸近顯著性。顯著性層次為 .05。

● 選擇清單後，【在你的目標是什麼？】中選擇【自訂分析】
- ➢ 在【設定】選片中選擇【自訂分析 (T)】。
- ➢ 勾選第 2 項的【將觀察到的機率與假設的機率進行比較（二項式檢定）(C)】。
- ➢ 按一下【執行 (R)】⇨輸出卡方檢定的顯著機率。
- ➢ 將所輸出的表點擊兩次即可觀察檢定的詳細情形（自由度與卡方值）。

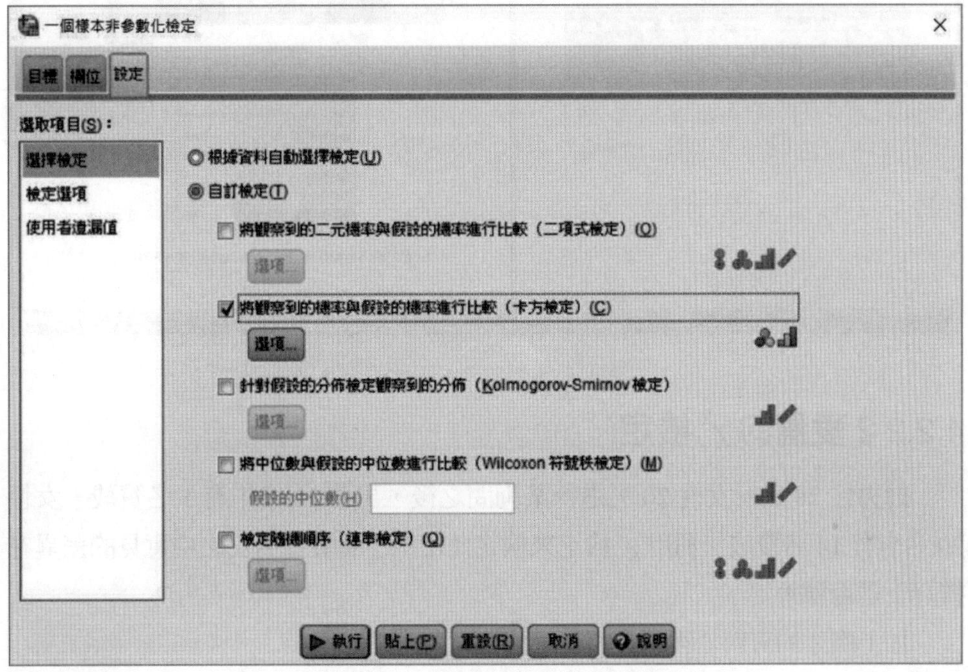

【輸出結果】

假設檢定摘要

	虛無假設	檢定	顯著性	決策
1	詢問的回答的種類具有相等發生機率。	單一樣本卡方檢定	.039	拒絕虛無假設。

顯示漸近顯著性。顯著性層次為 .05。

於表中點擊兩次，出現下圖。

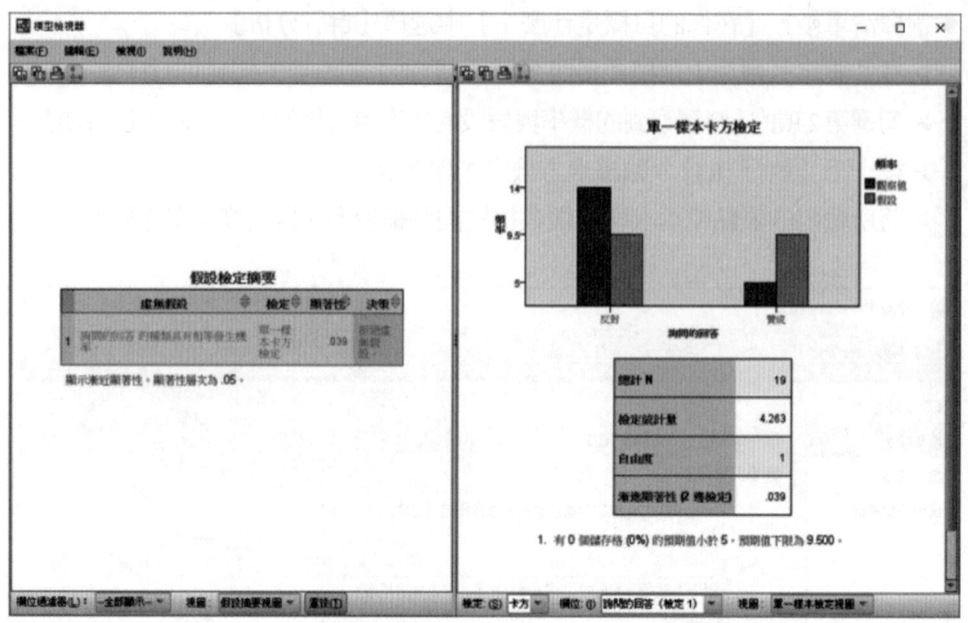

4.2.2 2 變量的 χ^2 檢定

對男性 20 名、女性 20 名進行某詢問之後，男性 20 名中有 5 名贊成，女性 20 名中有 14 名贊成。利用 χ^2 檢定來檢定此結果，看看在男女之中意見的差異在統計上是否顯著。

加上剛才的資料，再輸入符合上述條件的資料。

■資料類型的指定與輸入

- 開啓 SPSS 資料編輯器的「變數視圖」。
  - ➢ 第 2 個變數的名稱輸入**性別**。
  - ➢ 類型是數值，寬度、小數點位數、標籤照預設。
  - ➢ 按一下數值的【 … 】，指定數值的標籤。
    - ◆ 指定「0」是女性，「1」是男性。
  - ➢ 測量的部分當作名義。

	名稱	類型	寬度	小數	標籤	值	遺漏	欄	對齊	測量
1	回答	數值	8	2	詢問的回答	{.00, 反對}...	無	8	靠右	名義
2	性別	數值	8	2		{.00, 女性}...	無	8	靠右	名義

● 開啓 SPSS 資料編輯器的「資料視圖」。

➢ 加上剛才的資料，回答從第 21 到第 34 輸入「1」（贊成），從第 35 到第 40 輸入「0」（反對）。

➢ 輸入性別。第 1 到第 20 輸入「1」（男性），第 21 到第 40 輸入「0」（女性）。

	回答	性別
1	1.00	1.00
2	1.00	1.00
3	1.00	1.00
4	1.00	1.00
5	1.00	1.00
6	.00	1.00
7	.00	1.00
8	.00	1.00
9	.00	1.00
10	.00	1.00
11	.00	1.00
12	.00	1.00
13	.00	1.00
14	.00	1.00
15	.00	1.00
16	.00	1.00
17	.00	1.00
18	.00	1.00
19	.00	1.00
20	.00	1.00

	回答	性別
21	1.00	.00
22	1.00	.00
23	1.00	.00
24	1.00	.00
25	1.00	.00
26	1.00	.00
27	1.00	.00
28	1.00	.00
29	1.00	.00
30	1.00	.00
31	1.00	.00
32	1.00	.00
33	1.00	.00
34	1.00	.00
35	.00	.00
36	.00	.00
37	.00	.00
38	.00	.00
39	.00	.00
40	.00	.00

■ 2 變量的 χ^2 檢定

●【分析 (A)】清單 ⇨【敘述統計 (E)】⇨【交叉資料表 (C)】

（並非分析 ⇨ 無母數統計 ⇨ 舊式對話框 ⇨ 卡方統計量，要注意！）

➢ 於【列 (O)：】指定回答，【欄 (C)：】指定性別。

➢ 按一下【統計資料 (S)】按鈕。

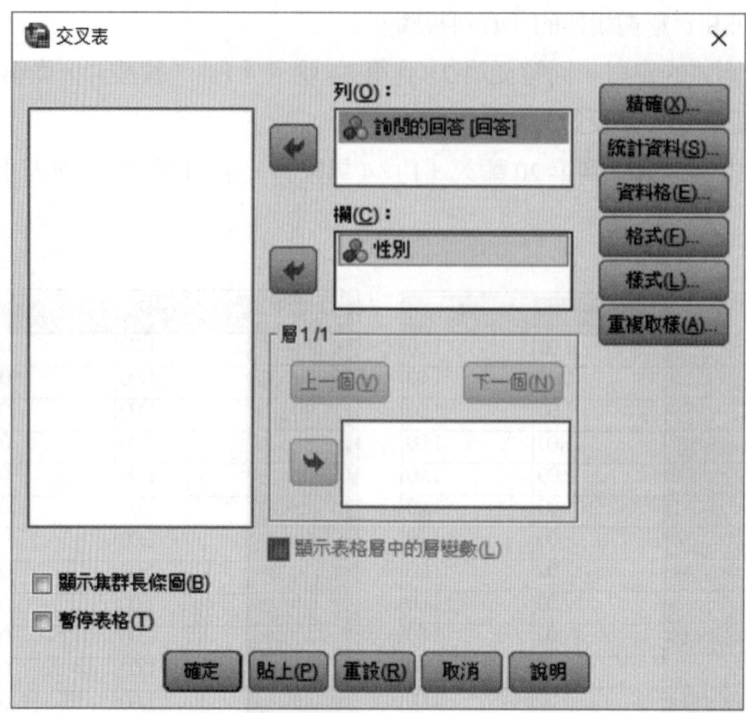
交叉表
列(O)：
詢問的回答 [回答]
欄(C)：
性別
層 1/1
上一個(V)
下一個(N)
顯示表格層中的層變數(L)
顯示集群長條圖(B)
暫停表格(T)
確定
貼上(P)
重設(R)
取消
說明
精確(X)...
統計資料(S)...
資料格(E)...
格式(F)...
樣式(L)...
重複取樣(A)...

◆ 勾選【卡方檢定 (H)】。

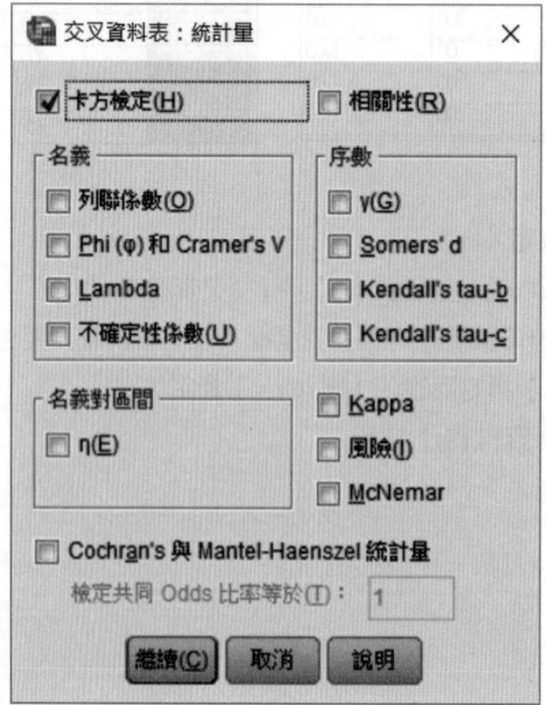
交叉資料表：統計量
卡方檢定(H)
相關性(R)
名義
列聯係數(O)
Phi (φ) 和 Cramer's V
Lambda
不確定性係數(U)
序數
γ(G)
Somers' d
Kendall's tau-b
Kendall's tau-c
名義對區間
η(E)
Kappa
風險(I)
McNemar
Cochran's 與 Mantel-Haenszel 統計量
檢定共同 Odds 比率等於(T)：
1
繼續(C)
取消
說明

◆ 按一下【繼續】。

● 按一下【確定】，即顯示交叉表與檢定結果。

【輸出結果】

詢問的回答 * 性別交叉列表

計數

		性別 女性	男性	總計
詢問的回答	反對	6	15	21
	贊成	14	5	19
總計		20	20	40

卡方檢定

	值	df	漸近顯著性（兩端）	精確顯著性（兩端）	精確顯著性（單端）
Pearson 卡方檢定	8.120[a]	1	.004		
持續更正[b]	6.416	1	.011		
概似比	8.424	1	.004		
費雪（Fisher）精確檢定				.010	.005
線性對線性關聯	7.917	1	.005		
有效觀察值個數	40				

a. 0 單元（0.0%）預期計數小於 5。預期的計數下限為 9.50。

b. 只針對 2×2 表格進行計算。

● $\chi^2 = 8.12$，df = 1，$p < 0.01$

● 卡方值是 8.12 自由度是 1，顯著機率是 0.004，比 1%（0.01）小，在 1% 水準下是顯著的。

■參考

交叉表的周邊次數有 10 以下的甚小數值，各方格次數之中有近於 0 之值時，此時並非 χ^2 檢定，最好進行 Fisher 的直接法（Fisher's exact test；直接機率計算法）。

SPSS 對 2 列 2 行的交叉表之情形，Fisher 的直接法是可以計算的。在更大的表中為了計算 Fisher 的直接法需要 Exact-Tests 選項。

STEP UP：小提醒

■直接分析次數

SPSS 可以直接分析交叉表的數據。

譬如，向男女 100 名（女性 0，男性 1）打聽「贊成 (1)」、「均可 (2)」、「反對 (3)」的意見。此時，假定得出如下的數據表。

以變數來說，準備有「性別」、「意見」、「人數」。

	性別	意見	人數
1	.00	1.00	60.00
2	.00	2.00	30.00
3	.00	3.00	10.00
4	1.00	1.00	30.00
5	1.00	2.00	20.00
6	1.00	3.00	50.00

	性別	意見	人數
1	女性	贊成	60.00
2	女性	均可	30.00
3	女性	反對	10.00
4	男性	贊成	30.00
5	男性	均可	20.00
6	男性	反對	50.00

其次，將人數的數據加權。選擇【資料 (D)】⇨【加權觀察值 (W)】。

選擇【觀察值加權方式 (W)】，框內指定「人數」，按確定。

確認資料視圖的右下方已顯示加權。

進行如此的指定時，與先前一樣，依照

【分析 (A)】⇨【敘述統計 (E)】⇨【交叉資料表 (C)】

可以進行 χ^2 檢定。

【輸出結果】

性別 * 意見交叉列表

計數

		女性	男性	反對	總計
性別	女性	60	30	10	100
	男性	30	20	50	100
總計		90	50	60	200

卡方檢定

	值	df	漸近顯著性（兩端）
Pearson 卡方檢定	38.667[a]	2	.000
概似比	41.319	2	.000
線性對線性關聯	33.509	1	.000
有效觀察值個數	200		

a. 0 單元（0.0%）預期計數小於 5。預期的計數下限爲 25.00。

4.3 t 檢定

t 檢定是在檢定 2 組數據之平均的差異時所使用。

此處所說的 2 組數據，有需要是間隔尺度以上。

t 檢定是在間隔尺度以上的量性資料中，針對 2 組樣本平均間之差異可否認爲母平均間也有差異，所使用的推測方法。

4.3.1 t 檢定的種類

1. 無對應的 t 檢定

用於 2 組平均值之間是獨立時。

（例）某學校的 3 年 1 班與 3 年 2 班的考試分數的比較。

2. 有對應的 t 檢定

用於 2 組平均值間不能說是獨立或 2 組平均值間有某種的關聯時。

（例）授課前與授課後的考試分數之比較。

利用 t 檢定無法檢定 3 組以上的平均之差異，此時可使用變異數分析（ANOVA）（參照第 4 章）。

4.3.2 進行 t 檢定時

t 檢定依資料的條件能應用的式子是有所不同的。

使用步驟如下。

- 檢定 2 組數據的母變異數是否相等。
- 如相等時 ⇨ 求 t 統計量。
- 如不等時 ⇨ 使用 Welch 的方法。
- 任一者均可利用 SPSS 求出，因之要記住是觀察哪一項。

* 也有人認為不進行等變異數的檢定，一開始進行 Welch 檢定也無妨的論述。

4.3.3 無對應的 t 檢定

將 20 名的受試者分成 A 群與 B 群進行實驗，得出以下的數據。A 群與 B 群的平均能否說沒有差異。

A 群	9 8 5 6 9 7 8 5 7 6
B 群	6 4 7 5 4 5 7 5 4 3

■數據類型的指定與輸入

- 開啓 SPSS 資料編輯器的「資料視圖」。
  - ➢ 第 1 個變數的名稱輸入群，第 2 變數的名稱輸入結果。
  - ➢ 類型是數值，寬度、小數位數、標籤照預設。
  - ➢ 按一下群中數值的【…】指定數值標籤。
    - ◆ 指定 0 是 A 群，1 是 B 群。
  - ➢ 群中測量的部分當作名義。
  - ➢ 結果中測量的部分維持量尺。

	名稱	類型	寬度	小數	標籤	值	遺漏	欄	對齊	測量
1	號碼	數值	11	0		無	無	11	靠右	尺度
2	群	數值	11	0		{1, A群}...	無	11	靠右	名義
3	結果	數值	11	0		無	無	11	靠右	尺度

- 開啓「資料視圖」
  - 群的第 1 到第 10 個方格輸入「0」，第 11 到第 20 的方格輸入「1」（0 指 A 群，1 指 B 群）
  - 將對應 A 群、B 群的數據依據前頁的表輸入。

	群	結果
2	.00	8.00
3	.00	5.00
4	.00	6.00
5	.00	9.00
6	.00	7.00
7	.00	8.00
8	.00	5.00
9	.00	7.00
10	.00	6.00
11	1.00	6.00
12	1.00	4.00
13	1.00	7.00
14	1.00	5.00
15	1.00	4.00
16	1.00	5.00
17	1.00	7.00
18	1.00	5.00
19	1.00	4.00
20	1.00	3.00

■無對應的 t 檢定

- 按一下【分析 (A)】⇨【比較平均數法 (M)】⇨【獨立樣本 T 檢定 (T)】
  - SPSS 是寫成「T 檢定」，但正確的記法是「t 檢定」。
    寫報告或論文時請多加注意！

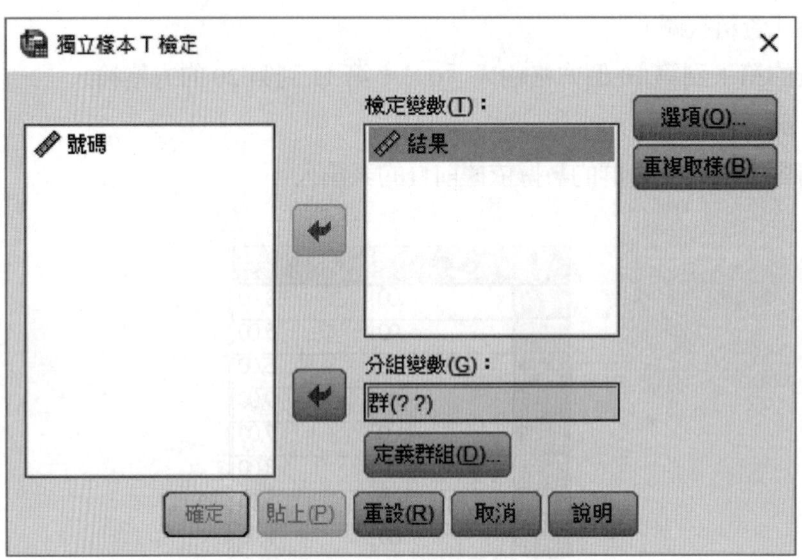

➢ 於【檢定變數 (T)：】中指定結果（從屬變數）。

➢ 於【分組變數 (G)：】中指定群（獨立變數）。

➢ 按一下【定義群組 (D)】。

◆ 於【群組 1：】的方框中輸入 0。
【群組 2：】的方框中輸入 1。

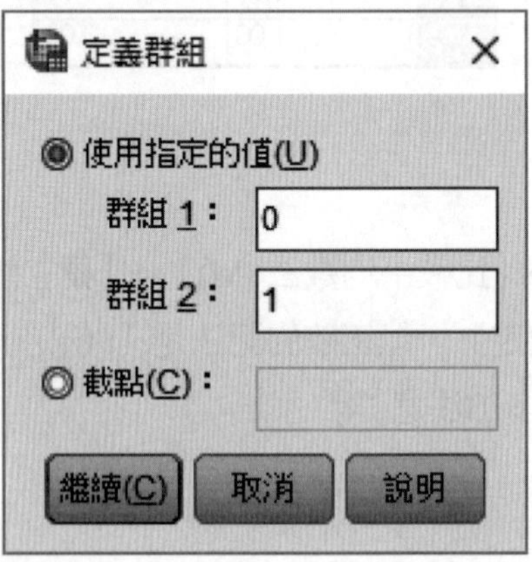

◆ 按【繼續】。

➢ 按【確定】。

■輸出的看法

● 首先，輸出群組統計量。先確認各群的人數、平均值、標準差。

群組統計量

	群	N	平均值	標準差	標準誤平均值
結果	0	10	4.20	2.150	.680
	A 群	10	7.00	1.563	.494

● 其次，輸出檢定結果。

➢ 首先觀察 2 組數據是否等變異數（等變異數的檢定）。

F 值是顯著 ⇨ 不是等變異數

F 值不顯著 ⇨ 是等變異數

➢ 假定等變異數時，觀察「假定等變異數」的檢定結果，未假定等變異數時，則觀察「未假定等變異數」的檢定結果。

群組統計量

		變異數等式的 Levene 檢定		平均值等式的 t 檢定					差異的 95% 信賴區間	
		F	顯著性	t	自由度	顯著性（雙尾）	平均值差異	標準誤差異	下限	上限
結果	採用相等變異數	1.929	.182	-3.331	18	.004	-2.800	841	-4.566	-1.034
	不採用相等變異數			-3.331	16.439	.004	-2.800	841	-4.578	-1.022

➢ 此情形，由於 F 值不顯著，因之假定等變異數。

➢ 自由度 18 的 t 值是 3.16，1% 水準下顯著。

➢ 記述結果時，寫成「$t(18) = 3.16$，$p < 0.01$」。

另外，對於 t 值是正或是負並無意義，於撰述報告時最好寫成絕對值。

4.3.4 有對應的 t 檢定

針對 10 名於進行某授課的前後舉行考試，求出成績。授課前後能否說成績有進步？

授課前	1	3	4	1	7	2	5	7	5	1
授課後	2	5	9	9	9	5	5	5	9	2

■資料類型的指定與輸入

- 開啓 SPSS 資料編輯器的「資料視圖」。
  - ➢ 第 1 個變數的名稱輸入**授課前**，第 2 個變數的名稱輸入**授課後**。
  - ➢ 類型是數值，寬度、小數位數、標籤、數值可照預設。
  - ➢ 測量兩變數均當成量尺。
- 開啓「資料視圖」，輸入授課前與授課後的資料。
  - ➢ 所謂「有對應的數據」是針對一人進行數次的實驗或調查所蒐集的數據。因此，要注意它是與「數據的輸入方式爲無對應的情形」不同。

	授課前	授課後
1	1.00	2.00
2	3.00	5.00
3	4.00	9.00
4	1.00	9.00
5	7.00	9.00
6	2.00	5.00
7	5.00	5.00
8	7.00	5.00
9	5.00	9.00
10	1.00	2.00

■有對應的 t 檢定

選擇【分析 (A)】⇨【比較平均數法 (M)】⇨【成對樣本 T 檢定 (P)】

- 按一下授課前與授課後。
  - ➢ 顯示出目前的選擇欄。

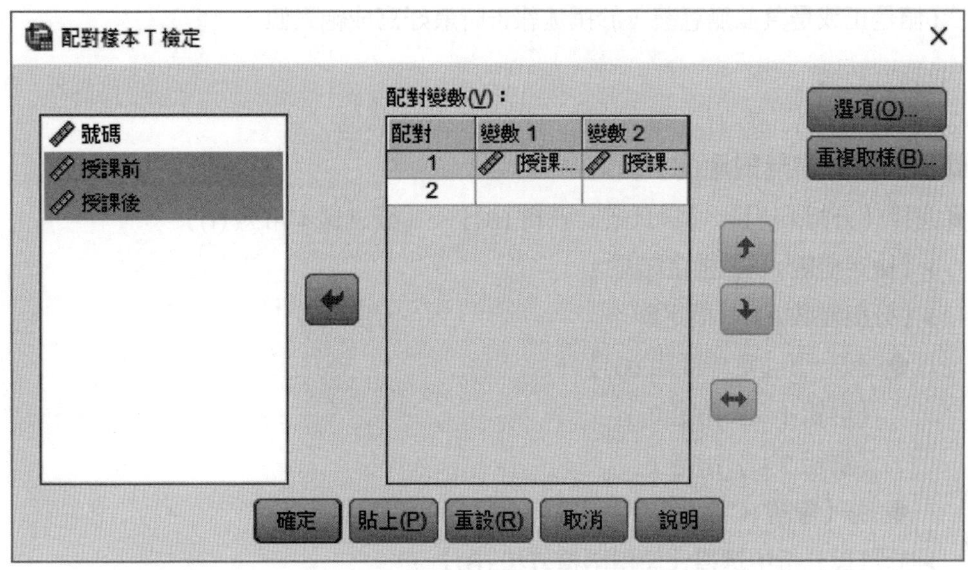

按一下，再按【確定】，即顯示出結果。

- 出現對成樣本的統計量，成對樣本的相關係數，成對樣本的檢定結果。

【輸入結果】

成對樣本統計量

		平均值	N	標準差	標準誤平均值
配對 1	授課前	4.5000	10	1.08012	.34157
	授課後	7.1000	10	1.37032	.43333

成對樣本相關性

	N	標準差	顯著性
配對 1 授課前 & 授課後	10	.863	.001

成對樣本檢定

	成對差異							
				差異的 95% 信賴區間				
	平均值	標準差	標準誤平均值	下限	上限	t	自由度	顯著性（雙尾）
配對 1 授課前－授課後	-2.60000	.69921	.22111	-3.10018	-2.09982	-11.759	9	.000

- 結果，自由度 9 的 t 值是 2.71，5% 水準下是顯著。
- 記述結果時，寫成「t(9) = 2.71，p < 0.05」。

t 值是正或是負並無意義，於撰述報告時最好寫成絕對值。

【附錄 1】

■貝氏統計中無對應的 t 檢定

- 選擇【分析 (A)】⇨【貝氏統計資料 (B)】⇨【獨立樣本常態 (I)】。
  - ➢【檢定變數 (T)】指定結果。
  - ➢【分組變數 (O)】指定群。
    - ◆ 按一下【定一群組 (G)】。
      【群組 1：】指定 0
      【群組 2：】指定 1
    - ◆ 按【繼續 (C)】。
  - ➢ 於貝氏分析中選擇【使用兩種方法 (B)】。
- 按【確定】。

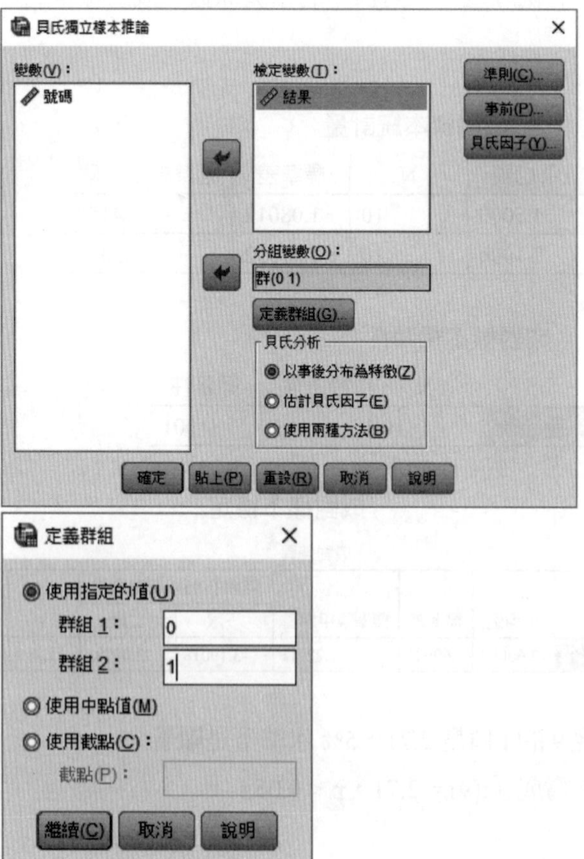

【輸出結果】

- 貝氏因子獨立樣本的檢定：與先前一樣貝氏因子被追加輸出中。
  ➢ 因顯示有 BF_{01} 之值，值愈小顯示對立假設比虛無假設更爲正確。
- 獨立樣本平均值的事後分配評估：輸出有分數差異的眾數、平均值、變異數、95% 信賴區間。
- 圖形：事後分配的圖形顯示兩個群的分數差異形成何種分配。

群組統計量

		數目 (C)	平均值	估計偏差	估計誤平均值
結果	= 0	10	4.20	2.150	.680
	= A 群	10	7.00	1.563	.494

貝氏因子獨立樣本檢定（方法 =Rouder）[a]

	平均值差異	聯合排存的標準誤差異	貝氏因子[b]	T	自由度	顯著性（雙尾）
結果	2.80	.841	.085	3.331	18	.004

a. 假設群組之間的差異不相等。
b. 貝氏因子：空值與替代假設。

獨立樣本平均值的事後分布特徵[a]

	後段			95% 信賴區間	
	眾數	平均值	變異	下限	上限
結果	2.80	2.80	.909	.91	4.69

a. 變異的事前：Diffuse。平均值的事前：Diffuse。

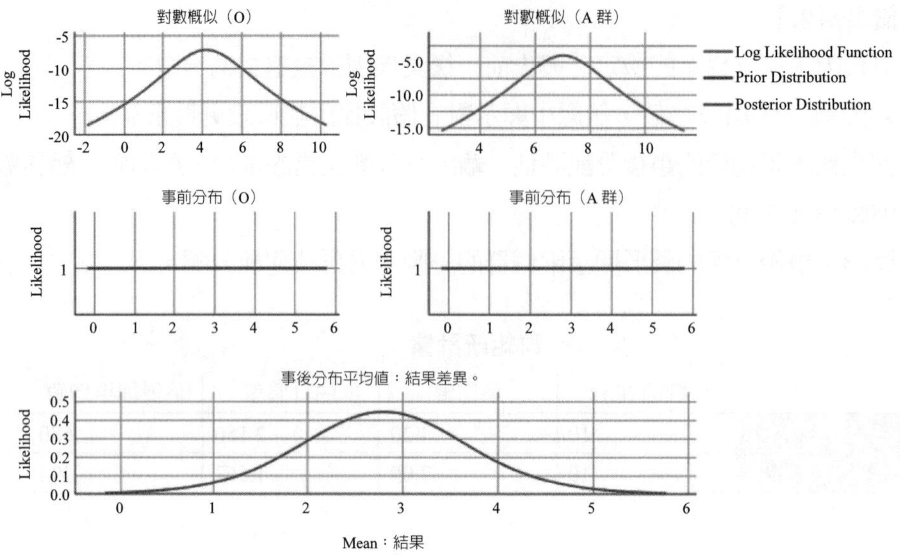

【附録 2】

■貝氏統計成對樣本 t 檢定

- 選擇【分析 (A)】⇨【貝氏統計資料 (B)】⇨【相關樣本常態 (I)】。
  - ➢【變數 1】輸入授課前
    【變數 2】輸入授課後。
  - ➢ 於貝氏分析中選擇【使用兩種方法 (B)】。
- 按【確定】。

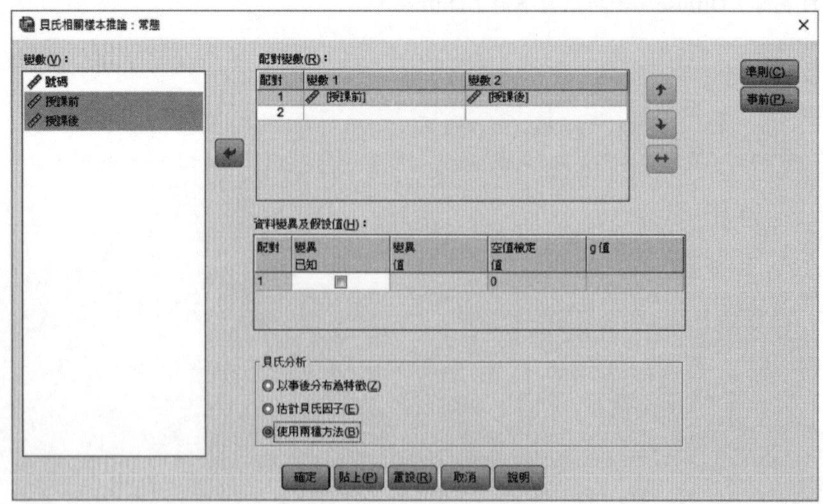

【輸出結果】

- 相關樣本 t 檢定的貝氏因子：與先前一樣輸出中追加貝氏因子。
  - ➢ 值愈小顯示對立假設比虛無假設更爲正確。
- 成對樣本平均值之差的事後分配評估：輸出分數差異的眾數、平均值、變異數、95% 信賴區間。
- 圖形：對於事後分配（Posterior Distribution）來說可畫出所估計差的分配。

用於相關樣本 T 檢定的貝氏因子

	數目 (C)	平均值差異	估計偏差	估計誤平均值	貝氏因子	T	自由度	顯著性 (雙尾)
授課前 - 授課後	10	-2.6000	.69921	.22111	.000	-11.759	9	.000

貝氏因子：空值與替代假設。

相關樣本平均值差異的事後分布特徵

		後段			95% 信賴區間	
	數目 (C)	眾數	平均值	變異	下限	上限
授課前 - 授課後	10	-2.6000	-2.6000	.088	-3.1928	-2.0072

變異數事前：Diffuse。平均值事前：Diffuse。

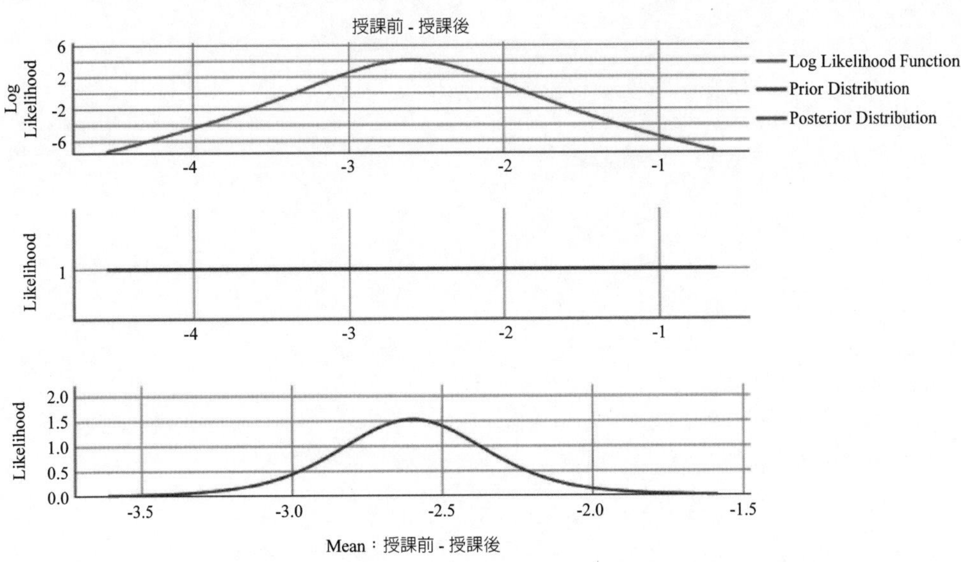

第5章 變異數分析

5.1 何謂變異數分析

檢討 2 個平均值之差異是使用 t 檢定，但檢討 2 個以上平均值之差異時是使用變異數分析（ANOVA；Analysis Of Variance）。

變異數分析對於 2 個以上的變數間之差異，可以整體或同時甚至組合變數進行檢討。並且，如被認爲整體上有差異時，也可進一步檢討何處有差異。

5.1.1 要因配置

變異數分析是要設定獨立變數與從屬變數。

- 獨立變數（或稱自變數）——事先設定的條件。
- 從屬變數（或稱依變數）——受到所測量者或獨立變數之影響者。

原本變異數分析是定位在處理實驗計劃法中的結果。譬如，「明亮照明之房間與黑暗照明的房間，其作業量是不同的」之假定，房間的照明是獨立變數，作業量是從屬變數。

「要因」與「水準」：

- 獨立變數是 1 個時稱爲 1 要因，2 個時即爲 2 要因，3 個時即爲 3 要因。
- 1 個獨立變數之中有 2 類時稱爲 2 水準，有 3 類時稱爲 3 水準。

譬如，管理學院 4 學系的所屬單位當作獨立變數，當比較某種的量變數時，即爲進行「1 要因 4 水準的變異數分析」。

平均值的比較爲何是「變異數」分析呢？

- 變異數分析可以想成 (1) 測量值偏離總平均的變動，反映到 (2) 基於要因效果的變動，與 (3) 水準內的偶然性的變動。
- 換言之，(1) 測量值的變異數，可以分解爲 (2) 能以要因說明的變異數，與 (3) 無法以要因說明的變異數。
- 譬如，就男女各 5 名實施某檢查的結果，假定得出如下數據。

測量值	
男性	女性
19	22
13	24
21	25
17	23
15	21

總平均 =20
男性平均 =17
女性平均 =23

男女各自的數據可以分解「不變動的部分」與「變動的部分」。
此情形，總平均是 20，因之未變動的部分設爲 20。

測量值			未變動部分			變動部分	
男性	女性		男性	女性		男性	女性
19	22		20	20		-1	2
13	24	=	20	20	+	-7	4
21	25		20	20		1	5
17	23		20	20		-3	3
15	21		20	20		-5	1

另外，「變動的部分」可以分解爲「因性別的要因引起的變動」與「偶然變動的部分」。
男性的平均比總平均少 3，女性的平均則多 3，成爲如下。

測量值			測量值			測量值			測量值	
男性	女性		男性	女性		男性	女性		男性	女性
19	22		20	20		-3	+3		2	-1
13	24	=	20	20	+	-3	+3	+	-4	1
21	25		20	20		-3	+3		4	2
17	23		20	20		-3	+3		0	0
15	21		20	20		-3	+3		-2	-2

● 像這樣分解數據時，「因性別的要因引起的變動」如果得知比「偶然變動的部分」還大時，「男女的分數差異可以說是不是偶然的結果而是性別的要因影響的結果」。

● 數據是從變動（變異數）的觀點，檢討平均值之差異，因之稱爲變異數分析。

5.1.2 變異數分析的設計

要因數	各處理水準的數據的對應有無			備註
	要因 A	要因 B	要因 C	
1 要因	無對應	-	-	受試者間要因
	有對應	-	-	受試者內要因
2 要因	無對應	無對應	-	受試者間要因 × 受試者間要因
	無對應	有對應	-	受試者間要因 × 受試者內要因
	有對應	有對應	-	受試者內要因 × 受試者內要因
3 要因	無對應	無對應	無對應	受試者間要因 × 受試者間要因 × 受試者間要因
	無對應	無對應	有對應	受試者間要因 × 受試者間要因 × 受試者內要因
	無對應	有對應	有對應	受試者間要因 × 受試者內要因 × 受試者內要因
	有對應	有對應	有對應	受試者內要因 × 受試者內要因 × 受試者內要因

■ 1 要因的變異數分析

要因 A	條件 1	條件 2	條件 3
分數	X1	X2	X3

● **要因 A：無對應（受試者間要因）**

（例） 隨機的分派 3 個條件給受試者，進行實驗，比較分數。

● **要因 A：有對應（受試者內要因）**

（例） 對所有的受試者利用 3 種不同的授課方式進行授課，比較考試的結果。可是此種情形，因爲會抵消授課的順序效果，因之有需要保持反向平衡（Counter Balance），依受試者改變 3 種進行授課的順序，以下對於受試者內要因而言可以說是相同的。

■ 2 要因的變異數分析

要因 A	條件 1		條件 2	
要因 B	條件 1	條件 2	條件 1	條件 2
分數	X1	X2	X1	X2

- **要因 A：無對應（受試者間要因），要因 B：無對應（受試者間要因）**

  （例） 於國中與高中實施性格調查，比較男女與校級在性格檢查的分數。

- **要因 A：無對應（受試者間要因），要因 B：有對應（受試者內要因）**

  也稱爲二要因混合計畫的變異數分析

  （例） 讓男性與女性的受試者全員在明亮的房間與黑暗房間進行作業，想比較性別與房間的明亮度之要因對作業量發生何種差異。

- **要因 A：有對應（受試者內要因），要因 B：有對應（受試者內要因）**

  （例） 受試者在明亮的房間與黑暗房間，安靜的房間與吵雜的房間進行作業（全員體驗明亮安靜、黑暗安靜、明亮吵雜、黑暗吵雜四種場所），檢驗作業量是否出現差異。

■ 3 要因的變異數分析

要因 A	條件 1				條件 2			
要因 B	條件 1		條件 2		條件 1		條件 2	
要因 C	條件 1	條件 2	條件 1	條件 2	條件 1	條件 2	條件 1	條件 2
分數	X1	X2	X3	X4	X5	X6	X7	X8

- **要因 A：無對應（受試者間要因），要因 B：無對應（受試者間要因），要因 C：無對應（受試者間要因）**

  （例） 對國中生與高中生的男女進行友人數與性格測試。

  依所報告的友人數，將受試者區分爲友人數多的群與少的群，依學校、性別、與友人數的多少等各要因，比較性格檢查的結果。

- **要因 A：無對應（受試者間要因）要因 B：無對應（受試者間要因）要因 C：有對應（受試者內要因）**

➢ **也稱為「3 要因混合計畫的變異數分析」**

（例） 對兩歲小孩與三歲小孩的男女，調查母親在旁邊與不在旁邊時的反應速度。想檢查反應速度是否依年齡、性別、「母親在旁邊與不在旁邊」而出現差異。

- **要因 A：無對應（受試者間要因）要因 B：有對應（受試者內要因）要因 C：有對應（受試者內要因）**

➢ **也稱為「3 要因混合計畫的變異數分析」**

（例） 對兩歲小孩男女調查母親與父親分別在旁邊與不在旁邊時的反應速度。想檢查反應速度是否因性別與「父親、母親」、「在或不在旁邊」（只有母親、只有父親、雙方都在、雙方不在）而有差異。

- **要因 A：有對應（受試者內要因）要因 B：有對應（受試者內要因）要因 C：有對應（受試者內要因）**

（例） 對兩歲小孩，想調查母親與父親與不認識的人在旁邊或不在旁邊時的反應速度。想檢查反應速度是否因性別、「母親、父親、不認識者」、「在或不在旁邊」（只有父親、只有母親、只有不認識者、父與母、母與不認識者、父與不認識者、三人均在、三人均不在、重複 8 個條件）而有差異。

5.1.3 多重比較

變異數分析是檢定「以全體而言群間是否有差異」，並非是表示哪一群與哪一群是否有差異。

要因的水準有 3 個以上，變異數分析的檢定結果是顯著時，要進行多重比較之手續，查明哪一群與哪一群有差異。

- 假定在某實驗中，設定 3 個條件，蒐集數據。
  - ➢ 這是條件 1、條件 2、條件 3 此種「1 要因 3 水準」的實驗。
  - ➢ 實驗中所設定的 3 個水準由於形成一組（要因），因之不行進行條件 1 與條件 2、條件 1 與條件 3、條件 2 與條件 3 此種 3 次的 t 檢定。
  - ➢ 此時，首先進行變異數分析，檢定結果顯著時，再進行多重比較，查明 3 個條件的何者有差異。
- 多重比較有兩個類型，研究報告中不要忘了記載使用的方法。

1. 先驗性的比較（計畫比較）

- 想比較的一對平均值於實驗前被指定時所使用。
- 譬如，關於複雜的實驗條件與控制群之差異時。
- 有 Dunn 法與 Dunnett 法。

2. 事後比較

- 並不關心事先特定的水準間之差異時所使用。
- 主效果顯著時，全部檢出被認爲有顯著差異之水準作爲目的時所使用。首先以整體而言，檢出何處有差異之後，再檢出何處出現有差異。
- 有 Tukey 法（Tukey 的 HSD）、LSD 法、Ryan 法、Duncan 法等。

  事前沒有明確的假設時，進行「2. 事後比較」。

5.2 1 要因的變異數分析

5.2.1 1 要因的變異數分析（受試者間計畫）

將 21 人的受試者每 7 人隨機分派 3 種條件，得出如下的資料。想檢定平均值是否因條件而有差異。

條件 1	
號碼	結果
1	4
2	1
3	3
4	2
5	2
6	4
7	3

條件 2	
號碼	結果
8	6
9	8
10	5
11	9
12	8
13	7
14	7

條件 3	
號碼	結果
15	4
16	3
17	4
18	6
19	5
20	5
21	5

■數據的類型與輸入

- 開啓 SPSS 資料編輯器的「變數視圖」。
  - ➢ 第 1 個變數的名稱輸入**號碼**。

➢ 第 2 個變數的名稱輸入**條件**。

➢ 第 3 個變數的名稱輸入**結果**。

➢ 條件的測量部分當作名義。

➢ 條件加入標籤。

- 開啓「資料視圖」，輸入對應的條件與數值。
- 數據檔參 5-2-1.sav。

	號碼	條件	結果
1	1.00	1.00	4.00
2	2.00	1.00	1.00
3	3.00	1.00	3.00
4	4.00	1.00	2.00
5	5.00	1.00	2.00
6	6.00	1.00	4.00
7	7.00	1.00	3.00
8	8.00	2.00	6.00
9	9.00	2.00	8.00
10	10.00	2.00	5.00
11	11.00	2.00	9.00
12	12.00	2.00	8.00
13	13.00	2.00	7.00
14	14.00	2.00	7.00
15	15.00	3.00	4.00
16	16.00	3.00	3.00
17	17.00	3.00	4.00
18	18.00	3.00	6.00
19	19.00	3.00	5.00
20	20.00	3.00	5.00
21	21.00	3.00	5.00

■ **1 要因的變異數分析（受試者間計畫）**

● 選擇【分析 (A)】清單⇨【比較平均數值 (M)】⇨【單要因變異數分析 (O)】。

➢ 於【依變數清單 (E)：】指定結果。

➢ 於【因子 (F)：】指定條件。

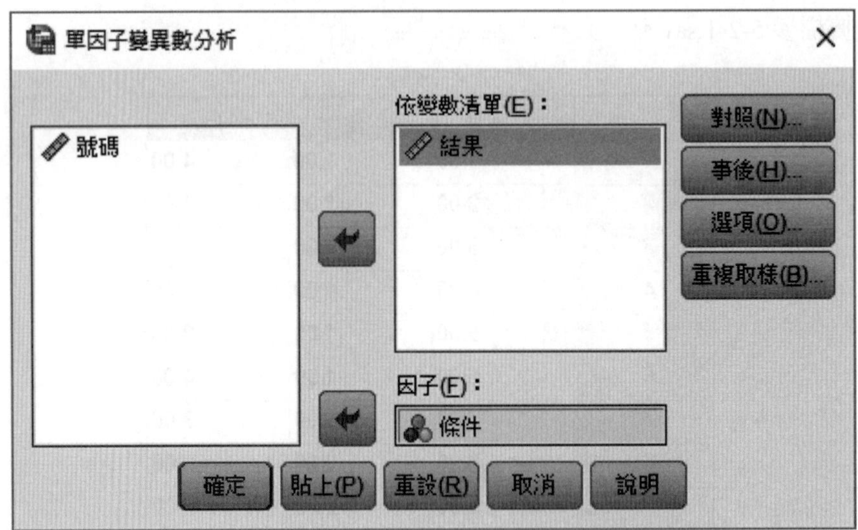

➢ 按一下【事後 (H)】⇨ 勾選【Tukey(T)】⇨ 按一下【繼續】。

單因子變異數分析：事後多重比較
假設相等的變異
LSD
S-N-K
Waller-Duncan 檢定
Bonferroni
Tukey
類型 I/類型 II 錯誤比例： 100
Sidak 檢定
Tukey's-b
Dunnett
Scheffe 法
Duncan
控制種類(Y)： 最後一個
R-E-G-W F
Hochberg's GT2
檢定
R-E-G-W Q
Gabriel 檢定
雙邊(2) < 控制(O) > 控制(N)
未假設相等的變異
Tamhane's T2
Dunnett's T3
Games-Howell 檢定
Dunnett's C
顯著水準(F)： 0.05
繼續(C)
取消
說明

● 於【選項 (O)】勾選【敘述統計 (D)】時，即可輸出平均值等，如勾選【平均值圖形 (M)】時，即可畫出簡單的圖形。

● 按一下【繼續】。

■輸出的看法

1. 變異數分析表

變異數分析

結果

	平方和	自由度	均方	F	顯著性
群組之間	69.238	2	34.619	25.964	.000
群組內	24.000	18	1.333		
總計	93.238	20			

● 這是檢定 3 個條件中數據之值是否有差異之結果。

● 將「全體的平方和」分成「組間」（能以要因說明的部分）與「組內」（無

法以要因說明的部分誤差）。

- 變異數分析的結果是自由度 (2,18) 的 F 值是 25.96，0.1% 水準是顯著。
- 論文或報告的記述方式是……F(2,18) = 25.96，p < 0.001。

2. 多重比較

多重比較

應變數：結果

Tukey HSD

(I) 條件	(J) 條件	平均值差異 (I-J)	標準誤	顯著性	95% 信賴區間 下限	95% 信賴區間 上限
條件 1	條件 2	-4.42857*	.61721	.000	-6.0038	-2.8533
	條件 3	-.85714*	.61721	.020	-3.4324	-.2819
條件 2	條件 1	4.42857*	.61721	.000	2.8533	6.0038
	條件 3	2.57143*	.61721	.002	.9962	4.1467
條件 3	條件 1	1.85714*	.61721	.020	.2819	3.4324
	條件 2	-2.57143*	.61721	.002	-4.1467	-.9962

* 平均值差異在 0.05 水準顯著。

- 輸出是依據 Tukey（Tukey 的 HSD）的多重比較的結果。
- 上述的例子是條件 1 與條件 2 之差，在 0.1% 水準是顯著的。條件 1 與條件 3 之差，在 5% 水準是顯著的，條件 2 與條件 3 之差，在 1% 水準是顯著的。

5.2.2 1 要因的變異數分析（受試者內計畫）

對 6 名協助實驗者進行線段的錯覺實驗。設箭翼的角度分別爲 30 度、60 度、90 度、120 度 4 個條件，6 名協助實驗者重複 4 個條件的試行。實驗是如果判斷 2 個圖形的線段長度相等時，則測量 2 個線段的長度之差。

參加者	角度			
	30 度	60 度	90 度	120 度
1	42	39	35	34
2	22	17	15	8
3	35	32	25	25
4	34	30	22	20
5	40	33	28	23
6	34	30	23	28

Muller・Lyer 的錯覺實驗

操作如下方 2 個線段之中的一方，看出相同長度後，測量與實際的長度之間出現多少的差異。

一般來說，箭翼（線段兩端中的線段）愈長，以及箭翼的角度愈小，錯覺量愈大。

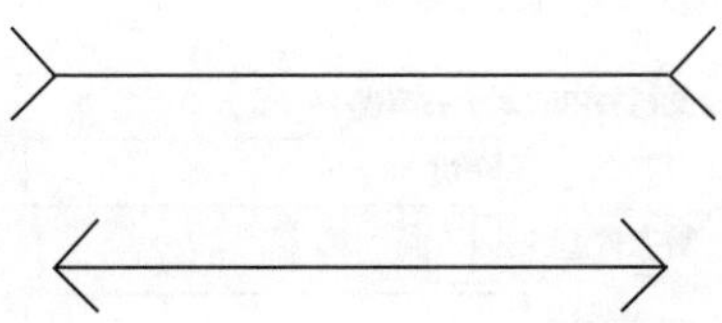

■數據的類型指定與輸入

- 開啓 SPSS 編輯器的「變數視圖」。
  - 第 1 個變數的名稱輸入受試者，第 2 個以後的變數名稱則輸入 **r30**、**r60**、**r90**、**r120**。
  - 各個註解的部分則輸入 **r30**⇨**30** 度，**r60**⇨**60** 度，**r90**⇨**90** 度，**r120**⇨**120** 度。
- 開啓「資料視圖」，輸入對應的數值。
- 數據檔參 5-2-2.sav。

	受試者	r30	r60	r90	r120
1	1.00	42.00	39.00	36.00	34.00
2	2.00	22.00	17.00	15.00	8.00
3	3.00	35.00	32.00	25.00	25.00
4	4.00	34.00	30.00	22.00	20.00
5	5.00	40.00	33.00	28.00	23.00
6	6.00	34.00	30.00	23.00	28.00

■ **1 要因的變異數分析（重複測量）（需要 SPSS 選項的 Advanced Model）**

● 選擇【分析 (A)】⇨【一般線性模式 (G)】⇨【重複量數 (R)】。

➢ 於【受試者內的要因名稱 (W)：】輸入角度。

➢【層次數 (L)：】中，因進行 4 次重複測量，故輸入 **4**。

➢ 按一下【新增 (A)】，再按【定義 (F)】。

● 接著，將 4 個角度指定到【受試者內變數 (W)】。選擇 30 度、60 度、90 度、120 度。按一下➡，移動到右邊的方框中。

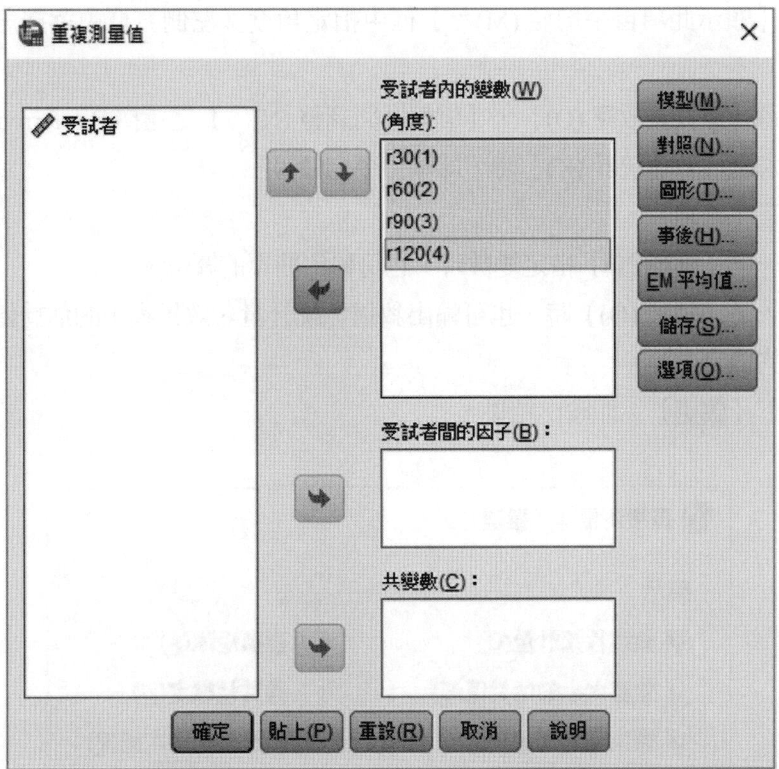
重複測量值
受試者
受試者內的變數(W)
(角度):
r30(1)
r60(2)
r90(3)
r120(4)
受試者間的因子(B)：
共變數(C)：
模型(M)...
對照(N)...
圖形(T)...
事後(H)...
EM 平均值...
儲存(S)...
選項(O)...
確定
貼上(P)
重設(R)
取消
說明

● 按一下【EM 平均值 (E)】。

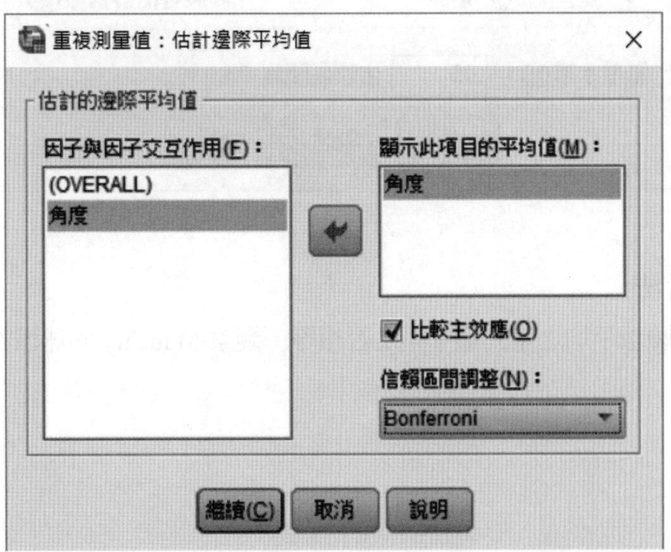
重複測量值：估計邊際平均值
估計的邊際平均值
因子與因子交互作用(F)：
(OVERALL)
角度
顯示此項目的平均值(M)：
角度
比較主效應(O)
信賴區間調整(N)：
Bonferroni
繼續(C)
取消
說明

➢ 於【顯示此項目平均值 (M)：】框中指定角度（左側方框中選擇角度按一下）。
➢ 勾選【比較主效應 (O)】，【信賴區間調整 (N)：】是選擇 Bonferroni。
➢ 如勾選【敘述統計 (K)】時，即輸出平均值等。

● 按一下【繼續】。
➢ 按一下【圖形 (T)】指定變數時，也可輸出簡單的圖形。
➢ 按一下【選項 (O)】時，也可輸出敘述性統計量、效果大小的估計值、觀測到的檢定力等。

● 按一下【確定】，即輸出結果。

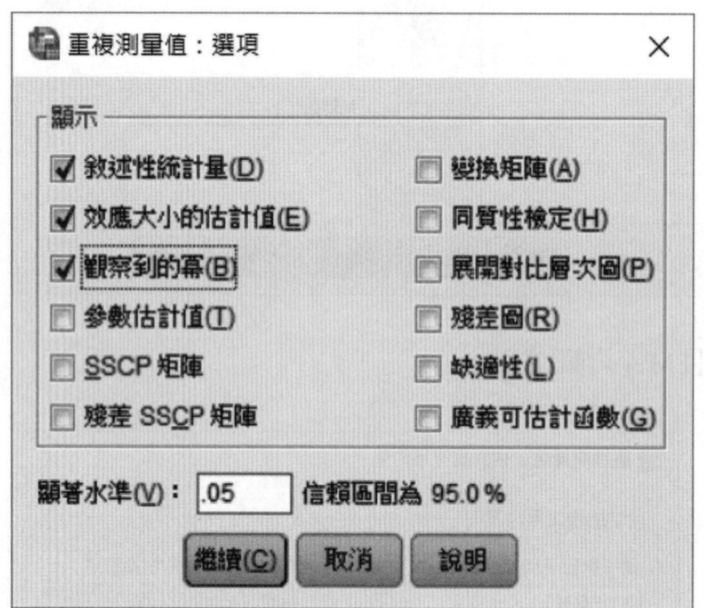

■輸出的看法

1. 首先為了驗證平均之差的標準誤是否相等，觀察 Mauchly 的球面性檢定。

Mauchly 的球形檢定 [a]

測量：MEASURE_1

受試者內效應	Mauchly's W	近似卡方檢定	自由度	顯著性	Epsilon[b] Greenhouse-Geisser	Huynh-Feldt	下限
角度	.189	6.208	5	.301	.588	.883	.333

檢定標準正文化變換依變數的誤差共變數矩陣與恆等式矩陣成比例的虛無假設。

a. 設計：截距

受試者內設計：角度

b. 可以用來調整顯著性平均檢定的自由度。更正的檢定顯示在「受試者內效應項檢定」表格中。

2. 球面性的假定未被捨棄（顯著機率是 0.301，並不顯著，換言之，平均之差的標準誤相等），因之，變異數分析表是觀察**球面性之假定**的部分。角度的主效果是 F(3,15) = 32.86，0.1% 水準是顯著。

受試者內效應項檢定

測量：MEASURE_1

		類型 III 平方和	自由度	均方	F	顯著性
角度	假設的球形	491.458	3	163.819	32.855	.000
	Greenhoune-Geisser	491.458	1.763	278.740	32.855	.000
	Huynh-Feldt	491.458	2.650	185.430	32.855	.000
	下限	491.458	1.000	491.458	32.855	.002
Error（角度）	假設的球形	74.792	15	4.986		
	Greenhoune-Geisser	74.792	8.816	8.484		
	Huynh-Feldt	74.792	13.252	5.644		
	下限	74.792	5.000	14.958		

a. 使用 α 計算 = .05

3. 於【選項 (O)】中指定主效果的比較，因之輸出平均值間之差的檢定（Bonferroni 的方法）。除 90 度與 120 度（3 與 4）之間以外，所有的角度間，平均值之差在 5% 水準下是顯著的。

成對比較

測量：MEASURE_1

(I) 條件	(J) 條件	平均值差異 (I-J)	標準誤	顯著性 [b]	差異的 95% 信賴區間 [b] 下限	上限
1	2	4.333*	.615	.005	1.740	6.927
	3	9.667*	1.054	.002	5.219	14.114
	4	11.500*	1.708	.007	4.294	18.706
2	1	-4.333*	.615	.005	-6.927	-1.740
	3	5.333*	.989	.018	1.161	9.505
	4	7.167*	1.302	.016	1.674	12.659
3	1	-9.667*	1.054	.002	-14.114	-5.219
	2	-5.333*	.989	.018	-9.505	-1.161
	4	1.833	1.701	1.000	-5.345	9.012
4	1	-11.500*	1.708	.007	-18.706	-4.294
	2	-7.167*	1.302	.016	-12.659	-.1.674
	3	-1.833	1.701	1.000	-9.012	5.345

根據估計的邊際平均值

* 平均值差異在 .05 水準顯著。

b. 調整多重比較：Bonferroni。

● 如指定【圖形 (T)】時，即可輸出以下的圖形。

4.【圖形 (T)】的操作：將【因子 (F)：】的角度移到【水平軸 (H)】，

5. 按一下【新增 (A)】，移動到【圖形 (T)】。

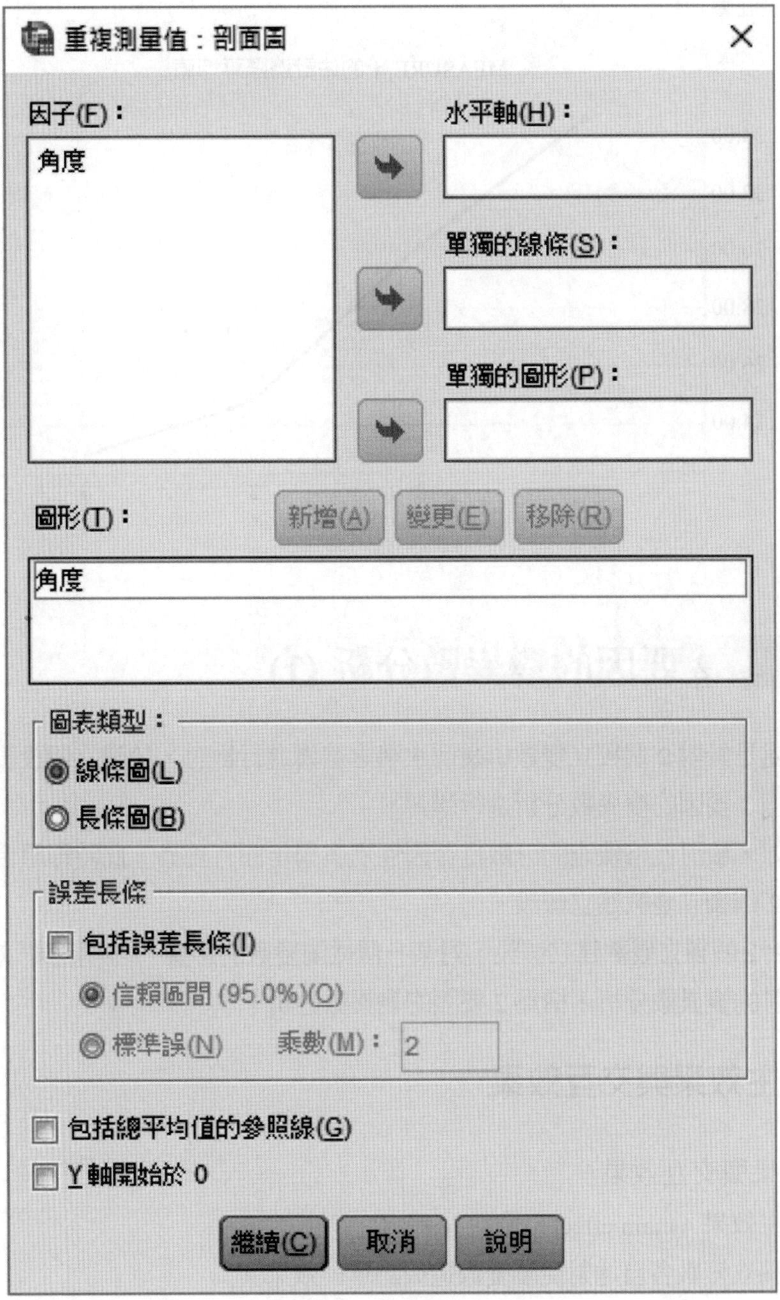

重複測量值：剖面圖

因子(F)：

角度

水平軸(H)：

單獨的線條(S)：

單獨的圖形(P)：

圖形(T)：

新增(A) 變更(E) 移除(R)

角度

圖表類型：

◉ 線條圖(L)

○ 長條圖(B)

誤差長條

☐ 包括誤差長條(I)

◉ 信賴區間 (95.0%)(O)

○ 標準誤(N) 乘數(M)： 2

☐ 包括總平均值的參照線(G)

☐ Y 軸開始於 0

繼續(C) 取消 說明

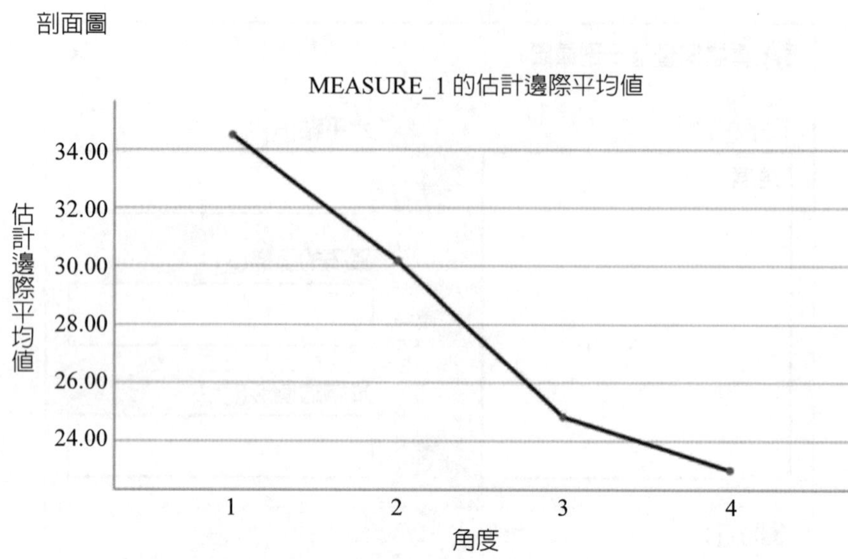

5.3 2 要因的變異數分析 (1)

此處是針對 2 個獨立變數中幾個水準之差異進行檢討，於建立假設後的分析方法，即 2 要因的變異數分析進行學習。

譬如，檢討性格檢查的分數是否因性別與學年而有差異，此時即組合性別與學年的 2 個獨立變數建立假設。

組合2個獨立變數建立假設，對某一個從屬變數的影響（此處稱爲「效果」）進行檢討的變異數分析，稱爲 2 要因的變異數分析。

5.3.1 主效果與交互效果

■主效果與交互效果

所謂主效果（main effect）是：

- 各個獨立變數各自地對從屬變數造成的單純效果。

所謂交互效果（interaction effect）是：

- 組合獨立變數時的複合效果。
- 在特定的方格中可以看出只有要因 A 的主效果與要因 B 的主效果無法說明之

組合的特有效果。

➢ 2 要因以上的變異數分析，交互作用的檢討是重點所在。

■分析的步驟

● 首先，驗證 2 個要因的交互作用。

如交互作用被認定時，要進行**單純主效果的檢定**。

➢ 所謂單純主效果的檢定，譬如，要因 A 與要因 B 的交互作用顯著時，即在要因 B 的某水準下對要因 A 之主效果，以及在要因 A 的某水準下對要因 B 的主效果進行分析。

➢ 單純主效果顯著時，視需要進行多重比較。

● 如交互作用未被認定時，要檢定主效果。

➢ 主效果顯著時，視需要進行多重比較。

譬如，對中學生、高中生、大學生的男女，進行某種測驗後，各級學校與男女得出如下的平均值。

	中學	高中	大學
男性	65.02	60.19	89.89
女性	58.67	63.20	65.76

資料如下輸入。

	性別	校級	分數
1	男性	中學	65.02
2	男性	高中	60.19
3	男性	大學	89.89
4	女性	中學	58.67
5	女性	高中	63.20
6	女性	大學	65.76

將此平均值畫成圖形時即爲如下。

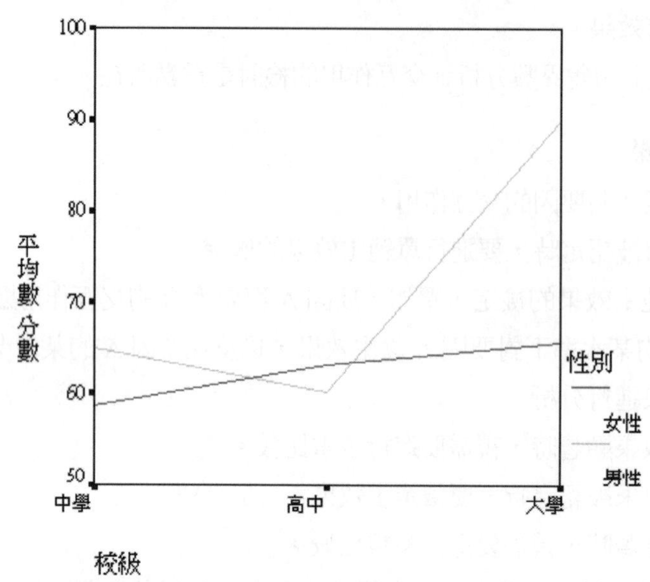

此時，此測驗分數只是性別或只是學級的效果是無法說明的。這是可以看出校級與性別的「組合效果」。

此種情形，檢討交互作用具有重要的意義。

5.3.2 2 要因的變異數分析之執行

想檢討上課的教授方法與個人特性（對人積極性）對考試成績造成的效果。以教授方法來說，分別將 (1) 利用投影授課與 (2) 利用黑板授課對受試者進行。並且，實施對人積極性的尺度，依其結果把對人積極性分成低群 (1)、中群 (2)、高群 (3)。依教授法與對人積極性所分成的 6 群（各 3 名）的考試結果如下所示。

		對人積極性		
		低 (1)	中 (2)	高 (3)
教授法	投影 (1)	41	18	20
		30	29	13
		20	9	19
	黑板 (2)	18	20	40
		6	12	49
		29	31	31

■數據類型的指定與輸入

● 開啓 SPSS 編輯器的「變數視圖」。

➢ 第 1 變數的名稱輸入**教授法**，第 2 變數的名稱輸入**對人積極性**，第 3 變數的名稱輸入**考試**。

➢ 教授法的數值標籤，將 (1) 指定爲投影、(2) 指定爲黑板。

➢ 對人積極性的數值標籤，將 (1) 指定爲低、(2) 中、(3) 高。

➢ 開啓「資料視圖」，輸入對應的條件與數值。

➢ 數據檔參 5-3-2.sav。

	教授法	對人積極性	考試
1	1.00	1.00	41.00
2	1.00	1.00	30.00
3	1.00	1.00	20.00
4	1.00	2.00	18.00
5	1.00	2.00	29.00
6	1.00	2.00	9.00
7	1.00	3.00	20.00
8	1.00	3.00	13.00
9	1.00	3.00	19.00
10	2.00	1.00	18.00
11	2.00	1.00	6.00
12	2.00	1.00	29.00
13	2.00	2.00	20.00
14	2.00	2.00	12.00
15	2.00	2.00	31.00
16	2.00	3.00	40.00
17	2.00	3.00	49.00
18	2.00	3.00	31.00

名稱	類型	寬度	小數	標籤	值	遺漏	欄	對齊	測量
教授法	數值	8	2		{1.00, 投影}...	無	8	靠右	名義
對人	數值	8	2	對人積極性	{1.00, 低}...	無	8	靠右	名義
考試	數值	8	2		無	無	8	靠右	尺度

■ 2 要因的變異數分析（均爲受試者間要因）

● 選擇【分析 (A)】⇨【一般線性模式 (G)】⇨【單變量 (U)】。

◆【一般線性模式】⇨【單變量】，主要是分析受試者間之要因的方法。

◆指定變異數分析的模式時，雖也能對受試者內要因進行分析，但此時，在平均值的比較與單純主效果的檢定上，誤差項的選擇有時會變得不適切。

➢ 將考試指定到【應變數 (D)】。

➢ 將教授法與對人積極性指定到【固定因子 (F)】。

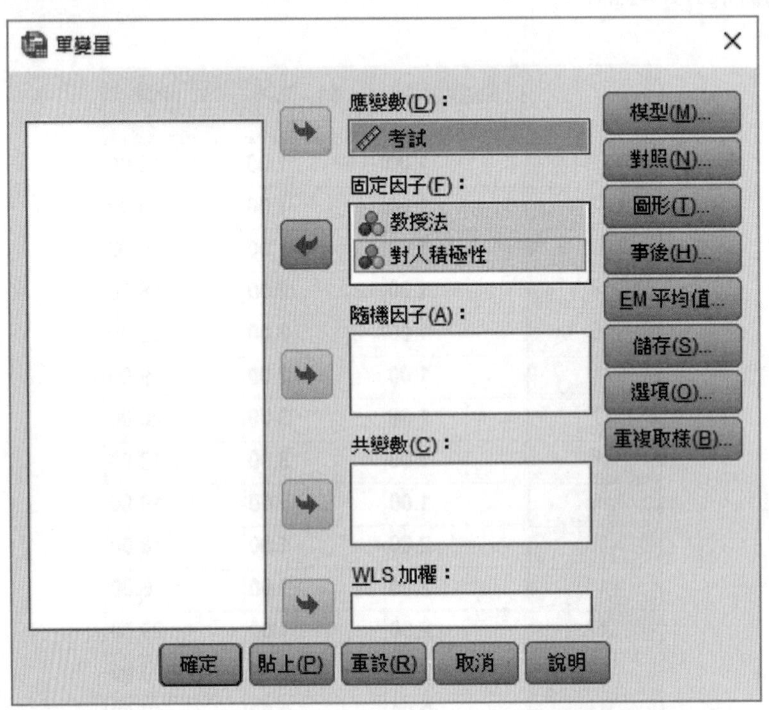

● 按一下【事後 (H)】。

➢ 授課是投影與黑板的 2 水準，對人積極性（對人積極性）是低、中、高 3 水準。2 水準時，主效果如顯著時，2 個之中平均值較高的一方是比小的一方顯著地高。3 水準以上時，爲了檢討何者與何者有差異，有需要進行多重比較。

➢ 將對人積極性指定到【此項目的事後檢定 (P)】。

➢ 勾選【Tukey(T)】。

➢ 按一下【繼續】。

● 按一下【確定】。

單變量：觀察到的平均值的事後多重比較

因子(F)：
教授法
對人積極性

此項目的事後檢定(P)：
對人積極性

假設相等的變異
LSD　S-N-K　Waller-Duncan
Bonferroni　☑ Tukey　類型 I/類型 II 錯誤比例：100
Sidak　Tukey's-b　Dunnett
Scheffe　Duncan　控制種類(Y)：最後一個
R-E-G-W-F　Hochberg's GT2　檢定
R-E-G-W-Q　Gabriel　◉ 雙邊(2)　◎ < 控制(O)　◎ > 控制(N)

未假設相等的變異
Tamhane's T2　Dunnett's T3　Games-Howell　Dunnett's C

繼續(C)　取消　說明

■輸出的看法

1. 受試者間要因

● 出現所設定的 2 個要因（教授法與對人積極性）。

受試者間因子

		值標籤	N
教授法	1.00	投影	9
	2.00	黑板	9
對人積極性	1.00	低	6
	2.00	中	6
	3.00	高	6

2. 受試者間效果的檢定（變異數分析的結果）

- 首先觀察是否有交互作用。
- 教授法 * 對人積極性的交互作用是 F(2, 12) = 5.35，5% 水準下是顯著。
- 因爲交互作用顯著，因之進行單純主效果的檢定。
  - 如果交互作用不顯著時，觀察主效果。
  - 如果主效果也不顯著時，判斷「群間看不出有顯著差」。

受試者間效應項檢定

依變數：考試

來源	類型 III 平方和	自由度	均方	F	顯著性
修正模型	1253.833[a]	5	250.767	2.842	.064
截距	10512.500	1	10512.500	119.159	.000
教授法	76.056	1	76.056	.862	.371
對人積極性	234.333	2	117.167	1.328	.301
教授法 * 對人積極性	943.444	2	471.722	5.347	.022
誤	1058.667	12	88.222		
總計	12825.000	18			
修正後總數	2312.500	17			

a. R 平方 = .542（調整的 R 平方 = .351）

3. 多重比較

- 雖有輸出，但此多重比較只要看「交互作用不顯著」且「對人積極性的主效果顯著時」。此數據是交互作用顯著而不需要看，對人積極性的主效果不顯著，多重比較也不顯著。

對人積極性

多重比較

依變數：考試
Tukey HSD

(I) 對人積極性	(J) 對人積極性	平均值差異 (I-J)	標準誤	顯著性	95% 信賴區間 下限	95% 信賴區間 上限
低	中	4.1667	5.42286	.729	-10.3008	18.6341
	高	-4.6667	5.42286	.674	-19.1341	9.8008
中	低	-4.1667	5.42286	.729	-18.6341	10.3008
	高	-8.8333	5.42286	.272	-23.3008	5.6341
高	低	4.6667	5.42286	.674	-9.8008	19.1341
	中	8.8333	5.42286	.272	-5.6341	23.3008

根據觀察到的平均值。
誤差項是 Mean Square (Error) = 88.222。

5.3.3 交互作用的分析（單純效果的檢定）

交互作用顯著時，如想在要因 B 的某水準下對要因 A 的效果，或在要因 A 的某水準下對要因 B 的主效果進行分析，稱爲單純主效果的檢定。

此次的數據中，可以考慮如下的 5 個單純主效果。

- 教授法是「投影」時，對人積極性的單純主效果。
- 教授法是「黑板」時，對人積極性的單純主效果。
- 在對人積極性是低者時，教授法的單純主效果。
- 在對人積極性是中者時，教授法的單純主效果。
- 在對人積極性是高者時，教授法的單純主效果。

■交互作用的分析（單純主效果的檢定）

- 再次選擇【分析 (A)】清單⇨【一般線性模式 (G)】⇨【單變量 (U)】
  - ➢ 於【從屬變數 (D)】中指定考試，於【固定要因 (F)】中指定教授法、對人積極性。
  - ➢ 按一下【EM 平均值 (E)】。
    - ◆於【顯示此項目的平均值 (M)】中指定教授法、對人積極性、教授法 * 對人積極性。

◆勾選【比較主效應 (O)】。

◆於【信賴區間的調整】中，從 LSD, Bonferroni, Sidak 中選擇，此次選擇 Bonferroni。

◆按【繼續】。

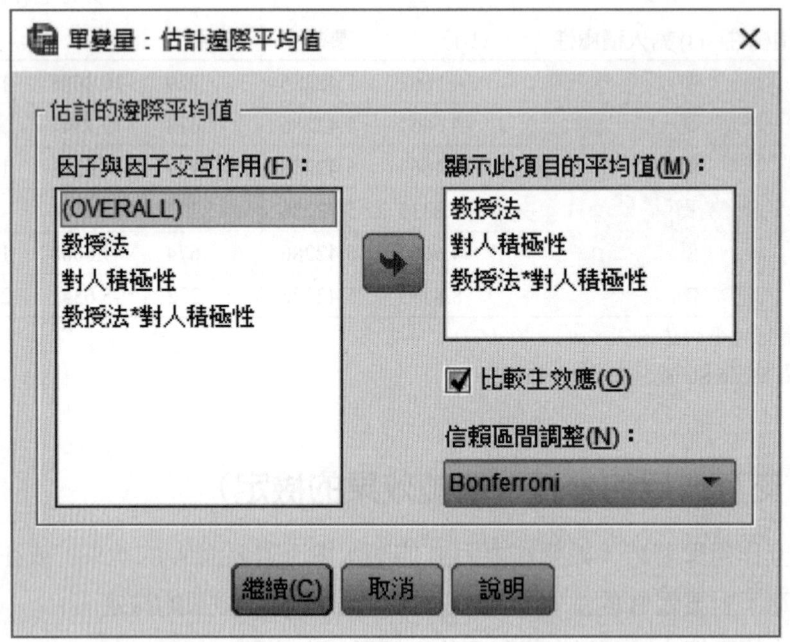

【註】
如勾選【比較主效應 (O)】時，可進行主效果的多重比較。
如選擇 LSD（無）時，等於不調整。
Bonferroni 因檢定力低（對差不敏感），當比較數多時不易看出差異。
Sidak 是 Bonferroni 的改良版，如果發現 Bonferroni 的檢定力低時，不妨使用 Sidak。

● 回到【單變量】的視窗

➢ 按一下【貼上 (P)】時，即出現語法。

◆在以下的＊中所出現的列間部分

```
DATASET ACTIVATE 資料集3.
UNIANOVA 考試 BY 教授法 對人積極性
  /METHOD=SSTYPE(3)
  /INTERCEPT=INCLUDE
  /POSTHOC=對人積極性(BONFERRONI)
  /PLOT=PROFILE( 教授法*對人積極性) TYPE=LINE ERRORBAR=NO YAXIS=AUTO
  /EMMEANS=TABLES(教授法) COMPARE ADJ(LSD)
  /EMMEANS=TABLES(對人積極性) COMPARE ADJ(LSD)
  /EMMEANS=TABLES(教授法*對人積極性)
  /CRITERIA=ALPHA(0.05)
  /DESIGN=教授法 對人積極性 教授法*對人積極性.
```

新增 2 列，變成如下。

```
DATASET ACTIVATE 資料集3.
UNIANOVA 考試 BY 教授法 對人積極性
  /METHOD=SSTYPE(3)
  /INTERCEPT=INCLUDE
  /POSTHOC=對人積極性(BONFERRONI)
  /PLOT=PROFILE( 教授法*對人積極性) TYPE=LINE ERRORBAR=NO YAXIS=AUTO
  /EMMEANS=TABLES(教授法) COMPARE ADJ(LSD)
  /EMMEANS=TABLES(對人積極性) COMPARE ADJ(LSD)
  /EMMEANS=TABLES(教授法*對人積極性)
  /EMMEANS=TABLES(教授法*對人積極性) COMPARE(教授法) ADJ(BONFERRONI)
  /EMMEANS=TABLES(教授法*對人積極性) COMPARE(對人積極性) ADJ(BONFERRONI)
  /CRITERIA=ALPHA(0.05)
  /DESIGN=教授法 對人積極性 教授法*對人積極性.
```

在設定 A 與 B 此 2 個受試者間要因之 2 要因變異數分析中，交互作用是顯著，進行單純主效果的分析時，將語法如下變更。

/EMEANS = TABLES (A*B)

/EMEANS = TABLES (A*B) COMPARE (A) ANJ (BONFERRONI)

/EMEANS = TABLES (A*B) COMPARE (B) ANJ (BONFERRONI)

在輸出之中的「= 單變量檢定」，出現單純主效果的檢定結果。

如變更之後，從語法中按

【執行 (R)】清單⇨【全部 (A)】，出現結果。（有很多的語法時，選擇要執行的部分時，可點選【執行 (R)】清單⇨【選擇 (S)】）。

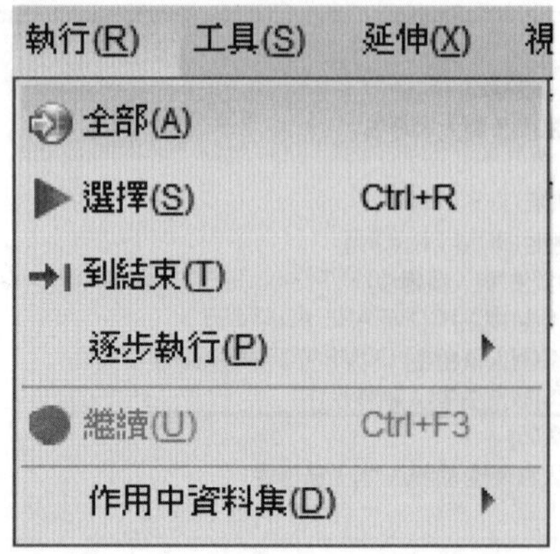

◎原本 SPSS 並非是從清單叫出指令進行分析，而是如同此語法那樣從鍵盤輸入腳本語言（script）進行分析的統計套裝。活用語法，即可顯示一連串的結果，或進行更複雜的分析。

■檢定單純主效果的輸出

雖出現許多的輸出，但尋找記成「教授法＊對人積極性」的輸出。

1. 在對人積極性的各水準中關於檢定教授法的單純主效果之結果

● 在對人積極性的 3 個群（低、中、高）之中，出現因教授法各對平均值的檢定結果（依據 Bonferroni 的方法）。在對人積極性高群中，教授法的黑板與投影之間的差異是顯著的。

成對比較

依變數：考試

對人積極性	(I) 教授法	(J) 教授法	平均值差異 (I-J)	標準誤	顯著性[b]	差異的 95% 信賴區間[b] 下限	上限
低	投影	黑板	12.667	7.669	.125	-4.043	29.376
	黑板	投影	-12.667	7.669	.125	-29.376	4.043
中	投影	黑板	-2.333	7.669	.766	-19.043	14.376
	黑板	投影	2.333	7.669	.766	-14.376	19.043
高	投影	黑板	-22.667*	7.669	.012	-39.376	-5.957
	黑板	投影	22.667*	7.669	.012	5.957	39.376

根據估計的邊際平均值

*. 平均值差異在 0.05 水準顯著。

b. 調整多重比較：Bonferroni。

- 其次，出現對人積極性的各水準的單純主效果的檢定結果。
  - 在對人積極性屬高的群中，教授法的單純主效果是顯著（$F(1, 12) = 8.736$, $p < 0.05$）。

單變量檢定

依變數：考試

對人的積極性		平方和	自由度	均方	F	顯著性
低	對照	240.667	1	240.667	2.728	.125
	誤	1058.667	12	88.222		
中	對照	8.167	1	8.167	.093	.766
	誤	1058.667	12	88.222		
高	對照	770.667	1	770.667	8.736	.012
	誤	1058.667	12	88.222		

每個 F 檢定位於所顯示其他效應之每一個水準組合內的教授法的簡式效應。這些檢定是根據估計邊際平均值之間的線性獨立成對比較。

2. 在教授法的各水準中關於對人積極性的單純主效果之檢定結果

- 在教授法的 2 水準（投影、黑板）中，出現對人積極性各對平均值的檢定結果（依據 Bonferroni 的方法）。在教授法的黑板群中，可以看出對人積極性的低群與高群之間在 5% 水準下有顯著差。在教授法的投影群中，對人積極性的群間看不出差異。

成對比較

依變數：考試

教授法	(I) 對人積極性	(J) 對人積極性	平均值差異 (I-J)	標準誤	顯著性 b	差異的 95% 信賴區間 b 下限	上限
投影	低	中	11.667	7.669	.462	-9.649	32.983
		高	13.000	7.669	.347	-8.316	34.316
	中	低	-11.667	7.669	.462	-32.983	9.649
		高	1.333	7.669	1.000	-19.983	22.649
	高	低	-13.000	7.669	.347	-34.316	8.316
		中	-1.333	7.669	1.000	-22.649	19.983
黑板	低	中	-3.333	7.669	1.000	-24.649	17.983
		高	-22.333*	7.669	.039	-43.649	-1.017
	中	低	3.333	7.669	1.000	-17.983	24.649
		高	-19.000	7.669	.087	-40.316	2.316
	高	低	22.333*	7.669	.039	1.017	43.649
		中	19.000	7.669	.087	-2.316	40.316

根據估計的邊際平均值

*. 平均值差異在 0.05 水準顯著。

b. 調整多重比較：Bonferroni。

- 其次，輸出教授法的各水準有關單純主效果的檢定結果。
  - 在利用黑板的教授法中，對人積極性的單純主效果是顯著（$F(2, 12) = 4.94$, $p < 0.05$）。

單變量檢定

依變數：考試

教授法		平方和	自由度	均方	F	顯著性
投影	對照	306.889	2	153.444	1.739	.217
	誤	1058.667	12	88.222		
黑板	對照	870.889	2	435.444	4.936	.027
	誤	1058.667	12	88.222		

每個 F 檢定位於所顯示其他效應之每一個水準組合內的對人積極性的簡式效應。這些檢定是根據估計邊際平均值之間的線性獨立成對比較。

■意指什麼

● 將此次的結果以平均值等作成表時，即如下所示。

		教授法	
		投射	黑板
對人積極性	低	30.33	17.67
	中	18.67	21.00
	高	17.33	40.00

➢ 作法爲選擇【分析 (A)】⇨【比較平均法 (M)】⇨【平均數 (M)】，於【依變數清單 (D)】輸入考試，【自變數清單 (I)】輸入對人積極性，再輸入教授法。

● 將此表示成圖形，即如下所示。

【圖形 (G)】⇨【歷史對話框】⇨【線形圖】⇨【多重】

將考試移入【變數 (V)】方框中，線形圖顯示中勾選其他統計量的平均值。

對人積極性移入【種類軸 (X)】，將教授法移入【定義線條方式 (D)】中。

按【確定】。

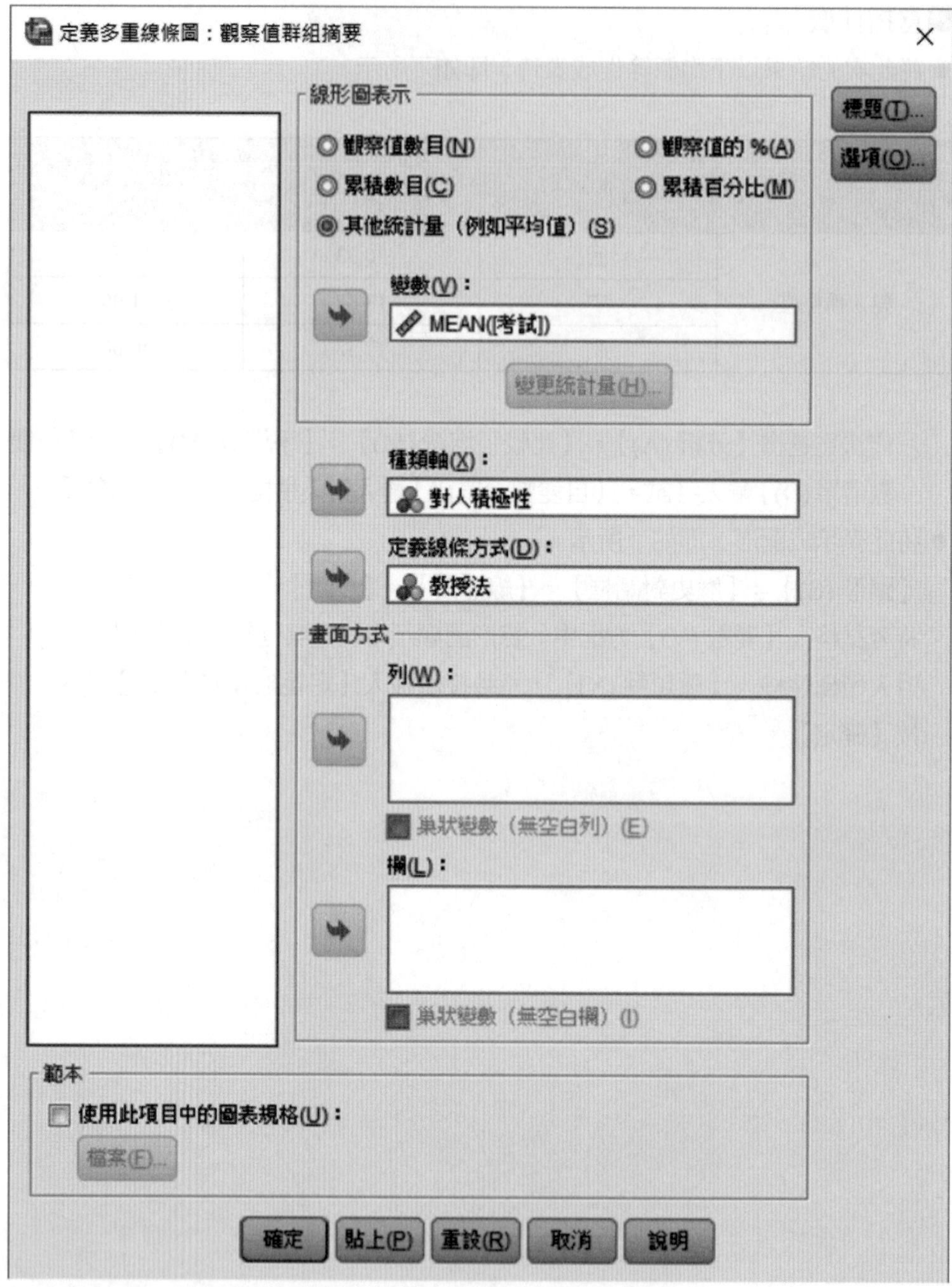
定義多重線條圖：觀察值群組摘要
線形圖表示
觀察值數目(N)
觀察值的 %(A)
累積數目(C)
累積百分比(M)
其他統計量（例如平均值）(S)
變數(V)：
MEAN([考試])
變更統計量(H)...
種類軸(X)：
對人積極性
定義線條方式(D)：
教授法
畫面方式
列(W)：
巢狀變數（無空白列）(E)
欄(L)：
巢狀變數（無空白欄）(I)
範本
使用此項目中的圖表規格(U)：
檔案(F)...
確定
貼上(P)
重設(R)
取消
說明
標題(T)...
選項(O)...

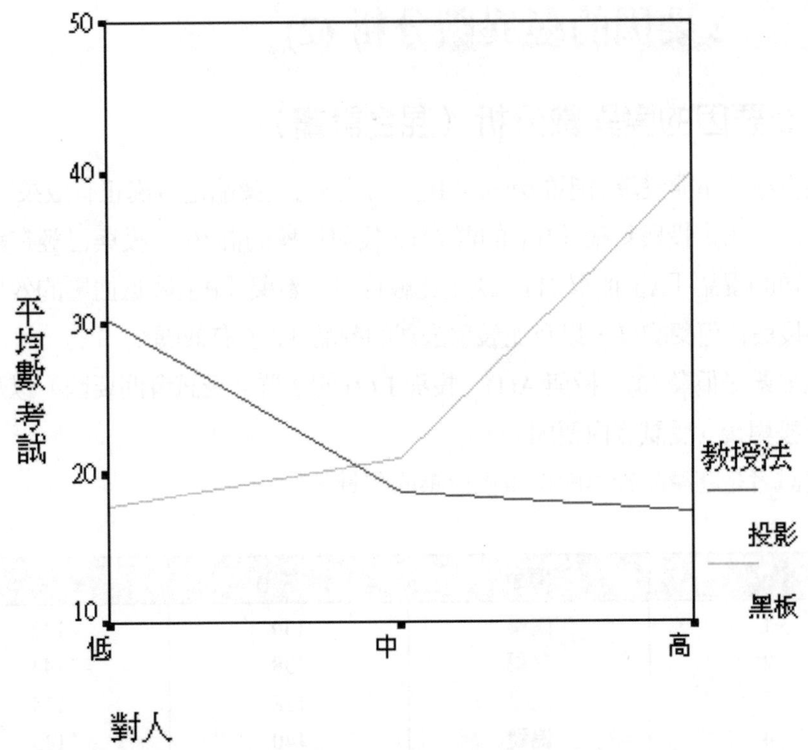

● 可以看出教授法與對人積極性的組合效果，因之交互作用是顯著的。

● 因爲交互作用顯著，因之進行單純主效果的檢定。其結果：

➢ 在對人積極性屬高者中，教授法的單純主效果是顯著的。

◆對人積極性屬高者，可得知黑板的授課比投影的授課來說，考試的分數較高。

➢ 在黑板的教授法中，對人積極性的單純主效果是顯著的。

◆在黑板的授課中，對人積極性高者比低者來說，考試的分數較高。

● 黑板的授課由於教師與學生的溝通是甚大因素，因之可以認爲分數出現差異是受對人積極性影響。

◎適性處理交互作用（Aptitude-Treatment Interaction; ATI）

指對於學習的成果與激勵等來說，講課的方式或教材的內容、教材的提示方式之類的教授法（稱爲處理），與學習者具有的適性（不僅是智能與學力，也包含性格或興趣等更廣的個人特性）之間可以看出交互作用。

5.4 2 要因的變異數分析 (2)

5.4.1 2 要因的變異數分析（混合計畫）

某製藥公司開發降血壓的新藥「B」。想檢討此藥品是否眞正有效果。

因此，設定投與新藥「B」的群 (2)，投與僞藥的群 (0)，投與已經在銷售的競爭公司的藥品「A」的群 (1)，決定比較檢討。新藥「B」降低血壓的效果可以說比不投與任何藥的群，以及比競爭公司的藥品「A」有效嗎？

- 獨立變數是僞藥 (0)、投與 A(1)、投與 B(2) 的 3 群（**受試者間要因**）以及投與前、投與後（**受試者內要因**）。
- 各受試者是在藥品投與前後重複血壓的測量。

號碼	藥品	投與前	投與後
1	僞藥	140	142
2	僞藥	138	144
3	僞藥	138	135
4	僞藥	140	135
5	僞藥	152	164
6	A	132	126
7	A	158	145
8	A	127	122
9	A	153	149
10	A	142	151
11	B	136	114
12	B	146	127
13	B	151	145
14	B	129	117
15	B	149	137

■**數據類型的指定與輸入**

- 開啓 SPSS 編輯器的「變數視圖」。
  - ➢ 第 1 個變數的名稱輸入**號碼**，第 2 個變數的名稱輸入**藥品**，第 3 個數的名稱輸入**投與前**，第 4 個輸入**投與後**。

➢ 藥品的數值註解是將 0 指定為偽藥，1 指定成藥品 A，2 指定成藥品 B。

● 開啓【資料視圖】，輸入對應的數值。

● 數據檔參 5-4-1.sav。

	號碼	藥品	投與前	投與後
1	1.00	.00	140.00	142.00
2	2.00	.00	138.00	144.00
3	3.00	.00	138.00	135.00
4	4.00	.00	140.00	135.00
5	5.00	.00	152.00	164.00
6	6.00	1.00	132.00	126.00
7	7.00	1.00	158.00	145.00
8	8.00	1.00	127.00	122.00
9	9.00	1.00	153.00	149.00
10	10.00	1.00	142.00	151.00
11	11.00	2.00	136.00	114.00
12	12.00	2.00	146.00	127.00
13	13.00	2.00	151.00	145.00
14	14.00	2.00	129.00	117.00
15	15.00	2.00	149.00	137.00

■ 2 要因混合計畫的變異數分析（需要 SPSS 選項的 Advanced Models）

●【分析 (A)】清單⇨【一般線性模式 (G)】⇨【重複測量 (R)】

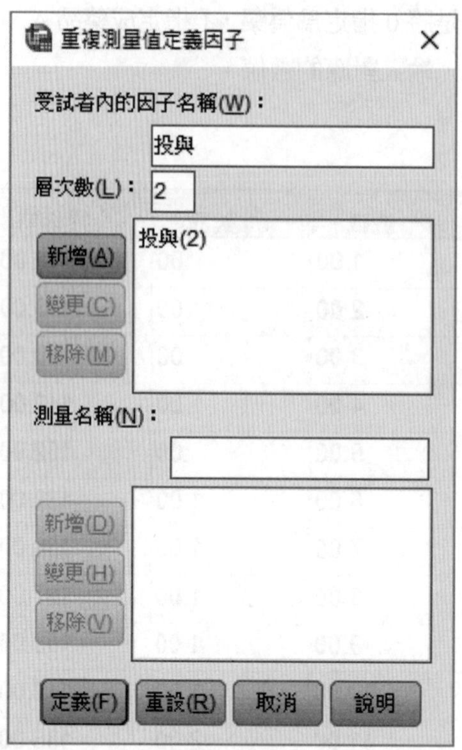

- 【重複測量值定義因子】視窗
  - ➢ 因相同的人測量 2 次，故【層次數 (L)】是 2，【受試者內的要因名 (W)】輸入投與。
  - ➢ 按一下【新增 (A)】。
  - ➢ 按一下【定義 (F)】。
- 【反覆測量】視窗。
  - ➢ 於【受試者間的要因 (B)】指定藥品。
  - ➢ 於【受試者內變數 (W)】指定投與前、投與後。

➢ 對於【事後 (H)】來說

◆受試者間要因是 3 水準以上時，按一下【事後 (H)】，指定所屬的受試者間要因。將藥品指定到【此項目的事後檢定 (P)】，勾選【Tukey(T)】。

➢ 按一下【繼續 (C)】。

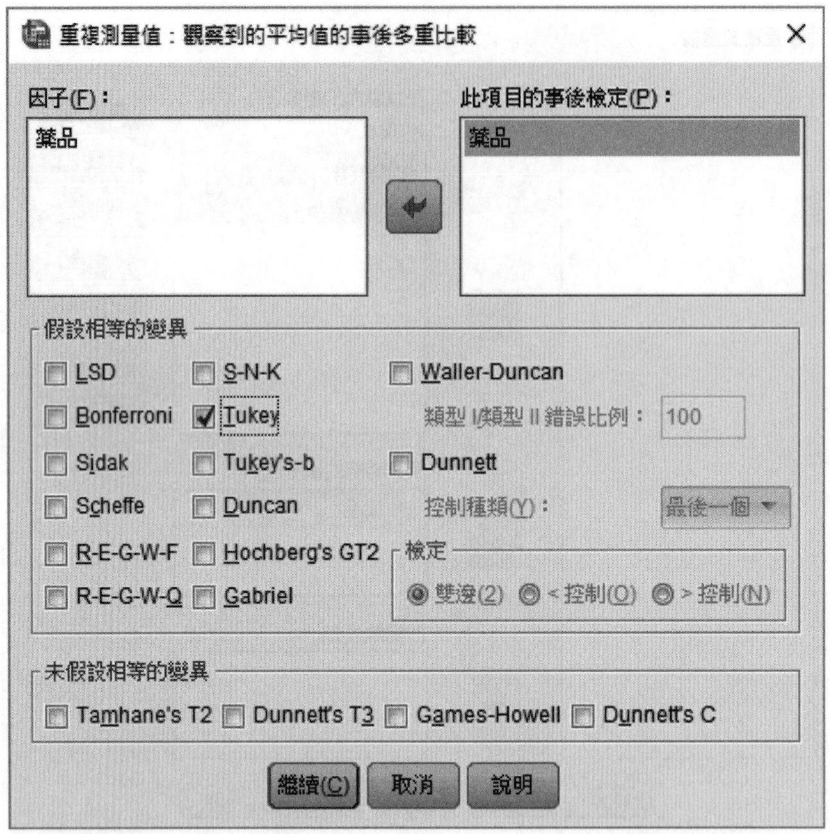

◆於【顯示此項目的平均值 (M)】指定藥品、投與、藥品 * 投與。

◆勾選【比較主效應 (O)】。

◆【信賴區間調整 (N)】是 Bonferoni。

◆按一下【繼續】。

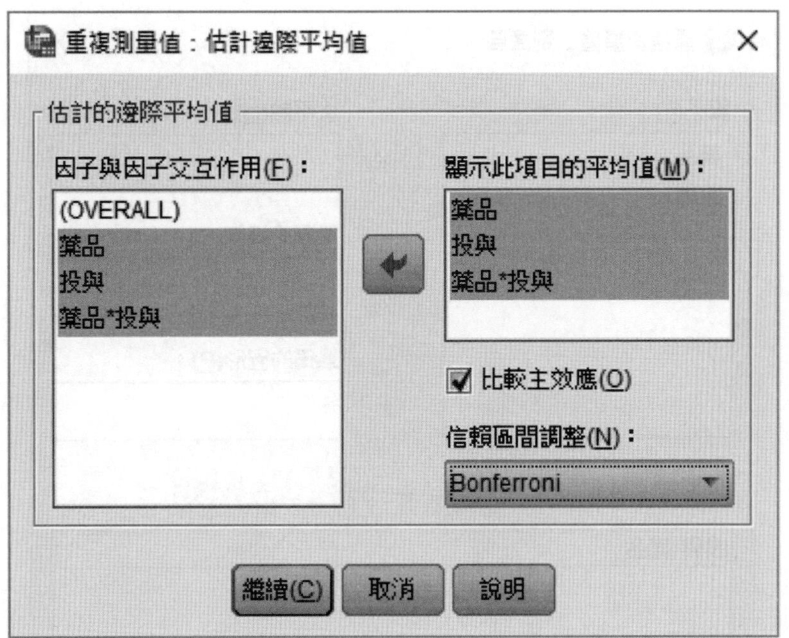

➢ 也輸入圖形看看。

◆按一下【圖形 (T)】

✧於【水平軸 (H)】指定投與。

✧於【個別線 (S)】指定藥品。

✧圖形類型選擇線條圖 (L)，視需要也可顯示誤差長條。

◆按一下【繼續 (C)】。

➢ 按一下【確定】，即輸出結果。

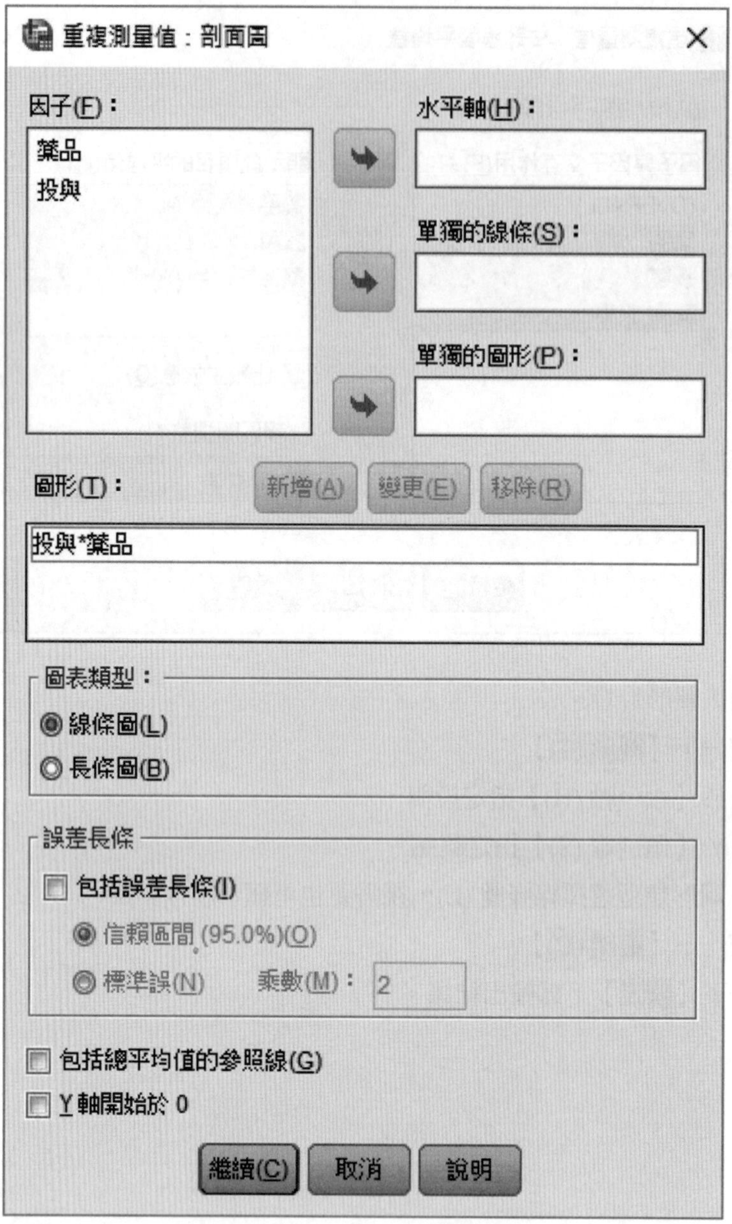

重複測量值：剖面圖

因子(F)：
藥品
投與

水平軸(H)：

單獨的線條(S)：

單獨的圖形(P)：

圖形(T)：　新增(A)　變更(E)　移除(R)

投與*藥品

圖表類型：
線條圖(L)
長條圖(B)

誤差長條
包括誤差長條(I)
信賴區間 (95.0%)(O)
標準誤(N)　乘數(M)：2

包括總平均值的參照線(G)
Y 軸開始於 0

繼續(C)　取消　說明

■輸出的看法

● 確認球面性檢定不是顯著。受試者內的水準是 2 時，W=1 不會成爲顯著。

Mauchly 的球形檢定[a]

測量：MEASURE_1

受試者內效應	Mauchly's W	近似卡方檢定	自由度	顯著性	Epsilon[b] Greenhouse-Geisser	Huynh-Feldt	下限
投與	1.000	.000	0	.	1.000	1.000	1.000

檢定標準正文變換依變數的誤差共變數矩陣與恆等式矩陣成比例的虛無假設。

a. 設計：截距 + 藥品

受試者內設計：投與

b. 可以用來調整顯著性平均檢定的自由度，更正的檢定顯示在「受試者內效應項檢定」表格中。

➢ 如果顯著時，要看 Greenhouse-Geisser 或 Huynh-Feldt 的檢定結果。

- 投與與藥品的交互作用在 1% 水準下呈現顯著：$F(2, 12) = 6.98$，$P < 0.05$。
- 投與的主效果在 1% 水準下呈現顯著：$F(1, 12) = 8.05$，$P < 0.05$。

受試者內效應項檢定

測量：MEASURE_1

來源		類型 III 平方和	自由度	均方	F	顯著性
投與	假設的球形	202.800	1	202.800	8.048	.015
	Greenhouse-Geisser	202.800	1.000	202.800	8.048	.015
	Huynh-Feldt	202.800	1.000	202.800	8.048	.015
	下限	202.800	1.000	202.800	8.048	.015
投與 * 藥品	假設的球形	351.800	2	175.900	6.980	.010
	Greenhouse-Geisser	351.800	2.000	175.900	6.980	.010
	Huynh-Feldt	351.800	2.000	175.900	6.980	.010
	下限	351.800	2.000	175.900	6.980	.010
Error(投與)	假設的球形	302.400	12	25.200		
	Greenhouse-Geisser	302.400	12.000	25.200		
	Huynh-Feldt	302.400	12.000	25.200		
	下限	302.400	12.000	25.200		

- 看不出藥品的主效果：$F(2, 12) = 0.65$，n.s.

➢ 在混合計畫的變異數分析中，受試者間與受試者內，所使用的誤差不同。

受試者內效應項檢定

測量：MEASURE_1

變換的變數：平均值

來源	類型 III 平方和	自由度	均方	F	顯著性
截距	583528.533	1	583528.533	2431.369	.000
藥品	312.467	2	156.233	.651	.539
誤	2880.000	12	240.000		

●【選項 (O)】中因爲是指定主效果的比較，因之會輸出各對的比較（利用 Bonferroni 方法的多重比較）。

➢ 因爲交互作用顯著，雖然不需要觀察，但投與前後之差異是顯著的。

成對比較

測量：MEASURE_1

(I) 投與	(J) 投與	平均值差異 (I-J)	標準誤	顯著性 b	差異的 95% 信賴區間 b	
					下限	上限
1	2	5.200*	1.833	.015	1.206	9.194
2	1	-5.200*	1.833	.015	-9.194	-1.206

根據估計的邊際平均值

*. 平均值差異在 .05 水準顯著。

b. 調整多重比較：Bonferroni。

● 在事後檢定中因指定利用 Tukey 法的多重比較，因之輸出其結果。

➢ 交互作用顯著加上藥品的主效果不顯著，雖然不需要觀察，但在受試者間要因中的僞藥、藥品 A、藥品 B 之間利用 Tukey 法的多重比較均不顯著。

比重比較

測量：MEASURE_1

Tukey HSD

(I) 藥品	(J) 藥品	平均值差異 (I-J)	標準誤	顯著性	95% 信賴區間 下限	95% 信賴區間 上限
偽藥	藥品 A	2.3000	6.92820	.941	-16.1835	20.7835
	藥品 B	7.7000	6.92820	.525	-10.7835	26.1835
藥品 A	偽藥	-2.3000	6.92820	.941	-20.7835	16.1835
	藥品 B	5.4000	6.92820	.722	-13.0835	23.8835
藥品 B	偽藥	-7.7000	6.92820	.525	-26.1835	10.7835
	藥品 A	-5.4000	6.92820	.722	-23.8835	13.0835

根據觀察到的平均值

誤差項是 Mean Square (Error) = 120.000。

● 因指定了【圖形 (T)】，故輸出估計周邊平均的圖形。

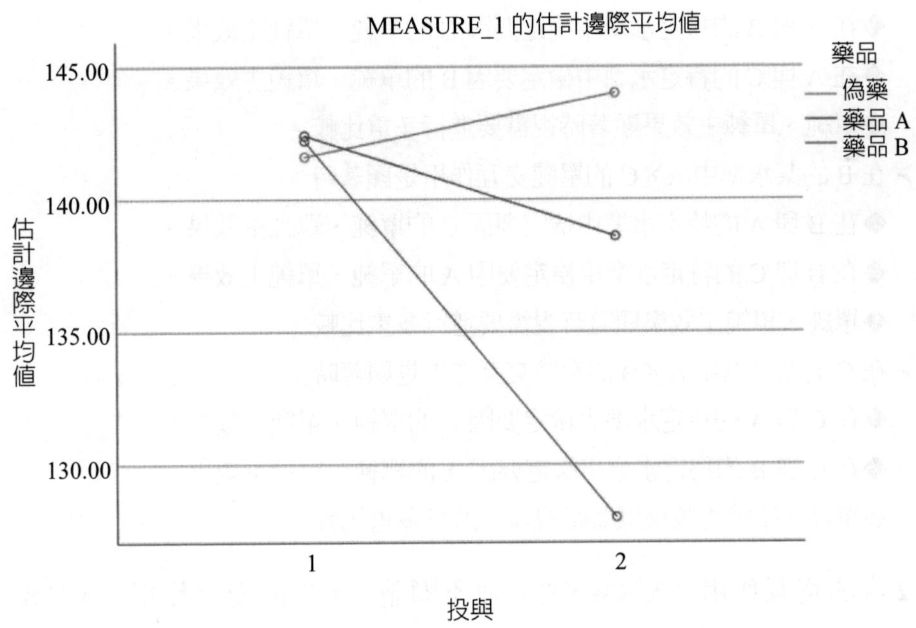

■交互作用的分析

因爲交互作用是顯著，因之進行單純主效果的檢定。

但對於 2 要因混合計畫中單純主效果的檢定，此處不詳述。請參照相關資料。

5.4.2 3 要因的變異數分析

■ 3 要因時情形如何？

A、B、C 之 3 個要因均爲獨立變數時，進行 3 要因的變異數分析如下。

進行包含 3 要因的變異數分析。

■ **2 次的交互作用（A×B×C）是顯著時：**

- 進行單純交互作用之分析
  - 在 A 的某水準中 B×C 的單純交互作用是顯著時：
    - ◆在 A 與 B 的特定水準中檢定要因 C 的單純、單純主效果。
    - ◆在 A 與 C 的特定水準中檢定要因 B 的單純、單純主效果。
    - ◆單純、單純主效果顯著時視需要進行多重比較。
  - 在 B 的某水準中 A×C 的單純交互作用是顯著時：
    - ◆在 B 與 A 的特定水準中檢定要因 C 的單純、單純主效果。
    - ◆在 B 與 C 的特定水準中檢定要因 A 的單純、單純主效果。
    - ◆單純、單純主效果顯著時視需要進行多重比較。
  - 在 C 的某水準中 A×B 的單純交互作用是顯著時：
    - ◆在 C 與 A 的特定水準中檢定要因 C 的單純、單純主效果。
    - ◆在 C 與 B 的特定水準中檢定要因 A 的單純、單純主效果。
    - ◆單純、單純主效果顯著時視需要進行多重比較。

■ **2 次的交互作用（A×B×C）並不顯著，1 次的交互作用（A×B，A×C，B×C）的任一者顯著時：**

- 進行單純主效果的檢定
  - A×B 的交互作用顯著時：
    - ◆檢定 A 的某水準中 B 的單純主效果。

◆檢定 B 的某水準中 A 的單純主效果。

◆單純主效果顯著時視需要進行多重比較。

➢ **A×C 的交互作用顯著時：**

◆檢定 A 的某水準中 C 的單純主效果。

◆檢定 C 的某水準中 A 的單純主效果。

◆單純主效果顯著時視需要進行多重比較。

➢ **B×C 的交互作用顯著時：**

◆檢定 B 的某水準中 C 的單純主效果。

◆檢定 C 的某水準中 B 的單純主效果。

◆單純主效果顯著時視需要進行多重比較。

■任一交互作用（A×B×C，A×B，A×C，B×C）均不顯著時：

● 觀察 A，B，C 的主效果的檢定結果

➢ 任一主效果是顯著時：

◆視需要進行多重比較。

➢ 任一主效果均不顯著時：

◆「看不出有差異」的結論。

【本章附錄】

使用單要因變異數分析的例子，以貝氏統計清單來分析看看。

● 選擇【分析 (A)】⇨【貝氏統計 (B)】⇨【單要因變異數分析 (W)】。

➢【依變數 (D)】指定結果，【要因 (F)】指定條件。

在【貝氏分析】中選擇【使用兩種方法 (B)】。

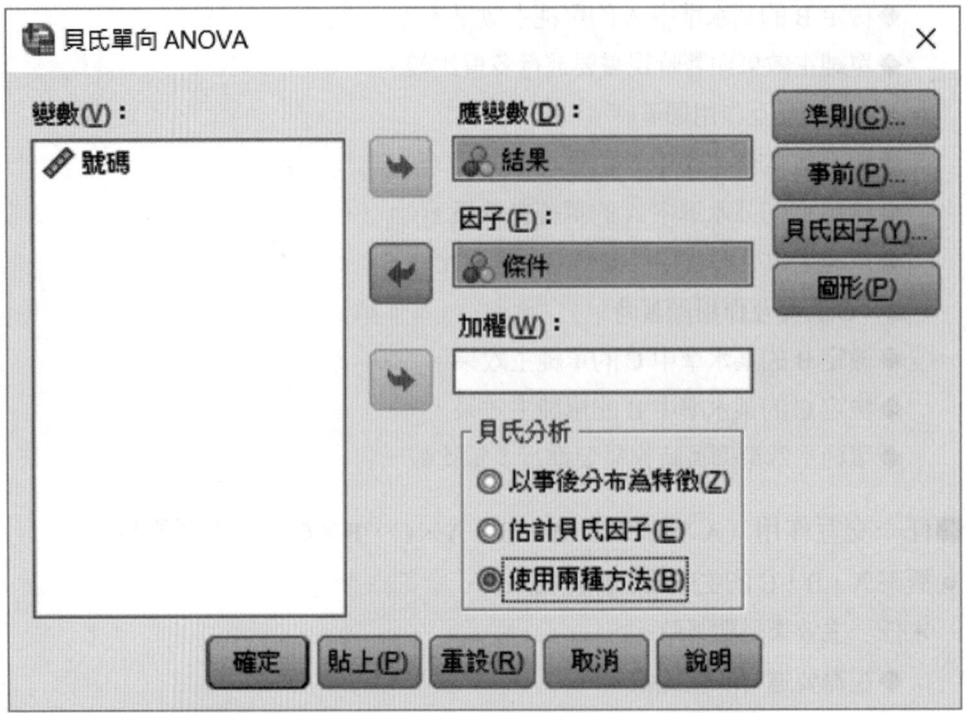

➢ 按一下【圖形 (P)】。

◆在想畫圖的條件中勾選。

◆按一下【確定】。

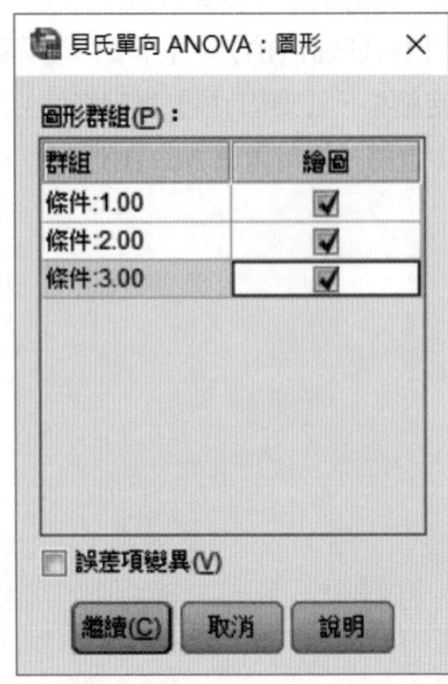

【輸出結果】

- 變異數分析的表中追加貝氏要因的輸出。於分析指定時，按一下視窗的貝氏要因按鈕，可以選擇算出方法。預設是輸出 JZS 的方法（BF_{10}）。值愈大相對於無差異的虛無假設來說，顯示有差異的對立假設更爲正確。
- 在係數的貝氏估計值的表中，顯示出各條件的平均值、變異數、95% 信賴區間。從事後分配的平均值與 95% 信賴區間來比較條件間之值。
- 在誤差變異數的貝氏估計值的表中，顯示有誤差變異數的平均值與 95% 信賴區間。
- 圖形可從對數概似函數（Log Likelihood Function）與事前分配（Prior Distribution）求出事後分配。

ANOVA

結果	平方和	自由度	均方	F	顯著性	貝氏因子[a]
組間	69.238	2	34.619	25.964	.000	5845.827
組內	24.000	18	1.333			
總計	93.238	20				

a. 貝氏因子：JZS

貝氏係數估計[a, b, c]

	後段			95% 信賴區間	
參數	眾數	平均值	變異	下限	上限
條件 = 條件 1	2.714	2.714	.214	1.797	3.631
條件 = 條件 2	7.143	7.143	.214	6.226	8.060
條件 = 條件 3	4.571	4.571	.214	3.655	5.488

a. 應變數：結果。

b. 模型：條件。

c. 採用標準參照事前。

貝氏誤差變異估計[a]

參數	眾數	後段 平均值	變異	95% 信賴區間 下限	上限
誤差變異	1.200	1.500	.321	.761	2.916

a. 採用標準參照事前。

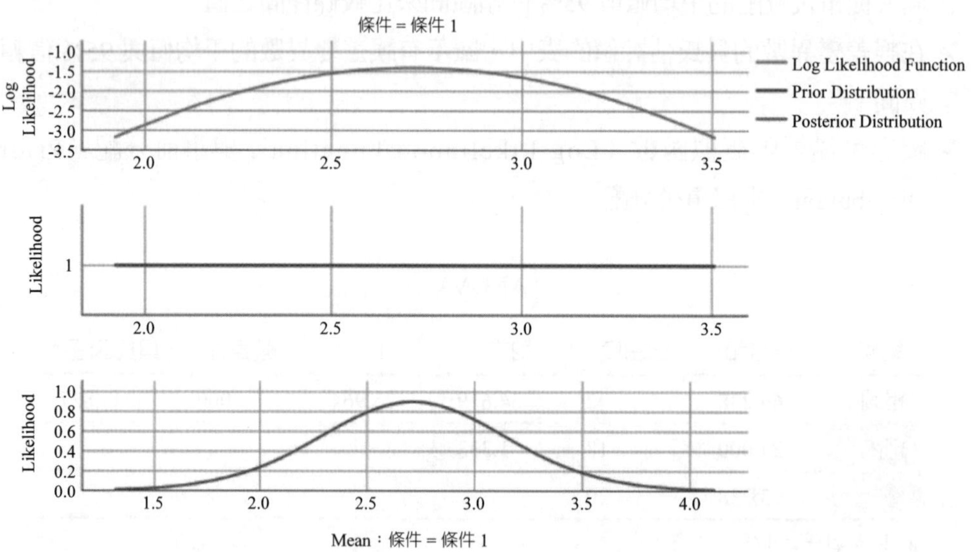

第 6 章 變異數分析的活用

6.1 分析的背景

案例：想探討戀愛期間與分手造成失戀行爲的差異。

6.1.1 研究的目的

失去愛的對象，會讓我們產生各種心理上的反應，許多人共同產生的反應被認爲是感到傷心，但事實上並非只是傷心，被認爲依個人或與對象的關係方式會引起不同的反應。

本研究注視以下的 2 個要因，檢討失戀後的反應之差異。第一，是戀愛的期間，對於戀愛的初期嚐到失戀，以及戀愛一段時間後嚐到失戀，被認爲失戀後之行爲也會有所不同的。第二，是分手的方式。被對方拋棄的人會出現深刻的悲傷，思慕增強，容易產生否定或逃避。

透過以上 2 個要因之組合，對失戀後的感情與行爲會產生如何的差異，探索式地進行檢討。

6.1.2 調查方法、項目內容

1. 調查對象

在國內的男性大學生之中，針對最近曾經失戀過的 70 名進行調查。

平均年齡是 20.01（SD 0.71）歲，至分手的平均期間是 11.60（SD 6.69）個月。

2. 調查內容

● **交往期間**

追求至分手爲止的交往期間，將期間換算成月數。

● **分手類型**

回憶分手時的情形，在以下的二選一中要求回答。

- 自己拋棄對方
- 被對方拋棄

● 失戀行爲查檢表

為了掌握失戀後的行爲，準備了由 19 個項目所構成的失戀行爲查檢表。

就各項目調查分手後的行爲或感想是屬於何種的程度。

D01	曾有過因什麼事情想起對方
D02	傷心
D03	難以忘懷對方
D04	分手後也愛對方
D05	深刻反省
D06	痛苦
D07	胸口感到苦悶
D08	後悔分手
D09	想忘記對方而熱衷其他事情
D10	為了忘記對方打算喜歡其他人
D11	想重修舊好
D12	對什麼都不起勁
D13	曾錯將別人當作該人
D14	有過想向對方贖罪的心情
D15	取出對方的信件或相片好好端詳
D16	夢中經常出現該人
D17	變得吃不好睡不好
D18	因為分手而大吵大鬧
D19	分手一事一時難以置信

回答是以下 4 級得出。

1. 不適合
2. 不太適合
3. 略爲合適
4. 合適

6.1.3 分析的摘要

● 項目分析

➢ 求出失戀行爲查檢表各項目的平均值與標準差（SD），確認是否可以看出天井效果或地板效果。

- ➢ 但由於這些項目是行爲的評定，也許允許某些程度的分配偏態是有需要的。
- **因素分析**
  - ➢ 針對看不出有天井效果或地板效果的項目進行因素分析。
  - ➢ 因爲未事先設定因素個數，所以進行探索式的因素分析。
- **內部整合性的檢討與尺度分數的求出**
- **下位尺度間相關之檢討**
  - ➢ 利用交往期間與分手類型檢討各分數。
  - ➢ 利用 2 要因變異數分析進行檢討。

6.2 資料的確認與項目分析

6.2.1 資料的內容

- 資料的內容如下，數據檔參 6-disappoint.sav。
  - ➢ 號碼，期間（月數），分手類型（0：自己拋棄對方；1：被對方拋棄），D01~D19（失戀行爲查檢表的項目）。
- 對分手類型加上數值標籤。
  - ➢ 顯示變數視圖。
  - ➢ 按一下分手類型的「數值」部分
    - ◆【數值 (U)】輸入 0，【數值標籤 (E)】輸入自己拋棄對方，按一下【新增 (A)】。
    - ◆【數值 (U)】輸入 1，【數值標籤 (E)】輸入被對方拋棄，按一下【新增 (A)】。

no	期間	分手類..	d01	d02	d03	d04	d05	d06	d07	d08	d09	d10	d11	d12	d13	d14	d15	d16	d17	d18	d19
1	20	0	4	4	4	4	4	3	3	4	2	1	4	2	1	4	2	2	3	3	4
2	8	1	4	3	4	3	3	4	4	2	2	1	2	3	3	2	1	1	2	1	1
3	5	0	3	3	3	2	2	2	2	2	1	2	2	1	1	1	1	1	1	1	1
4	3	0	1	4	4	3	2	3	2	4	1	3	4	2	3	2	1	1	1	2	1
5	14	1	4	4	4	4	3	4	4	3	1	1	1	4	2	2	1	1	4	4	4
6	15	0	4	4	4	4	1	3	3	1	2	1	1	4	4	4	3	3	1	1	1
7	6	0	2	3	2	1	2	2	3	2	1	2	1	2	1	1	1	3	1	1	2
8	24	1	4	4	3	3	4	4	3	4	2	3	3	1	1	3	1	1	1	3	4
9	20	1	3	4	3	2	1	3	3	4	4	2	4	3	1	3	4	1	1	1	4
10	14	1	4	4	4	3	4	4	4	4	4	3	3	1	1	2	4	2	1	3	2
11	3	0	4	3	4	4	3	3	3	4	1	1	4	1	2	4	2	1	1	4	4
12	5	1	4	4	4	2	4	4	4	3	2	2	2	3	3	3	2	1	3	2	4
13	7	0	3	4	3	2	4	1	1	2	4	1	1	1	1	3	1	1	1	1	1
14	2	0	3	4	2	3	3	4	4	3	2	2	3	4	1	3	4	2	2	2	1
15	19	1	4	4	4	4	1	3	4	1	4	4	4	4	3	3	3	1	2	2	1
16	2	1	3	2	3	3	3	3	3	3	3	3	2	2	2	3	2	2	3	3	2
17	30	1	1	4	3	3	1	4	3	1	1	3	1	1	2	1	1	1	1	3	1
18	2	0	4	4	4	4	3	4	4	2	2	1	4	3	2	3	2	1	4	2	1
19	2	1	3	2	3	2	2	3	3	2	3	3	1	1	1	1	2	1	1	1	1
20	15	1	2	4	2	2	1	3	2	2	3	3	3	1	1	1	2	2	2	1	4
21	9	0	4	4	4	3	2	3	3	2	2	3	3	2	2	1	1	4	1	1	2

⋮

no	期間	分手類..	d01	d02	d03	d04	d05	d06	d07	d08	d09	d10	d11	d12	d13	d14	d15	d16	d17	d18	d19
51	16	0	3	3	3	3	3	3	3	3	3	3	3	3	2	2	2	2	2	2	2
52	7	0	4	4	4	4	3	3	4	3	4	1	4	3	1	1	3	1	1	3	4
53	9	0	1	1	1	1	3	1	1	3	2	1	3	2	3	4	3	1	4	2	2
54	10	1	4	4	4	3	4	4	4	4	4	1	3	4	3	4	3	1	4	4	4
55	11	1	4	4	4	2	3	4	4	2	2	1	3	4	4	2	3	3	4	4	4
56	13	1	3	3	2	1	2	3	3	1	2	2	1	1	3	1	3	1	1	1	1
57	18	0	2	3	2	3	2	3	3	2	4	2	2	2	3	2	4	2	2	2	3
58	6	0	1	2	1	1	2	1	1	1	1	1	1	1	1	1	3	1	1	1	1
59	4	0	3	3	2	1	3	3	1	1	1	1	3	1	1	1	1	1	1	1	1
60	7	1	4	4	4	4	2	4	3	3	1	1	3	3	3	1	3	2	3	1	1
61	15	0	4	4	4	2	2	4	4	3	4	4	4	4	3	1	3	4	4	4	4
62	5	0	3	3	4	3	2	2	4	1	1	2	1	1	1	1	1	1	1	1	1
63	5	0	4	4	4	4	4	4	4	3	2	1	4	4	1	2	2	1	1	4	4
64	17	1	1	3	1	1	1	2	2	1	1	1	1	1	1	1	1	1	1	1	1
65	6	1	4	4	4	4	4	4	4	4	4	2	4	3	2	4	2	2	2	3	2
66	6	0	1	1	1	1	1	1	1	1	1	2	1	1	1	1	1	1	1	1	2
67	18	0	4	4	4	4	3	4	4	3	4	4	4	4	3	2	2	2	4	1	3
68	18	1	2	2	2	2	4	3	3	1	2	1	1	1	1	3	1	1	2	1	1
69	5	1	3	3	3	2	2	4	4	4	3	1	4	4	2	2	4	4	4	3	4
70	7	0	3	4	1	4	1	4	1	1	4	1	1	4	1	1	1	1	4	1	1

6.2.2 項目分析（平均值、標準差的計算）

求出失戀行爲查檢表 19 個項目的平均值與標準差。

■分析的指定

● 選擇【分析 (A)】⇨【敘述統計 (E)】⇨【敘述統計 (D)】。

➢【變數 (V)】欄中指定 D01 到 D19。

➢ 按【確定】。

■輸出結果的看法

複製到 EXCEL，計算平均值 + SD 與平均值 − SD。

敘述統計							
	個數	最小值	最大值	M	SD	M+SD	M-SD
d01曾有過因什麼事情想起對方	70	1	4	3.09	1.03	4.12	2.05
d02傷心	70	1	4	3.33	0.90	4.22	2.43
d03難以忘懷對方	70	1	4	3.04	1.06	4.10	1.99
d04分手後也愛對方	70	1	4	2.53	1.02	3.55	1.51
d05深刻反省	70	1	4	2.50	1.05	3.55	1.45
d06痛苦	70	1	4	3.14	0.94	4.08	2.21
d07胸口感到苦悶	70	1	4	3.04	1.01	4.06	2.03
d08後悔分手	70	1	4	2.34	1.09	3.43	1.25
d09想忘記對方而熱衷其他事情	70	1	4	2.34	1.10	3.44	1.24
d10爲了忘記對方打算喜歡其他人	70	1	4	2.07	1.13	3.20	0.94
d11想重修舊好	70	1	4	2.44	1.14	3.58	1.31
d12對什麼都不起勁	70	1	4	2.54	1.18	3.72	1.37
d13曾錯將別人當作該人	70	1	4	1.93	1.04	2.97	0.89
d14有過想向對方賠罪的心情	70	1	4	1.97	1.08	3.05	0.90
d15取出對方的信件或相片好好端詳	70	1	4	2.06	1.02	3.08	1.04
d16夢中經常出現該人	70	1	4	1.66	0.88	2.54	0.77
d17變得吃不好睡不好	70	1	4	2.14	1.22	3.36	0.92
d18因爲分手而大吵大鬧	70	1	4	2.07	1.18	3.25	0.89
d19分手一事一時難以置信	70	1	4	2.10	1.22	3.32	0.88

➢ 在幾個項目中，可以看出有天井效果與地板效果。

➢ 此次的情形，因爲是探討發生失戀的特殊事件後的行爲，所以有某種程度的偏差也許是不得已的。

➢ 因此，照這樣以所有的項目進行分析。
但考察時對此事有需要提及。

6.3 因素分析的執行

6.3.1 第一次的因素分析（因素個數的檢討）

第一次的因素分析是設定失戀行爲查檢表要形成多少個因素構造的指標。

■分析的指定

- 選擇【分析 (A)】⇨【維度縮減 (D)】⇨【因素分析 (F)】。
  - 在於【變數 (V)】中指定 D01 到 D19。
  - 因素【萃取 (E)】⇨【方法 (M)】是【主軸因素擷取法】。
  - 勾選【顯示】的【陡坡圖 (S)】，按【繼續 (C)】。
  - 按【確定】。

■輸出結果的看法

(1) 觀察解說總變異量的初始特徵值。

解說總變異量

因子	初始特徵值			平方和負荷量萃取		
	總和	變異數的%	累積%	總和	變異數的%	累積%
1	6.332	33.324	33.324	5.911	31.110	31.110
2	1.808	9.517	42.841	1.391	7.320	38.430
3	1.769	9.310	52.151	1.263	6.649	45.080
4	1.258	6.622	58.773	.833	4.382	49.462
5	1.033	5.439	64.212	.598	3.146	52.608
6	.970	5.103	69.315			
7	.891	4.691	74.006			
8	.853	4.490	78.495			
9	.727	3.826	82.322			
10	.610	3.208	85.530			
11	.531	2.796	88.326			
12	.469	2.467	90.793			
13	.390	2.053	92.846			
14	.340	1.788	94.634			
15	.273	1.439	96.073			
16	.238	1.252	97.325			
17	.203	1.069	98.395			
18	.190	1.000	99.394			
19	.115	.606	100.000			

萃取法：主軸因子萃取法。

➤ 觀察特徵值的變化時，第 3 因素與第 4 因素之間的差距甚大。

➤ 觀察累積 % 時，以 3 個因素可以說明總變異量超過 50%。

(2) 觀察陡坡圖

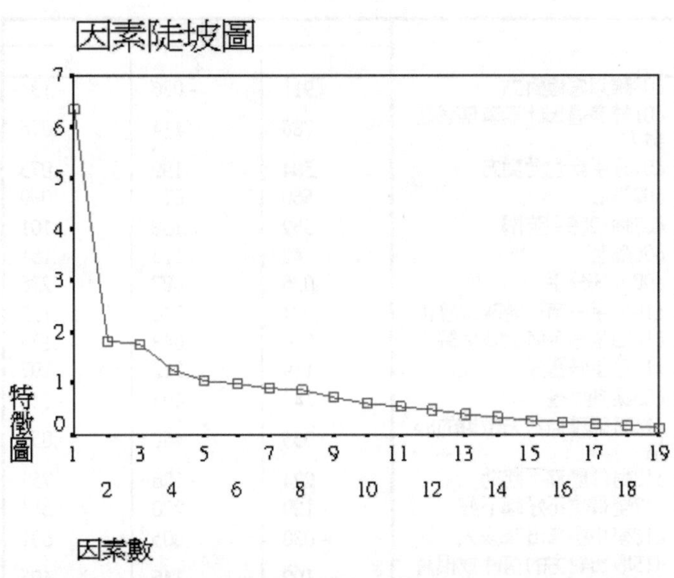

➤ 很明顯第 3 因素與第 4 因素之間的差距似乎變大。

➤ 因此，假定 3 因素構造後，再進行因素分析看看。

6.3.2 第 2 次的因素分析（promax 旋轉與項目的取捨選擇）

■分析的指定

● 選擇【分析 (A)】⇨【維度縮減 (D)】⇨【因素分析 (F)】。

➤【因素萃取】視窗的指定：

◆【方法 (M)】與先前一樣是【主軸因素擷取法】。

◆按一下【萃取】的【固定因素數目 (N)】，於方格中輸入 3 按⇨【繼續】。

➤【旋轉】視窗，指定【promax (p)】⇨【繼續】。

➤【選項 (O)】⇨在【係數顯示格式】中勾選【依大小排序 (S)】⇨【繼續】。

➤ 按【確定】。

輸出結果的看法

(1) 觀察樣式矩陣。

樣式矩陣[a]

	因子		
	1	2	3
d03難以忘懷對方	.911	-.036	-.134
d01曾有過因什麼事情想起對方	.786	-.114	.076
d04分手後也愛對方	.584	.199	-.073
d02傷心	.560	.073	.039
d07胸口感到苦悶	.552	.162	.101
d06痛苦	.542	.113	.151
d08後悔分手	.036	.887	-.236
d19分手一事一時難以置信	-.084	.740	.125
d18因為分手而大吵大鬧	-.026	.648	.179
d11想重修舊好	.119	.512	.197
d05深刻反省	.149	.494	-.215
d14有過想向對方贖罪的心情	.055	.460	-.056
d12對什麼都不起勁	.224	-.126	.752
d17變得吃不好睡不好	-.129	.220	.614
d16夢中經常出現該人	-.038	.005	.601
d15取出對方的信件或相片好好端詳	-.102	.146	.495
d13曾錯將別人當作該人	.093	-.155	.494
d09想忘記對方而熱衷其他事情	-.023	.096	.488
d10為了忘記對方打算喜歡其他人	.023	-.270	.478

萃取方法：主軸因子。
旋轉方法：含 Kaiser 常態化的 Promax 法。。
a. 轉軸收斂於 6 個疊代。

➢ 整體而言得出還不錯的 3 因素構造。

(2) 觀察因素相關矩陣。

➢ 3 個因素間相互顯示正的相關關係。

因子相關矩陣

因子	1	2	3
1	1.000	.496	.513
2	.496	1.000	.551
3	.513	.551	1.000

萃取方法：主軸因子。
旋轉方法：含 Kaiser 常態化的 Promax 法。。

6.3.3 因素命名

各因素從顯示高負荷量的項目之內容來看，將

第 1 因素命名爲「悲傷因素」

第 2 因素命名爲「後悔因素」

第 3 因素命名爲「失落因素」

6.4 內部整合性的檢討

依據因素分析的結果，檢討失戀行爲查檢表的內部整合性。

6.4.1 失戀行為查檢表的內部整合性

悲傷下位尺度……D01、D02、D03、D04、D06、D07

後悔下位尺度……D05、D08、D11、D14、D18、D19

失落下位尺度……D09、D10、D12、D13、D15、D16、D17

■分析的指定

- 選擇【分析 (A)】⇨【比例 (D)】⇨【信度分析 (R)】。
  - ➢【項目 (I)】中指定相當於各個下位尺度的變數。
  - ➢【模式 (M)】要確認是 Alpha。
  - ➢ 按一下【統計 (S)】。
    - ◆勾選【此項目的敘述統計】的【比例 (S)】、【刪除項目後的比例 (A)】，以及【項目之間】的【相關性 (L)】⇨【繼續】。
  - ➢ 按一下【確定】。
- 就 3 個下位尺度重複進行。

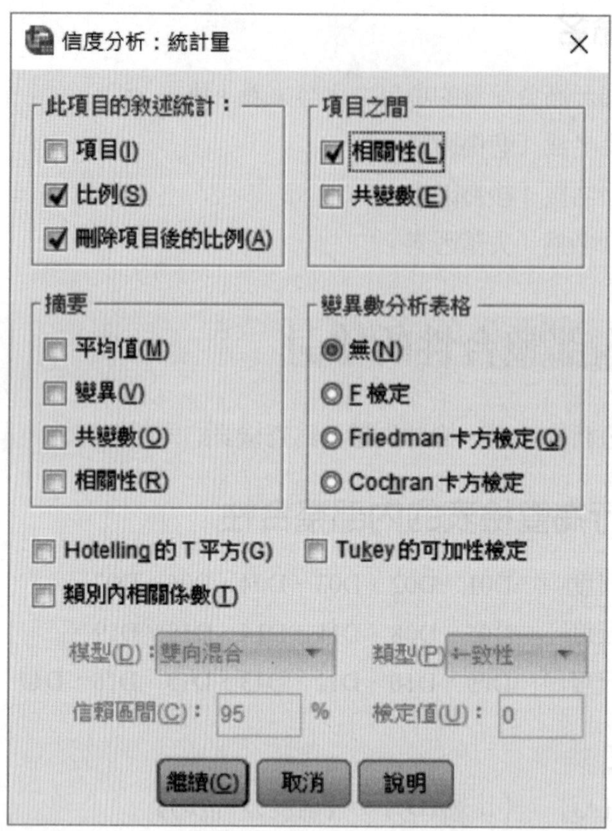

■輸出結果的看法

(1) 觀察悲傷下位尺度的信度統計量。

可靠性統計量

Cronbach's Alpha	以標準化項目為準的 Cronbach's Alpha 值	項目數
.856	.856	6

➢ α 係數是 0.86，顯示足夠之值。

(2) 觀察後悔下位尺度的信度統計量。

可靠性統計量

Cronbach's Alpha	以標準化項目為準的 Cronbach's Alpha 值	項目數
.808	.806	6

➢ α 係數是 0.81，顯示足夠之值。

➢ 並且，觀察項目合計統計量（Item-total Statistics）時，除去 D14 時，α 係數僅略微上升，但這是在容許的範圍內。

項目整體統計量

	比例平均值（如果項目已刪除）	比例變異（如果項目已刪除）	更正後項目總計相關性	平均複相關	Cronbach's Alpha（如果項目已刪除）
深刻反省	10.93	18.270	.442	.316	.804
後悔分手	11.09	16.253	.670	.494	.756
想重修舊好	10.99	16.652	.579	.449	.775
有過想向對方贖罪的心情	11.46	18.339	.475	.274	.810
因為分手而大吵大鬧	11.36	15.914	.636	.523	.762
分手一事一時難以置信	11.33	15.470	.665	.555	.755

(3) 觀察失落下位尺度的信度統計量。

可靠性統計量

Cronbach's Alpha	以標準化項目為準的 Cronbach's Alpha 值	項目數
.756	.756	7

➢ α 係數是 0.76，還算過得去之值。

➢ 觀察項目合計統計量時，除去 D10，α 係數僅略微上升。可是，這是在容許範圍內。

項目整體統計量

	比例平均值（如果項目已刪除）	比例變異（如果項目已刪除）	更正後項目總計相關性	平均複相關	Cronbach's Alpha（如果項目已刪除）
想忘記對方而熱衷其他事情	12.40	17.606	.503	.320	.719
為了忘記對方打算喜歡別人	12.67	19.180	.303	.199	.763
對什麼都不起勁	12.20	16.017	.645	.517	.684
曾錯將別人當作該人	12.81	18.588	.424	.197	.736
取出對方的信件或相片好好端詳	12.69	18.624	.432	.329	.734
夢中經常出現該人	13.09	18.949	.487	.298	.726
變得吃不好，睡不好	12.60	16.649	.536	.462	.711

6.5 尺度分數與相關係數的求出

接著，計算失戀行為查檢表的下位尺度分數。

此處，單純地將項目分數合計，當作下位尺度分數計算看看。

6.5.1 下位尺度分數的計算

■計算方法

- 選擇【變換 (T)】⇨【計算 (C)】。
  - ➢【目標變數 (T)】輸入下位尺度名稱。
  - ➢【數式 (E)】輸入計算項目分數合計之計算式。
  - ➢ 按一下【確定】，確認變數是否已增加。
- 分別就悲傷、後悔、失落進行計算。

	d19	悲傷	後悔	失落	var
1	4	22.00	23.00	13.00	
2	1	22.00	11.00	13.00	
3	1	15.00	9.00	8.00	
4	1	17.00	15.00	12.00	
5	4	24.00	17.00	14.00	
6	1	22.00	9.00	18.00	
7	2	13.00	9.00	11.00	
8	4	21.00	21.00	10.00	
9	4	18.00	17.00	16.00	

6.5.2 下位尺度間相關的計算

如求出下位尺度分數時，則要求出下位尺度間的相關係數。

■分析的指定

- 選擇【分析 (A)】⇨【相關 (C)】⇨【雙變量 (B)】。
  - ➢【變數 (V)：】指定悲傷、後悔、失落。
  - ➢ 確認在【相關係數】的【persons(N)】中勾選。
  - ➢ 按一下【選項 (O)】
    - ◆勾選【統計量】的【平均值與標準差 (M)】⇨【繼續 (C)】。
  - ➢ 按一下【確定】。

■輸出結果的看法

輸出有敘述統計量與相關係數。

➢ 與因素間相關一樣，3 個下位尺度相互呈現顯著的正相關關係。

描述性統計量

	平均數	標準差	個數
悲傷	18.1714	4.5428	70
後悔	13.4286	4.8292	70
失落	14.7429	4.8445	70

相關

		悲傷	後悔	失落
悲傷	Pearson 相關	1.000	.516**	.456**
	顯著性 (雙尾)	.	.000	.000
	個數	70	70	70
後悔	Pearson 相關	.516**	1.000	.458**
	顯著性 (雙尾)	.000	.	.000
	個數	70	70	70
失落	Pearson 相關	.456**	.458**	1.000
	顯著性 (雙尾)	.000	.000	.
	個數	70	70	70

**. 在顯著水準爲0.01時 (雙尾)，相關顯著。

6.6 分組

6.6.1 戀愛期間的分組

戀愛期間的平均值是 11.60 個月，因之以 12 個月爲基準變成戀愛期間長期組與短期組。

分類時，設定新的變數，對該變數輸出指標。

■分類的步驟

- 選擇【變換 (T)】清單⇨【重新編碼成不同變數 (R)】。
  - ➢ 從變數清單選擇【期間】，按一下➡。
  - ➢ 右邊的【輸出變數】的【名稱 (N)】輸入期間長短，按一下【變更 (H)】。

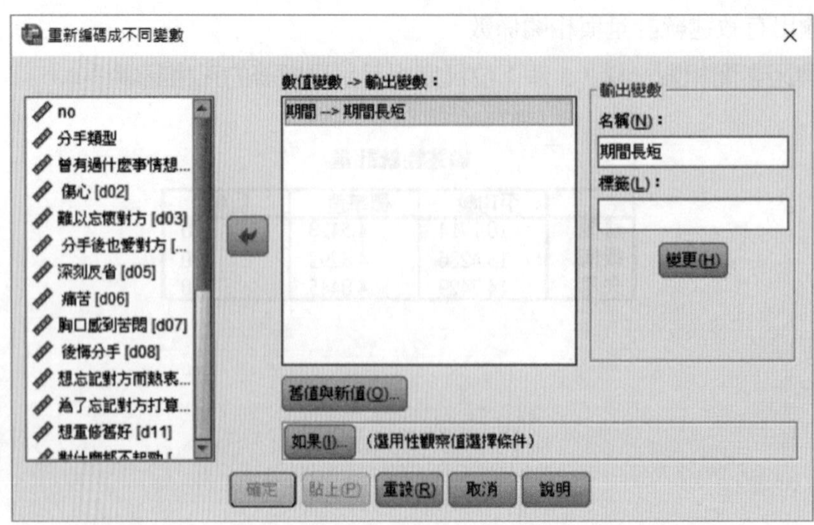

➢ 按一下【舊值與新值 (O)】。

◆選擇【舊值】，於【範圍，從最低到值 (G)】的框內輸入 12。

◆【新值】的【值 (L)】輸入 0，按一下【新增 (A)】。

◆選擇【舊值】，於【範圍，從值到最高 (E)】的框內數入 12。

◆【新值】的【值 (L)】輸入 1，按一下【新增 (A)】。

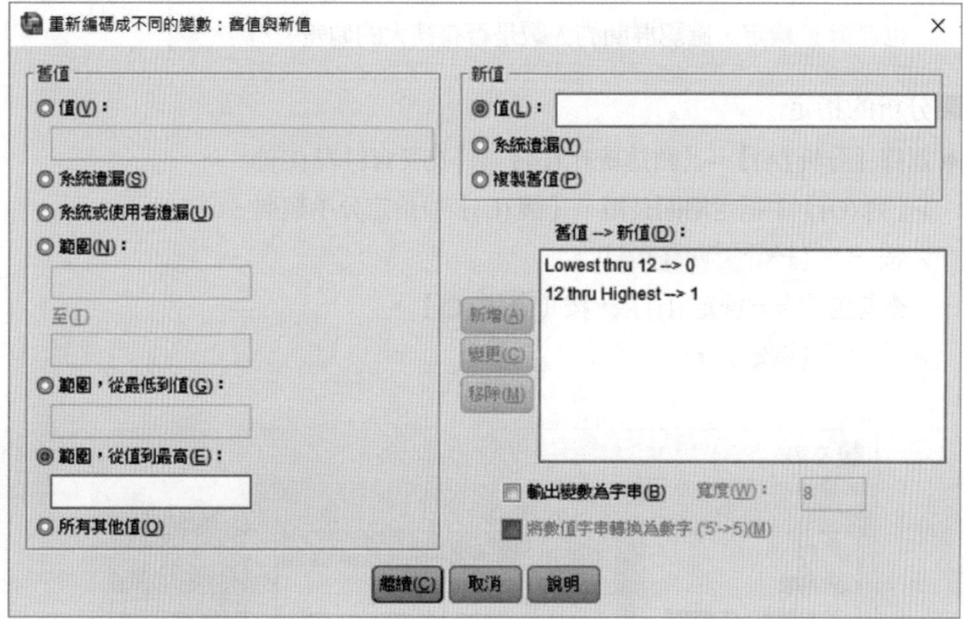

◆按一下【繼續 (C)】。

◆按一下【確定】時，則新增了期間長短之變數。

	d19	悲傷	後悔	失落	期間長短	var
1	4	22.00	23.00	13.00	1.00	
2	1	22.00	11.00	13.00	.00	
3	1	15.00	9.00	8.00	.00	
4	1	17.00	15.00	12.00	.00	
5	4	24.00	17.00	14.00	1.00	
6	1	22.00	9.00	18.00	1.00	
7	2	13.00	9.00	11.00	.00	
8	4	21.00	21.00	10.00	1.00	
9	4	18.00	17.00	16.00	1.00	
10	2	23.00	18.00	16.00	1.00	

■數值標籤

變數如追加時，在【資料編輯程式】的【變數視圖】中加上數值標籤。

➢ 將 0 當作短期間，1 當作長期間。

6.6.2 人數的確認

確認各群的人數。

也進行 χ^2 檢定，確認群間的人數是否有甚大的偏差。

■分析的指定

● 選擇【分析 (A)】⇨【敘述統計 (E)】⇨【交叉資料表 (C)】

➢【列 (O)】中指定期間長短，【欄 (C)】中指定分手類型。

➢ 按一下【統計量資料 (S)】。

◆勾選【卡方檢定 (H)】，按【繼續 (C)】。

➢ 按一下【確定】。

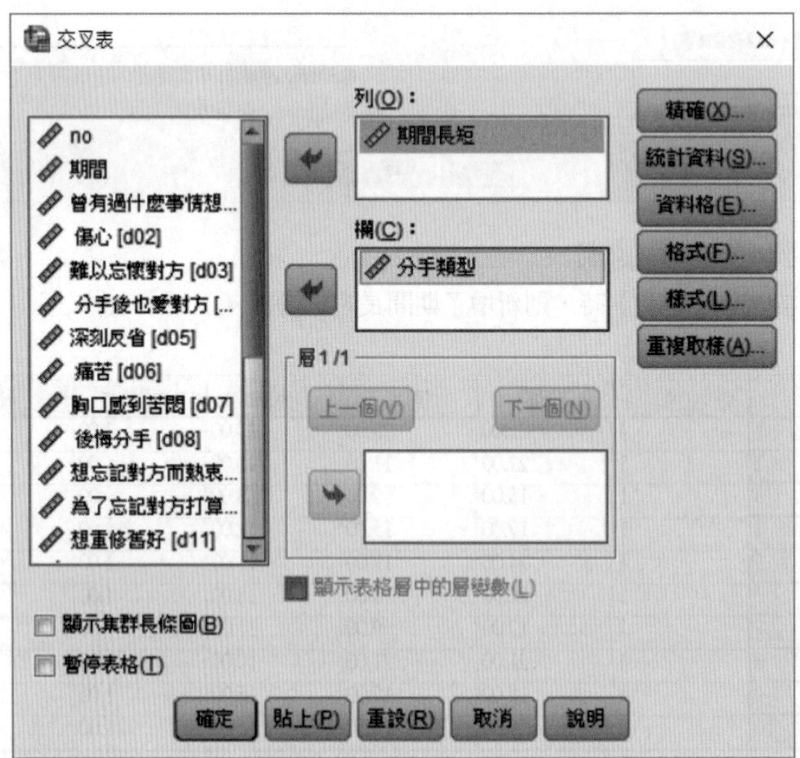

■輸出結果的看法

(1) 輸出有交叉表。

期間長短 * 分手類型交叉列表

計數

		分手類型		
		自己拋棄對方	被對方拋棄	總計
期間長短	短期間	21	15	36
	長期間	12	22	34
總計		33	37	70

(2) 輸出有 χ^2 檢定的結果（觀察雙邊顯著機率）

卡方檢定

	值	df	漸近顯著性（兩端）	精確顯著性（2 端）	精確顯著性（1 端）
Pearson 卡方檢定	3.725[a]	1	.054		
持續更正[b]	2.858	1	.091		
概似比	3.761	1	.052		
費雪（Fisher）精確檢定				.061	.045
線性對線性關聯	3.672	1	.055		
有效觀察值個數	70				

a. 0 單元（0.0%）預期計數小於 5。預期的計數下限爲 16.03。

b. 只針對 2×2 表格進行計算。

➢ 人數可看出少許的變動，但人數的偏差不能說是顯著。

6.7 變異數分析

6.7.1「悲傷」的變異數分析

將戀愛期間（短期間、長期間）與分手類型（自己拋棄，被對方拋棄）當作獨立（自）變數，失戀行爲查檢表的 3 個下位尺度當作從屬（依）變數，進行 2

要因的變異數分析。

如安裝有 SPSS 選項的 Advanced Model 時，最好是進行多變量變異數分析，這容於後面的章節中解說。

此處，就 3 個下位尺度解說進行變異數分析的手法。

而且，因爲是 2 水準 ×2 水準的變異數分析，所以不需要進行多重比較。

■分析的指定

● 選擇【分析 (A)】⇨【一般線性模式 (G)】⇨【單變量 (U)】。

➢【依變數 (D)】中指定失戀行爲查檢表之中的**悲傷**。

➢【固定因素 (F)】中指定**期間長短與分手類型**。

➢ 按一下【選項 (O)】。

◆在【顯示】中勾選【敘述性統計量 (S)】，按【繼續】。

➢ 按一下【圖形 (T)】。

◆【水平軸 (H)】中指定期間長短，【單獨的線條 (S)】中指定分手類型，按一下【新增 (A)】⇨【繼續 (C)】。

➢ 按一下【確定】。

■輸出結果的看法

(1) 因輸出有敘述統計量，因之先確認各群的平均值。

敘述統計

依變數：悲傷

時間長短	分手類型	平均值	標準差	N
短期間	自己拋棄對方	16.4762	5.68875	21
	被對方拋棄	19.4667	3.29213	15
	總計	17.7222	5.00635	36
長期間	自己拋棄對方	20.4167	2.71221	12
	被對方拋棄	17.6818	4.32475	22
	總計	18.6471	4.01423	34
總計	自己拋棄對方	17.9091	5.14395	33
	被對方拋棄	18.4054	3.98929	37
	總計	18.1714	4.54278	70

(2) 變異數分析的結果，**期間長短**與**分手類型**的交互作用是顯著的。

➢ $F(1, 66) = 6.99$，$p < 0.05$。

受試者間效應項檢定

依變數：悲傷

來源	類型 III 平方和	自由度	均方	F	顯著性
修正模型	151.282[a]	3	50.427	2.615	.058
截距	22553.336	1	22553.336	1169.613	.000
期間長短	19.117	1	19.117	.991	.323
分手類型	.269	1	.269	.014	.906
期間長短 * 分手類型	134.854	1	134.854	6.993	.010
誤	1272.661	66	19.283		
總計	24538.000	70			
修正後總數	1423.943	69			

a. R 平方 = .106（調整的 R 平方 = .066）

6.7.2「悲傷」的單純主效果的檢定

交互作用因為是顯著的，所以要進行單純主效果的檢定，也描繪圖形看看。

■分析的指定

● 選擇【分析 (A)】⇨【一般線性模式 (G)】⇨【單變量 (U)】。

➢【依變數 (D)】【固定因素 (F)】的指定與先前相同。

➢ 按一下【EM 平均值】。

◆在【估計的邊際平均值】的【因子與因子交互作用 (F)】之中，選擇期間長短・分別方式・期間長短 * 分別方式，按一下➡，即投入到【顯示此項目的平均值 (M)】中。

◆勾選【比較主效應 (C)】，在【信賴區間調整 (N)】中選擇【Bonferroni】，再按【繼續】。

➢ 按一下【圖形 (T)】。

◆【水平軸 (H)】中指定期間長短，【單獨的線條 (S)】中指定分手類型，按一下【新增 (A)】⇨【繼續】。

➢ 按一下【貼上語法 (P)】時，即顯示有【語法編輯程式】。

```
DATASET ACTIVATE 資料集1.
UNIANOVA 悲傷 BY 期間長短 分手類型
  /METHOD=SSTYPE(3)
  /INTERCEPT=INCLUDE
  /PLOT=PROFILE(期間長短*分手類型) TYPE=LINE ERRORBAR=NO MEANREFERENCE=NO YAXIS=AUTO
  /EMMEANS=TABLES(期間長短) COMPARE ADJ(BONFERRONI)
  /EMMEANS=TABLES(分手類型) COMPARE ADJ(BONFERRONI)
  /EMMEANS=TABLES(期間長短*分手類型)
  /PRINT DESCRIPTIVE
  /CRITERIA=ALPHA(.05)
  /DESIGN=期間長短 分手類型 期間長短*分手類型.
```

➢ 在上圖的直線部分下方新增 2 列。

```
DATASET ACTIVATE 資料集1.
UNIANOVA 悲傷 BY 期間長短 分手類型
  /METHOD=SSTYPE(3)
  /INTERCEPT=INCLUDE
  /PLOT=PROFILE(期間長短*分手類型) TYPE=LINE ERRORBAR=NO MEANREFERENCE=NO YAXIS=AUTO
  /EMMEANS=TABLES(期間長短) COMPARE ADJ(BONFERRONI)
  /EMMEANS=TABLES(分手類型) COMPARE ADJ(BONFERRONI)
  /EMMEANS=TABLES(期間長短*分手類型)
  /EMMEANS=TABLES (期間長短*分手類型) COMPARE(期間長短) ADJ(BONFERRONI)
  /EMMEANS=TABLES (期間長短*分手類型) COMPARE(分手類型) ADJ(BONFERRONI)
  /PRINT DESCRIPTIVE
  /CRITERIA=ALPHA(.05)
  /DESIGN=期間長短 分手類型 期間長短*分手類型.
```

➢ 選擇【執行 (R)】⇨【全部 (A)】時，即出現結果。

STEP UP 多重比較的調整選項

- 在選項的主效果之比較中勾選時，即就主效果進行多重比較。
- 多重比較的調整，可以利用 LSD，Bonferroni，Sidak 3 種方法。
- 如選擇 LSD 時，調整等於無。
- Bonferroni 的檢定力低（對差不敏感），因之如擔心檢定力低則不宜採用。
- Sidak 是爲了提高 Bonferroni 方法的檢定力而進行改良。如果擔心 Bonferroni 的檢定力低，可以採用 Sidak。

■輸出結果的看法

- 單純主效果的結果，有期間長短 * 分手類型 2 處會輸出在單變量檢定的部分中。

(1) 首先，按分手類型觀察期間的單純主效果。

單變量檢定

依變數：悲傷

分手類型		平方和	自由度	均方	F	顯著性
自己拋棄對方	對照	118.573	1	118.573	6.149	.016
	誤	1272.661	66	19.283		
被對方拋棄	對照	28.413	1	28.413	1.473	.229
	誤	1272.661	66	19.283		

每個 F 檢定位於所顯示其他效應之每一個水準組合內的期間長短的簡式效應。
這些檢定是根據估計邊際平均值之間的線性獨立成對比較。

➢ 自己拋棄對方的組中，期間的單純主效果是顯著的。

◆$F(1, 66) = 6.15, p < 0.01$

◆從先前的敘述統計量之輸出與下方顯示之圖形來看，自己拋棄對方之情形，戀愛期間長的組比短的組，可以說悲傷有增高的傾向。

➢ 被對方拋棄的組，期間的主效果並不顯著。

◆$F(1, 66) = 1.47$ n.s

(2) 按期間的長短觀察分手類型的單純主效果。

單變量檢定

依變數：悲傷

期間長短		平方和	自由度	均方	F	顯著性
短期間	對照	78.251	1	78.251	4.058	.048
	誤	1272.661	66	19.283		
長期間	對照	58.075	1	58.075	3.012	.087
	誤	1272.661	66	19.283		

每個 F 檢定位於所顯示其他效應之每一個水準組合內的分手類型的簡式效應。
這些檢定是根據估計邊際平均值之間的線性獨立成對比較。

➢ 交往期間長的組，分手類型的單純主效果並不顯著。

◆$F(1, 66) = 3.01$ n.s

(3) 圖形形成交叉的形狀。

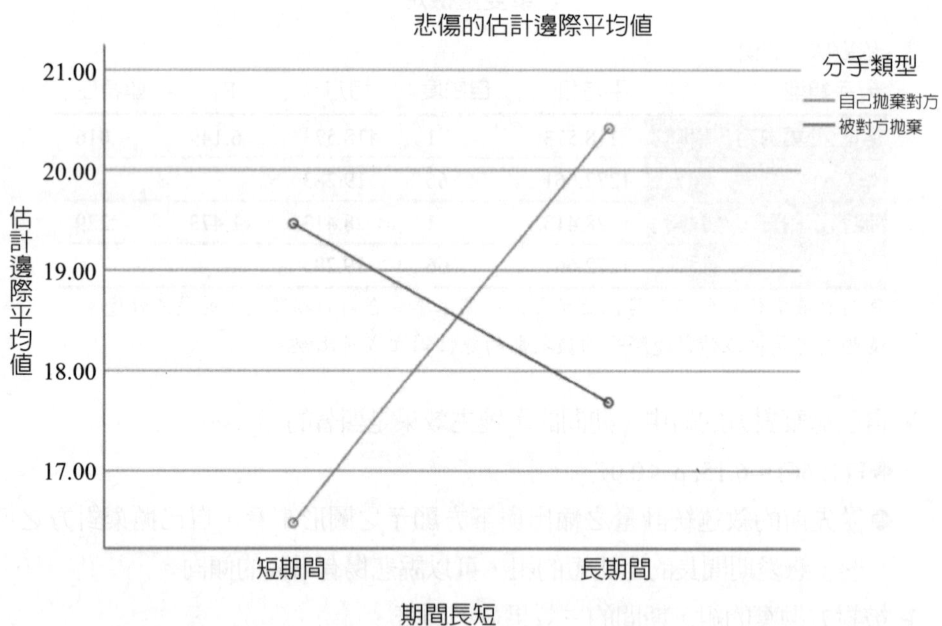

6.7.3 其他分數的變異數分析

與悲傷分數一樣，也試著對後悔分數、失落分數進行變異數分析。

■分析的指定

雖然可以重複進行相同的步驟，但利用先前進行單純主效果之分析時所使用的語言編輯程式看看。

- 將「語法編輯程式」的悲傷部分改寫成後悔，再選擇【執行 (R)】⇨【全部 (A)】。

```
UNIANOVA 後悔 BY 期間長短 分手類型
 /METHOD=SSTYPE(3)
 /INTERCEPT=INCLUDE
 /PLOT=PROFILE(期間長短*分手類型) TYPE=LINE ERRORBAR=NO MEANREFERENCE=NO YAXIS=AUTO
 /EMMEANS=TABLES(期間長短) COMPARE ADJ(BONFERRONI)
 /EMMEANS=TABLES(分手類型) COMPARE ADJ(BONFERRONI)
 /EMMEANS=TABLES(期間長短*分手類型)
 /EMMEANS=TABLES (期間長短*分手類型) COMPARE(期間長短) ADJ(BONFERRONI)
 /EMMEANS=TABLES (期間長短*分手類型) COMPARE(分手類型) ADJ(BONFERRONI)
 /PRINT DESCRIPTIVE
 /CRITERIA=ALPHA(.05)
 /DESIGN=期間長短 分手類型 期間長短*分手類型.
```

● 同樣改寫成失落後，選擇【執行 (R)】⇨【全部 (A)】。

```
UNIANOVA 失落 BY 期間長短 分手類型
 /METHOD=SSTYPE(3)
 /INTERCEPT=INCLUDE
 /PLOT=PROFILE(期間長短*分手類型)
 /EMMEANS=TABLES(期間長短) COMPARE ADJ(BONFERRONI)
 /EMMEANS=TABLES(分手類型) COMPARE ADJ(BONFERRONI)
 /EMMEANS=TABLES(期間長短*分手類型)
 /EMMEANS=TABLES(期間長短*分手類型) COMPARE(期間長短) ADJ(BONFERRONI)
 /EMMEANS=TABLES(期間長短*分手類型)  COMPARE(分手類型) ADJ(BONFERRONI)
 /PRINT DESCRIPTIVE
 /CRITERIA=ALPHA(.05)
 /DESIGN=期間長短 分手類型 期間長短*分手類型.
```

■輸出結果的看法

● **後悔分數的變異數分析結果**

主效果、交互作用均不顯著。

受試者間效應項檢定

依變數：後悔

來源	類型 III 平方和	自由度	均方	F	顯著性
修正模型	53.516[a]	3	17.839	.757	.522
截距	12174.458	1	12174.458	516.521	.000
期間長短	9.323	1	9.323	.396	.532
分手類型	.472	1	.472	.020	.888
期間長短 * 分手類型	39.552	1	39.552	1.678	.200
誤	1555.627	66	23.570		
總計	14232.000	70			
修正後總數	1609.143	69			

a. R 平方 = .033（調整的 R 平方 = -.011）

- 失落分數的變異數分析結果

(1) 在失落分數方面，期間長短與分手類型的交互作用是顯著的。

➢ $F(1, 66) = 14.01, p < 0.01$

敘述統計

依變數：失落

期間長短	分手類型	平均值	標準差	N
短期間	自己拋棄對方	12.7143	4.07606	21
	被對方拋棄	16.5333	3.44065	15
	總計	14.3056	4.22793	36
長期間	自己拋棄對方	18.0833	5.48483	12
	被對方拋棄	13.6364	4.85549	22
	總計	15.2059	5.44827	34
總計	自己拋棄對方	14.6667	5.25397	33
	被對方拋棄	14.8108	4.52056	37
	總計	14.7429	4.84450	70

受試者間效應項檢定

依變數：失落

來源	類型 III 平方和	自由度	均方	F	顯著性
修正模型	295.345[a]	3	98.448	4.907	.004
截距	15291.721	1	15291.721	762.261	.000
期間長短	25.141	1	25.141	1.253	.267
分手類型	1.622	1	1.622	.081	.777
期間長短 * 分手類型	281.096	1	281.096	14.012	.000
誤	1324.027	66	20.061		
總計	16834.000	70			
修正後總數	1619.371	69			

a. R 平方 = .182（調整的 R 平方 = .145）

(2) 觀察單純主效果的檢定結果。

單變量檢定

依變數：失落

分手類型		平方和	自由度	均方	F	顯著性
自己拋棄對方	對照	220.131	1	220.131	10.973	.002
	誤	1324.027	66	20.061		
被對方拋棄	對照	74.851	1	74.851	3.731	.058
	誤	1324.027	66	20.061		

每個 F 檢定位於所顯示其他效應之每一個水準組合內的期間長短的簡式效應。
這些檢定是根據估計邊際平均值之間的線性獨立成對比較。

- 首先，對自己拋棄對方組來說，期間的單純主效果是顯著的。
  - ◆$F(1, 66) = 10.97, p < 0.01$
  - ◆從先前的敘述統計量與下方顯示的圖形來看，對自己拋棄對方之情形來說，戀愛期間長者比短者，可以說有失落的傾向。
- 被對方拋棄組來說，期間的單純主效果不顯著。
  - ◆ $F(1, 66) = 3.73$, n.s.
- 對短期間組來說，分手類型的單純主效果是顯著的。
  - ◆$F(1, 66) = 6.36, p < 0.01$

◆從先前的敘述統計量與下方的圖形來看，戀愛期間內短的組，被對方拋棄者比自己拋棄對方者，可以說更會體驗失落。

➢ 對長期間組來說，分手類型的單純主效果是顯著的。

◆F(1, 66) = 7.65, p < 0.01

◆從先前的敘述統計量與下方的圖形來看，戀愛期間內短的組，自己拋棄對方比被對方拋棄者，可以說更能體驗失落。

單變量檢定

依變數：失落

期間類型		平方和	自由度	均方	F	顯著性
短期間	對照	127.620	1	127.620	6.362	.014
	誤	1324.027	66	20.061		
長期間	對照	153.551	1	153.551	7.654	.007
	誤	1324.027	66	20.061		

每個 F 檢定位於所顯示其他效應之每一個水準組合內的分手類型的簡式效應。這些檢定是根據估計邊際平均值之間的線性獨立成對比較。

(3) 圖形，與悲傷分數一樣，形成交叉的形狀。

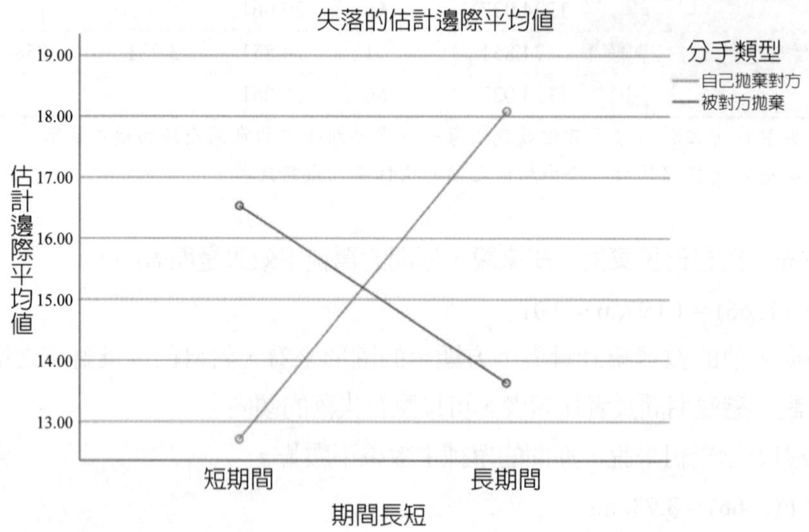

6.8 多變量變異數分析

依變數有數個時，重複檢定會使第 1 種錯誤增大。

- 有 20 個相互無關聯的依變數，重複 20 次 t 檢定之後，假定其中有一個在 5% 水準下得出顯著的結果，可以下結論說，該變數可以看得出有顯著的平均値之差異嗎？
- 「5% 水準顯著」是意指「即使原本完全沒有差異，仍然 20 次之中有 1 次有可能看得出該程度的差異」。
- 因此，對於完全沒有差異的數據重複20次檢定時，有可能會得出1次顯著差。即使重複變數數分析，也有可能涉發生同樣的問題。

6.8.1 多變量變異數分析的執行

依變數有數個時，並非個別進行變異數分析，同時分析數個依變數即爲多變量變異數分析（MNOVA）。

■分析的指定（**SPSS 選項中的 Advanced Models 是需要的**）

- 選擇【分析 (A)】⇨【一般線性模式 (G)】⇨【多變量 (M)】。
  - ➢【依變數 (D)】中指定**悲傷**、**後悔**、**失落**。
  - ➢【固定因素 (F)】中指定**期間長短**、**分手類型**。
  - ➢ 按一下【選項 (O)】。
    - ◆在【顯示】中勾選【同質性的檢定 (H)】，按【繼續】。
  - ➢ 按一下【確定】。

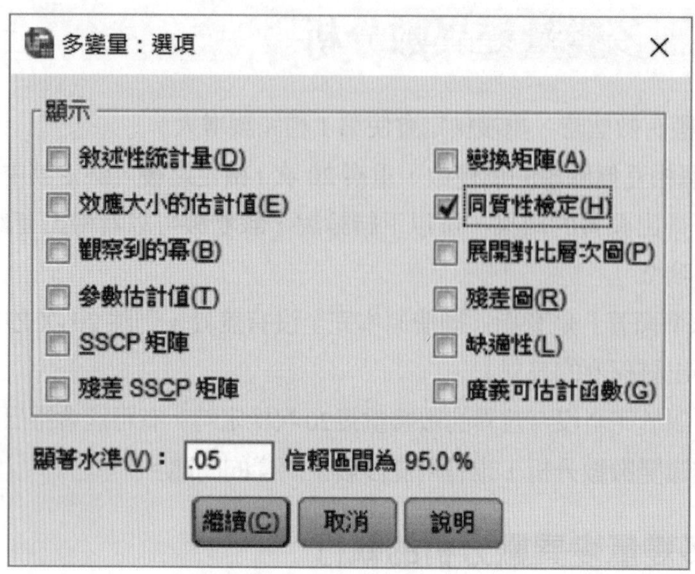

■輸出結果的看法

(1) 輸出有 Box 的共變異矩陣的等質性檢定

Box 共變數數相等性檢定[a]

Box M	28.673
F	1.449
自由度 1	18
自由度 2	9380.609
顯著性	.098

檢定依變數的觀察共變數矩陣在群組內相等的虛無假設。

a. 設計：截距 + 分手類型 + 期間長短 + 分手類型 * 期間長短

➢ 進行多變量變異數分析時，滿足共變異數矩陣的同質性即為前提條件之一。

➢ M 之值不顯著時，可以說「並無根據認為組間的共變異矩陣不是同質性」。

(2) 輸出有多變量檢定之結果

➢ 此部分即爲多變量變異數分析的檢定結果。

➢ 將悲傷、後悔、失落 3 個變數全部列入考慮時，即爲檢定是否因期間長短與分手類型出現差異。

➢ 可分別求出 4 個指標。關於各自的指標，請參考其他的教科書。

多變量檢定 [a]

效應		值	F	假設自由度	誤差自由度	顯著性
截距	Pillai's 追蹤	.956	461.355[b]	3.000	64.000	.000
	Wilks' Lambda (A)	.044	461.355[b]	3.000	64.000	.000
	Hotelling's 追蹤	21.626	461.355[b]	3.000	64.000	.000
	Roy's 最大根	21.626	461.355[b]	3.000	64.000	.000
分手類型	Pillai's 追蹤	.002	.050[b]	3.000	64.000	.985
	Wilks' Lambda (A)	.998	.050[b]	3.000	64.000	.985
	Hotelling's 追蹤	.002	.050[b]	3.000	64.000	.985
	Roy's 最大根	.002	.050[b]	3.000	64.000	.985
期間長短	Pillai's 追蹤	.064	1.448[b]	3.000	64.000	.237
	Wilks' Lambda (A)	.936	1.448[b]	3.000	64.000	.237
	Hotelling's 追蹤	.068	1.448[b]	3.000	64.000	.237
	Roy's 最大根	.068	1.448[b]	3.000	64.000	.237
分手類型 * 期間長短	Pillai's 追蹤	.205	5.510[b]	3.000	64.000	.002
	Wilks' Lambda (A)	.795	5.510[b]	3.000	64.000	.002
	Hotelling's 追蹤	.258	5.510[b]	3.000	64.000	.002
	Roy's 最大根	.258	5.510[b]	3.000	64.000	.002

a. 設計：截距 + 分手類型 + 期間長短 + 分手類型 * 期間長短

b. 精確統計量

➢ 此情形，期間長短與分手類型的交互作用，對 4 個指標的任一個均是顯著的。

➢ 確認此事之後，再對悲傷、後悔、失落個別地進行檢定。

(3) 輸出有受試者間效果的檢定

➢ 此處所輸出的數値，與先前所進行的單變量變異數分析結果是相同的。

受試者間效應項檢定

來源	依變數	類型 III 平方和	自由度	均方	F	顯著性
修正模型	悲傷	151.282[a]	3	50.427	2.615	.058
	後悔	53.516[b]	3	17.839	.757	.522
	失落	295.345[c]	3	98.448	4.907	.004
截距	悲傷	22553.336	1	22553.336	1169.613	.000
	後悔	12174.458	1	12174.458	516.521	.000
	失落	15291.721	1	15291.721	762.261	.000
分手類型	悲傷	.269	1	.269	.014	.906
	後悔	.472	1	.472	.020	.888
	失落	1.622	1	1.622	.081	.777
期間長短	悲傷	19.117	1	19.117	.991	.323
	後悔	9.323	1	9.323	.396	.532
	失落	25.141	1	25.141	1.253	.267
分手類型 * 期間長短	悲傷	134.854	1	134.854	6.993	.010
	後悔	39.552	1	39.552	1.678	.200
	失落	281.096	1	281.096	14.012	.000
誤	悲傷	1272.661	66	19.283		
	後悔	1555.627	66	23.570		
	失落	1324.027	66	20.061		
總計	悲傷	24538.000	70			
	後悔	14232.000	70			
	失落	16834.000	70			
修正後總數	悲傷	1423.943	69			
	後悔	1609.143	69			
	失落	1619.371	69			

a. R 平方 = .106（調整的 R 平方 = .066）

b. R 平方 = .033（調整的 R 平方 = -.011）

c. R 平方 = .182（調整的 R 平方 = .145）

6.8.2 進行個別的檢定時

進行多變量變異數分析，之後參照各個依變數的檢定結果時，採取「降低顯著水準」的方法（稱為 Bonferroni 的方法）。

- 譬如，此次的情形，依變數有 3 個時，將顯著水準降低 1/3。
  - 亦即，0.05/3=0.0167，所以成爲顯著水準並非是 5%，降爲 1.67% 來解釋結果。
- 另外，此次的結果，悲傷與失落的交互作用均在 1.67% 水準下成爲顯著。

STEP UP：小提醒

利用多變量變異數分析進行單純主效果相同的檢定

- 以多變量變異數分析進行單純主效果的檢定時，在語法方面，可以與單變量的變異數分析進行相同的指定。

第7章 複迴歸分析

7.1 何謂多變量分析

至目前為止所使用的解析方法，是處理 1 個或極少數的變數。

實際的研究大多是一次使用許多的變數進行調查分析。整體性或同時性地分析許多變數的方法，即為多變量分析（Multivate Analysis）。

7.1.1 有何種的手法呢？

取決於是否假定因果關係【自變數（說明變數）與依變數（基準變數，目的變數）】的存在，尺度水準是什麼（質性資料：名義尺度、次序尺度；量的資料：間隔尺度、比例尺度），分析手法即有不同。

<table>
<tr><td rowspan="2">做什麼？</td><td colspan="2">尺度水準是？</td><td rowspan="2">多變量分析的手法</td></tr>
<tr><td>依變數
（基準變數，目的變數）</td><td>自變數
（說明變數）</td></tr>
<tr><td rowspan="4">從數個變數預測、說明、判別 1 個變數。</td><td rowspan="2">量的資料</td><td>量的資料</td><td>複迴歸分析 *</td></tr>
<tr><td>質的資料</td><td>數量化 I 類 ***</td></tr>
<tr><td rowspan="2">質的資料</td><td>量的資料</td><td>判別分析</td></tr>
<tr><td>質的資料</td><td>數量化 II 類 ***</td></tr>
<tr><td rowspan="2">檢討數個變數間之關聯性、縮減、整理。</td><td colspan="2">量的資料</td><td>因素分析 **
主成分分析
集群分析</td></tr>
<tr><td colspan="2">質的資料</td><td>數量化 III 類 ***
對應分析</td></tr>
</table>

【註】

* 質性資料的自變數要使用虛擬變數。

** 嚴格來說，因素分析是與主成分分析是不同的，因素分析是假定潛在性說明變數的分析方法。

*** 數量化理論是日本統計數理研究所的原所長林知己夫教授在 1940 年代後期到 1950 年代開發的多維度分析方法。

【數量化 I 類】是與【複迴歸分析】非常相似，與複迴歸分析的不同之處在於複迴歸分析的解釋變量的數據形式是定量數據，而數量化類 1 是分類數據。

【數量化Ⅱ類】是一種非常類似於【判別分析】的方法。目標變量的數據形式與判別分析的類別數據相同。

【數量化Ⅲ類】在數學上等同於【對應分析】。

【數量化Ⅳ類】的想法是使用由順序尺度所組成之數據的【多元尺度構成法】。

	說明變數	非說明變數
數量化 I 類	質	質
數量化 II 類	質	量
數量化 III 類	量	無特別
數量化 IV 類	量	無特別

7.1.2 預測、整理的類型

譬如，在如下的預測等之目的下所使用的統計方法會是什麼呢？

1. 從激勵尺度與原因歸屬尺度的分數預測考試的分數。
   - 分析的目的→預測
   - 依變數是考試的分數→量的資料
   - 自變數是激勵尺度與原因歸屬尺度→量的資料
   - 那麼分析方法是？
2. 從學歷、配偶者的有無、子女的人數預測年收入。
   - 分析的目的→預測
   - 依變數是年收入→量的資料
   - 自變數是學歷、配偶者之有無、子女的人數→質的資料
   - 那麼分析方法是？
3. 從血糖值、血壓、體溫預測是否生病？
   - 分析的目的→預測
   - 依變數是否生病？→質的資料
   - 自變數是血糖值、血壓、體溫→量的資料
   - 那麼分析方法是？
4. 從性別、世代（10 世代、20 世代、30 世代以上）、居住地域預測行動電話之有無。
   - 分析的目的→預測
   - 依變數是行動電話之有無→質的資料
   - 自變數是性別、世代、居住地域→質的資料
   - 那麼分析方法是？

5. 新製作出由 50 個項目所構成的大學生活壓力尺度。想檢討此 50 個項目可否分成事前所設想的 5 個下位尺度呢？
   - 分析的目的→整理
   - 尺度項目是→量的資料
   - 那麼分析方法是？
6. 從國語、數學、英語、理科、社會的分數，一面考慮各科的分數狀況一面計算 5 科的綜合分數。
   - 分析的目的→縮減
   - 各科分數是→量的資料
   - 那麼分析方法是？
7. 從國語、數學、英語、理科、社會的分數，想將學生分成數個群。
   - 分析的目的→整理
   - 各科分數是→量的資料
   - 那麼分析方法是？
8. 以意見調查蒐集所使用車的車種、個人電腦的機種、經常閱讀之雜誌、每週觀看電視節目之種類。想檢討這些之關聯性。
   - 分析的目的→整理
   - 意見調查的內容是→質的資料
   - 那麼分析方法是？

解答

(1) 複迴歸分析，(2) 數量化 I 類，(3) 判別分析，(4) 數量化 II 類，(5) 因子分析，(6) 主成分分析，(7) 集群分析，(8) 數量化 III 類（對應分析）

7.1.3 使用多變量分析時的注意點

1. 使數個變數間的資料之性質一致

預測時說明變數之間的資料，或檢討關聯性時變數群的資料，盡量要使性質、水準一致。譬如，以質的資料與量的資料混雜在一起的說明變數，可以想成是無法預測什麼的。

此種情形，一般是把量的資料使之成為資訊量低的質性資料。

譬如，利用激勵尺度分數分成高群、中群、低群等。

另外，使用虛擬變數的情形也有。譬如，將男當作 1，女當作 0。

2. 樣本數要比變數的數目多

像受試人數比問項數目少的情形等，其結果的可靠性變低。調查對象是問項數目的至少 2 倍，儘可能蒐集數倍爲宜（依手法而異，也有 10 倍以上）。

3. 不使用說明變數之間相關係數高的變數

說明變數之間相關甚高時，有時會得出原本不可能有的結果。譬如，2 個說明變數之間的相關甚高時，也許不需要特意地將此 2 個分開來處理。可是這也取決於是假定何種的理論。

4.「有因果關係」時

判斷有無因果關係時，要從以下三點來考慮。

第一，自變數（說明變數）在時間上比依變數（基準變數）先行；第二，從理論的觀點來看因果關係也有必然性與整合性；第三，除去其他變數之影響，2 個變數之間也有共變關係。

7.2 複迴歸分析

7.2.1 複迴歸分析之前：單迴歸分析

■ 2 個變數間之因果關係

第 3 章所探討的相關，是分析 2 個變數的共變關係的方法。可是，只是計算相關係數不能說有因果關係。

2 個變數間設想有因果關係時，要使用迴歸分析。但因果關係並非只是統計上的分析問題，對於分析的背景理論有需要充分理解。

假定從 1 個自變數（說明變數；量的資料）預測．說明 1 個依變數（基準變數；量的資料）時，使用迴歸分析（單迴歸分析）。

迴歸分析具有從一個變數（X）預測另一個變數（Y）之意義。

Y = ax + b
（a 是截距，b 是 x 的係數。透過求 a 與 b 之值，即可由 x 預測 Y）

另外，如此式所表示的那樣，迴歸分析的前提是 X 與 Y 是直線性的關係，這是要注意的地方。

7.2.2 何謂複迴歸分析

複迴歸分析是從數個自變數（說明變數；量的資料）預測．說明一個依變數（基準變數；量的資料）時所使用的統計方法。

在複迴歸分析的結果中應注意的地方是

- **標準偏迴歸係數（β）**：各自變數（說明變數）影響依變數（基準變數）的方向與大小。值在 -1 與 1 之間。
- **偏迴歸係數（非標準化係數）（B）**：各自變數（說明變數）影響依變數（基準變數）的方向與大小。有助於建立預測式。
- **複判定係數（R^2）**：所有的自變數（說明變數）預測、說明依變數（基準變數）之程度。

7.2.3 觀察授課評估的要因 (1)

在某大學的授課中，爲了評估授課，針對授課的難易度、私語的程度、授課的理解度、授課的整體評估進行了調查。授課的整體評估利用「難易度」、「私語度」、「理解度」可說明到何種程度想進行檢討。

號碼	難易度	私語度	理解度	評估
1	4	7	5	4
2	7	8	4	1
3	5	7	5	4
4	2	6	6	9
⋮	⋮	⋮	⋮	⋮
⋮	⋮	⋮	⋮	⋮
⋮	⋮	⋮	⋮	⋮
18	2	3	6	9
19	3	4	3	5
20	2	2	2	8

■數據類型的輸入與指定

● 開啓 SPSS 編輯器的「變數視圖」。

➢ 第 1 個變數的名稱輸入**號碼**，第 2 個輸入**難易度**，第 3 個輸入**理解度**，第 4 個輸入評估。

● 開啓【資料視圖】輸入數值。

號碼	難易度	私語度	理解度	評估
1.00	4.00	7.00	5.00	4.00
2.00	7.00	8.00	4.00	1.00
3.00	5.00	7.00	5.00	4.00
4.00	2.00	6.00	6.00	9.00
5.00	3.00	7.00	6.00	6.00
6.00	5.00	8.00	5.00	6.00
7.00	8.00	2.00	6.00	8.00
8.00	1.00	5.00	7.00	9.00
9.00	8.00	4.00	5.00	4.00
10.00	2.00	3.00	4.00	5.00
11.00	2.00	5.00	3.00	6.00
12.00	4.00	5.00	2.00	4.00
13.00	5.00	2.00	2.00	8.00
14.00	5.00	3.00	1.00	4.00
15.00	2.00	2.00	3.00	8.00
16.00	9.00	4.00	4.00	4.00
17.00	3.00	7.00	5.00	7.00
18.00	2.00	3.00	6.00	9.00
19.00	3.00	4.00	3.00	5.00
20.00	2.00	2.00	2.00	8.00

● 參數據檔參 7-2-3.sav。

■複迴歸分析

● 選擇【分析 (A)】清單⇨【迴歸方法 (R)】⇨【線性 (L)】。

➢ 於【依變數 (D)：】指定評估。

➢ 於【自變數 (I)：】指定難易度、私語度、理解度。

➢ 於【方法 (M)：】指定輸入（強迫進入變數法）。

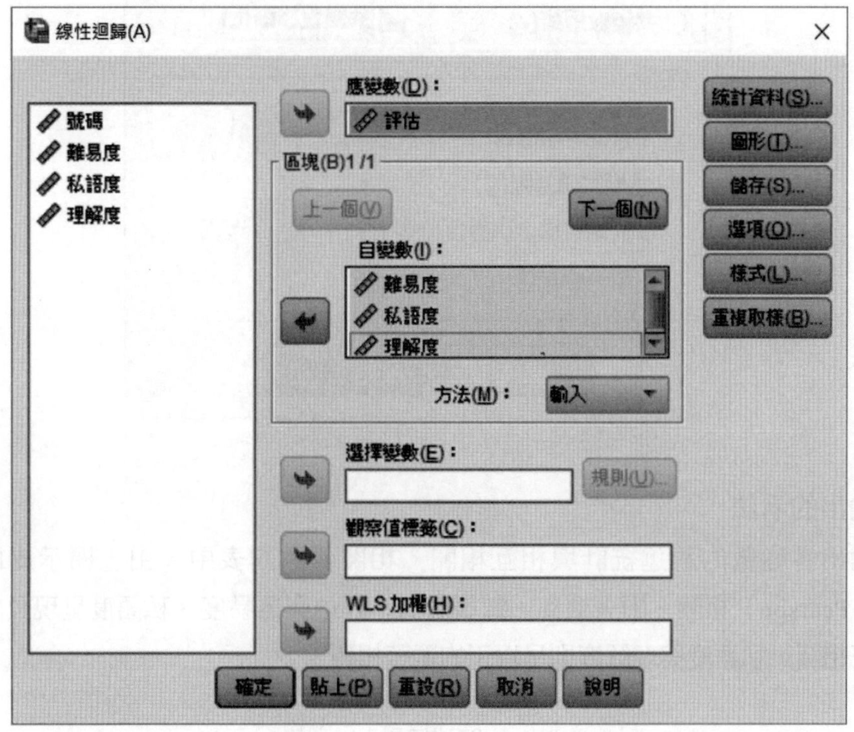

➢ 按【統計資料 (S)】，勾選【敘述統計 (D)】與【共線性診斷 (L)】。

◆如勾選【敘述統計 (D)】時，即輸出各變數的平均值、標準差、相互相關。按【繼續】。

➢ 按【確定】。

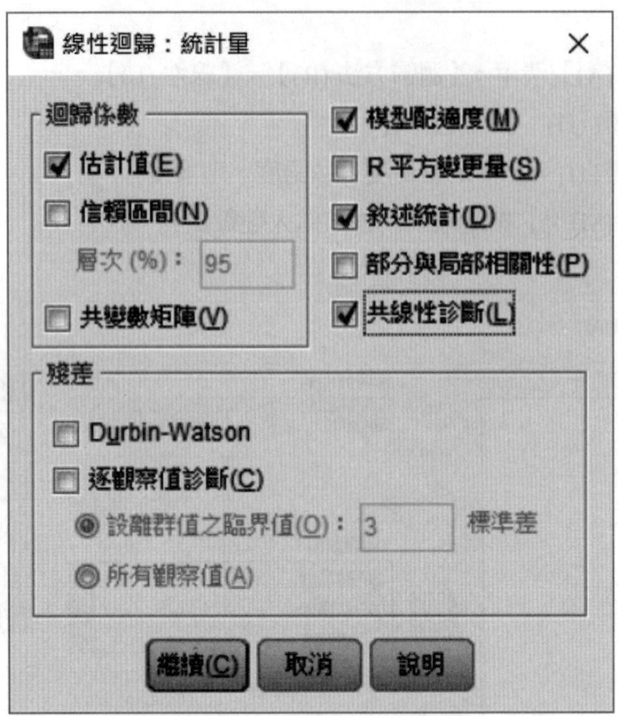

■輸出的看法

- 輸出各變數的敘述統計與相互相關。相關係數的表中，由上顯示皮爾森（Pearson）相關、顯著機率、數據數 N。評估與難易度、私語度呈現負的顯著相關，私語度與理解度則呈現正的顯著相關。

敘述統計

	平均數	標準偏差	N
評估	5.9500	2.23548	20
難易度	4.1000	2.35975	20
私語度	4.7000	2.10513	20
理解度	4.2000	1.67332	20

相關

		評估	難易度	私語度	理解度
皮爾森（Pearson）相關	評估	1.000	-.538	-.417	.298
	難易度	-.538	1.000	.038	-.032
	私語度	-.417	.038	1.000	.406
	理解度	.298	-.032	.406	1.000
顯著性（單尾）	評估	.	.007	.034	.101
	難易度	.007	.	.437	.447
	私語度	.034	.437	.	.038
	理解度	.101	.447	.038	.
N	評估	20	20	20	20
	難易度	20	20	20	20
	私語度	20	20	20	20
	理解度	20	20	20	20

- 輸出有複相關係數（R），複判定係數（R^2），調整自由度後的 R^2。通常複判定係數 R^2 是變數的數目增加時（即使是不適切的變數）它就會變大，由於有此缺點，因之調整自由度的 R^2 是不受其影響而調整者。

模型摘要

模型	R	R 平方	調整後 R 平方	標準標準誤
1	.826[a]	.682	.623	1.37270

a. 解釋變數：(常數)，理解度，難易度，私語度

- 迴歸式整體的顯著性檢定。5% 水準是顯著。

變異數分析 [a]

模型		平方和	自由度	均方	F	顯著性
1	迴歸	64.801	3	21.600	11.463	.000[b]
	殘差	30.149	16	1.884		
	總計	94.950	19			

a. 應變數：評估

b. 解釋變數：(常數)，理解度，難易度，私語度

● 輸出有非標準化的迴歸係數、標準偏迴歸係數以及它的顯著機率。

係數

模型		非標準化係數		標準化係數			共線性統計量	
		B	標準錯誤	β	T	顯著性	允差	VIF
1	（常數）	7.963	1.094		7.280	.000		
	難易度	-.471	.134	-.497	-3.523	.003	.996	1.004
	私語度	-.652	.164	-.614	-3.979	.001	.832	1.202
	理解度	.711	.206	.532	3.446	.003	.833	1.201

a. 應變數：評估

■從結果得知

● 知「難易度」、「私語度」、「理解度」對整體授課的評估有甚大的影響。

● 也可將此結果表示成如下的圖形。此種圖稱為「路徑圖」。關於路徑圖的畫法請參照第 11 章。

● 一般從複迴歸分析所製作的路徑圖，記入有標準偏迴歸係數與複判定係數，顯著水準以星號（*）記述（將 * 號的說明放在圖的下方）。也有省略不顯著的標準偏迴歸係數的箭頭。

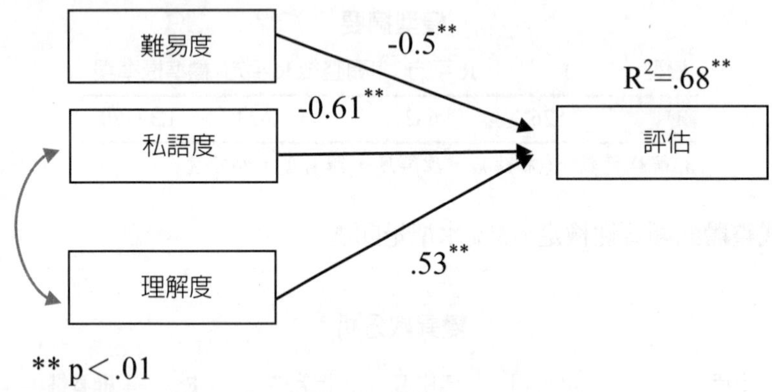

7.2.4 觀察充實感的影響要因 (2)

想檢討影響日常生活充實感的要因而進行了調查。調查內容是自尊感情、自我厭惡感、來自友人評估的認知以及充實感。想檢討「充實感」能否利用「自尊感情」、「自我厭惡感」、「友人評估」來預測。一面注視相關係數與標準偏迴歸係數之值一面分析看看。數據檔參 7-2-4.sav。

● 數據的輸入、分析步驟與 7.2.3 節的示例同樣進行。

號碼	自尊感情	自我厭惡感	友人評估	充實感
1	7	2	5	3
2	6	2	4	4
3	2	7	3	3
4	4	8	6	7
5	6	1	6	6
6	3	8	5	2
7	3	9	5	4
8	2	6	4	4
9	6	4	5	4
10	3	7	4	6
11	4	6	3	5
12	5	6	2	4
13	9	1	7	8
14	6	3	5	4
15	8	1	3	9
16	1	9	3	2
17	4	5	5	5
18	8	2	6	9
19	7	3	6	7
20	4	3	2	8

■輸出的看法

● 分數間的敘述統計與相互關係如下。

▸ 充實感與自尊感情有正的顯著相關，與自我厭惡感有負的顯著相關。

▸ 自尊感情與自我厭惡感之間有負的顯著相關，與友人評估有正的顯著相關。

敘述統計

	平均數	標準偏差	N
充實感	5.2000	2.19089	20
自尊感情	4.9000	2.24546	20
自我厭惡感	4.6500	2.77726	20
友人評估	4.4500	1.43178	20

相關

		充實感	自尊感情	自我厭惡感	友人評估
皮爾森（Pearson）相關	充實感	1.000	.603	-.550	.238
	自尊感情	.603	1.000	-.867	.473
	自我厭惡感	-.550	0.867	1.000	-.276
	友人評估	.238	.473	-.276	1.000
顯著性（單尾）	充實感	.	.002	.006	.156
	自尊感情	.002	.	.000	.018
	自我厭惡感	.006	.000	.	.119
	友人評估	.156	.018	.119	.
N	充實感	20	20	20	20
	自尊感情	20	20	20	20
	自我厭惡感	20	20	20	20
	友人評估	20	20	20	20

▸ 複判定係數的值是 0.37 雖足夠大，卻似乎不顯著。

模型摘要

模型	R	R 平方	調整後 R 平方	標準標準誤
1	.607[a]	.369	.250	1.89717

a. 解釋變數：（常數），友人評估，自我厭惡感，自尊感情

變異數分析 [a]

模型		平方和	自由度	均方	F	顯著性
1	迴歸	33.612	3	11.204	3.113	.056[b]
	殘差	57.588	16	3.599		
	總計	91.200	19			

a. 應變數：充實感

a. 解釋變數：(常數)，友人評估，自我厭惡感，自尊感情

- 觀察標準偏迴歸係數與顯著機率時，任一者的標準偏迴歸係數也都不顯著。儘管自尊感情的是 0.552 呈現較大之值，卻不顯著。與先前的分析例相比，標準誤差之值變大。
- 觀察相關係數時，充實感與自尊感情，充實感與自我厭惡感之間雖看出高相關，儘管是高的相關關係，但爲何進行複迴歸分析時會被視爲「無影響力」呢？

係數 [a]

模型		非標準化係數 B	標準錯誤	標準化係數 β	T	顯著性	共線性統計量 允差	VIF
1	(常數)	3.183	3.282		.970	.347		
	自尊感情	.539	.445	.552	1.210	.244	.190	5.277
	自我厭惡感	-.066	.330	-.084	-.201	.843	.226	4.433
	友人評估	-.071	.362	-.046	-.196	.847	.704	1.421

a. 應變數：充實感

7.2.5 進行複迴歸分析時的注意點

1. 能說是因果關係嗎？

此即在時間上、理論上能否假定因果關係。關於假定因果關係的條件來說，請參照「1-3 使用多變量分析時的注意點」。

2. 假相關

比較相關係數與標準偏迴歸係數時，如果它們是相同符號，而且都是得出顯著之値時，它的相關關係也有可能認爲是因果關係，（這畢竟是在所使用的自變

數之範圍內）。

相對的，相關係數儘管是顯著，標準偏迴歸係數也有接近 0 的情形。有此種關係時，該相關有可能是假相關。所謂假相關是第 3 個變數影響 2 個變數，相關關係在外表上即變大。

3. 多重共線性

相關係數與標準偏迴歸係數是不同符號，而且分別有顯著的情形。自變數間的相關過高時，會發生此種現象（稱此爲多重共線性或稱線性重合）。

相互關係高的變數存在於自變數之中，使用複迴歸分析的手法是不適切的。此種情形的處理方法是：

- 至少刪除一個自變數。
- 歸納自變數。具體而言，針對自變數進行因素分析或主成分分析，合成數個變數。
- 並且有需要再次重新考慮理論上所假定的因果模式。

  在 SPSS 中，選擇【迴歸 (R)】⇨【線性 (L)】勾選【統計資料 (S)】⇨【共線性診斷】，可以算出 VIF（Variance Inflation Factor）的指標。一般，若 VIF>10 時，被視爲發生多重共線性。即使未超過 10 時，此數值高時是需要注意的。

4. 控制變數

進行複迴歸分析，有時也呈現相關關係並不清楚的因果關係。相關關係儘管是 0，標準偏迴歸係數也有呈現顯著的。

與依變數（基準變數）的相關儘管低，標準偏迴歸係數卻是顯著，有時呈現出單純相關看不出來的因果關係。此種的自變數（說明變數）稱爲控制變數。

5. 調整變數

試將受試者以年齡與性別分類時，變數間的相關關係有時會有相當大的不同。

按各群設想其他的因果關係來分析時，與利用所有受試者來分析時相比，有時得出說明力較高的結果。此種情形，分類所用的性別或年齡的變數稱爲調整變數。

【附錄】

■貝氏統計中複迴歸分析

- 使用第 2 節的授課評估的數據，利用貝氏統計清單執行複迴歸分析看看。
- 選擇「分析 (A)」⇨「貝氏統計 (B)」⇨「線性迴歸 (L)」
  - ▸「依變數 (D)」指定評估，「共變數 (D)」指定難易度、私語度、理解度
  - ▸ 貝氏分析中選擇「使用兩種方法 (B)」
  - ▸ 按【確定】。

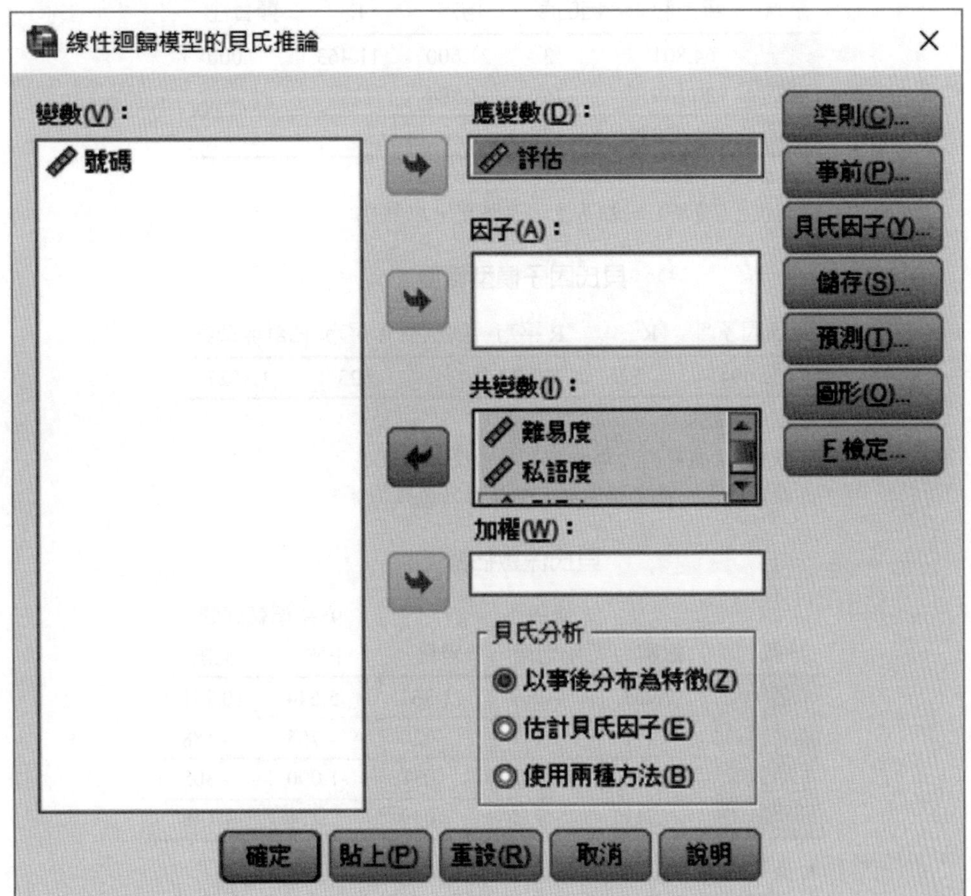

【輸出結果】

- ▸ 在貝氏因子模型摘要中與 R^2 一起輸出貝氏因子。此處的輸出是利用 JZS 法

指定分析的模型／虛無假設（無影響）。值愈大顯示有影響的對立假設較爲正確。

- 係數的貝氏估計值中輸出有未標準化估計值（偏迴歸係數）的平均值與 95% 信賴區間。
- 在誤差變異數的貝氏估計值中顯示有誤差變異數的眾數、平均值、95% 信賴區間。

ANOVA[a]

來源	平方和	自由度	均方	F	顯著性
迴歸	64.801	3	21.600	11.463	.000
殘差	30.149	16	1.884		
總計	94.950	19			

a. 應變數：評估
b. 模型：（截距），難易度，私語度，理解度

貝氏因子模型摘要[a, b]

貝氏因子[c]	R	R 平方	調整後 R 平方	估計標準誤
122.094	.826	.682	.623	1.3727

a. 方法：JZS
b. 模型：（截距），難易度，私語度，理解度
c. 貝氏因子：檢定模型與完整模型（截距）。

貝氏係數估計[a, b, c]

參數	後段			95% 信賴區間	
	眾數	平均值	變異	下限	上限
（截距）	7.963	7.963	1.367	5.644	10.281
難易度	-.471	-.471	.020	-.755	-.188
私語度	-.652	-.652	.031	-1.000	-.305
理解度	.711	.711	.049	.274	1.148

a. 應變數：評估
b. 模型：（截距），難易度，私語度，理解度
c. 採用標準參照事前。

貝氏誤差變異估計 [a]

參數	後段			95% 信賴區間	
	眾數	平均值	變異	下限	上限
誤差變異	1.675	2.153	.773	1.045	4.365

a. 採用標準參照事前。

第8章 複迴歸分析的活用

8.1 活用要項

進行複迴歸分析時想了解的是對依變數而言自變數是否有預測作用？預測的準確度有多高？預測值與實際值有多吻合？檢視迴歸式是否是直線關係或曲線關係？此時，可以考慮如下的統計處理：

統計處理 1

進行迴歸分析求出迴歸式，檢定迴歸式是否有預測作用。

統計處理 2

調查偏迴歸係數或標準迴歸係數的大小。

統計處理 3

檢定偏迴歸係數，調查自變數對預測有無幫助。

統計處理 4

檢視迴歸式的精度。

統計處理 5

檢定迴歸式是線性關係或曲線關係。

- **迴歸診斷**有以下要項。

(1) 殘差的檢定

主要診斷其常態分配及獨立性。

(2) 離群值（outlier）的檢出

主要在發現異常的觀察值。

(3) 共線性的檢定

診斷自變項之間的相依程度。

(4) 誤差項間無序列相關性的檢定

時間數列數據欲檢定有誤差項間無序列相關性，可點選 Dubin-Watson（DW），DW 統計量的取値範圍為 0～4。根據經驗，一般情況下殘差是無相關的 DW 統計量大約是 2 的值，接近 0 表示強烈的正相關關係，而 4 的值表示強烈的負相關關係。

● 調查殘差的分配是否服從常態分配。

亦即「殘差 ε_1，ε_2，…，ε_n 是服從標準常態分配 N(0, 1)」。

因之利用 P-P 圖形或 Q-Q 表現來確認常態性甚爲重要。

當實測値與預測値的分配一致時，圖形即與常態直線一致。

【案例】：某心臟科醫師研究心臟手術後病患的存活時間 Y（天）與病人手術前的身體狀況如血塊分數（X_1）、體能指標（X_2）、肝功能分數（X_3）、酸素檢定分數（X_4）、體重（X_5）的關係，蒐集 50 位開刀病人資料如下，數據檔參 8-1-1.sav。

表 8.1　手術後存活時間資料

序號	血塊分數	體能指標	肝功能分數	酸素檢定分數	體重	手術後存活時間
1	63	67	95	69	70	2986
2	59	36	55	34	42	950
3	59	46	47	40	47	950
4	54	73	63	48	44	1459
⋮	⋮	⋮	⋮	⋮	⋮	⋮
⋮	⋮	⋮	⋮	⋮	⋮	⋮
⋮	⋮	⋮	⋮	⋮	⋮	⋮
48	60	92	25	32	75	1441
49	60	60	67	45	56	1947
50	65	83	55	55	89	2451

想建立良好的迴歸式，並了解對手術後存活時間會有影響的變數爲何？

【數據輸入的類型】

表 8.1 的數據，如下輸入。

點選【資料視圖】即可出現下圖。

14.4.1.sav [資料集1] - IBM SPSS Statistics 資料編輯器

檔案(F)　編輯(E)　檢視(V)　資料(D)　轉換(T)　分析(A)　圖形(G)　公用程式(U)　延伸(X)　視窗(W)　說明(H)

顯示：6 個變數（共有 6 個）

	血塊分數	體能指標	肝功能分數	氧氣檢定分數	體重	手術後存活時間	變數	變數	變數
1	63	67	95	69	70	2986			
2	59	36	55	34	42	950			
3	59	46	47	40	47	950			
4	54	73	63	48	44	1459			
5	59	71	74	47	61	1969			
6	54	82	75	46	47	1975			
7	60	91	65	67	73	2506			
8	61	50	28	39	53	722			
9	59	87	94	64	75	3524			
10	59	88	70	64	68	2509			
11	63	63	50	58	68	1766			
12	62	79	51	46	75	2048			
13	59	89	14	53	72	1042			
14	54	50	26	36	40	19			
15	62	70	57	60	68	2038			
16	59	58	69	53	50	1792			
17	58	53	59	51	46	1290			
18	53	90	37	30	48	1534			
19	61	23	51	42	47	803			
20	59	70	68	58	58	2063			
21	60	61	81	52	56	2312			
22	59	62	56	59	55	1597			
23	58	53	68	46	46	1848			
24	68	82	72	84	94	3118			

資料視圖　變數視圖

IBM SPSS Statistics 處理器已備妥　Unicode:ON

【統計處理的步驟】

步驟 1　從【分析 (A)】清單中選擇⇨【迴歸 (R)】⇨【線性 (L)】。

步驟 2 在【應變數 (D)】方框中輸入想預測的手術後存活時間，在【自變數 (I)】方框中全部輸入成爲自變數的備選變數：【血塊分數】、【體能指標】、【肝功能分數】、【酸素檢定分數】、【體重】。

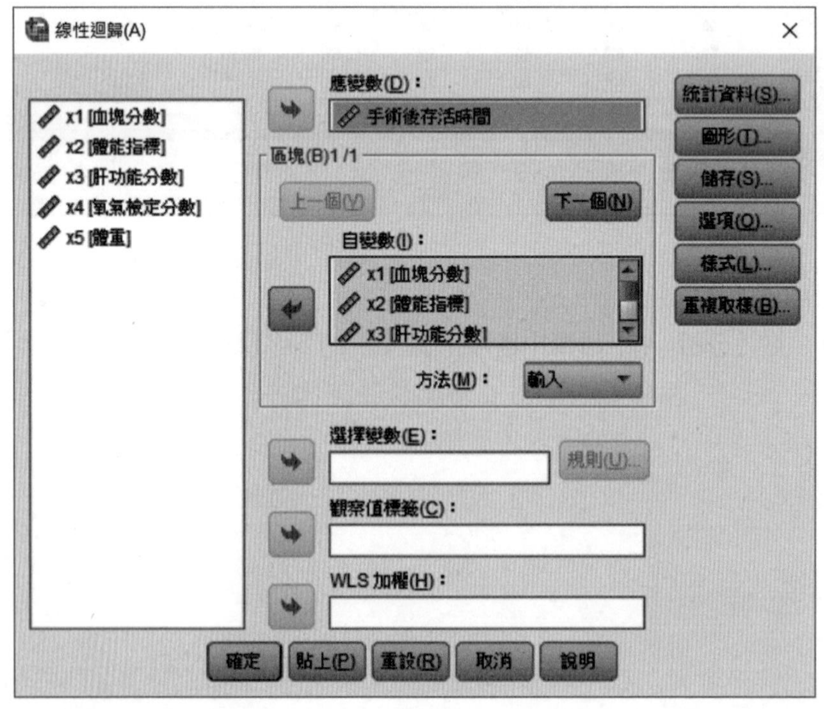

步驟 3　點選【統計資料 (S)】，於視窗中勾選【模型配適度 (M)】、【共線性診斷 (L)】後按【繼續 (C)】。

線性迴歸：統計量
迴歸係數
估計值(E)
信賴區間(N)
層次 (%)：95
共變數矩陣(V)
模型配適度(M)
R 平方變更量(S)
敘述統計(D)
部分與局部相關性(P)
共線性診斷(L)
殘差
Durbin-Watson
逐觀察值診斷(C)
設離群值之臨界值(O)：3 標準差
所有觀察值(A)
繼續(C)　取消　說明

步驟 4　點選【圖形 (T)】，於出現的視窗中將 ZPRED 移入【Y：】，將 ZRESID 移入【X：】，於標準化殘差中勾選【常態機率圖】後按【繼續 (C)】。

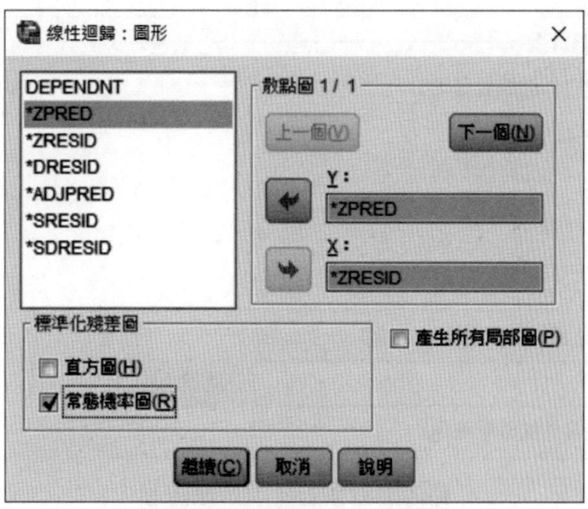

步驟 5 點選【儲存 (S)】，於預測值中勾選【未標準化 (U)】，於距離中勾選【Cook’s (K)】、【槓桿值 (G)】，於殘差中勾選【Student 化刪除 (E)】，於影響統計量中勾選【共變數比例 (V)】，之後按【繼續 (C)】，再按【確定】。

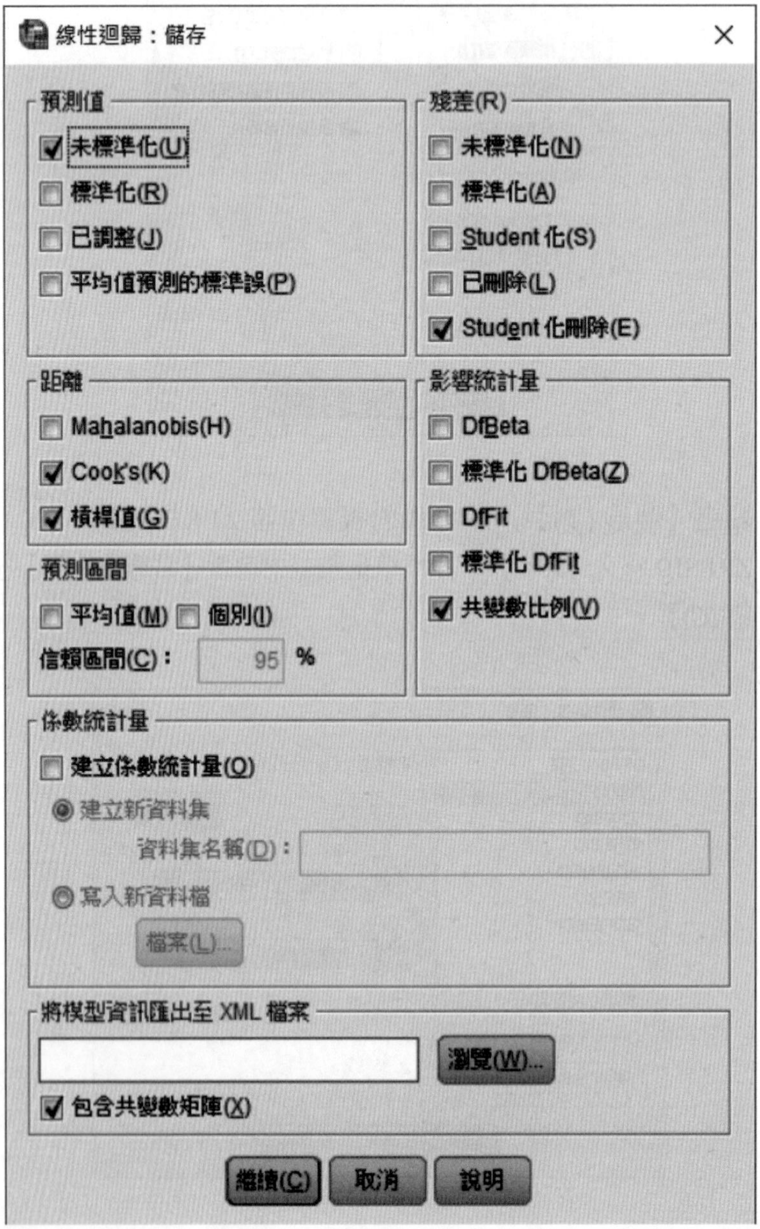

【SPSS 輸出 · 1】

模型摘要 [b]

模型	R	R 平方	調整後 R 平方	標準標準誤
1	.985[a]	.971	.968	127.856

←①

a. 解釋變數：(常數)，x5, x3, x2, x4, x1

b. 應變數：手術後存活時間

變異數分析 [a]

模型		平方和	自由度	均方	F	顯著性
1	迴歸	24086535.98	5	4817307.197	294.686	.000[b]
	殘差	719279.535	44	16347.262		
	總計	24805815.52	49			

←②

a. 應變數：手術後存活時間

b. 解釋變數：(常數)，x5, x3, x2, x4, x1

【輸出結果的判讀 · 1】複迴歸分析（線性）

① R 是複相關係數：

$0 \leqq R \leqq 1$

R 之值愈接近 1，複迴歸式對數據愈適配。

R 平方是判定係數：

$0 \leqq R^2 \leqq 1$

R 平方之值（0.971）愈接近 1，複迴歸式對數據愈適配。

②複迴歸的變異數分析表

假設 H_0：所求出的複迴歸式對預測沒有幫助，

顯著水準 0.000 < 顯著水準 0.05。

假設 H_0 被否定，

因此，所求出的複迴歸式對預測有幫助。

【SPSS 輸出．2】

係數[a]

模型		非標準化係數 B	標準錯誤	標準化係數 β	T	顯著性	共線性統計量 允差	VIF
1	（常數）	-6885.371	806.724		-8.535	.000		
	X1	97.279	15.629	.464	6.224	.000	.118	8.450
	X2	23.220	2.169	.622	10.705	.000	.195	5.118
	X3	26.311	1.210	.733	21.749	.000	.580	1.725
	X4	-1.359	2.329	-.025	-.584	.562	.357	2.803
	X5	-2.522	4.585	-.049	-.550	.585	.083	12.107

a. 應變數：手術後存活時間

③

④

【輸出結果的判讀．2】

③所求出的複迴歸式如觀察 B（＝偏迴歸係數）的地方時，可知是

Y（手術後存活時間）＝ –6885.371 ＋ 97.279×X1（血塊分數）＋ 23.220×X2（體能指標）＋ 6.311×X3（肝功能分數）–1.359×X4（氧氣檢定分數）–2.522×X6（體重）

如觀察標準化係數（＝標準偏迴歸係數）時，對手術後存活時間（目的變數）有甚大影響的是肝功能分數和體能指標此 2 個變數。

顯著機率比 0.05 大的說明變數，對手術後存活時間並不太有影響。如觀察此輸出結果時，知氧氣檢定分數與體重對手術後存活時間沒有關係。相反，顯著機率比 0.05 小的說明變數，對手術後存活時間即爲有影響的要因。也就是說，此處應該進行偏迴歸係數的檢定。

標準偏迴歸係數：由於數據不受單位取法的影響，可以了解自變數與依變數的關係強度。

④複迴歸分析經常發生多重共線性的問題，換言之，「說明變量之間是否存在有線型關係？」允差（tolerance）和 VIF（variance inflation factor）之間成立以下關係。

$$VIF = \frac{1}{允差} \quad 12.107 = \frac{1}{0.083}$$

【允差】：設複迴歸分析的自變數爲 $x_1, x_2, \cdots, x_p$。如果對某自變數 x_i 覺得擔心時，將 x_i 當作依變數，其他的所有變數當作自變數進行複迴歸分析，此時的複相關係數設爲 R_i 時，則 $1 - R_i^2$ 稱爲自變數 x_i 的允差。如 x_i 的允差 $1 - R_i^2$ 愈小，複相關係數 R_i 接近 1，因之，x_i 可用其它的自變數 $x_1, x_2, \cdots, x_{i-1}, x_{i+1}, \cdots, x_p$ 的線性組合表現。亦即有多重共線性。

允差小（<0.1）的說明變量或 VIF 大的說明變量，與剩餘的說明變量之間由於具有線型關係的可能性，因之當進行複迴歸分析時，X5 或許除去爲宜。

【VIF】：此即爲 Variance Inflation Factor 的簡稱，定義如下：

$$\textbf{VIF}\,(\text{變異數膨脹因素}) = \frac{1}{1 - R^2_{x_j}(x_1, x_2, \cdots x_{j-1}, x_{j+1} \cdots x_k)}$$

當 VIF（variance inflation factor）> 1 時，表示 x_j 幾乎是其他幾個預測變數的線性組合，因此可以考慮將 x_j 從模式中去除。VIF 的值愈小，說明愈沒有共線性問題。

【SPSS 輸出・2】

共線性診斷 [a]

模型	維度	特徵值	條件指數	變異數比例					
				(常數)	X1	X2	X3	X4	X5
1	1	5.806	1.000	.00	.00	.00	.00	.00	.00
	2	.100	7.603	.00	.00	.03	.36	.00	.01
	3	.046	11.294	.00	.00	.08	.09	.04	.00
	4	.037	12.519	.00	.00	.14	.05	.25	.02
	5	.011	22.673	.00	.00	.04	.35	.63	.21
	6	.000	166.448	.99	1.00	.71	.15	.07	.77 ←⑥

a. 應變數：手術後存活時間

【輸出結果判讀・2】

（X'X）之行列式值，接近 0，此時表示 X 矩陣可能是特異矩陣，也就是有線性相依的情形。

【條件指數】（conditional index; CI）：

$$CI = \sqrt{\frac{\lambda_{max}}{\lambda_i}}$$

λ 是由（X'X）所求之特徵值。

CI：30～100 表中度共線性。

CI：100 以上表高度共線性。

⑤條件指標如以下得出。

$$\sqrt{\frac{5.86}{0.1}} = 7.603，\sqrt{\frac{5.86}{0.046}} = 11.294，\cdots\cdots$$

⑥ -1 在條件指標大的地方，說明變數之間有可能發生共線性。

譬如，第 6 個特徵值的條件指標是 166.448 突然增大，如橫向觀察此第 6 個地方時，體能指標（X_2）與體重（X_5）的變異數之比率均比其他說明變數大。

因此，得知 X_2 與 X_5 之間隱藏有共線性的可能性。此種時候，試著調查 X 與 X_5 的相關係數。

【SPSS 輸出 ·3】

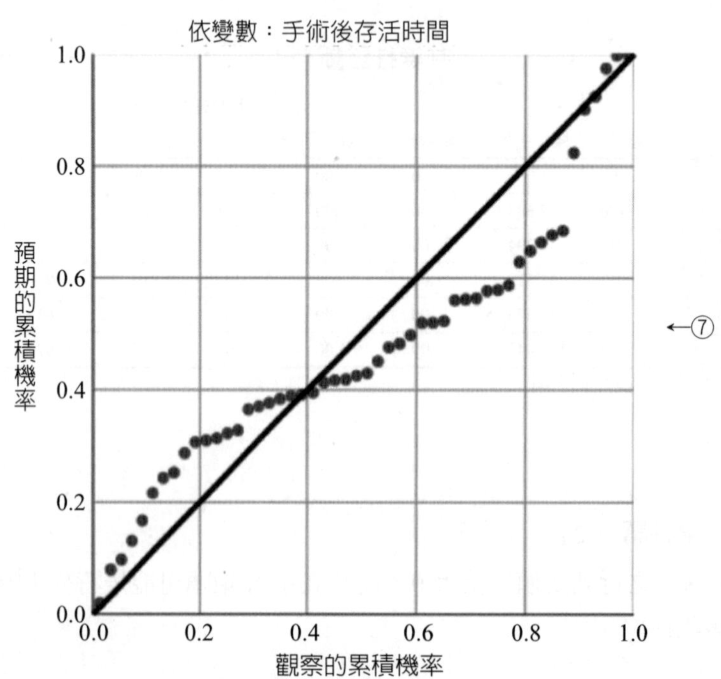

STEP UP：檢視常態分配

檢視依變數的「迴歸標準化殘差的常態 P-P 圖」，呈現左下到右上的 45 度斜直線，因此，樣本觀察值大致符合常態性分配的基本假設。

常態 P-P 圖：關於常態分配利用百分比所繪製的機率圖，點在一直線排列時，數據可以想成服從常態分配。

常態 Q-Q 圖：關於常態分配利用百分位數所繪製的機率圖，點在一直線排列時，數據可以想成服從常態分配。

【輸出結果判讀 ·3】

⑦調查殘差的分配是否服從常態分配。

換言之，複迴歸模式

$$\begin{cases} y_1 = \beta_1 \times x_{11} + \beta_2 \times x_{12} + \varepsilon_1 \\ y_2 = \beta_1 \times x_{21} + \beta_2 \times x_{22} + \varepsilon_2 \\ \quad \vdots \\ y_n = \beta_1 \times x_{n1} + \beta_2 \times x_{n2} + \varepsilon_n \end{cases}$$

是在以下的前提，即

「殘差ε_1，ε_2，…，ε_n是服從標準常態分配 N(0, 1)」。

因之利用此圖形表現來確認常態性甚爲重要。

當實測値與預測値的分配一致時，圖形即與常態直線一致。

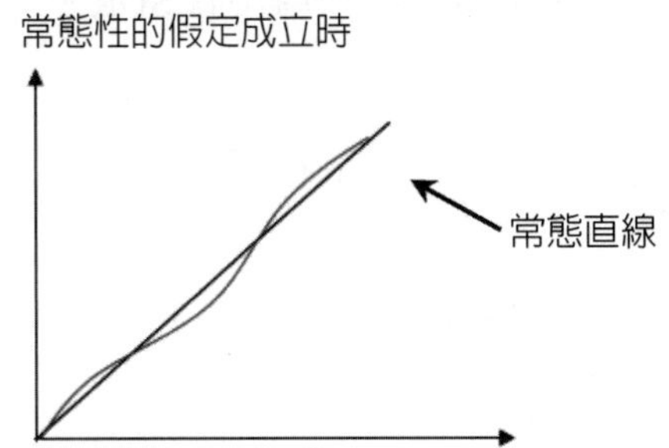

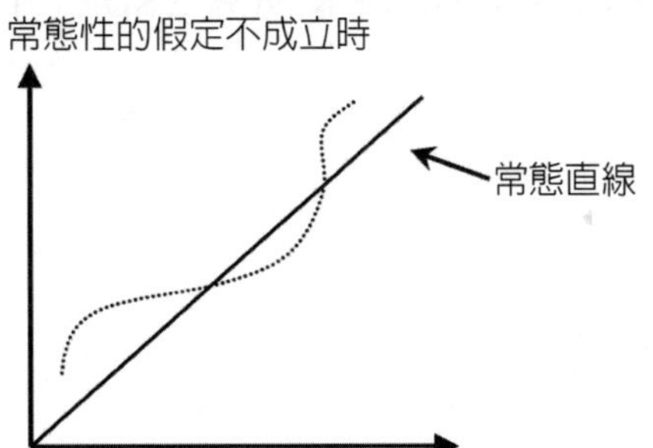

【SPSS 輸出 ·4】

開啓資料視圖。

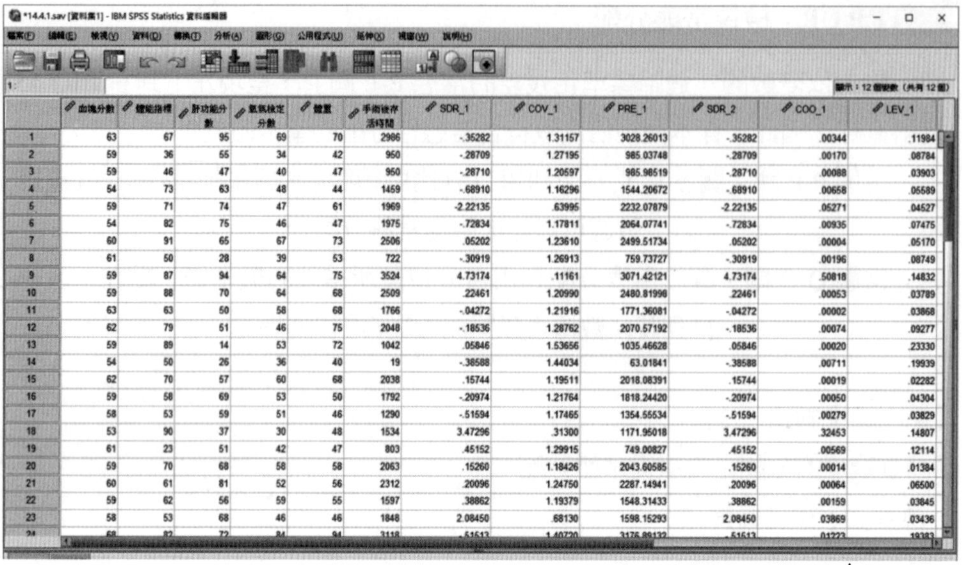

*14.4.1.sav [資料集1] - IBM SPSS Statistics 資料編輯器

檔案(F) 編輯(E) 檢視(V) 資料(D) 轉換(T) 分析(A) 圖形(G) 公用程式(U) 延伸(X) 視窗(W) 說明(H)

顯示：12 個變數（共有 12 個）

	血塊分數	體能指標	肝功能分數	氧氣檢定分數	體重	手術後存活時間	SDR_1	COV_1	PRE_1	SDR_2	COO_1	LEV_1
1	63	67	95	69	70	2986	-.35282	1.31157	3028.26013	-.35282	.00344	.11984
2	59	36	55	34	42	950	-.28709	1.27195	985.03748	-.28709	.00170	.08784
3	59	46	47	40	47	950	-.28710	1.20597	985.98519	-.28710	.00088	.03903
4	54	73	63	48	44	1459	-.68910	1.16296	1544.20672	-.68910	.00658	.05589
5	59	71	74	47	61	1969	-2.22135	.63995	2232.07879	-2.22135	.05271	.04527
6	54	82	75	46	47	1975	-.72834	1.17811	2064.07741	-.72834	.00935	.07475
7	60	91	65	67	73	2506	.05202	1.23610	2499.51734	.05202	.00004	.05170
8	61	50	28	39	53	722	-.30919	1.26913	759.73727	-.30919	.00196	.08749
9	59	87	94	64	75	3524	4.73174	.11161	3071.42121	4.73174	.50818	.14832
10	59	88	70	64	68	2509	.22461	1.20990	2480.81998	.22461	.00053	.03789
11	63	63	50	58	68	1766	-.04272	1.21916	1771.36081	-.04272	.00002	.03868
12	62	79	51	46	75	2048	-.18536	1.28762	2070.57192	-.18536	.00074	.09277
13	59	89	14	53	72	1042	.05846	1.53656	1035.46628	.05846	.00020	.23330
14	54	50	26	36	40	19	-.38588	1.44034	63.01841	-.38588	.00711	.19939
15	62	70	57	60	68	2038	.15744	1.19511	2018.08391	.15744	.00019	.02282
16	59	58	69	53	50	1792	-.20974	1.21764	1818.24420	-.20974	.00050	.04304
17	58	53	59	51	46	1290	-.51594	1.17465	1354.55534	-.51594	.00279	.03829
18	53	90	37	30	48	1534	3.47296	.31300	1171.95018	3.47296	.32453	.14807
19	61	23	51	42	47	803	.45152	1.29915	749.00827	.45152	.00569	.12114
20	59	70	68	58	58	2063	.15260	1.18426	2043.60585	.15260	.00014	.01384
21	60	61	81	52	56	2312	.20096	1.24750	2287.14941	.20096	.00064	.06500
22	59	62	56	59	55	1597	.38862	1.19379	1548.31433	.38862	.00159	.03845
23	58	53	68	46	46	1848	2.08450	.68130	1598.15293	2.08450	.03869	.03436
24	68	82	72	84	94	3118	-.51613	1.40720	3176.89132	-.51613	.01223	.19383

⑧

【輸出結果的判讀方法 · 4】

⑧ coo_1　是 cook 的距離。此值甚大時，該值的數據有可能異常值。

lev_1　是影響量數（槓桿值），此值甚大時也許是異常值。

cov_1　是共變異數比值。共變異數比接近 1 時，該數據的影響力被認爲是小的。

【SPSS 輸出 · 5】

因勾選了【Student 化刪除殘差（SDR）】，故【資料視圖】中輸出有 SDR。

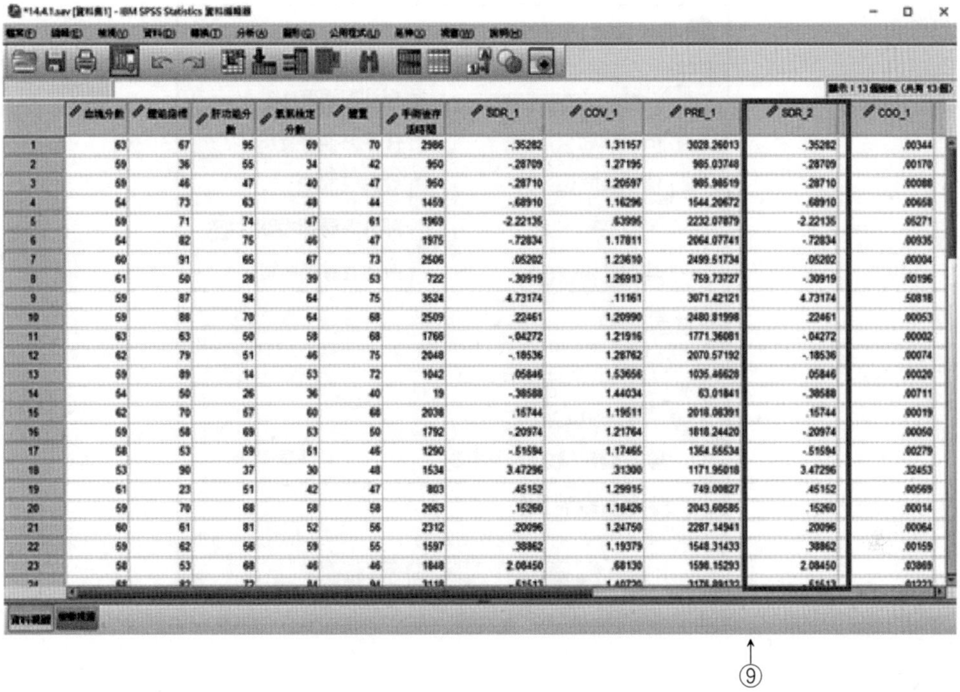

	血塊分數	體能指標	肝功能分數	氧氣檢定分數	體重	手術後存活時間	SDR_1	COV_1	PRE_1	SDR_2	COO_1
1	63	67	95	69	70	2986	-.35282	1.31157	3028.26013	-.35282	.00344
2	59	36	55	34	42	950	-.28709	1.27195	985.03748	-.28709	.00170
3	59	46	47	40	47	950	-.28710	1.20597	985.98519	-.28710	.00088
4	54	73	63	48	44	1459	-.68910	1.16296	1544.20672	-.68910	.00658
5	59	71	74	47	61	1969	-2.22136	.63996	2232.07879	-2.22136	.05271
6	54	82	75	46	47	1975	-.72834	1.17811	2064.07741	-.72834	.00935
7	60	91	65	67	73	2506	.05202	1.23610	2499.51734	.05202	.00004
8	61	50	28	39	53	722	-.30919	1.26913	759.73727	-.30919	.00196
9	59	87	94	64	75	3524	4.73174	.11161	3071.42121	4.73174	.50818
10	59	88	70	64	68	2509	.22461	1.20990	2480.81998	.22461	.00053
11	63	63	50	58	68	1766	-.04272	1.21916	1771.36081	-.04272	.00002
12	62	79	51	46	75	2048	-.18536	1.28762	2070.57192	-.18536	.00074
13	59	89	14	53	72	1042	.05846	1.53656	1035.46628	.05846	.00020
14	54	50	26	36	40	19	-.38588	1.44034	63.01841	-.38588	.00711
15	62	70	67	60	68	2038	.15744	1.19611	2018.08391	.15744	.00019
16	59	58	69	53	50	1792	-.20974	1.21764	1818.24420	-.20974	.00050
17	58	53	59	51	46	1290	-.51594	1.17465	1354.55534	-.51594	.00279
18	53	90	37	30	48	1534	3.47296	.31300	1171.95018	3.47296	.32453
19	61	23	51	42	47	803	.45152	1.29915	749.00827	.45152	.00569
20	59	70	68	58	58	2063	.15260	1.18426	2043.60585	.15260	.00014
21	60	61	81	52	56	2312	.20096	1.24750	2287.14941	.20096	.00064
22	59	62	56	59	55	1597	.38862	1.19379	1548.31433	.38862	.00159
23	58	53	68	46	46	1848	2.08450	.68130	1598.15293	2.08450	.03869

⑨

【輸出結果判讀 ・5】

⑨殘差方面：可利用 Student 化刪除殘差（SDR）診斷之，若絕對於超過 3 則表示該觀察值可能爲離群值。本例中觀察值 **9** 與 **18** 有可能是離群值。

【註 1】

逐觀察值診斷也可診斷有無離群值的方法，但學生化刪除殘差（Studentized Deleted Residuals），比逐觀察值診斷檢測更加穩定。

【SPSS 輸出 ・6】

如下列勾選逐觀察值診斷時。

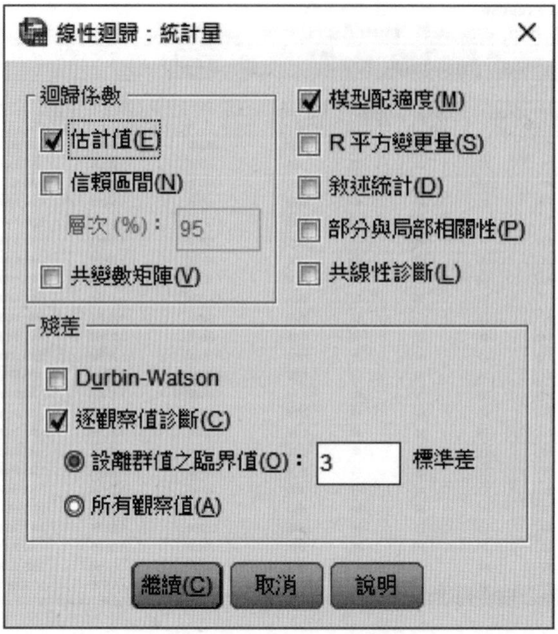

【SPSS 輸出結果 ‧6】

【逐觀察值診斷】（Casewise Diagnostics）檢測標準是上下 3 倍標準差，並標記超出此範圍的數據爲離群值。本研究中，SPSS 輸出的逐觀察值診斷的檢測結果如下：

逐觀察值診斷[a]

觀察值數目	標準殘差	y	預測值	殘差
9	3.540	3524	3071.42	452.579

a. 應變數：y

如果研究中沒有標準殘差超出 3 倍標準差的離群值，SPSS 就不會輸出該表格。

【SPSS 輸出 ‧7】

如於殘差中勾選【Durbin-Watson】，即可得出輸出如下。

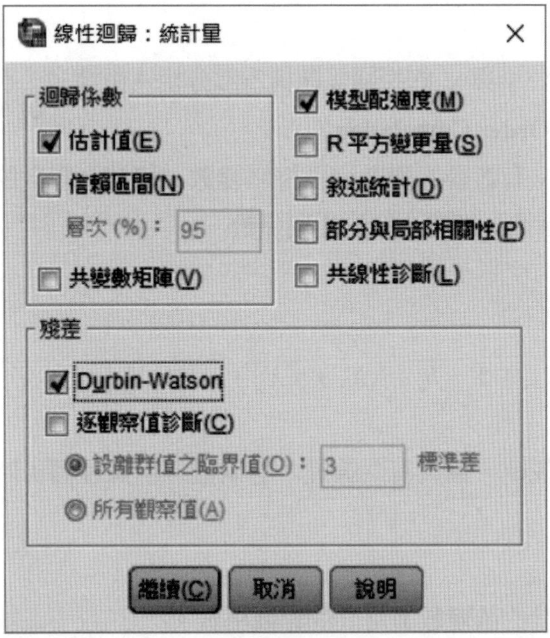

線性迴歸：統計量

迴歸係數
☑ 估計值(E)
☐ 信賴區間(N)
層次 (%)： 95
☐ 共變數矩陣(V)

☑ 模型配適度(M)
☐ R 平方變更量(S)
☐ 敘述統計(D)
☐ 部分與局部相關性(P)
☐ 共線性診斷(L)

殘差
☑ Durbin-Watson
☐ 逐觀察值診斷(C)
◉ 設離群值之臨界值(O)： 3 標準差
◎ 所有觀察值(A)

繼續(C)　取消　說明

【SPSS 輸出結果 ‧7】

得出輸出如下：

模型摘要[a]

模型	R	R 平方	調整後 R 平方	標準誤	Durbin-Watson
1	.985[a]	.971	.968	127.956	2.045

a. 解釋變數：(常數)，X5, X3, X2, X4, X1

b. 應變數：手術後存活時間

DW 值愈接近 2，代表數據之間愈獨立，愈不會出現自我相關現象。

DW 趨近於 0	DW 愈接近 2	DW 趨近於 4
正相關	無自我相關	負相關

■名詞解釋

- **偏相關係數**：

  從 y 與 x_1 去除 x_2 之影響後，y 與 x_1 的相關係數稱爲偏相關係數。

- **部分相關係數**：

  由 x_1 去除 x_2 之後，y 與 x_1 的相關係數稱爲部分相關係數。

- **零階相關（Zero-Order Correlation）**：

  對 2 個變數 x 與 y 有影響的變數稱爲控制變數，無控制變數的偏相關係數稱爲零階相關，換言之，即爲一般的相關係數。

- **多重共線性**：

$$\hat{Y} = b_0 + b_1 X_1 + b_2 X_2 + \cdots + b_k X_k$$

  變數間有線性關係時，稱爲有共線性。有兩個以上線性關係時，稱爲多重共線性。

- **複相關係數（R）**：

  依變數 Y 與所估計的依變數 $\hat{Y}$ 之間的相關係數。

- **決定係數（R^2）**：

  表示複迴歸的配適程度。

- **修正決定係數（$\overline{R}^2$）**：

  修正決定係數受說明變數個數增加之影響。

- **Cook's 距離**：

  數據設爲 $\{x_1, x_2 \cdots, x_N\}$，除去第 i 個數據 x_i 後進行迴歸分析時，要評估對其結果產生何種的影響即爲影響解析，因此影響解析可以想成尋找偏離值的方法。此時所用的是 Cook's 距離，此值甚大有可能是異常值。

- **共變異數比** $= \dfrac{\text{除去某數據時的變異共變異矩陣的行列式}}{\text{包含所有數據的變異共變異矩陣的行列式}}$，

  如接近 1 時，所除去的數據對變異共變異矩陣無影響。

- **槓桿值（leverage）**：某數據對預測的影響大小，此值甚大有可能是異常值。（X'X）之行列式值，接近 0，此時表示 X 矩陣可能是特異矩陣，也就是有線性相依的情形。

● **條件指數**（conditional index; CI）：

$$CI = \sqrt{\frac{\lambda_{max}}{\lambda_i}}$$

λ 是由（X'X）所求之特徵值。

CI：30～100 表中度共線性。

CI：100 以上表高度共線性。

8.2 複迴歸分析的虛擬變數法

8.2.1 前言

使用表 8.2 的數據，利用 SPSS 進行複迴歸分析。

以下的數據是針對在某銀行上班的銀行員 265 名目前的薪資、性別、工作的熟悉度進行調查所得的結果。

表 8.2　銀行員薪資的決定方法

No.	薪資	性別	熟悉度	年齡	就學年度	就業年數	職種
1	10620	女性	88	34.17	15	5.08	事務職
2	6960	女性	72	46.50	12	9.67	事務職
3	41400	男性	73	40.33	16	12.5	管理職
4	28350	男性	83	41.92	19	13	管理職
5	16080	男性	79	28.00	15	3.17	事務職
6	8580	女性	72	45.92	8	16.17	事務職
7	34500	男性	66	34.25	18	4.17	技術職
8	54000	男性	96	49.58	19	16.58	技術職
9	14100	男性	67	28.75	15	0.50	事務職
10	9900	女性	84	27.50	12	3.42	事務職
⋮	⋮	⋮	⋮	⋮	⋮	⋮	⋮
265	8340	女性	70	39.00	12	10.58	事務職

想分析的事情是「目前的薪資與性別、熟悉度、年齡、就業年數、職種之間有何種的關係呢？」因此，把

- 目前的薪資當作目的變數（依變數）
- 性別、熟悉度、年齡、就學年數、就業年數、職種當作說明變數（自變數）。

試建立複迴歸模式看看，該模式爲

現在薪資 $= b_1 \times$ 性別 $+ b_2 \times$ 熟悉度 $+ b_3 \times$ 年齡 $+ b_4 \times$ 就學年數 $+ b_5 \times$ 就業年數 $+ b_6 \times$ 職種 $+ b_0$

此時，偏迴歸係數 $b_1, b_2, b_3, b_4, b_5, b_6$ 要取何種值呢？

可是，在此之前先了解虛擬變數法的製作。

■虛擬變數的製作方法

表 8.2 之數據的職種可分成以下 3 種：

事務職、管理職、技術職

此時，假如換成如下數值即

事務職 =1，管理職 =2，技術職 =3

並不太有意義。

以此種的類別數據的處理來說，可以想到以下稱爲虛擬變數的不錯方式。換言之，

事務職的人 ←——→ 1　0　0

管理職的人 ←——→ 0　1　0

技術職的人 ←——→ 0　0　1

考慮如此之對應時，則可如下將職種數量化。

No.	職種
1	事務職
2	事務職
3	管理職
4	管理職
5	事務職
6	事務職
7	技術職
⋮	⋮

原先的變數

⇔

No.	事務職	管理職	技術職
1	1	0	0
2	1	0	0
3	0	1	0
4	0	1	0
5	1	0	0
6	1	0	0
7	0		1
⋮	⋮	⋮	⋮

虛擬變數　虛擬變數　虛擬變數

換言之，職種的變數被分成 3 個類別

事務職、管理職、技術職

時，可以將他們當作取成 0 與 1 之值的變數（2 值變數）來想，這是很不錯的想法。

然而，儘管分成三個類別，如全部列舉 3 個變數時，以下的關係即

事務職 + 管理職 + 技術職 = 1

是經常成立的，而這樣是不行的。

因爲這會發生共線性的問題，所以將類別數據當作虛擬變數來處理時，必須要將其中的 1 個類別除去才行。

虛擬變數設定個數 = 類別數 – 1

譬如，像表 8.2 的數據，除去管理職後形成如下的安排。

···	就學年度	就業年數	事務職	技術職
	15	5.08	1	0
	12	9.67	1	0
	16	12.50	0	0
	⋮	⋮	⋮	⋮

若性別是數值型如 1, 2 的類別數據，則可改成 0,1 的量尺數據，虛擬變數的製作方法與職種的情形完全相同。

若變數是字串型，則數值運算式中需加引號。譬如，

將原變數是「性」的變數，如下分配：

男 1（或 0）

女 0（或 1）

【目標變數】　　　　　【數值表示式】方框輸入

性別　　　　　　　　　性 =‘男’(男當成 1)

性別　　　　　　　　　性 =‘女’(女當成 1)

又像是「血型」的變數，如下分配：

A　0　0　0

B　0　0　0

O　0　0　0

AB　0　0　0

【目標變數】	【數值表示式】方框
血型 2	血型 = 'B'
血型 3	血型 = 'O'
血型 4	血型 = 'AB'

可是，像以下的類別數據的時候呢？

> 問 1　您對自來水加氟的看法呢？
> (1) 非常贊成　(2) 贊成　(3) 無意見　(4) 反對　(5) 非常反對

此時應該使用 4 個虛擬變數（4 = 5 – 1）呢？或者設成

(1) = 5　(2) = 4　(3) = 3　(4) = 2　(5) = 1

而感到苦惱。當分成五級以上時，採用任一者均可的意見也有。

■虛擬變數的製作方法

此處先以職種為例說明如何製作虛擬變數。

步驟 1　從清單中選擇【轉換 (T)】，再點選【計算變數 (C)】。

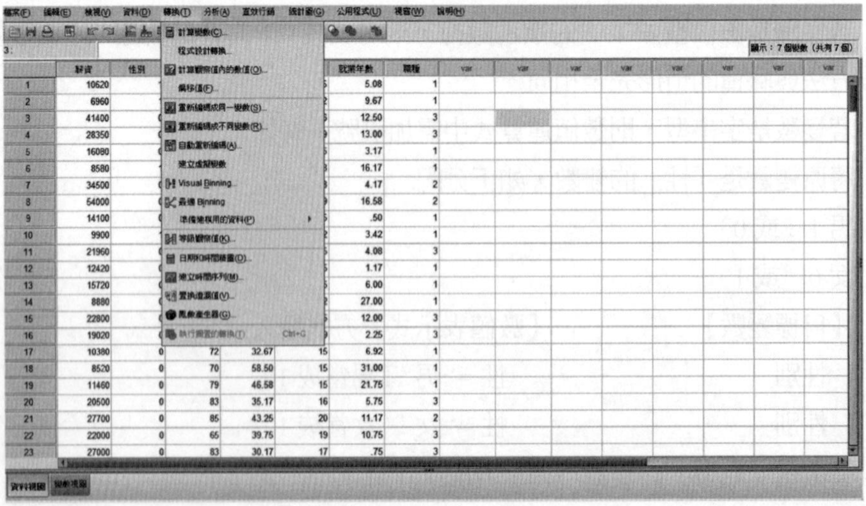

步驟 2 在【計算變數】對話框的【目標變數】中，輸入「事務職」的新變數名稱，從變數清單中選擇「職種」，移到【數值表示式】方框中。輸入職種 = 1，按一下【確定】。

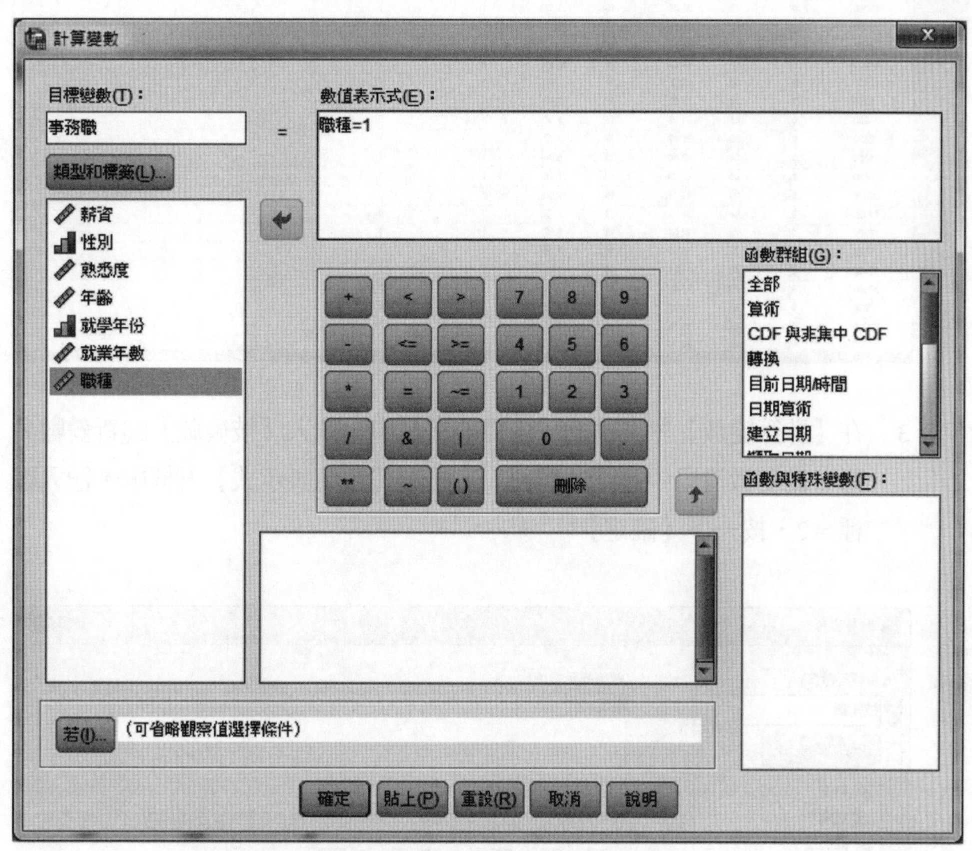

於是，對事務職如下生成虛擬變數。

	薪資	性別	熟悉度	年齡	就學年份	就業年數	職種	事務職
1	10620	1	88	34.17	15	5.08	1	1
2	6960	1	72	46.50	12	9.67	1	1
3	41400	0	73	40.33	16	12.50	3	0
4	28350	0	83	41.92	19	13.00	3	0
5	16080	0	79	28.00	15	3.17	1	1
6	8580	1	72	45.92	8	16.17	1	1
7	34500	0	66	34.25	18	4.17	2	0
8	54000	0	96	49.58	19	16.58	2	0
9	14100	0	67	28.75	15	.50	1	1
10	9900	1	84	27.50	12	3.42	1	1
11	21960	0	83	31.08	15	4.08	3	0
12	12420	0	96	27.42	15	1.17	1	1
13	15720	0	84	33.50	15	6.00	1	1
14	8880	0	88	54.33	12	27.00	1	1
15	22800	0	98	41.17	15	12.00	3	0
16	19020	0	64	31.92	19	2.25	3	0
17	10380	0	72	32.67	15	6.92	1	1
18	8520	0	70	58.50	15	31.00	1	1
19	11460	0	79	46.58	15	21.75	1	1
20	20500	0	83	35.17	16	5.75	3	0
21	27700	0	85	43.25	20	11.17	2	0
22	22000	0	65	39.75	19	10.75	3	0
23	27000	0	83	30.17	17	.75	3	0

步驟 3　在【計算變數】對話框的【目標變數】中，輸入「技術職」的新變數名稱，從變數清單中選擇「職種」，移到【數值表示式】方框中。輸入職種 = 2，按一下【確定】。

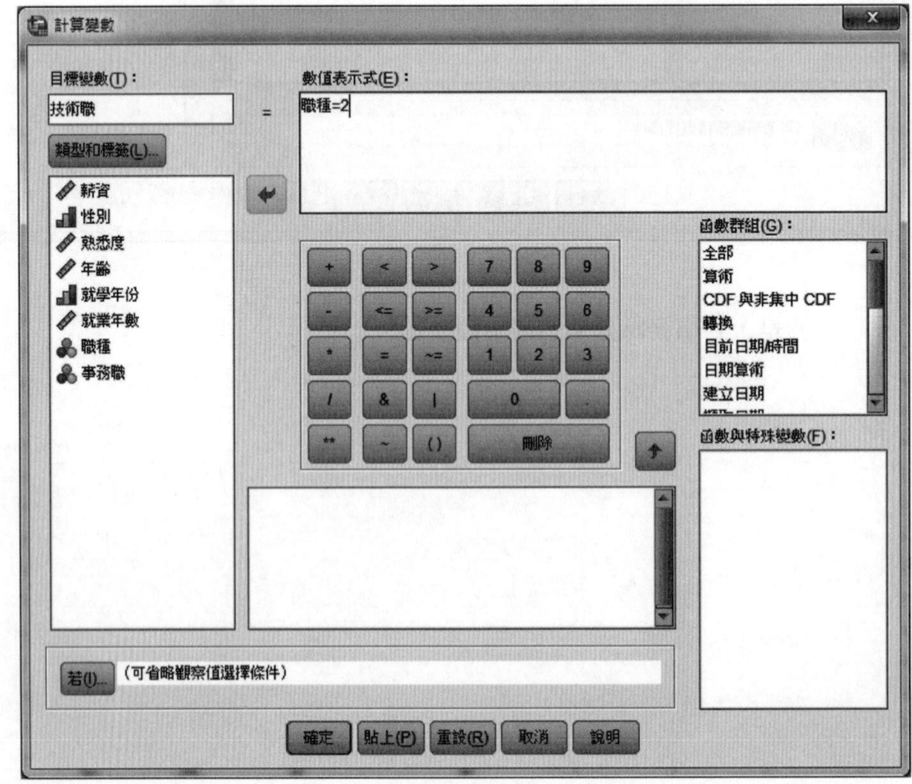

於是，對技術職如下產生虛擬變數。

檔案(F) 編輯(E) 檢視(V) 資料(D) 轉換(T) 分析(A) 直效行銷 統計圖(G) 公用程式(U) 視窗(W) 說明(H)

顯示：9 個變數 (共有 9 個)

	薪資	性別	熟悉度	年齡	就學年份	就業年數	職種	事務職	技術職	var	var	var	var	var	var
1	10620	1	88	34.17	15	5.08	1	1	0						
2	6960	1	72	46.50	12	9.67	1	1	0						
3	41400	0	73	40.33	16	12.50	3	0	0						
4	28350	0	83	41.92	19	13.00	3	0	0						
5	16080	0	79	28.00	15	3.17	1	1	0						
6	8580	1	72	45.92	8	16.17	1	1	0						
7	34500	0	66	34.25	18	4.17	2	0	1						
8	54000	0	96	49.58	19	16.58	2	0	1						
9	14100	0	67	28.75	15	.50	1	1	0						
10	9900	1	84	27.50	12	3.42	1	1	0						
11	21960	0	83	31.08	15	4.08	3	0	0						
12	12420	0	96	27.42	15	1.17	1	1	0						
13	15720	0	84	33.50	15	6.00	1	1	0						
14	8880	0	88	54.33	12	27.00	1	1	0						
15	22800	0	98	41.17	15	12.00	3	0	0						
16	19020	0	64	31.92	19	2.25	3	0	0						
17	10380	0	72	32.67	15	6.92	1	1	0						
18	8520	0	70	58.50	15	31.00	1	1	0						
19	11460	0	79	46.58	15	21.75	1	1	0						
20	20500	0	83	35.17	16	5.75	3	0	0						
21	27700	0	85	43.25	20	11.17	2	0	1						
22	22000	0	65	39.75	19	10.75	3	0	0						
23	27000	0	83	30.17	17	.75	3	0	0						

資料視圖　變數視圖

【數據輸入的類型】

表 8.2 的數據，如下輸入。

【資料視圖】

檔案(F) 編輯(E) 檢視(V) 資料(D) 轉換(T) 分析(A) 直效行銷 統計圖(G) 公用程式(U) 視窗(W) 說明(H)

顯示：8 個變數 (共有 8 個)

	薪資	性別	熟悉度	年齡	就學年數	就業年數	事務職	技術職	var	var	var	var	var	var	var	var
1	10620	1	88	34.17	15	5.08	1	0								
2	6960	1	72	46.50	12	9.67	1	0								
3	41400	0	73	40.33	16	12.50	0	0								
4	28350	0	83	41.92	19	13.00	0	0								
5	16080	0	79	28.00	15	3.17	1	0								
6	8580	1	72	45.92	8	16.17	1	0								
7	34500	0	66	34.25	18	4.17	0	1								
8	54000	0	96	49.58	19	16.58	0	1								
9	14100	0	67	28.75	15	.50	1	0								
10	9900	1	84	27.50	12	3.42	1	0								
11	21960	0	83	31.08	15	4.08	0	0								
12	12420	0	96	27.42	15	1.17	1	0								
13	15720	0	84	33.50	15	6.00	1	0								
14	8880	0	88	54.33	12	27.00	1	0								
15	22800	0	98	41.17	15	12.00	0	0								
16	19020	0	64	31.92	19	2.25	0	0								
17	10380	0	72	32.67	15	6.92	1	0								
18	8520	0	70	58.50	15	31.00	1	0								
19	11460	0	79	46.58	15	21.75	1	0								

資料視圖　變數視圖

【變數視圖】

	薪資	性別	熟悉度	年齡	就學年數	就業年數	事務職	技術職
1	10620	女性	88	34.17	15	5.08	1	0
2	6960	女性	72	46.50	12	9.67	1	0
3	41400	男性	73	40.33	16	12.50	0	0
4	28350	男性	83	41.92	19	13.00	0	0
5	16080	男性	79	28.00	15	3.17	1	0
6	8580	女性	72	45.92	8	16.17	1	0
7	34500	男性	66	34.25	18	4.17	0	1
8	54000	男性	96	49.58	19	16.58	0	1
9	14100	男性	67	28.75	15	.50	1	0
10	9900	女性	84	27.50	12	3.42	1	0
11	21960	男性	83	31.08	15	4.08	0	0
12	12420	男性	96	27.42	15	1.17	1	0
13	15720	男性	84	33.50	15	6.00	1	0
14	8880	男性	88	54.33	12	27.00	1	0
15	22800	男性	98	41.17	15	12.00	0	0
16	19020	男性	64	31.92	19	2.25	0	0
17	10380	男性	72	32.67	15	6.92	1	0
18	8520	男性	70	58.50	15	31.00	1	0
19	11460	男性	79	46.58	15	21.75	1	0

8.2.2 複迴歸分析

【統計處理的步驟】

步驟 1　統計處理是從前面的狀態，以滑鼠點選【分析 (A)】開始的。

從清單之中選擇【迴歸 (R)】。

步驟 2 右邊出現子清單，點選【線性 (L)】。
於是，出現下方的對話框。

步驟 3 按一下目前的薪資，改變成藍色後，點選【依變數 (D)】左方的。

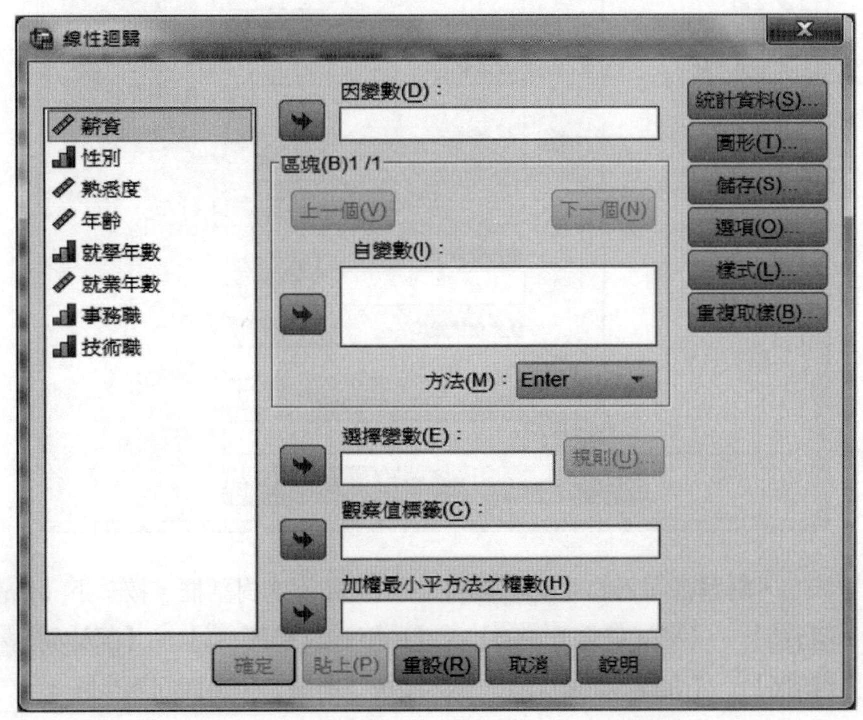

步驟 4 其次，將左方剩餘的變數，全部移入【自變數 (I)】的方框中。
如能利用自變數 (I) 之左方的時，就可順利進行。

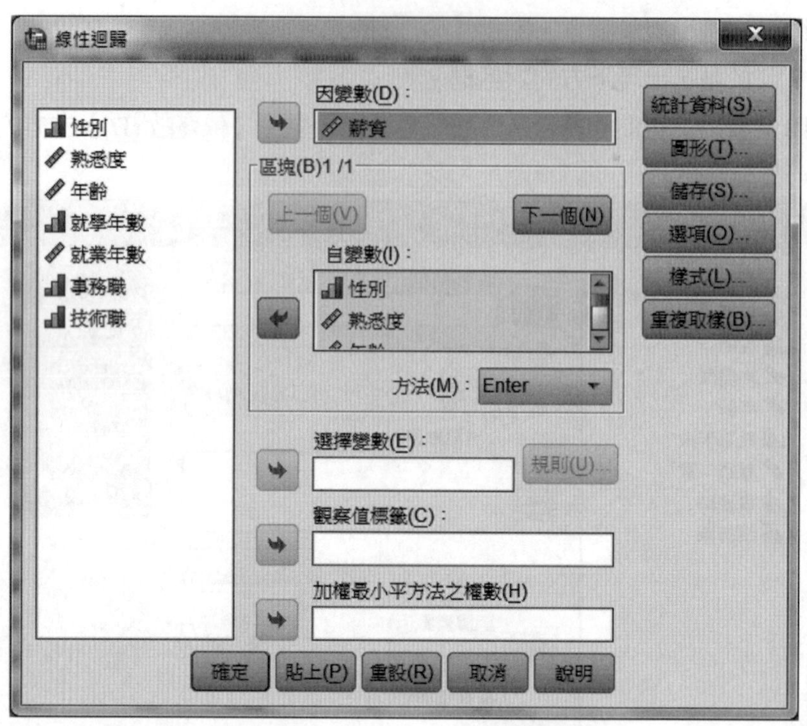

步驟 5　其次，點選畫面下的【統計 (S)】，出現如下的對話框，按一下【估計值 (E)】、【模式適合度 (M)】、【R 平方改變量 (S)】、【部分與偏相關 (P)】、【共線性診斷 (L)】，然後按【繼續】，畫面回到步驟 4。

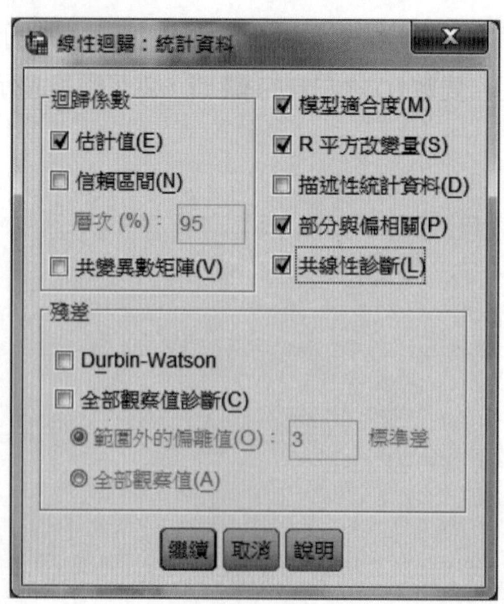

步驟 6 點選【統計圖 (L)】，於是畫面變成如下，按一下【常態機率圖 (R)】。接著按【繼續】，畫面回到步驟 4。

步驟 7 點選【儲存 (A)】時，出現各種的統計量，試著按一下【Cook's】、【槓桿值 (G)】、【共變異數比值 (V)】，接著，按【繼續】。

線性迴歸：儲存
預測值
未標準化(U)
標準化(R)
調整後(J)
平均數預測值的標準誤(P)
殘差
未標準化(N)
標準化(A)
Studentized
已刪除(L)
Studentized 去除殘差
距離
Mahalanobis
Cook's
槓桿值(G)
影響統計資料
DfBeta
標準化 DfBeta(Z)
自由度適合度(F)
標準化 Df 適合度(T)
共變異數比值(V)
預測區間
平均數(M) 個別(I)
信賴區間(C)： 95 %
係數統計資料
建立係數統計資料(O)
建立新資料集
資料集名稱(D)：
寫入新資料檔
檔案(L)...
將模型資訊輸出至 XML 檔案
瀏覽(W)...
包含共變異數矩陣(X)
繼續 取消 說明

步驟 8　畫面變成如下時，以滑鼠按一下【確定】時即告結束。

【SPSS 輸出・1】

模式摘要[b]

模式	R	R 平方	調過後的 R 平方	估計的標準誤
1	.869[a]	.755	.748	3623.70

←①

a. 預測變數：(常數), 技術職, 年齡, 熟悉度, 性別, 事務職, 就學年數, 就業年數

b. 依變數：薪資

變異數分析[b]

模式		平方和	自由度	平均平方和	F 檢定	顯著性
1	迴歸	1.035E+10	7	1479163372	112.645	.000[a]
	殘差	3.362E+09	256	13131207.8		
	總和	1.372E+10	263			

←②

a. 預測變數：(常數), 技術職, 年齡, 熟悉度, 性別, 事務職, 就學年數, 就業年數

b. 依變數：薪資

【輸出結果的判讀方法 · 1】

① R 是複相關係數。R = 0.869 由於接近 1，因之以③求出的複迴歸式配適佳。

R^2 是決定係數。R^2 = 0.755 由於接近 1，所以以③所求出的複迴歸式的配適佳。

複相關係數 = $\sqrt{決定係數}$

修正決定係數是指調整自由度後的決定係數，此值與 R^2 之差甚大時需要注意。

②複迴歸的變異數分析表

檢定以下假設

「假設 H_0：所求出的複迴歸式對預測沒有幫助」

顯著機率 = 0.000 比顯著水準 α = 0.05 小，所以此假設 H_0 可以捨棄。

換言之，以③所求出的複迴歸式對預測有幫助。

【SPSS 輸出 · 2】——複迴歸分析——

係數

模式		未標準化係數		標準化係數	t	顯著性
		B 之估計值	標準誤	Beta 分配		
1	(常數)	17588.698	2676.793		6.571	.000
	技術職	10505.256	1632.786	.217	6.434	.000
	事務職	-12135.950	780.865	-.591	-15.542	.000
	就學年數	406.062	97.679	.167	4.157	.000
	就業年數	-28.000	40.919	-.033	-.684	.494
	熟悉度	47.576	22.526	.066	2.112	.036
	性別	-1655.637	565.093	-.114	-2.930	.004
	年齡	-57.516	31.297	-.094	-1.838	.067

←③

模式		相關			共線性統計量	
		零階	偏	部分	允差	VIF
1	(常數)					
	技術職	.492	.373	.199	.840	1.190
	事務職	-.791	-.697	-.481	.662	1.511
	就學年數	.605	.251	.129	.594	1.685
	就業年數	-.092	-.043	-.021	.422	2.368
	熟悉度	.048	.131	.065	.968	1.033
	性別	-.448	-.180	-.091	.629	1.589
	年齡	-.239	-.114	-.057	.367	2.723

←④

【輸出結果的判讀方法・2】

③所求出的複迴歸式如觀察 B（= 偏迴歸係數）的地方時，可知是

Y = 10505.3× 技術職 –12135.9× 事務職 + 406.1× 就學年數
–28.0× 就業年數 + 47.6× 熟悉度 –1655.6× 性別
–57.6× 年齡 + 17588.7

如觀察標準化係數（= 標準偏迴歸係數）時，對目前的薪資（目的變數）有甚大影響的是技術職和事務職之職種、就業年數、性別此 3 個變數。

顯著機率比 0.05 大的說明變數，對目前的薪資並不太有影響。如觀察此輸出結果時，知就業年數與目前的薪資沒有關係。相反，顯著機率比 0.05 小的說明變數，對目前的薪資即爲有影響的要因。也就是說，此處應該進行偏迴歸係數的檢定。

標準偏迴歸係數：由於數據不受單位取法的影響，可以了解自變數與依變數的關係強度。

④零階相關係數、偏相關係數、部分相關係數。

三者呈現如下關係：

｜零階相關係數｜>｜偏相關係數｜>｜部分相關係數｜

譬如，技術職與薪資的相關係數如下：

0.492 > 0.373 > 0.99

【SPSS 輸出・3】

共線性診斷a

模式	維度	特徵值	條件指標
1	1	5.914	1.000
	2	1.037	2.389
	3	.494	3.460
	4	.400	3.843
	5	.105	7.495
	6	2.795E-02	14.545
	7	1.630E-02	19.048
	8	5.183E-03	33.781

←⑤（條件指標）

←⑥ -1（維度 5）

模式	維度	變異數比例				
		(常數)	技術職	事務職	就學年數	就業年數
1	1	.00	.00	.00	.00	.00
	2	.00	.72	.00	.00	.00
	3	.00	.12	.00	.00	.05
	4	.00	.00	.01	.01	.31
	5	.00	.16	.66	.05	.00
	6	.00	.00	.04	.17	.58
	7	.01	.00	.18	.48	.04
	8	.99	.01	.10	.29	.02

←⑥ -2（維度 6）

模式	維度	熟悉度	性別	年齡
1	1	.00	.01	.00
	2	.00	.02	.00
	3	.00	.52	.00
	4	.00	.05	.00
	5	.00	.11	.00
	6	.00	.29	.71
	7	.52	.01	.12
	8	.48	.00	.16

←⑥ -3（維度 6）

【輸出結果的判讀方法・3】

（X'X）之行列式值，接近 0，此時表示 X 矩陣可能是特異矩陣，也就是有線性相依的情形。

條件指數（conditional index; CI）：

$$CI = \sqrt{\frac{\lambda_{max}}{\lambda_i}}$$

λ 是由（X'X）所求之特徵值。

CI：30～100 表中度共線性。

CI：100 以上表高度共線性。

⑤條件指標如以下得出。

$$\sqrt{\frac{5.914}{5.914}} = 1.000，\sqrt{\frac{5.914}{1.037}} = 2.389，\sqrt{\frac{5.914}{0.495}} = 3.460，\cdots\cdots$$

⑥ -1，⑥ -2，⑥ -3 在條件指標大的地方，說明變數之間有可能發生共線性。譬如，第 6 個特徵值的條件指標是 14.545 突然增大，如橫向觀察此第 6 個地方時，就業年數與年齡的變異數之比率均比其他說明變數大。

因此，得知就業年數與年齡之間隱藏有共線性的可能性。此種時候，試著調查就業年數與年齡的相關係數。

【SPSS 輸出 · 4】

圖表

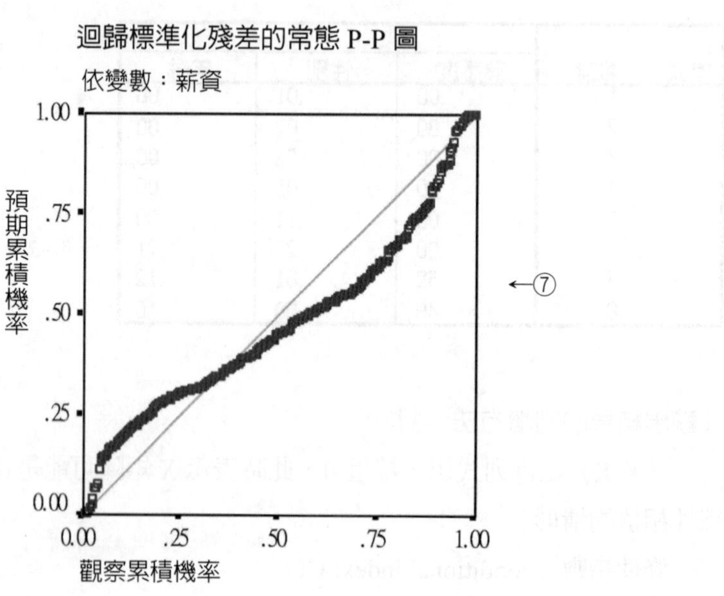

【註 1】

再檢視依變數的「迴歸標準化殘差的常態 P-P 圖」，呈現左下到右上的 45 度斜直線，因此，樣本觀察值大致符合常態性分配的基本假設。

常態 P-P 圖：關於常態分配利用百分比所繪製的機率圖，點在一直線排列時。數據可以想成服從常態分配。

常態 Q-Q 圖：關於常態分配利用百分位數所繪製的機率圖，點在一直線排列時。數據可以想成服從常態分配。

【輸出結果的判讀方法 · 4】

⑦調查殘差的分配是否服從常態分配。

換言之，複迴歸模式

$$\begin{cases} y_1 = \beta_1 \times x_{11} + \beta_2 \times x_{21} + \beta_0 + \varepsilon_1 \\ y_2 = \beta_1 \times x_{12} + \beta_2 \times x_{22} + \beta_0 + \varepsilon_2 \\ \quad \vdots \\ y_1 = \beta_1 \times x_{1n} + \beta_2 \times x_{2n} + \beta_0 + \varepsilon_n \end{cases}$$

是在以下的前提，即

「殘差 ε_1，ε_2，⋯，ε_n 是服從標準常態分配 N(0, 1)」。

因之利用此圖形表現來確認常態性甚爲重要。

當實測值與預測值的分配一致時，圖形即與常態直線一致。

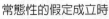

常態性的假定成立時

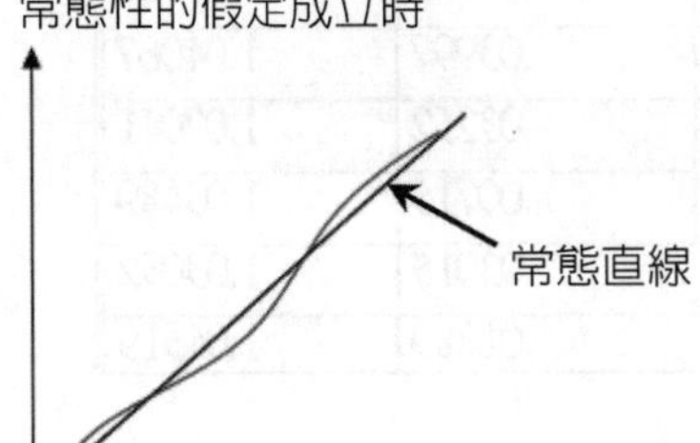

常態性的假定不成立時

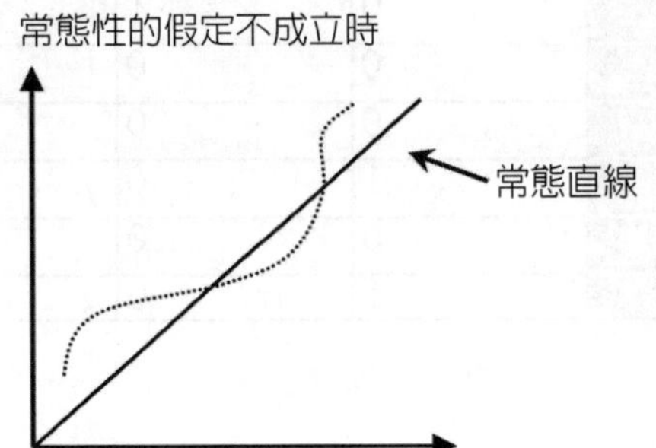

【SPSS 輸出 · 5】——複迴歸分析——

	事務職	技術職	coo_1	lev_1	cov_1
1	1	0	.00033	.01438	1.04628
2	1	0	.00061	.00928	1.03344
3	0	0	.09255	.02954	.52954
4	0	0	.00131	.03264	1.06158
5	1	0	.00073	.00840	1.02919
6	1	0	.00037	.02177	1.05513
7	0	1	.01045	.18491	1.25758
8	0	1	.68547	.16824	.52186
9	1	0	.00025	.01912	1.05324
10	1	0	.00024	.01665	1.05031
11	0	0	.00546	.03369	1.03495
12	1	0	.00082	.01544	1.04102
13	1	0	.00051	.00633	1.02946
14	1	0	.00092	.02581	1.05531
15	0	0	.00416	.04523	1.06331
16	0	0	.02726	.04331	.94222
17	1	0	.00089	.01058	1.03095
18	1	0	.00210	.04092	1.06805
19	1	0	.00006	.01724	1.05318
20	0	0	.00986	.02998	.99485
21	0	1	.22300	.16583	.94127
22	0	0	.00661	.03997	1.04067
23	0	0	.00004	.03252	1.07041
24	1	0	.00035	.00715	1.03489
25	0	0	.00501	.03015	1.03052
26	1	0	.00093	.01889	1.04519

←⑧

【輸出結果的判讀方法 · 5】

⑧ coo_1 是 cook 的距離，此值甚大時，該值的數據有可能是異常值。

lev_1 是影響量數（槓桿值），此值甚大時也許是異常值。

cov_1 是共變異數比值，共變異數比接近 1 時，該數據的影響力被認爲是小的。

8.3 複迴歸分析——逐步迴歸法

8.3.1 前例

某心臟科醫師研究心臟手術後病患的存活時間 Y（天）與病人手術前的身體狀況如血塊分數 X_1、體能指標 X_2、肝功能分數 X_3、氧氣檢定分數 X_4、體重 X_5 的關係，蒐集 50 位開刀病人資料如下：

表 8.3　手術後存活時間資料

序號	血塊分數	體能指標	肝功能分數	氧氣檢定分數	體重	手術後存活時間
1	63	67	95	69	70	2986
2	59	36	55	34	42	950
3	59	46	47	40	47	950
4	54	73	63	48	44	1459
⋮	⋮	⋮	⋮	⋮	⋮	⋮
⋮	⋮	⋮	⋮	⋮	⋮	⋮
⋮	⋮	⋮	⋮	⋮	⋮	⋮
48	60	92	25	32	75	1441
49	60	60	67	45	56	1947
50	65	83	55	55	89	2451

【統計處理的步驟】

步驟 1　從【分析 (A)】清單中的【迴歸方法 (R)】選擇【線性 (L)】。

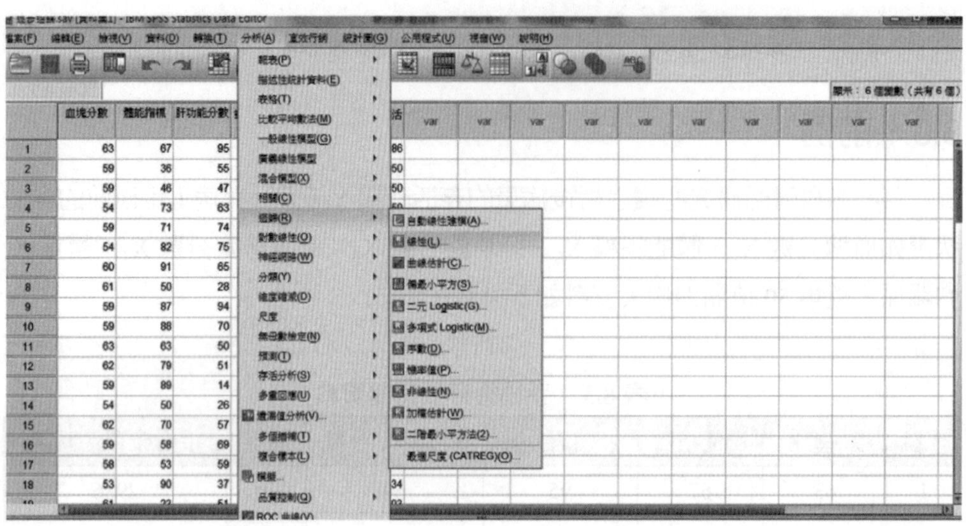

步驟 2　在【因變數 (D)】方框中輸入想預測的手術後存活時間，在【自變數 (I)】方框中全部輸入成爲自變數的備選變數【血塊分數】、【體能指標】、【肝功能分數】、【氧氣檢定分數】、【體重】。

步驟 3　從以下【方法 (M)】的對話框中選擇【逐步迴歸法】，再按【確定】。

【註】

若某變數一定要列入迴歸式中時，此變數可採強迫進入法，其他變數可採逐步迴歸法。

【SPSS 輸出 · 1】逐步迴歸分析

選入/刪除的變數 [a]

模式	選入的變數	刪除的變數	方法
1	酸素檢定	.	逐步迴歸分析法 (準則\：F-選入的機率 <= .050，F-刪除的機率 >= .100)。
2	肝功能分數	.	逐步迴歸分析法 (準則\：F-選入的機率 <= .050，F-刪除的機率 >= .100)。
3	體重	.	逐步迴歸分析法 (準則\：F-選入的機率 <= .050，F-刪除的機率 >= .100)。
4	.	氧氣檢定分數	逐步迴歸分析法 (準則\：F-選入的機率 <= .050，F-刪除的機率 >= .100)。
5	體能指標	.	逐步迴歸分析法 (準則\：F-選入的機率 <= .050，F-刪除的機率 >= .100)。
6	血塊分數	.	逐步迴歸分析法 (準則\：F-選入的機率 <= .050，F-刪除的機率 >= .100)。
7		體重	逐步迴歸分析法 (準則\：F-選入的機率 <= .050，F-刪除的機率 >= .100)。 ←①

a. 依變數\：手術後存活時間

【輸出結果的判讀方法・1】

採取強迫進入法時，模式只有一個，但採取逐步迴歸法時，模式有 7 個，逐步迴歸法是指將統計上顯著的變數當作自變數投入到迴歸式中，模式 1 是將酸素檢定分數此變數先引進到模式中，模式 2 是將肝功能分數繼之引進到模式中，模式 3 是將體重再引進到模式中，模式 4 是將酸素檢定分數從模式中去除，模式 5 是將體能指標引進模式中，模式 6 是將血塊分數引進到模式中，模式 7 又將體重從模式中刪除，最後模式所選取的預測變數是血塊分數、體能指標、肝功能分數。

逐步迴歸是採取逐步選取法，這是結合「向前」與「向後」選取法而成。開始時以向前選取法選入一個變數，而後每當選入一個新預測變數後，就利用向後選取法檢視在模式中已存在的預測變數其偏 F 值有無小於 F_{out} 的變數，若有小於 F_{out} 時，則最小的偏 F 值的預測變數就被排除在模式之外，接著再進行向前選取；若無小於 F_{out} 時，則繼續向前選取，如其偏 F 值中爲最大且其值大於 F_{in} 時即選入，像這樣向前與向後選取法輪流使用，直到沒有預測變數可以再引進來，也沒有預測變數會被去除，以此種方式所得的迴歸式稱爲逐步迴歸（stepwise regression）。

【註】F 值：$F_j = \dfrac{MSR(x_j)}{MSE(x_j)}$，偏 F 值 $F_{j|i} = \dfrac{MSR(x_j|x_i)}{MSE(x_j, x_i)}$，$F_{k|i,j} = \dfrac{MSR(x_k|x_j, x_i)}{MSE(x_k, x_j, x_i)}$ ……

【SPSS 輸出・2】

模式摘要

模式	R	R 平方	調過後的 R 平方	估計的標準誤
1	.727[a]	.529	.519	493.32
2	.829[b]	.687	.674	406.11
3	.938[c]	.880	.872	254.22
4	.938[d]	.880	.875	251.89
5	.972[e]	.945	.941	172.76
6	.985[f]	.971	.968	126.89
7	.985[g]	.971	.969	125.99

←①

a. 預測變數：（常數），氧氣檢定數
b. 預測變數：（常數），氧氣檢定數，肝功能分數
c. 預測變數：（常數），氧氣檢定數，肝功能分數，體重
d. 預測變數：（常數），肝功能分數，體重
e. 預測變數：（常數），肝功能分數，體重，體能指標
f. 預測變數：（常數），肝功能分數，體重，體能指標，血塊分數
g. 預測變數：（常數），肝功能分數，體能指標，血塊分數
h. 依變數 \：手術後存活時間

變異數分析[h]

模式		平方和	自由度	平均平方和	F 檢定	顯著性
1	迴歸	13115395	1	13115394.6	53.893	.000[a]
	殘差	11681352	48	243361.505		
	總和	24796747	49			
2	迴歸	17045223	2	8522611.719	51.675	.000[b]
	殘差	7751523.4	47	164926.029		
	總和	24796747	49			
3	迴歸	21823881	3	7274627.077	112.562	.000[c]
	殘差	2972865.6	46	64627.513		
	總和	24796747	49			
4	迴歸	21814555	2	10907277.3	171.901	.000[d]
	殘差	2982192.2	47	63450.899		
	總和	24796747	49			
5	迴歸	23423770	3	7807923.393	261.595	.000[e]
	殘差	1372976.6	46	29847.318		
	總和	24796747	49			
6	迴歸	24072192	4	6018048.120	373.764	.000[f]
	殘差	724554.341	45	16101.208		
	總和	24796747	49			
7	迴歸	24066588	3	8022195.869	505.398	.000[g] ←②
	殘差	730159.213	46	15873.026		
	總和	24796747	49			

a. 預測變數：(常數），氧氣檢定數
b. 預測變數：(常數），氧氣檢定數，肝功能分數
c. 預測變數：(常數），氧氣檢定數，肝功能分數，體重
d. 預測變數：(常數），肝功能分數，體重
e. 預測變數：(常數），肝功能分數，體重，體能指標
f. 預測變數：(常數），肝功能分數，體重，體能指標，血塊分數
g. 預測變數：(常數），肝功能分數，體能指標，血塊分數
h. 依變數\：手術後存活時間

【輸出結果的判讀方法・2】

①從模式摘要中可知模式 7 調整後的 R 平方高達 0.969，知此模式 7 是可以選擇用來作爲預測的模式。

②複迴歸的變異數分析表。

檢定以下的假設：

假設：所求的迴歸式對預測無幫助。

由於模式 7 的顯著機率是 0.000 比顯著水準 0.05 小，故捨棄假設。

因之，所求的迴歸式對預測有幫助。

【SPSS 輸出・3】

係數[a]

模式		未標準化係數 B 之估計值	未標準化係數 標準誤	標準化係數 Beta 分配	t	顯著性
1	(常數)	-263.811	280.155		-.942	.351
	氧氣檢定分數	39.396	5.366	.727	7.341	.000
2	(常數)	-717.489	248.653		-2.886	.006
	氧氣檢定分數	29.653	4.848	.547	6.117	.000
	肝功能分數	15.672	3.211	.437	4.881	.000
3	(常數)	-1698.660	192.996		-8.802	.000
	氧氣檢定分數	1.690	4.448	.031	.380	.706
	肝功能分數	24.154	2.239	.673	10.789	.000
	體重	33.044	3.843	.644	8.599	.000
4	(常數)	-1703.535	190.808		-8.928	.000
	肝功能分數	24.643	1.816	.687	13.569	.000
	體重	34.112	2.598	.665	13.131	.000
5	(常數)	-1908.163	133.802		-14.261	.000
	肝功能分數	24.343	1.246	.679	19.533	.000
	體重	24.185	2.237	.471	10.814	.000
	體能指標	11.941	1.626	.320	7.343	.000
6	(常數)	-6746.596	768.746		-8.776	.000
	肝功能分數	25.877	.947	.721	27.334	.000
	體重	-2.679	4.541	-.052	-.590	.558
	體能指標	22.950	2.106	.615	10.896	.000
	血塊分數	94.640	14.913	.452	6.346	.000
7	(常數)	-6337.610	329.980		-19.206	.000
	肝功能分數	25.754	.917	.718	28.092	.000
	體能指標	21.842	.946	.585	23.092	.000
	血塊分數	86.437	5.357	.413	16.136	.000

a. 依變數 \：手術後存活時間

排除的變數[h]

模式		Beta 進	t	顯著性	偏相關	共線性統計量 允差	VIF	最小允差
1	血塊分數	-.058[a]	-.498	.621	-.072	.724	1.381	.724
	體能指標	.384[a]	4.142	.000	.517	.853	1.173	.853
	肝功能分數	.437[a]	4.881	.000	.580	.830	1.204	.830
	體重	.288[a]	2.304	.026	.319	.577	1.734	.577
2	血塊分數	.198[b]	1.888	.065	.268	.571	1.750	.484
	體能指標	.480[b]	8.415	.000	.779	.824	1.214	.684
	體重	.644[b]	8.599	.000	.785	.465	2.151	.387
3	血塊分數	-.200[c]	-2.574	.013	-.358	.384	2.606	.312
	體能指標	.321[c]	7.351	.000	.739	.634	1.578	.357
4	血塊分數	-.187[d]	-2.457	.018	-.341	.398	2.512	.398
	體能指標	.320[d]	7.343	.000	.735	.635	1.576	.634
	氧氣檢定分數	.031[d]	.380	.706	.056	.387	2.587	.387
5	血塊分數	.452[e]	6.346	.000	.687	.128	7.812	8.294E-02
	氧氣檢定分數	.048[e]	.860	.394	.127	.386	2.591	.357
6	氧氣檢定分數	-.025[f]	-.588	.559	-.088	.357	2.803	8.260E-02
7	體重	-.052[g]	-.590	.558	-.088	8.294E-02	12.057	8.294E-02
	氧氣檢定分數	-.027[g]	-.630	.532	-.093	.358	2.791	.358

←③

a. 預測變數：(常數) ，氧氣檢定數

b. 預測變數：(常數) ，氧氣檢定數，肝功能分數

c. 預測變數：(常數) ，氧氣檢定數，肝功能分數，體重

d. 預測變數：(常數) ，肝功能分數，體重

e. 預測變數：(常數) ，肝功能分數，體重，體能指標

f. 預測變數：(常數) ，肝功能分數，體重，體能指標，血塊分數

g. 預測變數：(常數) ，肝功能分數，體能指標，血塊分數

h. 依變數 \：手術後存活時間

【輸出結果的判讀方法・3】

①所求的迴歸式只要看 B 的地方，知是

$\hat{Y} = -6337.610 + 25.754\times$ 肝功能 $+ 214.2842\times$ 體能指標 $+ 86.431\times$ 血塊分數

②如觀察標準化係數時，對手術後的存活時間有影響的變數依序是肝功能分數、體能指標、血塊分數。由偏迴歸係數的檢定知，此 3 變數的顯著機率均比顯著水準 0.05 小，知此 3 變數對手術後的存活時間均有影響。

③允差值愈小，表示模式中所使用的獨立變數與已排除的變數間有強烈的相關。由於體重與酸素檢定的允差值甚小，因之有多重共線性的問題，故不宜列入模式中。

8.4 複迴歸分析放入交互作用項時利用中心化回避共線性的方法

將交互作用項放入複迴歸分析時，原先形成交互作用的項目與交互作用項會發生多重共線性的問題，以下說明利用中心化迴避共線性的技巧。

假定有以下數據，表中 D1X 的數據是 D1 與 X 相乘所得，D2X 的數據是 D2 與 X 相乘所得。數據檔參 8-3.sav。

Y	D1	D2	X	D1X	D2X
1	1	0	1	1	0
2	1	0	2	2	0
3	1	0	7	7	0
4	1	0	4	4	0
5	0	1	6	0	6
6	0	1	7	0	7
7	0	1	9	0	9
8	0	1	6	0	6
9	0	0	3	0	0
10	0	0	5	0	0
11	0	0	8	0	0
12	0	0	8	0	0

中心化（centering）是針對變數減去其平均數（又稱爲平減），中心化後的新變數之和成爲 0。

首先檢視觀察變數間的相關性看看。

步驟 1　從【分析 (A)】中選擇【相關 (C)】。點選【雙變數 (B)】。

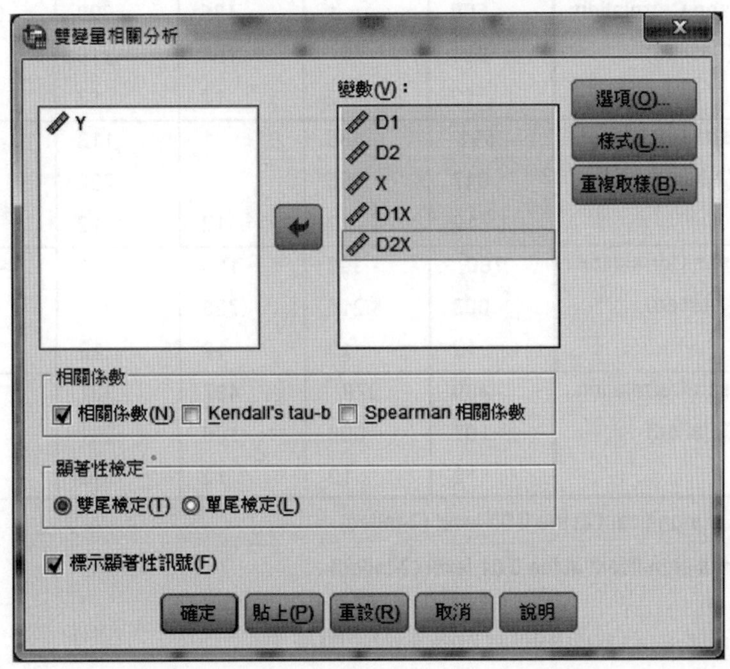

得出輸出如下。

Correlations

		D1	D2	X	D1X	D2X
D1	Pearson Correlation	1	-.500	-.581*	.780**	-.489
	Sig. (2-tailed)		.098	.047	.003	.107
	N	12	12	12	12	12
D2	Pearson Correlation	-.500	1	.436	-.390	.978**
	Sig. (2-tailed)	.098		.156	.210	.000
	N	12	12	12	12	12
X	Pearson Correlation	-.581*	.436	1	-.113	.487
	Sig. (2-tailed)	.047	.156		.726	.108
	N	12	12	12	12	12
D1X	Pearson Correlation	.780**	-.390	-.113	1	-.381
	Sig. (2-tailed)	.003	.210	.726		.221
	N	12	12	12	12	12
D2X	Pearson Correlation	-.489	.978**	.487	-.381	1
	Sig. (2-tailed)	.107	.000	.108	.221	
	N	12	12	12	12	12

*. Correlation is significant at the 0.05 level (2-tailed).

**. Correlation is significant at the 0.01 level (2-tailed).

發現變數與交互作用間有相當高的相關性。

接著進行迴歸分析看看。

步驟 2 將 Y 移入【因變數 (D)】，從 D1 到 D2X 移入【自變數 (I)】中。接著點一下【統計資料 (S)】。

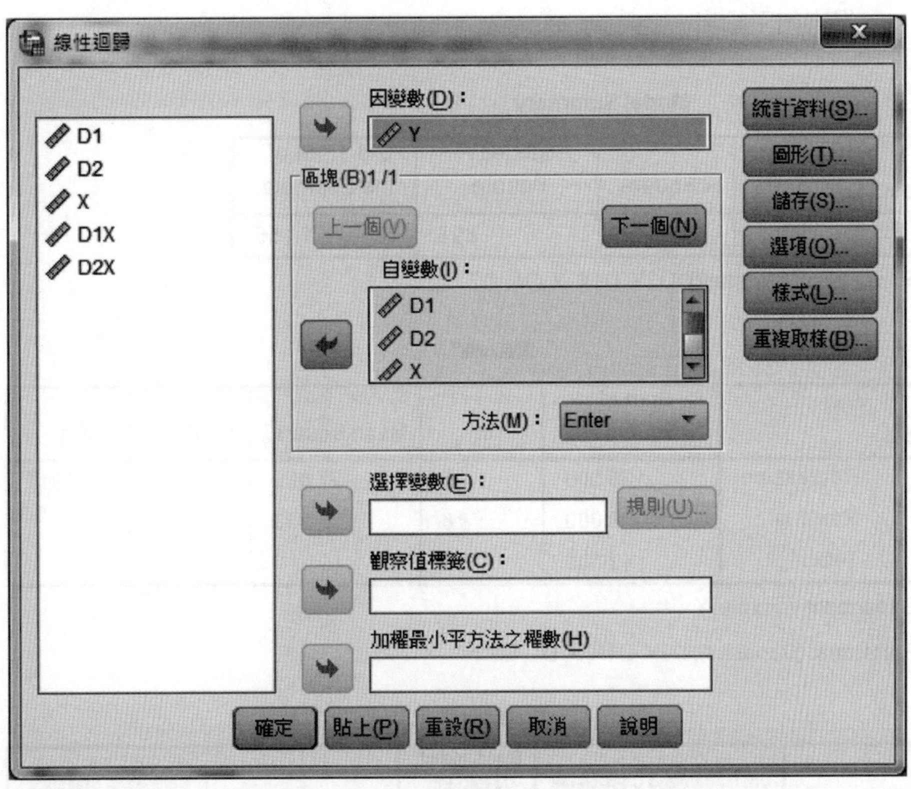

步驟 3　勾選【估計值 (E)】、【模型適合度 (M)】、【共線性診斷 (L)】。按【繼續】再按【確定】。

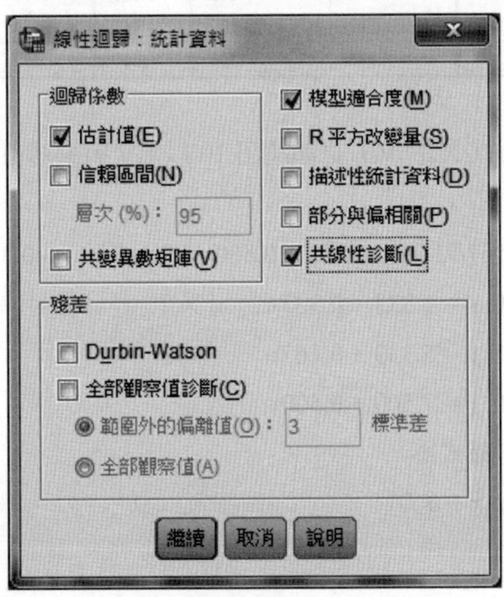

得出如下輸出。

Model Summary

Model	R	R Square	Adjusted R Square	Std. Error of the Estimate
1	.972[a]	.944	.897	1.155

a. Predictors: (Constant), D2X, D1X, X, D1, D2

ANOVA[a]

Model		Sum of Squares	df	Mean Square	F	Sig.
1	Regression	135.000	5	27.000	20.250	.001[b]
	Residual	8.000	6	1.333		
	Total	143.000	11			

a. Dependent Variable: Y

b. Predictors: (Constant), D2X, D1X, X, D1, D2

Coefficients[a]

Model		Unstandardized Coefficients		Standardized Coefficients	t	Sig.	Collinearity Statistics	
		B	Std. Error	Beta			Tolerance	VIF
1	(Constant)	7.500	1.732		4.330	.005		
	D1	-6.167	2.028	-.842	-3.041	.023	.122	8.222
	D2	-2.167	3.771	-.296	-.575	.586	.035	28.444
	X	.500	.272	.352	1.837	.116	.254	3.944
	D1X	-.167	.371	-.102	-.449	.669	.181	5.537
	D2X	-.333	.544	-.326	-.612	.563	.033	30.370

a. Dependent Variable: Y

從中發現 D2, D2X 的 VIF 之值超出 10 以上，有共線性存在。

迴歸式表示如下；

$y = 7.500 - 6.167D1 - 2.167D2 + 0.500x - 0.167D1x - 0.333D2x$

$D1 = 1, D2 = 0, y = 1.333 + 0.333x$

$D1 = 0, D2 = 1, y = 5.333 + 0.167x$

$D1 = 0, D2 = 0, y = 7.500 + 0.500x$

假定原來的迴歸式爲

$y = \alpha + \beta_1 D + \beta_2 x + \beta_3 Dx$

中心化後的迴歸式為

$y = \alpha' + \beta'_1 D' + \beta'_2 x' + \beta'_3 D'x'$

$\quad = \alpha' + \beta'_1(D - \overline{D}) + \beta'_2(x - \overline{x}) + \beta'_3(D - \overline{D})(x - \overline{x})$

中心化後的偏迴歸係數可利用原先得迴歸係數與各獨立變數的平均予以變換。

$\alpha' = \alpha + \beta_1 \overline{D} + \beta_2 \overline{x} + \beta_3 \overline{D}\,\overline{x}$

$\beta'_1 = \beta_1 + \beta_3 \overline{x}$

$\beta'_2 = \beta_2 + \beta_3 \overline{D}$

$\beta'_3 = \beta_3$

接著，進行中心化，先求出各變數的平均值。

步驟 4　從【分析 (A)】中點一下【描述性統計資料 (D)】，將各變數移入變數欄中。按一下【選項 (O)】。

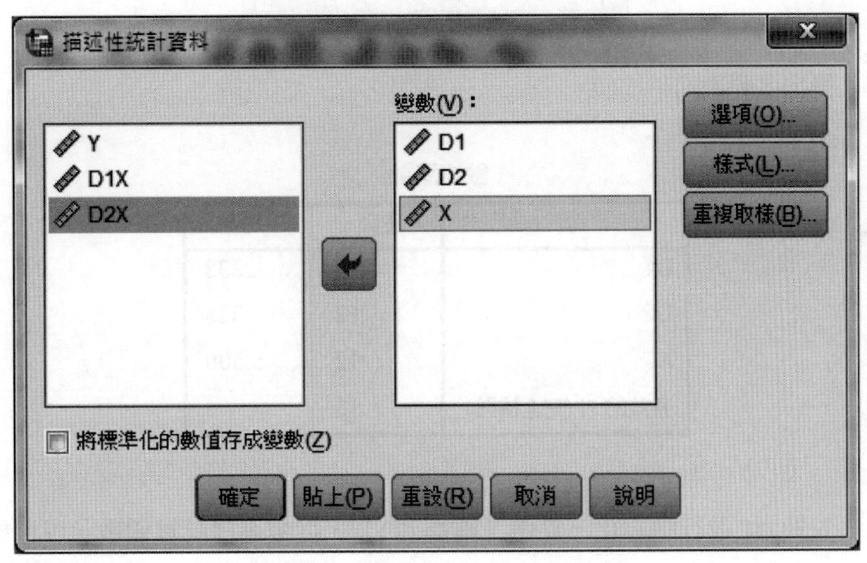

步驟 5　勾選【平均值 (M)】。按【繼續】再按【確定】。

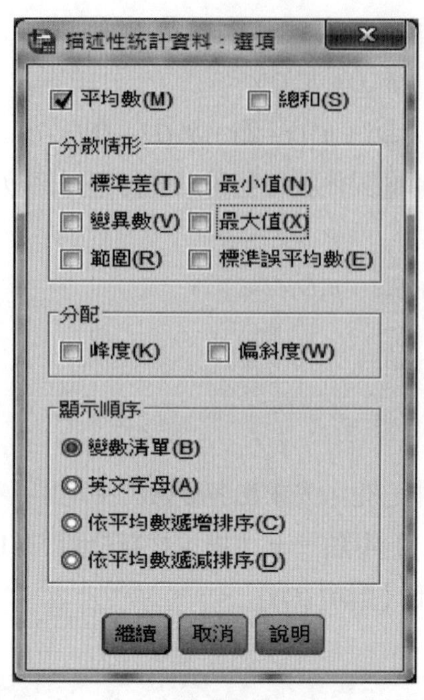

得出各變數的平均值。

敘述統計

	個數	平均數
D1	12	.333
D2	12	.333
X	12	5.500
有效的 N (完全排除)	12	

步驟 6 先對 D1 進行中心化。點選【轉換 (T)】，從中選擇計算變數。將目標變數改成 cD1，數值表示式輸入 D1-0.33。

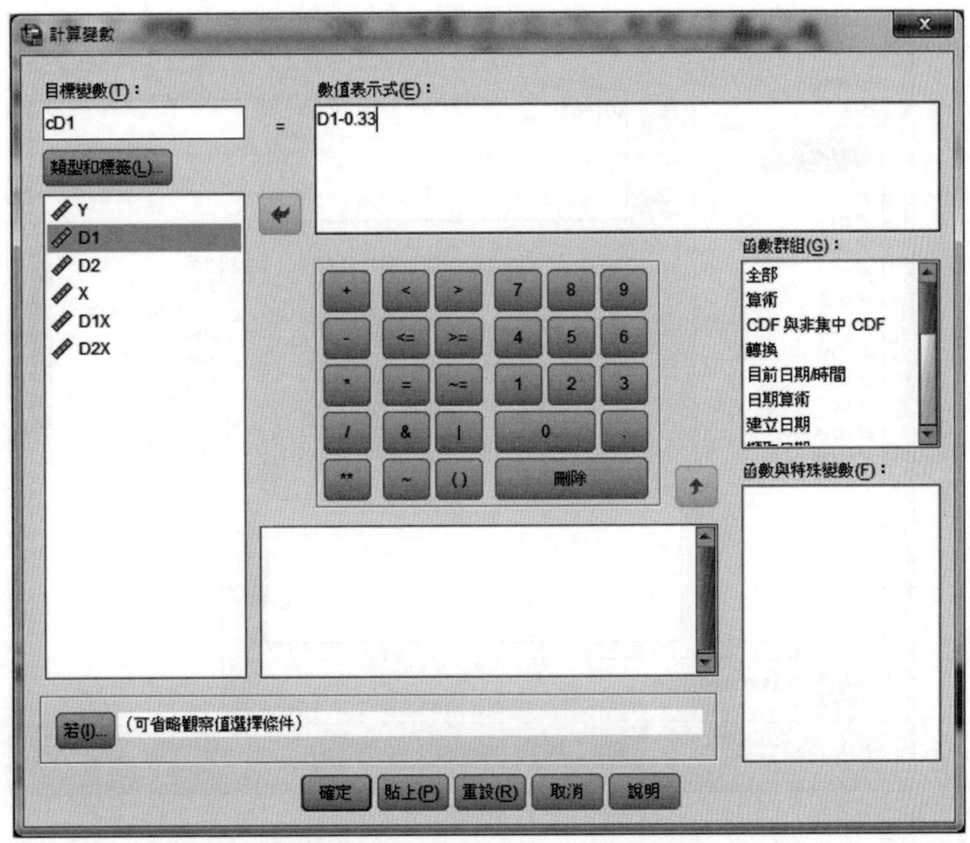

對 D2，X 的做法相同。

接著，對交互作用進行中心化。

步驟 7　首先對交互作用 D1X 進行中心化。目標變數改成 cD1X，數值表示式輸入 cD1*cX，按【繼續】再按【確定】。

對 cD2X 的做法也相同。

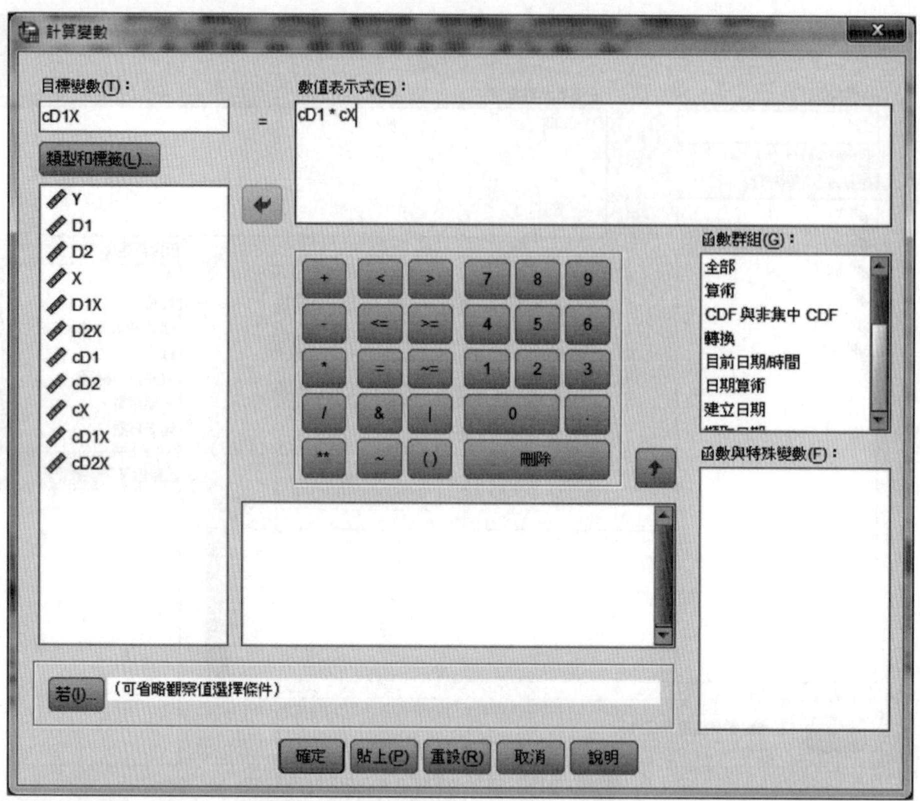

完成中心化後顯示如下。

*14.5.1.sav [資料集1] - IBM SPSS Statistics Data Editor

檔案(F) 編輯(E) 檢視(V) 資料(D) 轉換(T) 分析(A) 直效行銷 統計圖(G) 公用程式(U) 視窗(W) 說明(H)

顯示：11 個變數（共有 11 個）

	D1X	D2X	cD1	cD2	cX	cD1X	cD2X	var
1	1	0	.667	-.333	-4.500	-3.000	1.500	
2	2	0	.667	-.333	-3.500	-2.333	1.167	
3	7	0	.667	-.333	1.500	1.000	-.500	
4	4	0	.667	-.333	-1.500	-1.000	.500	
5	0	6	-.333	.667	.500	-.167	.333	
6	0	7	-.333	.667	1.500	-.500	1.000	
7	0	9	-.333	.667	3.500	-1.167	2.333	
8	0	6	-.333	.667	.500	-.167	.333	
9	0	0	-.333	-.333	-2.500	.833	.833	
10	0	0	-.333	-.333	-.500	.167	.167	
11	0	0	-.333	-.333	2.500	-.833	-.833	
12	0	0	-.333	-.333	2.500	-.833	-.833	

資料視圖 變數視圖

IBM SPSS Statistics 處理器已就緒 Unicode:ON

步驟 8　接著對中心化的變數進行迴歸。將中心化後的各變數移入自變數中，點一下【統計資料 (S)】，選擇【模式適合度】、【共變性診斷】。按【繼續】再按【確定】。

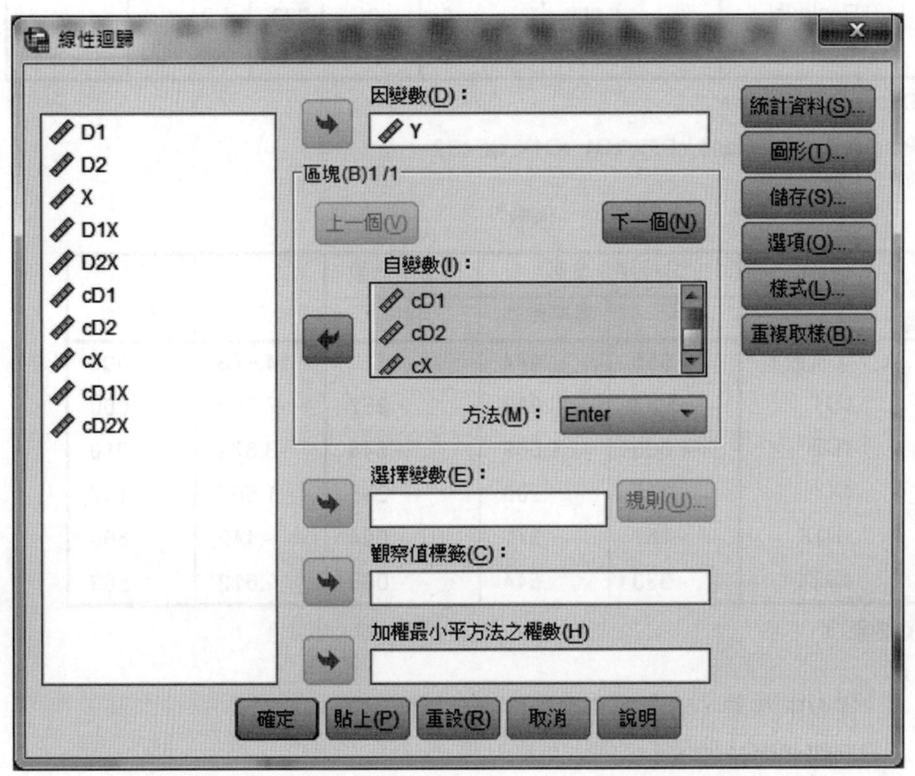

得出如下輸出。

Model Summary

Model	R	R Square	Adjusted R Square	Std. Error of the Estimate
1	.972[a]	.944	.897	1.155

a. Predictors: (Constant), cD2X, cD1, cD1X, cX, cD2

ANOVA[a]

Model		Sum of Squares	df	Mean Square	F	Sig.
1	Regression	135.000	5	27.000	20.250	.001[b]
	Residual	8.000	6	1.333		
	Total	143.000	11			

a. Dependent Variable: Y

b. Predictors: (Constant), cD2X, cD1, cD1X, cX, cD2

係數[a]

模型		非標準化係數		標準化係數	T	顯著性
		B	標準錯誤	Beta		
1	（常數）	6.556	.444		14.773	.000
	cD1	-7.083	.969	-.967	-7.309	.000
	cD2	-4.000	1.089	-.546	-3.674	.010
	cX	.333	.200	.235	1.667	.147
	cD1X	-.167	.371	-.054	-.449	.669
	cD2X	-.333	.544	-.088	-.612	.563

a. 應變數: Y

從 VIF 來看，看不出有共線性的交互作用項。

迴歸式顯示如下：

$$y = 6.556 - 7.083(D1 - 0.333) - 4.000(D2 - 0.333) + \{0.333 - 0.167(D1 - 0.333) - 0.333(D2 - 0.333)\}(x - 5.5)$$

$D1 = 1, D2 = 0, y = 1.333 + 0.333x$

$D1 = 0, D2 = 1, y = 5.333 + 0.167x$

$D1 = 0, D2 = 0, y = 7.500 + 0.500x$

迴歸式不變。

步驟 9　檢視相關性時，將中心化後的各變數移入【變數 (V)】中，按【確定】。

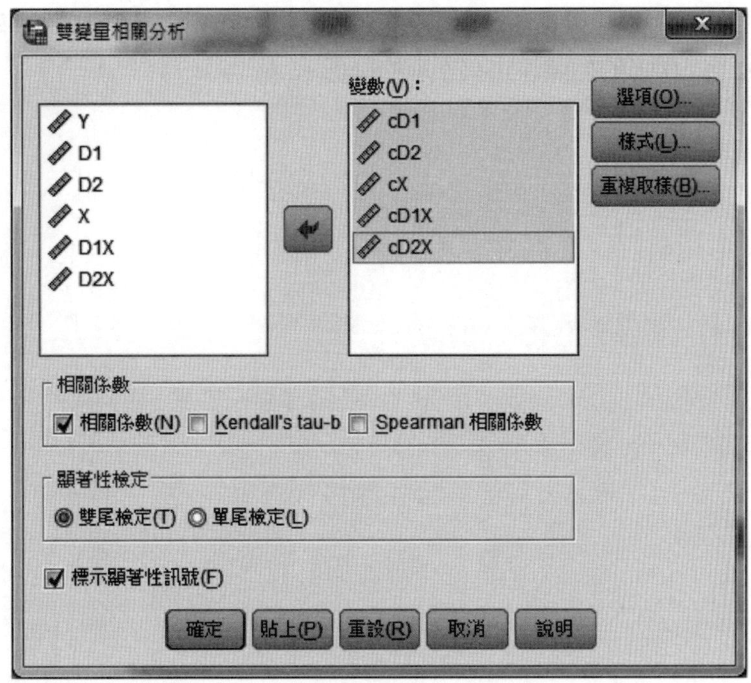

得出如下輸出。

Correlations

		cD1	cD2	cX	cD1X	cD2X
cD1	Pearson Correlation	1	-.500	-.581*	-.426	.125
	Sig. (2-tailed)		.098	.047	.167	.699
	N	12	12	12	12	12
cD2	Pearson Correlation	-.500	1	.436	.109	.395
	Sig. (2-tailed)	.098		.156	.737	.204
	N	12	12	12	12	12
cX	Pearson Correlation	-.581*	.436	1	.416	-.319
	Sig. (2-tailed)	.047	.156		.178	.312
	N	12	12	12	12	12
cD1X	Pearson Correlation	-.426	.109	.416	1	-.447
	Sig. (2-tailed)	.167	.737	.178		.145
	N	12	12	12	12	12
cD2X	Pearson Correlation	.125	.395	-.319	-.447	1
	Sig. (2-tailed)	.699	.204	.312	.145	
	N	12	12	12	12	12

*. Correlation is significant at the 0.05 level (2-tailed).

從中可看出 *cD*1 與 *cD*1*X* 的相關性有顯著的降低（從 0.78 降至 -0.426）。*cD*2 與 *cD*2*X* 的相關性也有顯著的降低。

第 9 章 因素分析——探討來自潛在因素的影響

9.1 因素分析的想法

9.1.1 何謂因素分析

因素分析是許多自然科學與社會科學的研究中所使用的多變量分析（Multivariate Analysis）手法之一。

因素分析是探討以數個變數的關係性爲依據的構造時，經常加以使用。並且，因素分析所處理的資料，全部是量性資料。

進行因素分析的目的是找出隱藏其間的因素。所謂因素並非是實際被測量的變數，而是根據被測量的變數間的相關關係所導出的「潛在性變數」（未能被觀測、被假定的變數）。

換言之，所謂因素分析可以說是探討「某個被觀測變數（譬如對問項的回答）是受到哪種潛在變數的影響」的一種手法。

譬如，將 5 科考試分數利用因素分析，可以找出 2 個因素（文科能力因素與理科能力因素）時，此即假定此 2 個潛在因素對測量變數，即 5 科考試分數會造成影響。

9.1.2 共同因素與獨特因素

如上述例子，以潛在的因素來說不妨想成是文科能力與理科能力。

在 5 科考試分數之中，試舉出數學的分數來看，對數學的分數來說，文科能力與理科能力均有影響（當然理科能力較具影響）。

此文科能力與理科能力對任一科目都是有影響的因素，稱之爲共同因素（common factor）。

另外，對數學這一科目而言，像數學獨特的困難性或激勵等，「只有」對數學具有影響之因素，此因素稱爲獨特因素（unique factor）。

要注意**共同因素**與**獨特因素**均是無法直接觀測的「潛在性因素」。

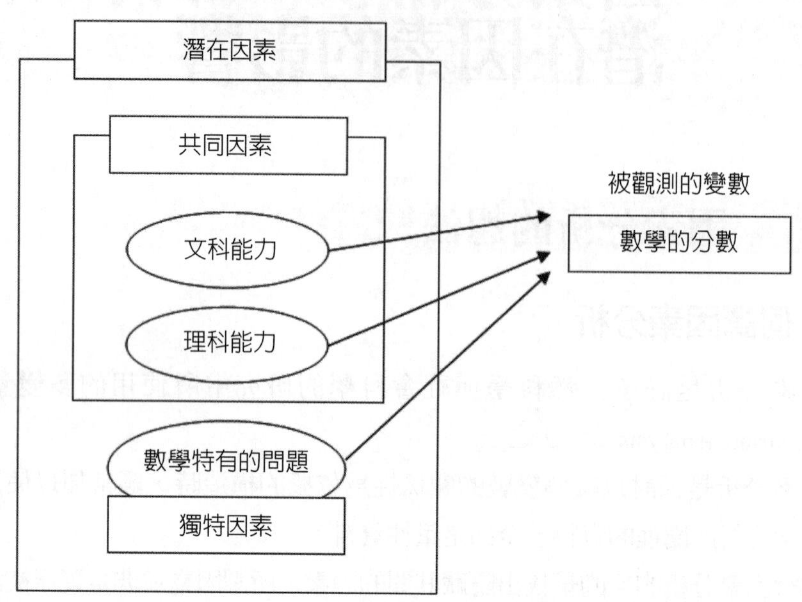

對於我們可以直接了解的觀測變數的數據來說，它是與潛在的共同因素與獨特因素有關。並且，共同因素可以設想有數個。探討此種共同因素即爲因素分析的目的。

一般所謂的因素是指共同因素。並且，在因素分析中獨特因素是當作誤差來加以處理的。

9.2 直交旋轉

觀察 20 位小學生，從「外向性」、「社交性」、「積極性」、「知（識）性」、「信賴性」、「正直性」6 個觀點分別評定小學生。對以下數據進行因素分析，試著找出 2 個因素。

試參考前面的步驟輸入數據看看。數據檔參 9-2.sav。

號碼	外向性	社交性	積極性	知性	信賴性	正直性
1	3	4	4	5	4	4
2	6	6	7	8	7	7
3	6	5	7	5	5	6
4	6	7	5	4	6	5

號碼	外向性	社交性	積極性	知性	信賴性	正直性
5	5	7	6	5	5	5
6	4	5	5	5	6	6
7	6	6	7	6	4	4
8	5	5	4	5	5	6
9	6	6	6	7	7	6
10	6	5	6	6	5	5
11	5	4	4	5	5	5
12	5	5	6	5	4	5
13	6	6	5	5	6	5
14	5	5	4	4	5	3
15	5	6	4	5	6	6
16	6	6	6	4	4	5
17	4	4	3	6	5	6
18	6	6	7	4	5	5
19	5	3	4	3	5	4
20	4	6	6	3	5	4

9.2.1 因素分析的執行（Varimax 旋轉）

1. 因素的萃取方法

- 選擇【分析 (A)】⇨【維度縮減 (D)】⇨【因素 (F)】。
- 於【變數 (V)：】中指定外向性、社交性、積極性、知性、信賴性、正直性。

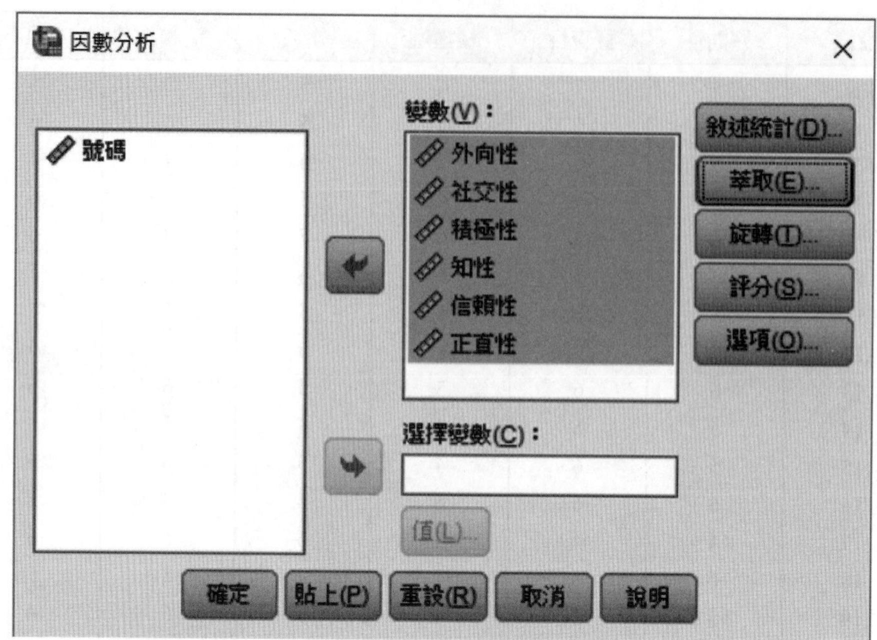

- 按一下【萃取 (E)】，此處是指定因素的萃取方法。
  - 將【方法 (M)】指定成【主軸因素擷取法】。

    除【主軸因素擷取法】以外，可以使用【未加權最小平方法】或【最大概似法】。

    預設雖然是主成份分析，但進行因素分析時最好不使用。

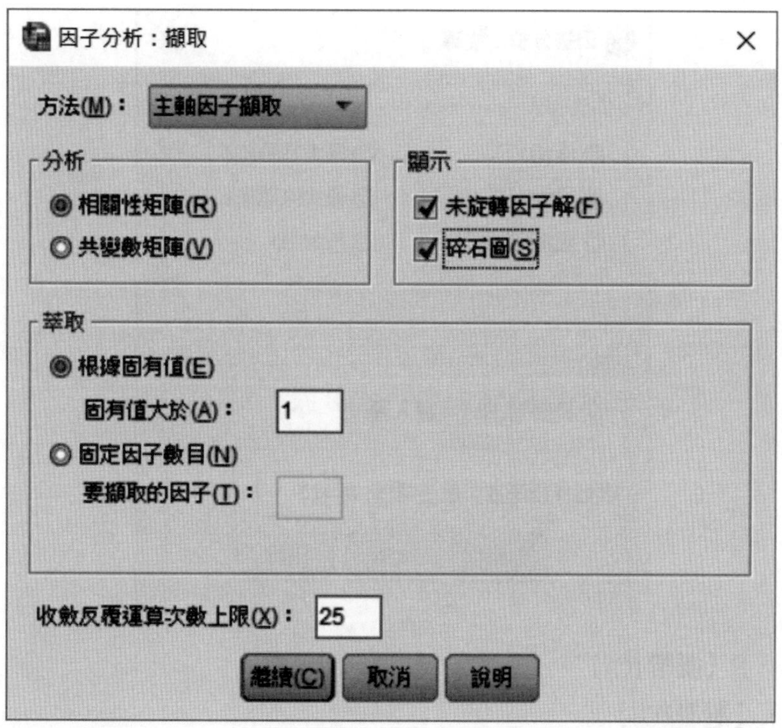

➢【分析】是維持【相關性矩陣 (R)】。

➢【顯示】也勾選【碎石圖 (S)】（註：一般稱爲陡坡圖）。

➢ 關於【萃取】的基準

想求的因素數目如決定時，按一下【固定因素數目 (N)：】，輸入數字。

此次【根據固有值 (E)：】，數值照預設維持 1（註：固有值也稱爲特徵值）。

● 按一下【繼續 (C)】。

2. 因素分析的旋轉方法

● 按一下【旋轉 (T)】。此處是指定因素分析的旋轉方法。

➢ 選擇【最大變異 (V)】。

經常使用最大變異法（Varimax；直交旋轉），或者 promax 法（斜交旋轉）或 oblimin 法（直接斜交旋轉）。

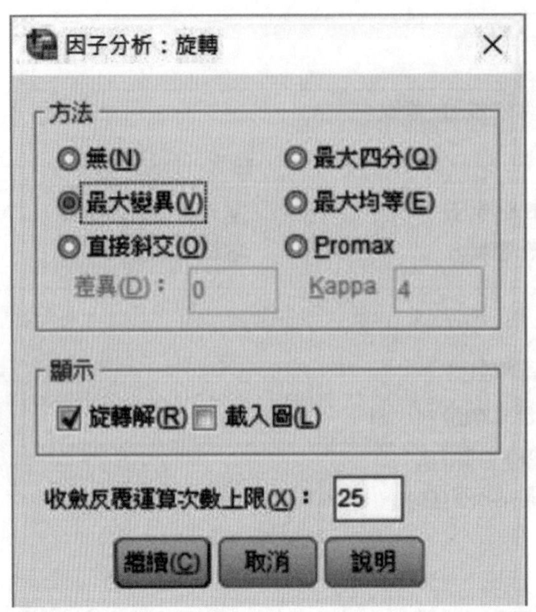

- 按一下【繼續 (C)】。

● 按一下【選項 (O)】。

- 此次雖然可以維持預設，但進行因素分析的變數較多時，如勾選【依大小排序 (S)】時，即容易觀察結果。

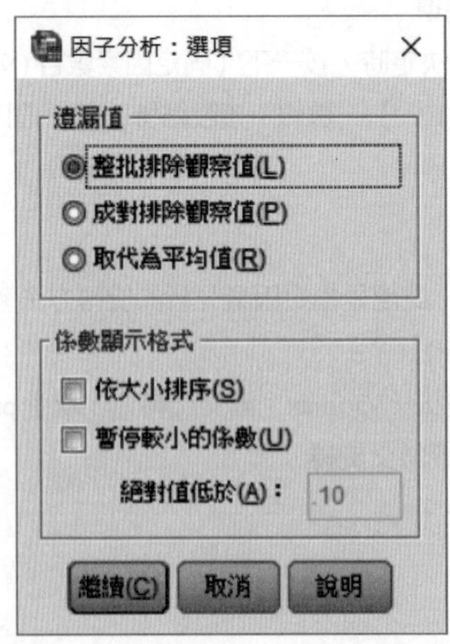

  - 按一下【繼續 (C)】。
- 按一下【敘述統計 (D)】。
  - 勾選【相關性矩陣】的【係數 (C)】與【顯著水準 (S)】（變數多時，輸出會變得甚大，因之不勾選也行）。
  - 按一下【繼續 (C)】。
- 按一下【確定】。

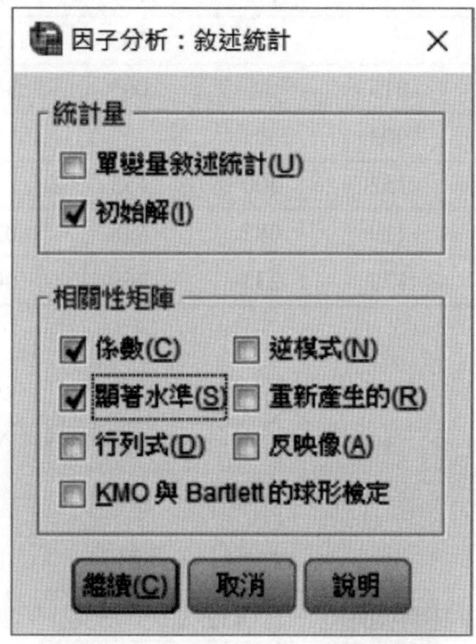

9.2.2 輸出結果的判讀

1. 相關矩陣

因在敘述統計中勾選了【相關性矩陣】的【係數 (C)】與【顯著水準 (S)】，故會輸出相關矩陣與相關係數的顯著水準。

請先仔細觀察各個相關係數是多少。外向性、社交性、積極性相互之間的相關係數，以及知性、信賴性、正直性的相互之間的相關係數比其他的組合的值還大。

相關性矩陣

		外向性	社交性	積極性	知性	信賴性	正直性
相關性	外向性	1.000	.487	.597	.242	.276	.219
	社交性	.487	1.000	.558	.125	.317	.173
	積極性	.597	.558	1.000	.241	.037	.147
	知性	.242	.125	.241	1.000	.436	.627
	信賴性	.276	.317	.037	.436	1.000	.584
	正直性	.219	.173	.147	.627	.584	1.000
顯著性（單尾）	外向性		.015	.003	.152	.119	.177
	社交性	.015		.005	.300	.087	.233
	積極性	.003	.005		.153	.438	.269
	知性	.152	.300	.153		.027	.002
	信賴性	.119	.087	.438	.027		.003
	正直性	.177	.233	.269	.002	.003	

2. 共同性

共同性

	初始	萃取
外向性	.432	.536
社交性	.434	.456
積極性	.532	.695
知性	.440	.459
信賴性	.471	.443
正直性	.513	.816

擷取方法：主軸因子法。

- 因素分析是爲了探討「共同因素」而進行。
- 所謂共同性是針對各測量值表示以共同因素可以說明的部分有多少的一種指標。雖輸出有「初期」與「萃取」後的共同性，但進行 Varimax 旋轉等之旋轉時，最好要觀察因素【萃取】後。
- 共同性原則上最大值是 1（不是如此的情形也有）。

- 從 1 減去共同性之值即為「獨特性」。此次的數據，外向性的獨特性是 1 – 0.536 = 0.464。
- 顯示共同性較大之值的測量值（此處各科目），即為受到共同因素較大的影響（獨特因素的影響較小），相反地，顯示較小之值的測量值是不太受到來自共同因素的影響（獨特因素的影響較大）。

3. 特徵值

解說總變異量

	初始固有值			擷取平方和負荷量			旋轉平方和負荷量		
因子	總計	變異的 %	累加 %	總計	變異的 %	累加 %	總計	變異的 %	累加 %
1	2.691	44.853	44.853	2.269	37.813	37.813	1.730	28.837	28.837
2	1.521	25.358	70.211	1.136	18.928	56.740	1.674	27.904	56.740
3	.715	11.909	82.119						
4	.482	8.036	90.156						
5	.334	5.567	95.723						
6	.257	4.277	100.000						

擷取方法：主軸因子法。

特徵值是各因素所顯示之值。

- 特徵值只輸出變數的個數（此處是處理 5 個變數，故輸出至 5 個為止）。
- 實際上1個項目對應1個因素的分析是不進行的（假定潛在因素的意義即消失）。
- 特徵值是從最大的逐漸變小。

決定因素數時，要觀察初始特徵值之值（因素數的決定方式於下章詳細解說）。

- 特徵值之值愈大，意謂該因素與分析所用的變數群之關係愈強。這也可以想成變數群對該因素的貢獻率高。
- 特徵值小的因素，意謂與變數之關係並不太有。
- 特徵值是判斷有可能存在幾個因素的指標。雖然是粗略但可以想像特徵值如果是 1 以上時，至少 1 個測量值是受到該因素的影響。

將因素分析結果記入表中時，要觀察旋轉後的【旋轉平方和負荷量】。

- 被寫在「總計」欄的是「因素貢獻」。
- 此結果，第 1 因素是 1.73，第 2 因素是 1.67。
- 觀察【變異數的 %】時，第 1 因素的貢獻率是 28.84%，第 2 因素的貢獻率是 27.90%，2 個因素的「累積貢獻率」是 56.74%。

4. 旋轉前的因素負荷量

因子矩陣[a]

	因子 1	因子 2
外向性	.632	.369
社交性	.566	.369
積極性	.610	.568
知性	.589	-.336
信賴性	.573	-.338
正直性	.708	-.561

擷取方法：主軸因子法。
a. 已擷取 2 個因子。需要 18 次反覆運算。

此處所輸出的數值稱爲「初期解的因素負荷量」。這是暫時的解，照這樣無法適切解釋 2 個因素。

如觀察第 1 因素的因素負荷量時，全部均取正值，並無明確的特徵。

5. Varimax 旋轉後的因素負荷量

旋轉因子矩陣[a]

	因子 1	因子 2
外向性	.204	.703
社交性	.156	.657
積極性	.051	.832
知性	.658	.163
信賴性	.648	.151
正直性	.900	.082

擷取方法：主軸因子法。
轉軸方法：使用 Kaiser 正規化的最大差異法。
a. 在 3 反覆運算中收斂旋轉。

進行因素的解釋時，要觀察旋轉後的【旋轉因子矩陣】。

以 **0.35** 或 **0.40** 左右的因素負荷量作爲基準，解釋因素是經常所採行的。

此時，第 1 因素中，「知性」、「信賴性」、「正直性」的因素負荷量較高。又第 2 因素中「外向性」、「社交性」、「積極性」的因素負荷量較高。第 1 因素可以解釋爲「知識能力」，而第 2 因素解釋爲「對人關係能力」。

6. 因素分析結果的輸出表

評定項目的因素分析結果（Varimax 旋轉後的因素負荷量）

	I	II	共同性
正直性	0.90	0.08	0.82
知性	0.66	0.16	0.46
信賴性	0.65	0.15	0.44
積極性	0.05	0.83	0.70
外交性	0.20	0.70	0.54
社交性	0.16	0.66	0.46
因素貢獻	1.73	1.67	3.40
累積貢獻率	28.84	56.74	

整理成報告時，照樣揭示 SPSS 的輸出表是不理想的。以 Excel 等作成容易看的表。不妨參考揭載於研究刊物上的因素分析表。

◎從 SPSS 的輸出表按【複製】，開啓 Excel 後使用【選擇性貼上】⇨【文字】。

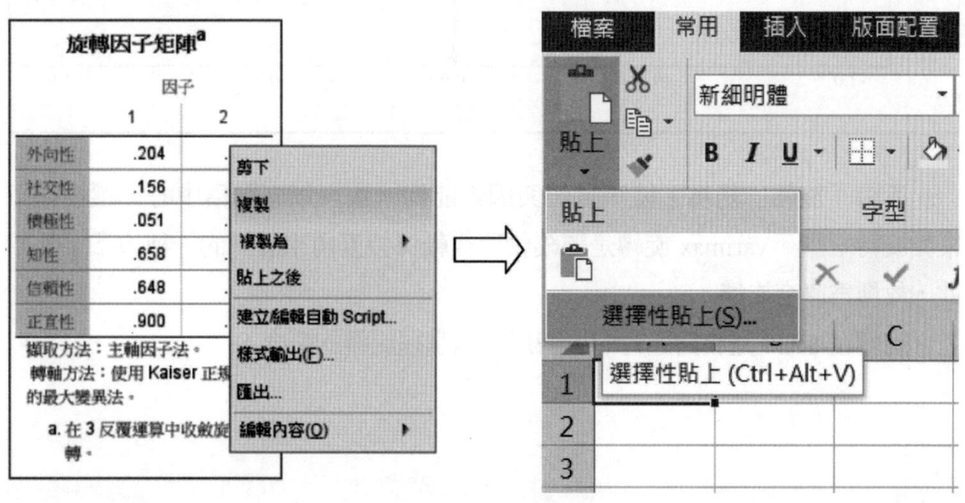

◎製作因素分析表的重點

- 將 0.35 以上或 0.40 以上的因素負荷量作成粗體字時，結果即變得容易看。
- 項目多時，因素負荷量按大小順序排列時會比較容易看。
- 直交旋轉時，右側記述共同性，下側記述因素貢獻與累積貢獻率。

7. 何謂旋轉？

將先前所算求出的**旋轉前**的因素負荷量作成散佈圖時，即爲下圖。

此圖是將 2 個旋轉前的因素以縱軸與橫軸來表示。

觀此圖形時，似乎知積極性、社交性、外向性在第 1 因素（縱軸）的周邊形成集群的樣子。知性、信賴性、正直性在第 2 因素（橫軸）的周邊形成集群的樣子。

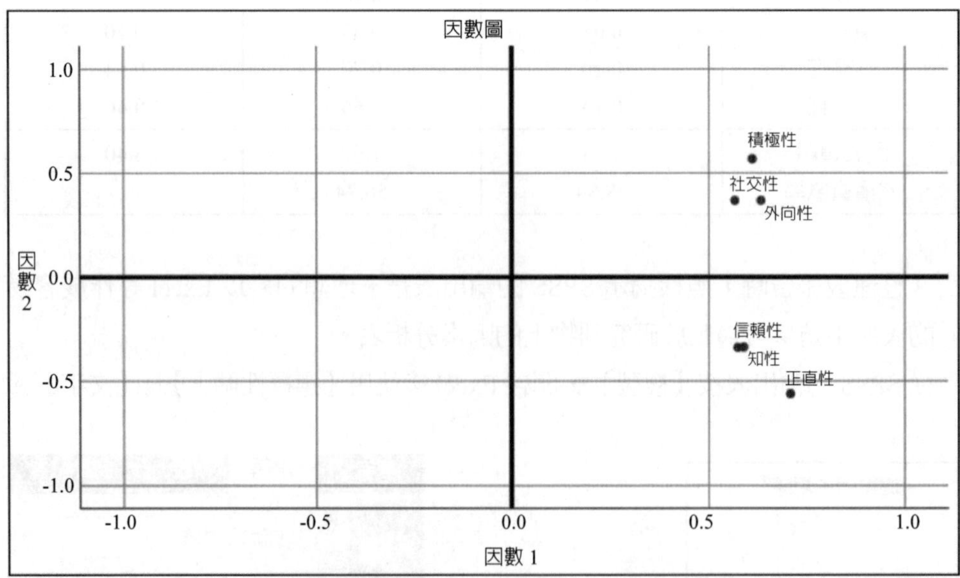

所謂「旋轉」是爲了使測量值與因素能夠一致，以原點爲中心，讓橫軸與縱軸旋轉之謂。Varimax 旋轉是讓縱軸與橫軸保持直角來旋轉的一種方法。基於此，故稱爲直交旋轉。

旋轉在 SPSS 是自動進行的。請以下圖掌握旋轉的概念。

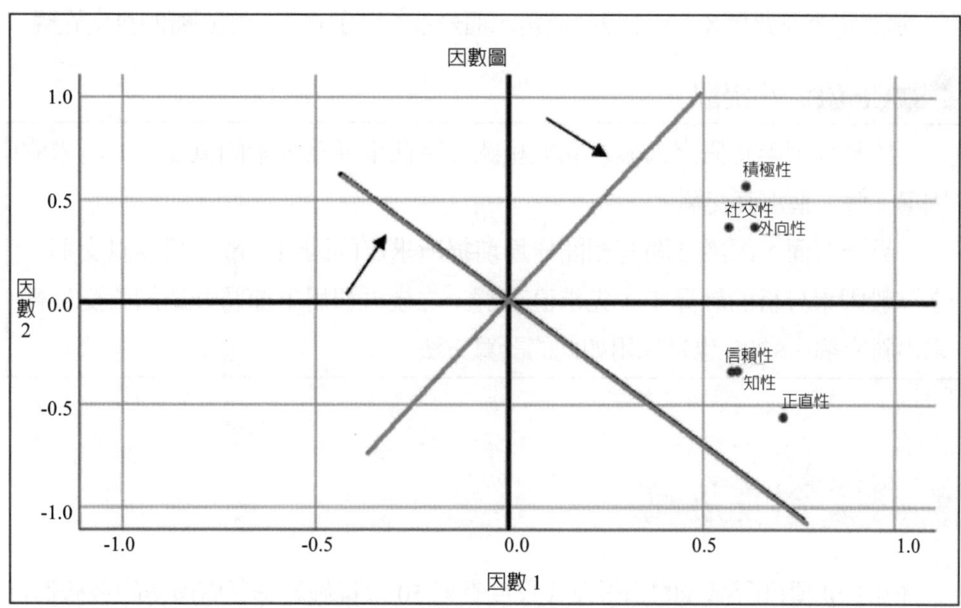

讓它旋轉後，即為下圖。此圖上 2 個軸與各科目的位置，知與前圖旋轉後粗線的軸與各科目的位置是類似的。並且，積極性、社交性、外向性是接近縱軸（第 2 因素）的一方，知性、信賴性、正直性是接近橫軸（第 1 因素）的一方。

像這樣，因素分析是想讓「軸迴轉」，以找出更明確的潛在變數。

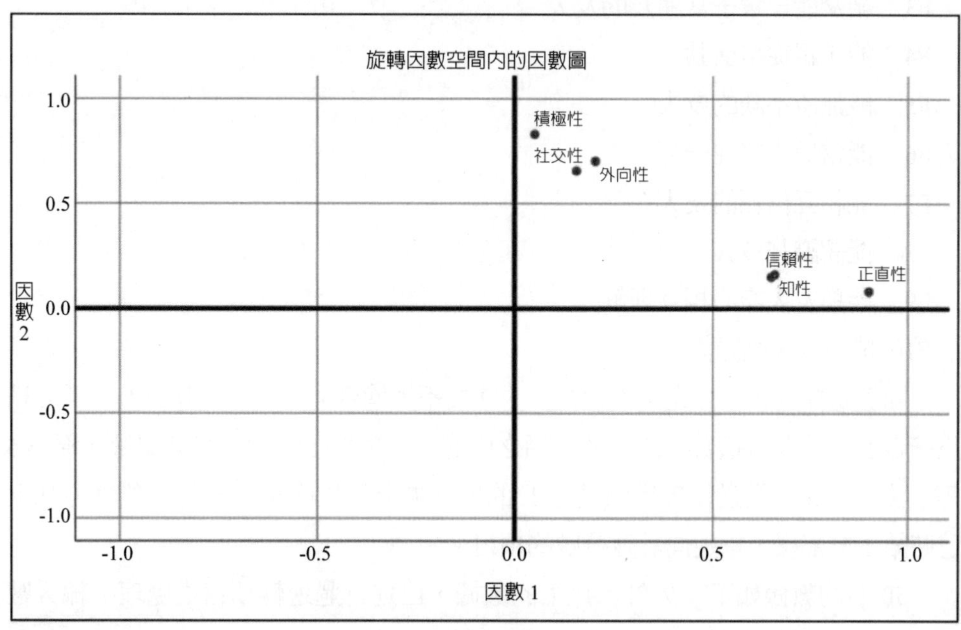

那麼以下並非讓X、Y軸保持直角，而是進行分別讓每一軸迴轉的斜交旋轉。

STEP UP：小提醒

> 於尋找因素時假定因素之間無相關（將此事稱爲因素的直交性）所求的因素（解）稱爲直交解。
>
> 另一方面，因素之間有相關作爲前提所求出的因素（解）稱爲斜交解。在一般因素分析的計算中，先求直交解，之後再利用下節將介紹的斜交旋轉求出斜交解。SPSS 也是採用如此的計算方法。

9.3 斜交旋轉

把由 10 項目所構成的獲得友人尺度針對 50 位實施調查，將所得的數據進行因素分析，想檢討因素構造。

獲得友人的項目內容如下。

◎獲得友人的項目內容

F1　結交能分享煩惱的友人

F2　能與許多友人一起出遊

F3　結交能一輩子當朋友的友人

F4　能小組從事活動

F5　能無所不談的友人

F6　能常與大家在一起

F7　能相互信賴的友人

F8　能認識許多人

F9　能與友人交心相互理解

F10　成爲友人團隊的一員

回答是採取在「1. 完全不適合」、「2. 不太適合」、「3. 很難說」、「4. 稍爲適合」、「非常適合」的 5 個選項之中的某一項加上○的方式來測量（稱爲 5 等級法）。又所謂**逆轉項目**像是在 1. 的地方加上○時給 5 分，在 5. 的地方加上○時給 1 分那樣，以逆向計算分數的項目。

50 名的數據如下。另外，以下的數據，已進行過逆轉項目之處理。輸入數

據時，於名稱輸入 F1 等的變數名，於標籤處輸入變數名稱與項目內容時，結果即變得容易理解。

	名稱	類型	寬度	小數	標籤	值	遺漏	欄	對齊	測量
1	番号	數值	11	0		無	無	11	靠右	尺度
2	F1	數值	11	0	F1_結交能分享煩惱的友人	無	無	11	靠右	名義
3	F2	數值	11	0	F2_能與許多友人一起出遊	無	無	11	靠右	名義
4	F3	數值	11	0	F3_結交能一輩子當朋友的友人	無	無	11	靠右	名義
5	F4	數值	11	0	F4_能小組從事活動	無	無	11	靠右	名義
6	F5	數值	11	0	F5_能無所不談的友人	無	無	11	靠右	名義
7	F6	數值	11	0	F6_能大家常在一起	無	無	11	靠右	名義
8	F7	數值	11	0	F7_能相互信賴的友人	無	無	11	靠右	名義
9	F8	數值	11	0	F8_能認識許多人	無	無	11	靠右	名義
10	F9	數值	11	0	F9_能與友人交心相互理解	無	無	11	靠右	名義
11	F10	數值	11	0	F10_成為友人團隊的一員	無	無	11	靠右	名義

數據檔參 9-3.sav。

◆獲得友人尺度的回答資料（50 名，原始資料）

	番号	F1	F2	F3	F4	F5	F6	F7	F8	F9	F10
1	1	4	4	3	4	3	4	3	4	4	4
2	2	3	2	4	4	4	2	4	5	2	4
3	3	3	4	4	2	2	4	4	3	2	4
4	4	1	1	4	3	2	1	2	5	1	4
5	5	4	4	5	5	3	3	3	4	4	4
6	6	4	4	3	1	2	2	1	3	2	4
7	7	1	2	3	4	2	3	1	2	1	4
8	8	3	3	4	3	3	2	2	3	3	3
9	9	5	1	3	5	3	3	2	1	3	4
10	10	3	2	4	2	2	3	3	4	4	4
11	11	5	4	5	4	3	4	5	3	5	5
12	12	2	3	4	3	2	1	3	2	1	2
13	13	2	3	2	4	2	3	2	3	2	3
14	14	5	4	3	5	3	3	2	4	4	3
15	15	4	4	4	3	2	2	4	4	3	4
16	16	3	4	4	3	3	1	5	3	2	4
17	17	5	3	3	4	2	3	2	4	1	5
18	18	3	4	4	4	4	3	4	2	3	4
19	19	1	3	4	5	3	1	3	5	1	5
20	20	3	2	3	4	2	3	3	4	4	3
21	21	3	4	3	4	3	1	3	2	3	2
22	22	3	4	3	4	2	3	3	4	4	3
23	23	1	1	2	5	3	1	3	3	2	5
24	24	1	1	1	5	3	5	3	5	1	5
25	25	5	4	5	5	3	3	3	4	3	5
26	26	3	4	1	3	3	1	3	3	1	1
27	27	5	4	4	4	3	4	2	5	4	4
28	28	2	3	2	3	4	2	4	3	3	4
29	29	2	1	4	1	1	3	3	1	1	1
30	30	2	5	3	2	3	1	3	4	4	3
31	31	4	5	4	2	4	3	3	3	4	3
32	32	3	2	3	3	2	4	2	4	4	5
33	33	5	2	4	3	3	3	5	5	5	5
34	34	4	5	5	1	2	3	5	5	5	5
35	35	4	4	4	4	3	1	5	3	1	1
36	36	3	4	1	5	2	1	3	3	3	4
37	37	4	4	4	5	4	5	4	5	4	5
38	38	5	5	5	5	3	5	3	3	5	5
39	39	2	4	1	3	3	2	4	3	3	4
40	40	4	4	4	4	3	3	3	2	3	4
41	41	1	4	1	2	2	3	2	3	1	2
42	42	3	4	5	4	2	4	2	4	4	4
43	43	5	3	5	5	3	3	2	5	2	5
44	44	4	5	4	3	2	2	4	4	3	5
45	45	5	5	3	4	2	3	5	4	3	5
46	46	4	4	3	4	3	3	3	3	3	3
47	47	1	2	3	4	5	4	3	4	3	2
48	48	3	5	5	4	3	1	2	5	5	5
49	49	3	1	1	4	2	1	2	2	2	1
50	50	2	3	2	3	2	4	3	3	4	4

9.3.1 因素分析的執行（promax 旋轉）

- 選擇【分析 (A)】⇨【維度縮減 (D)】⇨【因素 (F)】
- 指定方法也與直交旋轉時相同，不同的是：
  - 【選項 (O)】中勾選【按大小排序 (S)】。
  - 【萃取 (E)】的【抽出基準】中【因素的固定數 (N)】設為 2。
  - 按一下【旋轉 (T)】後，選擇【Promax(P)】。
  - 【Kappa 統計量數 (K)】的輸入欄則依照預設。

9.3.2 判讀輸出結果

1. 共同性

共同性

	初始	萃取
F1_結交能分享煩惱的友人	.439	.433
F2_能與許多友人一起出遊	.317	.479
F3_結交能一輩子當朋友的友人	.308	.332
F4_能小組從事活動	.320	.224
F5_能無所不談的友人	.267	.078
F6_能常與大家在一起	.237	.201
F7_能相互信賴的友人	.189	.149
F8_能認識許多人	.299	.286
F9_能與友人交心相互理解	.423	.505
F10_成為友人團隊的一員	.426	.546

擷取方法：主軸因子法。

項目數是 10，因之輸出 10 個共同性。

「F1 結交能分享煩惱的友人」的因素於萃取後的共同性是 0.433，因之獨特性是 1 – 0.433 = 0.567。

2. 特徵值

與先前所進行的 Varimax 旋轉之表相比較時，Promax 旋轉的情形是只在【旋轉平方和負荷量】欄中輸出【總計】。像 Promax 旋轉那樣的斜交旋轉時，由於無法計算貢獻率，因之未輸出。

解說總變異量

因子	初始固有值			擷取平方和負荷量			旋轉平方和負荷量[a]
	總計	變異的 %	累加 %	總計	變異的 %	累加 %	總計
1	3.014	30.144	30.144	2.412	24.123	24.123	2.105
2	1.485	14.849	44.993	.821	8.209	32.333	1.892
3	1.184	11.837	56.830				
4	1.007	10.074	66.904				
5	.819	8.191	75.095				
6	.686	6.862	81.958				
7	.634	6.343	88.300				
8	.440	4.402	92.702				
9	.419	4.186	96.888				
10	.311	3.112	100.000				

擷取方法：主軸因子法。

a. 當因子產生關聯時，無法新增平方和負荷量來取得變異數總計。

3. 旋轉前的因素負荷量

與 Varimax 旋轉的時候一樣，輸出有「初期解的因素負荷量」。

因子矩陣[a]

	因子	
	1	2
F9_能與友人交心相互理解	.701	-.115
F1_結交能分享煩惱的友人	.630	-.189
F10_成為友人團隊的一員	.628	.390
F3_結交能一輩子當朋友的友人	.566	-.109
F2_能與許多友人一起出遊	.493	-.486
F8_能認識許多人	.459	.275
F6_能常與大家在一起	.393	.214
F7_能相互信賴的友人	.312	-.228
F5_能無所不談的友人	.250	.123
F4_能小組從事活動	.203	.428

擷取方法：主軸因子法。

a. 已擷取 2 個因子。需要 13 次反覆運算。

4. 旋轉後的因素負荷量

Promax 旋轉的情形，會輸出型樣矩陣與構造矩陣。在 Varimax 旋轉的輸出中相當於「旋轉後的因素負荷量」的是「樣型矩陣」。

Promax 旋轉的情形，在解釋因素分析或製作因素分析表時，要參照「型樣矩陣」。

型樣矩陣[a]

	因子 1	因子 2
F2_ 能與許多友人一起出遊	.778	-.251
F1_ 結交能分享煩惱的友人	.590	.123
F9_ 能與友人交心相互理解	.567	.234
F3_ 結交能一輩子當朋友的友人	.472	.173
F7_ 能相互信賴的友人	.418	-.078
F10_ 成為友人團隊的一員	.045	.716
F4_ 能小組從事活動	-.269	.542
F8_ 能認識許多人	.042	.513
F6_ 能常與大家在一起	.056	.418
F5_ 能無所不談的友人	.047	.252

擷取方法：主軸因子法。
轉軸方法：使用 Kaiser 正規化的最優斜交轉軸法。
a. 在 3 反覆運算中收斂旋轉。

5. 因素間的相關

因子相關性矩陣

因子	1	2
1	1.000	.486
2	.486	1.000

擷取方法：主軸因子法。
轉軸方法：使用 Kaiser 正規化的最優斜交轉軸法。

像 Promax 旋轉那樣的「斜交旋轉」，是假定因素間有相關。因此，會輸出萃取因素後的因素間的相關係數。

像 Varimax 旋轉那樣的「直交旋轉」，是假定因素間的相關是「0」，因之未輸出因素間相關。

6. 因素分析結果的輸出表

此次的分析結果，最好作成如下的表。又，上面的表並未重排項目，下表是依據因素負荷量大小重排項目。項目多時，重排後比較容易看。

【重排項目前的表】

獲得友人尺度的因素分析結果（Promax 旋轉後的因素類型）。

	因子	
	1	2
F1_結交能分享煩惱的友人	.590	.123
F2_能與許多友人一起出遊	.778	-.251
F3_結交能一輩子當朋友的友人	.472	.173
F4_能小組從事活動	-.269	.542
F5_能無所不談的友人	.047	.252
F6_能常與大家在一起	.056	.418
F7_能相互信賴的友人	.418	-.078
F8_能認識許多人	.042	.513
F9_能與友人交心相互理解	.567	.234
F10_成為友人團隊的一員	.045	.716

【重排項目後的表】

獲得友人尺度的因素分析結果（Promax 旋轉後的因素類型）。

	因子	
	1	2
F2_ 能與許多友人一起出遊	.778	-.251
F1_ 結交能分享煩惱的友人	.590	.123
F9_ 能與友人交心相互理解	.567	.234
F3_ 結交能一輩子當朋友的友人	.472	.173
F7_ 能相互信賴的友人	.418	-.078
F10_ 成為友人團隊的一員	.045	.716
F4_ 能小組從事活動	-.269	.542
F8_ 能認識許多人	.042	.513
F6_ 能常與大家在一起	.056	.418
F5_ 能無所不談的友人	.047	.252

進行 Promax 旋轉時，製作表所需的資訊是：

- 項目內容
- 因素樣式所顯示的負荷量
- 因素間相關

與 Varimax 旋轉的表不同，未記入共同性或因素貢獻也行。

7. 何謂斜交旋轉

將進行 Promax 旋轉前的因素負荷量表示成圖形。將 2 個旋轉前的因素以縱軸與橫軸來表示。

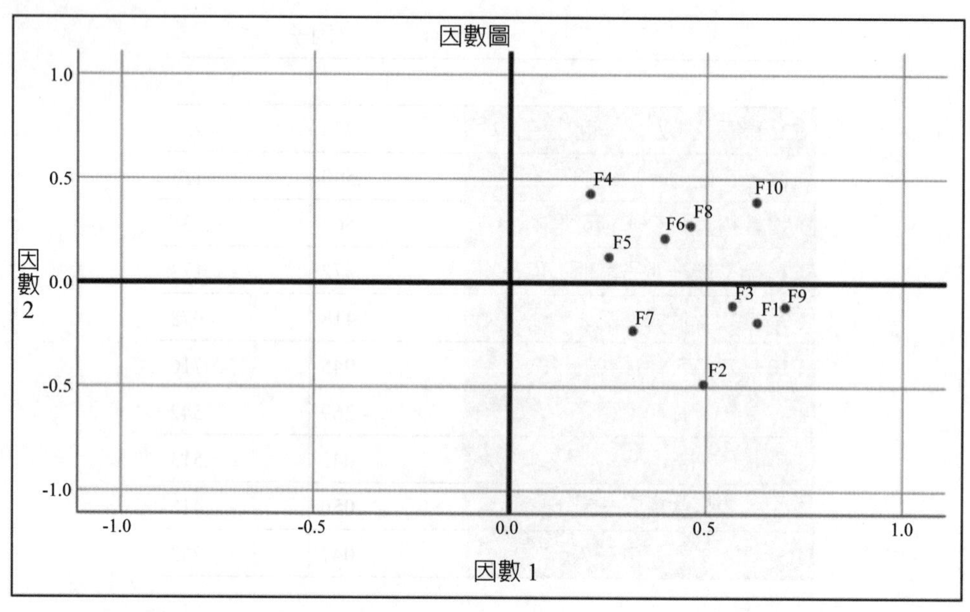

進行「旋轉」是讓此縱軸與橫軸可以適切地與測量值及因素相吻合。以下的圖是 Promax 旋轉的概念。

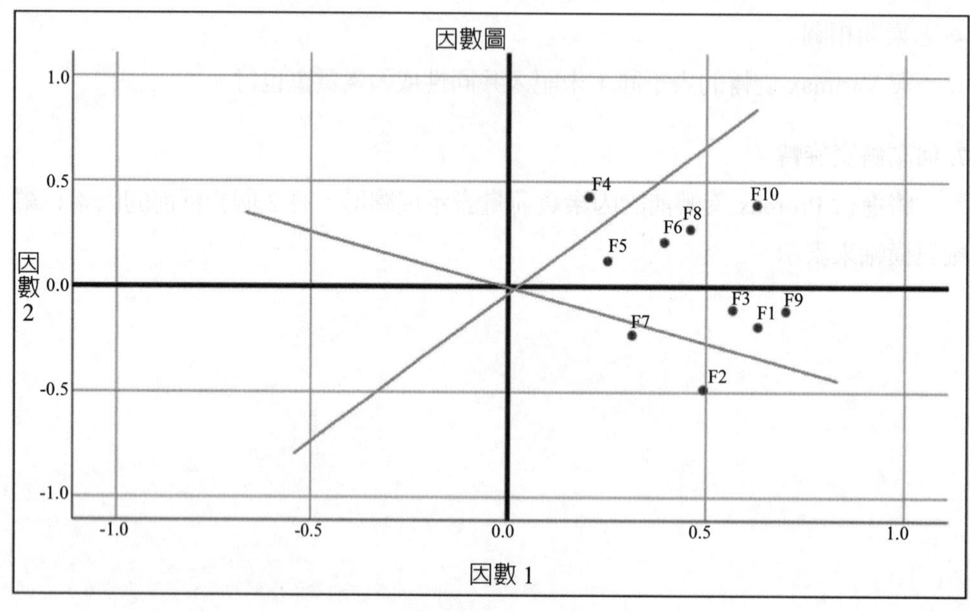

Promax 旋轉是一種將縱軸與橫軸分別使之旋轉的方法。2 個軸並非直角而

是傾斜故稱爲「斜交旋轉」。

當因素間相關是 0 時，此 2 個軸形成直角。如所說明的，直交旋轉之一的 Varimax 旋轉，是保持直角的旋轉方法。

Promax 旋轉是讓軸分別迴轉，因之因素間即使有相關也無妨。並且，以結果來說因素間相關接近 0 的情形也有。

進行因素分析時，有研究者建議不採取像 Varimax 旋轉那樣的直交旋轉，改採用像 Promax 旋轉的斜交旋轉。進行 Promax 旋轉，確認因素間相關接近 0 之後，再進行 Varimax 旋轉的情形也有。

第 10 章　因素分析的活用

本章是針對尺度製作與信度進行檢討。社會科學中一般將利用評定法的幾個項目聚集之後再構成「尺度」，而尺度必須能適切表達這些項目的構成概念。另外，爲了了解問卷的有效性，通常需要再進行「信度分析」。一個量表的信度越高，代表量表的穩定性越高。常用信度的判定方法是使用「Cronbach's α」及「折半信度」。其中「Cronbach's α」是較常被使用。

一般而言，全體量表之總信度的 Cronbach's α 要在 0.7 以上，各因素之內部一致性的 Cronbach's α 要在 0.6 以上。

10.1 製作尺度的重點

10.1.1 因素分析也要進行數次

爲了好好解釋蒐集來的數據，有需要數次地進行因素分析。並且，因素分析結果的解釋方式也並非一種即可確定。進行解釋時，參照其背景的理論是有其需要的。

此處，試考察實際進行因素分析的步驟。

10.1.2 製作尺度

想在畢業論文中測量某個概念，在先行研究中找不到測量其概念的適切尺度時，有時要製作新的尺度。

- 雖然是以自由記述爲根據製作尺度項目，但想調查可否分成幾個下位尺度。
- 雖重新製作了由幾個項目所構成的尺度，但想檢討可否分成幾個下位尺度。
- 雖然組合先行研究的數個尺度項目製作新的尺度，但想查明它的下位尺度。
- 想檢查可否照事前所設定的下位尺度來區分呢？

像此種情形，有需要進行因素分析（但並非任意胡爲地進行。於先行研究中因素數目確定，且對它無置疑時，也就不需要再次進行）。

10.1.3 尺度製作時的因素分析的步驟

1. 因素分析之前……項目的確認

進行因素分析之前，先就各項目的分數分配進行檢討。

- 製作問項時，事前先推估形成何種分配。各項目是假定形成何種分配呢？在幾級的選項中，會是選中央的人多而兩邊的人少的分配呢？或者，會是大多數的人回答「不」、極少數的人回答「是」的分配呢？
- 進行數次的預調，確認能否得到事前所假定的分配的回答。即使得到 10 位左右的回答，也可成為得分分配的指標。
- 問項的表現決定時，先就幾個問項進行調查。然後，針對事前所設想的分配確認可以得出何種的數據。
  - 譬如，儘管事前預測的是「中央附近回答者居多」，卻是
    ◆許多的回答偏向右方（高分數的方向）⇨天井效果
    ◆許多的回答偏向左方（低分數的方向）⇨地板效果
  - 儘管事前預測的是「中央附近回答者居多」，人數最多的卻在兩端的情形也很常見。在二選一的問項如「有、無」、「是、非」，容易形成如此的得分分配。
  - 回答集中在中央（均可）的也有。像不易理解問項的內容時，容易發生此種情形。
- 利用【分析 (A)】⇨【敘述統計 (E)】⇨【預檢資料 (E)】，各種基礎統計量與直方圖也可畫出時，判斷天井效果、地板效果會比較容易。

2. 初次的因素分析

觀察特徵值或陡坡圖，決定因素個數要幾個。決定因素個數的基準有如下幾種：

- 研究者從假設決定。
- 觀察特徵值或陡坡圖，採用至特徵值有甚大落差的地方為止。
- 採用特徵值在 1 以上的因素個數。
- 以累積貢獻率超過某種程度之值來判斷（50%）。

加上，旋轉後的「**解釋可能性**」，亦即能否適切解釋所萃取之因素之觀點是很重要的。

3. 第 2 次以後的因素分析

第 2 次以後的因素分析，要進行旋轉（直交旋轉：Varimax 旋轉等；斜交旋轉：Promax 旋轉等）。設想下位尺度間互相獨立，亦即「相互假定無相關」時，進行直交旋轉。假想下位尺度間「假定有相關」時，進行斜交旋轉。

首先進行斜交旋轉，如看不出相互的相關時，可以再度進行直交旋轉，如此認爲的研究者也有。因爲像人們回答的情形，在思考其回答的背景中的心理性因素時，與其認爲相互獨立，不如認爲相互間有某種的關聯，可以說是比較好的。

其次，以一定的基準進行項目的取捨選擇。以其基準而言可以考慮以下事項。

- 共同性是「0.16 以上」（直交旋轉時，任一因素被期待出現 0.40 以上的負荷量）。
- 以一定值的因素負荷量當作基準。譬如 0.35 或 0.40、0.50 等。
- 1 個項目在數個因素出現高負荷量時：
  - 以「製作尺度」爲目的的因素分析時，有削除此項目的做法。
  - 探討因素構造或計算因素分數並用於往後的分析時，也有不削除的。

如刪除了項目時，要再度進行因素分析。此時是一面嘗試錯誤一面進行。譬如，試著刪除最不符合基準的某 1 個項目後再度進行因素分析然後再觀察結果。接著，刪除另一項目後再度進行因素分析等。

另外，因素分析畢竟是「依據目前存在的數據估計因素」，因之調查對象改變時，萃取其他不同因素的情形也須充分加以考慮。

4. 最終的因素分析

一面數次地嘗試錯誤一面重複因素分析，輸出最終的因素分析結果。如輸出最終的因素分析結果時，要製作因素分析表。

把因素分析的步驟記述到報告或論文的「結果」中。但是，像進行了多少次，或以哪一個順序一項一項地除去項目等可以不必記述。

有需要記述的是如下事項：

- 因素萃取法是使用什麼（主軸因素法，無加權的最小平方法，最大概似法）
- 因素個數是如何做決定的
- 旋轉法是使用什麼

- 已刪除的項目數或內容以及刪除的基準
- 因素名稱如何做決定的
- 因素分析表（因素負荷量或因素間相關等）

那麼，實際執行看看吧！

10.2 尺度製作的實際情形

10.2.1 幼稚性尺度的尺度製作

試著將某學生小組所製作的「幼稚性尺度」進行尺度的製作。此尺度想嘗試測量大學生或成年人的「幼稚性」。

此尺度是由 23 個項目所構成，項目的內容如下。

從「完全不適合」（1 分）到「非常適合」（5 分）以 5 級法加以測量。調查對象是大學生 111 名。

數據如下表所示。輸入數據時，於「名稱」輸入 A01 等變數名，「標籤」輸入變數名與項目內容時，結果會變得容易理解吧！

⊙幼稚性尺度的項目內容

A01	不能安靜聽人說話
A02	自己能立刻融入
A03	不喜歡一人行動
A04	看朋友的臉色行事
A05	想法隨情緒改變
A06	不懂時自己會去想
A07	購物時常會不自覺買其他東西
A08	可配合他人的步調
A09	暑假的習題在暑假快結束時趕著完成
A10	自己的失敗怪罪周遭
A11	約定的時間常會遲到
A12	相同的失敗重複發生
A13	讀書時不會分心
A14	自己一人難以決定
A15	想的事情常會顯露於外
A16	不喜歡受人指使

A17	自己不喜歡的事不會去做
A18	上課時不能專心
A19	想要的東西得不到心情會不好
A20	不太接受對自己不利的想法
A21	會先花錢買想要的東西
A22	棘手的事會冷靜處理
A23	快樂的事到處宣傳

數據輸入如下，數據檔參 10-2-1.sav。

	A01	A02	A03	A04	A05	A06	A07	A08	A09	A10	A11	A12	A13	A14	A15	A16	A17	A18	A19	A20	A21	A22	A23
1	1	2	2	4	2	4	4	4	2	2	1	2	4	4	2	4	2	2	2	4	2	4	2
2	1	1	1	2	4	4	2	2	4	2	2	4	4	2	4	5	5	4	4	4	2	3	2
3	1	4	1	4	4	5	1	5	1	3	1	3	5	2	2	2	1	4	4	1	5	4	2
4	2	4	5	4	5	2	3	3	2	1	5	3	5	2	3	2	3	5	3	2	5	5	5
5	1	1	1	3	5	4	5	5	5	1	5	5	5	5	5	5	5	5	5	5	5	3	5
6	2	2	2	2	2	4	3	4	4	2	4	2	4	2	2	4	3	2	4	3	4	4	3
7	2	3	2	3	2	4	2	4	3	3	2	2	2	3	1	2	3	2	2	2	3	4	2
8	1	4	2	5	5	3	4	3	5	1	4	5	5	5	5	2	4	3	4	4	2	2	4
9	2	4	2	3	3	4	4	4	4	3	4	2	2	2	4	3	3	2	4	3	5	3	4
10	4	4	1	3	3	5	5	5	4	3	4	3	4	2	4	5	3	3	4	3	4	4	4
11	3	5	4	3	4	3	3	3	2	3	3	3	3	3	5	3	5	3	5	3	3	3	5
12	1	3	2	1	2	5	2	5	5	2	5	2	2	1	2	4	1	1	3	2	3	5	3
13	1	4	3	4	2	5	4	5	3	3	3	1	4	3	4	2	3	2	4	3	2	4	4
14	2	5	2	3	4	4	3	3	5	4	5	4	4	2	2	4	4	2	2	5	1	2	5
15	1	5	3	3	3	2	4	5	5	2	1	1	5	3	1	2	5	1	5	3	4	5	3
16	1	4	1	2	4	5	4	4	5	4	4	5	5	2	3	5	3	2	2	4	2	3	1
17	4	4	2	3	3	2	3	4	5	3	2	2	4	4	5	3	4	3	2	3	3	2	3
18	2	3	2	2	4	5	3	3	5	3	3	3	4	5	3	5	2	3	2	3	4	3	3
19	2	4	3	4	5	4	4	4	5	3	4	4	5	3	3	3	4	3	5	4	2	3	4

⋮

88	2	4	4	3	5	2	2	4	4	3	1	3	4	4	4	4	4	2	3	3	3	4	3
89	2	4	2	2	4	2	4	3	1	2	2	3	4	3	2	2	3	3	4	3	2	3	3
90	3	2	2	2	2	4	2	4	4	3	4	3	4	2	3	2	2	2	2	2	4	4	3
91	3	4	3	3	3	4	4	3	1	3	1	3	3	2	3	4	4	3	3	3	5	3	3
92	3	4	3	3	4	4	5	5	3	3	1	2	3	2	4	4	3	2	3	4	2	3	4
93	2	4	2	2	2	2	4	4	1	3	5	5	3	2	3	5	3	3	2	3	4	4	2
94	3	3	3	3	3	3	4	4	3	3	2	3	3	3	3	3	3	3	3	3	4	4	3
95	3	5	1	3	2	2	5	4	3	2	4	2	5	3	4	2	1	1	2	2	2	4	5
96	5	3	2	4	5	3	4	4	5	4	4	3	4	4	4	3	3	4	2	2	2	2	4
97	1	4	2	4	4	3	4	4	5	2	4	4	5	4	5	4	4	3	3	4	4	4	5
98	1	1	3	3	2	4	3	4	1	3	2	3	2	4	3	4	3	3	4	3	4	3	2
99	1	3	4	4	5	3	3	4	1	3	2	2	2	3	4	4	3	3	4	2	3	4	5
100	2	3	5	5	5	2	5	3	5	3	5	4	5	5	5	5	5	2	5	3	3	3	5
101	3	5	5	3	5	2	5	4	1	2	5	4	5	4	4	5	4	3	5	5	4	3	5
102	1	4	1	2	4	5	2	5	5	3	4	4	5	1	1	5	5	1	2	5	2	4	1
103	3	3	2	2	5	5	1	4	1	3	1	3	4	4	2	4	4	1	1	3	2	4	3
104	1	1	1	2	4	4	2	2	5	3	1	3	4	4	1	1	2	1	1	1	4	4	1
105	2	3	4	3	2	4	2	3	2	3	1	2	2	4	3	3	2	2	2	3	5	3	3
106	2	3	2	3	3	3	3	4	2	2	2	2	2	2	2	2	2	2	2	3	4	4	2
107	3	4	5	4	4	5	5	3	5	4	4	5	5	4	4	3	3	2	2	2	1	4	3
108	4	4	2	4	5	5	5	4	2	4	5	5	5	4	5	5	5	4	5	5	5	2	4
109	2	2	1	3	4	4	5	5	5	2	1	3	4	5	2	5	5	1	3	2	2	4	2
110	2	4	3	4	4	3	4	4	3	4	4	4	4	4	4	3	4	2	4	3	4	3	4
111	4	4	2	3	4	4	4	4	5	4	4	4	4	4	4	3	4	4	3	3	2	3	4

10.2.2 因素分析之前

計算 23 個項目平均值與標準差，確認分數的分配。

- 選擇【分析 (A)】⇨【敘述統計 (E)】⇨【預檢資料 (E)】
  - 於【依變數清單 (V)：】欄指定所有的 23 項目。
- 按一下【圖形 (T)】。
  - 勾選【敘述統計】的【直方圖 (H)】。
  - 按一下【確定】。

■輸出的看法

輸出有「敘述統計」，試就各項目確認。

敘述統計

			統計量	標準錯誤
A01_ 不能安靜聽人說話	平均數		2.20	.098
	平均數的 95% 信賴區間	下限	2.00	
		上限	2.39	
	5% 修整的平均數		2.13	
	中位數		2.00	
	變異數		1.069	
	標準差		1.034	
	最小值		1	
	最大值		5	
	範圍		4	
	內四分位距		2	
	偏態		.747	.229
	峰度		.034	.455
A02_ 自己能立刻融入	平均數		3.33	.103
	平均數的 95% 信賴區間	下限	3.13	
		上限	3.54	
	5% 修整的平均數		3.36	
	中位數		4.00	
	變異數		1.170	
	標準差		1.082	
	最小值		1	
	最大值		5	
	範圍		4	
	內四分位距		2	

● 也輸出直方圖。

● 這是第 1 項目「不能安靜聽人說話」的直方圖。分數略微偏向左方，但若是此程度時也許是在容許範圍內。

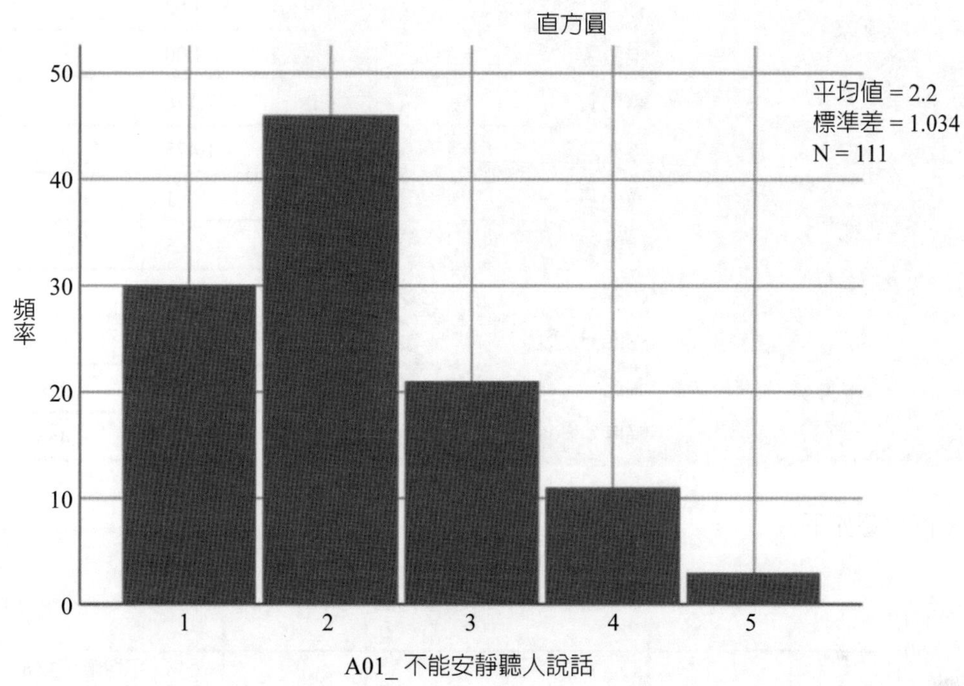

其次，注意 A09「暑假的習題在暑假快結束時趕著完成」的問項看看。

●「敘述統計」顯示如下。

● 平均值：3.56 標準差：1.40

A09_ 暑假的習題在暑假快結束時趕著完成	平均數		3.56	.140
	平均數的 95% 信賴區間	下限	3.28	
		上限	3.84	
	5% 修整的平均數		3.62	
	中位數		4.00	
	變異數		2.176	
	標準差		1.475	
	最小值		1	
	最大值		5	
	範圍		4	
	內四分位距		3	
	偏態		-.567	.229
	峰度		-1.133	.455

● 直方圖如下。

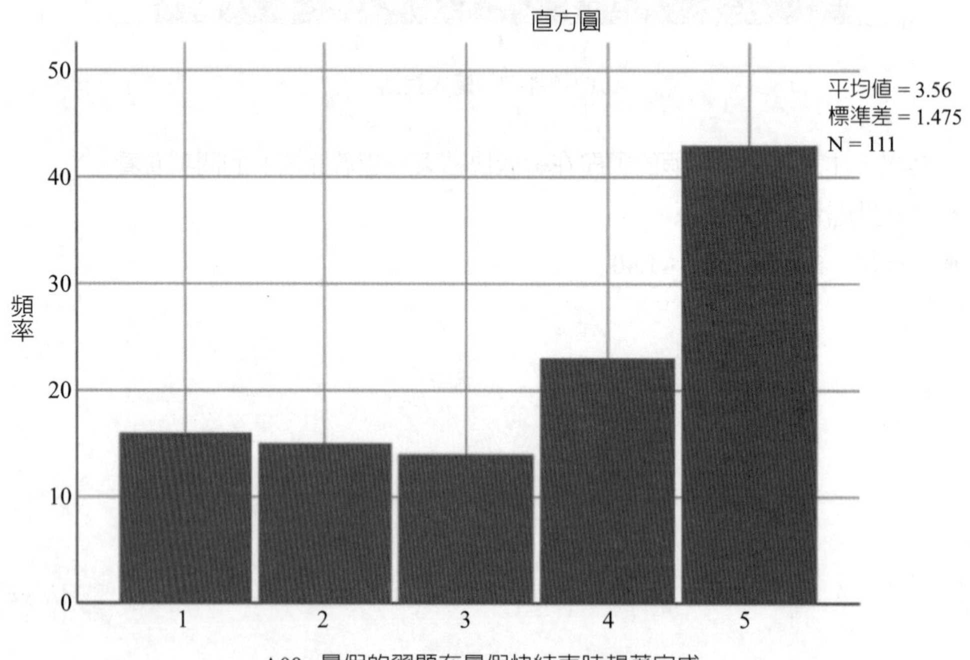

- 回答「非常合適」（5 分）的人數甚多，其他的回答約略相同。
- 問項的各等級完全服從常態分配是很困難的。如設定太嚴格的基準時，許多的項目會被排除，有可能無法測量原本想要測量的概念。
- 重要的事項不是得分的分配，而是想測量的內容能否測量。此問項是反映「幼稚性」，如能適切區分孩子氣的回答者與否就無問題。
- 留意以上事項之後，此次使用所有的問項進行以下的分析。

10.2.3 初次的因素分析（因素個數的決定）

- 選擇【分析 (A)】⇨【資料編減 (D)】⇨【因素 (F)】。
  - 於【變數 (V)：】欄指定所有的 23 項目。
  - 【萃取 (E)】⇨【方法 (M)】是主軸因素擷取法。
    在【顯示】的【陡坡圖 (S)】中勾選，再【繼續 (C)】。
  - 按一下【確定】。

■輸出的看法

(1) 決定因素個數時要看「初始特徵值」。

特徵值是從第 1 因素起按 5.03、2.04、1.86、1.49、1.44、1.17、……地在變化著。

試計算前後的因素間的特徵值之差時，第 1 因素與第 2 因素之差是 2.99，第 2 因素與第 3 因素之差是 0.18，第 3 因素與第 4 因素之差是 0.36，第 4 因素與第 5 因素之差是 0.06，第 5 因素與第 6 因素之差是 0.27。由此事知，3 因素與第 4 因素之差，第 5 因素與第 6 因素之差，似乎比前後大。

旋轉前的至第 3 因素爲止的累積貢獻率是 31.79%，至第 5 因素爲止的累積貢獻率是 40.19%。

解說總變異量

	初始固有值			擷取平方和負荷量		
因子	總計	變異的 %	累加 %	總計	變異的 %	累加 %
1	5.032	21.879	21.879	4.525	19.674	19.674
2	2.039	8.865	30.744	1.517	6.594	26.268
3	1.856	8.072	38.816	1.270	5.520	31.788
4	1.494	6.496	45.312	.995	4.324	36.113
5	1.439	6.258	51.570	.938	4.077	40.190
6	1.169	5.083	56.652	.616	2.678	42.867
7	1.005	4.370	61.022	.478	2.078	44.945
8	.968	4.209	65.232			
9	.836	3.636	68.868			
10	.828	3.600	72.468			
11	.758	3.294	75.762			

(2) 觀察陡坡圖

觀察陡坡圖時，第 3 因素與第 4 因素之間以及第 5 因素與第 6 因素之間的圖形與前後相比可以看出似乎略為傾斜。

3 因素構造或 5 因素構造似乎是恰當的。

此處，將因素數決定為「3 因素」，進行如下的分析。

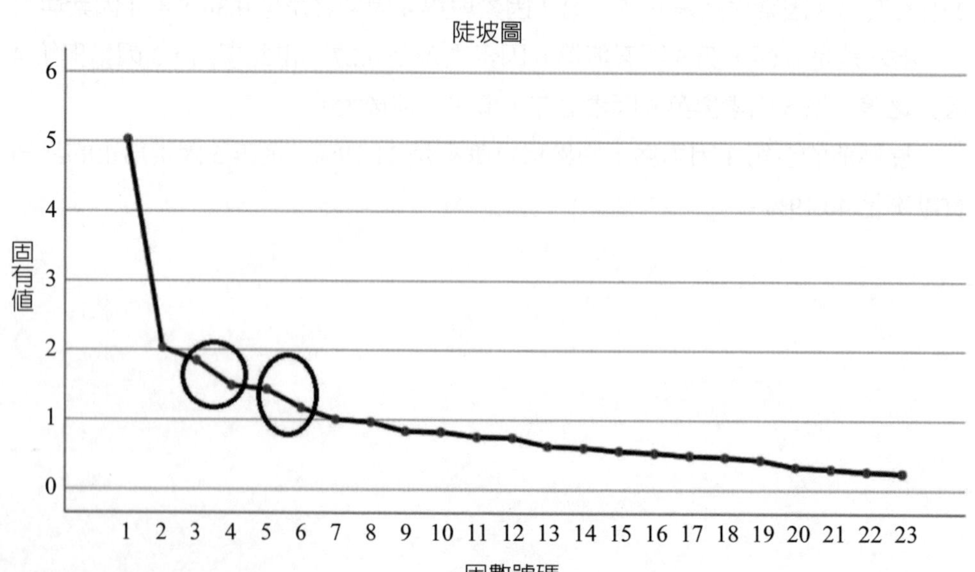

另外，如選擇【萃取 (E)】⇨【方法 (M)】中選擇最大概似法時，會輸出適合度檢定。可以一面改變因素個數的指定一面比較結果看看。

10.2.4 第 2 次的因素分析（項目的選定）

● 選擇【分析 (A)】⇨【資料縮減 (D)】⇨【因素 (F)】。

➢ 於【變數 (V)：】欄指定所有的 23 項目。

➢【萃取】視窗的指定是：

【方法 (M)】是主軸因素擷取法。

按一下【萃取】的【固定的因素數目 (N)】，於框中輸入 3。

➢【旋轉】視窗，指定【promax(P)】。

➢【選項 (O)】⇨於【係數顯示格式】中勾選【依大小排序 (S)】（意指按因素負荷量的大小順序將項目重新排列）。

➢ 按一下【確定】。

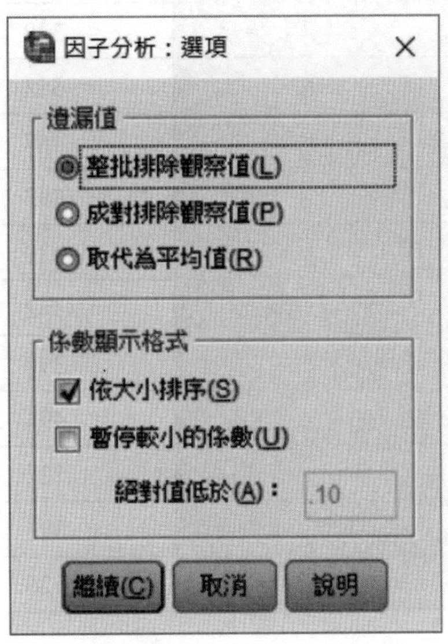

■輸出的看法

(1) 確認因素萃取後的「共同性」

➢ 共同性顯著低的項目，譬如注意 A08(0.019)。

共同性		
	初始	萃取
A01_ 不能安靜聽人說話	.286	.185
A02_ 自己能立刻融入	.452	.273
A03_ 不喜歡一人行動	.307	.289
A04_ 看朋友的臉色行事	.545	.670
A05_ 想法隨情緒改變	.445	.377
A06_ 不懂時自己會去想	.284	.267
A07_ 購物時常會不自覺買其他東西	.325	.267
A08_ 可配合他人的步調	.216	.019
A09_ 暑假的習題在暑假快結束時趕著完成	.316	.346
A10_ 自己的失敗怪罪周遭	.354	.221
A11_ 約定的時間常會遲到	.355	.259
A12_ 相同的失敗重複發生	.430	.261
A13_ 讀書時不會分心	.329	.266
A14_ 自己一人難以決定	.553	.443
A15_ 想的事情常會顯露於外	.467	.420
A16_ 不喜歡受人指使	.392	.318
A17_ 自己不喜歡的事不會去做	.420	.331
A18_ 上課時不能專心	.362	.269
A19_ 想要的東西得不到心情會不好	.390	.197
A20_ 不太接受對自己不利的想法	.494	.442
A21_ 會先花錢買想要的東西	.222	.173
A22_ 棘手的事會冷靜處理	.391	.394
A23_ 快樂的事到處宣傳	.526	.297
擷取方法：主軸因素法。		

(2) 觀察【型樣矩陣】

- 將樣型矩陣以 **EXCEL** 做成表即爲下圖。
- 看圖時，知 A05、A19、A10、A08、A23 任一者的負荷量未滿 0.35 的基準。

➢ A05 的的第 1 因素負荷量爲 0.32，A10 的的第 1 因素負荷量爲 0.33，爲微妙之値。

型樣矩陣 [a]			
	因素		
	1	2	3
A09_ 暑假的習題在暑假快結束時趕著完成	.675	-.134	-.296
A13_ 讀書時不會分心	.536	-.038	-.012
A02_ 自己能立刻融入	.464	.145	-.051
A07_ 購物時常會不自覺買其他東西	.459	-.125	.186
A21_ 會先花錢買想要的東西	-.443	-.017	.115
A20_ 不太接受對自己不利的想法	.429	.389	-.069
A12_ 相同的失敗重複發生	.366	.155	.108
A11_ 約定的時間常會遲到	.352	.294	-.111
A05_ 想法隨情緒改變	.317	.232	.247
A19_ 想要的東西得不到心情會不好	.262	.172	.132
A15_ 想的事情常會顯露於外	-.014	.638	.047
A22_ 棘手的事會冷靜處理	.297	-.581	-.286
A16_ 不喜歡受人指使	.022	.575	-.294
A18_ 上課時不能專心	-.058	.542	-.003
A17_ 自己不喜歡的事不會去做	.302	.372	.010
A01_ 不能安靜聽人說話	.134	.354	.004
A10_ 自己的失敗怪罪周遭	.195	.330	.045
A08_ 可配合他人的步調	.098	-.117	.073
A04_ 看朋友的臉色行事	.267	-.250	.740
A03_ 不喜歡一人行動	-.223	.053	.577
A06_ 不懂時自己會去想	.256	-.088	-.545
A14_ 自己一人難以決定	.247	-.041	.542
A23_ 快樂的事到處宣傳	.157	.270	.283

擷取方法：主軸因素法。
旋轉方法：使用 Kaiser 正規化的最優斜交旋轉法。

a. 在 6 反覆運算中收斂旋轉。

10.2.5 第 3 次的因素分析

接著，於進行因素分析時，將未顯示有充分負荷量的 A08、A19、A23 從分析除外，再次進行因素分析（主軸因素擷取法、Promax 旋轉）看看。

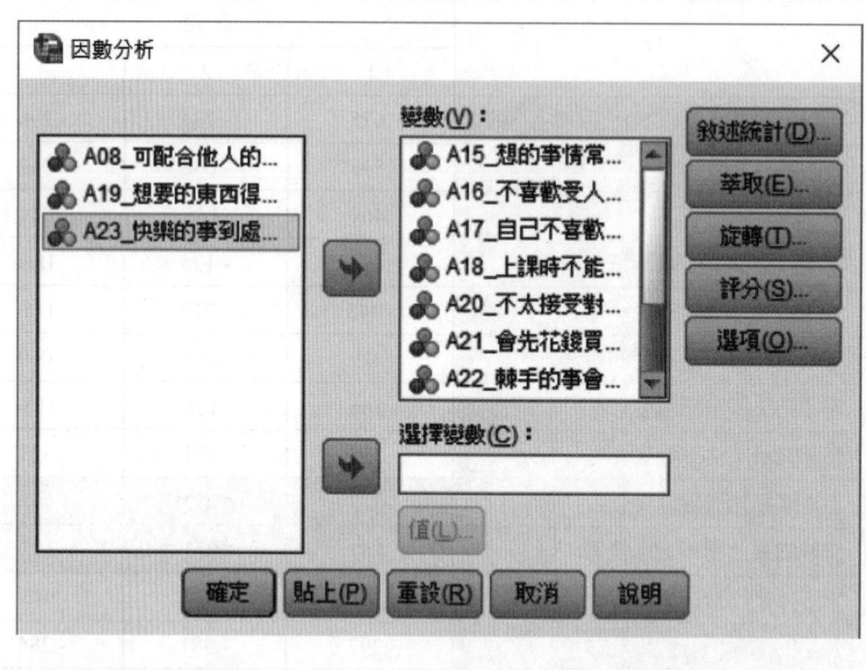

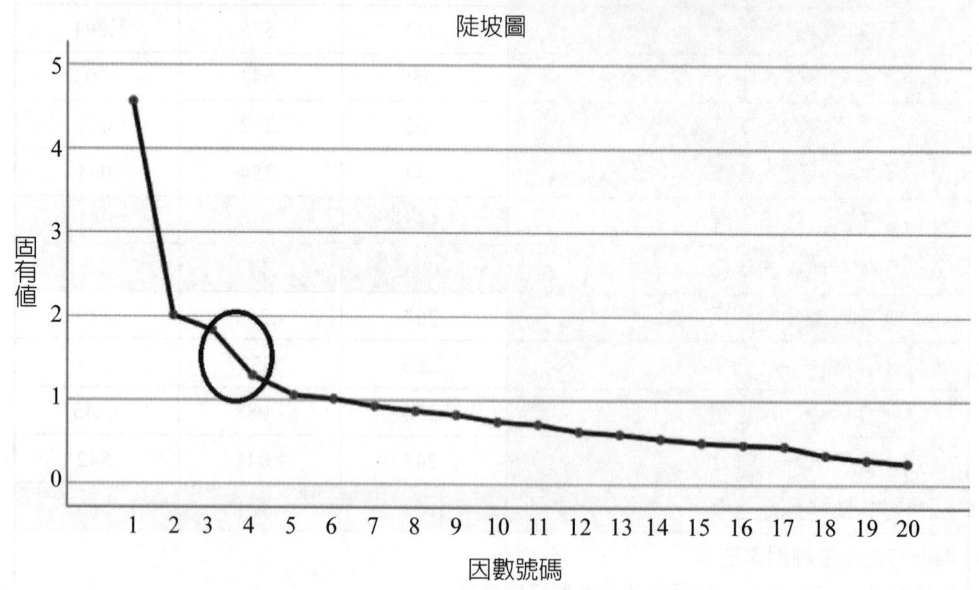

觀察陡坡圖，第 3 因素與第 4 因素的傾斜比先前還大。換言之，明確地顯示是 3 因素構造。

型樣矩陣的結果如下。

型樣矩陣 [a]			
	因素		
	1	2	3
A09_ 暑假的習題在暑假快結束時趕著完成	.683	-.121	-.291
A13_ 讀書時不會分心	.524	-.010	.017
A02_ 自己能立刻融入	.462	.147	-.089
A21_ 會先花錢買想要的東西	-.452	-.028	.101
A07_ 購物時常會不自覺買其他東西	.421	-.097	.153
A12_ 相同的失敗重複發生	.359	.179	.152
A11_ 約定的時間常會遲到	.349	.294	-.104
A05_ 想法隨情緒改變	.311	.246	.246
A16_ 不喜歡受人指使	-.032	.626	-.278
A15_ 想的事情常會顯露於外	.004	.588	.060
A22_ 棘手的事會冷靜處理	.303	-.584	-.330
A18_ 上課時不能專心	-.047	.493	-.015
A20_ 不太接受對自己不利的想法	.386	.438	-.054
A17_ 自己不喜歡的事不會去做	.251	.415	.036
A10_ 自己的失敗怪罪周遭	.194	.353	.061
A01_ 不能安靜聽人說話	.145	.346	.002
A04_ 看朋友的臉色行事	.268	-.221	.687
A14_ 自己一人難以決定	.256	-.027	.616
A06_ 不懂時自己會去想	.237	-.064	-.543
A03_ 不喜歡一人行動	-.206	.036	.541
擷取方法：主軸因素法。 旋轉方法：使用 Kaiser 正規化的最優斜交旋轉法。			
a. 在 6 反覆運算中收斂旋轉。			

此次，A05 的負荷量未滿 0.35。

與先前不同，A10 的第 2 因素呈現 0.35 以上的數值。

表雖不易看出，但 SPSS 的輸出中 A11 的第 1 因素的負荷量是 0.349，幾乎在 0.35 以下。A02 的的第 2 因素的負荷量是 0.346，也在 0.35 以下。

另外，A20 不管第 1 因素或第 2 因素的負荷量均在 0.35 以上。

此處即成爲日後分析的分叉路。

- A05 或許可以往省略的方向去考量吧！
- A11的第1因素的負荷量未滿0.35，是0.349，因之成爲是否除去的微妙數値。
- A01的第2因素的負荷量未滿0.35，是0.346，因之成爲是否除去的微妙數値。
- A20 雖說在兩個因素中呈現高的負荷量，第 2 因素呈現 0.44 的負荷量。
- 如果，將已削除的項目再度包含在內來看時，也許某個因素會顯示高的負荷量。

之後，要如何進行分析才好呢？

此處並非「這就是正解！」。

只是「到此爲止這不是較好嗎？」。

往後的分析，不妨各自重複嘗試錯誤吧！

10.2.6 解釋因素

並非進行了因素分析就算結束，出現結果時，要進行「因素的解釋」。此處所說的因素的解釋，即爲「命名因素」。

但是在命名時，需要有恰如其分的理由、根據、說明力。不可命名只適用於自己的名稱。許多人看了項目內容即可理解的命名是很重要的。此處也可以說是研究者的常識被追究的部分。

譬如，查看 2-5 節所出現的第 3 次的因素分析結果時：

- 第 1 因素可以想成是，「暑假的習題在暑假快結束時趕著完成」、「讀書時不會分心」、「自己能立刻融入」的項目呈現正的負荷量，「會先花錢買想要的東西」的項目呈現負的負荷量。雖可認爲是不考慮先後付諸行動的傾向，表現它的簡潔因素名稱是什麼呢？
- 第 2 因素似乎可以想成是，「不喜歡受人指使」、「想的事情常會顯露於外」的項目呈現正的負荷量，「棘手的事會冷靜處理」的項目呈現負的負荷量。

若一併考量「上課時不能專心」的項目的意義時，此因素的名稱會是什麼呢？

- 第 3 因素雖然「看朋友的臉色行事、「自己一人難以決定」、「不喜歡一人行動」顯示正的負荷量，但「不懂時自己會去想」的項目，是顯示出負的負荷量。雖然是容易歸納的因素，但要如命名呢？

譬如第1因素可以考慮命名爲「缺乏鎮定」，第2因素命名爲「缺乏控制」，第3因素命名爲「依賴性」。如此命名之後試著考量解釋時，會發覺受到最初的項目內容的製作方式的影響甚大。

那麼一面考慮以上的事項，一面對因素命名看看。

10.3 尺度的信度的檢討

進行因素分析之後，如決定出下位尺度時，接著要進行「尺度的信度的檢討」。

信度的檢討方式有幾種方法，以經常使用的方法來說，有「Cronbach's α」及「折半信度」。此處學習計算「Cronbach's α 係數」的方法。

α 係數如在某種數值以上時，可以判斷尺度的「內在整合性高」。但是，這也取決於測量的概念與項目數等而定，並無明確的基準。可是，像是以 0.50 爲最低限度的尺度也許是應該重新檢討。但是，也不一定是 α 係數愈高就愈好。說得極端些，如果準備數個測量完全內容相同的項目時，α 係數就會變高，可是，不能說這種尺度是理想的。

10.3.1 α 係數

譬如，以先前的數據計算 α 係數看看。

眞正的做法是略爲將項目加以取捨選擇再重複進行因素分析，讓結果精煉是有需要的，試以採用先前的「第 3 次的因素分析」的結果來想吧。

- 在第 1 因素顯示高負荷量的項目是
  - A09、A13、A02、A21（逆轉）、A07、A12、A11 的 7 項目。
- 在第 2 因素顯示高負荷量的項目是
  - A16、A15、A22（逆轉）、A18、A20、A17、A10、A01 的 8 項目。
- 在第 3 因素顯示高負荷量的項目是

➢ A04、A14、A06（逆轉）、A03 的 4 項目。

- A21、A22、A06 是顯示「負的負荷量」，因之當作逆轉項目。
- A06、A21、A22 與 A13 在各因素中顯示負的負荷量，因之可以想成是逆轉項目。

因此，計算 α 係數前，有需要先進行「逆轉項目之處理」。如不處理時，α 係數會變得極低之值。在學術報告中常有「α 係數遠比想像的還低」等的口頭報告，但事實上卻有不當處理逆轉項目之情形，因之要注意。

■逆轉項目之處理

重新增加「A21 逆」、「A22 逆」、「A06 逆」的變數 (除了此後要說明的做法以外，雖然也有將變數重新更換的方法，但由於保留原先之數值較佳的情形也不少，因之此處說明追加變數的方法)。

- 開啓 SPSS 的「資料檢視」。
- 選擇【變換 (T)】清單⇨【計算 (C)】。
  - ➢ 於【目標變數 (T)】輸入 A21 逆。
  - ➢ 從鍵盤在【數式 (E)】輸入「6-A21」（或以滑鼠選擇數字與記號，再選擇 A21，按 ▶）。
    - ◆此時，變成「6-A21」的顯示。
    - ◆此尺度的項目因為是取 1 分到 5 分的分數範圍，因之逆轉時由「6」減去（當然，如果是 1 分到 6 分的分數範圍，由「7」減去，由 0 分到 5 分的分數範圍則由「5」減去）。
  - ➢ 按一下【確定】，新的變數即被追加上去。

對於 A22、A06 也同樣進行逆轉項目的處理。

另外，【變換 (T)】⇨【重新編碼成不同變數 (R)】也能處理逆轉項目。此情形，在【舊值與新值 (O)】中，進行將 1 換成 5、2 換成 4、3 換成 3、4 換成 2、5 換成 1 的操作。有許多的逆轉項目時，此作業較具效率，各自不妨學習看看。

■計算 α 係數

那麼，試著對於進行逆轉項目之處理後的第 3 因素的項目（A04、A14、A06（逆轉）、A03），計算 α 係數看看。

- 選擇【分析 (A)】⇨【比例 (D)】⇨【信度分析 (F)】

➢ 將 4 個項目指定在【項目 (I)】中。

➢ 確認【模型 (M)：】變成 Alpha(α)。

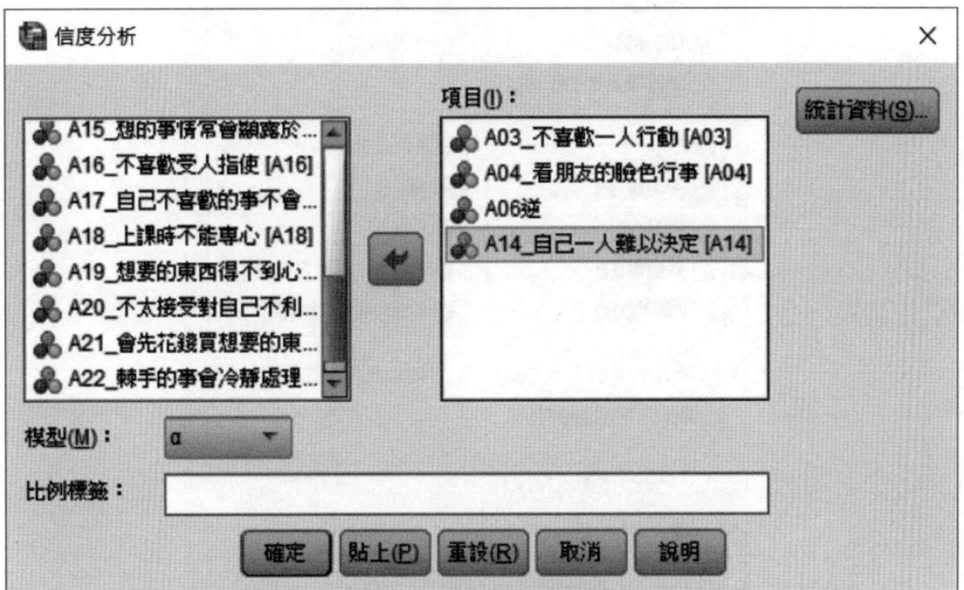

➢ 按一下【統計資料 (S)】時，即可求出幾個統計指標。

➢ 此處先勾選【此項目的敘述統計】中的【比例 (S)】【刪除項目後的比例 (A)】與【項目之間】的【相關性 (L)】⇨【繼續 (C)】。

➢ 按一下【確定】。

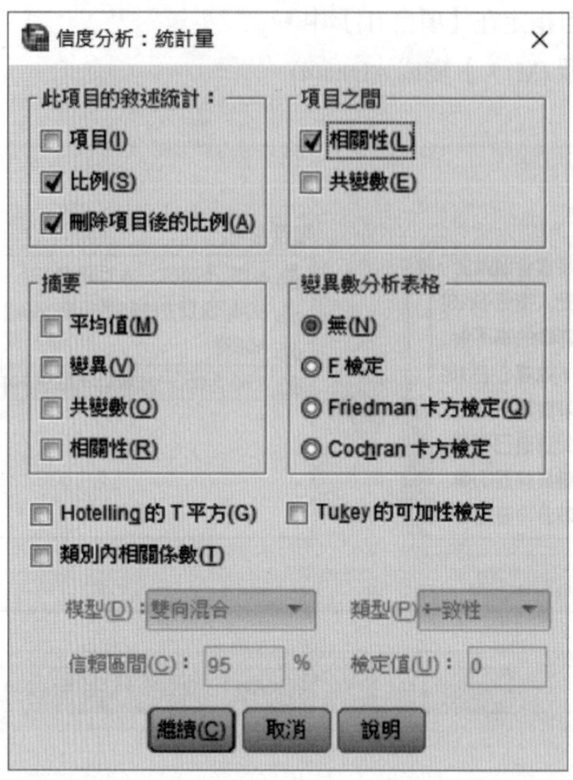

■ α 係數的輸出

試由上方說明輸出內容。α 係數是在信度統計量左方的 Cronbach α 的部分中顯示 0.661。

可靠性統計量

Cronbach's Alpha	以標準化項目為準的 Cronbach's Alpha 值	項目數
.661	.661	4

因指定了相關矩陣，故輸出了項目的相關矩陣（Correlation Matrix）。

項目之間的相關性矩陣

	A03_ 不喜歡一人行動	A04_ 看朋友的臉色行事	A06_ 不懂時自己會去想	A14_ 自己一人難以決定
A03_ 不喜歡一人行動	1.000	.349	.289	.228
A04_ 看朋友的臉色行事	.349	1.000	.219	.568
A06_ 不懂時自己會去想	.289	.219	1.000	.313
A14_ 自己一人難以決定	.228	.568	.313	1.000

其次，指定了「刪除項目時的比例」，因之會輸出**項目整體統計量**（Item Total Statistics）。此處重要的部分是，**更正後項目總計相關性**（Corrected Item-Total Correlation）與 **Cronbach's α**（如果項目已刪除）之部分。

項目整體統計量

	比例平均值（如果項目已刪除）	比例變異（如果項目已刪除）	更正後項目總計相關性	平方複相關	Cronbach's Alpha（如果項目已刪除）
A03_ 不喜歡一人行動	8.4685	6.069	.377	.169	.642
A04_ 看朋友的臉色行事	7.8739	5.729	.535	.374	.528
A06_ 不懂時自己會去想	8.6036	6.860	.359	.148	.644
A14_ 自己一人難以決定	7.8919	5.697	.506	.361	.547

其次，因指定了比例，因之輸出比例的統計量（Statistics for scale）。以比例來說，所指定的 4 項目的平均值、變異數、標準差。同樣也可求出其他因素的 alpha 係數。

比例統計量

平均值	變異	標準偏差	項目數
10.9459	9.724	3.11838	4

STEP UP：已修正之項目總相關

這是該項目的分數與該項目「以外」的項目的合計分數的相關係數。構成 1 個尺度時，所包含的項目群某種程度有需要具有相同的方向性。以相關來說，就是相互之間具有某種程度的正相關。已修正之項目總相關是低值或取負值等之情形，以尺度而言，將該項目包含在內是不理想的。另外，未處理逆轉項目即進行此分析時，即會成為負的相關係數。

STEP UP：項目刪除時的 Cronbach's α

這是顯示【刪除該項目時】α 係數變成多少。譬如從此次的分析結果知，4 項目全體的 α 係數是 0.661，如果刪除「A04」後再構成尺度時，α 係數即下降到 0.528。如上記的更正後項目總計相關性是低的項目，刪除該項目後，α 係數上升的結果也是有可能的。此次的結果，刪除項目後 α 係數似乎並不未上升，但明顯地上升時（0.1 以上上升等）也許刪除是比較好的。

⊙譬如，未處理逆轉項目時變成以下的結果（指定了 A06 之未逆轉數據的結果）。

可靠性統計量

Cronbach's Alpha	以標準化項目為準的 Cronbach's Alpha 值	項目數
.239	.186	4

項目之間的相關性矩陣

	A03_ 不喜歡一人行動	A04_ 看朋友的臉色行事	A14_ 自己一人難以決定	A06_ 不懂時自己會去想
A03_ 不喜歡一人行動	1.000	.349	.228	-.289
A04_ 看朋友的臉色行事	.349	1.000	.568	-.219
A14_ 自己一人難以決定	.228	.568	1.000	-.313
A06_ 不懂時自己會去想	-.289	-.219	-.313	1.000

項目整體統計量

	比例平均值（如果項目已刪除）	比例變異（如果項目已刪除）	更正後項目總計相關性	平方複相關	Cronbach's Alpha（如果項目已刪除）
A03_ 不喜歡一人行動	9.78	3.698	.183	.169	.091
A04_ 看朋友的臉色行事	9.19	2.937	.493	.374	-.396[a]
A14_ 自己一人難以決定	9.21	3.366	.318	.361	-.113[a]
A06_ 不懂時自己會去想	8.60	6.860	-.359	.148	.644

a. 由於項目間的平均共變數為負數，因此該值為負數。違反了可靠性模型假。您可能需要檢查項編碼。

10.3.2 下位尺度分數

其次，試計算下位尺度分數看看。

因爲「因素分數」與「下位尺度分數」是不同的數值，因之要注意。

因素分數是能以因素分析的選項來求出。可以標準化成爲平均 0，變異數 1 的數值。

下位尺度分數是將各因素中顯示高負荷量之項目分數予與合計，或計算顯示高負荷量之項目的平均值後即可求出。

在撰寫論文或學術報告時，有需要記述「是如何做才求出尺度分數的呢？」。有時候，也有出現因素分析在斜交旋轉後的「因素間相關」與計算下位尺度分數後的「下位尺度間相關」相混淆的情形，所以記述時要注意。

那麼，試在上記的數據中計算第 3 因素的「下位尺度分數」看看。

- 選擇【變換 (T)】清單⇨【計算 (C)】。
  - 於【目標變數 (T)】輸入下位尺度分數的名稱。姑且，當作**合計**。
  - 在【數値運算式 (E)】的方框內，輸入「A04+A14+A06+A03」（以滑鼠單擊指定也行）。

    ★ 使用「Sum」函數計算合計也行。
  - 按一下【確定】時，附加上尺度分數的變數。
- 想將「4 項目的平均値」當做下位尺度分數時……。
  - 名稱輸入**項目平均**。將數式當作是（A04+A14+A06+A03）/4 的計算式（因爲是 4 項目的平均，所以加起來要除以 4）。

再者，像此次那樣，下位尺度的項目數不同時，如將「合計値」當做下位尺度分數時，則項目數多的下位尺度其值即變高，項目數少的下位尺度其値即變低，因之，直覺上哪一個下位尺度之値較高是不得而知的。此時，將「**項目平均**」當做下位尺度分數是最好的。

項目平均	合計
3.00	12.00
1.75	7.00
2.00	8.00
3.75	15.00
2.75	11.00
2.00	8.00
2.50	10.00
3.75	15.00
2.25	9.00
1.75	7.00
3.25	13.00
1.25	5.00
2.75	11.00
2.25	9.00
3.25	13.00
1.50	6.00
3.25	13.00
2.50	10.00
3.00	12.00

10.3.3 以數值分類受試者

依研究的目的而異，以某分數的平均值區分高群或低群，再進行後面的分析的情形也有。試以上述計算下位尺度分數的第 3 因素的平均值（10.95）將受試者區分爲高群與低群。

- 選擇【變換 (T)】⇨【重新編碼成不同變數 (R)】。
  - 【數值變數 (V) →輸出變數：】指定合計。
  - 於【輸出變數】的名稱 (N)：中輸入**類別**（這如果是此數據組未使用的名稱時什麼也行）。

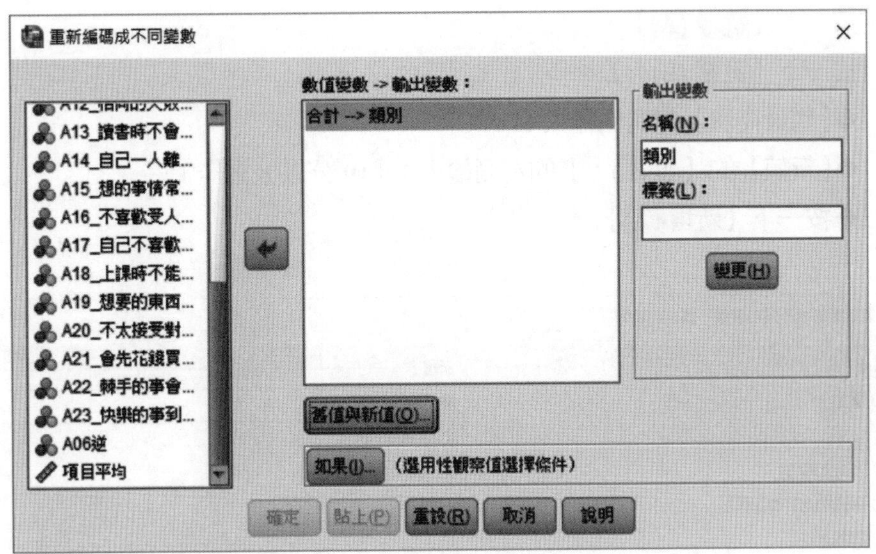

➢ 按一下【舊值與新值 (O)】。

◆合計的平均值是 10.95，因之決定分成 10 點以下與 11 點以上的 2 群。

➢ 按一下【範圍 (G)：】。

◆【從最低值】的右側方框輸入 10。

◆於【新值】的【值 (L)：】右側輸入 0
（10 分以下當作 0）。

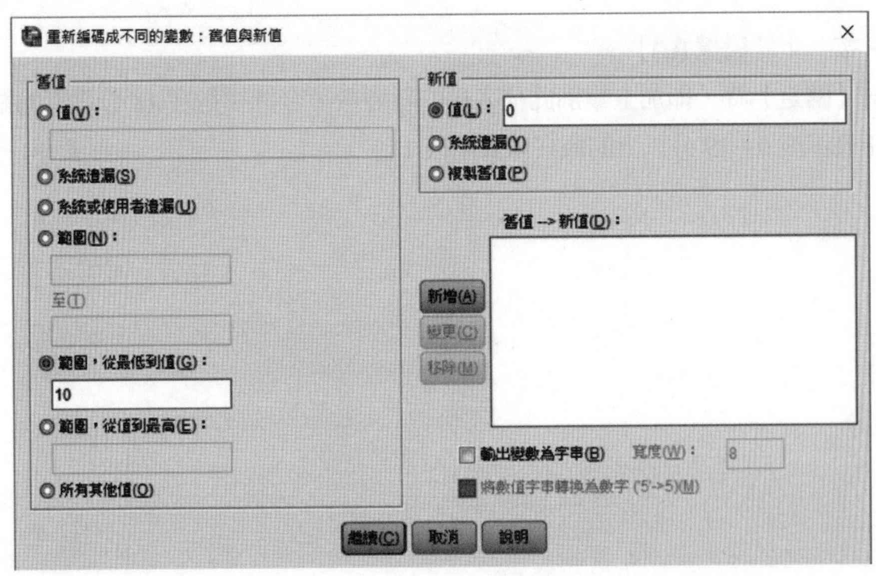

➢ 按一下【新增 (A)】。

按一下【範圍 (E)：】。

◆【到最高值】的左側輸入 11。

◆【新值】的【值 (L)：】的右側輸入 1（19 分以上當作 1）。

◆按一下【新增 (A)】。

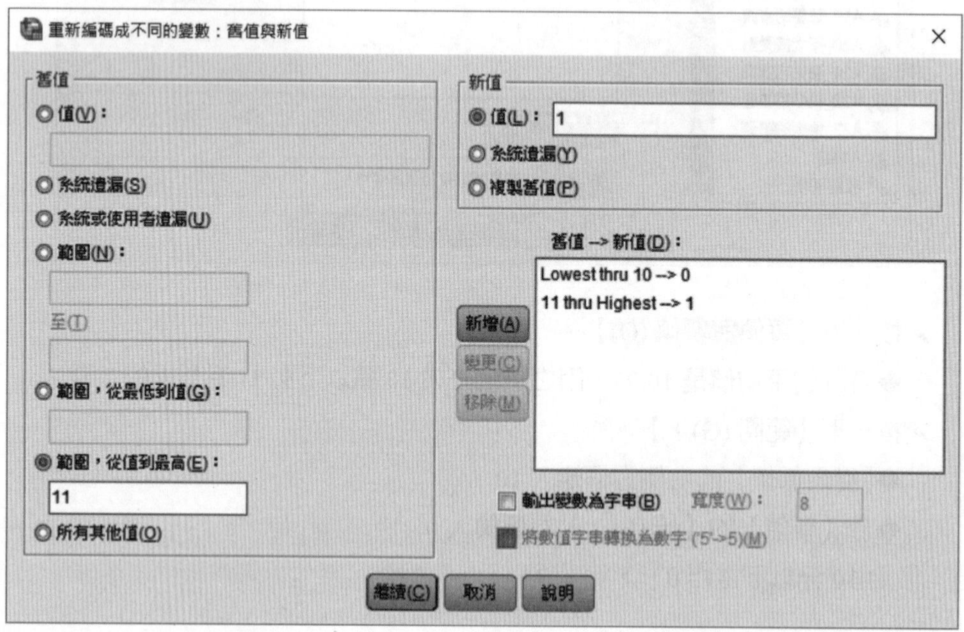

➢ 按一下【繼續 (C)】。

● 按【確定】時，即加上類別此種名稱的新變數，合計 3 是在 18 分以下的觀察值表示成 0，19 分以上的觀察值表示成 1。

項目平均	合計	類別
3.00	12.00	1.00
1.75	7.00	.00
2.00	8.00	.00
3.75	15.00	1.00
2.75	11.00	1.00
2.00	8.00	.00
2.50	10.00	.00
3.75	15.00	1.00
2.25	9.00	.00
1.75	7.00	.00
3.25	13.00	1.00
1.25	5.00	.00
2.75	11.00	1.00
2.25	9.00	.00
3.25	13.00	1.00
1.50	6.00	.00
3.25	13.00	1.00

進行了以上的作業，譬如想在第 3 因素高群與低群中比較其他的分數（t 檢定）等，可繼續其他的分析。

10.4 主成分分析

類似因素分析的手法有「主成分分析」。此處試考察兩者的類似點與相異點。

10.4.1 主成分分析的目的

第 9 章進行因素分析的目的是「**發現共同因素**」。另一方面，主成分分析的目的是「**縮減、密集資訊**」。

因素分析的形象如下所示。

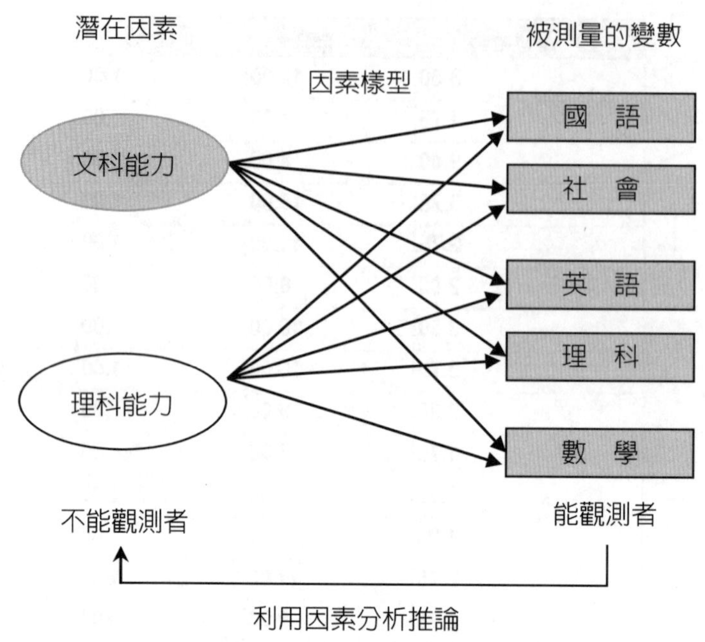

另一方面，主成分分析的形象如下所示。

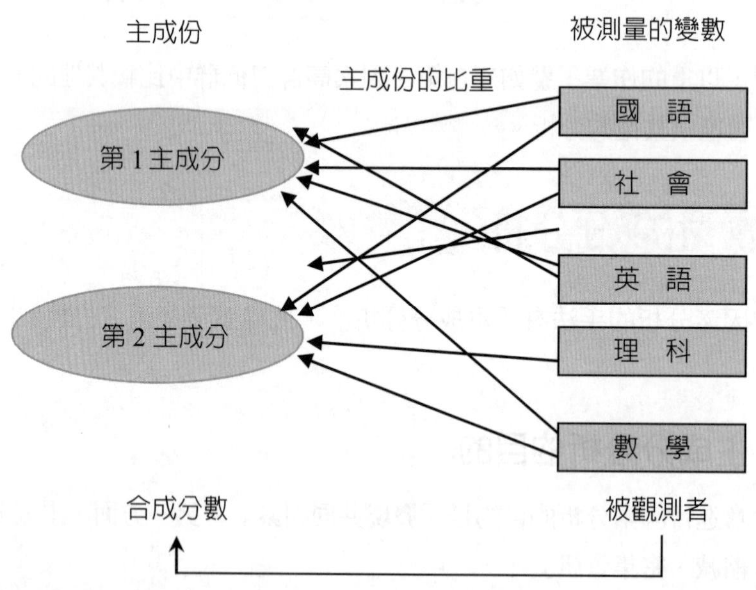

主成分分析是把所觀測的變數共有的資訊（譬如，相互的相關關係），以合成變數進行濃縮、密集的分析手法（因此，箭頭的方向與因素分析相反）。

- 第 1 主成分是密集所測量資訊的共同點。
- 第 2 主成分是從密集成第 1 主成份後所剩下的資訊之中，再聚集共通的資訊。
- 第 3 主成分以後也是一樣，從上位的主成份所剩下的資訊之中，聚集共通的資訊。

10.4.2 何種時候使用主成分分析

使用主成分分析主要是想「**計算合成分數**」的時候。

譬如，知道 5 科考試的結果時，經常是合計 5 科的分數，計算總和分數。舉例來說，試考察國語的平均是 30 分（標準差：SD10 分），數學的平均是 70 分（SD20）的某定期考試看看。像此種時候，不妨想想計算國語與數學的合計分數看看。國語拿手的 A 君，國語是 40 分，數學是 50 分，合計是 90 分。數學拿手的 B 君，國語是 20 分，數學是 90 分，2 科合計是 110 分。只是相加的合計分數，數學的分數影響不是會有較大的反應嗎？數學拿手的學生佔上位，國語拿手的學生其順位卻變低，不能說是公平的做法。

此時，使用主成分分析，對各科的分數「**進行加權**」，求出合成分數爲宜。

10.4.3 主成分分析的分析例

那麼使用 5 科目的數據（參數據檔 10-4-3.sav），進行主成分分析看看。

■主成分分析

- 選擇【分析 (A)】⇨【維度縮減】⇨【因素 (F)】。
  - ➢ 於【變數 (V)】指定國語、社會、數學、理科、英語，此與前面是相同的。

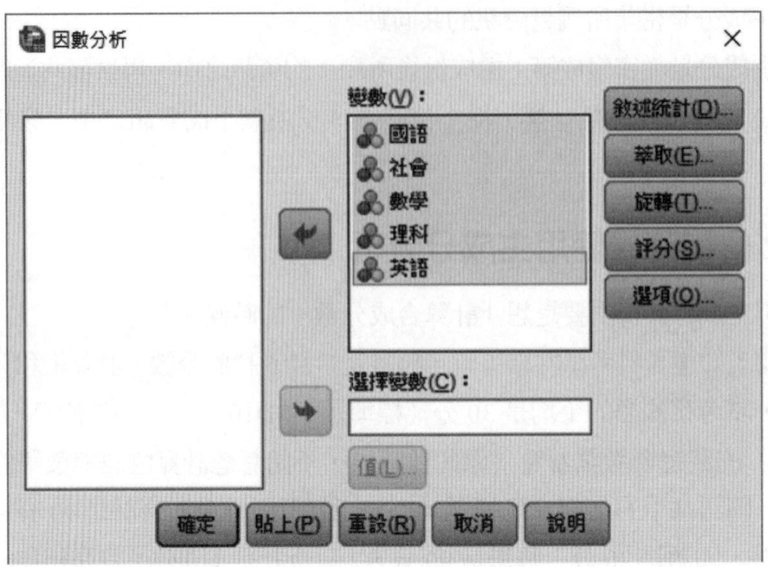

➢ 按一下【萃取 (E)】。

◆【方法 (M)】是指定主成分分析。

◆【萃取】的【特徵值 (E)】是 1。

◆於【未旋轉因素解 (F)】處勾選。

◆按一下【繼續 (C)】。

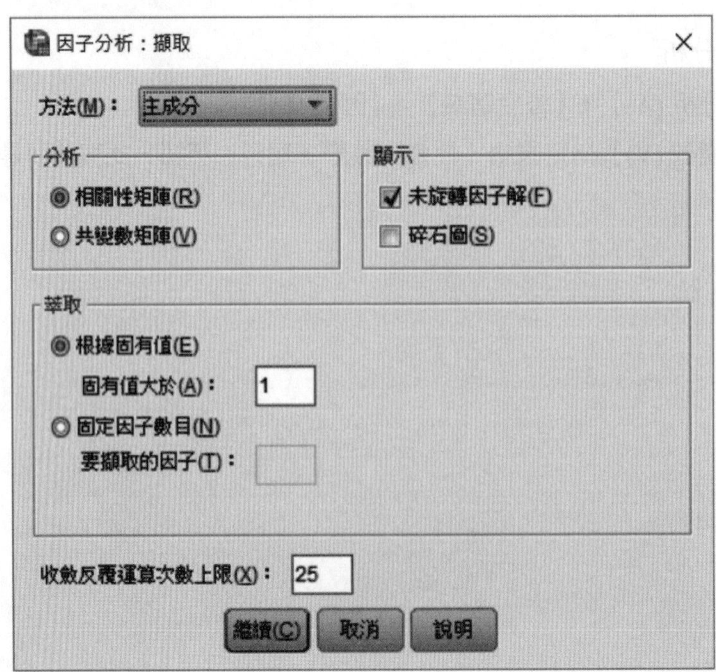

➢ 想計算合成分數時，按一下【評分 (S)】。
◆於【儲存成變數 (S)】處勾選。
◆方法是選擇【迴歸 (R)】。
➢ 按一下【繼續 (C)】，再按一下【確定】。

【注】進行主成分分析時，因為「不旋轉」所以要注意。

■輸出的看法

● 與因素分析的時候一樣，會輸出共同性，但初期的特徵值全爲「1」。

共同性

	初始	萃取
國語	1.000	.667
社會	1.000	.668
數學	1.000	.579
理科	1.000	.770
英語	1.000	.594

擷取方法：主成分分析。

● 與因素分析的時候一樣，會輸出特徵值等。

解說總變異量

因子	初始固有值			擷取平方和負荷量		
	總計	變異的 %	累加 %	總計	變異的 %	累加 %
1	2.196	43.918	43.918	2.196	43.918	43.918
2	1.082	21.642	65.560	1.082	21.642	65.560
3	.703	14.067	79.627			
4	.630	12.610	92.237			
5	.388	7.763	100.000			

擷取方法：主成分分析。

最左上的部分，在因素分析中是成為「因素」，而主成分分析是成為「成分」。又因為未進行旋轉，因之未輸出「旋轉後的負荷量平方和」。整個變異數之中能以 2 個主成分說明的部分是 65.56%。

● 輸出成分矩陣。

成分矩陣[a]

	成分	
	1	2
國語	.563	.592
社會	.538	.615
數學	.665	-.370
理科	.750	-.455
英語	.764	-.100

擷取方法：主成分分析。

a. 已擷取 2 個成分。

因素分析時是「因素矩陣」，而主成分分析時是「成分矩陣」，此處所表示的數值稱為「比重」。

第 1 主成分中 5 科均顯示正的比重，因此第 1 主成分可以解釋為「綜合學力」；第 2 主成分中只有國語與社會顯示正的比重，數學與理科顯示負的比重，因此，第 2 主成分也可以解釋為表示「文科科目與理科科目的哪一個分數高呢？」。

由於指定要計算合成分數（此情形是「主成分分數」），因之相當於 2 個主成分之分數可以針對各觀察值計算。

	國語	社會	數學	理科	英語	FAC1_1	FAC2_1
1	52	58	62	36	31	-1.10340	1.12913
2	49	69	83	51	45	.73928	.07490
3	47	71	76	62	41	.82916	-.18431
4	53	56	66	50	28	-.57364	.30243
5	44	52	72	60	38	.00059	-1.16273
6	39	69	54	50	34	-.74540	.61276
7	50	67	66	45	31	-.47371	.97139
8	53	75	81	62	56	1.72812	.06620
9	41	54	51	48	54	-.54142	-.11341
10	63	53	55	44	35	-.70140	1.24265
11	39	39	71	59	42	-.37103	-2.11770
12	55	47	82	55	51	.68680	-1.05377
13	53	64	69	57	40	.38415	.21409
14	78	79	66	58	54	1.80441	2.31646
15	56	62	89	67	38	1.29635	-.83475
16	37	61	69	58	53	.39081	-.97612
17	60	55	85	48	45	.61621	-.04431
18	46	49	60	47	31	-1.10295	-.15830
19	37	59	69	32	23	-1.68384	.42228
20	39	51	62	53	24	-1.17909	-.70690

● 確認在變數視圖中已追加兩個變數（FACT_1，FACT_2）。

➢ 標籤中自動輸入「REGR factor score 1 for analysis 1」與「REGR factor score 2 for analysis 1」的文字。

將 FACT_1 的標籤當作「主成分 1」，將 FACT_2 的標籤當作「主成分 2」。

	名稱	類型	寬度	小數	標籤	值	遺漏	欄	對齊	測量
1	國語	數值	11	0		無	無	8	靠右	名義
2	社會	數值	11	0		無	無	8	靠右	名義
3	數學	數值	11	0		無	無	8	靠右	名義
4	理科	數值	11	0		無	無	8	靠右	名義
5	英語	數值	11	0		無	無	8	靠右	名義
6	FAC1_1	數值	11	5	主成分1	無	無	13	靠右	尺度
7	FAC2_1	數值	11	5	主成分2	無	無	13	靠右	尺度

● 此處，想算出兩個主成分分數間的相關係數

➢【分析 (A)】⇨【相關 (C)】⇨【雙變量 (B)】

敘述統計

	平均值	標準差	N
主成分 1	.0000000	1.00000000	20
主成分 2	.0000000	1.00000000	20

		主成分 1	主成分 2
主成分 1	皮爾森（Pearson）相關性	1	.000
	顯著性（雙尾）		1.000
	N	20	20
主成分 2	皮爾森（Pearson）相關性	.000	1
	顯著性（雙尾）	1.000	
	N	20	20

- 主成分分數其平均爲 0，變異數（標準差）爲 1。
- 主成分分數間的相關係數是「r = 0」，亦即成爲無相關是要註記的。

【附錄】

有關項目分析除①利用平均數 ± 標準差的方法外，也有②將得分分組進行檢定的方法。此處介紹②的方法。

【項目分析】

1. 題目的平均數若太高或太低，顯示所有受試者在該題的填答結果過於一致，此題便缺乏鑑別力，無法區辨出不同屬性受試者的差異情形。
2. 當題目的變異數太小時，顯示所有受試者的填答結果很一致，便會出現如同題目平均數太高或太低的情形一樣，無法有效鑑別出不同受試者得分的差異情形。
3. 題目得分情形呈現正偏態時，顯示所有受試者的填答結果偏向低分的選項（例如「非常不同意」的選項）；當題目得分情形呈現負偏態時，顯示所有受試者的填答結果偏向高分的選項（例如「非常同意」的選項）。如此便會出現如同題目平均數太高或太低的情形一樣，無法有效鑑別出不同受試者得分的差異情形。以高分組與低分組受試者在該題的得分情形，進行獨立樣本 t 檢定，以檢定高低分組的受試者在該題得分是否有顯著性差異，也被稱爲臨界值（critical ratio）檢定。

當該題在高低分組的獨立樣本 t 檢定沒有顯著性差異時，顯示該題不具有鑑別效果，該題可能是不良題目。

【分析步驟】

1. 若有反向題時，需重新計分。如採 5 分制時，1 改成 4，2 改成 3，餘類推。
2. 求出量表總分。
3. 按照樣本總分高低排序。
4. 找出排序後總分「前 25% 處的分數」與「後 25% 處的分數」（前後 25%、27% 或 33%）。
5. 樣本分組，前 25% 爲高分樣本組、後 25% 爲低分樣本組。
6. 針對每個題項，比較高分與低分樣本組，確認題項是否有顯著差異。
7. 將未達顯著差異的題項刪除。

【SPSS 處理步驟】

步驟 1　點選【轉換 (T)】從中選擇【計算變數 (C)】。

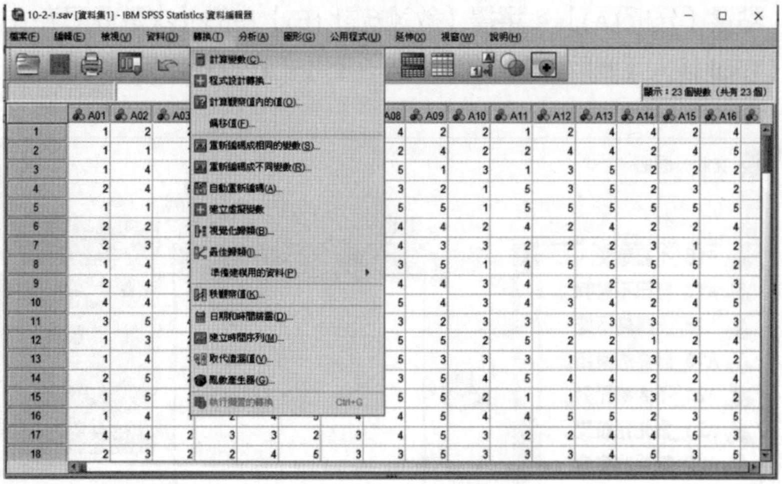

步驟 2　想求出量表總分時，【數值表示式 (E)】輸入 SUM（A01 to A23），【目標變數 (T)】輸入 Total，按【確定】。

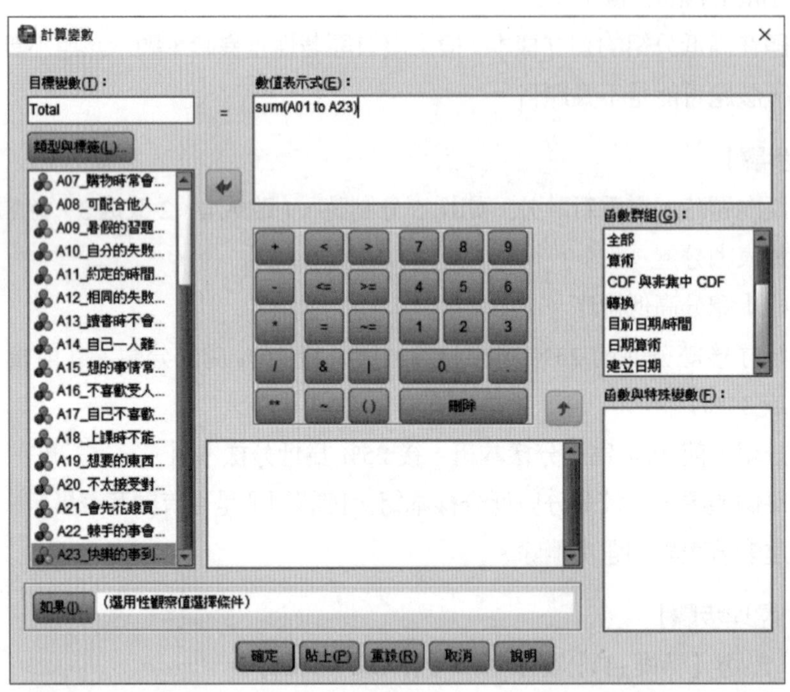

步驟 3　點選【分析 (A)】，選擇【敘述統計 (E)】中的【次數分配表 (F)】，將 Total 移入【變數 (V)】欄中。按一下【統計資料 (S)】。

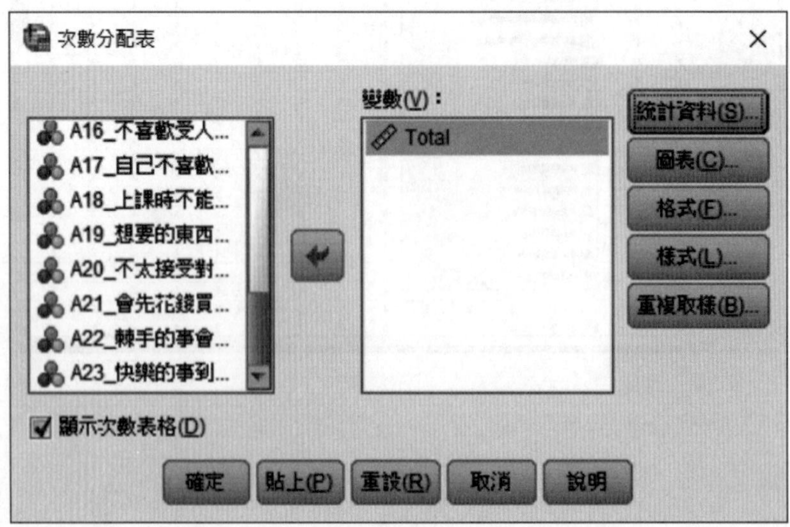

步驟 4　點選百分位數 (P)，分別輸入 25、76。按【繼續】。

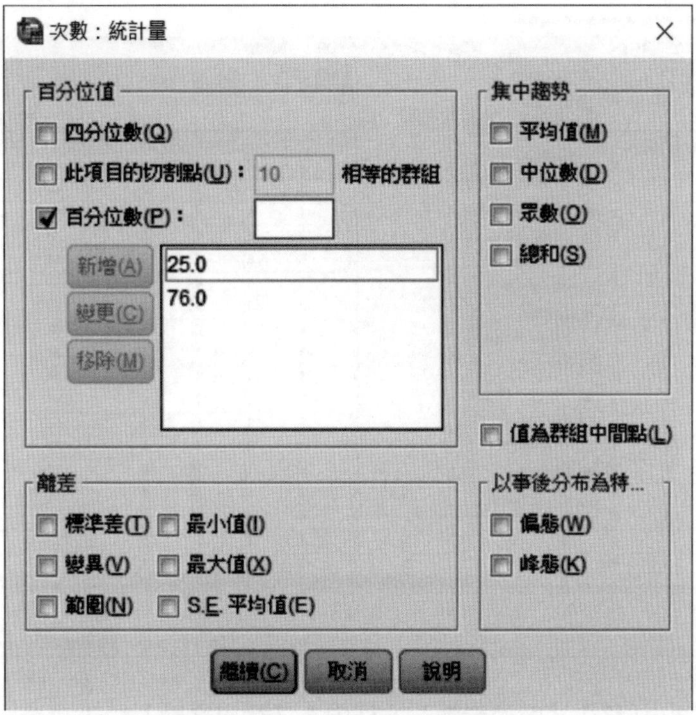

步驟 5　得出第 25 分位數爲 66，第 80 分位數爲 80.12。

統計量

Total

N	有效	111
	遺漏	0
百分位數	25	66.0000
	76	80.1200

步驟 6　點選【轉換 (T)】，選擇【重新編碼成不同變數 (R)】。

*10-2-1.sav [資料集1] - IBM SPSS Statistics 資料編輯器

檔案(F)　編輯(E)　檢視(V)　資料(D)　轉換(T)　分析(A)　圖形(G)　公用程式(U)　延伸(X)　視窗(W)　說明(H)

計算變數(C)...
程式設計轉換...
計算觀察值內的值(O)...
偏移值(F)...
重新編碼成相同的變數(S)...
重新編碼成不同變數(R)...
自動重新編碼(A)...
建立虛擬變數
視覺化歸類(B)...
最佳歸類(I)...
準備建模用的資料(P)
等級觀察值(K)...
日期和時間精靈(D)...
建立時間序列(M)...
取代遺漏值(V)...
亂數產生器(G)...
執行擱置的轉換　Ctrl+G

顯示：24 個變數 (共有 24 個)

	A12	A13	A14	A20	A21	A22	A23	Total
1	2	4	4	4	2	4	2	62
2	4	4	2	4	2	3	2	68
3	3	5	2	1	5	4	2	65
4	3	5	2	2	5	5	5	79
5	5	5	5	5	5	3	5	94
6	2	4	2	3	4	4	3	68
7	2	2	3	2	3	4	2	58
8	5	5	5	4	2	2	4	82
9	2	2	2	3	5	3	4	74
10	3	4	2	3	4	4	4	84
11	3	3	3	3	3	3	5	80
12	2	2	1	2	3	5	3	62
13	1	4	3	3	2	4	4	73
14	4	4	2	5	1	2	5	77
15	1	5	3	3	4	5	3	72
16	5	5	2	4	2	3	1	75
17	2	4	4	3	3	2	3	73
18	3	4	5	3	4	3	3	75

資料視圖　變數視圖

重新編碼成不同變數(R)...　IBM SPSS Statistics 處理器已備妥　Unicode:ON

步驟 7　將 Total 移入【數值變數】方框中，【輸出變數】輸入 group，按【變更 (H)】。點一下【舊值與新值 (O)】。

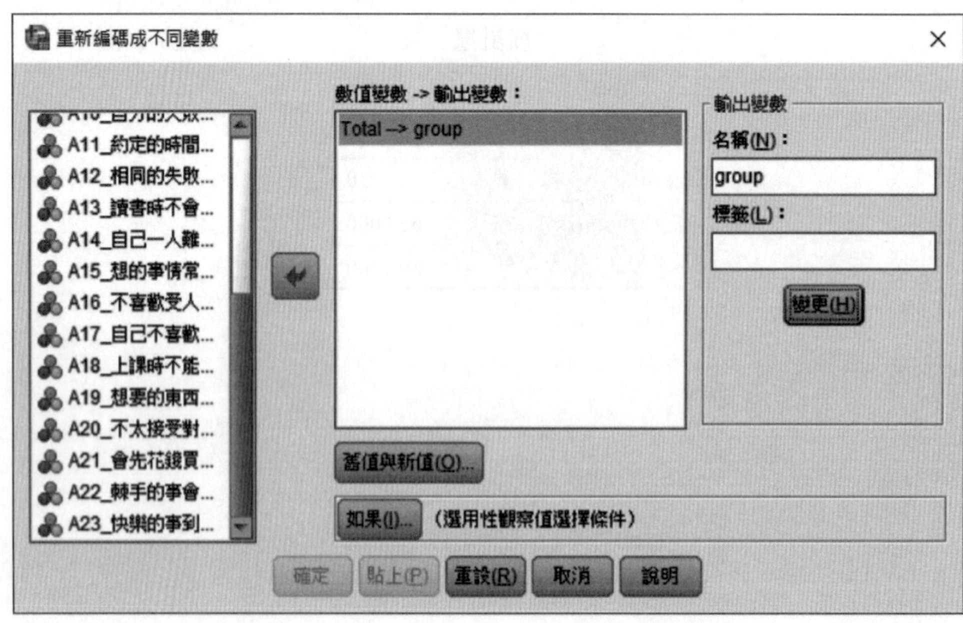

步驟 8　點一下【範圍，從最低到值 (G)】輸入 64.4，新值輸入 1，按【變更 (C)】。

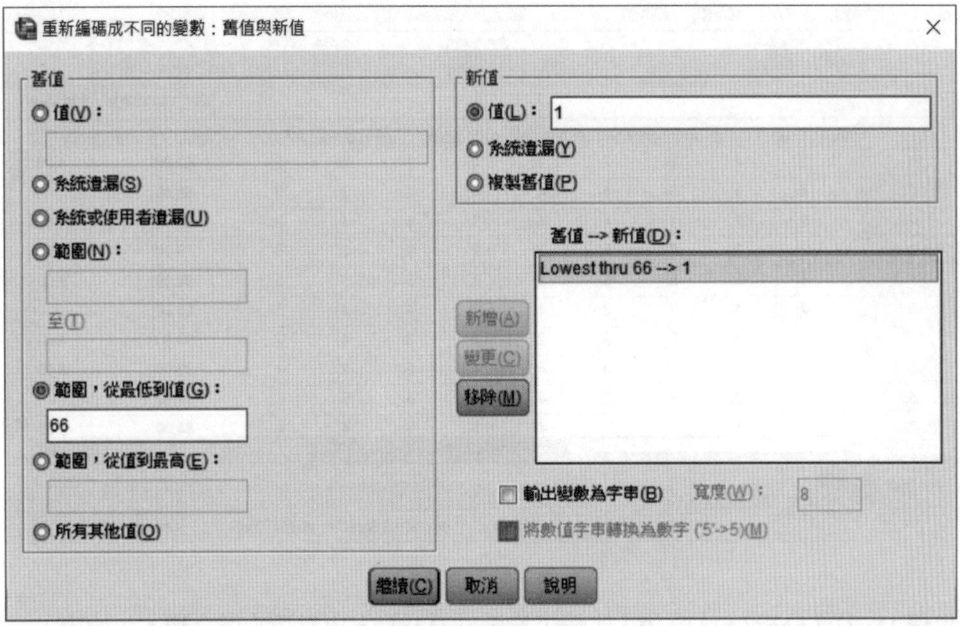

步驟 9　點一下【範圍，從值到最高(G)】輸入82，新值輸入2，按【變更(C)】。再按【繼續】後按【確定】。

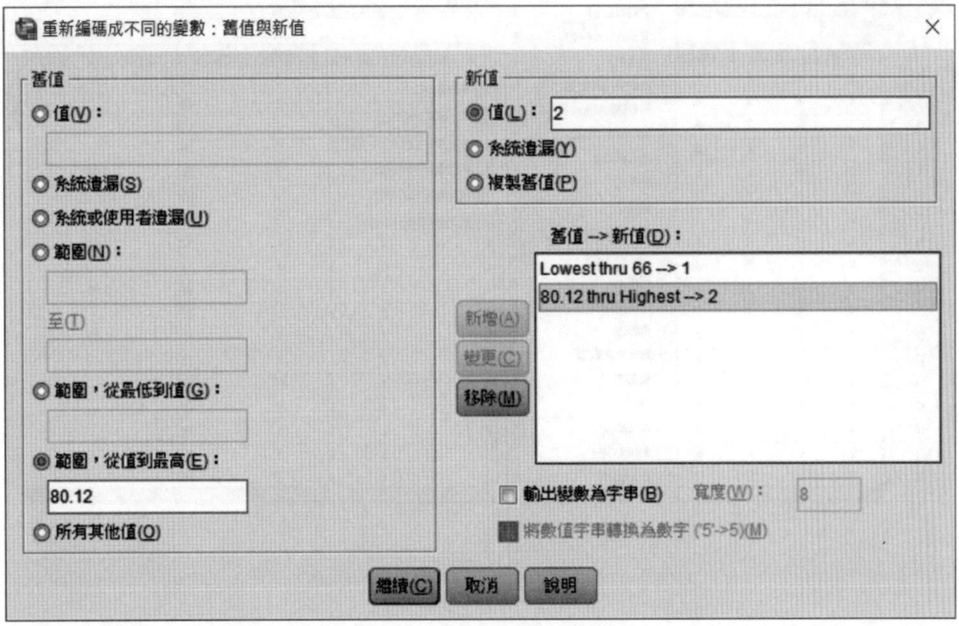

步驟 10 得出屬於兩組分別為 1、2 的標籤。接著進行 2 組的比較。

*10-2-1.sav [資料集1] - IBM SPSS Statistics 資料編輯器

檔案(F) 編輯(E) 檢視(V) 資料(D) 轉換(T) 分析(A) 圖形(G) 公用程式(U) 延伸(X) 視窗(W) 說明(H)

顯示：25 個變數（共有 25 個）

	A15	A16	A17	A18	A19	A20	A21	A22	A23	total	group
1	2	4	2	2	2	4	2	4	2	62.00	1.00
2	4	5	5	4	4	4	2	3	2	68.00	.
3	2	2	1	4	4	1	5	4	2	65.00	1.00
4	3	2	3	5	3	2	5	5	5	79.00	.
5	5	5	5	5	5	5	5	3	5	94.00	2.00
6	2	4	3	2	4	3	4	4	3	68.00	.
7	1	2	3	2	2	2	3	4	2	58.00	1.00
8	5	2	4	3	4	4	2	2	4	82.00	2.00
9	4	3	3	2	4	3	5	3	4	74.00	.
10	4	5	3	3	4	3	4	4	4	84.00	2.00

資料視圖 變數視圖

IBM SPSS Statistics 處理器已備妥 Unicode:ON

步驟 11 從【分析(A)】點選【比較平均數法(M)】，再點選【獨立樣本 T 檢定】。

*10-2-1.sav [資料集1] - IBM SPSS Statistics 資料編輯器

分析(A)：報告(P)、敘述統計(E)、貝氏統計資料(B)、表格(B)、比較平均數法(M)、一般線性模型(G)、概化線性模型(Z)、混合模型(X)、相關(C)、迴歸(R)、對數線性(O)、神經網路(W)、分類(F)、維度縮減(D)、比例(A)、無母數檢定(N)、預測(T)、存活(S)、複選題(U)、遺漏值分析(Y)...、多重插補(T)

比較平均數法(M)：平均數(M)...、單一樣本 T 檢定(S)...、獨立樣本 T 檢定...、獨立樣本 T 檢定摘要、成對樣本 T 檢定(P)...、單因數變異數分析(O)...

步驟 12　從 A01 到 A23 移入【檢定變數 (T)】中，將 group 移入【分組變數 (G)】中。按一下【定義群組 (D)】。

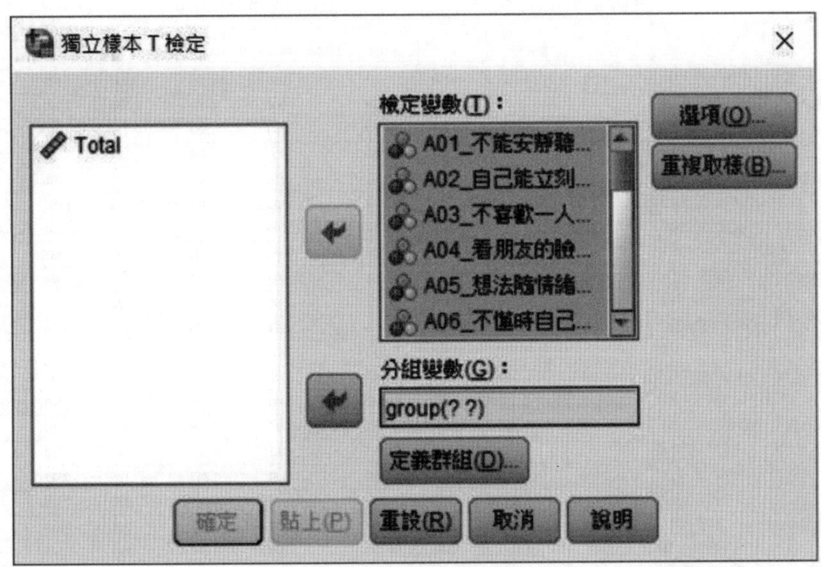

步驟 13　分別輸入 1、2。按【繼續】，再按【確定】。

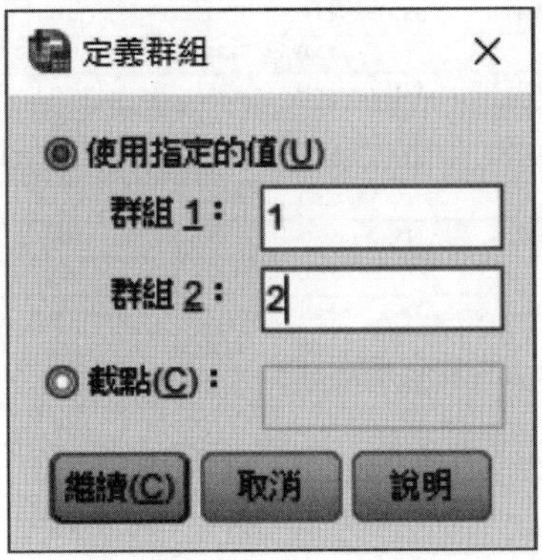

定義群組

使用指定的值(U)

群組 1：1

群組 2：2

截點(C)：

繼續(C)　取消　說明

得出如下輸出結果。

獨立樣本檢定

		變異數等式的 Levene 檢定		平均值等式的 t 檢定						
									差異的 95% 信賴區間	
		F	顯著性	t	自由度	顯著性（雙尾）	平均值差異	標準誤差異	下限	上限
A01_ 不能安靜聽人說話	採用相等變異數	7.593	.008	-4.290	53	.000	-1.076	.251	-1.578	-.573
	不採用相等變異數			-4.174	39.246	.000	-1.076	.258	-1.597	-.554
A02_ 自己能立刻溶入	採用相等變異數	1.113	.296	.6.683	53	.000	-1.552	.232	.2.017	-1.086
	不採用相等變異數			.6.654	51.181	.000	-1.552	.233	.2.020	-1.084
A03_ 不喜歡一人行動	採用相等變異數	2.378	.129	-1.597	53	.116	-.481	.301	-1.086	.123
	不採用相等變異數			-1.574	46.648	.122	-.481	.306	-1.097	.134
A04_ 看朋友的臉色行事	採用相等變異數	.204	.653	.5.599	53	.000	-1.347	.241	-1.830	-.865
	不採用相等變異數			.5.574	51-138	.000	-1.347	.242	-1.833	-.862
A05_ 想法隨情緒改變	採用相等變異數	10.132	.002	.7-111	53	.000	-1.611	.227	.2.066	-1.157
	不採用相等變異數			.7.316	45.223	.000	-1.611	.220	.2.055	-1.168
A06_ 不懂時自己會去想	採用相等變異數	.120	.731	-108	53	.914	.028	.258	-.490	.546
	不採用相等變異數			-108	52.215	.915	.028	.258	-.490	.546
A07_ 購物時常會不自覺買其他東西	採用相等變異數	.285	.596	-8.022	53	.000	-1.959	.244	-.2449	-1.469
	不採用相等變異數			-8.050	52.868	.000	-1.959	.243	-.2447	-1.471
A08_ 可配合他人的步調	採用相等變異數	.673	.416	-1.084	53	.283	-.268	.247	-.764	.228
	不採用相等變異數			-1.087	52.800	.282	-.268	.247	-.762	.227
A09_ 暑假的習題在暑假快結束時趕著完成	採用相等變異數	3.054	.086	-5.722	53	.000	-1.867	.326	-.2522	-1.213
	不採用相等變異數			-5.792	52.363	.000	-1.667	.322	-.2514	-1.220
A10_ 自己的失敗怪罪周遭	採用相等變異數	.911	.344	-3.878	53	.000	-1.001	.258	-1.519	-.483
	不採用相等變異數			-3.834	48.216	.000	-1.001	.261	-1.526	-.476
A11_ 約定的時間常會遲到	採用相等變異數	.021	.885	-6.626	53	.000	-1.996	.301	-.2600	-1.392
	不採用相等變異數			-6.606	51.552	.000	-1.996	.302	-.2602	-1.390
A12_ 相同的失敗重複發生	採用相等變異數	1.296	.260	-6.512	53	.000	-1.349	.207	-1.764	-.933
	不採用相等變異數			-6.553	53.000	.000	-1.349	.206	-1.762	-.936
A13_ 讀書時不會分心	採用相等變異數	2.421	.126	-4.595	53	.000	-1.190	.259	-1.709	-.670
	不採用相等變異數			-4.621	52.996	.000	-1.190	.257	-1.706	-.673
A14_ 自己一人難以決定	採用相等變異數	.883	.352	-4.587	53	.000	-1.199	.261	-1.723	-.675
	不採用相等變異數			-4.603	52.880	.000	-1.199	.260	-1.721	-.677
A15_ 想的事情常會顯露於外	採用相等變異數	5.131	.028	-5.634	53	.000	-1.4716	.262	-.2002	-.951
	不採用相等變異數			-5.743	50.119	.000	-1.476	.257	-1.992	-.960
A16_ 不喜歡受人指使	採用相等變異數	3.038	.087	-2.542	53	.014	-.785	.309	-1.405	-.166
	不採用相等變異數			-2.571	52.566	.013	-.785	.305	-1.398	-.172
A17_ 自己不喜歡的事不會去做	採用相等變異數	6.347	.015	-5.516	53	.000	-1.357	.246	-1.850	-.863
	不採用相等變異數			-5.603	51.429	.000	-1.357	.242	-1.843	-.871
A18_ 上課時不能專心	採用相等變異數	.797	.376	-3.830	53	.000	-1.089	.284	-1.659	-.519
	不採用相等變異數			-3.799	49.719	.000	.1.089	.287	-1.665	-.513
A19_ 想要的東西得不到心情會不好	採用相等變異數	1.210	.276	-6.295	53	.000	-1.847	.294	-2.436	-1.259
	不採用相等變異數			-6.357	52.758	.000	-1.847	.291	-2.430	-1.265
A20_ 不太接受對自己不利的想法	採用相等變異數	.954	.333	-6.533	53	.000	-1.394	.213	-1.822	-.966
	不採用相等變異數			-6.568	52.987	.000	-1.394	.212	-1.820	-.968
A21_ 會先花錢買想要的東西	採用相等變異數	1.996	.164	2.152	53	.036	.714	.332	.049	1.378
	不採用相等變異數			2.126	47.785	.039	.714	.336	.039	1.388
A22_ 棘手的事會冷靜處理	採用相等變異數	.480	.492	1.466	53	.148	.363	.248	-.134	.860
	不採用相等變異數			1.465	52.167	.149	.363	.248	-.134	.861
A23_ 快樂的事到處宣傳	採用相等變異數	2.526	.118	-7.611	53	.000	.1.840	.242	-2.324	-1.355
	不採用相等變異數			-7.520	47.943	.000	.1.840	.245	-2.331	-1.348

從輸出表中得知，A03、A06、A08、A22 無顯著差異，顯示是不良題項，其餘題項皆有顯著差異，表示具有鑑別度，是良好題項。

二、Amos 篇

第 11 章　路徑分析

小時候曾聽過有「刮大風木桶店就會賺錢」的話題。

此話題在探討現實中有可能性的因果關係鏈此點雖然是很有興趣的，但某原因產生某結果，此結果又成爲另一個事物的原因，從研究的角度來看，探討此種因果關係鏈的情形也很多。

本章想分析此種因果關係鏈看看。

11.1　研究的背景與使用的數據

此研究是探討如下的假設：

完美主義是會讓鬱悶或生氣的感情發生。

◆追求完美主義個性的人，爲了想要完美，在日常各種事情之中，比不是如此的人，具有較容易感受到鬱悶或生氣此種感情的傾向。

鬱悶或生氣是攻擊行動的原因。

◆在日常生活中具有生氣與鬱悶之感情，是造成對他人產生攻擊行爲的導火線。

此內容是以「完美主義→鬱悶或生氣→攻擊」三階段的因果鏈所構成。

試以 Amos 分析探討此因果關係鏈看看。

使用的數據假想如下（假想數據），數據檔參 11-1.sav。

	A	B	C	D	E	F	G	H
1	NO	完美主義	鬱悶	生氣	攻撃			
2	1	2	1	1	1			
3	2	3	3	4	2			
4	3	3	2	3	3			
5	4	3	1	1	1			
6	5	4	4	2	3			
7	6	2	4	2	3			
8	7	4	3	2	2			
9	8	2	5	3	3			
10	9	2	3	2	2			
11	10	3	3	2	2			
12	11	2	4	4	4			
13	12	1	2	1	1			
14	13	2	2	4	5			
15	14	3	3	2	2			
16	15	3	2	1	2			
17	16	2	2	3	1			
18	17	4	1	1	1			
19	18	1	2	3	1			
20	19	1	2	1	1			
21	20	3	2	2	2			
22	21	5	5	4	3			
23	22	3	3	3	3			
24	23	3	3	3	3			
25	24	3	4	3	3			
26	25	4	4	2	1			
27	26	4	4	4	4			
28	27	3	4	4	2			
29	28	2	2	1	1			
30	29	1	1	1	2			
31	30	2	2	1	2			
32	31	3	1	3	2			
33	32	1	3	4	5			
34	33	3	3	2	1			
35	34	4	4	4	2			
36	35	3	2	1	2			
37	36	2	2	3	1			
38	37	2	2	1	3			
39	38	1	2	4	3			
40	39	4	5	5	4			
41	40	1	1	3	3			
42	41	1	2	1	2			
43	42	2	4	2	1			
44	43	3	2	3	4			
45	44	2	3	3	2			
46	45	3	3	2	2			
47	46	5	3	4	5			
48	47	3	3	3	3			
49	48	2	2	2	2			
50	49	2	1	4	4			
51	50	3	3	3	3			
52	51	1	2	1	2			
53	52	1	1	1	2			
54	53	5	5	4	3			
55	54	4	4	2	3			
56	55	3	3	3	3			
57	56	4	5	5	4			
58	57	3	4	3	3			
59	58	1	2	1	2			
60	59	3	3	2	2			
61	60	4	4	2	3			

Sheet1

11.2 畫路徑圖——畫因果關係鏈

11.2.1 資料的輸入與讀取

使用前面所學過的方法輸入資料，再以 Amos 讀取資料看看。

使用 SPSS、Excel、Textfile 中的任一方法輸入資料均無關係（此處是使用 SPSS 的檔案，11-1.sav）。

如【Data file(D)】的樣本數【N】顯示【60/60】時，即為已讀取 60 名的資料。

11.2.2 頁面佈置的設定

此次是畫橫向的路徑圖，因之將頁面的方向改成【Landscape】。

步驟 1　選擇【View】⇨【Interface Properties】。

步驟 2　將【Page Layout】Tab 的【Paper Size】改成【Landscape - Letter】，再按一下【Apply】。

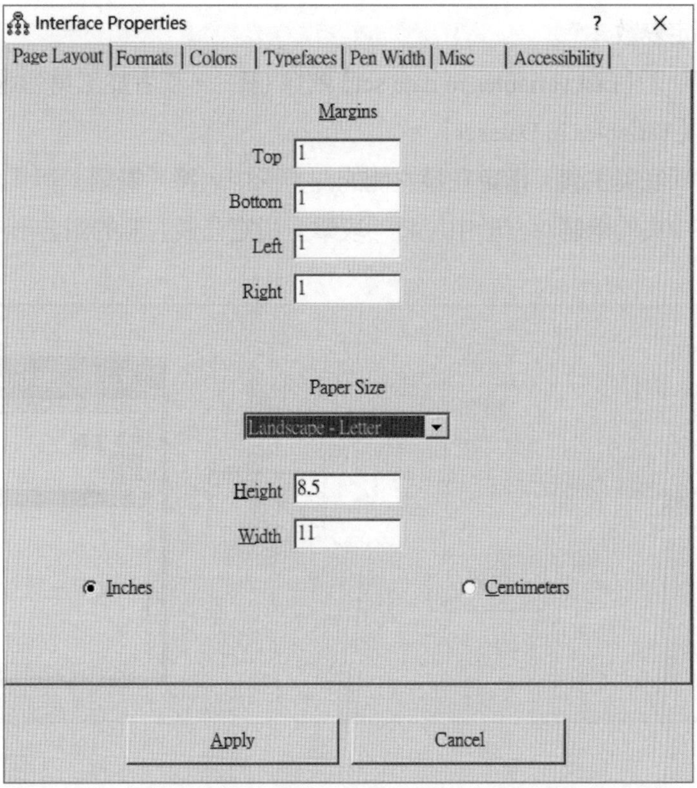

Interface Properties ? ×
Page Layout | Formats | Colors | Typefaces | Pen Width | Misc | Accessibility
Margins
Top 1
Bottom 1
Left 1
Right 1
Paper Size
Landscape - Letter
Height 8.5
Width 11
Inches
Centimeters
Apply
Cancel

11.2.3 畫觀測變數

步驟 1　畫出如下的 4 個四方形。

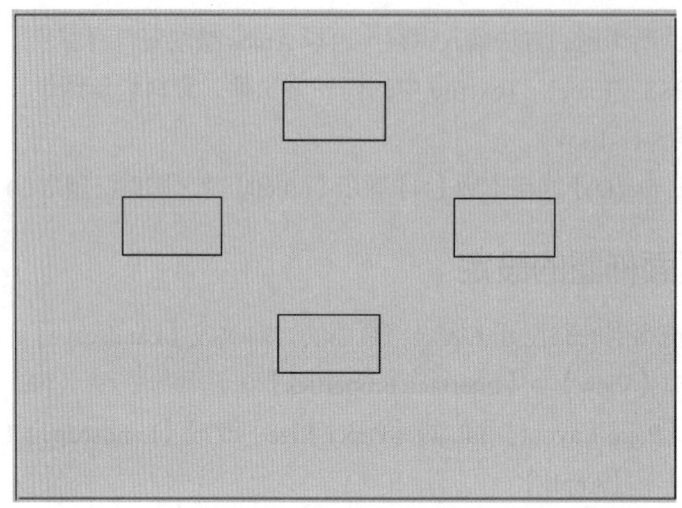

步驟 2　指定變數。

按一下【List variables in data set】圖像（▤），或者從工具列選擇【View】⇨【Variables in Dataset】。

將「完美主義」指定在最左側的四方形中，將「鬱悶」與「生氣」指定在中央的兩個四方形中，將「攻擊」指定在最右側的四方形中。

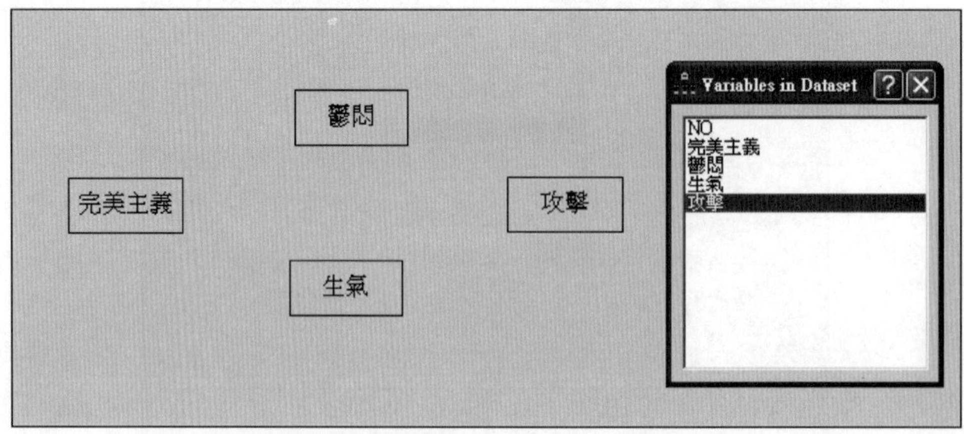

11.2.4 畫單向箭頭

步驟一 按一下【Draw path (single headed arrows)】圖像（←），畫出如下的路徑。

也畫出從完美主義對攻擊的直接影響路徑。

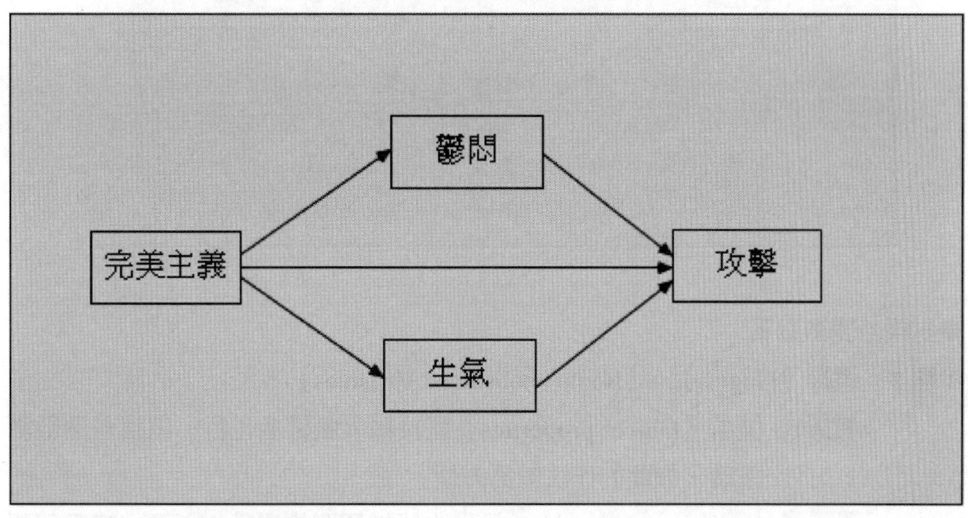

11.2.5 畫出誤差變數

◆追加誤差變數

在內生變數（受其他變數影響的變數）的鬱悶、生氣、攻擊中，也畫出來自誤差的影響。

步驟 1 按一下【Add a unique Variable to an existing Variable】圖像（ ），然後在各自的變數中追加誤差變數。

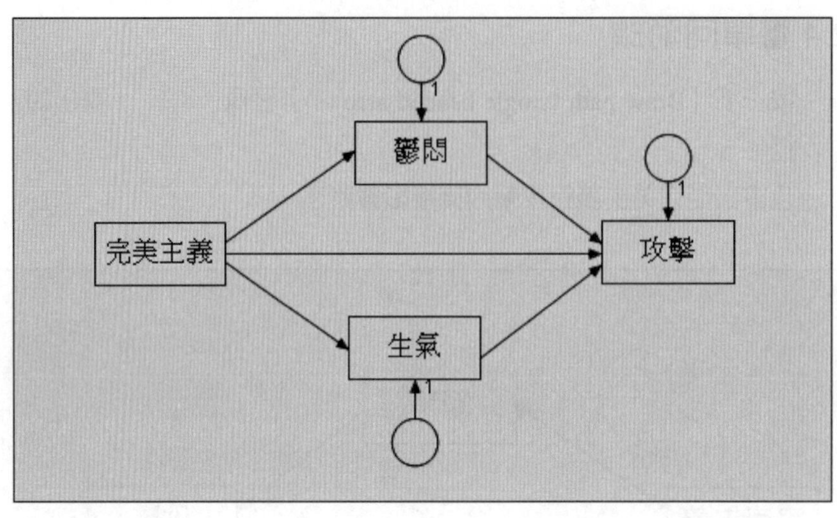

◆對誤差變數取名

步驟 2　選擇【Plugins】⇨【Name unobserved Variables】。

HINT：開啓【Object properties】直接輸入變數名也行，但誤差個數變多時，如此的作法較爲方便。

HINT：Unobserved Variables 是指未能被觀測的變數包括潛在變數與誤差變數。

e1, e2, e3 等的誤差變數即被自動取名。

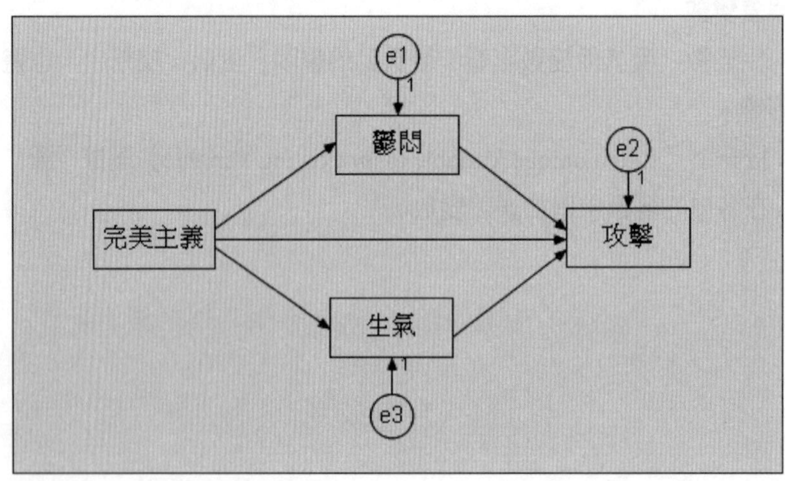

◆畫出誤差間的相關

鬱悶與生氣均有感情的共同要素。因此，除完美主義影響外的要素之間（誤差），可以認爲有某種關聯。

步驟 3　因此，在 e1 與 e3 之間畫出共變異數（有相關、雙向箭線）。

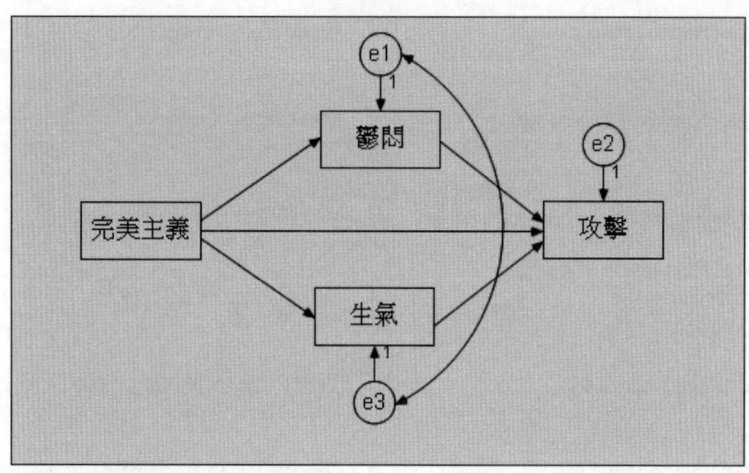

如此路徑圖即完成。

11.2.6 分析的指定與執行

進行分析及輸出的指定。

步驟 1　按一下【Analysis properties】圖像（），或者從工具列選擇【View】⇨【Analysis properties】。

點選【Output】Tab。

勾選【Standardized estimates】，【Squared multiple correlations】之外，也勾選【Indirect, direct & total effects】。

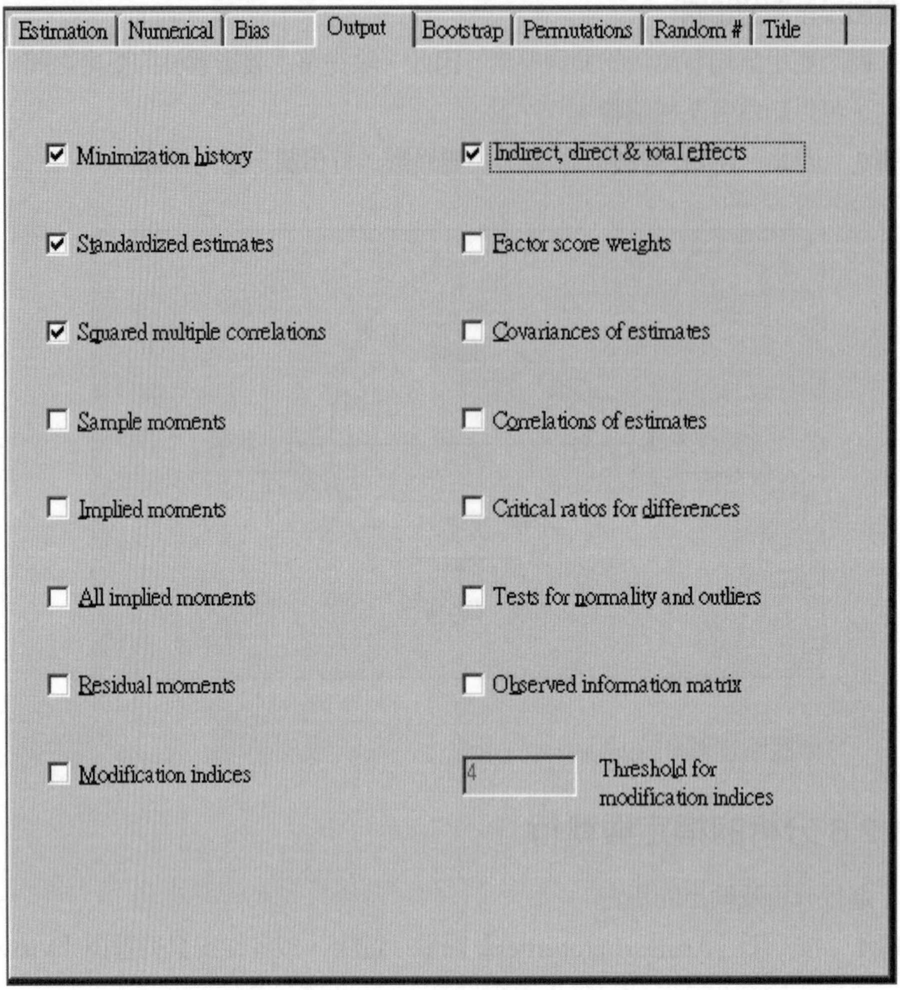

Estimation | Numerical | Bias | Output | Bootstrap | Permutations | Random # | Title

☑ Minimization history
☑ Indirect, direct & total effects
☑ Standardized estimates
☐ Factor score weights
☑ Squared multiple correlations
☐ Covariances of estimates
☐ Sample moments
☐ Correlations of estimates
☐ Implied moments
☐ Critical ratios for differences
☐ All implied moments
☐ Tests for normality and outliers
☐ Residual moments
☐ Observed information matrix
☐ Modification indices
4 Threshold for modification indices

步驟 2　按一下【Calculate Estimates】圖像（），或者從工具列選擇【Analysis properties】⇨【Calculate Estimates】，再執行分析。
如要求檔案的儲存時，可先儲存在適當的場所。

11.3 觀察輸出——判斷因果關係鏈

11.3.1 觀察輸出路徑圖

步驟 1　顯示標準化估計值。按一下【View the output path diagram】圖像（），

按一下【Parameter Format】欄的【Standardized estimates】，即變成如下。

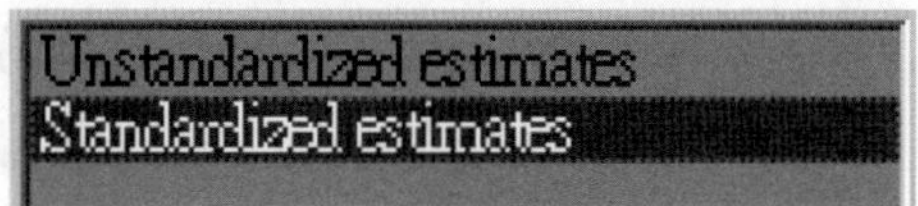

標準化路徑係數

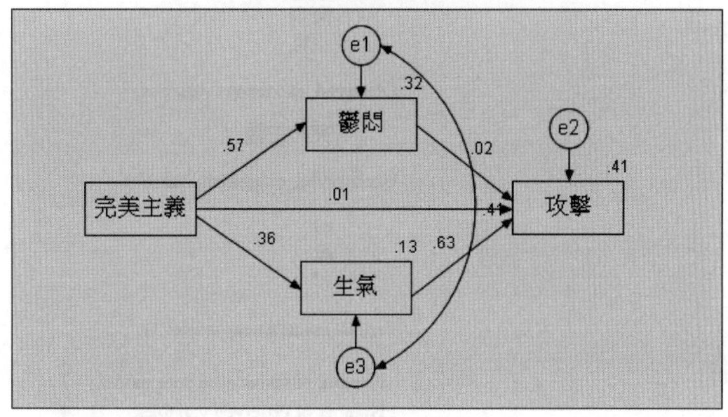

11.3.2 觀察 Text 輸出

步驟 1 按一下【View text output】圖像（▦），或者從工具列選擇【View】⇨【Text output】。

觀察【Variables Summary】。

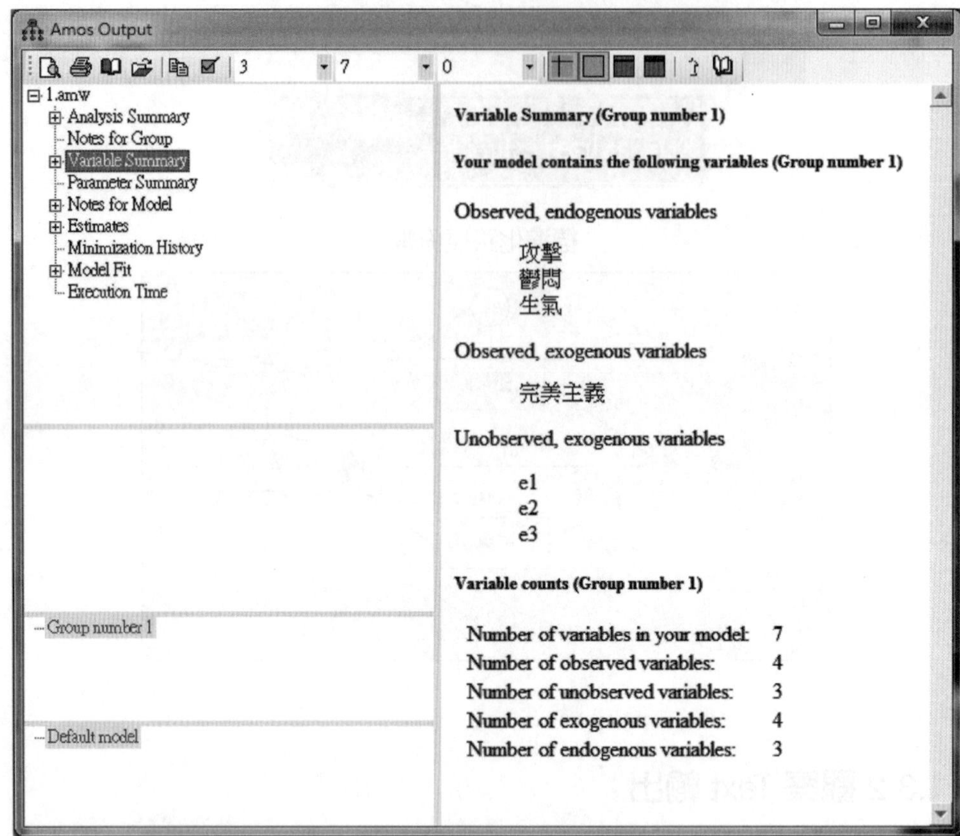

可被觀測的外生變數是完美主義，可被觀測的內生變數是鬱悶、生氣、攻擊，不能被觀測的外生變數是 3 個誤差變數。

NOTE：至少接受一個單向箭線的變數稱為內生變數（endogenous variable），一個也未接受單向箭線的變數稱為外生變數（exogenous variable）。

步驟 2 在【Parameter summary】中，確認各個的數目。

Parameter summary (Group number 1)

	Weights	Covariances	Variances	Means	Intercepts	Total
Fixed	3	0	0	0	0	3
Labeled	0	0	0	0	0	0
Unlabeled	5	1	4	0	0	10
Total	8	1	4	0	0	13

步驟 3　試觀察【Notes for Model】。

有自由度的計算欄以及結果欄。

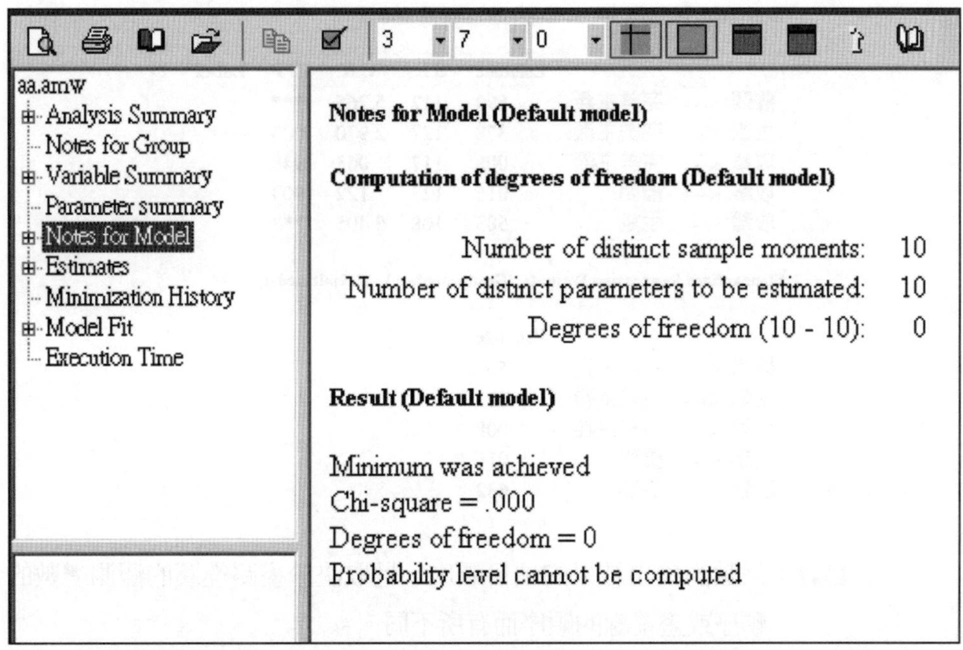

在自由度的計算中，確認出自由度（10-10）是 0 之值。

在結果欄中，有顯著水準不能計算【Probability level cannot computed】之顯示。也不妨記住此種的顯示。

步驟 4　觀察【Estimates】。

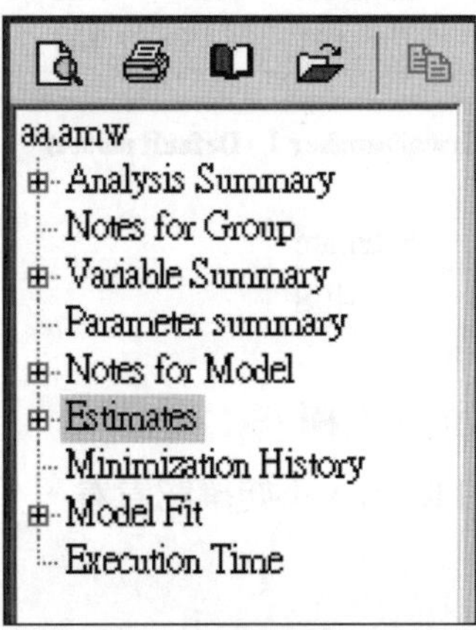

▲首先，觀察單向的路徑部分。從鬱悶到攻擊，從完美主義到攻擊的路徑似乎不顯著。

Regression Weights: (Group number 1 - Default model)

	Estimate	S.E.	C.R.	P	Label
鬱悶 <--- 完美主義	.590	.112	5.265	***	
生氣 <--- 完美主義	.378	.127	2.970	.003	
攻擊 <--- 完美主義	.008	.117	.065	.948	
攻擊 <--- 鬱悶	.015	.123	.122	.903	
攻擊 <--- 生氣	.583	.108	5.405	***	

Standardized Regression Weights: (Group number 1 - Default model)

	Estimate
鬱悶 <--- 完美主義	.565
生氣 <--- 完美主義	.361
攻擊 <--- 完美主義	.008
攻擊 <--- 鬱悶	.016
攻擊 <--- 生氣	.632

HINT：係數的輸出結果的項目順序，是取決於畫路徑圖的觀測變數的順序或畫箭線的順序而有所不同。

◆觀察共變異數與相關係數之相關

鬱悶與生氣的誤差間的相關是顯著。由於被認爲具有「感情」的共同因素，因之可以說是妥當的結果。

Covariances: (Group number 1 - Default model)

	Estimate	S.E.	C.R.	P	Label
e1 <--> e3	.421	.145	2.901	.004	

Correlations: (Group number 1 - Default model)

	Estimate
e1 <--> e3	.408

◆觀察複相關係數的平方欄。

因顯示有各自的 R^2 值，不妨確認看看。

Squared Multiple Correlations: (Group number 1 - Default model)

	Estimate
生氣	.130
鬱悶	.320
攻擊	.414

步驟 5 因在【Output】的選項中有勾選，所以接著輸出「Total Effects」、「Direct Effects」、「Indirect Effects」。不妨觀察標準化的數值看看。

◆首先是【Standardized Total Effects】。這是綜合地表示完美主義、生氣、鬱悶對其他的變數具有多少的影響力。

HINT：試觀察剛才的路徑圖。完美主義到攻擊，有直接影響的路徑，與經由鬱悶的路徑，以及經由生氣的路徑。將這些路徑的影響力全部綜合之後即為「綜合效果」。

Standardized Total Effects (Group number 1 - Default model)

	完美主義	生氣	鬱悶
生氣	.361	.000	.000
鬱悶	.565	.000	.000
攻擊	.245	.632	.016

◆其次，觀察標準化直接效果。這是表示未介入其他的變數，直接以單向箭線所連結之部分的影響力。

Standardized Direct Effects (Group number 1 - Default model)

	完美主義	生氣	鬱悶
生氣	.361	.000	.000
鬱悶	.565	.000	.000
攻擊	.008	.632	.016

◆其次，觀察標準化間接效果。這是表示介入其他的變數造成的影響。此次的路徑圖，是表示介入鬱悶及生氣後完美主義對攻擊造成的影響力。

經由變數的影響力，是要從路徑係數來計算。

譬如，

完美主義 → 生氣 → 攻擊：0.361 × 0.632 = 0.228

完美主義 → 鬱悶 → 攻擊：0.12.612. × 0.016 = 0.009

接著，綜合兩者時，

從完美主義到攻擊的間接效果 = 0.228 + 0.009 = 0.237

Standardized Indirect Effects (Group number 1 - Default model)

	完美主義	生氣	鬱悶
生氣	.000	.000	.000
鬱悶	.000	.000	.000
攻擊	.237	.000	.000

另外，完美主義到攻擊的直接效果是 0.008，因此介入鬱悶與生氣的影響力顯然較大。

11.4 改良模式——刪除路徑再分析

11.4.1 路徑圖的變更、輸出

觀察輸出似乎可知，由鬱悶到攻擊的路徑，以及由完美主義到攻擊的路徑幾乎都是 0。因此，想刪除此 2 條路徑再一次分析看看。

HINT：刪除此 2 條路與將此 2 條路徑固定成「0」是相同的。

步驟 1 按一下【View the input path diagram (model specification)】圖像（），使之成為能變更路徑圖的狀態。

步驟 2 按一下【Erase Objects】圖像（），刪除從鬱悶到攻擊以及從完美主義到攻擊的路徑。

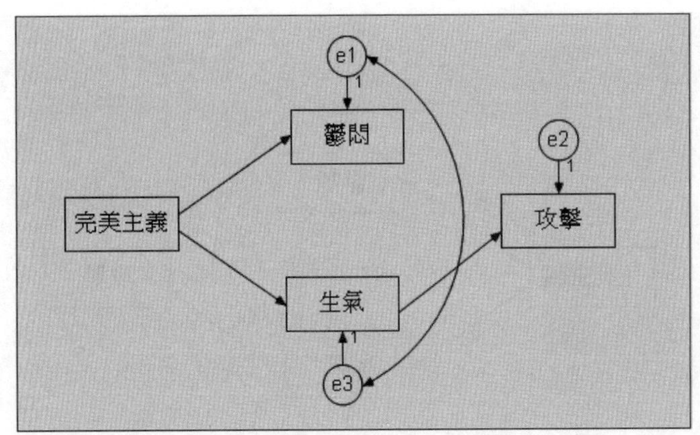

HINT：或者開啓【Object properties】，點選從鬱悶到攻擊的路徑，以及由完美主義到攻擊的路徑，在【Parameters】Tab 的【Regression Weight】的框內輸入「0」也行。

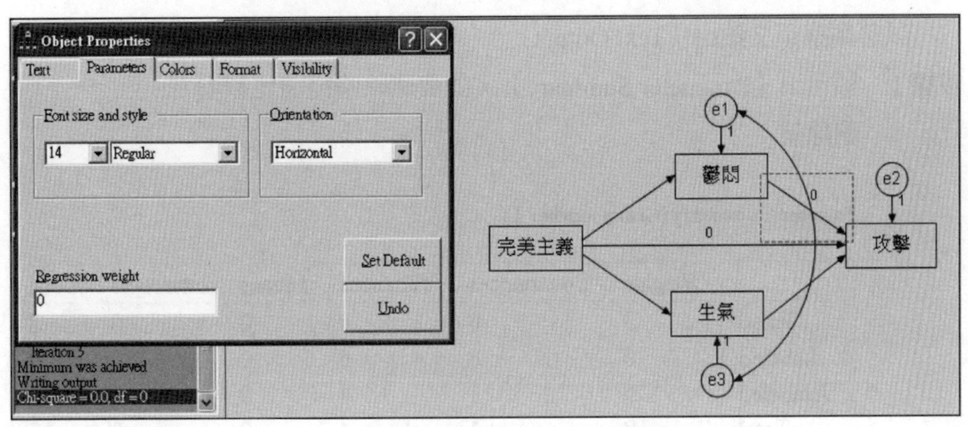

步驟 3　此處，請看刪除前者的路徑後所分析的結果。

顯示標準化估計值時，即爲如下。

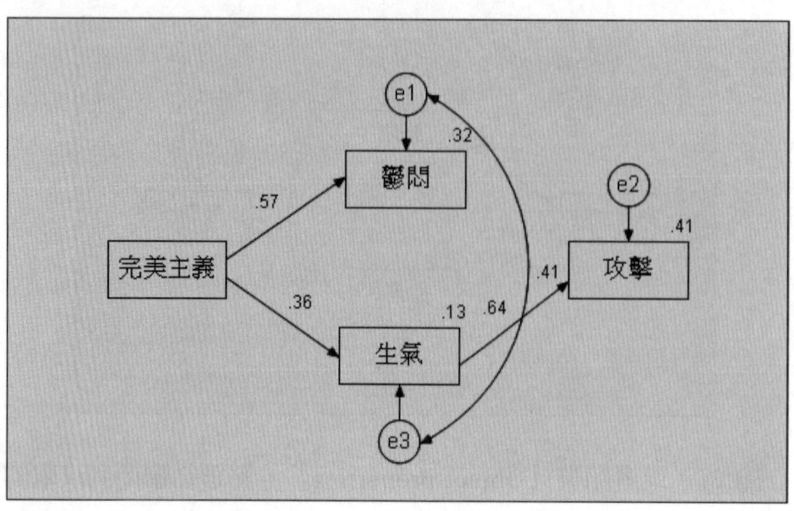

11.4.2 觀察 Text 輸出

試著觀察正文輸出（Text Output）。

步驟 1 顯示出【Parameter Summary】，並與刪除路徑前比較看看。

刪除前

Parameter summary (Group number 1)

	Weights	Covariances	Variances	Means	Intercepts	Total
Fixed	3	0	0	0	0	3
Labeled	0	0	0	0	0	0
Unlabeled	5	1	4	0	0	10
Total	8	1	4	0	0	13

刪除後

Parameter summary (Group number 1)

	Weights	Covariances	Variances	Means	Intercepts	Total
Fixed	3	0	0	0	0	3
Labeled	0	0	0	0	0	0
Unlabeled	3	1	4	0	0	8
Total	6	1	4	0	0	11

步驟 2　也比較【Notes for model】的輸出看看。

刪除前

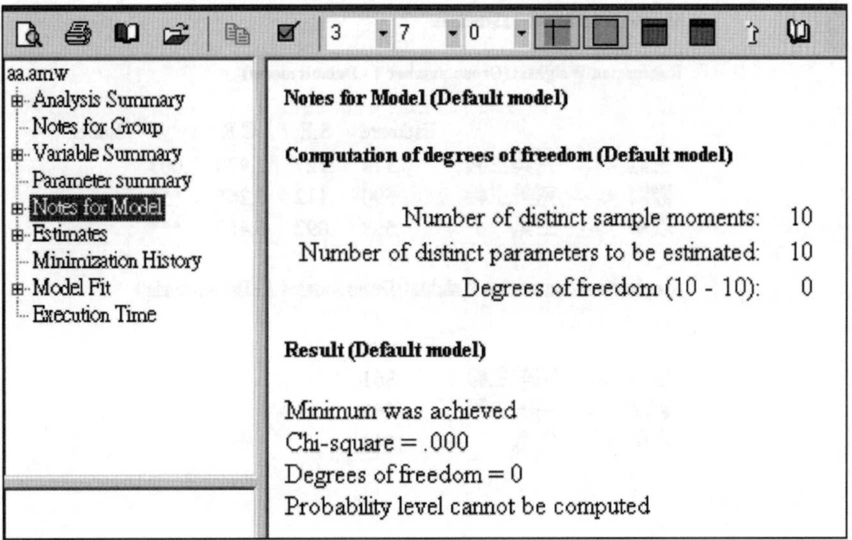

刪除後

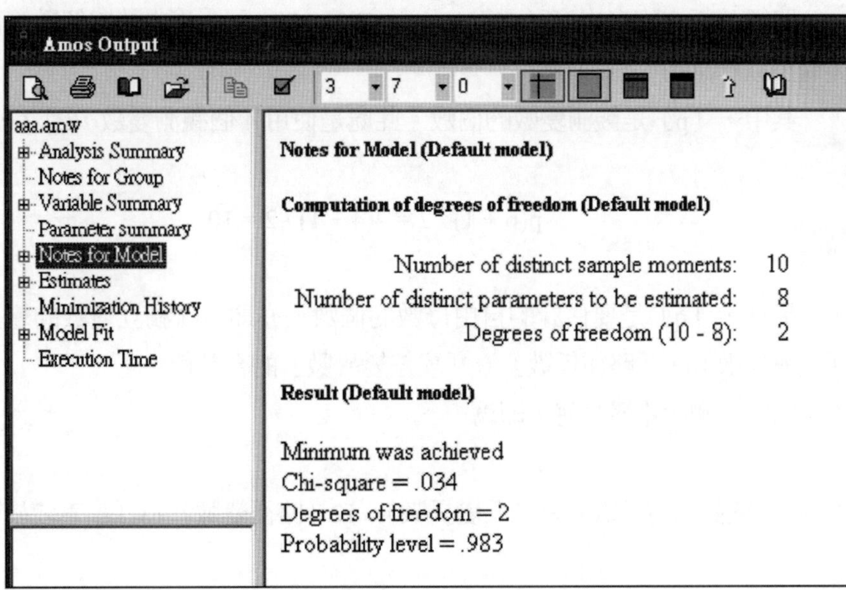

自由度之值從 0 變成 2，知可以計算出卡方之值（Chi-square）。

步驟 3　在【Estimates】方面，被刪除的路徑，其結果當然就未被輸出。

Maximum Likelihood Estimates

Regression Weights: (Group number 1 - Default model)

	Estimate	S.E.	C.R.	P	Label
生氣 <--- 完美主義	.378	.127	2.970	.003	
鬱悶 <--- 完美主義	.590	.112	5.265	***	
攻擊 <--- 生氣	.593	.092	6.457	***	

Standardized Regression Weights: (Group number 1 - Default model)

	Estimate
生氣 <--- 完美主義	.361
鬱悶 <--- 完美主義	.565
攻擊 <--- 生氣	.643

解說：路徑分析中的自由度

刪除路徑之前與之後的自由度是有所不同的，刪除 2 條路徑後，自由度增加 2，似乎可以看出與路徑的個數有關係。

路徑分析中的自由度（df：degree of freedom），並非數據個數，而是對路徑圖加以計算的。

其中，「p」是觀測變數的個數。此處是使用 4 個觀測變數，因之，

$$p(p + 1) / 2 = 4(4 + 1) / 2 = 10$$

另外，「q」是要估計的自由母數的個數，亦即是「獨立變數的變異數」、「共變異數」、「路徑係數」、「誤差變異數」的合計值。

因此，刪除路徑之前，即爲

1（獨立變數的變異數）+1（共變異數）+12（路徑變數）+3（誤差變異數）= 10

因此，

刪除路徑之前的自由度是 10 – 10 = 0，

刪除路徑之後的自由度是 10 – 8 = 2。

Text 輸出的自由度的計算，是記載此內容。

HINT：要記住自由度成為負的模式是無法分析的。譬如，如下的路徑圖的自由度是「–1」，無法分析。

出現「模式無法識別，需要再限制 1 個」的警告（The model is probably unidentified. In order to achieve identifiability, it will probably be necessary to impose 1 additional constraint.）。

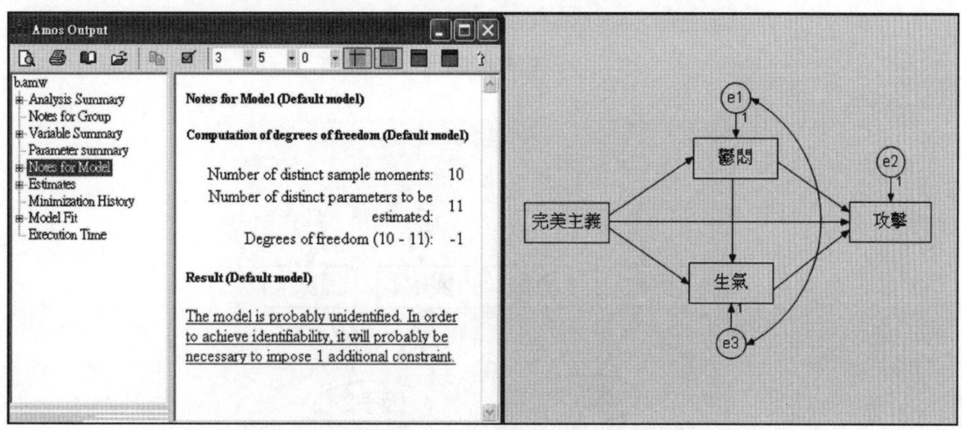

自由度≧ 0 是模式可被識別的「必要條件（最低限的條件）」，但「並非充分條件」，換言之，即使滿足自由度≧ 0，模式也未必能識別。下圖的 (A) 是未能被識別，下圖的 (B) 是可以被識別。亦即，圖 (A) 的參數有 b_1、b_2、b_3、b_4、v_1、v_2、v_3、v_4、c 等 9 個，樣本共變異數的個數有 4×(4 + 1)/2 = 10，滿足自由度 (10 – 9 = 1) ≧ 0，但此模式卻未能被識別，此外參數個數即使相同，依路徑的連結方式之不同，可被識別的模式也有，未能被識別的模式也有。

很遺憾地，自己建立的模式僅管滿足必要條件，但是，模式是否能識別，顯然並無容易判別的方法。Amos 在執行計算的過程中可察知並能告知，依賴它或許是一條捷徑吧！

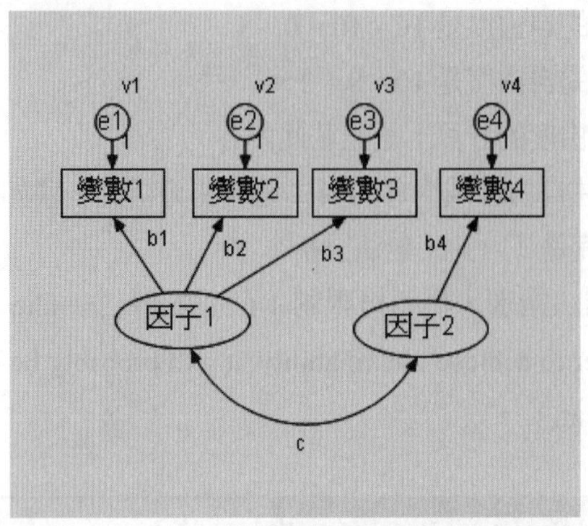

A. 未能識別

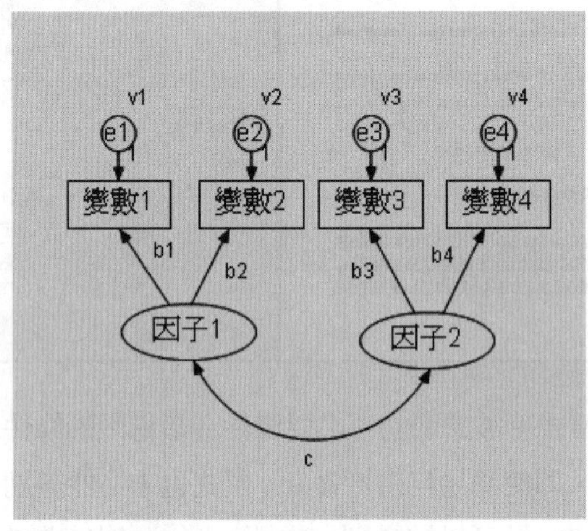

B. 可被識別

解說：獨立模式與飽和模式

請看 Text 輸出的「Model fit」的部分。此處所顯示的適合度指標容後說明。

在此處所顯示的表中，除 Default Model（此次所分析的路徑圖模式）之外，也顯示有飽和模式（Saturated）和獨立模式（Independence）。

CMIN

Model	NPAR	CMIN	DF	P	CMIN/DF
Default model	8	.034	2	.983	.017
Saturated model	10	.000	0		
Independence model	4	73.257	6	.000	12.209

所謂**飽和模式**是自由度成為 0 且值（上表的 CMIN 之值）成為 0 的模式。

另外，原本是不存在自由度 0 的值，但方便上 Amos 則表記成 0。

所謂**獨立模式**是觀測變數之間假定全無關聯的模式。自由度是從最大的 p(p + 1) / 2 = 10 減去 4 個觀測變數的變異數而成為「6」。

本節所探討的最初模式是自由度 0 的飽和模式。那麼，其他的飽和模式是否不存在呢？也不盡然。

譬如，以下的路徑圖利用相同的數據也成為飽和模式。

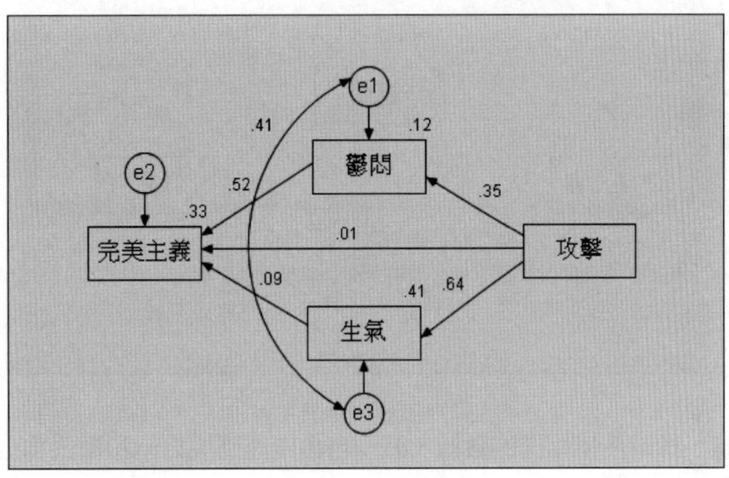

並且，以下的路徑圖也是飽和模式。

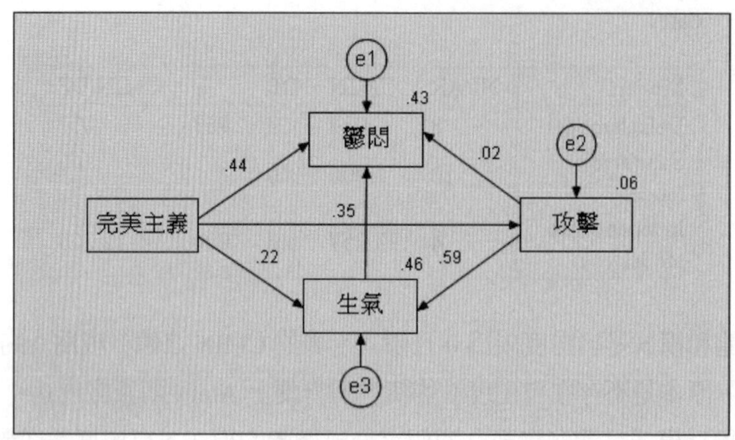

本章最初的路徑圖與這些的路徑圖的箭線方向是完全不同的，路徑係數也有不同，但均為飽和模式。

另一方面，以下的模式是獨立模式（未標準化估計值）。

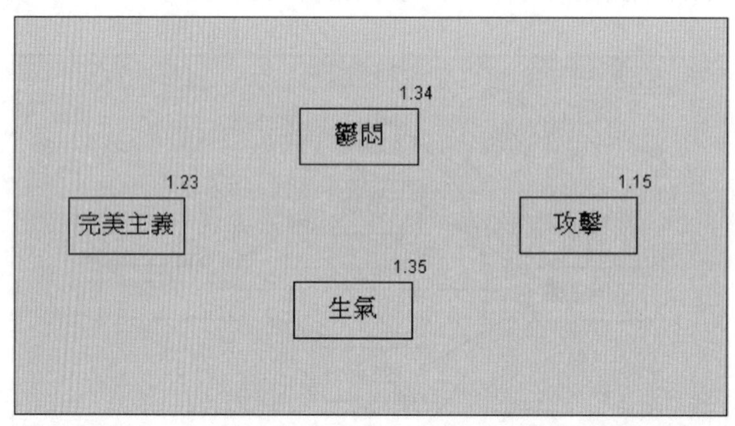

像這樣，即時使用相同的數據，減少自由度直到成為飽和模式為止，也可以由獨立模式慢慢增加路徑。

可是，在飽和模式之間，哪一個模式較優，無法基於適合度指標來判斷。在研究上，實質的模式是介於飽和模式與獨立模式之間。

解說：各種適合度指標

在 Amos 的【Text Output】中按一下【Model Fit】時，可以見到許多的適合度指標。一面參考這些適合度指標一面去改良模式。

解說 1：χ^2 值

χ^2 值（CMIN）愈小愈好。顯著機率（P）最好不顯著，但即使顯著也無問題。「CMIN/DF」是 χ^2 值除以自由度後之值，可視爲愈小愈好。

CMIN

Model	NPAR	CMIN	DF	P	CMIN/DF
Default model	8	.034	2	.983	.017
Saturated model	10	.000	0		
Independence model	4	73.257	6	.000	12.209

解說 2：**GFI（Goodness of Fit Index），AGFI（Adjust GFI）**

GFI 與 AGFI 的值是愈大愈好。在飽和模式中 GFI 成爲 1.00，GFI 與 AGFI 被視爲愈接近 1.00 愈好，AGFI 是修正 AGI 之後的值，比 GFI 之值小。一般比 0.90 大時，被視爲模式的適配佳。

RMR, GFI

Model	RMR	GFI	AGFI	PGFI
Default model	.008	1.000	.999	.200
Saturated model	.000	1.000		
Independence model	.462	.604	.339	.362

解說 3：**NFI（Normed Fit Index）與 CFI（Comparative Fit Index）**

NFI 與 CFI 是表示所分析的模式是位於獨立模式與飽和模式之間的哪一個位置。愈接近 1 愈好，比 0.90 大可視爲是好的模式。

Baseline Comparisons

Model	NFI Delta1	RFI rho1	IFI Delta2	TLI rho2	CFI
Default model	1.000	.999	1.028	1.088	1.000
Saturated model	1.000		1.000		1.000
Independence model	.000	.000	.000	.000	.000

解說 4：RMSEA（Root Mean Square Error of Approximation）

RMSEA 愈小愈好。一般最好是在 0.012 以下，如在 0.1 以上時，被視爲不佳。

RMSEA

Model	RMSEA	LO 90	HI 90	PCLOSE
Default model	.000	.000	.000	.985
Independence model	.436	.350	.528	.000

解說 5：AIC（Akaike's Information Criterion：赤池資訊量基準）

AIC 或 CAIC 並非絕對的基準。比較數個模式時，值愈小的模式被判斷是愈好的一種指標。

AIC

Model	AIC	BCC	BIC	CAIC
Default model	16.034	17.516	32.789	40.789
Saturated model	20.000	21.852	40.943	50.943
Independence model	81.257	81.998	89.634	93.634

模式中檢定不顯著的參數，表示此參數在模式中不具重要性，爲達模式簡約之目的，這些不顯著的參數最好刪除，參數顯著與否與樣本觀測值的大小也有關係。在基本適配度方面的評鑑項目上是否沒有負的誤差變異量、因素負荷量是否介於 0.12 至 0.912 之間、是否沒有很大的標準誤。

■模式內在品質檢定摘要表

評鑑項目	模式適配判斷
所估計的參數均達到顯著水準	t 絕對值 >1.96（p<0.012）符號與期望相符
個別項目的信度（標準化係數的平方）	>0.12
潛在變數的平均抽取量 *參第 9 章	>0.12
潛在變數的組合信度 *參第 9 章	>0.60

評鑑項目	模式適配判斷
標準化殘差的絕對值	<2.12
修正指標	<3.84 或 <4

■整體適配度摘要表

統計檢定量	適配的標準或臨界值
絕對適配度指數	
χ^2 值（CMIN）	此值愈小，或 P > 0.012，表示整體模式與實際資料愈適配，（接受虛無假設，表示模式與樣本資料間可以契合）
RMR 值	<0.012
RMSEA 值	<0.08（若 <0.012 優良；<0.08 良好）
GFI 值	>0.90 以上
AGFI 值	>0.90 以上
增值適配度指數	
NFI 值	>0.90 以上
RFI 值	>0.90 以上
IFI 值	>0.90 以上
TLI 值（NNFI 值）	>0.90 以上
CFI 值	>0.90 以上
簡約適配度指數	
PGFI 值	>0.12 以上
PNFI 值	>0.12 以上
PCFI 值	>0.12 以上
CN 值	>200
χ^2 自由度比（$\chi^2 \div df$，也稱為規範卡方，NC：Normed Chi-square）	<2
AIC 值	理論模式值小於獨立模式值，且小於飽和模式值
ECVI 值	理論模式值小於獨立模式值，且小於飽和模式值

11.5 以 SPSS 分析看看——分析數個因果關係鏈

11.5.1 計算相關係數

首先計算完美主義、鬱悶、生氣、攻擊的相關係數。

步驟 1 啓動 SPSS，選擇【檔案 (F)】⇨【開啓舊檔 (O)】⇨【資料 (D)】。

在【開啓檔案】視窗中，讀取與先前相同的數據。

步驟 2 選擇【分析 (A)】⇨【相關 (C)】⇨【雙變數 (B)】。

步驟 3 在【變數 (U)】的框內指定完美主義、鬱悶、生氣、攻擊，按【確定】。

◆結果得出如下。4 個得分相互之間有正的相關關係。但是，完美主義與攻擊的相關係數略低。

Correlations

		完美主義	鬱悶	生氣	攻擊
完美主義	Pearson Correlation	1	.565**	.361**	.245
	Sig. (2-tailed)		.000	.005	.059
	N	60	60	60	60
鬱悶	Pearson Correlation	.565**	1	.518**	.348**
	Sig. (2-tailed)	.000		.000	.006
	N	60	60	60	60
生氣	Pearson Correlation	.361**	.518**	1	.643**
	Sig. (2-tailed)	.005	.000		.000
	N	60	60	60	60
攻擊	Pearson Correlation	.245	.348**	.643**	1
	Sig. (2-tailed)	.059	.006	.000	
	N	60	60	60	60

**. Correlation is significant at the 0.01 level (2-tailed).

11.5.2 進行複迴歸分析

進行由完美主義到鬱悶的迴歸分析。

步驟 1　選擇【分析 (A)】⇨【迴歸方法 (R)】⇨【線性】。

步驟 2　【依變數 (D)】指定鬱悶，【自變數 (I)】指定完美主義，按【確定】。

◆標準迴歸係數（β）是 0.565（P < 0.001），R^2 是 0.320（P < 0.001）。

模式摘要

模式	R	R 平方	調過後的 R 平方	估計的標準誤
1	.565[a]	.320	.308	.970

a. 預測變數:(常數), 完美主義

Anova[b]

模式		平方和	df	平均平方和	F	顯著性
1	迴歸	25.633	1	25.633	27.255	.000[a]
	殘差	54.550	58	.941		
	總數	80.183	59			

a. 預測變數:(常數), 完美主義

b. 依變數: 鬱悶

係數[a]

模式		未標準化係數		標準化係數	t	顯著性
		B 之估計值	標準誤差	Beta 分配		
1	(常數)	1.220	.325		3.759	.000
	完美主義	.590	.113	.565	5.221	.000

a. 依變數: 鬱悶

其次，進行由完美主義到生氣的迴歸分析。

步驟 3　再次選擇【分析 (A)】⇨【迴歸方法 (R)】⇨【線性 (L)】。

步驟 4　【依變數 (D)：】指定生氣，【自變數 (I)：】指定完美主義，按【確定】。

◆標準值迴歸係數（β）是 0.361（P < 0.001），R^2 是 0.130（P < 0.001）。

模式摘要

模式	R	R 平方	調過後的 R 平方	估計的標準誤
1	.361[a]	.130	.115	1.102

a. 預測變數:(常數), 完美主義

Anova[b]

模式		平方和	df	平均平方和	F	顯著性
1	迴歸	10.531	1	10.531	8.670	.005[a]
	殘差	70.452	58	1.215		
	總數	80.983	59			

a. 預測變數:(常數), 完美主義

b. 依變數: 生氣

係數[a]

模式		未標準化係數		標準化係數	t	顯著性
		B 之估計值	標準誤差	Beta 分配		
1	(常數)	1.515	.369		4.106	.000
	完美主義	.378	.128	.361	2.944	.005

a. 依變數: 生氣

其次，以完美主義、鬱悶、生氣爲獨立變數，攻擊爲依變數，進行複迴歸分析（參 11.3.1 的圖形）。

步驟 5　選擇【分析 (A)】⇨【迴歸方法 (R)】⇨【線性 (L)】。

步驟 6　【依變數 (D)】指定攻擊，【自變數 (I)】指定完美主義、鬱悶、生氣，按【確定】。

◆由完美主義到攻擊：$\beta = 0.008$, n.s.

由鬱悶到攻擊：$\beta = 0.016$, n.s.

由生氣到攻擊：$\beta = 0.632$, n.s.

攻擊的 $R^2 = 0.414$, $P < 0.01$。

模式摘要

模式	R	R 平方	調過後的 R 平方	估計的標準誤
1	.644[a]	.414	.383	.848

a. 預測變數:(常數), 生氣, 完美主義, 鬱悶

Anova[b]

模式		平方和	df	平均平方和	F	顯著性
1	迴歸	28.533	3	9.511	13.211	.000[a]
	殘差	40.317	56	.720		
	總數	68.850	59			

a. 預測變數:(常數), 生氣, 完美主義, 鬱悶

b. 依變數: 攻擊

係數[a]

模式		未標準化係數		標準化係數	t	顯著性
		B 之估計值	標準誤差	Beta 分配		
1	(常數)	.921	.334		2.760	.008
	完美主義	.008	.120	.008	.064	.949
	鬱悶	.015	.126	.016	.118	.906
	生氣	.583	.111	.632	5.266	.000

a. 依變數: 攻擊

11.5.3 計算偏相關係數

計算鬱悶與生氣的誤差之間的相關，換而言之，「控制完美主義對鬱悶與生氣的偏相關係數」。

步驟 1 選擇【分析 (A)】⇨【相關 (C)】⇨【偏相關 (R)】。

步驟 2 於【變數 (V)】中指定鬱悶與生氣。

【控制的變數 (C)】指定完美主義。

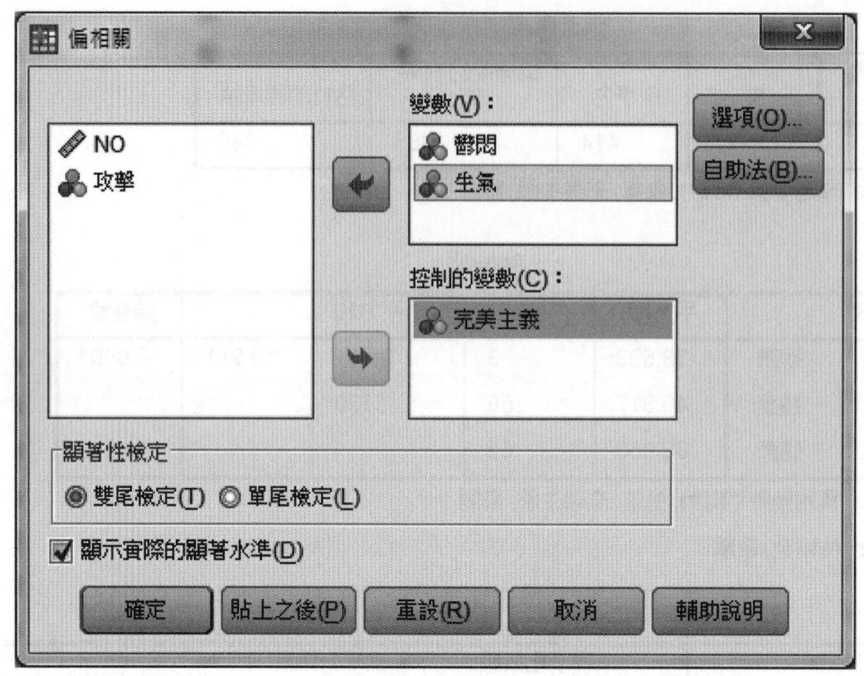

按【確定】。

◆偏相關係數是 0.408（P < 0.001）。

相關

控制變數			鬱悶	生氣
完美主義	鬱悶	相關	1.000	.408
		顯著性 (雙尾)	.	.001
		df	0	57
	生氣	相關	.408	1.000
		顯著性 (雙尾)	.001	.
		df	57	0

11.5.3 將結果置入路徑途中

將目前以 SPSS 分析的結果表示在路徑圖中時，即為如下。

與 11.4 節的結果，可以說幾乎是相同之值。

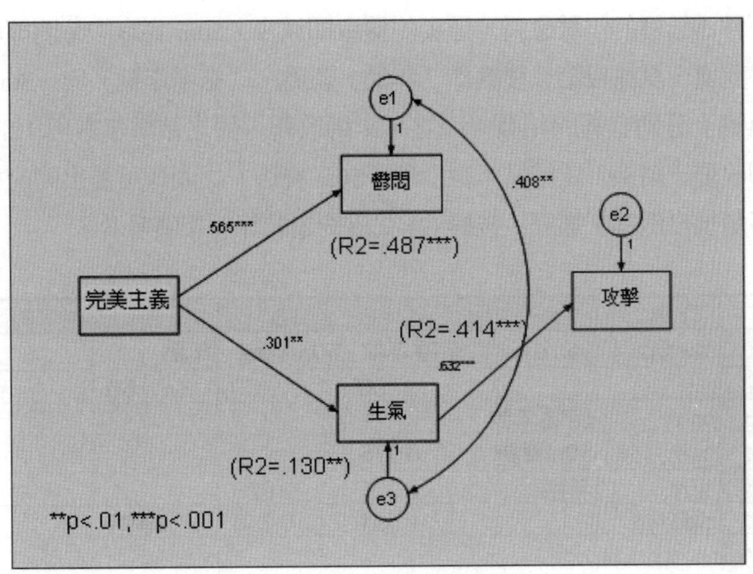

STEP UP：偏相關（partial correlations）

所謂偏相關（partial correlations）是機率變數有 3 個時，在 x，y，z 中，去除 z 之影響後 2 個變數 x，y 之相關。變數間的相關分別設爲 r_{xy}，r_{yz}，r_{xz} 時，偏相關係數 $r_{xy.z}$ 可用下列式子 (1) 求之。

$$r_{xy.z} = \frac{r_{yx} - r_{yz} - r_{xz}}{\sqrt{(1 - r_{yz}^2)(1 - r_{xz}^2)}} \qquad (1)$$

那麼，試以實際的數據考慮偏相關之意義。使用下圖的體力數據「11_strength.xls」。

數據概要	這是以 20 世代到 40 世代的男性 50 人為對象，就生活狀況與體力所調查的虛構數據。
變數	「結婚年數」：(x) 「50m 賽跑」：50m 賽跑的時間（y） 「年齡」：(z)

由圖 11.1 知，「結婚年數」與「50m 賽跑」有甚高的相關，高達 0.8712。

這可以解釋爲結婚的年數愈長，運動的機會即減少，50m 賽跑的時間即增加（變慢）嗎？此處，試注視第 3 變數即「年齡」看看。「結婚年數」與「50m 賽跑」均與「年齡」分別有高的相關。因之，年齡改變，隨之結婚年數與 12.0 米賽跑的時間即改變，結果，「結婚年數」與「50m 賽跑」之間即可看出高的相關，如此解釋不是很自然嗎？那麼，根據 (2) 式以例題計算偏相關看看。

	A	B	C	D	E	F
1	rowtype_	varname_	結婚年数	50m賽跑	年齡	
2	n		50	50	50	
3	corr	結婚年数	1			
4	corr	50m賽跑	0.875	1		
5	corr	年齡	0.901	0.923	1	
6	stddev		1.534	0.750	2.794	
7						

圖 11.1　體力數據「11_strength.xls」

例題

以圖的相關矩陣為依據，去除「年齡」的影響時，試求「結婚年數」與「50m 賽跑」之相關。

例題的偏相關係數由 $r_{xy} = 0.8712$，$r_{yz} = 0.932$，$r_{xz} = 0.901$，得

$$r_{xy\cdot z} = \frac{0.875 - 0.901 \times 0.923}{\sqrt{\{1-(0.901)^2\}\{1-(0.923)^2\}}} = 0.\ 260 \qquad (2)$$

偏相關係數 0.260，去除「年齡」的影響時，「結婚年數」與「50m 賽跑」的相關爲 0.6112 也降低了（= 0.8712 – 0.260）。所謂去除「年齡」的影響，是指「年齡」相同的人之間的比較。亦即，意指在「年齡」相同的條件下的「結婚年數」與「50m 賽跑」的相關。如本例題所示，儘管「結婚年數」與「50m 賽跑」的兩變數之間並無相關，反映「年齡」的影響而在外表上的相關卻變高，此稱爲**假相關**（spurious correlation）。

其次，以手計算所求出的例題的結果試以 Amos 確認看看。Amos 是畫出如下圖 11.2 的路徑圖，執行多**變量迴歸分析**（multivariate regression analysis）即可求出偏相關。所謂多變量迴歸分析是指基準變數有 2 個以上的迴歸分析。

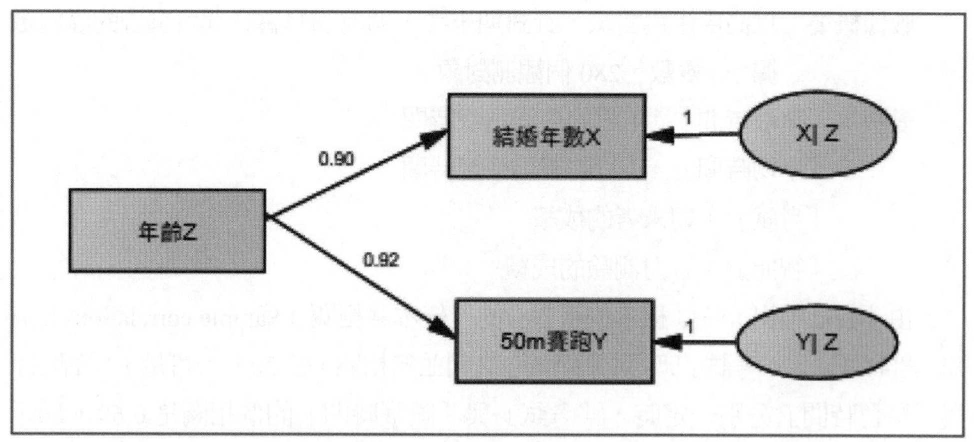

圖 11.2　偏相關的圖示（標準化估計值「strength1.amw」）

在圖 11.2 中，去除「年齡」之影響後的「結婚年數」以 x｜z 表示，去除「年齡」之影響後的「50m 賽跑」以 y｜z 表示。因此，「結婚年數」與「50m 賽跑」之偏相關即爲 x｜z 與 y｜z 之相關。之後，與表同樣的步驟分析看看。分析的結果，x｜z與y｜z之相關的估計值是 0.260（圖 11.2）。手計算也好，Amos 也好，偏相關均爲 0.260，但 Amos 可以簡單求出。

例題中已計算出變數 3 個時的偏相關，但對於變數在 3 個以上時也可從同樣的公式求出。可是，去除影響之變數的個數愈增加，計算也就愈麻煩。因此，以 Amos 進行多變量迴歸分析時，可以輕鬆地求出變數甚多時的偏相關。實際執行去除影響的變數甚多時的多變量迴歸分析看看。分析時使用「學習時間的數據」（「11_studytime. xls」）」。如圖 11.3，在 的「輸出」Tab 中，勾選「標準化的估計值」、「樣本的積率（ Sample moment）」後執行分析。

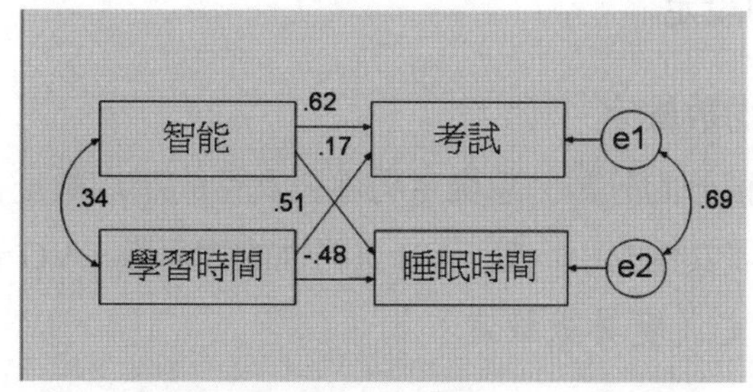

圖 11.3　路徑圖與標準化估計值「studytime1.amw」

數據概要：以高中生爲對象，針對期末考 1 週前的學習時間所調查的虛構數據。4 變數，280 個觀測對象。

變數：「睡眠時間」：1 日的平均睡眠時間
「平均時間」：1 日的平均學習時間
「考試」：期末考的成績
「智能」：智力測驗的成績

由「Text 輸出」→「樣本的積率」的「樣本共相關（Sample correlations）」知（圖 11.4），「考試」與「睡眠時間」之間並無相關（0.020）。可是，「智能」與「學習時間」分別一定時，「考試」與「睡眠時間」的偏相關是 0.69。顯示出有相關（圖 11.3）。此處並非解釋成「考試」與「睡眠時間」之間無相關，如「智能」與「學習時間」均相同時，有足夠的睡眠，考試的成績會比較好，如此解釋是適切的。像這樣，只是外表的相關會導致錯誤的解釋，因之求偏相關是非常重要的。

Sample Correlations (group1)

	學習時間	智能	睡眠時間	考試
學習時間	1.000			
智能	.341	1.000		
睡眠時間	-.423	.004	1.000	
考試	.722	.791	.020	1.000

圖 11.4　樣本的共相關

【附錄】

註 1 等置限制的設定

■單一變數的平均數檢定

譬如 Y1 表微積分的分數。想檢定男性與女性的平均數是否相同。MB 表男性的平均數，MG 表女性的平均數，VB 表男性的變異數，VG 表女性的變異數。

(1) 均質性檢定（變異數檢定）

VB = VG

P 值不顯著，即接受男性、女生兩群微積分成績有均質性。

(2) 平均性檢定

在均質下

設 MG = MB

P 值不顯著，即接受男性、女生兩群微積分成績平均數相同。

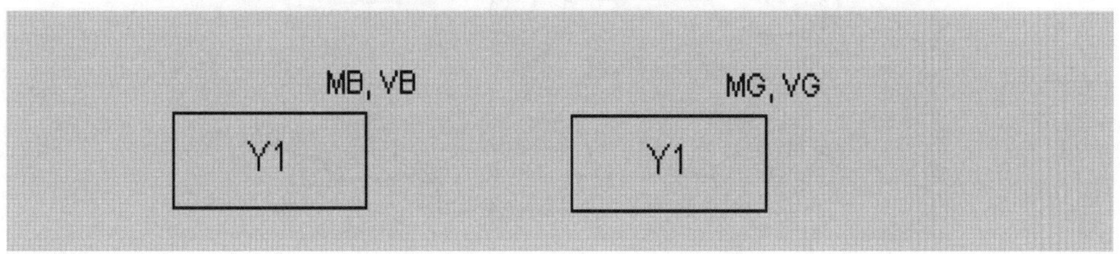

一般 ANOVA（平均數檢定）都是在均質性下進行，但 Amos 也可在異質性下執行平均數檢定，設 H_0：MB = MG，若 p 值顯著，即表平均數不同。

■兩個變數的平均數檢定，即多變量的平均數檢定（稱爲多變量變異數分析（MANOVA））

(1) 均質性檢定

V1 = V2

C12 = C12

P 值不顯著，即接受共變異數矩陣相同。

(2) 平均性檢定

在均質下

設 MG1 = MB2, MG2 = MB2

P 值不顯著，可視爲均質。

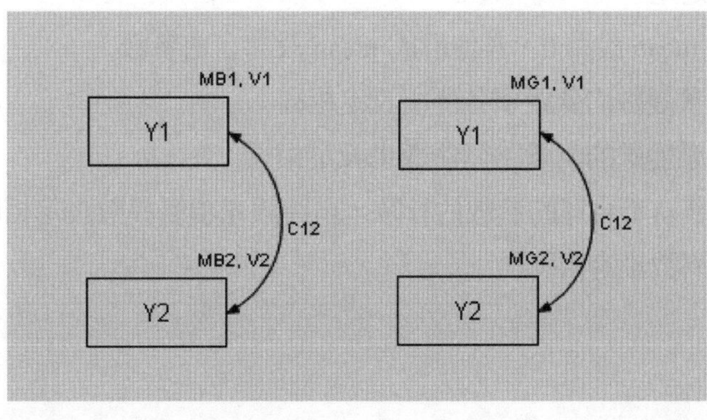

■多群組如指定有平均數・截距項估計，可以使用以下的設定法

MB 表男性的平均數，MG 表女性的平均數，VB 表男性的變異數，VG 表女性的變異數。IB 表男性的截距，IG 表女性的截距。

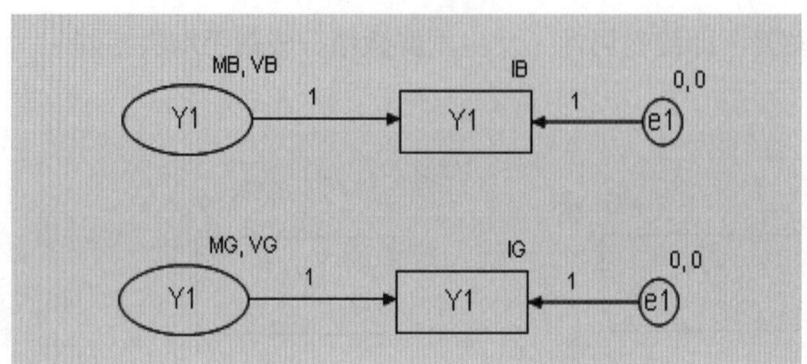

(1) **均質性檢定**

MB = MG = 0，

or MB = 0, IB = IG，

or MB = 0, IG = 0，

or MB = MG, IG = 0，

or IB = IG = 0

P 值不顯著，可視為均質。

(2) **平均性檢定**

在均質之下，

設 MB = MG, IB = IG

P 值不顯著，男生、女生兩群平均數可視為相同。

■一般對多群平均數之檢定

常用的設定是

1. 在某一群的 mean 設為 0，其他群的 mean 設為自由參數
2. 而每一個測量變數的截距項各群組設定相同
3. 且每一個測量變數的測量路徑係數也設定相同

上述設定若有不合理的參數估計時，再將誤差項變異數設定相同，甚至再將觀測變項的變異數設定相同。

Amos 內設是先檢查平均數相等，再檢定變異數相等，如要先檢定均質性再對平均數進行統計檢定，可點選，出現

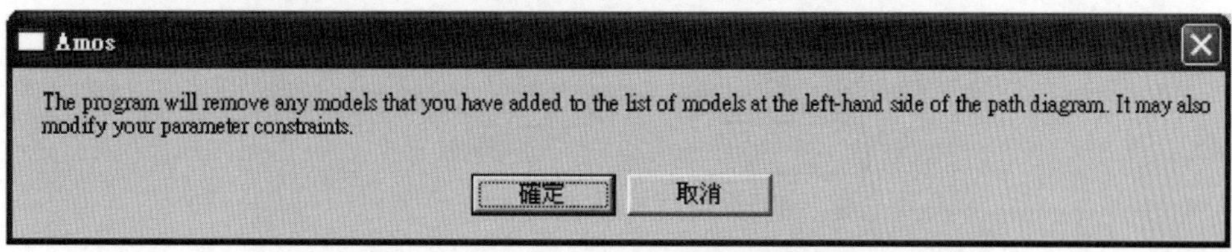

按確定後，改變設定 Multiple-Group Analysis 內設模式，例如將 Structural Covariance 打 ☑。

Multiple-Group Analysis

Parameter Subsets	Models 1	2	3	4	5	6	7
Measurement weights	☐	☐	☐	☐	☐	☐	☐
Measurement intercepts	☐	☐	☐	☐	☐	☐	☐
Structural weights	☐	☐	☐	☐	☐	☐	☐
Structural intercepts	☐	☐	☐	☐	☐	☐	☐
Structural means	☐	☐	☐	☐	☐	☐	☐
Structural covariances	☑	☐	☐	☐	☐	☐	☐
Structural residuals	☐	☐	☐	☐	☐	☐	☐
Measurement residuals	☐	☐	☐	☐	☐	☐	☐

■交互作用的問題

可分成以下 3 中情形來說明。

(1) 變數均為觀測變數

基本上交互作用是以 2 個變數的交叉相乘項，例如 X1（數學），X2（物理），Y（微積分）為觀測變數，則交互作用項為 X1×X2，然後以 2 個變數及交互作用為外生變數的 SEM 來進行。

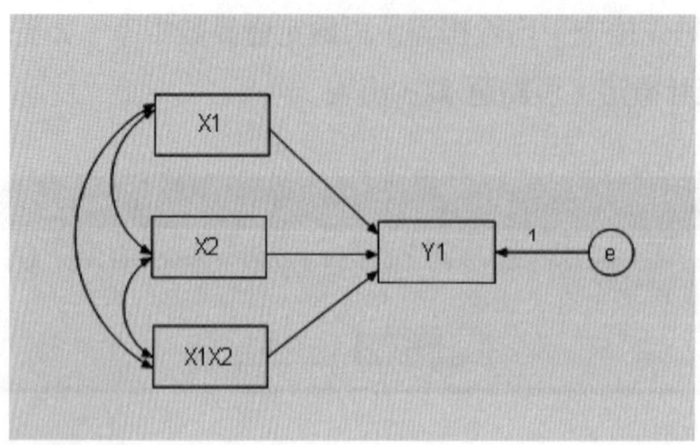

(2) 一個是觀測變數，一個是潛在變數

例如 X1（數學），X2（物理），X3（國文）Y（微積分）爲觀測變數，由於數理能力是潛在變數，所以交互作用也是潛在變數，如其測量系統以 X1X3，X2X3 爲測量變數。

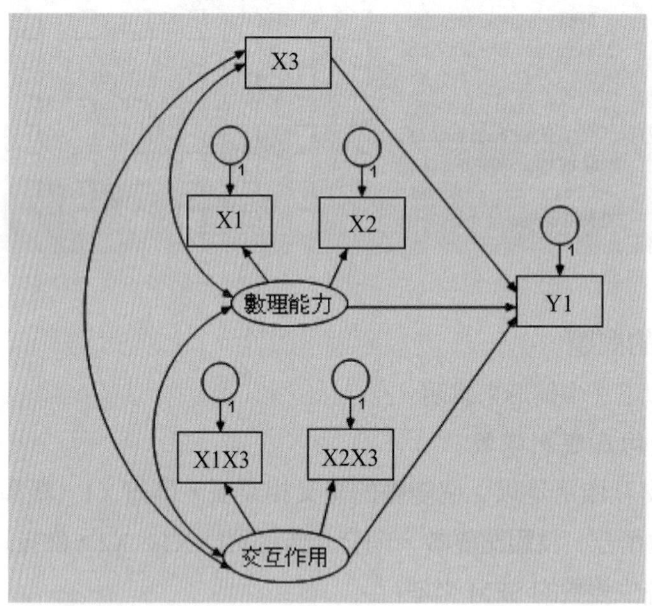

(3) 兩個都是潛在變數

引入交互作用項到模式內有可能會造成違反多變量常態分配的假定，這表示 ML 法參數估計並不合適，下面提出一個較簡單的方法，此方法有 3 個步驟：

1. 以允許因素間有相關的 CFA 模式進行估計；2. 計算因素得分也計算因素間的交互作用；3. 以因素得分執行有交互作用項的迴歸式（評價、態度、評價態度交互作用對意願迴歸式）。

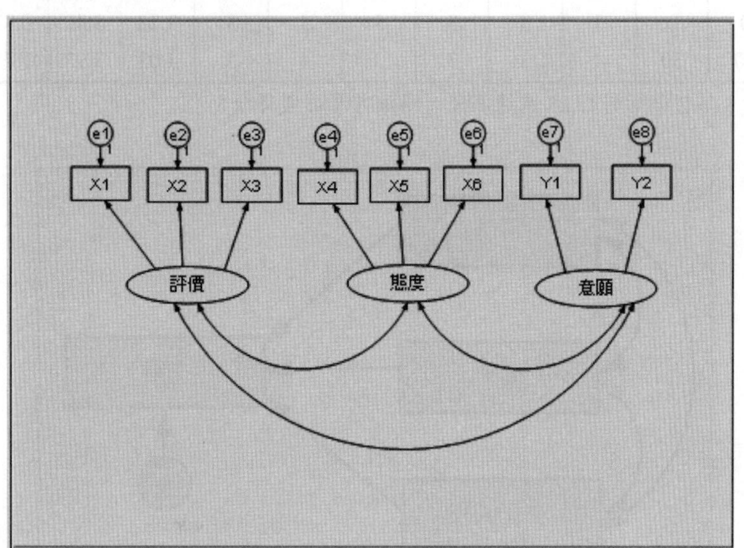

NO	Y1	Y2	X1	X2	X3	X4	X5	X6	態度	評價	意願	交互作用
1	50	0	4	4	4	4	4	4	4.44	4.58	2.08	20.38
2	0	10	5	4	4	4	*	2	*	*	*	*
3	0	5	3	2	3	4	4	4	4.28	3.22	1.11	13.79
4	0	0	4	2	4	3	2	3	2.71	3.96	0.72	10.73
5	80	100	4	3	2	5	4	4	4.93	3.63	3.55	17.92
6	70	50	4	5	5	4	4	4	4.58	5.26	2.91	24.07
7	50	90	4	4	4	5	4	4	4.86	4.63	2.91	22.51
8	0	0	3	3	3	2	2	3	2.39	3.36	0.64	8.05
9	0	10	3	4	4	4	4	5	4.53	4.12	1.23	18.65
10	0	0	4	3	3	3	2	3	2.70	3.81	0.72	10.32
11	30	70	2	2	2	5	5	5	5.48	2.49	246	13.70
12	25	75	4	4	4	4	4	4	4.47	4.59	2.22	20.50
13	0	0	4	4	4	3	2	3	2.71	4.01	0.72	10.88
14	0	25	3	3	4	4	4	4	4.33	4.30	1.31	18.63
15	0	5	4	4	4	3	3	3	3.26	4.48	0.90	14.60

NO	Y1	Y2	X1	X2	X3	X4	X5	X6	態度	評價	意願	交互作用
16	0	20	4	4	4	4	4	5	4.55	5.55	1.33	20.75
17	0	25	4	4	4	4	4	3	4.10	4.09	1.26	16.82
18	0	0	3	3	3	3	3	3	3.23	3.40	0.83	1099
19	20	30	4	3	3	3	4	5	4.03	3.92	1.71	16.90

* 表遺漏值。第 2 筆資料的 x5 爲遺漏值，無法計算因素得分。

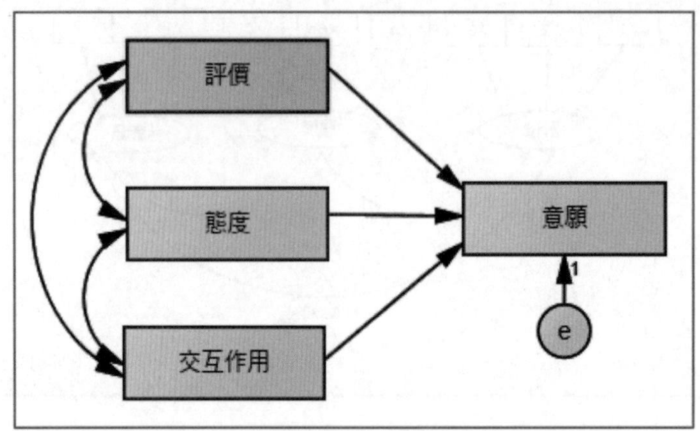

上述方法並非是 SEM 模式中有交互作的唯一作法，它只是對有交互作用的問題提供一個實務上解決的方之一。

【非標準化解】

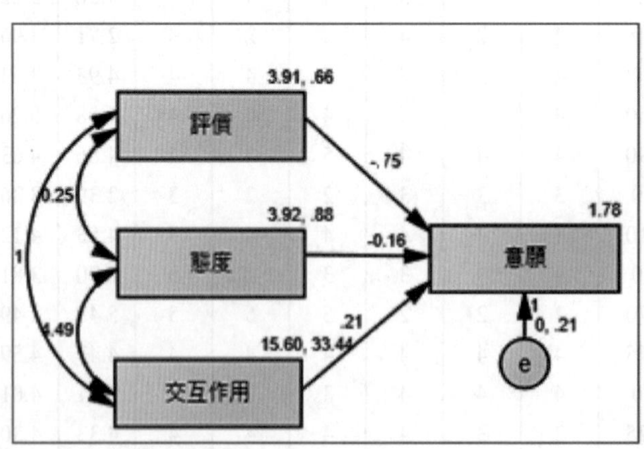

【標準化解】

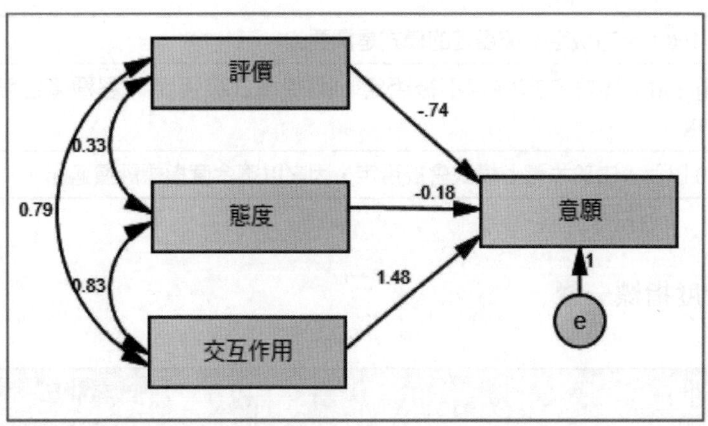

模式 $R^2 = 0.70$

評價與態度的交互作用對意願的路徑係數 = 1.48，顯示評價與態度確實有交互作用存在。

註 2 標準化設定與未標準化設定

設定外生變數的變異數爲 1 的方式稱爲標準化設定，設定外生變數到觀測變數的路徑係數爲 1 的方式稱爲未標準化設定。兩種設定所得的標準解都是相同的。

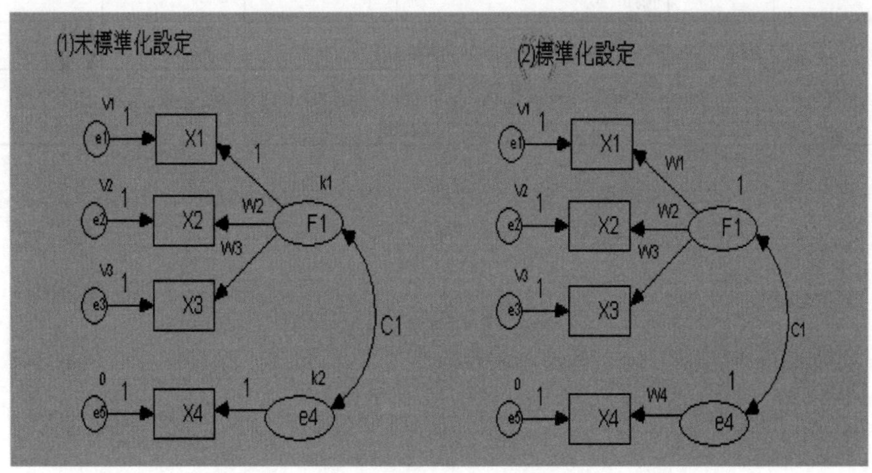

註 3 樣本數指標

樣本數未滿 100：卡方檢定不被否定的模式是需要的。
樣本數未滿 200：最好卡方檢定不被否定，即使模式被否定，各種適合度指標之值良好時即 OK。
樣本數 12.00 以上：由於大體上模式會被否定，因之以適合度指標評價適配。

註 4 適合度指標一覽

希望的方向	指標	說明	可能值	「非常良好」的範圍	「壞」的範圍
愈小愈好	卡方值	用於適合度檢定 期待值 = 適合度	$\chi^2 \geqq 0$	以 P 值判斷	以 P 值判斷
	SRMR	相關係數的殘差大	SRMR ≧ 0	0.012 未滿	0.1 以上
	RMSEA	卡方值比期待值多出的部分以 1 個自由度 ·1 個個體來評價	RMSEA ≧ 0	0.012 未滿	0.1 以上
	AIC	只用於數個模式的比較	無限制	相對比較	相對比較
愈大愈好	GFI	相當複相關係數	GFI ≦ 1	0.912 以上	0.9 未滿
	AGFI	相當調整自由度的複相關係數	AGFI ≦ GFI	0.912 以上	0.9 未滿
	NFI	以獨立模式當作 0 飽和模式當作 1 時的相對位置	0 ≦ NFI ≦ 1	0.912 以上	0.9 未滿
	CFI		0 ≦ CFI ≦ 1	0.912 以上	0.9 未滿

第 12 章　路徑分析的活用

本章想在原因與結果均有數個時進行路徑分析看看，同時使用 Amos 與 SPSS 針對複迴歸與偏相關進行分析結果的比較看看。

現實社會中所發生的事，其原因與結果均複雜交織著。

像每日的事件新聞報導，雖然說「原因是某某什麼吧！」，但事實上原因可以說不一定是一個。提到造成犯罪的原因，如仔細觀察時，似乎有無限之多。

我們從許多原因之中，挑選出被認爲最有影響的原因來檢討。某一個研究中所探討的原因是有限的。因此，研究的累積甚爲重要。

另外，結果也不限於 1 個。由相同的原因產生數個結果的情形也有。

因此，本章想分析由數個原因產生數個結果的模式。

12.1　研究的背景與使用的數據

研究的目的是檢討「友人關係的滿意度與學習的激勵，對學業成績與充實感的影響」。

友人關係的滿意度是針對「目前的友人關係能否滿意」的詢問項目，由「不」到「是」以 5 級要求回答。

就學業成績來說，是將所有科目的成績平均化，修改成 5 級者來使用。

充實感是針對「生活充實」的詢問項目，由「不認爲如此」到「認爲如此」的 5 級要求回答。

變數有「友人關係」、「激勵」、「成績」、「充實感」4 個，分析由 50 名中學生所得到的數據（假想數據），數據檔參 12-1.sav。

NO	友人關係	激勵	成績	充実感
1	2	2	4	2
2	2	3	4	4
3	1	2	1	1
4	2	2	4	2
5	2	1	3	1
6	1	3	1	4
7	3	1	2	3
8	5	2	2	3
9	2	1	4	2
10	2	1	2	2
11	4	2	4	2
12	1	3	2	1
13	5	3	1	1
14	1	1	2	2
15	2	2	2	3
16	1	1	2	2
17	5	5	4	5
18	2	2	2	2
19	5	3	1	5
20	2	3	5	3
21	2	2	2	2
22	1	2	2	2
23	3	5	4	5
24	5	4	5	5
25	2	2	2	3
26	5	2	3	3
27	5	3	2	5
28	3	2	3	4
29	3	3	3	2
30	1	1	2	2
31	4	4	4	5
32	5	1	2	3
33	4	1	2	2
34	4	3	4	5
35	3	3	4	2
36	4	1	2	3
37	4	1	2	3
38	4	2	4	4
39	3	1	2	2
40	3	1	2	1
41	2	3	4	4
42	1	3	1	4
43	3	3	4	2
44	2	1	4	2
45	5	5	4	5
46	4	1	2	3
47	3	1	2	2
48	3	1	2	3
49	2	3	4	4
50	3	1	2	1

12.2 畫路徑圖（因果關係：2 個觀測變數→ 2 個觀測變數）

12.2.1 資料的輸入與讀取

使用第 12 章所學過的方法輸入資料，以 Amos 讀取看看。利用 SPSS，Excel，Textfile 的任一方法輸入數據均無妨（此處是 EXCEL 資料．12-1.xls）。

【Data file】的樣本數【(N)】顯示有【50/50】，即顯示已讀取 50 名的資料。

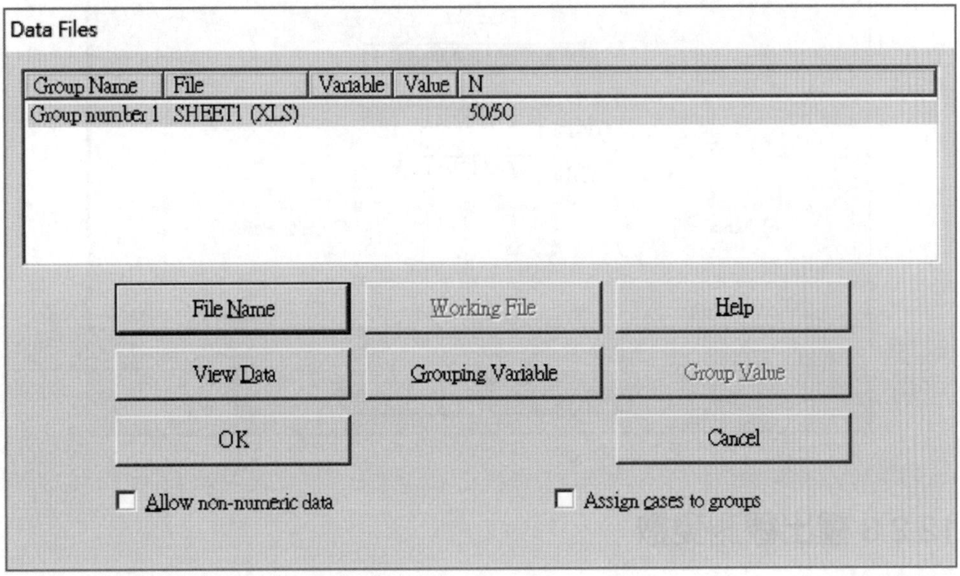

Data Files

Group Name	File	Variable	Value	N
Group number 1	SHEET1 (XLS)			50/50

File Name　Working File　Help

View Data　Grouping Variable　Group Value

OK　Cancel

☐ Allow non-numeric data　☐ Assign cases to groups

12.2.2 頁面設定（Page layout）

此次要畫出左右各 2 個合計 4 個四方形。

因爲是畫橫向路徑圖，因此將作圖區改成橫向。

步驟 1　選擇【View】⇨【Interface Properties】。

步驟 2　將【Page layout】Tab的【Page Size】改成【landscape-A4】，再按【Apply】

Interface Properties

Page Layout | Formats | Colors | Typefaces | Pen Width | Misc | Accessibility

Margins

Top 1

Bottom 1

Left 1

Right 1

Paper Size

Landscape - A4

Height 8.26771653543

Width 11.6929133858

Inches

Centimeters

Apply Cancel

12.2.3 畫出觀測變數

步驟 1　一面回想第 12 章的內容，一面試著畫出如下的 4 個長方形。

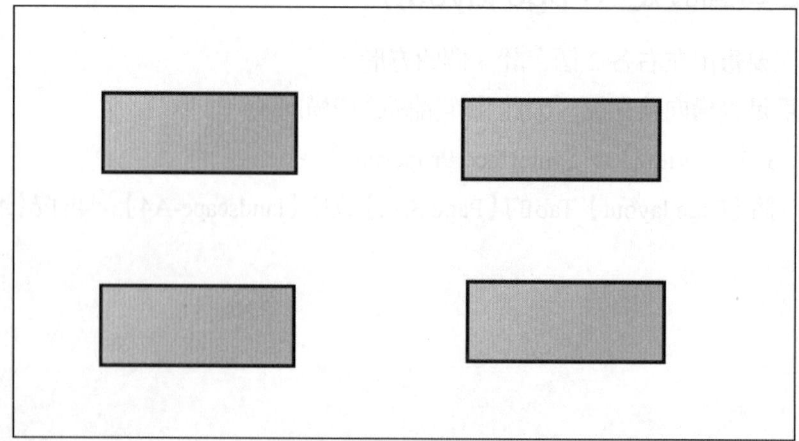

步驟 2　爲了容易說明，請先指定變數。

點選【list variables in data set】圖像（▦），或者，選擇將「友人關係」、「激勵」指定成左側的 2 個觀測變數，「成績」、「充實感」指定成右側的觀測變數。

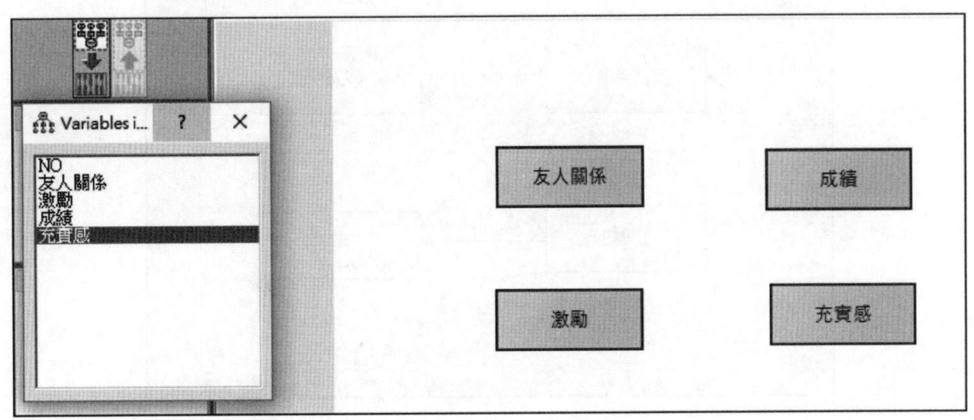

12.2.4 畫出雙向箭線、單向箭線

步驟 1　在外生變數間指定共變異數（相關，雙向箭線）。

此次的分析，友人關係與激勵當成外生變數。

試在此兩者之間畫出雙向箭線。點選【Draw Corariance (double head arrows)】圖像（↔），在左側的兩個觀測變數間畫出雙向箭線。

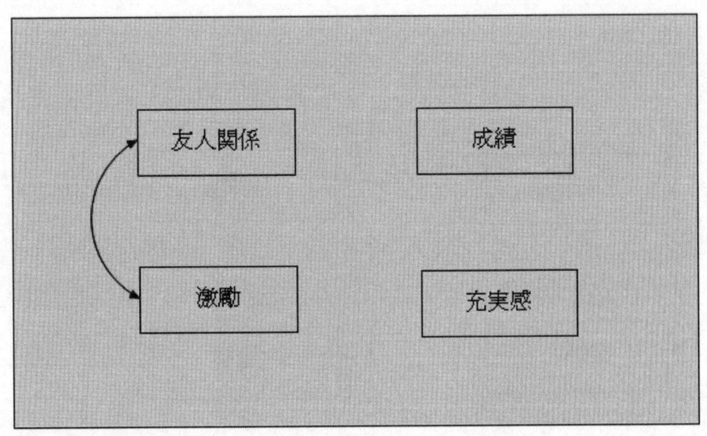

步驟 2 從友人關係、激勵分別向成績、充實感畫出單向箭線。可以畫出幾條呢？【從友人關係到成績】、【從友人關係到充實感】、【從激勵到成績】、【從激勵到充實感】，可以畫出共 4 條的路徑。

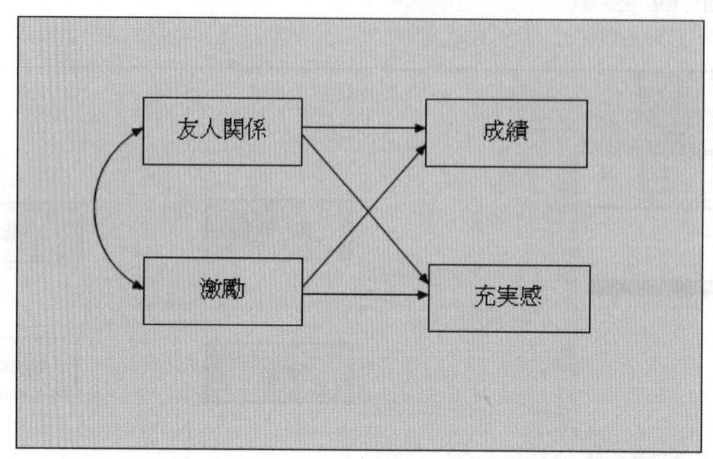

12.2.5 畫出誤差變數

◆追加誤差變數

在內生變數的成績、充實感上分別追加誤差變數。

步驟 1 點選【Add a unique Variable to an existing Variable】圖像（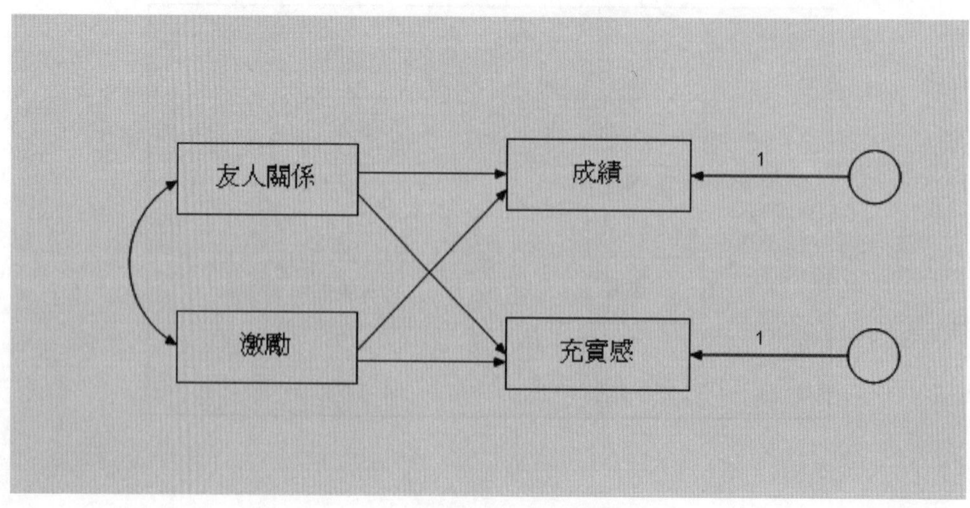），分別在左右側的 2 個四方形之中單擊一下。持續單擊直到覺得適當位置即可。

◆對誤差變數取上名稱

在誤差變數取上名稱。上方的誤差變數當作 e1，下方的誤差變數當作 e2。

步驟 2　將滑鼠放在誤差變數中於滑鼠右鍵單擊一下顯示【Object Properties】，在【Variable name】的方框中，對誤差變數取上名稱。

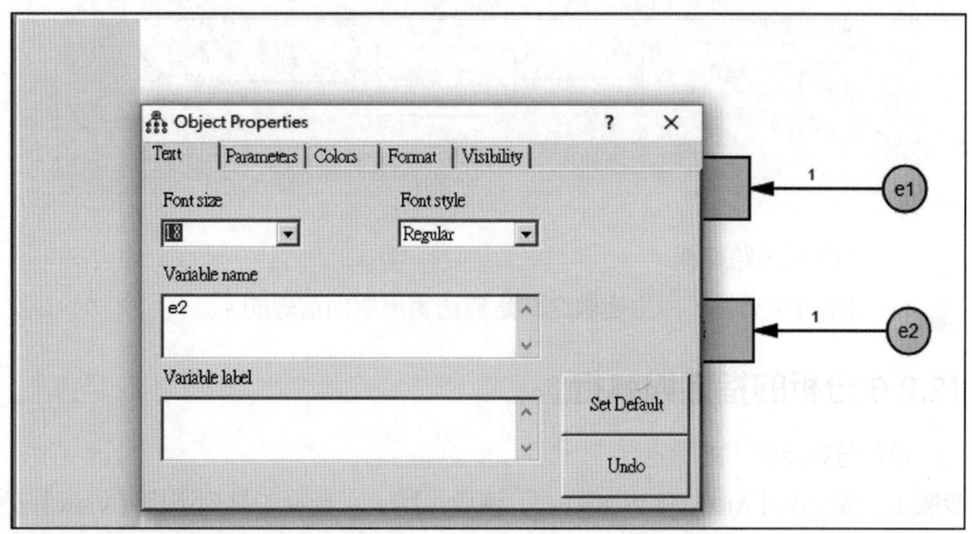

◆畫誤差間的相關

如果有需要，在誤差變數間畫出雙向箭線。

如果有某種假定時，在誤差變數間畫出共變異數（相關、雙向箭線）。此次的情形，在成績與充實感之間被認為有可能隱藏者無法說明的共同原因。

譬如，受惠良好老師的學生，比未受惠良好老師的學生也許成績較高，學校生活更為充實感吧！

步驟 1　因此，此次在誤差間畫出雙向箭線。當然，不認為有特別理由時，就不需要畫出。

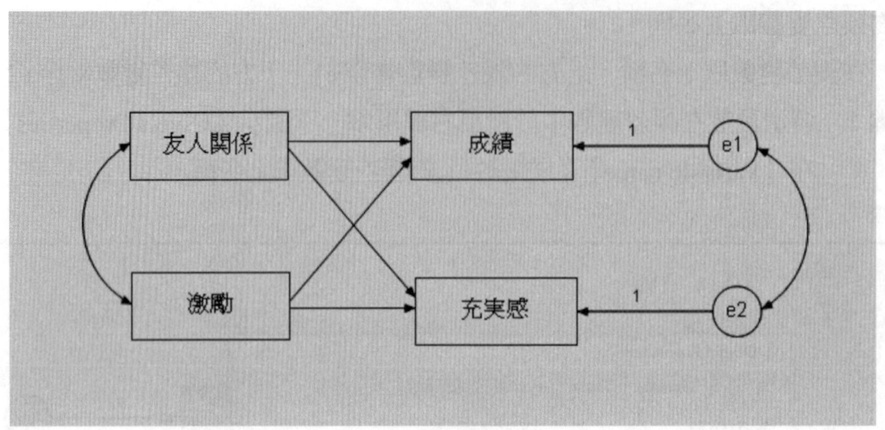

如此完成路徑圖。

HINT：另外，內生變數之間是無法畫出雙向箭線的。

12.2.6 分析的指定與執行

進行分析及輸出的指定。

步驟 1 按一下【Analysis Properties】圖像（），或從工具列選擇【View】⇨【Analysis properties】。

按一下【Output】的 Tab。

勾選【Standard estimates】，【Squared Multiple Correlations】，之後，再關閉視窗。

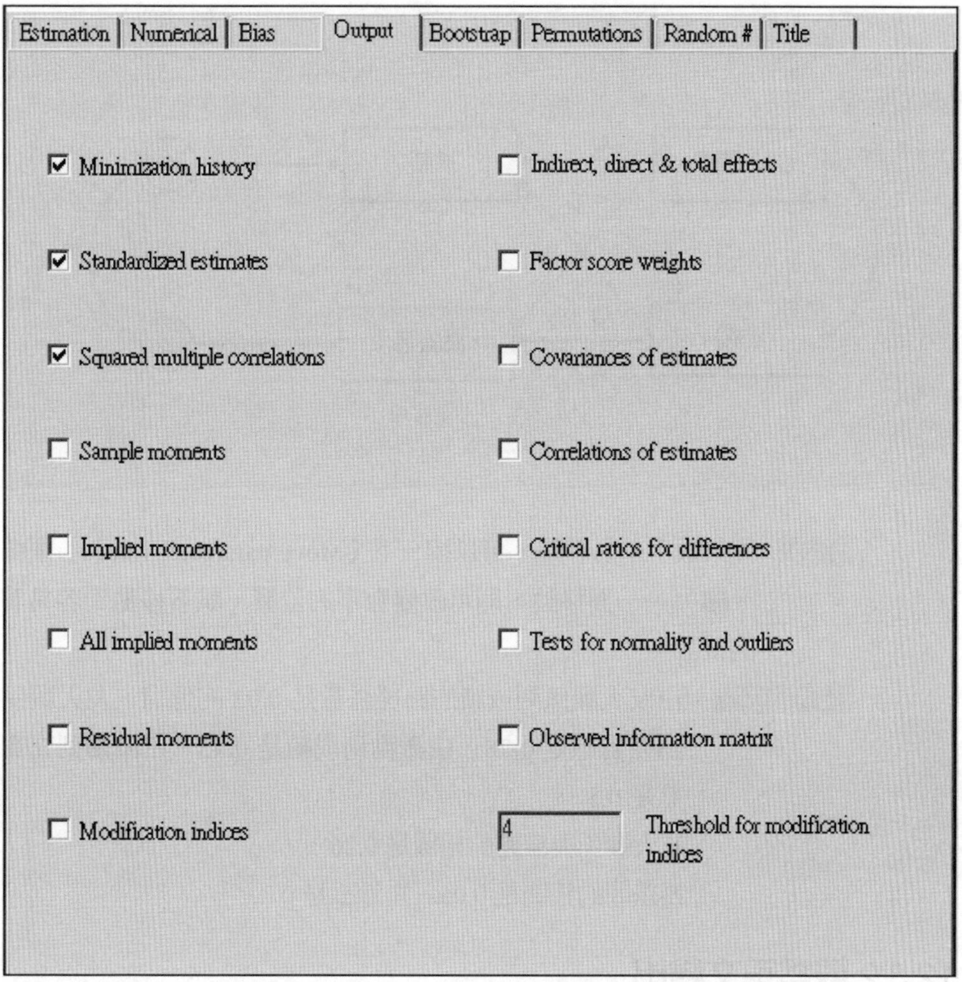

Estimation | Numerical | Bias | Output | Bootstrap | Permutations | Random # | Title

☑ Minimization history
☑ Standardized estimates
☑ Squared multiple correlations
☐ Sample moments
☐ Implied moments
☐ All implied moments
☐ Residual moments
☐ Modification indices

☐ Indirect, direct & total effects
☐ Factor score weights
☐ Covariances of estimates
☐ Correlations of estimates
☐ Critical ratios for differences
☐ Tests for normality and outliers
☐ Observed information matrix
4 Threshold for modification indices

步驟 2 按一下【Calculate Estimates】圖像（），或從工具列選擇【Analyze】⇨【Calculate Estimates】，之後再執行分析。

如要求檔案的儲存時，可先儲存在適當的位置中。

12.3 觀察輸出──判斷因果關係

12.3.1 觀察輸出路徑圖

步驟 1 顯示標準化估計值看看。按一下【View the output path diagram】圖像（），按一下【Parameter format】欄的【Standardized Estimates】。

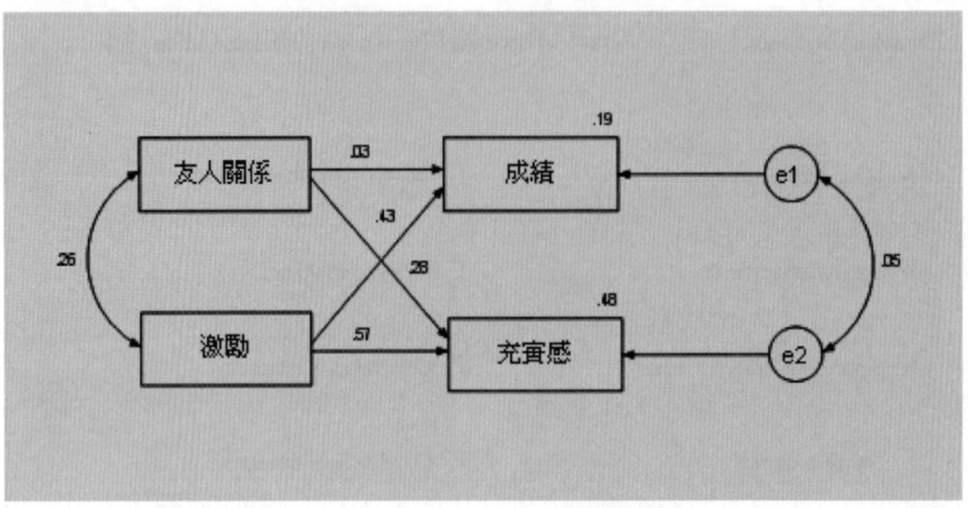

HINT：如果數字不易看時，可以按一下【Move parameter values】圖像（）,一面移動，即可改變數字的位置，試著移動到容易看的位置。

結果的判讀：由友人關係到成績的路徑係數是 0.03 的低值，友人關係到充實感是 0.28，由激勵到成績是 0.43，由激勵到充實感是 0.57。

友人關係與激勵的相關是 0.26。

誤差間的相關是 0.05，知近乎是 0。

12.3.2 觀察正文輸出

步驟 1 按一下【View Text】圖像（），或者從工具列選擇【View】⇨【Text Output】。

試觀察【Variable Summary】。

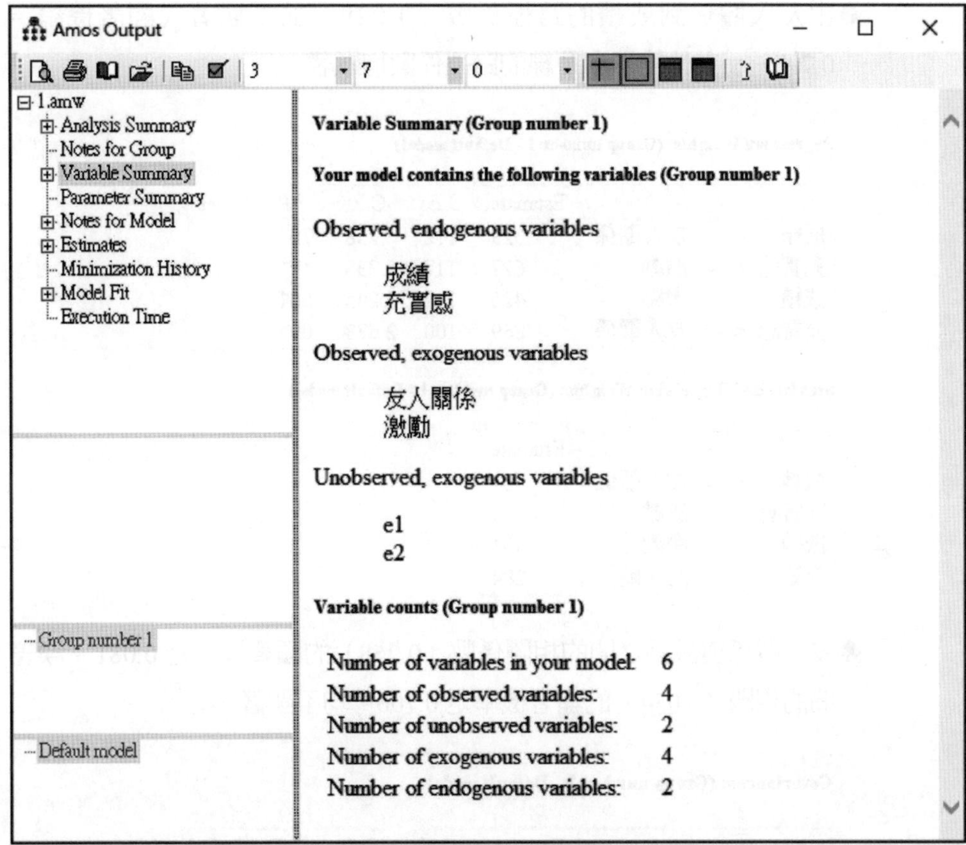

在路徑圖上比較內生變數與外生變數的內容，不妨確認看看。

步驟 2　觀察【Estimates】。

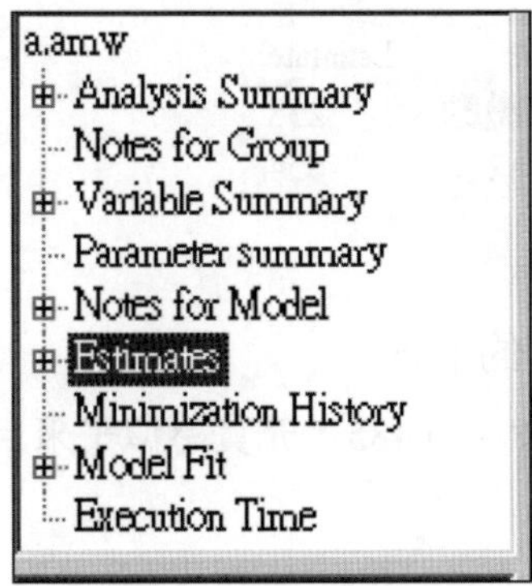

◆由友人關係到成績的路徑係數（0.029）並不顯著（顯著機率 = 0.797）。其他的單向箭線的路徑係數均顯著。

Regression Weights: (Group number 1 - Default model)

			Estimate	S.E.	C.R.	P	Label
成績	<---	友人關係	.029	.112	.258	.797	
充實感	<---	激勵	.627	.117	5.335	***	
成績	<---	激勵	.425	.131	3.245	.001	
充實感	<---	友人關係	.269	.100	2.678	.007	

Standardized Regression Weights: (Group number 1 - Default model)

			Estimate
成績	<---	友人關係	.034
充實感	<---	激勵	.566
成績	<---	激勵	.431
充實感	<---	友人關係	.284

◆友人關係與激勵之間的相關係數（0.258）的顯著機率是 0.081。誤差間的相關（0.054）的顯著機率是 0.706，均不顯著。

Covariances: (Group number 1 - Default model)

			Estimate	S.E.	C.R.	P	Label
友人關係	<-->	激勵	.394	.226	1.746	.081	
e1	<-->	e2	.050	.132	.377	.706	

Correlations: (Group number 1 - Default model)

			Estimate
友人關係	<-->	激勵	.258
e1	<-->	e2	.054

◆觀察複相關係數的平方。

就成績而言是 $R^2 = 0.485$，充實感似乎來自友人關係與激勵的影響較大。

Squared Multiple Correlations: (Group number 1 - Default model)

	Estimate
充實感	.485
成績	.194

結果的判讀：由以上查明了以下事項：

第一，友人關係的滿意度對學業成績沒有影響，對充實感有低的影響。

第二，對學習的激勵不僅影響學業成績，對充實感也有甚高的影響。

12.4 試以 SPSS 分析

試以 SPSS 就相同的數據分析數個因果關係看看。

12.4.1 計算相關係數

首先計算 4 個變數間的相關變數。

步驟 1　啓動 SPSS，選擇【檔案 (F)】⇨【開啓舊檔 (O)】⇨【資料 (A)】。在【開啓檔案】視窗中，讀取與前面相同的數據。

步驟 2　從【分析 (A)】中選擇【相關 (C)】⇨【雙變數 (B)】。

步驟 3　在【變數 (V)：】的方框的指定友人關係、激勵、成績、充實感。按【確定】。

◆結果如下所示。

相關性

		友人關係	激勵	成績	充實感
友人關係	皮爾森（Pearson）相關性	1	.258	.145	.430**
	顯著性（雙尾）		.071	.315	.002
	N	50	50	50	50
激勵	皮爾森（Pearson）相關性	.258	1	.439**	.640**
	顯著性（雙尾）	.071		.001	.000
	N	50	50	50	50
成績	皮爾森（Pearson）相關性	.145	.439**	1	.325*
	顯著性（雙尾）	.315	.001		.021
	N	50	50	50	50
充實感	皮爾森（Pearson）相關性	.430**	.640**	.325*	1
	顯著性（雙尾）	.002	.000	.021	
	N	50	50	50	50

** 相關性在 0.01 層級上顯著（雙尾）。

* 相關性在 0.05 層級上顯著（雙尾）。

友人關係與激勵的相關係數是 r = 0.258。

友人關係與充實感，激勵與成績，激勵與充實感之間，在 1% 水準下可看出顯著的相關係數。

充實感與成績的相關係數也是 $\gamma = 0.325$。不妨確認在 5% 水準下是顯著的。

12.4.2 進行複迴歸分析

試進行複迴歸分析。但 SPSS 有需要按各依變數進行複迴歸分析。

首先將依變數當作成績。

步驟 1 選擇【分析 (A)】⇨【迴歸分析 (R)】⇨【線性 (L)】

步驟 2 【依變數(D)：】指定成績，【自變數(I)：】指定友人關係、激勵。按【確定】。

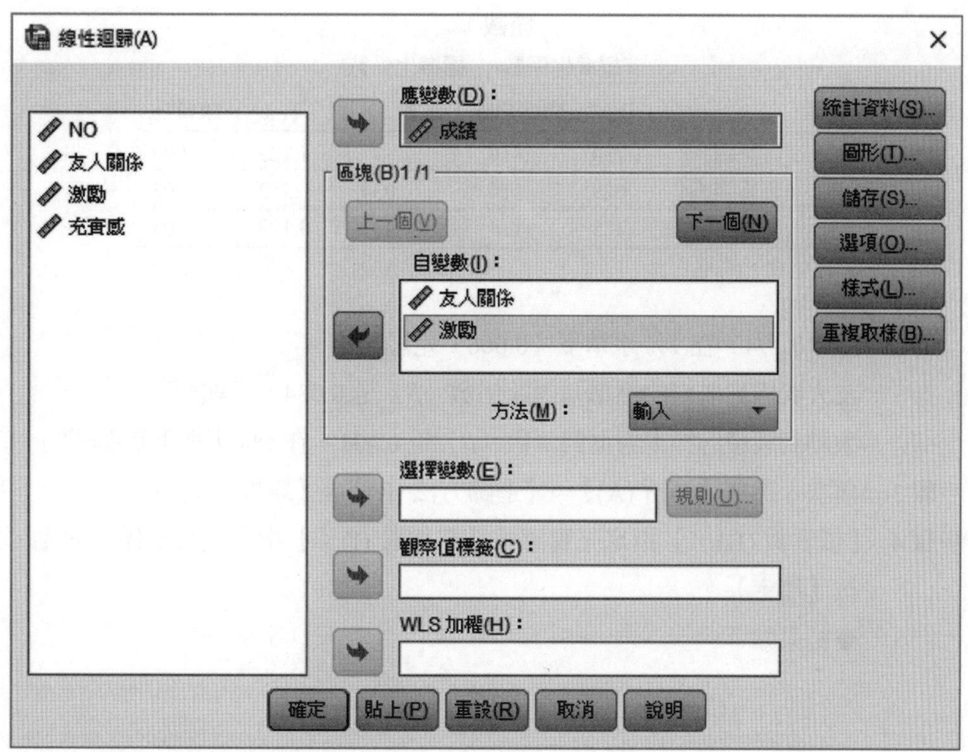

◆結果得出如下。

模型摘要

模型	R	R 平方	調整後 R 平方	標準標準誤
1	.441[a]	.194	.160	1.044

a. 解釋變數：(常數)，激勵、友人關係

變異數分析 [a]

模型		平方和	自由度	均方	F	顯著性
1	迴歸	12.354	2	6.177	5.663	.006[b]
	殘差	51.266	47	1.091		
	總計	63.620	49			

a. 應變數：成績

b. 解釋變數：(常數)，激勵、友人關係

係數[a]

模型		非標準化係數 B	標準錯誤	標準化係數 β	T	顯著性
1	（常數）	1.730	.410		4.223	.000
	友人關係	.029	.114	.034	.252	.802
	激勵	.425	.134	.431	3.178	.003

a. 應變數：成績

$R^2 = 0.194$，在 1% 水準下（0.006）是顯著的。

友人關係到成績的標準偏迴關係數（β）是 0.034，不顯著。

激勵到成績的標準偏迴歸係數（β）是 0.431，在 1% 水準下是顯著的。

步驟 3 再次，選擇【分析 (A)】⇨【迴歸方法 (R)】⇨【線性 (L)】。

步驟 4 【依變數 (D)：】指定充實感，【自變數 (I)：】指定友人關係、激勵。按【確定】。

◆結果如下。

係數[a]

模型		非標準化係數 B	標準錯誤	標準化係數 β	T	顯著性
1	（常數）	.710	.367		1.932	.059
	友人關係	.269	.102	.284	2.623	.012
	激勵	.627	.120	.566	5.225	.000

a. 應變數：充實感

$R^2 = 0.485$，0.1% 水準下是顯著的。

由友人關係到充實感的標準迴歸係數（β）是 0.284，在 5% 水準下是顯著的。由激勵到充實感的標準迴歸係數（β）是 0.566，在 1% 水準下是顯著的。

12.4.3 計算偏相關係數

Amos 也可以求出對成績與充實感造成影響的誤差（e1, e2）之間的相關。此部分能否以 SPSS 求出呢？

先前所求出的充實感與成績的相關係數 $\gamma = 0.325$，可是，這並不是誤差間的相關，而是作爲觀測變數的充實感與成績的相關係數。

路徑圖中是求出除去友人關係與激勵的影響「以外」的要素即 e1 與 e2 相關係數，這相當於除去友人關係與激勵的之影響後的充實感與成績的「偏相關係數」。

所謂偏相關是除去其他係數的影響後的兩個變數間的相關。譬如，從小學一年到六年，腳的大小與記憶力之間有低的相關。可是除去學年的影響後，兩者偏相關幾乎是零吧！

步驟 1　選擇【分析 (A)】⇨【相關 (C)】⇨【局部 (R)】。

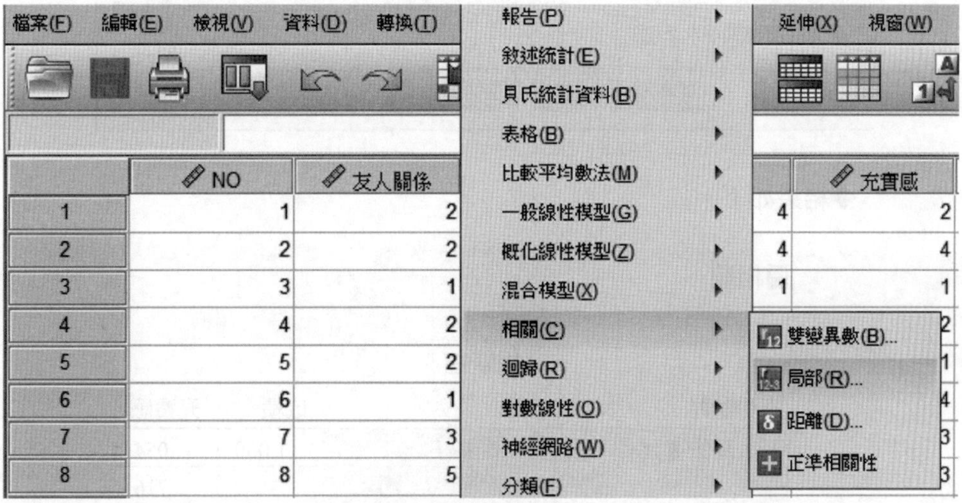

註：此處的局部就是偏相關（partial correlation）。

步驟 2　【變數 (V)：】指定成績與充實感，【控制變數 (C)：】指定友人關係與激勵。

如此即可求出除去友人關係與激勵之影響後成績與充實感之間的偏相關係數。

按【確定】。

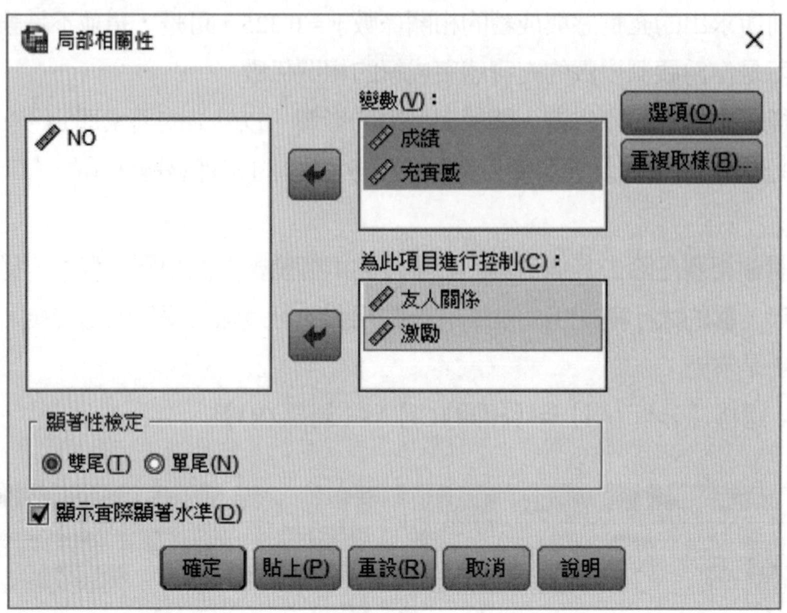

◆結果如下。

偏相關

相關性

控制變數			成績	充實感
友人關係 & 激勵	成績	相關性	1.000	.054
		顯著性（雙尾）	.	.716
		自由度	0	46
	充實感	相關性	.054	1.000
		顯著性（雙尾）	.716	.
		自由度	46	0

充實感與成績的相關係數是 $r = 0.325$。但除去友人關係與激勵的影響時是 0.054。

第13章 結構方程模式分析

13.1 結構方程模式

路徑分析是以圖形（路徑圖；Path diagram）表現變數間的因果關係與相互關係。一般線性模式乃是假定每一對變數間存在者線性關係，並且兩者間的關係可以直線方程式來表示，而結構方程模式則是基於線性關係的假設來建構變數間的結構關係。結構方程模式結合了多元迴歸與因素分析，可以同時分析彼此互爲關聯之依變數間的關係。結構方程模式的最大的功用爲探討多變數與單變數之間的因果關係，在其基本理論中認爲潛在變項是無法直接測量的，必須藉由觀測變項來間接推測得知，所以理論架構包含結構模式與測量模式兩個部分。傳統的路徑分析是由一系列的迴歸分析所組成的，將不同的方程式加以組合，形成結構化的模式。傳統的路徑分析與結構方程模式分析的不同處：

1. 傳統的路徑分析無法處理潛在變項的問題；結構方程模式分析則可以處理潛在變項的同時，也進行因果關係的檢測。

2. 傳統的路徑分析用來解釋或預測其他變項的解釋性變項，通常被假設是沒有測量誤差，或其測量誤差可以被忽略，僅有被解釋或被預測的變項的被解釋殘差可以被估計出來，而結構模型路徑分析則可以處理測量誤差的控制。

3. 傳統的路徑分析多爲遞迴模型或稱單向模型（Recursive model）（殘差並未存在有意義的殘差相關）；結構方程模式分析可爲非遞迴模型或稱非單向模型（Nonrecursive model；有相關的殘差假設，或是變項間具有回溯關係）。

13.1.1 繪製路徑圖

路徑圖是將變數間的相關（共變）關係與因果關係以箭線連結，表示成圖形者。前章約略提及 Amos 的用法，此處再補強學習基本路徑圖的作法。

1. 箭線

- 因果關係是以單向的箭頭「⟶」表示。相關關係是以雙向的箭頭「⟷」表示。此箭線（⟶或是⟷）稱爲路徑（Path）。
- 路徑的旁邊記入稱爲「路徑係數」之數值與顯著水準（*,**,***）。

- 記入到單向箭線上的係數是使用以（迴歸分析或結構方程模式分析等所求出的標準偏迴歸係數（迴歸分析的結果，是路徑係數的近似值）。
- 雙向箭線時，是記入相關係數與偏相關係數。

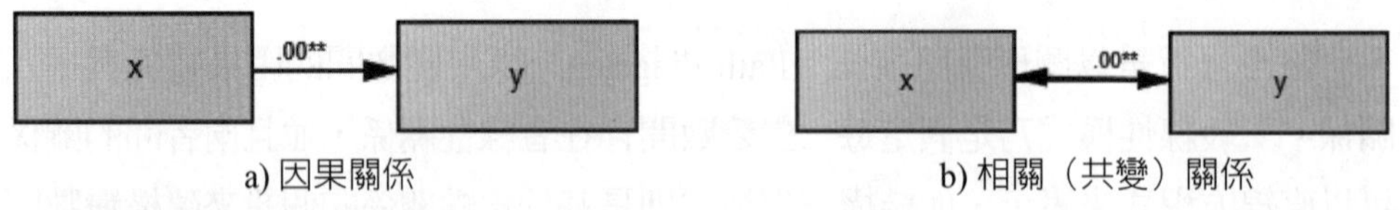

a) 因果關係　　b) 相關（共變）關係

2. 觀測變數

- 所謂觀測變數是直接被測量的變數。（以因素分析來說，相當於「項目」）。
- 觀測變數是以四方形表示。

3. 潛在變數

- 潛在變數是指未能直接觀察之在假定上的變數。（以因素分析來說，相當於「因素（共同因素）」）。
- 潛在變數以圓或是橢圓表示。
- 觀測變數與潛在變數合起來稱為「構造變數」。

4. 誤差變數

- 誤差變數是指用在分析部分之外的要因變數（以因素分析來說，相當於當做誤差處理的「獨立因素」）。
- 誤差變數在學術報告中大多不用圓圈，而分析時，與潛在變數一樣以圓或橢圓表示。

5. 外生變數或是內生變數

- 所謂外生變數是在模式之中一次也未成為其他變數之結果的變數，由於是由外部所引起的變數，故稱為外生變數（Exogenous variable）。
- 所謂內生變數是至少有一次成為其他變數之結果的變數。在模式的內部它的變動可以被說明，故稱為內生變數（Endogenous variables）。

13.1.2 路徑圖例

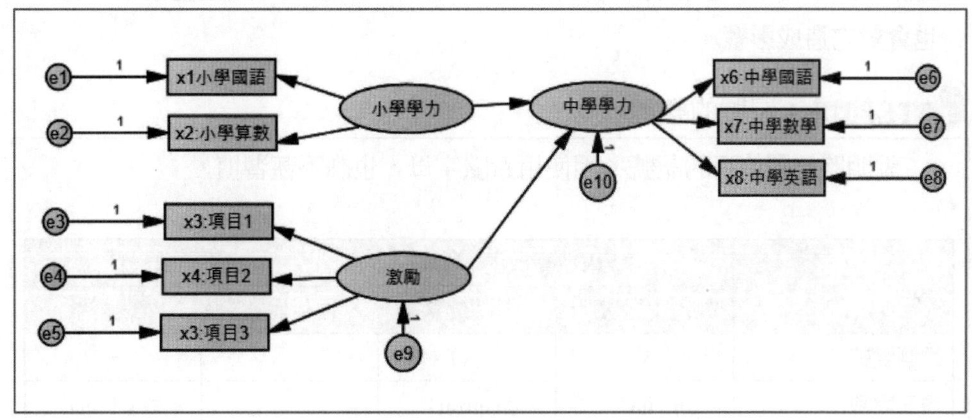

路徑圖 1

譬如，假定設定了如下假設。像「小學的學力越高者，中學的學力也越高」、「小學的學力越高，對中學的學業上的激勵也越高」、「學業的激勵越高，中學的學力也越高」。

接著，假定以數據而言，可以得到小學時的國語與算術的成績；三項目所構成的激勵尺度；中學的國語、數學、英語的成績。此時，各變數的處理如下。

1. 潛在變數

➢ 學力或激勵由於是無法直接觀察的「構成概念」，當作潛在變數來設定，以橢圓表示。

2. 觀測變數

➢ 小學的國語與算術；中學的國語、數學、英語的成績；激勵尺度的各項目；由於能直接觀察，當作觀測變數，以四角型表示。

3. 外生變數與內生變數

➢ 小學的學力未受到任何一方的影響，所以是外生變數。

➢ 其他的變數（激勵、中學學力、各成績或項目）是受到來自某一個的影響，所以是內生變數。

4. 誤差變數

➢ 對於受到來自某一個影響的變數來說，來自外部的誤差即誤差變數（e 或 ζ），也會對它造成影響。

STEP UP：記號的整理

說明路徑圖使用的記號。因使用希臘字母，也許不甚習慣。

	構造變數		誤差變數	
	內生變數	外生變數	內生變數	外生變數
觀測變數	x	（x）	－	－
潛在變數	η（ita）	ξ（quzai）	－	e 或 ζ（zeta）

13.1.3 測量方程式與構造方程式

1. 測量方程式

所謂測量方程式是記述作為共同原因之潛在變數影響數個觀測變數之情形的一種方程式。這可以說是記述相當於構成概念的潛在變數，是如何利用觀測變數加以測量的方程式。

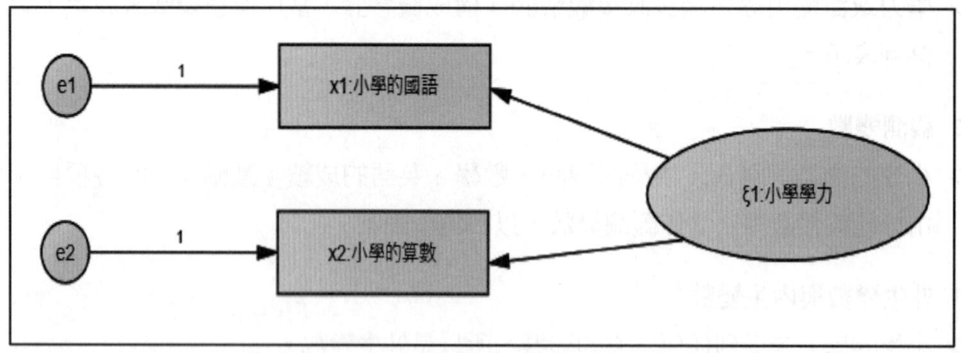

路徑圖 2

譬如，在路徑圖 1 之中的此部分（路徑圖 2）即為測量方程式。以因素分析來說，ξ_1：小學學力是「共同因素」，x_1：小學的國語，x_2：小學的算數是「項目」，e_1、e_2 相當於「獨立因素」。測量方程式像是表現因素分析那樣的式子。

2. 構造方程式

構造方程式是表現因果關係的方程式。潛在變數是另一個潛在變數的原因，觀測變數是另一個觀測變數的原因，觀測變數是潛在變數的原因，記述如此的關係。

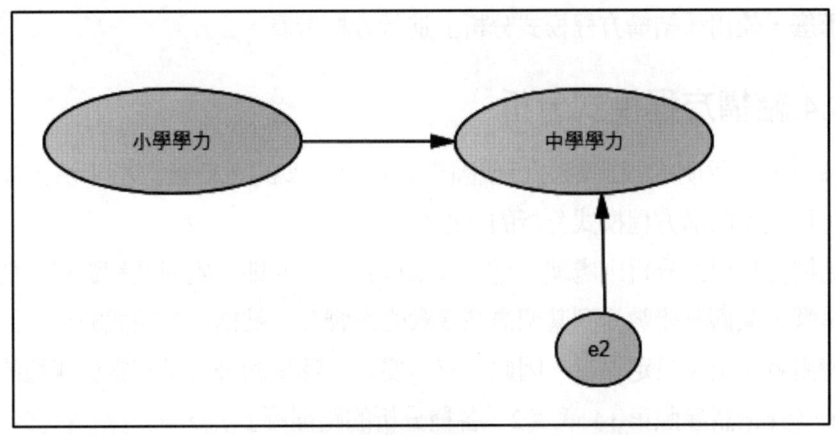

路徑圖 3

譬如，在路徑圖 1 之中的此部分（路徑圖 3）即爲構造方程式。此情形是，小學的學力此種潛在變數，對中學的學力的潛在變數造成影響，以造成影響的觀點來說，可以想成是近似於迴歸分析。

註：未將變數圍起來的路徑圖

有的研究未用圓、橢圓、四方形圍起來的路徑圖也有，譬如像下圖。將變數進行因素分析，按各因素合計分數，重複（複）迴歸分析後再畫路徑圖時，也有採取此種的畫法。

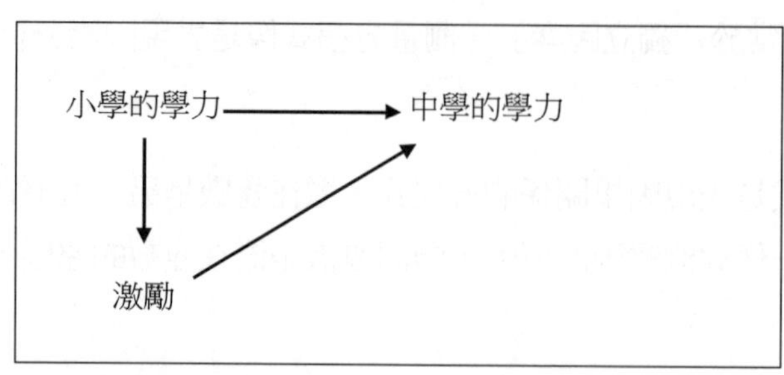

那麼，使用「結構方程模式分析」進行分析看看。

13.1.4 結構方程模式分析

像前面所說明的複迴歸分析或因素分析等許多的多變量分析手法，換句話說，可以說是結構方程模式分析的一部分。

結構方程模式分析中處理的是「因果模式」。亦即，處理某變數對其他變數造成影響，某觀測變數受到某個潛在變數的影響等。結構方程模式分析的因果模式，使用者必須要設定才行。因此，有需要知道哪種的分析是相當於哪種的因果模式。（詳情請參照第 14 章 §2「各種分析的路徑圖」）。

STEP UP：以 Amos 進行結構方程模式分析

- Amos 與 SPSS 是不同的統計軟體（也可從 SPSS 的「分析 (A)」等清單執行 Amos）。
- Amos 是描畫如先前所說明的「路徑圖」，即可以視覺的方式進行分析。
- 並且所設定的模式，與數據的符合程度如何，也可以計算「適合度」，因之可以建構更爲粹煉的的模式。
- 又 Amos 由於有可以使用在變數名稱的字母數限制（半形 8（全形 4）字母），因之有需要配合它縮短變數名稱。並且，設定有標籤的 SPSS 資料檔也是可以一併讀取它的標籤，並表示在路徑圖上。標籤與 SPSS 相同可以讀取半形 256（全形 128）的字母。
- 從 SPSS 資料讀取時，變數名稱是英文字以大字母表記，而變數標籤可以照著小字母讀取，因之可以迴避定義相同變數之標籤。

13.2 結構方程模式分析 (1)

13.2.1 使用測量變數的路徑分析（分析例 1）

爲了熟悉 Amos 的使用法，首先分析未假定潛在變數的模式看看。建立以下的假設，即「自我肯定感對積極性有影響」，「自我肯定感與積極性對滿意度有影響」。想使用結構方程模式分析說明此假設是成立的。數據參 13-2.sav。

號碼	肯定感	積極性	滿意度
1.00	34.00	7.00	8.00
2.00	31.00	6.00	4.00
3.00	30.00	4.00	3.00
4.00	17.00	3.00	5.00
5.00	13.00	2.00	2.00
6.00	18.00	4.00	5.00
7.00	17.00	4.00	2.00
8.00	28.00	4.00	7.00
9.00	23.00	5.00	5.00
10.00	29.00	3.00	4.00
11.00	33.00	7.00	8.00
12.00	25.00	3.00	2.00
13.00	37.00	5.00	6.00
14.00	24.00	6.00	5.00
15.00	33.00	6.00	7.00
16.00	38.00	8.00	7.00
17.00	23.00	5.00	3.00
18.00	20.00	3.00	2.00
19.00	26.00	6.00	8.00
20.00	37.00	3.00	7.00

把由此假設所設定的模式表示成路徑圖時，即爲如下。

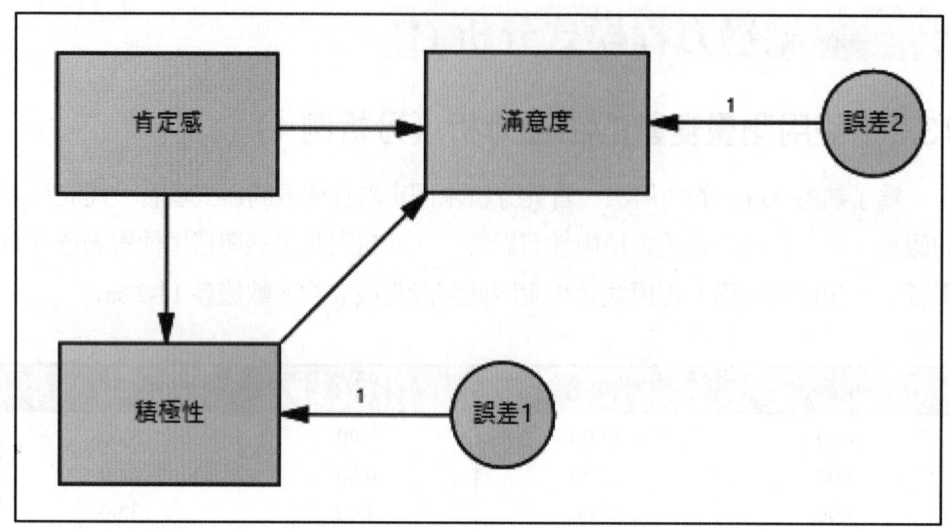

假設雖未出現「誤差變數」，但如先前所說明的那樣，受到來自某一個變數影響的變數（成爲從屬變數者，路徑圖上向著箭頭的變數），要加上不能說明之其他要因亦即誤差變數。又「誤差變數」以圓形表示，由於誤差變數也可以說是無法直接觀測的「潛在變數」，因之 Amos 以圓或是橢圓來表現。研究報告或論文中畫最終的路徑圖時，誤差變數是不需要畫的。

13.2.2 將數據輸入到 SPSS

啓動 SPSS。

開啓【檔案 (F)】清單 ⇨【新檔案 (N)】⇨【資料 (A)】。

- 開啓 SPSS 編輯器的【變數視圖】。
  - ➢ 第一個變數的名稱輸入**號碼**，第二個變數的名稱輸入**肯定感**，第三個輸入**積極性**，第四個變數的名稱輸入**滿意度**。
- 開啓【資料視圖】，輸入資料，數據檔參 13-2.sav。
- 儲存好此資料，以 Amos 讀取。

	號碼	肯定感	積極性	滿意度
1	1.00	34.00	7.00	8.00
2	2.00	31.00	6.00	4.00
3	3.00	30.00	4.00	3.00
4	4.00	17.00	3.00	5.00
5	5.00	13.00	2.00	2.00
6	6.00	18.00	4.00	5.00
7	7.00	17.00	4.00	2.00
8	8.00	28.00	4.00	7.00
9	9.00	23.00	5.00	5.00
10	10.00	29.00	3.00	4.00
11	11.00	33.00	7.00	8.00
12	12.00	25.00	3.00	2.00
13	13.00	37.00	5.00	6.00
14	14.00	24.00	6.00	5.00
15	15.00	33.00	6.00	7.00
16	16.00	38.00	8.00	7.00
17	17.00	23.00	5.00	3.00
18	18.00	20.00	3.00	2.00
19	19.00	26.00	6.00	8.00
20	20.00	37.00	3.00	7.00

13.2.3 啓動 Amos

如在 SPSS 分析清單中，點選【分析 (A)】清單 ⇨ 選取【Amos 25】。或者，以 Window 的【開始】清單 ⇨【程式集】⇨【Amos 25】⇨【Amos Graphics】來啓動 Amos。

主視窗中，

右側的框內畫路徑圖，四角圖框是表示 1 頁份的領域。

左側的圖像是進行各種的指定。

中央的框內，隨分析或輸出會顯示各種的資訊。

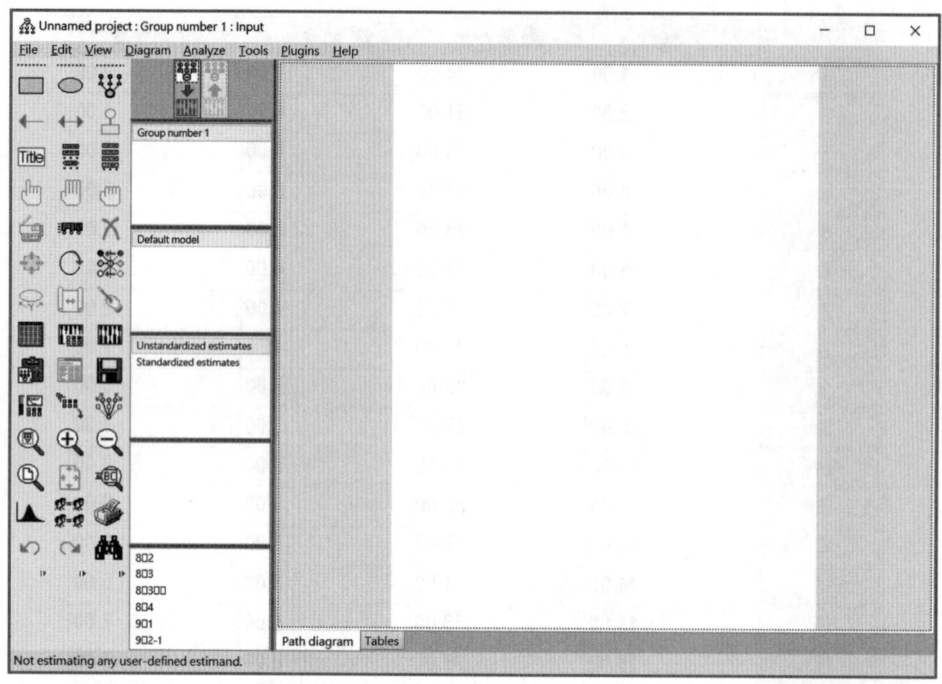

1. 數據的指定

點選【Slect data file(s)】圖像（▦），或從 Amos 的【File】點選【Data File(s)】，按一下【File Name】再指定數據檔。SPSS 的數據是從 *.sav，而 Excel 的數據是從 *xlsx 讀取。

【Data File】視窗顯示有檔名與樣本數時，即顯示已讀取，按【確定】。

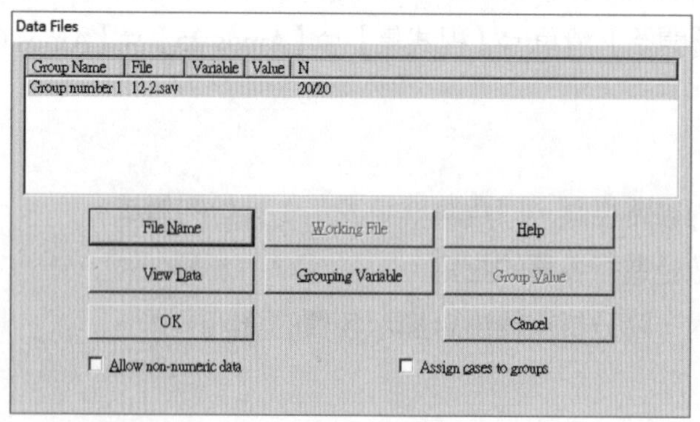

2. 繪製變數

首先練習繪製變數看看。

● 首先爲了表示 3 個觀測變數，要畫三個長方形。

➢ 按一下工具列的【Draw observed variables】圖像（ ），或是選擇

➢【Diagram】⇨【Draw observed】。

➢ 畫出三個長方形。

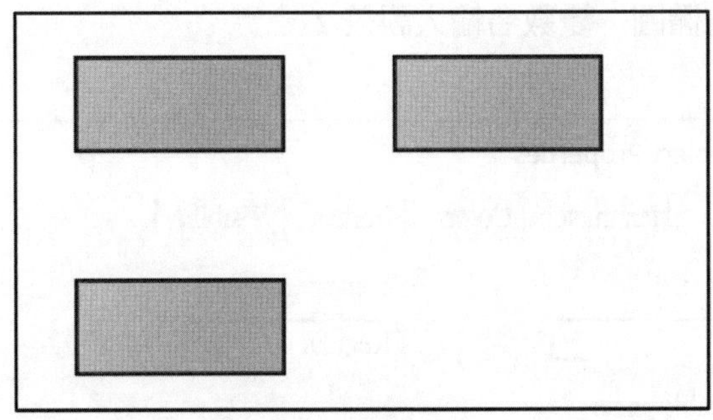

● 其次，爲了表示誤差變數，要畫出兩個橢圓。

➢ 按一下工具列的【Add a unique variable to an existing variable】圖像（ ），或選擇【Diagram】⇨【Draw unobserved】。

➢ 畫出兩個橢圓。

➢ 按一下右及下的長方形，追加誤差變數。按數次，圓就以順時針的方向旋轉。圓到長方形的箭線會加上 1。

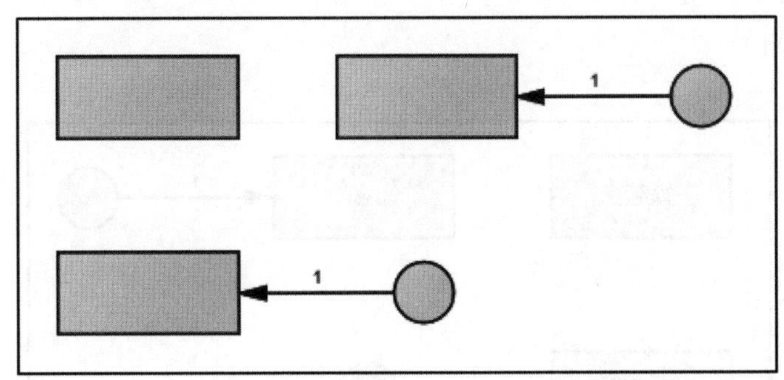

3. 變數的命名

其次，命名變數。

- 按兩下左上的長方形時，顯示出【Object Properties(O)】視窗。
  - 選擇【Text】Tab，於【Variable name】輸入**肯定感**。
  - 同樣，按一下左下的長方形，變數名輸入**積極性**。
  - 按一下中央上方的長方形，變數名輸入**滿意度**。
  - 按一下中央下方的橢圓，變數名稱輸入**誤差 1**。
  - 按一下左上的橢圓，變數名輸入**誤差 2**。

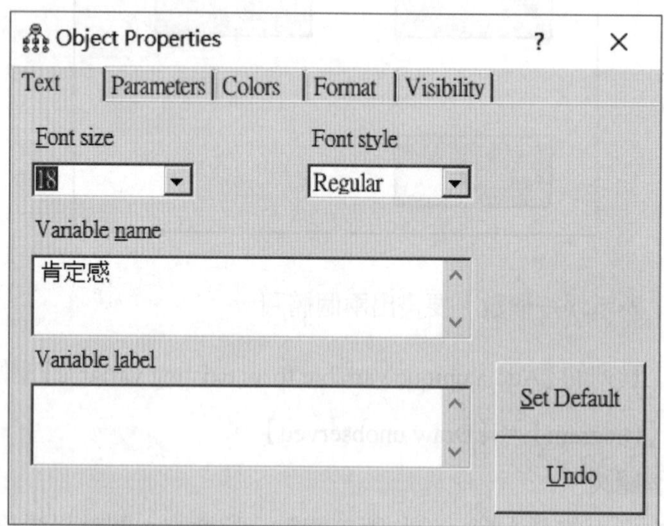

- 關閉【Object Properties】視窗。
- 變成如下圖。

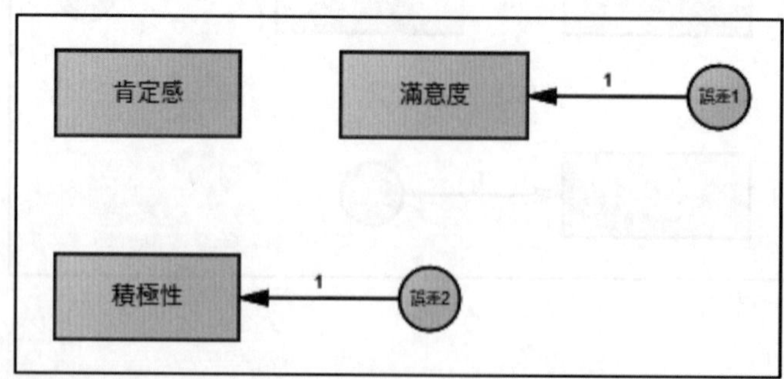

關於肯定感、滿意度、積極性三個變數，按一下工具列中的資料組內變數一覽的圖線（ ）（或從 View 清單中選擇【Varibles in Dataset】），從【Varibles in Dataset】一覽中將資料按住拖移到圖形之中時，變數即被指定。此作法因爲不會發生變數名稱的輸入錯誤，請務必活用。關於誤差或是潛在變數來說，由於未被觀測，故要指定新的變數名稱。

4. 畫箭線

試畫出路徑圖的箭線看看。

- 爲了畫出單方向的箭線，按一下工具列的【Draw paths (single headed arrow)】圖像（ ）。或者選擇【Diagram】清單 ⇨【Draw Path】。
  - ➢ 配合假設地去畫箭線。
- 變成下圖。

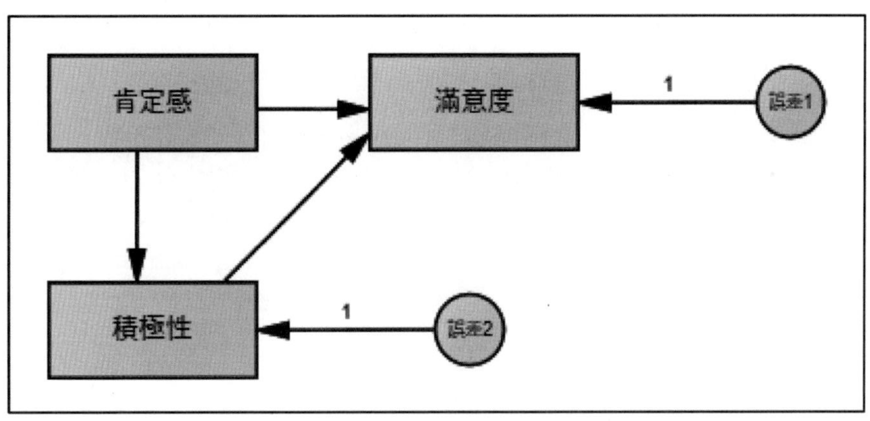

5. 變數的限制

爲了分析模式，有需要定義誤差 1、誤差 2 之變數。

以方法來說有：

1. 固定誤差 1、誤差 2 的變異數。

2. 從誤差 1 到積極性，從誤差 2 到滿意度的係數要指定某種的正値。此處，決定將「係數固定爲 1」。

- 按兩下誤差 1 與積極性之間的箭線。
- 出現【Project Properties】視窗。
  - ➢ 按一下【Parameters】Tab，於【Regression weight】方框中輸入 1。
  - ➢ 對誤差 2 與滿意度之間的箭線的【Regression weight】也同樣輸入 1。
- 關閉（Object Properties）視窗。
- 在指定係數之箭線附近，確認是否記入 1 的數字。

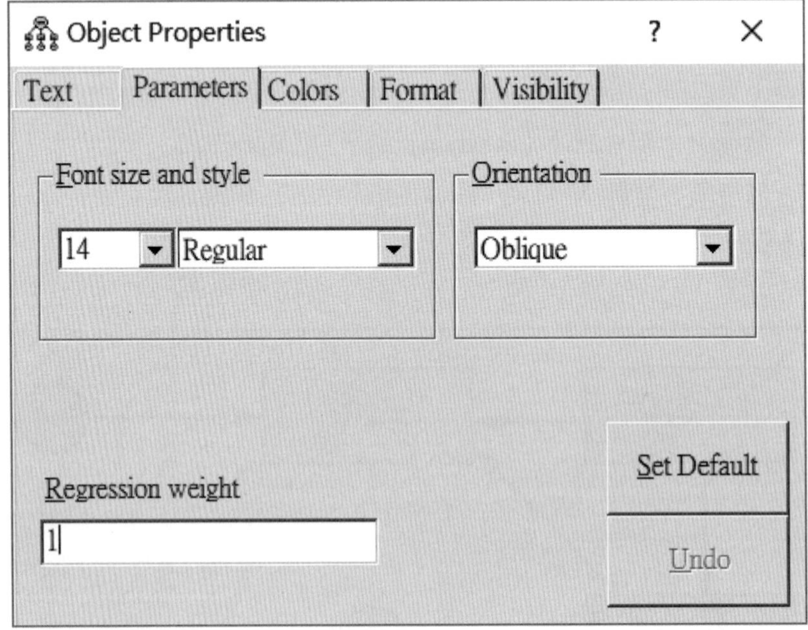

至目前爲止如已畫好時，即可進行分析的設定。

6. 分析的設定

- 選擇【Analysis properties】圖像（ ）或者選擇【View】清單 ⇨【Analysis properties】
  - ➢ 按一下【Output】的 Tab。
  - ➢ 勾選【Minimization history】、【Standard estimates】、【Square multiple corellations】。
- 關閉【Analysis properties】視窗。

Analysis Properties ? ×

Estimation | Numerical | Bias | Output | Bootstrap | Permutations | Random # | Title

☑ Minimization history
☑ Standardized estimates
☑ Squared multiple correlations
☐ Sample moments
☐ Implied moments
☐ All implied moments
☐ Residual moments
☐ Modification indices
☐ D-separation

☐ Indirect, direct & total effects
☐ Factor score weights
☐ Covariances of estimates
☐ Correlations of estimates
☐ Critical ratios for differences
☐ Tests for normality and outliers
☐ Observed information matrix
4 Threshold for modification indices

7. 分析的執行

那麼，試著分析看看。

● 按一下工具列的【Calculate estimates】圖像（）。

或是選擇【Analyze】清單 ⇨【Calculate estimates】。

- 爲了保存檔案會出現指示，因之指定儲存於特定的場所。又儲存的檔案甚多，重新做出新的檔案夾較好。
- 如儲存就緒時，Amos 開始分析。

分析順利結束時，左側的框內會出現「**Minimum was achieved**」、「**Writing output**」等。

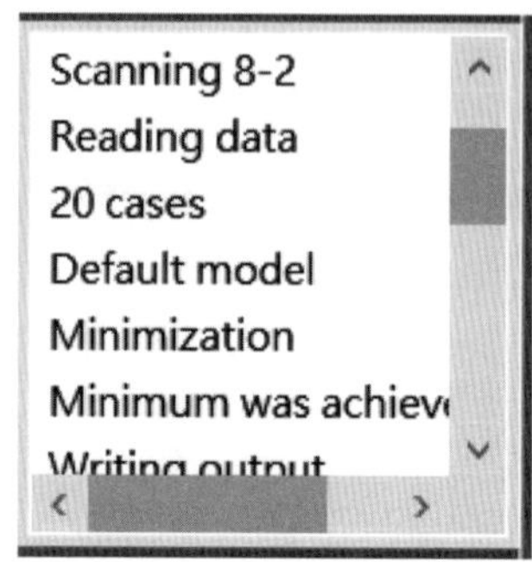

8. 觀察輸出

以輸出的方法來說有「Text output」「圖像輸出」。

◎正文輸出

按一下工具列的「Text output」圖形（ ），或選擇【View】清單 ⇨【Text output】時即可顯示。

◎圖像輸出

按一下【View the output path diagram】圖像（下圖）。於是，路徑圖中出現分析結果。

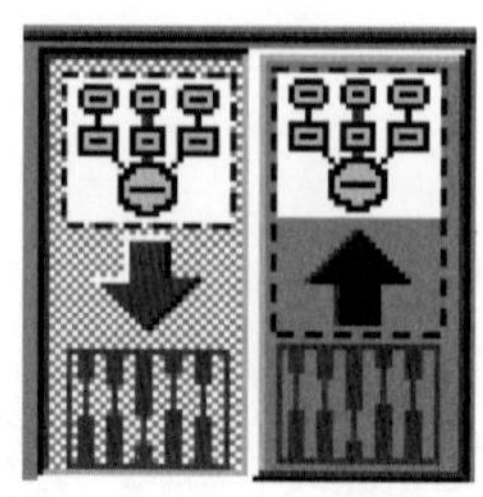

那麼按一下【View the output path diagram】圖線，再按一下視窗中的標準化估計值（Standardized estimates）與非標準化估計值（Unstandardized estimates ）看看。

Unstandardized estimates
Standardized estimates

■非標準化估計值

此處顯示出未標準化之值，未標準化之值是取決於數據的得分範圍，數值會有甚大的不同，因之觀察模式時略為不易了解。

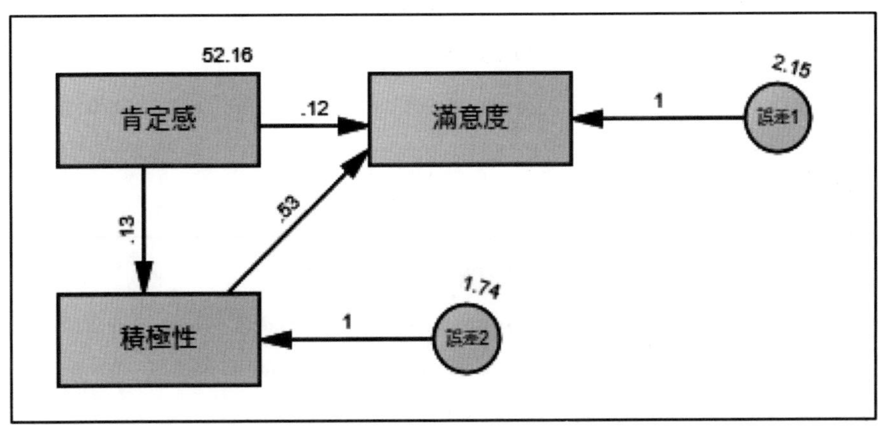

■標準化估計值

一般在撰寫學術報告或論文時最好使用標準化估計值（–1.00～+1.00）。

從肯定感到滿意度（0.41），從肯定感到積極性（0.58），從積極性到滿意度（0.41）各箭線上方的數值即為標準化的路徑係數。積極性右上的數值（0.33）與滿意度右上的數值（0.52）是複相關係數的平方（複判定係數；$\Re^2$）。

換言之，積極性受肯定感的影響的部分是 0.33，受到誤差 1 之影響的部分是 1.00 – 0.33 = 0.67，滿意度受到來自肯定感與積極性影響的部分是 0.52，受到誤差 2 之影響部分是 1 – 0.52 = 0.48。

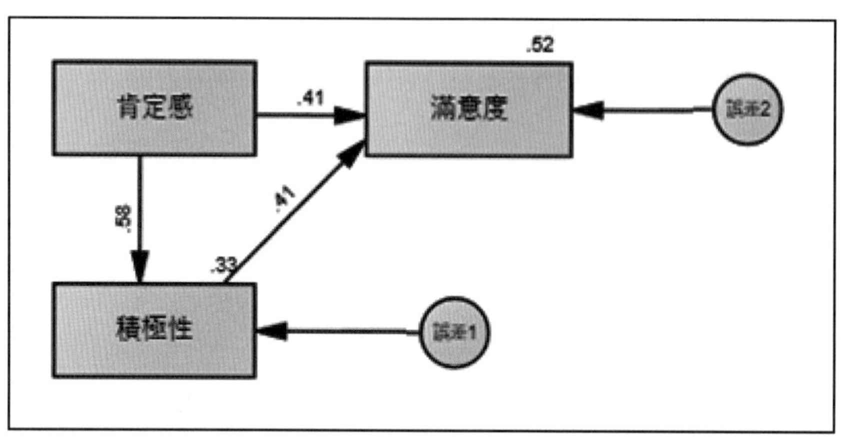

■顯著水準

按一下工具列的【Text output】圖線（　）。

如從左側的視窗之中按一下【Parameter estimates】時，即出現分析中所估計的各估計值與檢定統計量、顯著水準。

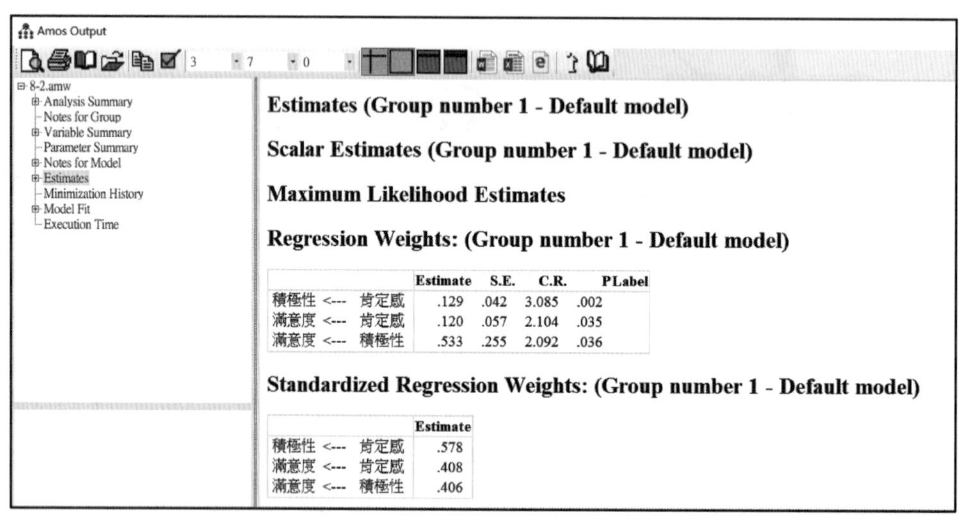
Amos Output

8-2.amw
Analysis Summary
Notes for Group
Variable Summary
Parameter Summary
Notes for Model
Estimates
Minimization History
Model Fit
Execution Time

Estimates (Group number 1 - Default model)

Scalar Estimates (Group number 1 - Default model)

Maximum Likelihood Estimates

Regression Weights: (Group number 1 - Default model)

			Estimate	S.E.	C.R.	P	Label
積極性	<---	肯定感	.129	.042	3.085	.002	
滿意度	<---	肯定感	.120	.057	2.104	.035	
滿意度	<---	積極性	.533	.255	2.092	.036	

Standardized Regression Weights: (Group number 1 - Default model)

			Estimate
積極性	<---	肯定感	.578
滿意度	<---	肯定感	.408
滿意度	<---	積極性	.406

此結果是，從肯定感到積極性，從積極性到滿意度，從肯定感到滿意度的所有路徑在 0.1% 水準下均為顯著（出現了三個 *）。詳細情形參下節。

■間接效果和直接效果

以此結果的情形來看，對滿意度來說肯定感有直接影響，另一方面也可想到經由積極性造成的影響。像這樣，某變數對其他的變數直接造成影響稱爲直接效果，經由其他的變數造成的影響稱爲間接效果。進行路徑分析時，直接效果與間接效果之中的何者較大也有當作問題的。

那麼試著檢討肯定感對滿意度的直接效果與間接效果何者較大。

直接效果：已標準化係數是 0.41。

間接效果：從肯定感到積極性的路徑係數（0.58），與從積極性到滿意度的路徑係數（0.41）之乘積即爲間接效果。因此即爲 0.58×0.41 = 0.24。

由此結果知，從肯定感到滿意度的直接影響，比以積極性爲媒介造成影響的程度還大。

又在 Amos 中，按一下【View】清單 ⇨【Analyze properties】⇨【Output】Tab，勾選【Indirect、Direct&Total Effects】時，這些直接效果與間接效果即可當作結果輸出。

13.3 結構方程模式分析 (2)

13.3.1 潛在變數間的因果關係（分析例 2）

假定成績與同學的認同會影響學校滿意度的此種模式。進行調查後，得到以下 30 名的數據，數據檔參 13-3.sav。

	成績a	成績b	認可a	認可b	滿意a	滿意b	var
1	52	58	2	3	36	31	
2	45	60	5	6	51	45	
3	47	68	6	5	62	41	
4	53	56	5	4	50	28	
5	44	52	4	5	60	38	
6	42	69	3	2	50	34	
7	50	62	3	5	45	31	
8	60	75	5	5	62	56	
9	41	54	6	6	48	45	
10	45	53	5	4	44	35	
11	30	30	5	4	59	42	
12	55	47	5	6	55	51	
13	53	64	4	5	57	40	
14	78	79	6	5	58	54	
15	56	62	7	7	67	60	
16	50	61	7	6	58	53	
17	59	55	6	6	48	45	
18	46	59	5	6	47	31	
19	28	35	5	4	32	23	
20	39	34	4	4	25	24	
21	56	48	4	5	44	38	
22	40	50	6	4	45	40	
23	30	25	5	4	28	33	
24	35	41	6	5	36	41	
25	60	70	4	5	45	39	
26	28	35	3	2	35	36	
27	50	59	7	5	51	43	
28	51	62	3	4	54	48	
29	32	40	6	7	38	26	
30	30	40	7	6	60	55	
31							

資料檢視 / 變數檢視

使用的變數如下。

- 成績 a：國語的成績
- 成績 b：數學的成績
- 認同 a：有關受他人認同程度的項目分數
- 認同 b：有關受他人認同程度的項目分數
- 滿足 a：有關學校滿意度由 10 項目所構成的下位尺度得分
- 滿足 b：有關學校滿意度由 10 項目所構成的下位尺度得分

表現假設的路徑圖如下。（除了不向著箭線的成績、認同以外所有的變數均加上誤差變數）。

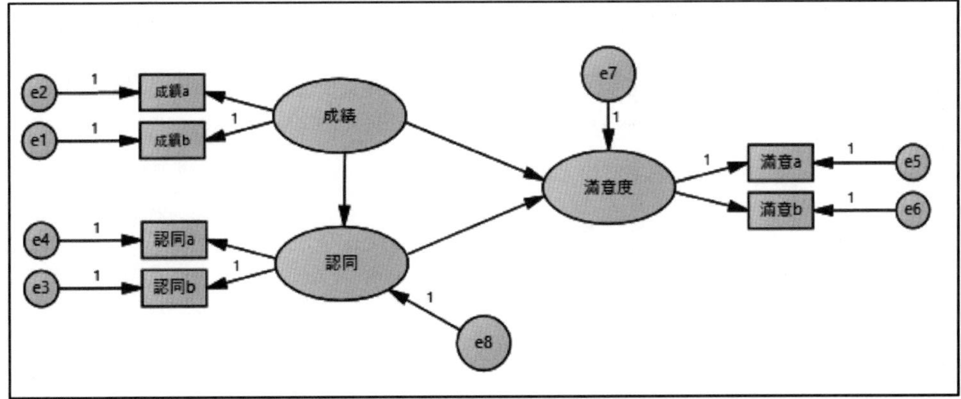

■測量方程式

- 觀測變數：成績 a、b 受到潛在變數：成績的影響。
- 觀測變數：認同 a、b 受到潛在變數：同學認同的影響。
- 觀測變數：滿意 a、b 受到潛在變數：滿意度的影響。
- 各個觀測變數也受到誤差的影響。

■構造方程式

- 認同受到成績的影響。
  - ➢ 認同受到成績的影響外也受誤差的影響。
- 滿意度受到成績與認同的影響。
  - ➢ 滿意度受到成績與認同的影響，也受到誤差的影響。

13.3.2 利用 Amos 分析

利用 SPSS 輸入資料後，先一度儲存後，再啓動 Amos。

1. 繪製模式

此次的分析使用橫向的圖。

- 將描畫領域變更爲橫向時，選擇
  【View】清單 ⇨【Interface Properties】。
  - ➢ 在【Page Layout】Tab 的【Page Size】，選擇【Landscape - Letter】。
  - ➢ 按一下【Apply】。

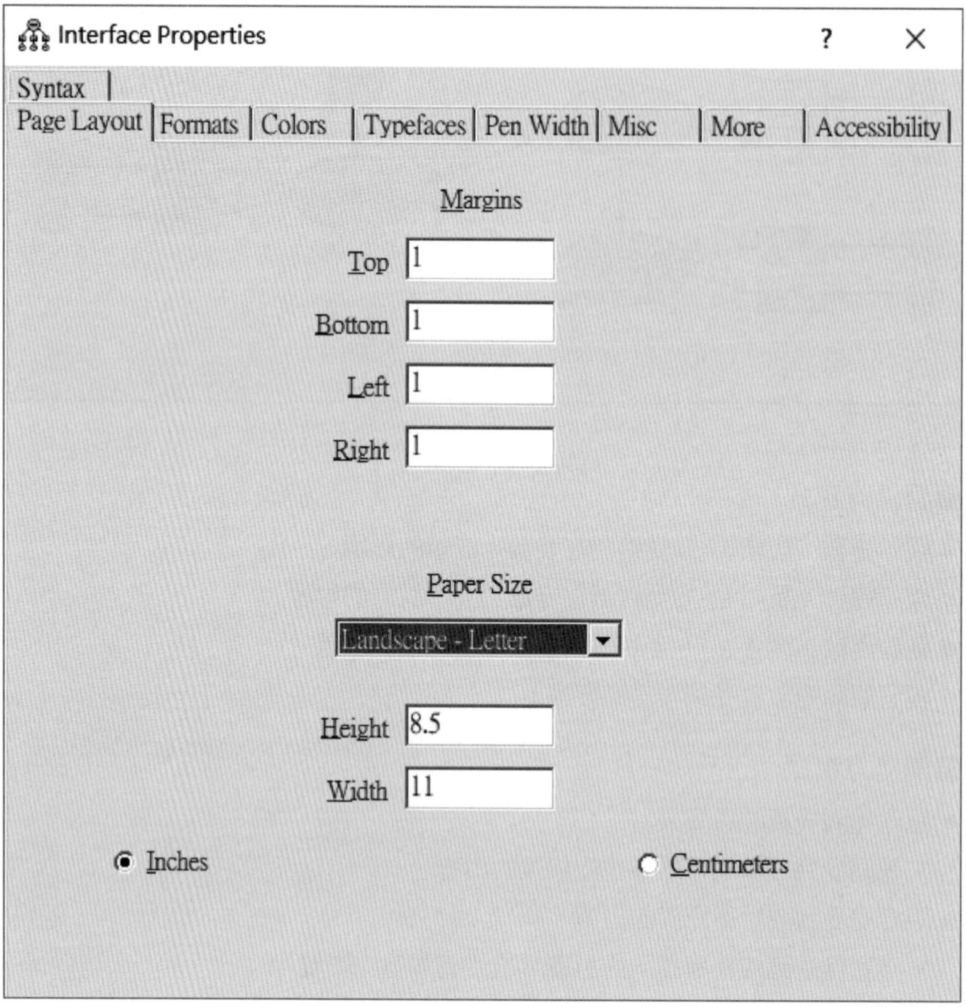

Interface Properties ? ×

Syntax
Page Layout | Formats | Colors | Typefaces | Pen Width | Misc | More | Accessibility

Margins

Top 1

Bottom 1

Left 1

Right 1

Paper Size

Landscape - Letter

Height 8.5

Width 11

Inches Centimeters

■繪製變數

- 首先以橢圓畫出相當於成績的潛在變數。
- 其次按一下工具列的【Draw a latent variable or add an indicator to a latent variable】圖線（  ）。
- 在所做成的橢圓之中按 2 次時，即如下圖。

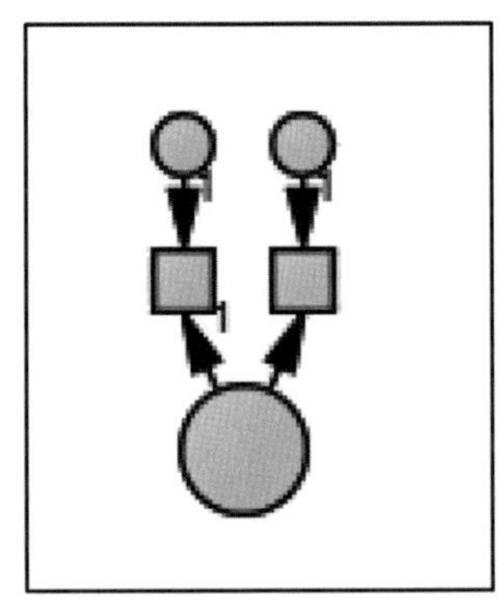

■將此圖作成橫向

- 按一下工具列的【Rotate the indicators of a latent variable】圖像（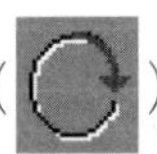）。
- 按數下橢圓，使誤差變數與觀測變數來到左側。
- 位置有不正時，按一下工具列的【Move objects】圖像（ ）後，再移動圖形，或想消去圖形時，按一下工具列的【Erase objects】圖像（ ），按一下圖形時，圖形即消去。

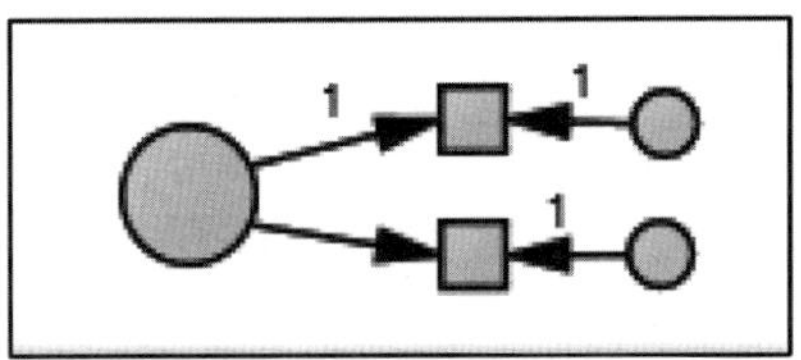

以後要畫 2 個相同的圖，不需再度繪製，用複製即可。

- 以工具列按一下【Select all objects】圖像（ ）。
- 於是，所描繪的所有物件變成綠色（表示已選擇）。
- 其次，按一下工具列的【Duplicate objects】圖像（ ），按住滑鼠的按鈕將橢圓部分向下拖移。
- 再一次重複相同的操作。此次複製到右方。

● 複製完成時，爲了解除選擇，按一下【Deselect objects】圖像（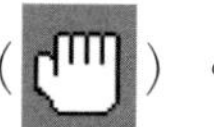）。

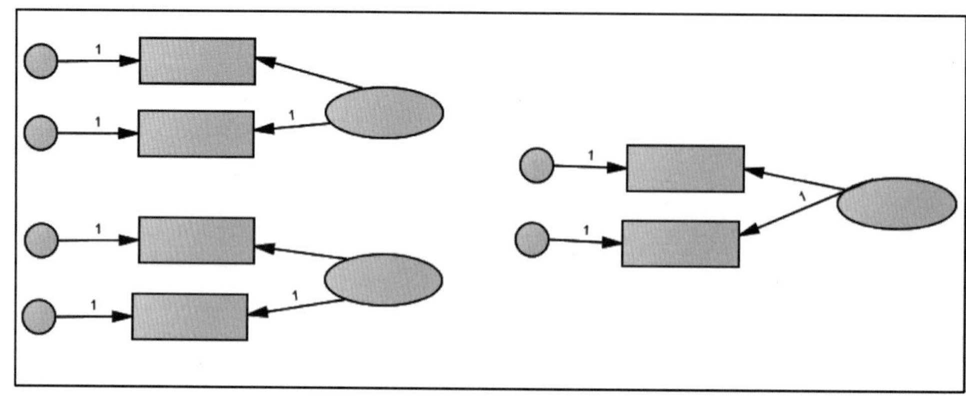

想將對應滿意度的右側的圖，做成左右相反。

● 按一下【Reflect the indicators to an latent variable】圖像（），按一下橢圓部分，出現左右反轉。

● 出現左右側時，首先以【Select one object at a time】圖像（）全面選擇成爲對象的圓、橢圓、長方形、箭線，按一下【Move objects】圖像（）後移動圖形。

■**繪製誤差變數**

● 按一下【Add a unique variable to a existing variable】圖像（），按一下右側的橢圓時，即可畫出誤差變數。按一下【Move objects】圖像（）後即移動圖形。

● 或者，將表示誤差變數的一個圖同樣複製，放置在右側的橢圖的右下方。從圖向橢圓畫路徑，係數指定爲 1。

■**描畫構造方程式的路徑**

● 畫出符合所建立之假設的路徑圖的箭線。

描畫時不要弄錯單向箭線與雙向箭線。

● 變成如下的圖時即完成。

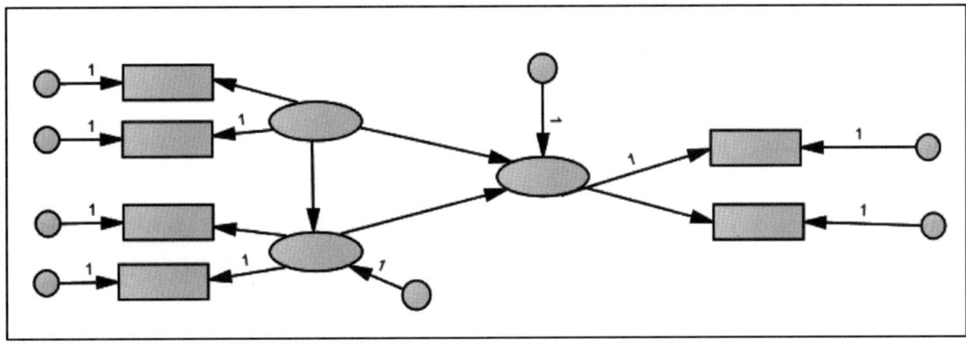

■輸入變數

● Amos 中未指定數據時，點選【Select datafile(s)】圖像（ ）或選擇【File】清單 ⇨【Data Files】。
  ➢ 按一下【File Name】，選擇所儲存的數據。
  ➢ 按【確定】。

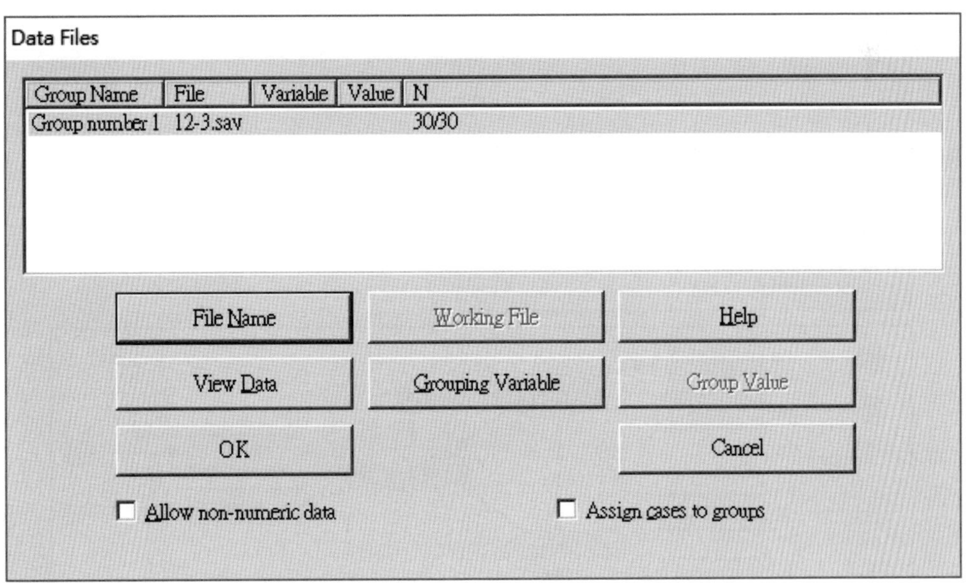

- 資料中的變數，可按一下【List variables in data set】圖像（　），也可拖移指定到圖中。潛在變數或誤差變數是按兩下輸入。
- 基於假設，將變數指定到路徑圖之中。
- 要變更字體大小時，分別在物件的上方右鍵按一下，以【Object variable】的【Text】選片變更【Font size】。
- 關於誤差，選擇【Plugins】⇨【Name Unobserved variables】，會自動從 e1 依序命名，甚是方便（數字是按製作圖形的順序命名，或許與書中不同）。

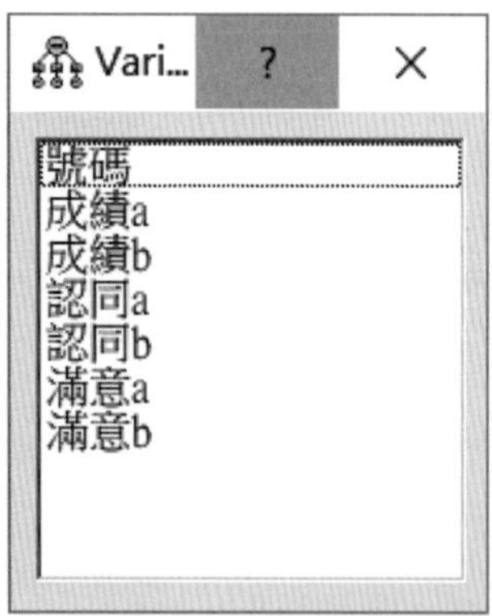

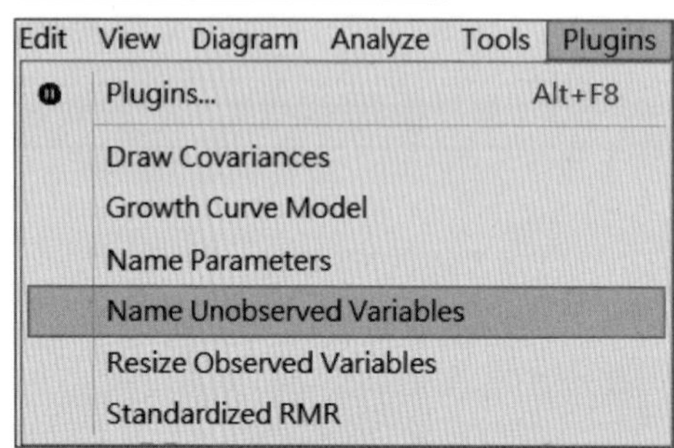

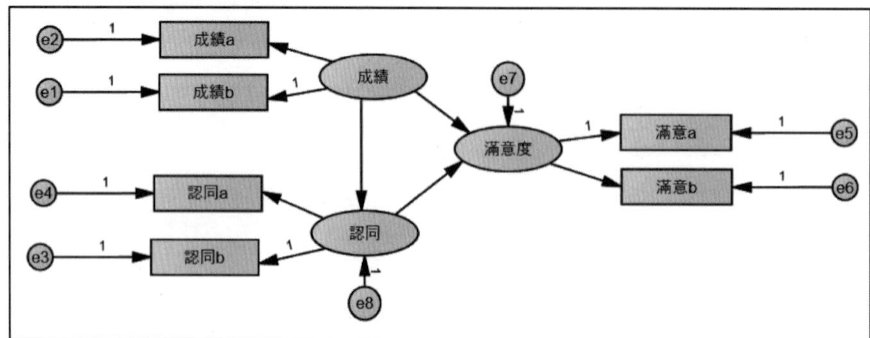

2. 分析的執行

■設定輸出內容

- 首先按一下【Analyze properties】圖像（）。
  - ➢ 按一下【Output】Tab。
  - ➢ 勾選【Minimization history】【Standardization estimates】【Squared multiple Correlations】
- 關閉【Analyze properties】視窗。

■執行分析

- 按一下工具列的【Calculate estimates】圖像（），選擇【Model fit】清單 ⇨【Calculate estimates】。
- 因出現保存檔案之指示，故指定保存在適當的場所。
- 出現「達到最小值」時分析即結束。

3. 模式的評價

Amos 也輸出有幾種評價整理模式之指標。進行模式的評價時，可依 (1) 模式的整體評價，(2) 模式的部分評價 2 個階段來進行。

(1) 模式整體的評價

■χ^2 檢定

- 以檢定因果模式整體是否正確來說，輸出有 χ^2 檢定的結果。
- 以虛無假設來說，由於進行「已建構之模式是正確的」設定，因之 χ^2 值在對應的自由度之下，如比一定的顯著水準之值小時，模式在未被捨棄的意義下，姑且接受（如果不是顯著水準即接受）。

■ 適合度指標（GFI，AGFI，RMR）

GFI（Goodness of Fit Index：適合度指標）

- 通常取 0 到 1 之值，成為模式的說明力之指標。
- GFI 越接近 1，越可說明是有說明力之模式（GFI 即使高，也並非是「好的模式」，因此要注意）。

AGFI（Adjusted Goodness of Fit Index：修正適合度指標）

- 值越接近 1，對數據的適配度愈好。
- 「GFI ≥ AGFI」，AGFI 比 GFI 顯著低的模式並不太好。

RMR（Root Mean Square Residual：殘差均方平方根）

- 值越接近零，模式越適配數據。

■ 資訊量基準（AIC, Akaike's Information Criterion；赤池資訊量基準）

- 比較數個模式時，評價模式相對性好壞的指標。
- 數個模式之中要選擇何者時，選擇 AIC 最低的模式。

(2) 模式的部分評價

■ t 檢定

- 路徑係數之數值（估計值），有需要比 0 大許多的值。
  如接近 0 時，兩個變數間之關係即近乎無。
- 檢定該係數是否顯著時，使用 t 檢定（以檢定統計量表示）。
- 檢定如在 0.1% 水準顯著時，以三個星號（***）表示，在它之上（1% 水準、5% 水準、不顯著）時，機率以數值表示。

4. 判讀因果模式

此次，就所進行分析的模式進行全體性的評價看看。按一下【View text output】，或是選擇【View】清單 ⇨【Text output】時，即顯示【Text output】。此分析結果如下：

於「模式的注釋中」尋找寫有 χ^2 的部分。或觀察模式配適的 CMIN 的部分。

● χ^2 = 8.856，自由度 = 6，機率水準 = 0.182

CMIN

Model	NPAR	CMIN	DF	P	CMIN/DF
Default model	15	8.856	6	.182	1.476
Saturated model	21	.000	0		
Independence model	6	91.764	15	.000	6.118

● 於「模式適合」中尋找 GFI、AGFI 的部分。

RMR, GFI

Model	RMR	GFI	AGFI	PGFI
Default model	.471	.920	.719	.263
Saturated model	.000	1.000		
Independence model	17.145	.500	.299	.357

● RMSEA、AIC 的部分。

RMSEA

Model	RMSEA	LO 90	HI 90	PCLOSE
Default model	.128	.000	.294	.220
Independence model	.420	.340	.505	.000

AIC

Model	AIC	BCC	BIC	CAIC
Default model	38.856	48.402	59.874	74.874
Saturated model	42.000	55.364	71.425	92.425
Independence model	103.764	107.582	112.171	118.171

● 尋找 CFI 的部分。

Baseline Comparisons

Model	NFI Delta1	RFI rho1	IFI Delta2	TLI rho2	CFI
Default model	.903	.759	.967	.907	.963
Saturated model	1.000		1.000		1.000
Independence model	.000	.000	.000	.000	.000

其次觀察模式的部分評價。

如顯示正文輸出的「參數估計值」時，即為如下，單方向路徑的檢定結果全部均為顯著。

Regression Weights: (Group number 1 - Default model)

			Estimate	S.E.	C.R.	P	Label
認同	<---	成績	-.019	.170	-.110	.912	
滿意度	<---	認同	5.918	2.019	2.930	.003	
滿意度	<---	成績	4.506	1.512	2.981	.003	
成績a	<---	成績	.824	.216	3.818	***	
成績b	<---	成績	1.000				
認同a	<---	認同	1.270	.394	3.223	.001	
認同b	<---	認同	1.000				
滿意a	<---	滿意度	1.000				
滿意b	<---	滿意度	.901	.180	4.997	***	

Standardized Regression Weights: (Group number 1 - Default model)

			Estimate
認同	<---	成績	-.024
滿意度	<---	認同	.585
滿意度	<---	成績	.573
成績a	<---	成績	.806
成績b	<---	成績	.918
認同a	<---	認同	.874
認同b	<---	認同	.753
滿意a	<---	滿意度	.875
滿意b	<---	滿意度	.865

與複迴歸分析的時候相同，在此後的部分也輸出有「複相關係數的平方（複判定係數；R^2）」，因之要確認。

Squared Multiple Correlations: (Group number 1 - Default model)

	Estimate
認同	.001
滿意度	.655
滿意b	.748
滿意a	.766
認同b	.567
認同a	.763
成績b	.842
成績a	.650

5. 模式的改良

觀察結果，彷彿成績與認同之間看不出關聯，因之消去成績與認同之間的路徑（←），再度進行分析看看。

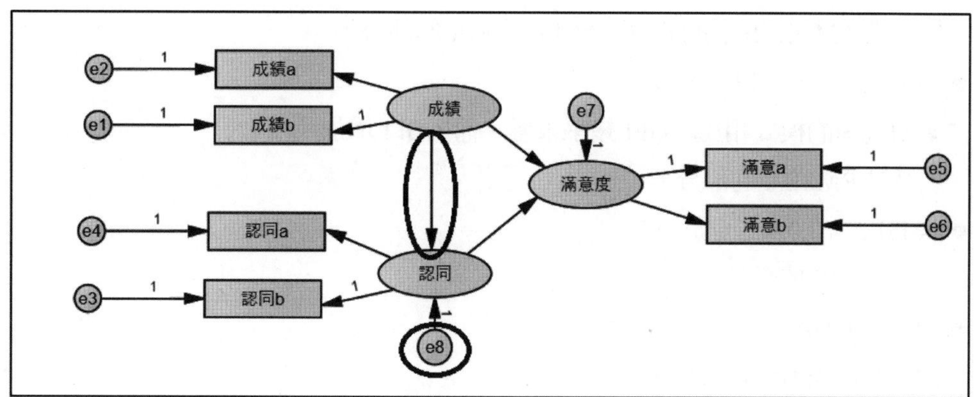

● 按一下工具列的【Erase objects】圖像（ ），消去成績與認同之間的路徑（←）。

● 按一下工具列的【Calculate estimates】圖像（ ）。

或者選擇（Model fit）清單 ⇨【Calculate estimates】進行分析。

雖出現警告，但仍按一下【Proceed with the analysis】。

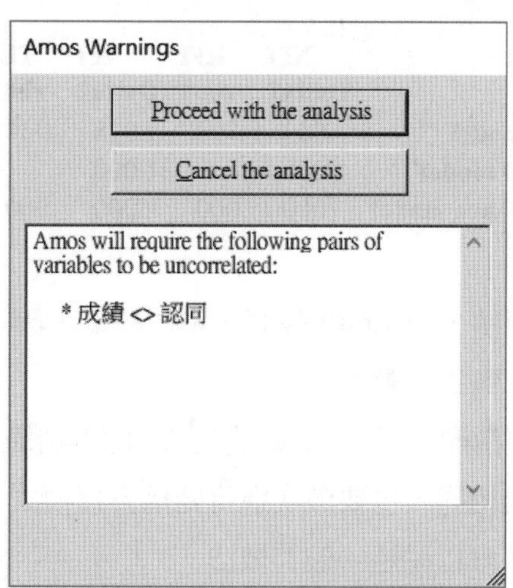

結果變成什麼呢？

在正文輸出的【Notes for Model】中尋找【χ^2（卡方）】。

- χ^2 = 8.87，自由度 = 7，機率水準 = 0.262。
  - 注意到自由度比先前的模式增加。

尋找【Model fit】的 GFI、AGFI、RMR 的部分。

- GFI = 0.92 ，AGFI = 0.76
  - 與先前的模式相比，GFI 幾乎未變，而 AGFI 增加。

尋找 RMSEA 的部分。

- RMSEA = 0.096，低於 0.1。

尋找 AIC 的部分。

- AIC = 36.868。
  - AIC 比先前的模式低。

Model Fit Summary

CMIN

Model	NPAR	CMIN	DF	P	CMIN/DF
Default model	14	8.868	7	.262	1.267
Saturated model	21	.000	0		
Independence model	6	91.764	15	.000	6.118

Baseline Comparisons

Model	NFI Delta1	RFI rho1	IFI Delta2	TLI rho2	CFI
Default model	.903	.793	.978	.948	.976
Saturated model	1.000		1.000		1.000
Independence model	.000	.000	.000	.000	.000

GFI 雖然幾乎是同値，但 AGFI 較高，AIC 較低，因之此次的模式比先前的模式而言，可以認爲比較適合數據。

像這樣，比較幾個指標，尋找「更好的模式」即爲結構方程模式分析的特徵。

與因素分析的時候相同，也要數次進行結構方程模式分析，尋找在理論上、數據上最合適的模式，可以說是一般的做法。

但不可忘記的是，此種模式是以理論作爲背景。當然透過此種的分析找出新發現的情形也有，但要注意最適合數據的模式不一定是最佳的模式。

13.4 結構方程模式分析 (3)

13.4.1 雙向的因果關係（分析例 3）

結構方程模式分析也可以假定在複迴歸分析或因素分析中無法假定的「雙向因果關係」。

使用後面的數據，試進行雙向的因果關係看看。本研究是將「對爭執的掌握方式」，製作成以正反兩面的關係修復取向—關係崩壞取向兩個構成概念來掌握的尺度，檢討與信賴感尺度的關聯。

結果，可以看出信賴尺度與關係修復取向—關係崩壞取向有關聯的傾向。對爭執持肯定的（ —否定的）態度，與爭執之後，能、不能修復關係之取向有甚大的關聯。本研究雖然是假定此兩個構成概念是相互獨立的關係，但也可以如下考慮。亦即，對爭執持肯定的態度，是與即使爭執也能修復關係的此種取向有關，相反的，如具有即使爭執也能修復關係的此種取向時，則是對爭執持肯定態度有關。

因此，試假定以下的關係看看。

1. 信賴感是會影響（爭執後）關係修復—關係破壞之信念。
2. 關係修復—關係破壞的信念，影響肯定—否定地掌握爭執的態度。
3. 肯定—否定地掌握爭執的態度，影響關係修復—關係破壞之信念。

數據是就以下的變數由大學生 100 名取得，關於數據檔請參 13-4.sav。

信賴感

不信賴：信賴感尺度的「不信賴」下位尺度分數（平均 32.70，SD7.70）

自信賴：信賴感尺度的「對自己的信賴」下位尺度分數（平均 24.23，SD4.07）

他信賴：信賴感尺度的「對他人的信賴」下位尺度分數（平均 33.25，SD4.83）

對爭執的態度

肯定：對爭執的掌握方式尺度的「Positive」下位尺度分數（平均 23.89，SD4.72）

否定：對爭執的掌握方式尺度的「Negative」下位尺度分數（平均 22.53，SD4.21）

對爭執的取向性

修復：對爭執的掌握方式尺度的「關係修復取向」下位尺度分數（平均 20.01，SD3.94）

破壞：對爭執的掌握方式尺度的「關係破壞取向」下位尺度分數（平均 15.01，SD3.86）

＊設定的潛在變數是信賴感、態度、取向性。

	不信	自信賴	他信賴	肯定	否定	修復	破壞	var
1	22	28	37	22	27	15	20	
2	40	27	34	6	35	15	24	
3	43	26	27	23	20	16	19	
4	28	24	38	25	26	24	15	
5	29	25	32	17	21	18	15	
6	28	28	32	22	32	18	20	
7	33	27	33	31	23	26	16	
8	23	26	37	32	15	23	6	
9	23	19	36	32	16	28	13	
10	44	25	38	18	30	18	22	
11	38	25	32	28	18	25	13	
12	43	29	19	23	22	8	15	
13	24	23	37	11	30	19	13	
14	34	30	32	24	21	17	13	
15	32	28	43	33	18	26	9	
16	27	27	32	24	25	19	15	
17	37	19	23	20	26	18	15	
18	59	25	13	25	23	5	20	
19	26	34	39	26	22	25	14	
20	35	22	37	22	23	17	14	
21	40	28	34	20	20	18	15	
22	23	24	37	24	22	25	14	
23	49	22	29	20	30	16	17	
24	33	27	36	28	20	23	16	
25	36	23	29	20	20	14	20	
26	29	26	31	21	29	18	13	
27	32	25	34	21	25	20	17	
28	26	34	27	28	17	14	19	
29	31	23	28	14	26	21	11	
30	44	21	26	30	7	21	9	
31	10	18	36	28	19	30	9	

	不信	自信賴	他信賴	肯定	否定	修復	破壞	var
31	10	18	36	28	19	30	9	
32	38	25	37	17	25	18	15	
33	33	24	32	25	21	19	14	
34	43	14	23	20	24	15	21	
35	21	25	36	19	23	19	16	
36	40	19	27	18	25	18	15	
37	34	21	28	23	22	18	15	
38	41	30	34	25	24	20	14	
39	26	25	31	22	23	16	12	
40	22	23	32	22	24	20	16	
41	39	16	32	19	24	17	16	
42	35	12	28	22	17	19	12	
43	49	18	36	27	24	14	19	
44	31	25	36	25	24	24	9	
45	47	10	26	25	20	20	16	
46	22	22	31	21	17	19	18	
47	31	31	35	21	26	20	18	
48	27	30	40	29	17	23	10	
49	28	25	32	23	21	22	13	
50	39	24	35	28	27	21	12	
51	26	27	40	24	24	21	12	
52	21	25	38	21	26	19	20	
53	33	27	33	27	28	18	17	
54	28	26	39	24	22	22	11	
55	34	24	36	24	19	22	16	
56	33	25	32	24	20	15	20	
57	36	24	31	25	27	20	18	
58	38	27	33	30	24	26	15	
59	42	27	35	21	28	17	18	
60	41	28	38	29	19	22	16	
61	37	19	35	26	27	18	16	

	不信	自信賴	他信賴	肯定	否定	修復	破壞	var
61	37	19	35	26	27	18	16	
62	26	27	37	24	14	20	8	
63	37	22	28	25	22	22	15	
64	39	26	34	26	22	14	15	
65	31	22	29	25	22	20	18	
66	36	32	28	22	22	18	17	
67	38	31	42	23	25	22	10	
68	21	22	36	30	18	25	10	
69	29	23	36	22	20	27	10	
70	39	26	35	21	27	19	18	
71	25	24	35	21	21	22	14	
72	31	25	36	19	25	23	18	
73	41	26	28	22	24	17	16	
74	28	27	39	34	17	26	11	
75	29	26	34	20	28	21	18	
76	20	24	37	20	25	18	20	
77	25	23	34	21	22	21	11	
78	34	27	38	32	19	24	5	
79	39	26	33	23	22	21	16	
80	30	20	34	27	18	19	16	
81	32	23	38	22	26	24	8	
82	35	21	36	28	22	18	13	
83	36	23	36	23	25	18	18	
84	34	20	29	23	26	20	13	
85	26	24	37	27	20	22	16	
86	22	25	37	28	20	21	13	
87	35	26	38	24	21	20	23	
88	30	22	34	26	19	22	13	
89	27	25	35	22	27	25	11	
90	27	24	29	21	27	18	15	
91	24	22	39	28	22	22	16	

	不信	自信賴	他信賴	肯定	否定	修復	破壞	var
91	24	22	39	28	22	22	16	
92	42	18	27	26	21	18	16	
93	30	27	39	28	19	23	18	
94	38	22	30	27	17	22	13	
95	44	18	33	36	15	30	5	
96	33	20	37	24	26	19	19	
97	32	21	28	13	25	20	20	
98	30	28	31	26	21	19	13	
99	30	22	28	25	21	18	19	
100	29	27	32	31	20	21	22	

13.4.2 利用 Amos 分析

此處畫出以下的圖形。參考以前的例子，希望各自描畫、指定變數。

- 潛在變數（橢圓有 3 個），分別是信賴感、態度、取向性。
- 觀測變數（長方形）：分別是不信賴、自信賴、他信賴，受到潛在變數：信賴感的影響。
- 觀測變數（長方形）：肯定—否定，受到潛在變數：態度之影響。
- 觀測變數（長方形）：修復—破壞，受到潛在變數：取向性之影響。
- 受到某一影響的變數，也會受到誤差（圖）的影響。
- 誤差全部有九個，分別將變數取名為 e1 到 e9。
- 不要忘了係數的指定（可如下圖加上去即可）。

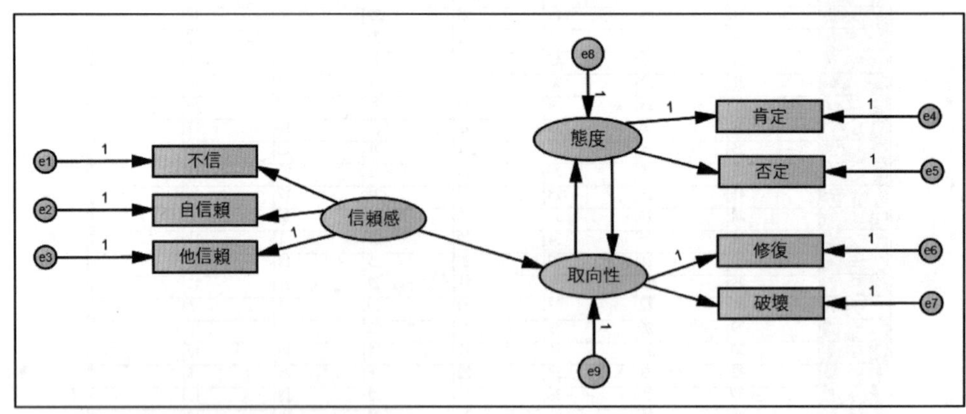

圖繪製之後，試進行分析看看。

■進行輸出的指定

- 按一下【Analyze properties】圖像（ ）。
  - ➢ 按一下【Output】Tab。
  - ➢ 勾選【Minimization history】、【Standardized estimates】、【Squared multiple correlations】。
- 關閉【Analyze properties】視窗。

■進行分析

- 按一下工具列的【Calculate estimtates】圖像（ ）。
  或者選擇【Analyze】⇨【Calculate estimates】。
- 爲了保存檔案出現指定，因之保存在適當的場所。
- 如顯示【達到最小値】，分析即結束。

變成了什麼樣的結果呢？把記入到圖中的【Standardized estimates】顯示出來看看。

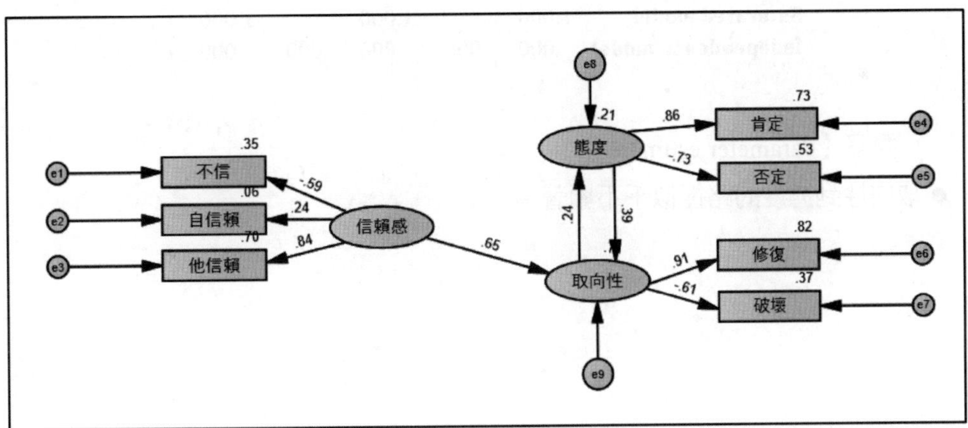

■確認正文輸出

正文輸出的【Notes for model】中，觀察「χ^2」的部分。

- $\chi^2 = 33.77$，自由度 = 11，機率水準 = 0.000，有可能不是太好的模式。
  觀察【模式適合】的 GFI、AGFI。

● GFI 是 0.912，屬於較高之值，但 AGFI 是 0.777 略為低。

CMIN

Model	NPAR	CMIN	DF	P	CMIN/DF
Default model	17	33.771	11	.000	3.070
Saturated model	28	.000	0		
Independence model	7	217.113	21	.000	10.339

RMR, GFI

Model	RMR	GFI	AGFI	PGFI
Default model	1.391	.912	.777	.358
Saturated model	.000	1.000		
Independence model	6.416	.598	.464	.448

Baseline Comparisons

Model	NFI Delta1	RFI rho1	IFI Delta2	TLI rho2	CFI
Default model	.844	.703	.890	.778	.884
Saturated model	1.000		1.000		1.000
Independence model	.000	.000	.000	.000	.000

觀察【Parameter estimates】。

● 取向性到態度的路徑似乎不顯著。

Regression Weights: (Group number 1 - Default model)

			Estimate	S.E.	C.R.	P	Label
取向性	<---	信賴感	.571	.120	4.735	***	
不信	<---	信賴感	-1.130	.247	-4.581	***	
肯定	<---	態度	1.000				
修復	<---	取向性	1.000				
否定	<---	態度	-.760	.153	-4.951	***	
破壞	<---	取向性	-.661	.121	-5.451	***	
他信賴	<---	信賴感	1.000				
自信賴	<---	信賴感	.244	.116	2.108	.035	
取向性	<---	態度	.343	.125	2.739	.006	
態度	<---	取向性	.266	.191	1.393	.164	

Standardized Regression Weights: (Group number 1 - Default model)

			Estimate
取向性	<---	信賴感	.645
不信	<---	信賴感	-.593
肯定	<---	態度	.856
修復	<---	取向性	.907
否定	<---	態度	-.730
破壞	<---	取向性	-.612
他信賴	<---	信賴感	.837
自信賴	<---	信賴感	.243
取向性	<---	態度	.388
態度	<---	取向性	.235

■改良模式

- 從以上的結果，似乎可以再改良模式。
- 一面以 GFI、AGFI、AIC 某適合度指標與參數估計值爲線索，一面進行模式的改良。

第 14 章 結構方程模式分析的活用——多群體的同時分析與各種的路徑圖

14.1 調查差異的方法

進行結構方程模式分析時，像男女或世代等，有時也想進行組間的比較。試著進行對應此種分析的多群體的同時分析看看。

14.1.1 自尊感情的模式例

試進行單純的複迴歸分析的例子看看。就學業成績、與友人的親密度、自尊感情，由男女各 10 名得出數據。由此數據按男女比較學業成績與親密性影響自尊感情的模式，數據檔參 14-1.sav。

	sex	學業成績	親密性	自尊感情
1	F	2	2	4
2	F	1	2	1
3	F	3	5	5
4	F	4	4	2
5	F	2	3	3
6	F	3	4	3
7	F	2	4	3
8	F	3	4	2
9	F	2	4	4
10	F	2	2	2
11	M	2	4	2
12	M	3	4	4
13	M	3	3	5
14	M	2	4	3
15	M	3	4	2
16	M	3	4	3
17	M	4	4	3
18	M	2	5	3
19	M	3	3	3
20	M	4	4	3

14.1.2 觀察相關關係

首先，以 SPSS 觀察男女別的相關關係。

- 輸入數據後，選擇【資料 (D)】⇨【分割檔案 (F)】。
  - ➢ 按一下【依群組組織輸出 (O)】⇨ 於【群組基於 (G)】方框中指定性別（sex）。
- 按一下【確定】時，即可按男女別進行分析。

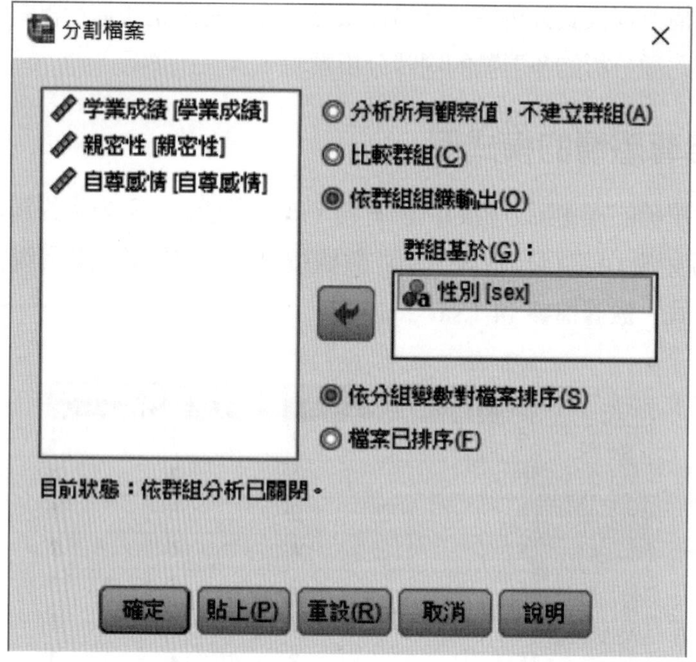

- 開啓【分析 (A)】清單 ⇨【相關 (C)】⇨【雙變量 (B)】。
  - ➢ 將 3 個變量指定到【變數 (V)】。
- 按一下【確定】。

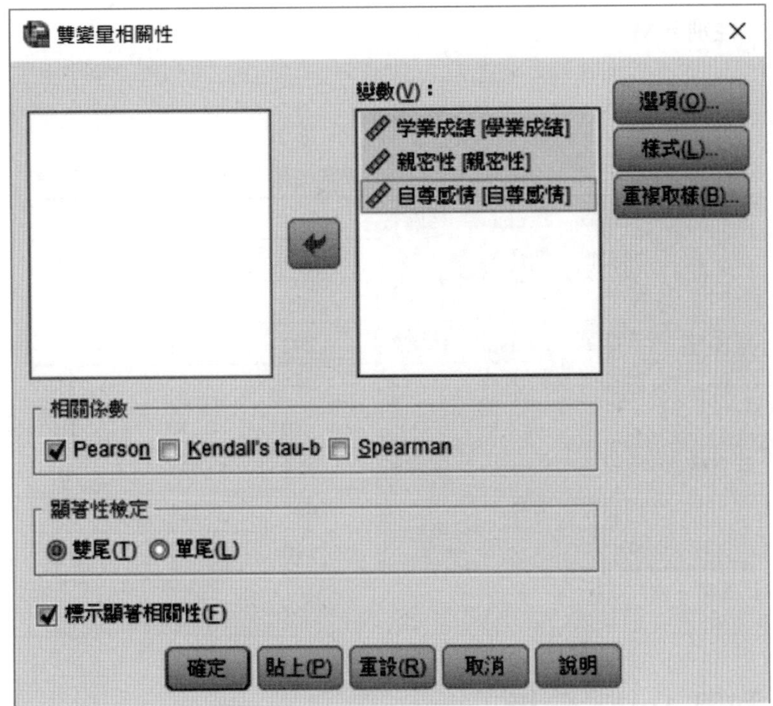

男女別的相關關係可以看出有何不同呢？

性別 = F

相關性[a]

		學業成績	親密性	自尊感情
學業成績	皮爾森（Pearson）相關性	1	.662*	.154
	顯著性（雙尾）		.037	.671
	N	10	10	10
親密性	皮爾森（Pearson）相關性	.662*	1	.466
	顯著性（雙尾）	.037		.174
	N	10	10	10
自尊感情	皮爾森（Pearson）相關性	.154	.466	1
	顯著性（雙尾）	.671	.174	
	N	10	10	10

* 相關性在 0.05 層級上頭顯著（雙尾）。
a. 性別 = F

性別 = M

相關性[a]

		學業成績	親密性	自尊感情
學業成績	皮爾森（Pearson）相關性	1	-.292	.189
	顯著性（雙尾）		.413	.601
	N	10	10	10
親密性	皮爾森（Pearson）相關性	-.292	1	-.425
	顯著性（雙尾）	.413		.221
	N	10	10	10
自尊感情	皮爾森（Pearson）相關性	.189	-.425	1
	顯著性（雙尾）	.601	.221	
	N	10	10	10

a. 性別 = M

14.1.3 利用 Amos 分析

已輸入在 SPSS 的資料儲存之後，啓動 Amos，啓動後先畫出如下圖的模式，並指定變數。

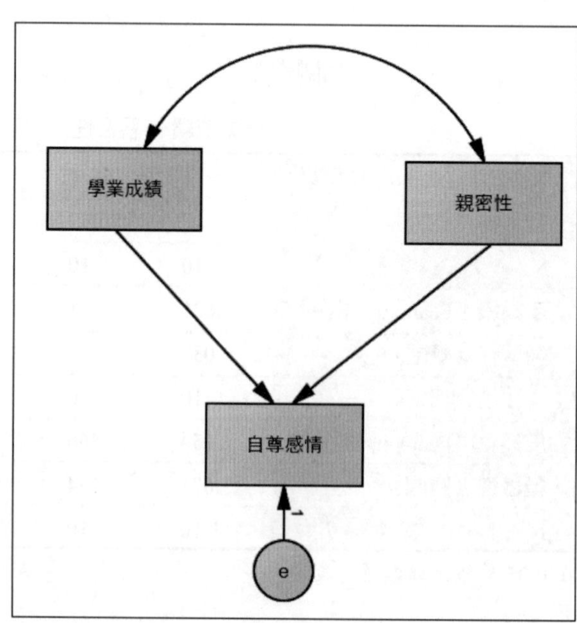

1. 組的設定

- 選擇【Analyze】⇨【Manage Groups】。
  - 將【Group Name】換成男性。
- 按一下【New】。
  - 將【Group Name】換成女性。
- 按一下【Close】。

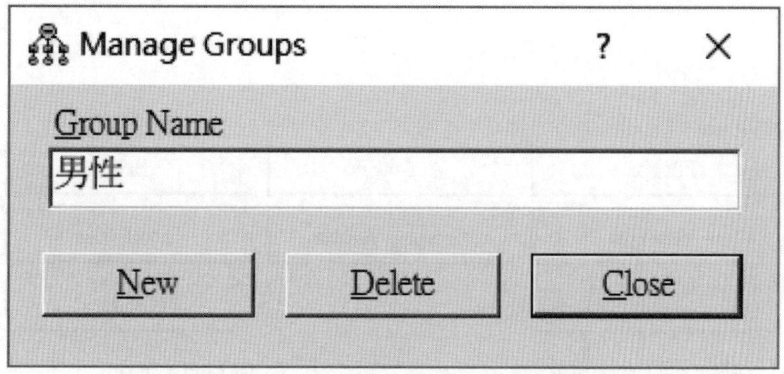

視窗左側的上方第二個方框內，要確定出現女性、男性。

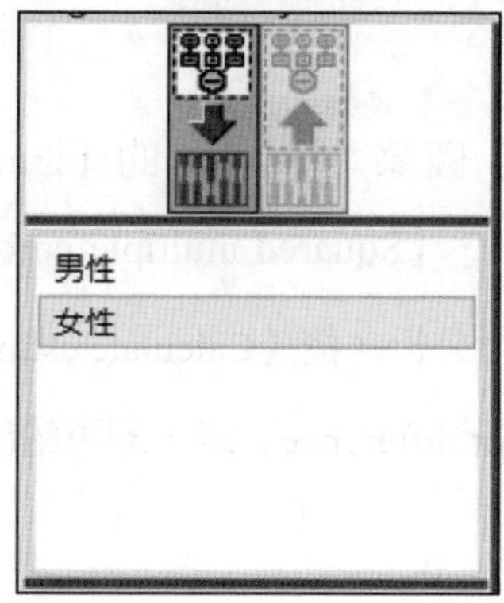

2. 指定男女的資料

- 按一下工具列的【Select data fiels】圖像（ ）。
  - 在選擇了組名的男性之狀態下，按一下【Grouping variable】。
    - ◆顯示變數一覽，因之按一下性別，再按【確定】。

➢ 按一下【Group value】。

◆因爲是男性，故選擇 M，按【確定】。

● 對女性也同樣進行，如變成以下的狀態時，按一下【確定】。

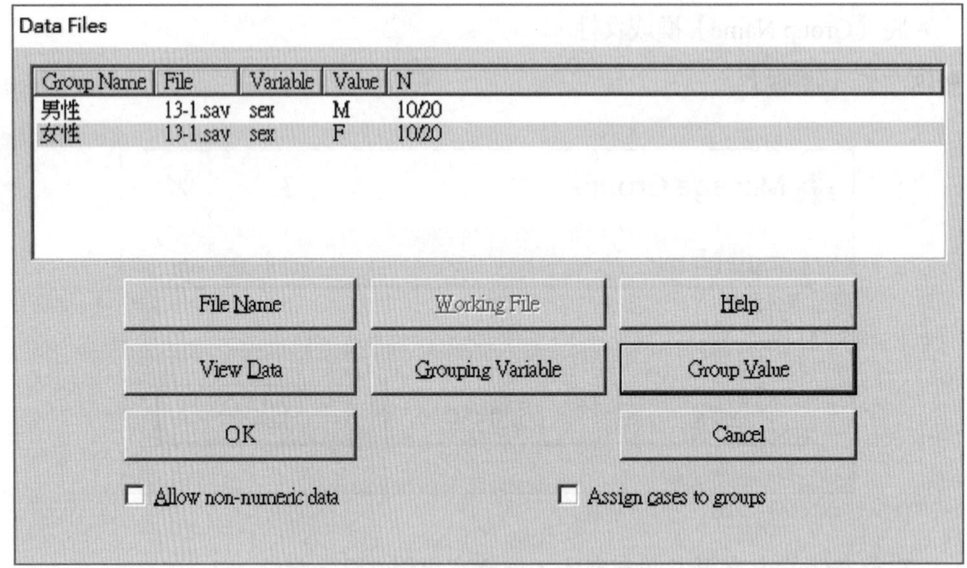

3. 計算估計值

● 在工具列的【Analyze】圖像（ ）的【Output】中勾選以下選項，【Stanardized estimates】、【Squared multiple correlations】、【Critical ratio for difference】之後，執行分析（按【Calculate estimates】圖像（ ））。

➢ 如勾選【Critical ratio for difference】時，即可輸出能判斷組間的估計值是否顯著地有差異之指標。

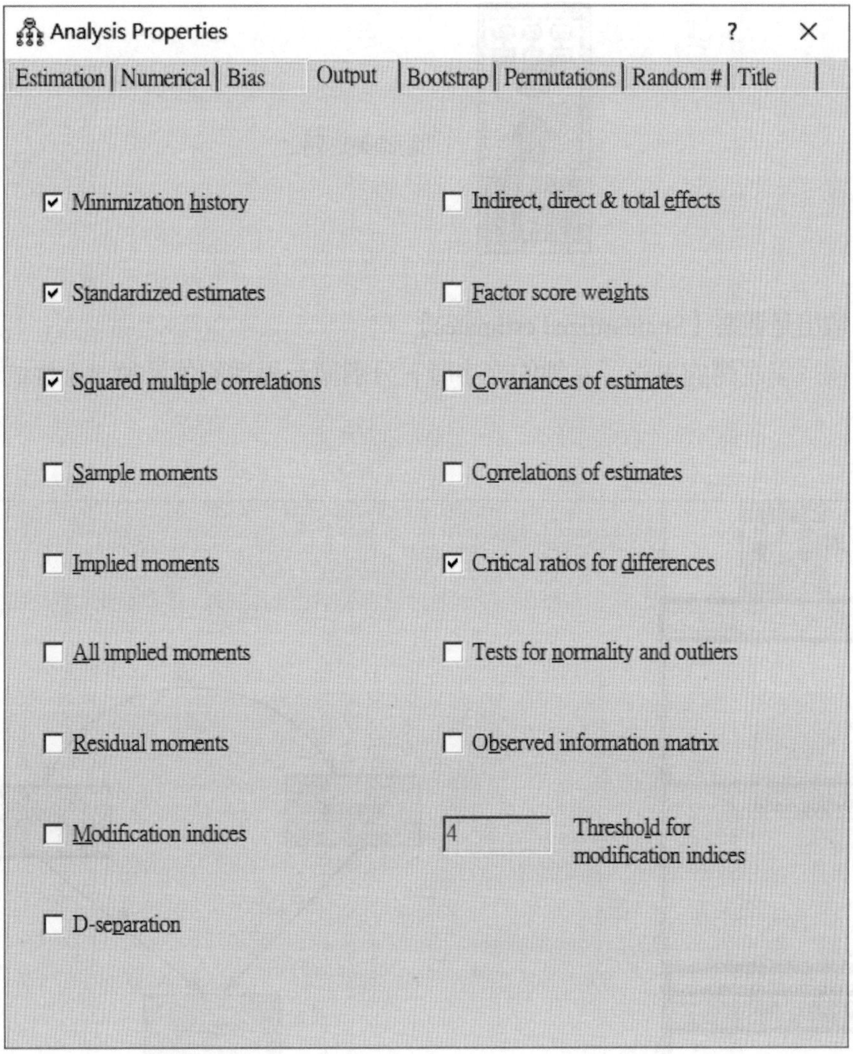

Analysis Properties

Estimation | Numerical | Bias | Output | Bootstrap | Permutations | Random # | Title

- [x] Minimization history
- [x] Standardized estimates
- [x] Squared multiple correlations
- [ ] Sample moments
- [ ] Implied moments
- [ ] All implied moments
- [ ] Residual moments
- [ ] Modification indices
- [ ] D-separation
- [ ] Indirect, direct & total effects
- [ ] Factor score weights
- [ ] Covariances of estimates
- [ ] Correlations of estimates
- [x] Critical ratios for differences
- [ ] Tests for normality and outliers
- [ ] Observed information matrix

4 Threshold for modification indices

4. 結果的輸出

■圖形輸出

首先，觀察圖形輸出看看。按一下【View the output path diagram】圖像（下圖）。

（箭頭圖形朝上）

輸出是觀察【Standardized estimates】。

按一下左側的男性、女性的文字時，分別顯示男性的估計值、女性的估計值。

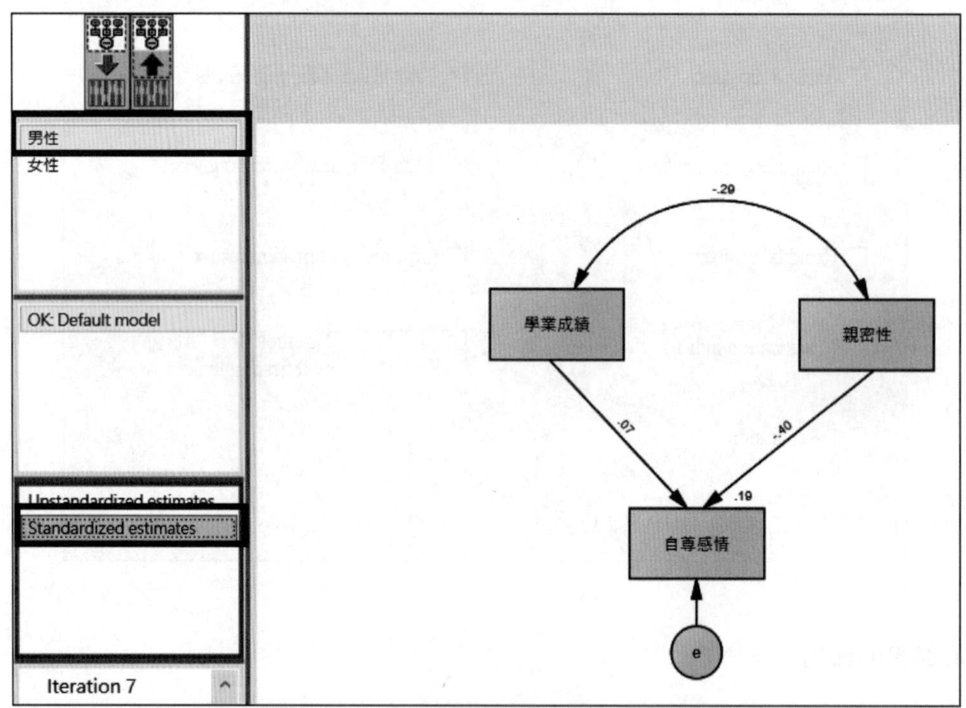

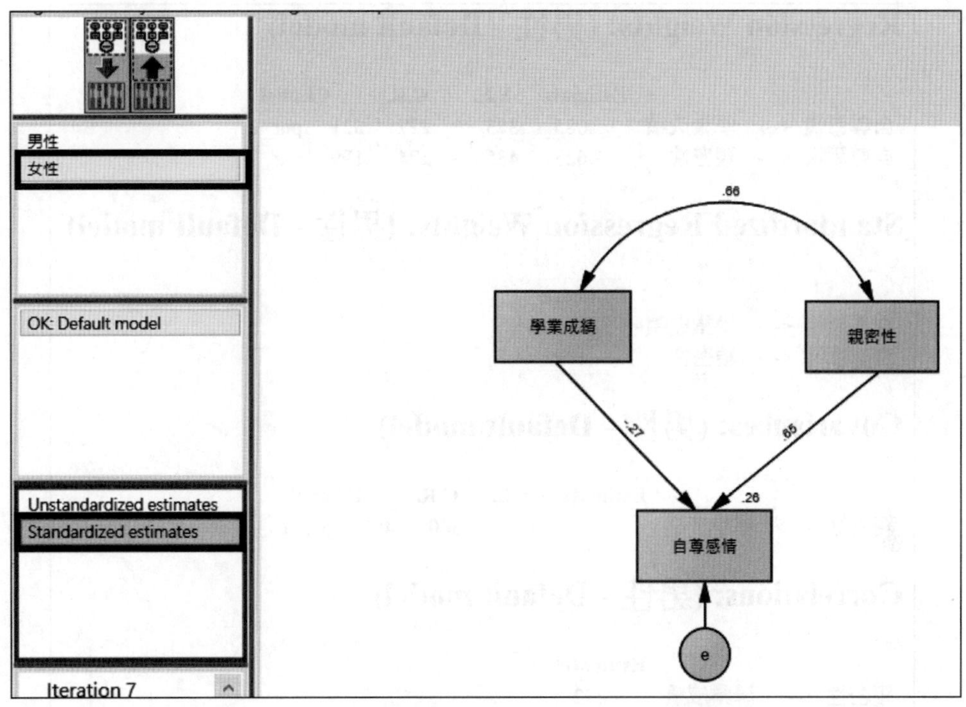

男性對於從 Y（親密性）到 Z（自尊感情）是負的路徑係數，相對的，女性是正的路徑係數。

■正文輸出

按一下工具列的【View text】圖像（），或者開啓【View】清單 ⇨ 選擇【Text output】。

試觀察【Regression weight】，按一下左側的視窗內所顯示的男性、女性的文字時，即可顯示男女別的估計值。

Regression Weights: (男性 - Default model)

			Estimate	S.E.	C.R.	P	Label
自尊感情	<---	學業成績	.085	.373	.227	.821	par_2
自尊感情	<---	親密性	-.623	.485	-1.284	.199	par_3

Standardized Regression Weights: (男性 - Default model)

			Estimate
自尊感情	<---	學業成績	.071
自尊感情	<---	親密性	-.404

Covariances: (男性 - Default model)

			Estimate	S.E.	C.R.	P	Label
親密性	<-->	學業成績	-.110	.131	-.840	.401	par_1

Correlations: (男性 - Default model)

			Estimate
親密性	<-->	學業成績	-.292

Regression Weights: (女性 - Default model)

			Estimate	S.E.	C.R.	P	Label
自尊感情	<---	學業成績	-.390	.543	-.719	.472	par_5
自尊感情	<---	親密性	.722	.426	1.694	.090	par_6

Standardized Regression Weights: (女性 - Default model)

			Estimate
自尊感情	<---	學業成績	-.275
自尊感情	<---	親密性	.648

Covariances: (女性 - Default model)

			Estimate	S.E.	C.R.	P	Label
親密性	<-->	學業成績	.540	.326	1.656	.098	par_4

Correlations: (女性 - Default model)

			Estimate
親密性	<-->	學業成績	.662

其次，爲了觀察路徑係數的不同是否有統計上的意義，按一下【Pairwise parameter comparisons】之中的【critical ratios for differences between parameters】。

Pairwise Parameter Comparisons (Default model)

Critical Ratios for Differences between Parameters (Default model)

	par_1	par_2	par_3	par_4	par_5	par_6	par_7	par_8	par_9	par_10	par_11	par_12
par_1	.000											
par_2	.492	.000										
par_3	-1.021	-1.364	.000									
par_4	1.850	.919	1.989	.000								
par_5	-.502	-.721	.319	-1.469	.000							
par_6	1.866	1.125	2.083	.339	1.257	.000						
par_7	1.789	.517	1.811	-.707	1.215	-.965	.000					
par_8	1.952	.923	2.071	-.125	1.492	-.479	.775	.000				
par_9	2.274	1.043	2.144	.053	1.576	-.318	.913	.206	.000			
par_10	2.266	1.550	2.411	1.604	1.955	.490	1.474	1.015	.857	.000		
par_11	2.281	1.157	2.210	.478	1.658	-.157	1.057	.395	.193	-.890	.000	
par_12	2.272	1.488	2.384	.746	1.907	.376	1.413	.919	.751	-.128	.581	.000

觀察參數估計值的輸出時，由男性的學業成績到自尊感情的路徑是自動地加上 par_2 的名稱，親密性到自尊感情的路徑是加上 part_3，女性的學業成績到自尊感情的路徑是加上 part_5，親密性到自尊感情的路徑是加上 part_6 的名稱。（名稱的設定是依畫路徑圖的順序而改變，請注意！）

因此，如觀察前表的 part_2 與 part_5，part_3 與 part_6 的交叉部分的數値時，分別是 –0.721、2.083。

此值是將 2 個路徑係數之差異換成標準常態分配後之値。

如將顯著水準設定成 5% 時，如果此值在 1.96 時，意指 2 個路徑係數之間可以看出顯著差。

以此數據的性別來看，對於從 Y（親密性）到 Z（自尊感情）的路徑係數來說，男女間可以認爲有顯著差。

STEP UP：爲了理解結果

■ 路徑上加上任意的名稱

（以未表示路徑係數的形態進行）

● 各組設定不同的路徑圖的指定。

點選【顯示 (V)】⇨【Interface Properties】⇨【Misc】選片。

➢ 勾選【Allow different path diagrams for difference groups】。

出現警告，按一下是。

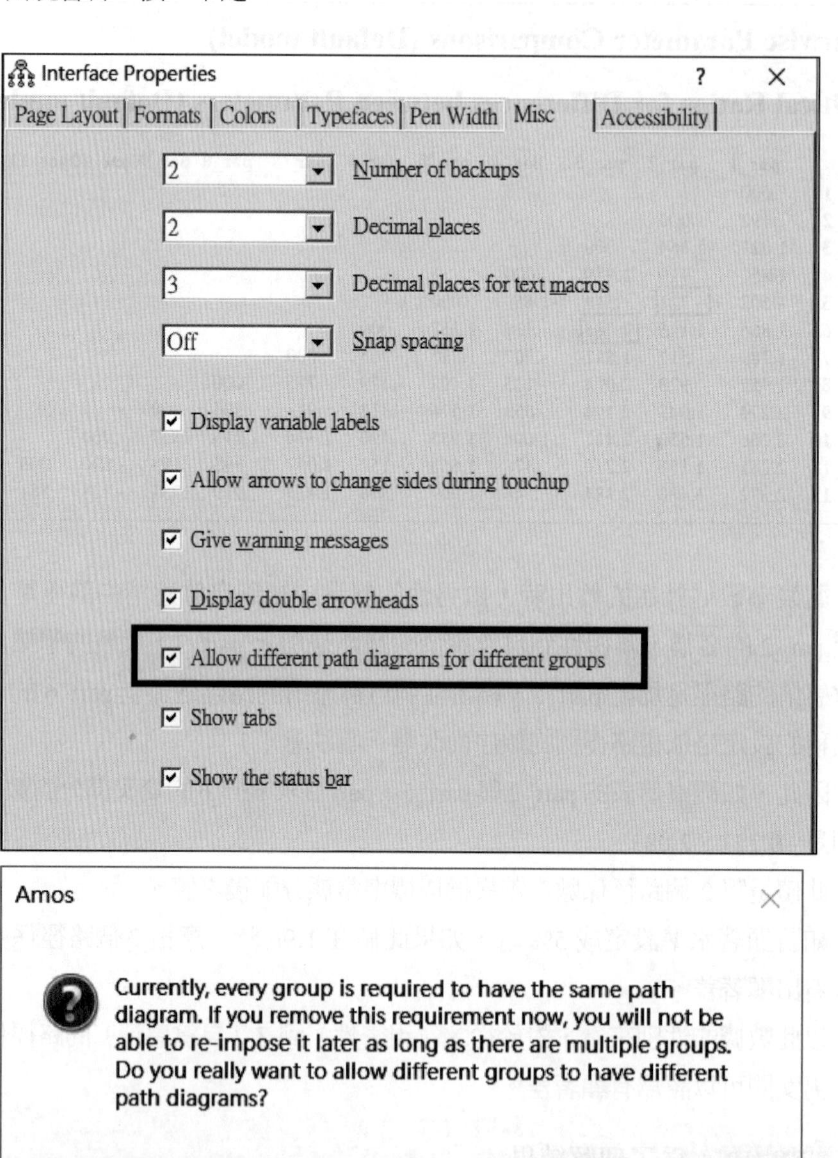

● 選擇【Plugins】清單 ⇨【Name parameters】。

　➢ 在共變關係（↔）上加上名稱時，勾選【Covariance】。

　➢ 在影響關係（→）上加上名稱時，勾選【Regression Weights】。

● 按一下【確定】。

● 對數個組也可以加上任意的名稱。

■ 建立數個模式

各組加入限制，可以同時分析組的不同模式。

● 選擇【Analyze】清單 ⇨【Manage model】。

● 按一下【New】，即可追加模式。

此處可以將各種的參數加上限制。譬如，就某組的特定路徑來說，加上「無影響」的限制時，將係數名 = 0 之限制記入到【參數限制 (P)】的框內。加入此種限制，即可容易比較數個模式。另外，各組分別建立模式，也可進行分析。

14.2 各種分析的路徑圖

目前爲止學習了路徑圖的畫法。此處將目前爲止所出現的分析，試著以路徑圖表現看看。

14.2.1 相關

相關關係（共變關係）以相互的箭線（↔）表現。將第 9 章第 2 節所求出的相關係數圖示時，即成爲如下（不顯著的相關則省略）。

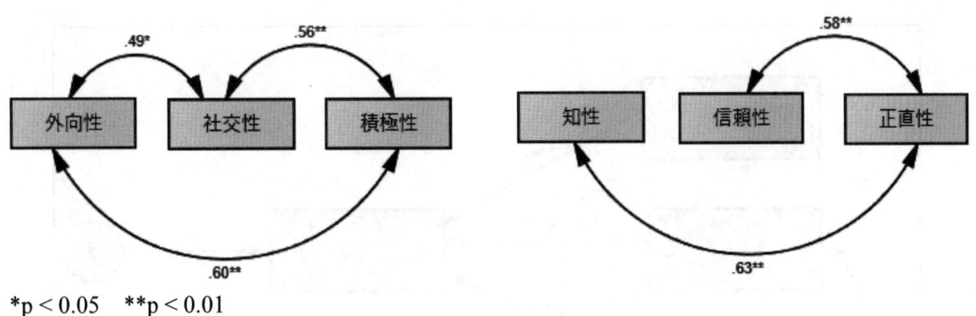

*p < 0.05　**p < 0.01

14.2.2 偏相關

譬如，從 10 歲到 20 歲的男女調查身高與體重，如求出相關係數時，身高與體重的相關關係變得非常的高。可是，對該相關關係來說，第 3 變數「年齡」卻有甚大的影響。

像此例，除去第 3 變數後（稱爲控制）的相關變數稱爲偏相關係數。以路徑圖表示偏相關係數時，即爲下圖。此處的偏相關係數（$r_{y1,2}$），相當於以年齡 X_2 無法說明對身高（X_1）與體重（Y）之影響的誤差之間的相關。

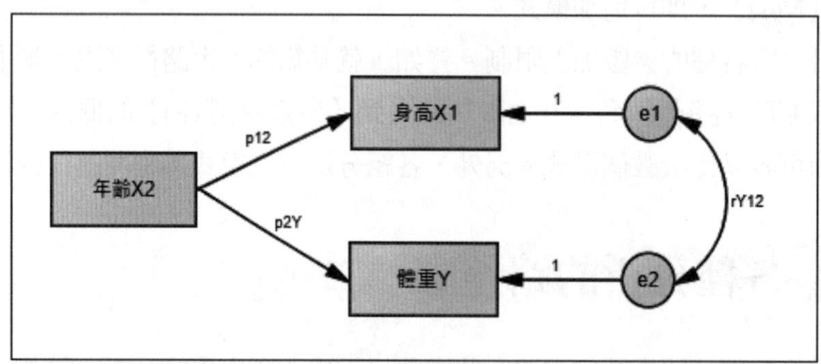

14.2.3 複相關分析

複迴歸分析是數個獨立變數（說明變數）影響一個從屬變數（基準變數）的模式（任一者都是量變數）。

將第 7 章第 2-4 節所進行的複迴歸分析以路徑圖來表示時，即爲如下。

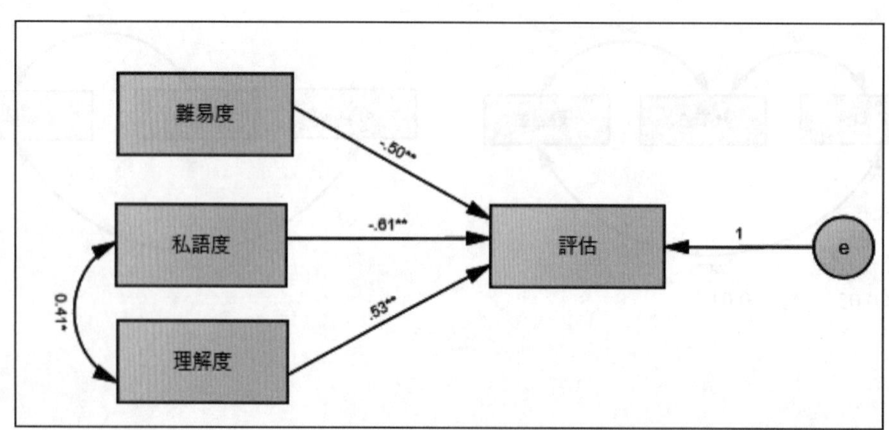

14.2.4 多變量迴歸分析

多變量迴歸分析是以數個獨立變數（說明變數）預測數個從屬變數（基準變數）的模式。

譬如，建立以下假設：中學時代的甄試、激勵、友人關係的應有態度，影響高中入學後的成績與學校的滿意度，此時可以畫出如下的路徑圖。

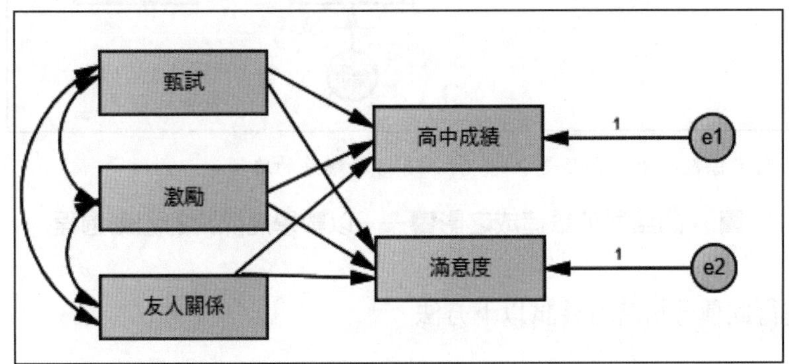

想進行此種分析時可嘗試以下方法。

■重複複迴歸分析

- 按每一從屬變數重複執行複迴歸分析，把所得到的標準迴歸係數記入到路徑圖中。
- 誤差間（e_1，e_2）之相關，則記入已控制獨立變數（說明變數）的偏相關變數。

■進行結構方程模式分析

- 使用 Amos 建立模式，估計路徑係數。
- 如果是能使用結構方程模式分析的環境時，使用此分析爲宜。

14.2.5 階層複迴歸分析

像【A】影響【B】，【A】、【B】影響【C】此種方式的分析稱爲階層複迴歸分析。

譬如，將國語到英語所表示的路徑圖表示如下（誤差雖然省略，但因記有判定係數 R^2，因之計算是可能的）。

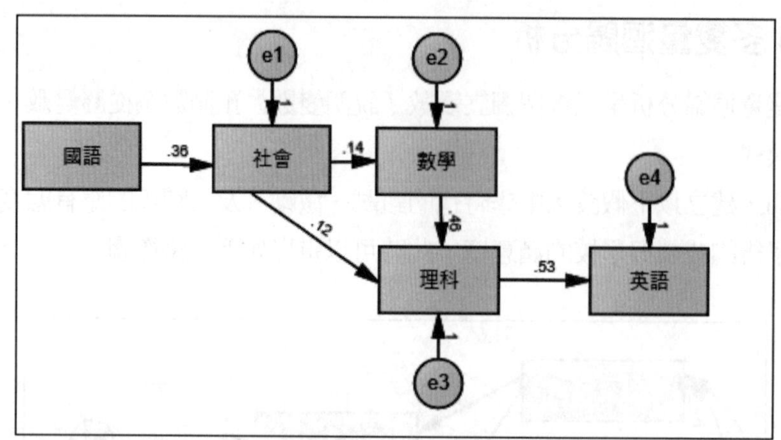

（判定係數（R^2）全部是 $P < 0.01$；省略不顯著的路徑）

圖　國語對英語造成之影響——以數學為媒介的激勵過程

想進行此種分析時可嘗試以下方法。

■重複複迴歸分析

1. 將國語當作獨立變數（說明變數），社會當作從屬變數（基準變數）進行迴歸分析。

2. 將國語、社會當作獨立變數（說明變數），數學當作從屬變數（基準變數）進行複迴歸分析。

3. 將國語、社會、數學當作獨立變數（說明變數），理科當作從屬變數（基準變數）進行複迴歸分析。

4. 將國語、社會、數學、理科當作獨立變數（說明變數），以英語當作從屬變數（基準變數）進行複迴歸分析。

5. 將所得到的標準偏迴歸係數 β 當作路徑係數，顯著的路徑係數是以箭線描畫所得到的部分。

■進行結構方程模式分析

- 使用 Amos 建構模式，估計路徑係數。
- 此時不需要重複分析。

重複複迴歸分析的手法，可以說是探索式的手法。

14.2.6 主成分分析

主成分分析是把所觀測的變數共有的資訊，以合成變數進行濃縮的手法。將第 10 章第 4 節的分析例之結果以路徑圖表現時，即爲如下。

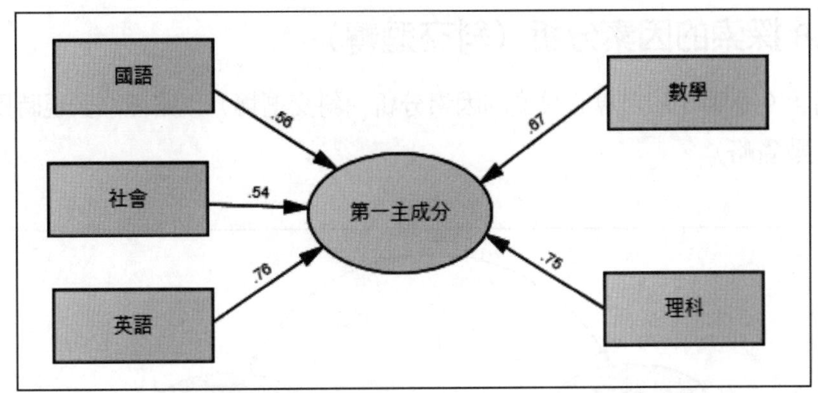

箭頭的方向是從所測量的變數向著主成分。主成分由於是潛在性地假定，故以橢圓描畫。

如第 10 章第 4 節所考察的那樣，第 1 主成分是受到來自全部 5 科目的甚大影響，可以想成是表示總和學力，第 2 主成分是國語與社會產生正的影響，理科與數學產生負的影響，因之是表示文科與理科何者較優。

14.2.7 探索的因素分析（直交迴轉）

將第 8 章第 2 節所進行的因素分析（主軸因子解、Varimax 迴轉）之結果以路徑圖表現時即爲如下。

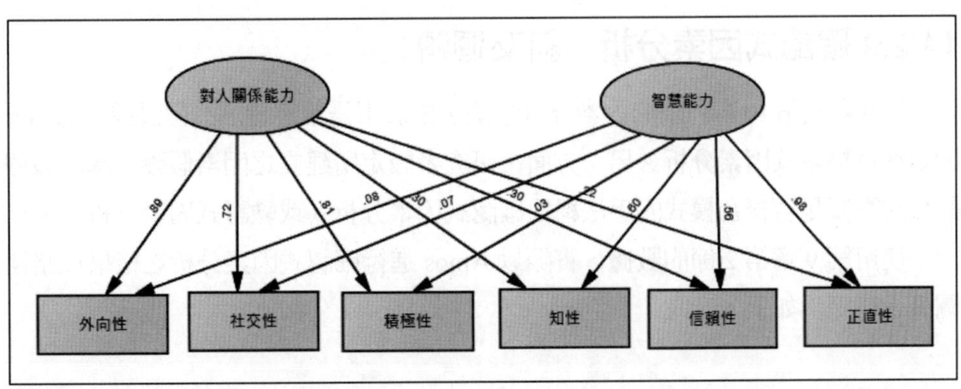

因素分析是假定共通因素會影響所測量的變數，因之與 2-6 的主成分分析的路徑圖呈現相反的箭頭。第一因素是理科、數學、英語產生正的影響，第 2 因素是國語、社會、英語產生正的影響。因此，第 1 因素可以解釋為理科能力，第 2 因素可以解釋為文科能力。

14.2.8 探索的因素分析（斜交迴轉）

將第 9 章第 3 節自尊心尺度的因素分析（斜交迴轉）以路徑圖表現時即為如下（係數省略）。

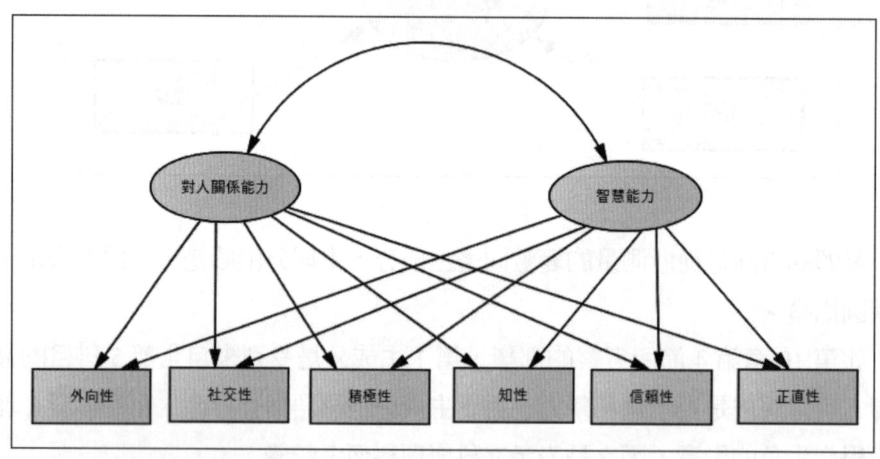

以斜交迴轉的情形來看，由於「假定因素間有相關」，因之在第 1 因素與第 2 因素之間加入雙向箭線。直交迴轉的情形是「不假定因素間的相關」，因之沒有雙向箭頭。對於主成分分析的情形來說，由於所得到的主成分之間未假定相關，因之無雙向箭線。

14.2.9 確認式因素分析（斜交迴轉）

第 9 章及第 10 章所學的因素分析手法，由於不是設定特別的假設進行分析，因之稱為**探索式因素分析**。另一方面，研究者設定所建立之因素假設，基於該假設檢討數據是否符合模式的手法稱為**確認式因素分析**（或**驗證式因素分析**）。

使用第 9 章第 2 節的數據，實際以 Amos 進行確認式因素分析之結果以路徑圖表示時即為如下。

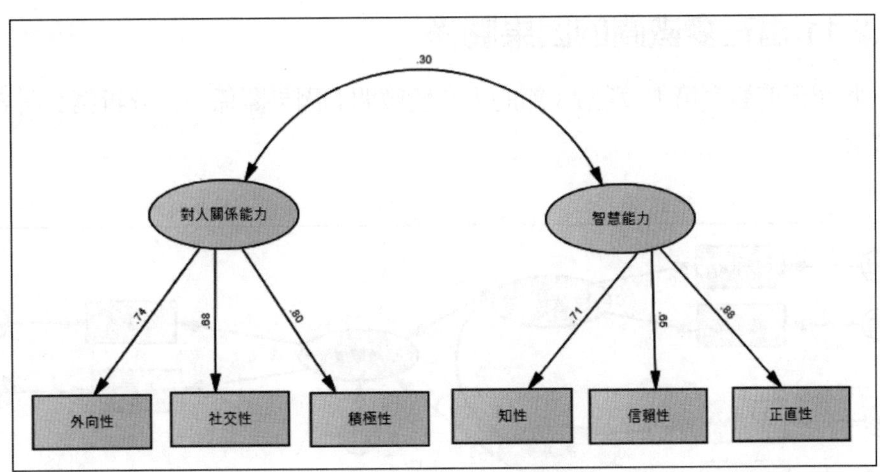

與探索式因素分析不同，只有在研究者所設定的假設部分畫路徑是要注意的。

14.2.10 高階因素分析

上一節中雖設定了文科能力與理科能力的 2 個因素，而這些也可以假定受到比學力的綜合能力還高的因素影響。像這樣，歸納數個因素再設定高次的因素，也稱爲進行高次因素分析。

使用剛才的數據假定高次因素，將實際以 Amos 分析的結果以路徑圖表示時即爲如下。此種分析中假定有綜合能力的二次因素。

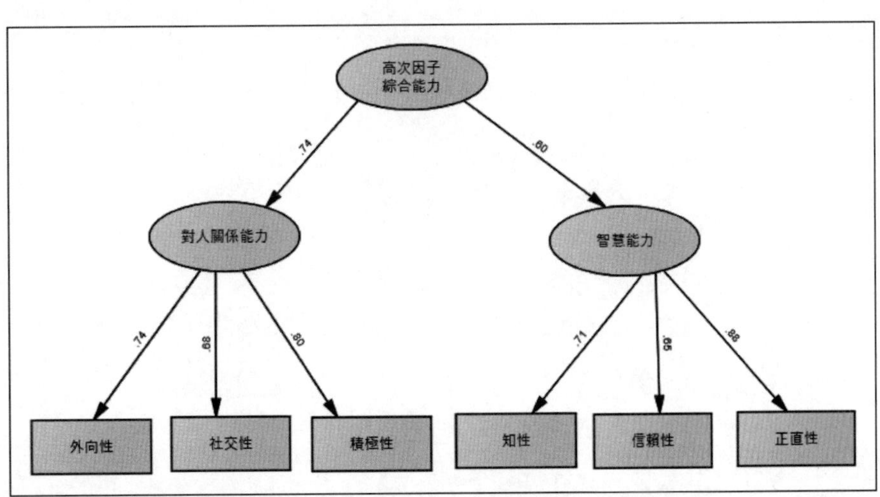

14.2.11 潛在變數間的因果關係

此處再度觀察第 13 章第 3 節的潛在變數間的因果關係——**分析例 2** 所表示的模式。

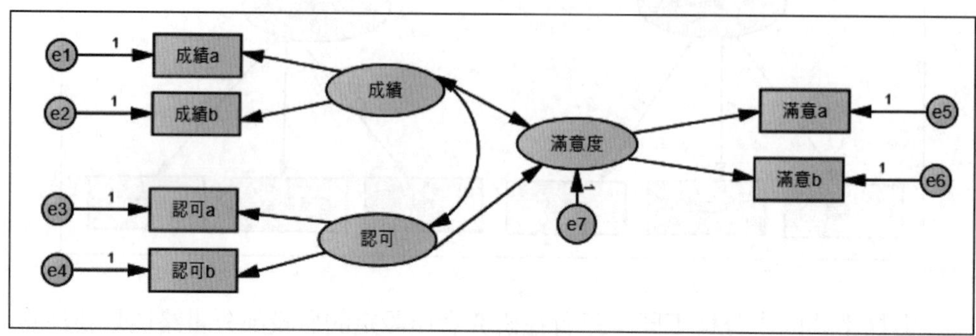

從「潛在變數：成績」到「觀測變數：成績 a、成績 b」的路徑；從「潛在變數：認可」到「認可 a、認可 b」的路徑；從「潛在變數：滿意度」到「滿意 a、滿意 b」的路徑；知是與確認式因素分析相同。

「潛在變數：成績與認可」之間的雙箭線，知與相關關係相同。同時如只注意「潛在變數：成績與認可」時，知此與利用斜交迴轉的確認式因素分析相同。

從「潛在變數：成績到認可的滿意度」之路徑，知與複迴歸分析相同。

換言之，此路徑圖可以想成是在觀測變數與潛在變表現確認式因素分析，在潛在變數之間表現複迴歸分析。

第 15 章　利用潛在曲線模式

15.1 分析的背景

本章是學習以 Amos 探討潛在曲線模式。

潛在曲線是能應用在縱斷面數據（對同一對象進行重複調查所得到的數據）之分析手法，因近年來的發展研究而受到注目。

此模式是利用估計「截距」與「斜率」來說明縱斷數據平均值的增加或減少。並且，對於利用其他的分數預測截距與斜率也練習看看。

為了理解潛在曲線模式的內容，也說明重複量數的變異數分析與相關關係的分析結果。不妨一面比較這些，一面去理解吧。

- 單因子變異數分析（重複量數）
- 相互相關
- 潛在曲線模式——截距與斜率之估計，影響截距與斜率之模式

15.1.1 研究的目的

某小學開發出乘法的有效學習教材，使用該教材進行教育演練。此學習教材是採用練習形式，教師測量兒童解答完教材的時間。此教育演練採行每月練習，是一非常有效的演練而受到其它學校的好評。

可是，對於使用此學習教材的教育演練來說，可以確認有何種程度的效果呢？至目前為止，並未有過明確的測量。並且，有教師報告說利用此教育演練對乘算學習有明顯出現效果的兒童以及並不明顯出現效果的兒童。因此本研究注意到智商指數（IQ）當作兒童個人差異的一個要因。

本研究的目的是想檢討此小學所演練的學習效果，從智商指數來看是受到何種的影響。

15.1.2 調查的方法

1. 調查對象

從小學生 2 年級蒐集 100 名資料，數據檔參 15-IQ.sav。

2. 調查內容

- 首先，兒童在進行教育演練前，以智能檢查測量偏差智商指數（IQ）。
- 之後，兒童在 4 週之間採用此乘法的學習教材。
- 每週星期五測量解答教材之時間，再換算成每分鐘的解答數。
- 針對每一兒童將偏差智商指數（IQ）與 4 週間每分鐘的平均解答數當作分析對象。

15.1.3 分析的摘要

- 4 週之間每分鐘的平均解答數的分析
  - 探討 4 週之間是否可以看出數據的變化。
  - 進行反覆測量的變異數分析，檢討平均值之差。
- 檢討智商指數與 4 次的數據之相關
- 利用潛在曲線模式分析
  - 利用 Amos 估計 4 週的數據平均值與截距。
- 利用潛在曲線模式探討智商指數之影響
  - 針對平均值與截距，估計智商指數影響的程度。

15.2 資料的確認與項目的分析

15.2.1 資料的內容

資料的內容如下：

ID（號碼），IQ（智商指數），W1～W4（4 週間每分鐘的平均解答數）

ID	IQ	W1	W2	W3	W4
1	111	64.08	64.08	62.94	117.66
2	58	46.38	53.76	56.58	49.44
3	98	33.36	48.24	43.08	48.9
4	66	26.88	31.02	34.62	44.88
5	108	27.24	43.8	57.3	76.62
6	80	45.54	48.9	44.46	51.9
7	101	68.46	69.78	78.6	95.76
8	106	26.46	37.5	45	64.26
9	105	38.82	39.72	50.7	62.28
10	96	30	32.4	42.48	53.1
11	100	53.1	62.28	71.7	84.48
12	123	26.1	43.56	87.78	88.26
13	101	56.28	58.08	75	105.9
14	86	41.88	47.34	62.04	75
15	91	41.28	48.12	52.2	65.46
16	128	72.3	72	65.94	102.84
17	105	43.5	54.24	61.44	65.94
18	120	37.2	55.74	48.9	71.4
19	71	34.74	62.7	60.84	61.62
20	108	21.3	28.56	58.44	66.9
21	100	35.28	42.84	52.92	62.04
22	91	27.72	38.94	46.38	45.66
23	115	66.18	78.6	84.9	106.5
24	90	29.88	49.44	60.6	66.42
25	111	62.94	65.7	59.4	95.76
26	105	45	54.06	69.78	82.56
27	111	48.54	87.36	88.26	105.9
28	131	52.5	52.32	63.84	97.32
29	90	38.16	45.66	57.12	53.88
30	120	56.94	54.36	87.36	76.92
31	90	30.42	31.32	36.12	51.72
32	116	26.1	50.82	67.14	95.22
33	91	52.92	71.7	103.44	84.12
34	103	24.36	35.16	39.12	56.58
35	105	42.06	57.48	62.04	65.94
36	75	73.2	63.84	69.78	62.28
37	123	57.12	69.24	85.74	100.02
38	115	40.98	49.32	56.58	80.34
39	100	29.88	48.66	54.24	64.74
40	105	25.74	39.84	52.8	64.08
41	103	38.64	53.58	61.02	75
42	76	25.8	28.98	35.76	46.26
43	96	47.1	41.58	43.8	55.56
44	78	37.68	41.94	59.22	75.96
45	120	63.6	71.7	86.52	102.84
46	101	78.24	43.14	73.2	74.4
47	123	40.02	85.74	78.24	94.74
48	98	63.18	67.68	52.2	56.58
49	133	55.38	74.4	74.7	121.62
50	71	37.98	60.42	60.42	55.92
51	118	34.38	35.46	59.04	85.32
52	111	44.34	56.4	63.6	90
53	80	22.38	25.62	35.76	63.84
54	98	84.48	83.34	73.2	68.94
55	98	59.82	54.54	74.7	77.94
56	108	43.56	43.38	49.74	63.36
57	68	26.1	31.32	36.12	47.22
58	60	36.78	32.34	43.5	51.3
59	78	25.8	32.34	36.6	55.92
60	110	32.76	62.04	47.52	64.74
61	118	78.6	88.26	92.76	128.58
62	126	56.94	68.46	66.42	125.88
63	73	50.16	58.62	81.06	68.16
64	126	66.42	90	117.66	115.38
65	96	47.52	51.9	52.5	64.98
66	103	65.46	76.92	90.48	67.14
67	128	43.92	66.66	72	90
68	128	57.72	67.14	62.7	105.24
69	106	28.38	32.82	50.7	59.22
70	100	60	66.66	78.24	94.74
71	90	35.88	44.64	58.8	62.28
72	128	65.7	73.44	64.26	91.86
73	93	46.14	62.94	59.04	63.36
74	88	40.74	61.2	68.94	65.94
75	108	52.92	62.52	76.26	93.78
76	91	38.22	73.2	64.74	63.6
77	101	51	71.4	72.9	72.3
78	105	54.72	65.94	69.78	75.66
79	76	37.02	44.88	46.98	51.3
80	111	67.44	72.3	71.4	86.1
81	96	29.64	41.28	57.3	67.14
82	95	38.52	47.88	62.7	60.18
83	106	53.1	75	79.98	105.24
84	103	63.84	52.5	79.62	61.44
85	148	101.7	96.24	128.58	144

15.2.2 單因子的變異數分析（重複量數）

首先，想掌握平均回答數在 4 週之間是形成如何的變化。

每個人進行 4 次的重複，因之，試著進行重複量數的變異數分析。

分析的指定

選擇【分析 (A)】⇨【一般線性模型 (G)】⇨【重複測量 (R)】。

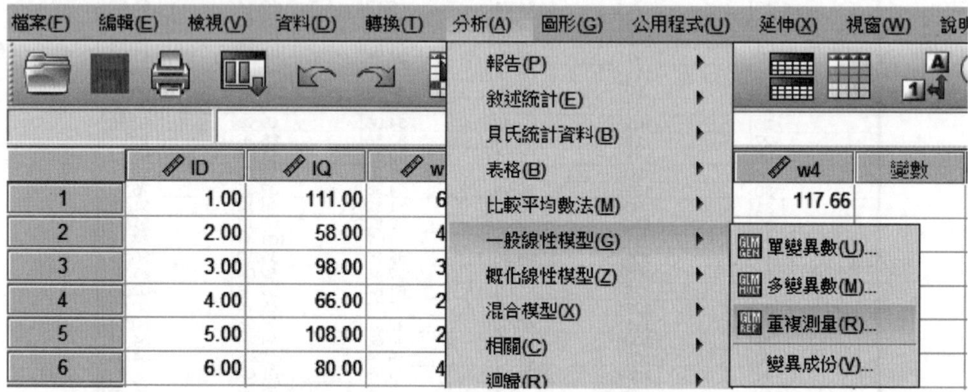

➢ 出現【重複量測值定義因子】視窗。

◆【受試者內的因子名稱 (W)】當作週。

◆【層次數 (L)：】當作 4，按【新增 (A)】。

➢ 按一下【定義 (F)】。

◆【受試者內的變數 (W)】中指定 W1 到 W4。

➢ 按一下【EM 平均值】。

◆ 於【顯示此項目的平均值 (M)】中指定週。

◆ 勾選【比較主效應 (O)】。

◆ 在【信賴區間調整 (N)】中選擇 Sidak 法。按【繼續】。

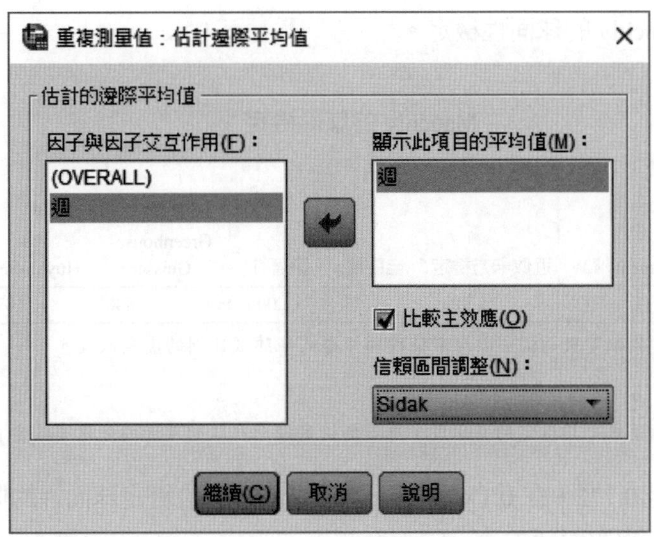

◆ 勾選【選項 (O)】的【敘述性統計量 (K)】。按【繼續】。

➢ 按一下【圖形 (T)】。

◆【水平軸 (H)】中指定週。

◆ 按【新增 (A)】再【繼續】。

➢ 按一下【確定】。

輸出結果的看法

(1) 輸出有敘述統計。

➢ 歷經 4 週，得知每分鐘的平均解答數有在上升。

敘述統計

	平均值	標準差	N
W1	46.6638	15.45701	100
W2	55.7766	16.16171	100
W3	63.6048	17.28265	100
W4	76.0338	21.23478	100

(2) 輸出有 Mauchly 的球面性檢定。

Mauchly 的球形檢定[a]

測量：MEASURE_1

受試者內效應	Mauchly's W	近似卡方檢定	自由度	顯著性	Epsilon[b]		
					Greenhouse-Geisser	Huynh-Feldt	下限
週	.772	25.340	5	.000	.848	.873	.333

檢定標準正交化變換依變數的誤差共變數矩陣與恆等式矩陣成比例的虛無假設。
a. 設計：截距
受試者內設計：週
b. 可以用來調整顯著性平均檢定的自由度。更正的檢定顯示在「受試者內效應項檢定」表格中。

➢ W 之值是 0.772，在 0.1% 水準下是顯著的，因之否定球面性的假定。

(3) 因爲球面性的假定被否定，因之參照 Greenhouse-Geisser 或 Huynh-Feldt 的檢定結果。當 Greenhouse-Geisser 的 Epsilon 之值大於 0.75，則參照 Huynh-Feldt。

➢ 由於兩者的 F 值或顯著機率均未改變，因之即使記述一般的變異數分析結果也不會有問題吧。此處僅止於參考程度。

➢ 球面性的假定：$F(3, 297) = 151.25$, $p < 0.01$

➢ Greenhouse-Geisser：$F(2.55, 251.95) = 151.25$, $p < 0.01$

➢ Huynh-Feldt：$F(2.62, 259.16)$, $p < 0.01$

受試者內效應項檢定

測量：MEASURE_1

來源		類型 III 平方和	自由度	均方	F	顯著性
週	假設的球形	46468.810	3	15489.603	151.246	.000
	Greenhoune-Geisser	46468.810	2.545	18259.393	151.246	.000
	Huynh-Feldt	46468.810	2.618	17751.617	151.246	.000
	下限	46468.810	1.000	46468.810	151.246	.000
Error（週）	假設的球形	30416.704	297	102.413		
	Greenhoune-Geisser	30416.704	251.948	120.726		
	Huynh-Feldt	30416.704	259.155	117.369		
	下限	30416.704	99.000	307.239		

(4) 輸出有平均值之差的檢定（Sidak 法）。

成對比較

測量：MEASURE_1

					差異的 95% 信賴區間 [b]	
(I) 週	(J) 週	平均值差異 (I-J)	標準誤	顯著性 [b]	下限	上限
1	2	-9.113*	1.149	.000	-12.198	-6.027
	3	-16.941*	1.386	.000	.20.663	-13.219
	4	-29.370*	1.729	.000	-34.012	-24.728
2	1	9.113*	1.149	.000	6.027	12.198
	3	-7.828*	1.204	.000	-11.059	-4.597
	4	-20.257*	1.565	.000	-24.460	-16.055
3	1	16.941*	1.386	.000	13.219	20.663
	2	7.828*	1.204	.000	4.597	11.059
	4	-12.429*	1.469	.000	-16.374	-8.484
4	1	29.370*	1.729	.000	24.728	34.012
	2	20.257*	1.565	.000	16.055	24.460
	3	12.429*	1.469	.000	8.484	16.374

根據估計的邊際平均值

*. 平均值差異在 .05 水準顯著。

b. 調整多重比較：Sidak。

➢ 任一週的平均值之間，在 5% 水準下也都可以看出顯著的差異。

(5) 因在【圖形 (T)】中已有設定，所以顯示有平均值的圖形。

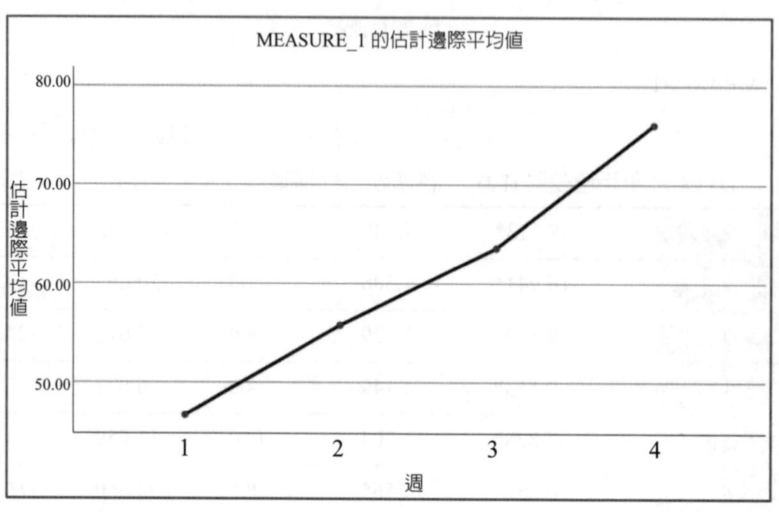

➢ 第 1 週到第 4 週，得知平均值在上升。

15.3 相互相關

15.3.1 相互相關

其次，檢討 IQ 與 4 週的平均值解答數之相關。

■分析的指定

● 選擇【分析 (A)】→【相關 (C)】→【雙變數 (B)】。

➢【變數 (V)：】中指定 IQ，W1～W4。

➢ 按一下【選項 (O)】。

◆ 勾選【平均值與標準差 (M)】，按【繼續】。

➢ 按一下【確定】。

■輸出結果的看法

● 輸出有記述統計量。

➢ IQ 的平均值是 101.29，SD 是 17.47。

	平均值	標準差	N
IQ	101.2900	17.46818	100
W1	46.6638	15.45701	100
W2	55.7766	16.16171	100
W3	63.6048	17.28265	100
W4	76.0338	21.23478	100

- 輸出有相關係數。
  - 4 週間每分鐘的解答數全部呈現相互顯著的正相關。
  - IQ 與 4 週所有的解答數呈現顯著的正相關。

相關性

		IQ	W1	W2	W3	W4
IQ	皮爾森（Pearson）相關性	1	.391**	.443**	.572**	.736**
	顯著性（雙尾）		.000	.000	.000	.000
	N	100	100	100	100	100
W1	皮爾森（Pearson）相關性	.391**	1	.737**	.647**	.595**
	顯著性（雙尾）	.000		.000	.000	.000
	N	100	100	100	100	100
W2	皮爾森（Pearson）相關性	.443**	.737**	1	.743**	.680**
	顯著性（雙尾）	.000	.000		.000	.000
	N	100	100	100	100	100
W3	皮爾森（Pearson）相關性	.512**	.647**	.743**	1	.727**
	顯著性（雙尾）	.000	.000	.000		.000
	N	100	100	100	100	100
W4	皮爾森（Pearson）相關性	.736**	.595**	.680**	.727**	1
	顯著性（雙尾）	.000	.000	.000	.000	
	N	100	100	100	100	100

** 相關性在 0.01 層級上顯著（雙尾）。

15.4 利用潛在曲線模式來檢討

15.4.1 以潛在曲線模式檢討截距與斜率

如右側的圖形所表示的那樣，每分鐘的解答數每週分別是 46.66，55.78，63.70，76.03，逐週地成直線式增加的傾向。

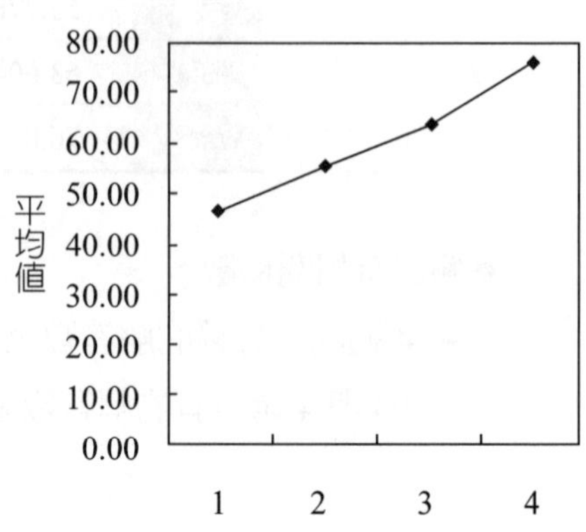

而且，4 週的標準差從 15.46 到 21.23 有增加的傾向。亦即，個人差隨著每週變大。

此處，將第 1 週時點的解答數當作截距，第 1 週到第 4 週的解答數的成長率當作斜率來看。

或許 IQ 高的兒童在第 1 週時點的解答數也許有較多（截距）的傾向。並且，IQ 高的兒童其解答數的成長率逐週地增大（斜率大）也是說不定的。

以 IQ 預測此個人差即爲本研究的最終目的。

可是，在此之前，對於在解答數的變化上適配直線性模式之潛在曲線模式，試以 Amos 執行看看。

■分析的指定

- 選擇【分析 (A)】→【Amos】。
  - ➢爲了簡單描畫潛在曲線模式的路徑圖，在 Amos 的工具列中，選擇【Plugins】→【Growth Curve Model】。

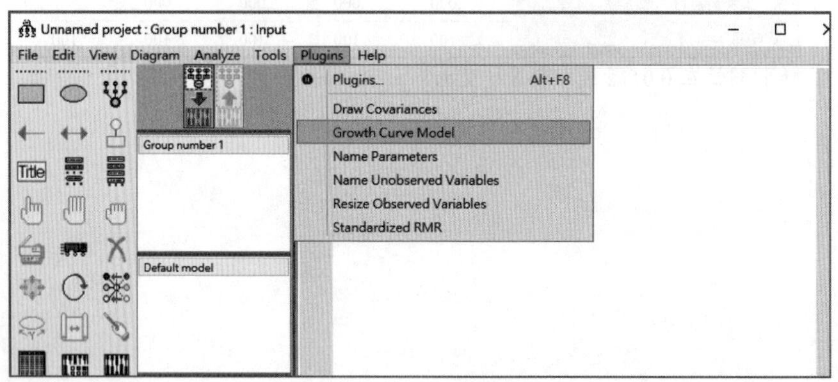

● 顯示出視窗，因之將【Number of time points】當作 4，按【確定】。

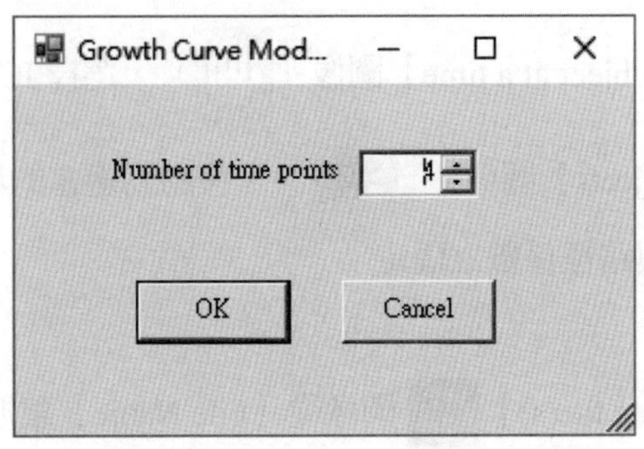

➢ 意指 4 時點的縱斷數據。

● 路徑圖會自動畫出。

➢ ICEPT 意指「截距」，SLOPE 意指「斜率」。

➢ X1～X4 是觀測變數，E1～E4 是誤差變數。

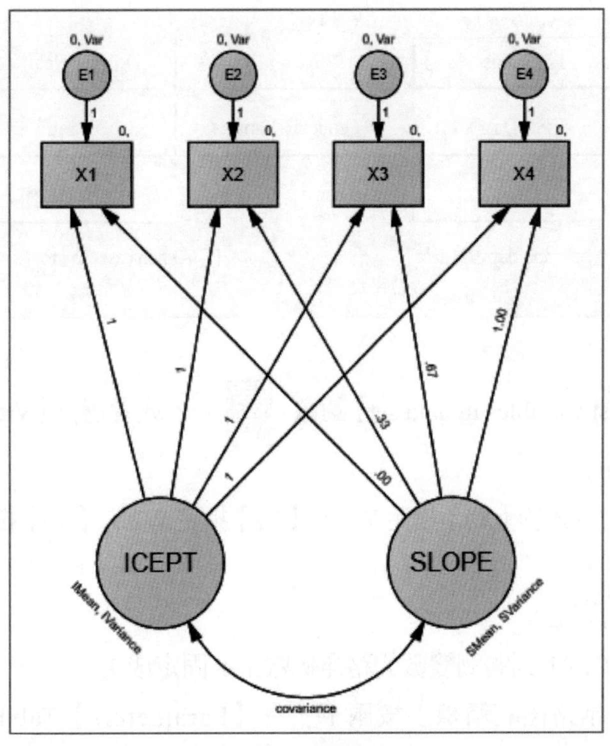

■佈置的調整

● 因形成縱長的圖形，故各自調整成容易看的佈置。

➢ 以【Select one object at a time】圖像（ ），選擇 ICEPT 與 SLOPE。

➢ 點選【Move objects】圖像（ ），移動到適當的場所。

■觀測變數的指定與路徑係數之固定

● 指定觀測變數

➢ 點選【Select data file(s)】 圖像從【File Name】讀取數據檔 data-IQ。

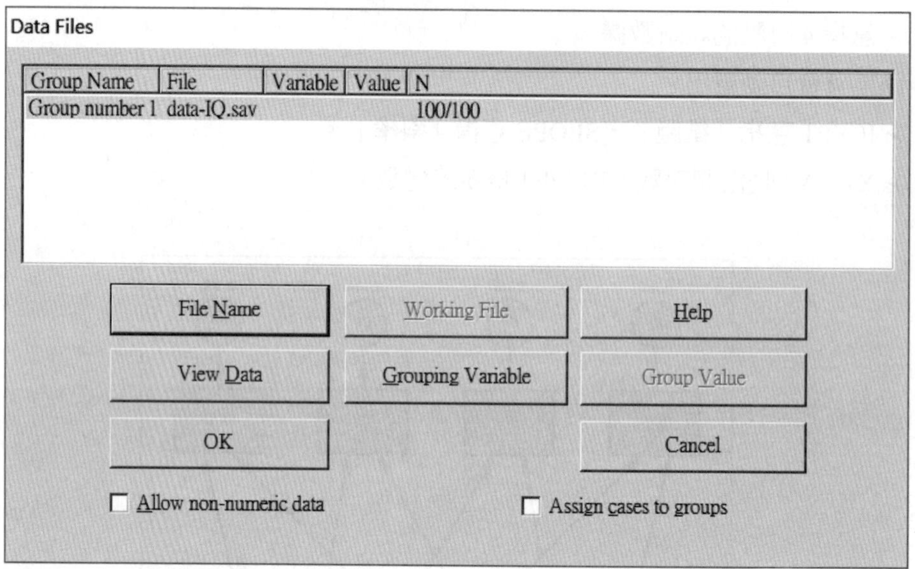

➢ 點選【List variables in data set】圖像（ ），或者選擇【View】→【variables in data set】。

➢ 以拖移的方式於【X1】指定 W1，【X2】指定 W2，【X3】指定 W3，【X4】指定 W4。

● 路徑係數的固定

➢ 從截距 ICEPT 到觀測變數的路徑係數全部固定成 1。

◆ 在表示路徑的箭線上按兩下，在【Parameters】Tab 的【Regression

weight】欄中，輸入 1。

- 從斜率 SLOPE 到觀測變數的路徑係數，如以下固定。
  - ◆ 從 SLOPE 到 W1……0
  - ◆ 從 SLOPE 到 W2……1
  - ◆ 從 SLOPE 到 W3……2
  - ◆ 從 SLOPE 到 W4……3
- 當係數不易看時，可以點選【Moving parameter value】圖像（ ）再讓路徑係數移動。

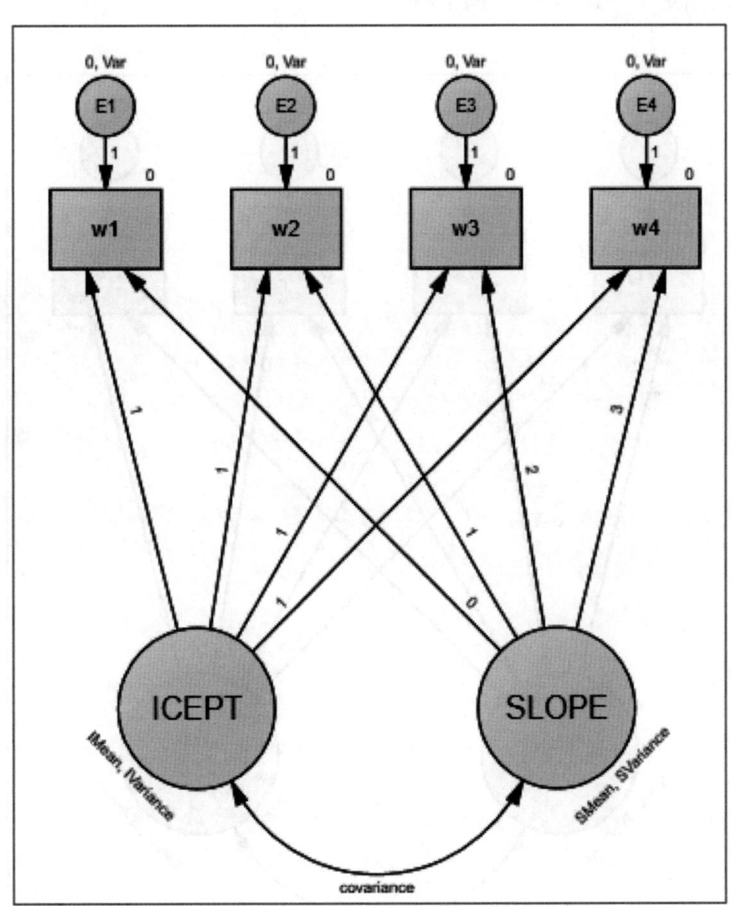

■平均值、截距、因子平均的指定

➢ 點選【Analyze properties】圖像（ ）。

◆點選【Estimatation】Tab。

◆勾選【Estimate means and intercepts】。

➢ 顯示出誤差變數的參數。

◆在誤差變數上按兩下，在【Parameters】Tab 中，將 E1 的變異數 var 改成 var1，將 E2 的變異數 var 改成 var2，將 E3 的變異數 var 改成 var3，將 E4 的變異數 var 改成 var4。

● 在目前的指定下，路徑圖成爲下圖。

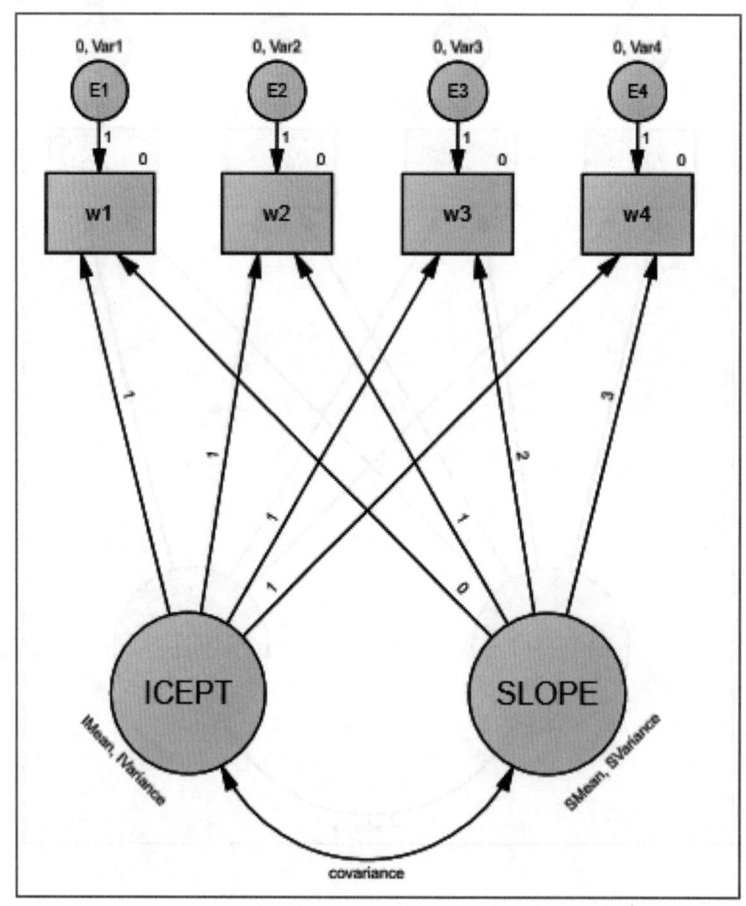

■分析的執行

● 分析的設定

➢ 點選【Analyze properties】圖像（ ）。

◆在【Output】Tab 勾選【Standardized estimates】。

● 分析的執行

➢ 點選【Calculate estimates】圖像（ ）。

■輸出結果的看法

(1) 在未標準化的估計值方面，顯示出有截距（ICEPT）與斜率（SLOPE）的估計值。

➢ ICEPT 是 46.33，SLOPE 是 9.35。

(2) ICEPT 與 SLOPE 的共變異數是 3.39，相關係數是 0.07。

未標準化估計值

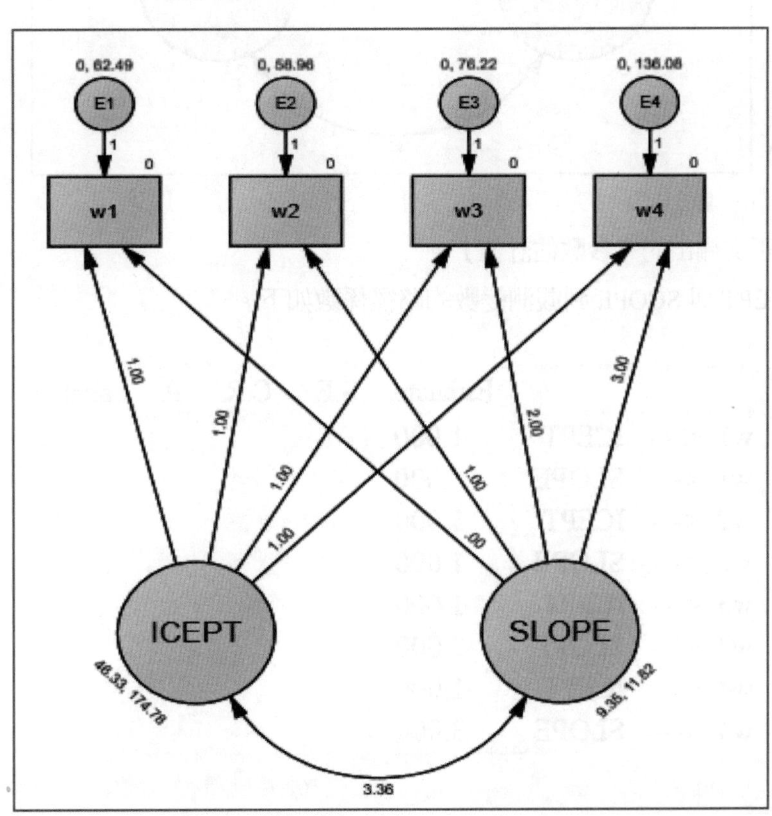

標準化估計值

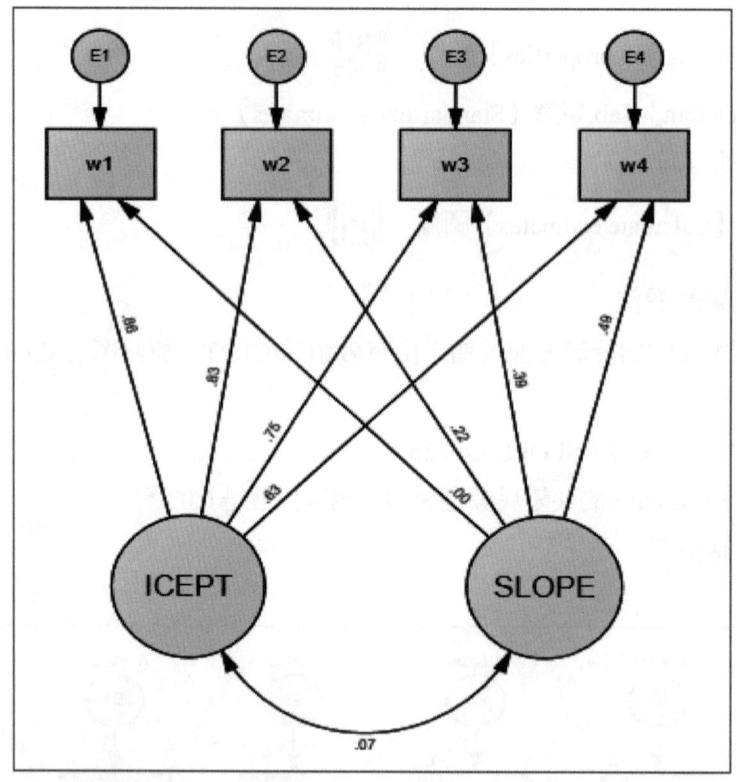

(3) 觀察正文輸出的【參數估計值】。

從 ICEPT 與 SCOPE 到觀測變數的路徑係數如下。

	Estimate	S.E.	C.R.	P	Label
w1 <--- ICEPT	1.000				
w1 <--- SLOPE	.000				
w2 <--- ICEPT	1.000				
w2 <--- SLOPE	1.000				
w3 <--- ICEPT	1.000				
w3 <--- SLOPE	2.000				
w4 <--- ICEPT	1.000				
w4 <--- SLOPE	3.000				

Standardized Regression Weights: (Group number 1 - Default model)

			Estimate
w1	<---	ICEPT	.858
w1	<---	SLOPE	.000
w2	<---	ICEPT	.832
w2	<---	SLOPE	.216
w3	<---	ICEPT	.749
w3	<---	SLOPE	.389
w4	<---	ICEPT	.632
w4	<---	SLOPE	.493

- ➢ 在未標準化的估計值方面，顯示分析時所固定之值。
- ➢ 標準化係數是將截距與斜率予以標準化之後的路徑係數之值。

(4) 輸出有 ICEPT 與 SLOPE 的平均值之估計值。

Means: (Group number 1 - Default model)

	Estimate	S.E.	C.R.	P	Label
ICEPT	46.334	1.491	31.070	***	IMean
SLOPE	9.353	.548	17.075	***	SMean

- ICEPT 的估計值爲 46.334，SLOPE 的估計值爲 9.353，在 1% 水準下均爲顯著。

STEP UP：利用 ICEPT 與 SLOPE 的估計值計算解答數

- 從以上的結果，某個人的每分鐘的解答數可如下求出。
  - ➢ 第 1 週的解答數 = 46.334 + 0×9.353 + 誤差→ 46.334 + 誤差
  - ➢ 第 2 週的解答數 = 46.334 + 1×9.353 + 誤差→ 55.687 + 誤差
  - ➢ 第 3 週的解答數 = 46.334 + 2×9.353 + 誤差→ 66.040 + 誤差
  - ➢ 第 4 週的解答數 = 46.334 + 3×9.353 + 誤差→ 74.393 + 誤差
  - ➢ 試與先前的結果所表示的平均值（下表）相對照看看。

● 知平均值與除去誤差後之值幾乎相等。

		每分的解答數	
	平均值	SD	F 值
第 1 週	46.66	15.46	
第 2 週	55.78	16.16	151.23
第 3 週	63.6	17.28	$p < 0.04$
第 4 週	76.03	21.23	

(5) ICEPT 與 SLOPE 之間的共變異數並不顯著。

Covariances: (Group number 1 - Default model)

	Estimate	S.E.	C.R.	P	Label
ICEPT <--> SLOPE	3.364	9.675	.348	.728	covariance

相關係數是 0.074，幾乎無相關。

Correlations: (Group number 1 - Default model)

	Estimate
ICEPT <--> SLOPE	.074

(6) 觀察正文輸出的【模式適合度】

● χ^2 值是 6.029，自由度 5，p 值是 0.303 不顯著。

● CFI 是 0.996，RMSEA 是 0.046，顯示足夠之值。

CMIN

Model	NPAR	CMIN	DF	P	CMIN/DF
Default model	9	6.029	5	.303	1.206
Saturated model	14	.000	0		
Independence model	8	247.063	6	.000	41.177

RMSEA

Model	RMSEA	LO 90	HI 90	PCLOSE
Default model	.046	.000	.153	.440
Independence model	.637	.570	.706	.000

Baseline Comparisons

Model	NFI Delta1	RFI rho1	IFI Delta2	TLI rho2	CFI
Default model	.976	.971	.996	.995	.996
Saturated model	1.000		1.000		1.000
Independence model	.000	.000	.000	.000	.000

15.5 預測截距與斜率

15.5.1 預測截距與斜率

此處的分析是利用 IQ 預測截距與斜率的模式。

■分析的指定

利用先前分析所使用的路徑圖。

- 清除 ICEPT 與 SLOPE 的共變異數。
  - ➢ 點選【Erase objects】圖像（ ）。
- 在 ICEPT 與 SLOPE 上追加誤差變數。
  - ➢ 點選【Add a unique variable to a latent variable】圖像（ ）。
  - ➢ 在 ICEPT 與 SLOPE 之上按一下，追加誤差變數。試按幾下調整至適當的位置。
    - ◆變數的位置以【Move objects】圖像（ ）調整。
    - ◆變數的大小，可點選【Change the shape of objects】圖像（ ），在變

數的上面一面拖曳一面調整。

➢ 所新增的變數之名稱，當作 D1、D2。

● 在誤差變數之間設定共變異數。

➢ 點選【Draw covariance（double headed arrows）】圖像（⟷），在 D1 與 D2 之間設定雙向箭線。

● 追加觀測變數（IQ）。

➢ 點選【raw observed variables】圖像（▭），在 ICEPT 與 SLOPE 之間的正下方畫出觀測變數。

➢ 從所畫出的觀測變數利用【Draw paths（single headed arrow）】圖像（←），對 ICEPT 與 SLOPE 畫出箭線。

➢ 點選【List variables in data set】圖像（▤），對新畫出的觀測變數指定 IQ。

● 如進行至目前為止的作業時，應可成為下方的圖形。

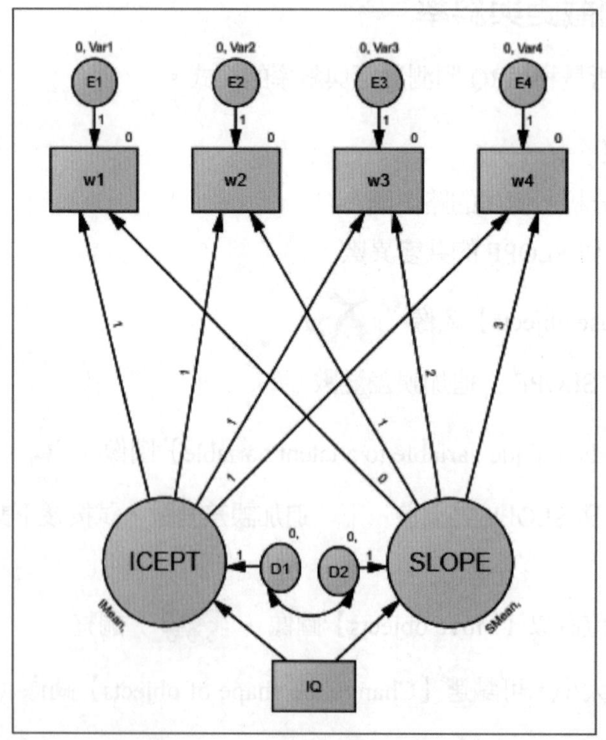

● 【Analyze properties】的設定與先前相同。

● 如點選【Calculate estimates】圖像（ ）時，即執行分析。

■輸出結果的看法

(1) 未標準化的估計值與標準化的估計值成為如下。

未標準化估計值

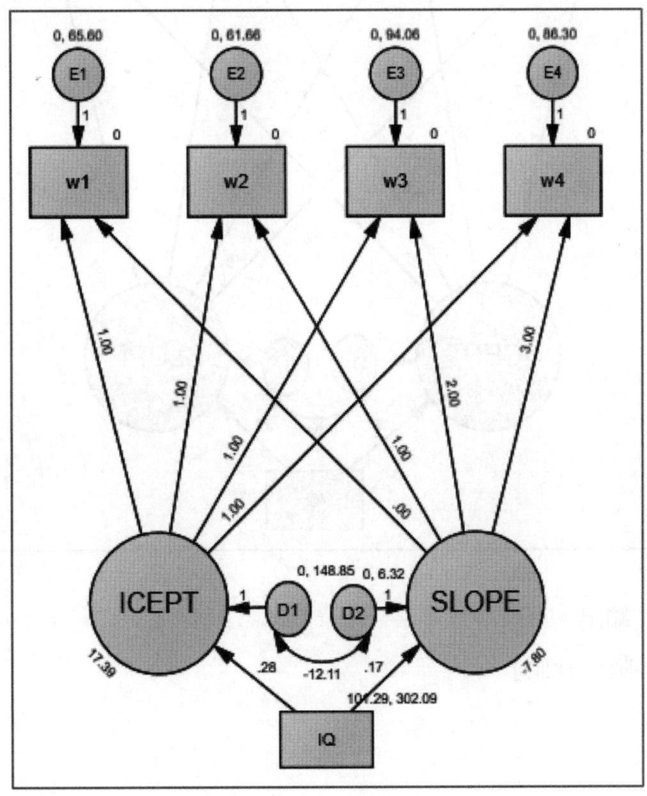

標準化估計值

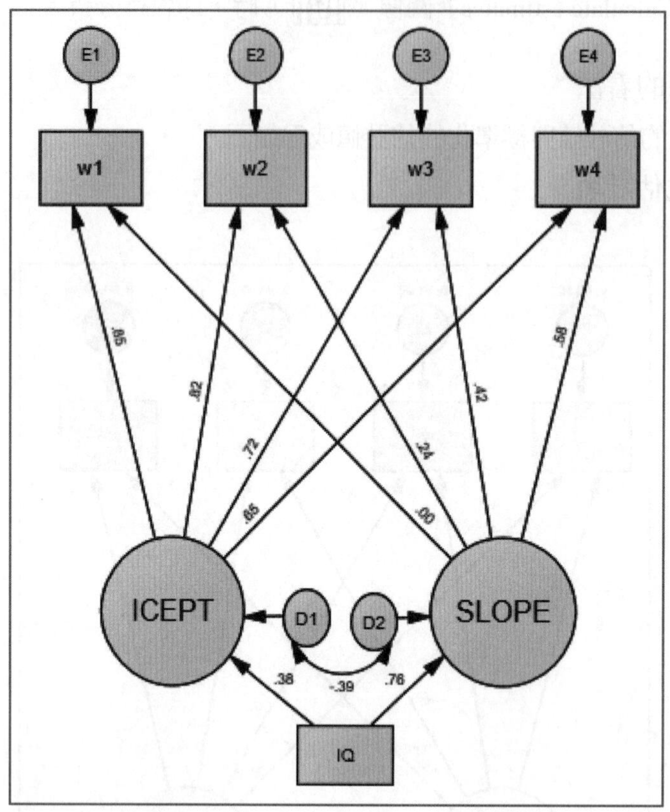

(2) 試觀察正文輸出。

●觀察【參數估計值】。

Regression Weights: (Group number 1 - Default model)

			Estimate	S.E.	C.R.	P	Label
ICEPT	<---	IQ	.285	.081	3.526	***	par_7
SLOPE	<---	IQ	.172	.027	6.395	***	par_8
w1	<---	ICEPT	1.000				
w1	<---	SLOPE	.000				
w2	<---	ICEPT	1.000				
w2	<---	SLOPE	1.000				
w3	<---	ICEPT	1.000				
w3	<---	SLOPE	2.000				
w4	<---	ICEPT	1.000				
w4	<---	SLOPE	3.000				

Standardized Regression Weights: (Group number 1 - Default model)

			Estimate
ICEPT	<---	IQ	.376
SLOPE	<---	IQ	.765
w1	<---	ICEPT	.852
w1	<---	SLOPE	.000
w2	<---	ICEPT	.824
w2	<---	SLOPE	.244
w3	<---	ICEPT	.715
w3	<---	SLOPE	.424
w4	<---	ICEPT	.648
w4	<---	SLOPE	.576

➢從 IQ 到 ICEPT 的路徑，從 IQ 到 SLOPE 的正向路徑均爲顯著。

◆從 IQ 到 ICEPT 的估計值爲 0.285，意指 IQ 每上升 1 時，每分鐘的解答數即上升 0.285。

◆從 IQ 到 SLOPE 的估計值爲 0.172，意指 IQ 每上升 1 時，4 週間之變化的斜率即上升 0.172。

(3) 觀察【模式適合度】

➢ χ^2 值是 18.866，自由度 7，在 1% 水準下是顯著的。

➢ CFI = 0.962，滿足 0.90 以上的基準。

➢ RMSEA = 0.131，因超過 0.1 以上，配適並不佳。

CMIN

Model	NPAR	CMIN	DF	P	CMIN/DF
Default model	13	18.915	7	.008	2.702
Saturated model	20	.000	0		
Independence model	10	325.844	10	.000	32.584

Baseline Comparisons

Model	NFI Delta1	RFI rho1	IFI Delta2	TLI rho2	CFI
Default model	.942	.917	.963	.946	.962
Saturated model	1.000		1.000		1.000
Independence model	.000	.000	.000	.000	.000

STEP UP：預測模式的結果是表達什麼？

- 以 IQ 的平均值將調查對象分成高群與低群，將 4 週間的平均解答數表示成圖形時，即爲如下。
- 從 IQ 到截距（ICEPT）呈現正且顯著的路徑，是顯示 4 週以來 IQ 高的兒童比低的兒童平均解答數較多。
- 如圖形所顯示那樣，從 IQ 到斜率（SLOPE）呈現正且顯著的路徑，意指 IQ 高的兒童比低的兒童斜率較大，亦即，平均解答數有逐週上升的傾向。
- 此事，實際地分成 IQ 高分數者與低分數者，進行 IQ 高低 ×4 週的 2 要因混合計畫的變異數分析時，也可得知交互作用是顯著的（$F(3,294) = 15.36$, $p < 0.001$）。

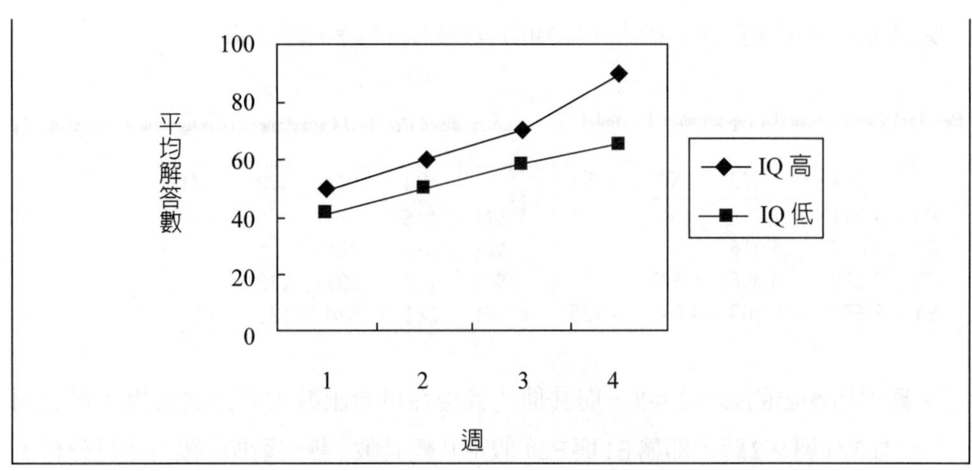

15.6 補充說明

15.6.1 利用潛在曲線模式提高適合度的祕訣

至目前爲止，針對 4 週間的解答數之變化，利用了假定是直線型增加的 1 次式潛在曲線模式進行了檢討。

此處，作爲補充說明，就改良潛在曲線模式加以說明。

改良模式的代表性方法，有以下方法（參考文獻：豐田，2003）。

1. 引進誤差共變異數。
2. 適配非線性曲線。
3. 適配潛在混合分配模式。

此處，就第 1 點與第 2 點進行解說。

15.6.2 引進誤差共變異數

此爲觀察殘差矩陣，在殘差大的要素間引進誤差共變異數的手法。

- 對於以 Amos 輸出殘差矩陣來說，點選【Analyze properties】圖像（ ），勾選【Output】Tab 的【Residual moments】後執行分析。
  - ➢ 在【Text output】的【Parameter estimates】中，輸出有【Residual covariances】與【Standardized Residual Covariances】。

➢ 譬如，在第 4 節的分析中，如輸出有殘差矩陣時，即為如下。

Residual Covariances (Group number 1 - model 1)

	W4	W3	W2	W1
W4	9.011			
W3	1.677	-16.016		
W2	7.518	-3.066	6.308	
W1	8.632	-10.508	4.040	-.735

Standardized Residual Covariances (Group number 1 - model 1)

	W4	W3	W2	W1
W4	.145			
W3	.037	-.361		
W2	.187	-.087	.176	
W1	.231	-.320	.133	-.022

➢ 觀察所輸出的殘差矩陣，與其他比較後在可看出較大殘差之成對誤差之間（如W1與W2時，即為E1與E2）假定共變異數（雙向箭頭）後再進行分析。

◆ 在此次的例子中，原本的模式之適合度是佳的，因之即使假定誤差共變異數再進行分析，適合度也會降低。

引進誤差共變異數時，引進的誤差共變數意指什麼，需要從理論上去檢討。

15.6.3 適配非線性曲線

成長曲線無法以直線表現時，1 次式的模式是不太合適的。此種情形，引進 (1) 高次項，或者，(2) 從「斜率」到觀測變數的路徑係數去變更固定 (0, 1, 2,⋯)，利用此等手法可以使適合度提高。

1. 引進高次項

● 以下的圖是引進 2 次項表現非線性曲線的例子。

➢ 1 次項是從「斜率」到觀測變數的路徑固定成 0, 1, 2, 3。

➢ 2 次項是從「斜率」到觀測變數的路徑固定成 0, 1, 4, 9。

◆ 2 次項是指定 1 次項的平方值。

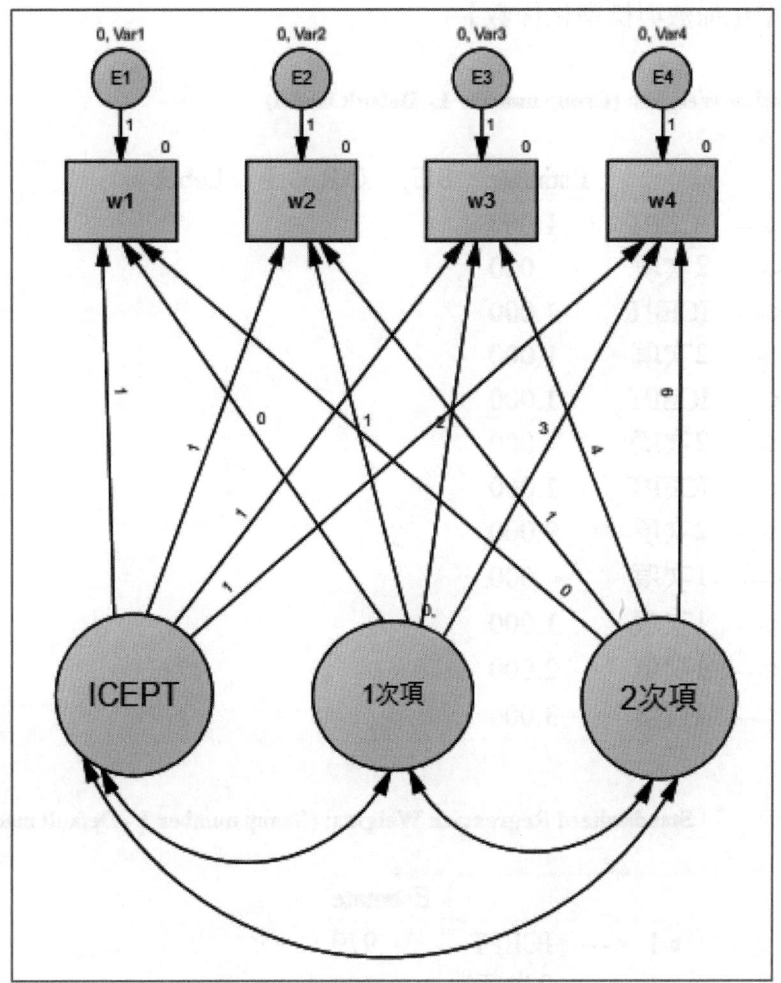

■分析例 1

● 利用第 4 節進行分析的數據，畫出上述的路徑圖包含 1 次項、2 次項進行分析，所得結果如下。

【未標準化係數與標準化係數】

Regression Weights: (Group number 1 - Default model)

			Estimate	S.E.	C.R.	P	Label
w1	<---	ICEPT	1.000				
w1	<---	2次項	.000				
w2	<---	ICEPT	1.000				
w2	<---	2次項	1.000				
w3	<---	ICEPT	1.000				
w3	<---	2次項	4.000				
w4	<---	ICEPT	1.000				
w4	<---	2次項	9.000				
w1	<---	1次項	.000				
w2	<---	1次項	1.000				
w3	<---	1次項	2.000				
w4	<---	1次項	3.000				

Standardized Regression Weights: (Group number 1 - Default model)

			Estimate
w1	<---	ICEPT	.979
w1	<---	2次項	.000
w2	<---	ICEPT	.935
w2	<---	2次項	.096
w3	<---	ICEPT	.875
w3	<---	2次項	.360
w4	<---	ICEPT	.712
w4	<---	2次項	.660
w1	<---	1次項	.000
w2	<---	1次項	.541
w3	<---	1次項	1.013
w4	<---	1次項	1.238

【截距、1 次項、2 次項的平均的估計值】

- 截距與 1 次項是顯著的，但 2 次項並不顯著。
- 從估計值求出各週的個人的解答數之數式如下。
  - 第 1 週的解答數 = 46.706 + 0×7.440 + 0×0.703 + 誤差→ 46.706 + 誤差
  - 第 2 週的解答數 = 46.706 + 1×7.440 + 1×0.703 + 誤差→ 54.849 + 誤差
  - 第 3 週的解答數 = 46.706 + 2×7.440 + 2×0.703 + 誤差→ 64.398 + 誤差
  - 第 4 週的解答數 = 46.706 + 3×7.440 + 3×0.703 + 誤差→ 75.353 + 誤差

Means: (Group number 1 - Default model)

	Estimate	S.E.	C.R.	P	Label
ICEPT	46.706	1.545	30.221	***	par_8
2次項	.703	.455	1.543	.123	par_9
1次項	7.440	1.380	5.392	***	par_10

【截距、1 次項、2 次項之間的共變異數與相關】

Covariances: (Group number 1 - Default model)

			Estimate	S.E.	C.R.	P	Label
ICEPT	<-->	1次項	-61.442	66.758	-.920	.357	par_5
2次項	<-->	1次項	-13.894	15.964	-.870	.384	par_6
ICEPT	<-->	2次項	16.777	17.050	.984	.325	par_7

Correlations: (Group number 1 - Default model)

			Estimate
ICEPT	<-->	1次項	-.468
2次項	<-->	1次項	-1.028
ICEPT	<-->	2次項	.719

【適合度指標】

- 引進 2 次項，適合度整體來說降低了。
  - ➢ 此次 $\chi^2 = 2.536$，df = 1，n.s.；CFI = .994，RMSEA = 0.125。
  - ➢ 一次模式的適合度是 $\chi^2 = 5.981$，df = 5，n.s.；CFI = .996，RMSEA = 0.045。

CMIN

Model	NPAR	CMIN	DF	P	CMIN/DF
Default model	13	2.561	1	.110	2.561
Saturated model	14	.000	0		
Independence model	8	247.063	6	.000	41.177

Baseline Comparisons

Model	NFI Delta1	RFI rho1	IFI Delta2	TLI rho2	CFI
Default model	.990	.938	.994	.961	.994
Saturated model	1.000		1.000		1.000
Independence model	.000	.000	.000	.000	.000

RMSEA

Model	RMSEA	LO 90	HI 90	PCLOSE
Default model	.126	.000	.326	.153
Independence model	.637	.570	.706	.000

- 此次的數據，引進 2 次項，適合度並未提高。
- 另外，使用 2 次以上高次項的模式，考察各因子的平均值、變異數、共變異數並不容易，因之，有需要注意無法像 1 次式模式那樣能明確的解釋（豐田，2000）。
- 引進 2 次項的模式，詳細情形請參照參考文獻：豐田秀樹（2000），P.234、P.237。

2. 變更路徑係數的固定

- 在 1 次模式中，從「斜率」到各時點的觀測變數之路徑係數固定成 0, 1, 2, 3。
- 變更此數據，可以使適合度提高。
- 譬如，此次的數據可以考慮如下方法。
  - ➢ 固定第 1 週的 0，至第 2 週的 1 為止，將第 3 週與第 4 週的路徑係數之固定除去。
    - ◆第 1 週到第 2 週的平均增加量當作 1 時，即可估計第 3 週與第 4 週的平均增加量。
  - ➢ 第 1 週當作 0 時，第 4 週當作 1 時（或 3），將第 2 週與第 3 週的路徑係數之固定除去的方法也有。
    - ◆第 1 週與第 4 週的平均增加量當作 1（或 3）時，即可估計第 2 週與第 3 週的平均增加量。

■分析例 2

- 那麼，試著改良第 4 節已進行分析的模式。
  - ➢ 此處將第 1 週當作 0，第 2 週當作 1，除去第 3 週與第 4 週的路徑係數之固定的方法進行分析看看。
- 利用已進行分析的路徑圖，消去從「SLOPE（斜率）」到 W3、W4 的路徑係數之數值。並且，從 SLOPE（斜率）到 W1 的路徑係數 1，從 SLOPE 到 W2 的路徑係數 2 則予以保留。

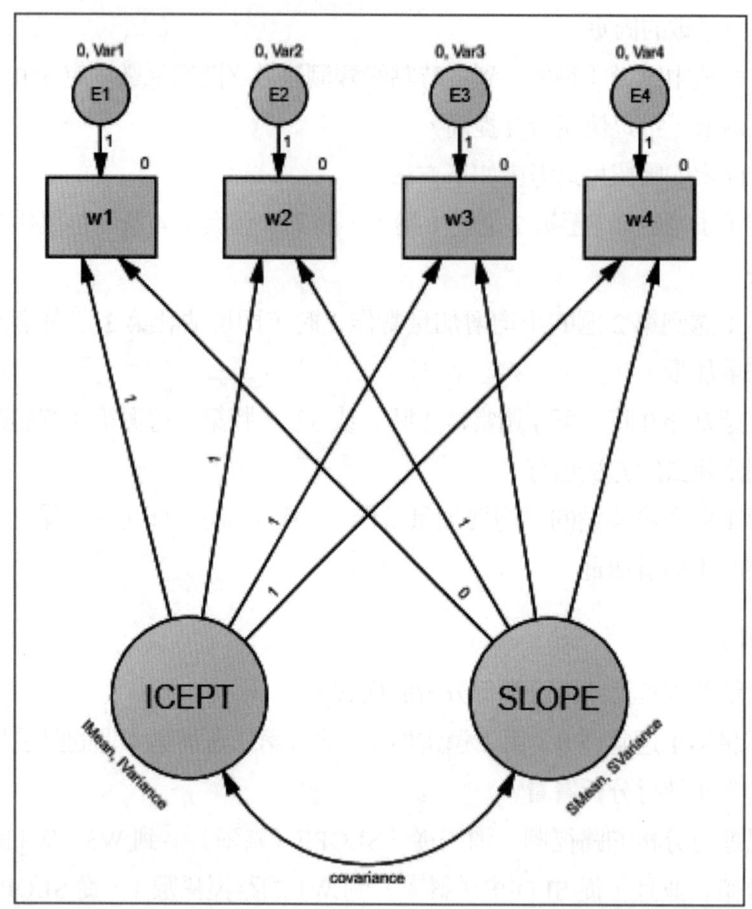

■輸出結果的看法

分析結果如下。

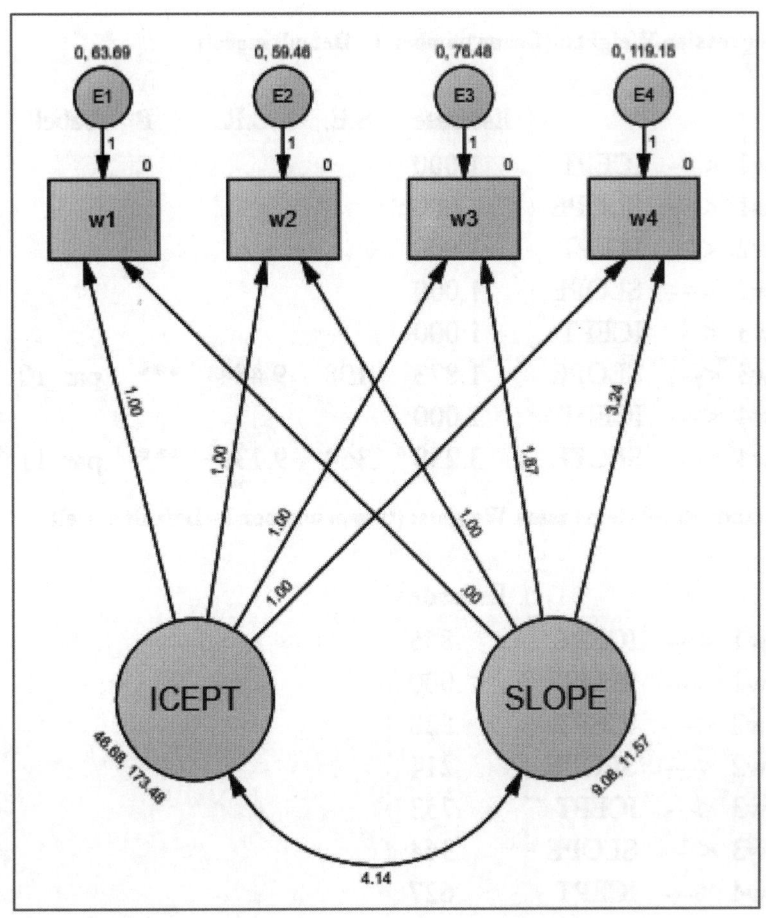

● 未標準化估計值如下。

➤從 SLOPE 到 W3 的估計值是 1.87，到 W4 的估計值是 3.24。

● 觀察【正文輸出】的【參數估計值】。

➤從 SLOPE 到 W3 的係數（未標準化估計值）是 1.873，到 W4 的係數是 3.228，在 0.1% 水準下均爲顯著。

➤從第 1 週到第 2 週的解答數的成長率當作「1」時，知第 3 週是 1.873，第 4 週是 3.238。

Regression Weights: (Group number 1 - Default model)

			Estimate	S.E.	C.R.	P	Label
w1	<---	ICEPT	1.000				
w1	<---	SLOPE	.000				
w2	<---	ICEPT	1.000				
w2	<---	SLOPE	1.000				
w3	<---	ICEPT	1.000				
w3	<---	SLOPE	1.873	.198	9.484	***	par_10
w4	<---	ICEPT	1.000				
w4	<---	SLOPE	3.238	.354	9.139	***	par_11

Standardized Regression Weights: (Group number 1 - Default model)

			Estimate
w1	<---	ICEPT	.855
w1	<---	SLOPE	.000
w2	<---	ICEPT	.828
w2	<---	SLOPE	.214
w3	<---	ICEPT	.753
w3	<---	SLOPE	.364
w4	<---	ICEPT	.627
w4	<---	SLOPE	.525

- 截距與平均值如下。
  - ➢第 1 週的解答數 = 46.677 + 0.000×9.061 + 誤差→ 46.677 + 誤差
  - ➢第 2 週的解答數 = 46.677 + 1.000×9.061 + 誤差→ 55.738 + 誤差
  - ➢第 3 週的解答數 = 46.677 + 1.873×9.061 + 誤差→ 63.648 + 誤差
  - ➢第 4 週的解答數 = 46.677 + 3.238×9.061 + 誤差→ 76.017 + 誤差
  - ➢而且，在實際的數據中解答數的平均值，第 1 週是 46.66，第 2 週是 55.78，第 3 週是 63.00，第 4 週是 76.03。依據本章第 4 節的 STEP UP 之結果，算出更接近實際的數據之值。

Means: (Group number 1 - Default model)

	Estimate	S.E.	C.R.	P	Label
ICEPT	46.677	1.546	30.197	***	IMean
SLOPE	9.061	1.147	7.903	***	SMean

- 觀察適合度。
  - ➢ χ^2 值是 1.230，自由度 3，並不顯著。
  - ➢ CFI = 1.000，RMSEA = 0.000。
  - ➢ 與進行模式的改良之前（χ^2 = 5.981，df = 5，n.s.；CFI = 0.996，RMSEA = 0.045）相比，知整體而言適合度有提高。

CMIN

Model	NPAR	CMIN	DF	P	CMIN/DF
Default model	11	1.230	3	.746	.410
Saturated model	14	.000	0		
Independence model	8	247.063	6	.000	41.177

Baseline Comparisons

Model	NFI Delta1	RFI rho1	IFI Delta2	TLI rho2	CFI
Default model	.995	.990	1.007	1.015	1.000
Saturated model	1.000		1.000		1.000
Independence model	.000	.000	.000	.000	.000

RMSEA

Model	RMSEA	LO 90	HI 90	PCLOSE
Default model	.000	.000	.118	.809
Independence model	.637	.570	.706	.000

15.6.4 從結果來看

將第 1 週到第 4 週的解答數的平均值畫成圖形，將通過第 1 週與第 2 週的平均值的直線延伸到第 4 週時，即為下圖。

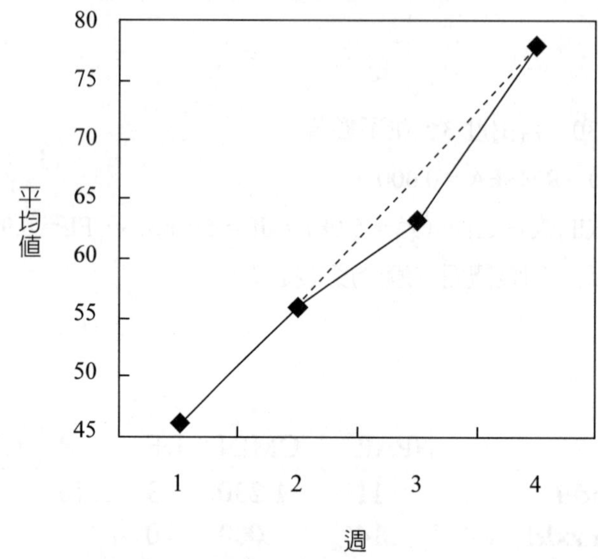

- 如觀察此圖形時，第 3 週的平均值偏於直線的下方，第 4 週的平均值偏於直線的上方。

  將第 1 週到第 2 週的解答數之成長當作「1」時，如果完全成為直線時，第 2 週理應為 2，第 3 週理應為 3，第 4 週應為 4。
- 第 3 週的估計值是 1.873，第 4 週是 3.238，如上圖所提示的那樣，此意謂這些解答數的平均值偏離在直線的下方。
- 此「偏離」可以認為是假定直線時適合度略為下降的原因。

第16章 平均結構模式

前面幾章是將非觀測變數（潛在變數或誤差變數）的平均固定成0，以及截距也同樣固定成0，再進行分析。本章將平均結構（Mean structure）引進模式中，探討截距與平均值的估計方法。

16.1 將平均結構引進模式中

譬如，「如體認到評價公平感的重要時，對上司好感度會提升」時，可以建立如下的模式：

【評價公平感】影響【上司好感度】

假定路徑圖建立如下（稱此為多重指標模式，請參照下一章的詳細說明）分析此模式時，可以估計【評價公平感】影響【上司好感度】的程度。

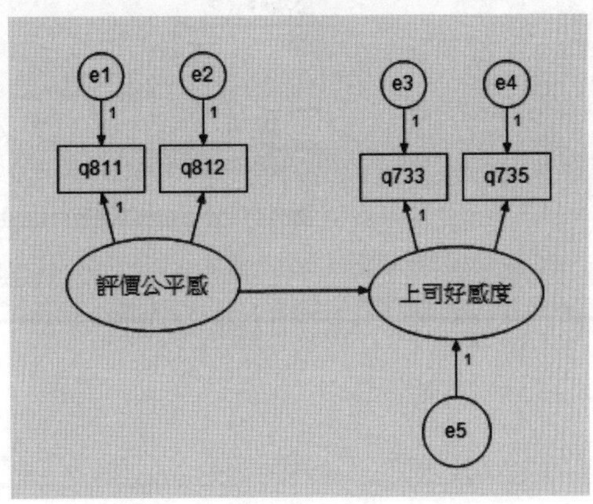

換言之，只提出一個組求潛在變數間之因果強度。

相對的，「多群體同時分析」對此模式進行時，並非是單一組，設定數個組（國內組與海外組）也是可行的，可以驗證組間在因果的強度上有無差異。

並且，【評價公平感】或【上司好感度】等之潛在變數在數個組中假定是同一變數而進行的分析，或者是否可以假定同一變數而進行的驗證，在進行模式的比較時也都是可行的。

使用前面幾章所提出的方法時，主要著眼於關係的強度進行考察，但【評價公平感】在國內組與海外組之間是否有差異，以及在【上司好感度】方面是否也有差異，卻無法驗證。可是，如能估計國內組中的【評價公平感】的平均值，與海外組中的【評價公平感】的平均值時，比較平均值以及進行相對評價是有可能的。

本章將平均結構引進模式中進行分析，去比較組間的潛在變數。首先，先確認要驗證之模式的意義，其次提出操作方法，最後解釋所接受的模式。

STEP UP：小提醒

想在路徑圖上顯示組名或模式名時，與顯示適合度時一樣，使用【圖表（Diagram）】點選【圖的標題（Figure Caption）】對話框。想顯示組名時，輸入「=\group」，想顯示模式名時，輸入「=\model」。

Figure Caption

- ○ Center align
- ○ Left align
- ○ Right align
- ◉ Center on page

Font size: 24

☐ Bold
☐ Italic

Press Ctrl-Enter when finished

OK　Cancel

Caption

組=\group
模式=\model

16.2 驗證模式

國內組與海外組雖然使用相同的路徑圖，但各組的參數限制與標籤如下進行。

國內組

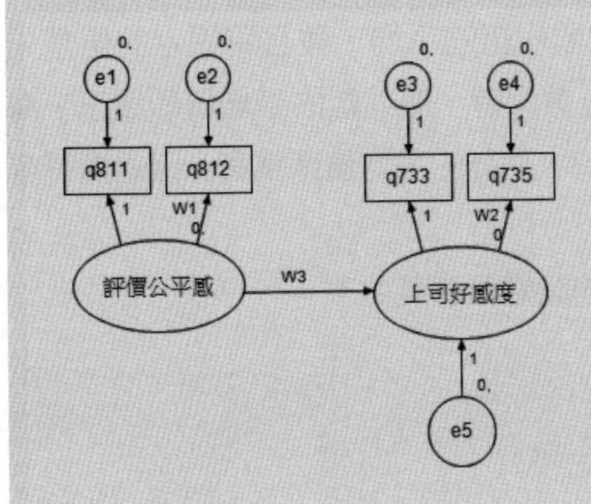

- 在被開放（未固定成「1」）的所有路徑係數上貼上標籤（第一個字母 W）。
- 外生的非觀測變數的平均固定成0。
- 內生的非觀測變數的截距固定成0。
- 開放內生的觀測變數的截距（要估計），貼上標籤（第一個字母I）。

海外組

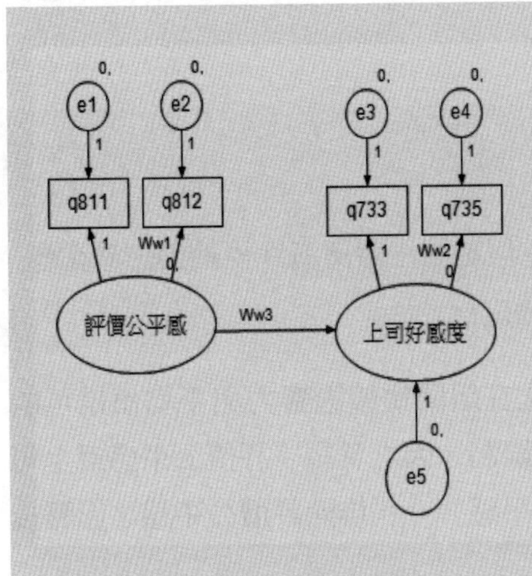

- 在被開放的所有路徑係數上貼上標籤（第一個字母 WW）。
- 外生的非觀測變數之中，開放【評價公平感】的平均（不固定成0），貼上「海外平均」之標籤。
- 開放內生的非觀測變數即【上司好感度】的截距，貼上【海外截距】之標籤。
- 開放內生的觀測變數的截距（要估計），貼上標籤（第一個字母I）。

在執行平均結構模式方面，應注意的地方是評價公平感的平均，與上司好感度的截距。

利用估計平均，即可估計國內組與海外組的平均差異，但潛在變數並未具有數據而是由觀測變數抽出的變數，因之平均的位置不定。譬如，當估計出海外組的平均比國內組的平均超出 5 點時，國內組的平均假定是 10 時，則海外組的平均即為 15，海外組的平均如當作 10 時，國內組的平均即為 5。即使可以求出差異，如果不固定任一組的平均使位置明確時，估計值就不會固定。

本例想以國內組作為基準，所以固定國內組的平均，並且將固定的值當成 0。海外組比國內組的評價公平感之平均分數大時，海外組的平均值即為正，海外組比國內組的評價公平感之平均分數小時，估計的平均值即為負，因之顯得容易解釋。

此處製作 9 個模式執行分析。各模式的設定與意義如下。

模式 1　無限制

9 個模式之中限制最少，最容易適合數據之模式。

☛ 雖然與數據的適配良好，但接受此模式時，在國內組設定的潛在變數【評價公平感】與海外組設定的潛在變數【評價公平感】即為不同性質。比較不同性質之潛在變數產生之影響力也是沒意義的，兩組間無法驗證【評價公平感】對【上司好感度】產生之影響力的大小。

模式 2　W1 = WW1

W2 = WW2

對指標的路徑係數施予等值限制之模式。假定國內組與海外組抽出的潛在變數【評價公平感】與【上司好感度】是同質的。

☛ 因為潛在變數的同質性有所保證，因之在組間比較影響力與平均值是可能的。可是，其他的估計參數未施予等值限制，因之意謂「評價公平感對上司好感度產生影響力的大小」、「評價公平感」、「排除評價公平感之影響後的上司好感度」在組間均是不同的。

模式 3　模式 2

W3 = WW3

加上模式 2 的條件，並假定在國內組與海外組之間，【評價公平感】對【上司好感度】產生之影響大小是相等的。

☛ 意謂在保證潛在變數的同質性之後，「評價公平感」與「排除評價公平感之影響後的上司好感度」雖然在組間有差異，但「評價公平感對上司好感度產生之影響力的大小」在組間並無不同。

模式 4　模式 2
　　海外平均 = 0
加上模式 2 的條件，並假定國內組的【評價公平感】與海外組的【評價公平感】相等。

- 意謂在保證潛在變數的同質性之後，「評價公平感對上司好感度產生之影響力大小」與「排除評價公平感之影響後的上司好感度」雖然在組間是不同的，但「評價公平感」在組間並無不同。

模式 5　模式 2
　　海外截距 = 0
加上模式 2 的條件，並假定國內組的【評價公平感】與海外組的【評價公平感】相等。

- 意謂潛在變數的同質性有所保證之後，「評價公平感」與「評價公平感對上司好感度造成之影響力大小」在組間雖然不同，但「排除評價公平感之影響後的上司好感度」在組間並無不同。

模式 6　模式 3
　　海外平均 = 0
加上模式 3 的條件，並假定國內組的【評價公平感】與海外組的【評價公平感】是相等的。

- 意謂潛在變數的同質性有所保證之後，「排除評價公平感的影響後之上司好感度」在組間雖然不同，但「評價公平感對上司好感度產生之影響力大小」或「評價公平感」在組間並無不同。

模式 7　模式 3

海外截距 = 0

加上模式 3 的條件，並假定除去【評價公平感】之影響後，國內組的【上司好感度】與海外組的【上司好感度】是相等的。

☛ 意謂潛在變數的同質性有所保證之後，「評價公平感」在組間雖然不同，但「評價公平感對上司好感度造成之影響力大小」與「排除評價公平感的影響後的上司好感度」在組間並無不同。

模式 8　模式 2

海外平均 = 0

海外截距 = 0

加上模式2的條件，並假定國內組的【評價公平感】與海外組的【評價公平感】相等，並且除去【評價公平感】的影響後，國內組的【上司好感度】與海外組的【上司好感度】是相等的。

☛ 意謂潛在變數的同質性有所保證之後，「評價公平感對上司好感度造成之影響力大小」在組間雖然不同，但「評價公平感」與「排除評價公平感之影響後的上司好感度」在組間並無不同。

模式 9　模式 3

海外平均 = 0

海外截距 = 0

加上模式3的條件，並假定國內組的【評價公平感】與海外組的【評價公平感】相等，以及排除【評價公平感】的影響後，國內組的【上司好感度】與海外組的【上司好感度】相等。

☛ 意謂對所有的參數施予等值限制，因之國內組與海外組之間並無模式之不同。

STEP UP：問與答

Q：Amos 所分析的數據只能使用原始數據嗎？

A：手中無原始數據，即使只有相關矩陣或變異矩陣作爲數據時也能分析。數據的輸入方法如下。

▼變異數共變異數矩陣的輸入例

	rowtype_	varname_	變數1	變數2	變數3	變數4	var
1	n		100.00	100.00	100.00	100.00	
2	cov	變數1	.72	.	.	.	
3	cov	變數2	.55	.88	.	.	
4	cov	變數3	.45	.46	1.08	.	
5	cov	變數4	.44	.49	.83	1.13	
6	mean		3.90	3.57	3.47	3.37	
7							
8							

左 2 行的變數名（【rowtype】與【varname】）由於是定型可以如圖輸入，【rowtype】行所輸入的文字也全部如圖那樣輸入。觀察值個數輸入到「n」列中，下三角矩陣輸入到【cov】列中，平均值輸入到【mean】列中，矩陣則是輸入對角與下三角矩陣。並且使用相關矩陣時，將【cov】改寫成【corr】再輸入相關矩陣的對角與下三角矩陣。並且，「mean」的下一列輸入「stddev」後，儲存標準差之值。

16.3 平均結構的設定方式

步驟 1　首先，將分析的模式以路徑圖描畫在 Amos 上。

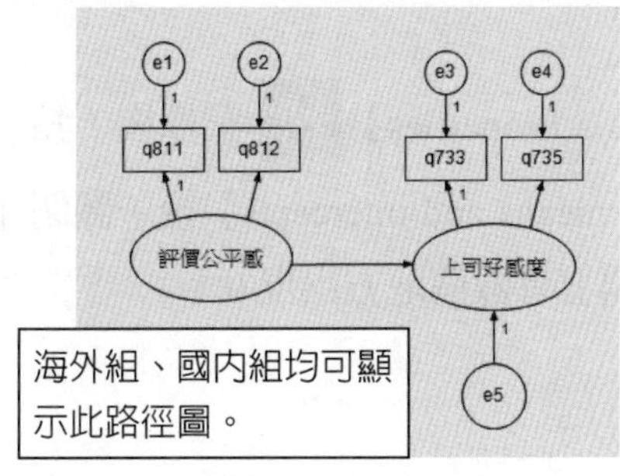

與第 14 章的「多群體同時分析」一樣。

①啓動 Amos。

②指定作爲基準之組（本例是國內組）的數據。

③描畫路徑圖。

④再追加組（本例是海外組）進行到目前爲止的步驟，數個組即形成設定相同路徑的狀態。

步驟 2 將平均結構列入模式時，勾選【分析性質】對話框的【估計】Tab 中的【估計平均與截距】。Amos Graphics 視窗所顯示的組不管是哪一組，只進行 1 次此操作即可應用在所有組的路徑圖上。

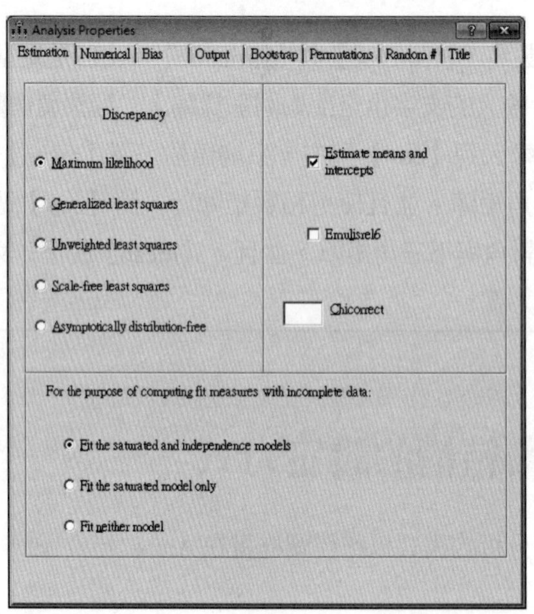

按一下【Analysis Properties】圖像後，點一下【Estimation】Tab，勾選【Estimate means and intercepts】後，關閉【Analysis Properties】的對話框，路徑圖上有數個地方出現 0。

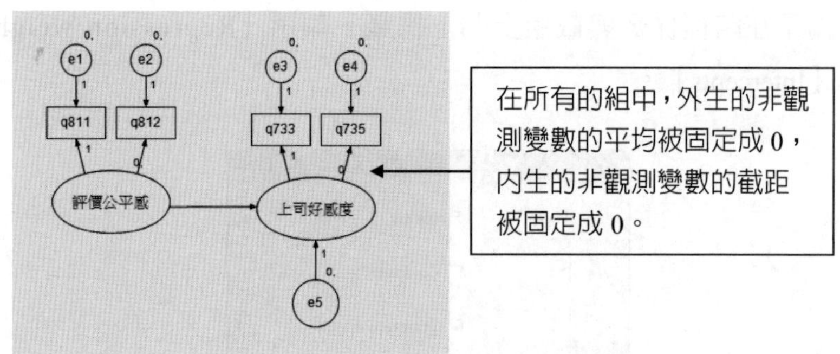

步驟 3 爲了從第 2 節所記述的模式 2 到模式 9 進行參數限制，乃對限制對象的參數（路徑係數、平均、截距）貼上標籤。

讓作爲基準的組（本例國內組）顯示在 Amos Graphics 視窗上，點選【工具】清單的【Plgins】中的【Name Parameters】。

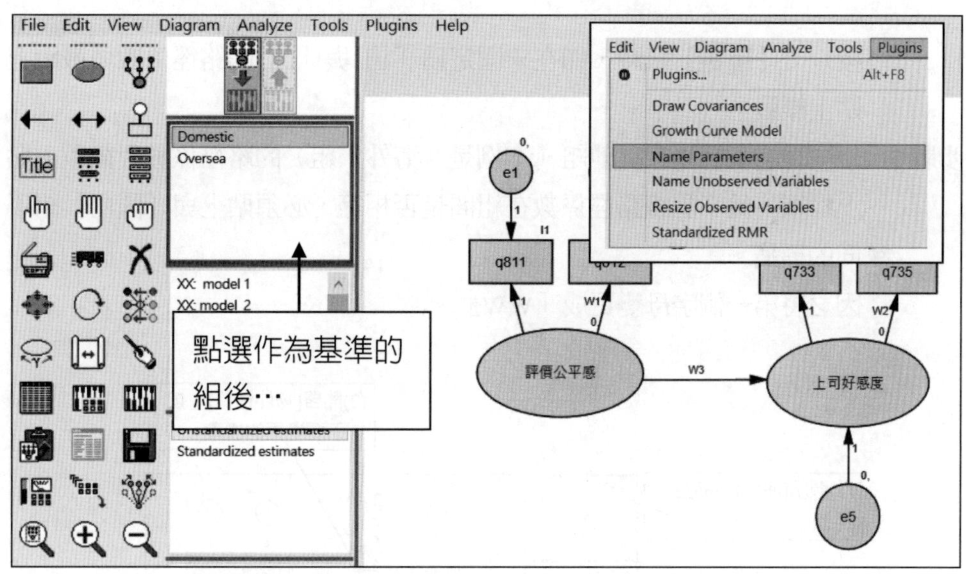

步驟 4 爲了在路徑係數與截距上貼上標籤，勾選【Regression weights】與【Intercepts】。

Amos Graphics

Prefix	Parameters
C	☐ Covariances
W	☑ Regression weights
V	☐ Variances
M	☐ Means
I	☑ Intercepts

OK　Cancel

按一下【確定】鈕時，即在未固定爲「1」與「0」的路徑係數與截距上貼上標籤。

步驟 5 以同樣的步驟也在其他組（本例是「海外」組）的路徑係數與截距上貼上標籤，爲了驗證路徑係數在組間是否相等，必須貼上與【國內】組不同的標籤。

因之將第一個字母變更成「WW」。

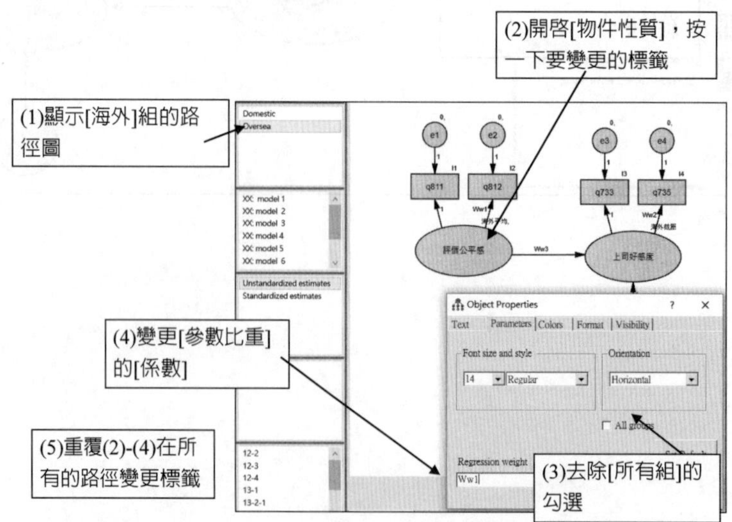

步驟 6 使用【Plugins】在參數上貼上標籤時，只有在被開放的參數上貼上標籤。在【分析的性質】中勾選【估計平均值與截距】時，【海外】組中的【評價公平感】的平均與【上司好感度】的截距因為被固定為 0，因之要個別地進行貼標籤的作業。

在顯示【海外】組的路徑之狀態下，按兩下【評價公平感】（即使未使用圖像，如按兩下變數時，【Object Properties】對話框就會打開）。【Parameter】Tab 中的【Mean】方框中出現「0」，變更為【海外平均】，除去【所有組（All groups）】之勾選。

同樣【上司好感度】的截距也變更為【海外截距】，除去【所有組】之勾選。

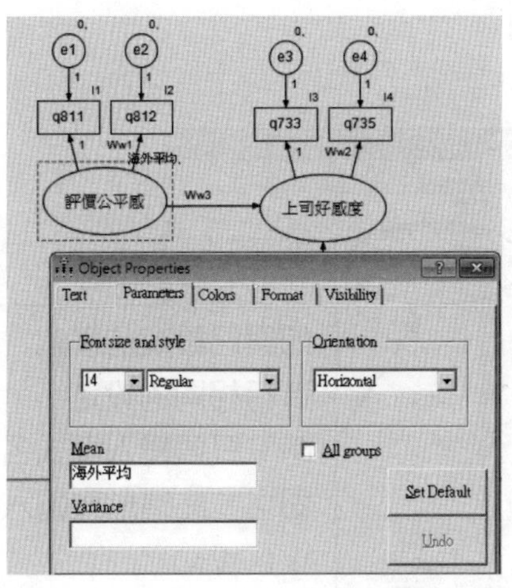

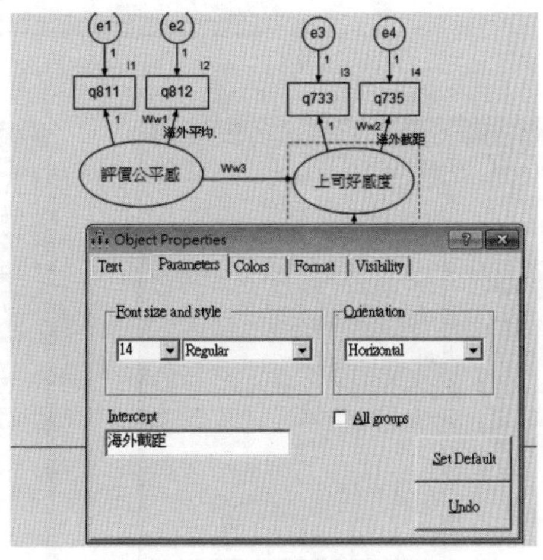

步驟 7 參數的貼標籤作業結束之後，製作前述的 9 個模式。

按兩下【模式】視窗所顯示的【預設模式（Default Model）】，打開【管理模式（Manage Models）】對話框，再設定所有的模式。模式 1～3 的情形是……

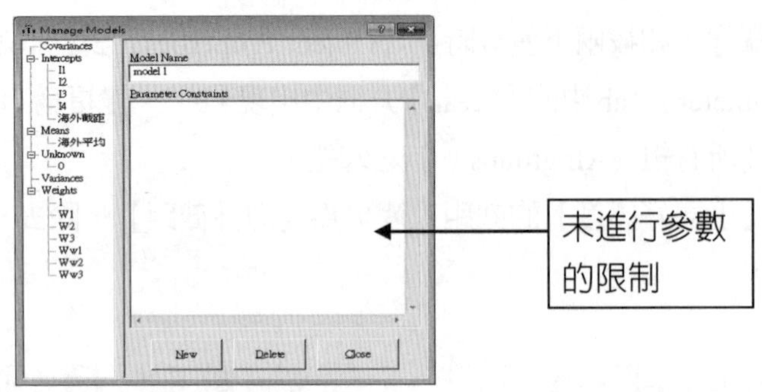

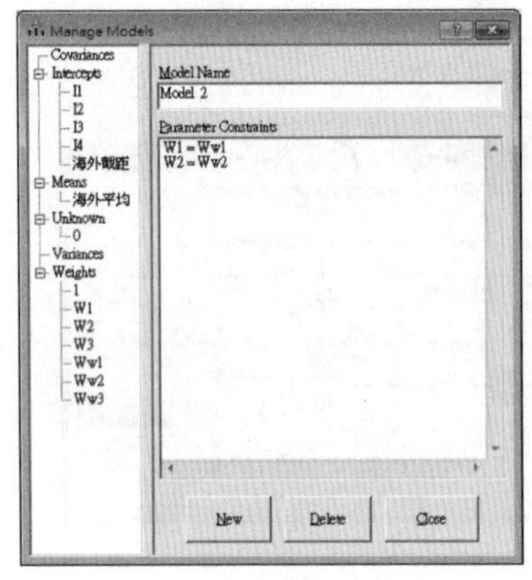

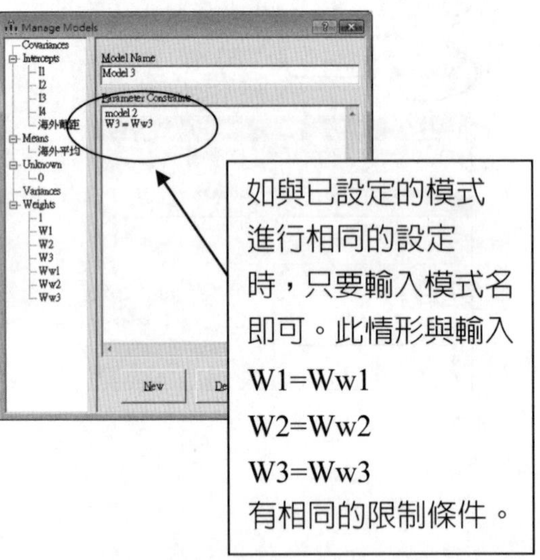

【參數限制（Parameter Constraints）】中輸入模式名稱時，因爲會識別空格的有無或全形半形等，因之要注意一定要輸入與【模式名（Model Name）】正文框中所指定的相同字母行。至模式 9 爲止進行設定之後，即執行計算（此處的數據檔是 16-1.sav）。

16.4 觀察表輸出

在所設定的 9 個模式中，抽出適合數據的模式，從中選出最好的模式。

步驟 1 點選 【正文輸入的顯示】圖像，使之顯示【模式適合度】的位置。本例是使用【RMSEA】（均方誤差平方根）、【AIC】（赤池資訊量基準）、【BCC】（Browne-Cudeck）來評價模式看看。

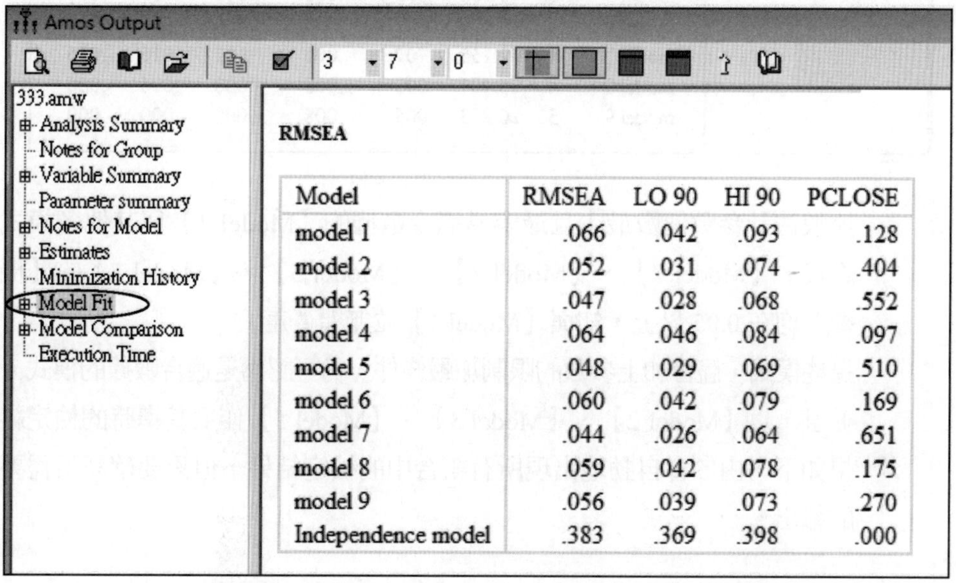

Amos Output

3　7　0

333.amw
- Analysis Summary
- Notes for Group
- Variable Summary
- Parameter summary
- Notes for Model
- Estimates
- Minimization History
- Model Fit
- Model Comparison
- Execution Time

RMSEA

Model	RMSEA	LO 90	HI 90	PCLOSE
model 1	.066	.042	.093	.128
model 2	.052	.031	.074	.404
model 3	.047	.028	.068	.552
model 4	.064	.046	.084	.097
model 5	.048	.029	.069	.510
model 6	.060	.042	.079	.169
model 7	.044	.026	.064	.651
model 8	.059	.042	.078	.175
model 9	.056	.039	.073	.270
Independence model	.383	.369	.398	.000

使用【RMSEA】的指標判斷各模式是否適合於數據。一般【RMSEA】未滿 0.05 的模式判斷適合於數據，0.1 以上的模式未適合數據，因之以模式而言無法採用（認爲「如未滿 0.08 時判斷適合數據」的學者也有）。本例未滿 0.05 的模式是【Model 3】、【Model 5】、【Model 7】，爲了從這些之中選出最好的模式，使用【AIC】、【BCC】的指標。不管哪一個指標，【Model 7】的值是最小的，只要觀察這些的輸出，可以認爲【Model 7】是最佳的模式。

步驟 2 接著，顯示【模式的比較】的位置，確認 Chi-square 檢定的結果。

333.amw
- Analysis Summary
- Notes for Group
- Variable Summary
- Parameter summary
- Notes for Model
- Estimates
- Minimization History
- Model Fit
- Model Comparison
- Execution Time

Nested Model Comparisons

Assuming model model 1 to be correct:

Model	DF	CMIN	P	NFI Delta-1	IFI Delta-2	RFI rho-1	TLI rho2
model 2	2	.505	.777	.000	.000	-.011	-.011
model 3	3	.905	.824	.000	.000	-.014	-.014
model 4	3	16.216	.001	.008	.008	-.001	-.001
model 5	3	1.908	.592	.001	.001	-.014	-.014
model 6	4	16.679	.002	.008	.008	-.005	-.005
model 7	4	2.155	.707	.001	.001	-.016	-.016
model 8	4	16.401	.003	.008	.008	-.006	-.006
model 9	5	16.873	.005	.008	.008	-.009	-.009

比較估計參數個數最少且最容易適合數據的【Model 1】與其他各模式之後，【Model 2】、【Model 3】、【Model 5】、【Model 7】的【機率】均在 0.05 以上，知與【Model 1】並無顯著差。

這些模式，儘管加上參數的限制加嚴條件，仍可認爲是適合數據的模式。並且，以【Model 2】、【Model 3】、【Model 5】作爲基準時的檢定結果如下。由於會自動地出現所有組合中的檢定結果，但只要確認所需要的輸出。

Assuming model model 2 to be correct:

Model	DF	CMIN	P	NFI Delta-1	IFI Delta-2	RFI rho-1	TLI rho2
model 3	1	.400	.527	.000	.000	-.003	-.003
model 4	1	15.711	.000	.008	.008	.010	.010
model 5	1	1.403	.236	.001	.001	-.002	-.002
model 6	2	16.174	.000	.008	.008	.006	.006
model 7	2	1.651	.438	.001	.001	-.005	-.005
model 8	2	15.897	.000	.008	.008	.006	.006
model 9	3	16.368	.001	.008	.008	.003	.003

Assuming model model 3 to be correct:

Model	DF	CMIN	P	NFI Delta-1	IFI Delta-2	RFI rho-1	TLI rho2
model 6	1	15.775	.000	.008	.008	.009	.009
model 7	1	1.251	.263	.001	.001	-.002	-.002
model 9	2	15.968	.000	.008	.008	.006	.006

Assuming model model 5 to be correct:

Model	DF	CMIN	P	NFI Delta-1	IFI Delta-2	RFI rho-1	TLI rho2
model 7	1	.247	.619	.000	.000	-.003	-.003
model 8	1	14.493	.000	.007	.007	.008	.008
model 9	2	14.965	.001	.007	.007	.005	.005

在【Model 2】爲眞的前提下，【Model 3】、【Model 5】、【Model 7】的機率均在 0.05 以上，知彼此之間並無顯著差。另外，【Model 3】或【Model 5】或【Model 7】爲眞的檢定，其看法亦同。

依據【AIC】、【BCC】的指標，所接受的【Model 7】，儘管加嚴限制條件，但在 Chi-square 檢定方面，知與數據適配佳的模式並無顯著的差異。

由這些結果，判斷【Model 7】是妥當的。

此處，先在 Amos Graphics 視窗中顯示【Model 7】的【未標準化估計值】，然後再解釋估計值。

國內

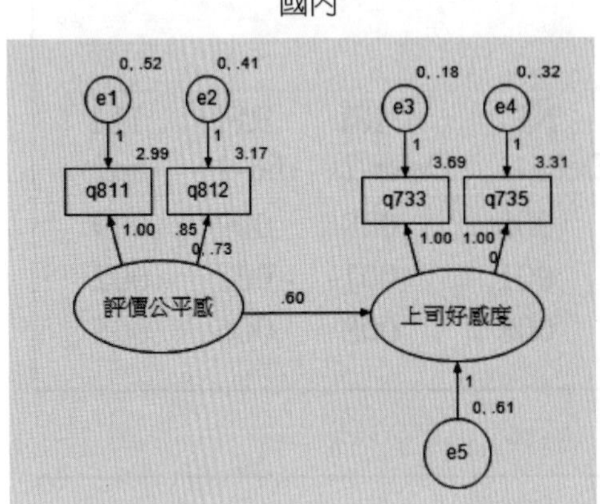

海外

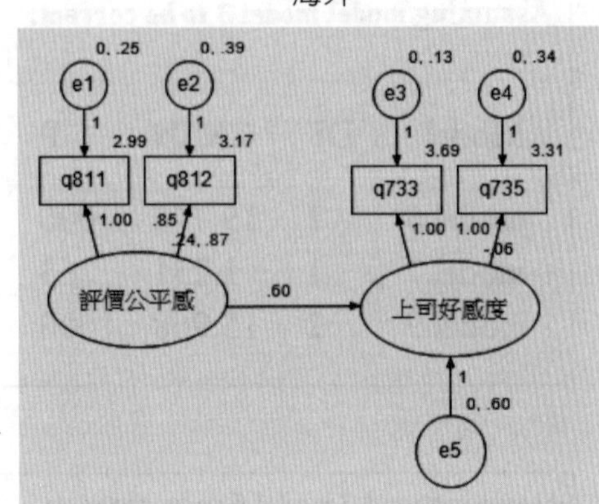

因爲【Model 7】被接受，因之可以認爲

■ 評價公平感與上司好感度，國內與海外是同等的。
（抽出相同的因子）
【評價公平感】→【Q812】：0.86，【上司好感度】→【Q735】：1.00

■ 評價公平感對上司好感度的影響大小兩組間是相等的。
【評價公平感】→【上司好感度】：0.60

■ 排除評價公平感的影響後的上司好感度，國內與海外是相等的。
【上司好感度】的截距：0

因之這些估計值在兩組間均爲相同之值。

可是，【評價公平感】國內與海外是不相同的。將國內的【評價公平感】當作 0 時，海外的【評價公平感】是 0.23，知海外的評價公平感較強。

此模式是評價公平感影響上司好感度的模式，顯示以下的關係式成立。

上司好感度 = 評價公平感 × 係數 + 截距

解釋【上司好感度】的截距時，雖表現成「排除評價公平感之影響後的上司好感度」，但排除評價公平感的影響，是將上述的關係式的【評價公平感】當作 0 時的上司好感度之值，此時成爲「上司好感度 = 截距」。

可是，實際上評價公平感影響上司好感度，因之包含評價公平感之影響在內的上司好感度的平均值是

國內：0×0.60 + 0 = 0

海外：0.23×0.60 + 0 = 0.138

可知上司好感度的平均，海外是稍爲高些：

而且，上司好感度的變異數可以使用如下式子來估計：

上司好感度的變異數 = 評價公平感的變異數 ×（係數）^{2} + 誤差變異數

本章使用平均結構模式不僅是潛在變數的關係強度，也可以比較檢討組間潛在變數的平均分數。

本章所列舉的例子雖未對變異數施予等值限制，如將等值限制放在【評價公平感】的變異數上時，對於組間評價公平感分數的變異（【國內】= 0.73，【海外】= 0.87）能否說有差異，上司好感度的誤差變異數（【國內】= 0.62，【海外】= 0.61）是否有差異等等，也都能進行驗證。

STEP UP：小提醒

1. 一般對多群組潛在變數的 Mean and Intercepts 設定常用的是
   (1) 在某一群的 Means 設定爲 0，其他的 Means 設定爲自由參數。
   (2) 每一個測量變數的截距項（Intercepts）各群設定相同。
   (3) 每一個測量變數的測量路徑係數也設定相同。
2. 檢定多群組平均數相等的問題，可在測量系統不變下進行，分成
   (1) 各群的截距項、路徑係數設定相同。
   (2) 另增加各群的潛在變數的變異數設定相同。
   (3) 另增加各群的誤差項的變異數設定相同。
   (4) 另增加各群的潛在變數的變異數、各群的誤差項的變異數設定相同。

第 17 章 多重指標模式、MIMIC 模式、PLS 模式

前面的章節中曾探討過影響觀測變數的潛在變數只有一個的情形，亦即一因素的因素分析模式。

本章是要探討 2 因素的因素分析模式，亦即 2 個潛在變數是觀測變數的共同原因。

Amos 的因素分析與 SPSS 的因素分析略爲不同，前者所處理的因素分析稱爲確認式因素分析（Confirmatory Factor Analysis, CFA），後者所處理的因素分析稱爲探索式因素分析（Exploratory Factor Analysis, EFA）。確認式因素分析是研究者設定所建立的因素的假設，檢討數據是否適合於該假設模式的因素分析手法，而探索式因素分析是探討所有的共同因素（潛在變數）對所有的觀測變數造成影響的模式。

本章是探討 2 因素的因素分析模式，針對以下 8 個形容詞的回答進行分析。

活動性

a01_ 明朗的

a02_ 爽朗的

a03_ 有精神的

a04_ 充實的

調和性

a05_ 優雅的

a06_ 親切的

a07_ 協調的

a08_ 溫和的

研究的調查是針對這些用語以 4 級從「不合適」到「合適」詢問大學生適合自己的程度是如何。

針對大學生 100 名進行調查，所獲得的回答。

這些用語由「先行研究」得知是由「活動性」與「調和性」兩個要素所構成。

因此，此等 8 個用語能否以「活動性」與「調和性」兩個要素來說明呢？試利用 Amos 以確認式因素分析去查明看看。

數據輸入如下，參數據檔 17-1.sav。

NO	a01_明朗	a02_爽朗	a03_精神	a04_充實	a05_優雅	a06_親切	a07_協調	a08_溫和
1	1	1	2	1	2	2	3	1
2	4	4	4	4	2	2	3	3
3	4	4	4	4	1	4	4	4
4	2	1	2	2	1	3	3	3
5	4	1	2	4	2	4	4	3
6	3	4	4	3	3	4	3	3
7	1	4	2	1	2	4	2	3
8	2	3	2	2	2	3	2	2
9	1	1	1	1	2	3	3	2
10	4	4	4	4	3	4	4	4
11	1	1	1	1	1	3	2	2
12	2	3	3	2	2	3	2	2
13	2	1	2	1	1	1	1	1
14	2	3	3	2	2	2	2	3
15	2	2	2	1	2	2	2	2
16	4	4	4	4	4	4	4	4
17	1	1	1	1	4	4	2	3
18	3	3	3	2	2	3	2	3
19	4	4	4	4	3	4	1	3
20	1	1	1	1	1	4	4	3
21	2	4	2	3	1	1	1	1

:

NO	a01_明朗	a02_爽朗	a03_精神	a04_充實	a05_優雅	a06_親切	a07_協調	a08_溫和
79	3	2	3	1	4	4	4	4
80	1	1	2	1	1	1	3	1
81	3	3	3	1	4	4	4	4
82	2	3	3	1	3	3	4	4
83	2	2	4	3	3	3	4	4
84	2	2	1	3	2	3	3	4
85	4	4	4	4	2	3	2	3
86	3	3	3	3	1	2	2	1
87	4	4	4	4	3	4	2	1
88	1	1	2	1	2	3	3	4
89	3	4	4	4	4	4	4	4
90	2	4	4	2	3	4	4	4
91	2	3	4	2	4	4	4	4
92	1	2	2	2	2	3	2	1
93	4	4	4	4	4	4	4	4
94	4	1	4	4	4	4	4	4
95	1	1	1	1	2	2	2	2
96	3	3	4	2	4	4	4	4
97	3	2	3	3	4	4	4	3
98	3	3	3	3	4	4	4	4
99	3	4	3	2	3	4	4	4
100	2	2	2	2	2	2	3	2

即使使用相同的資料，雖然畫出不同的路徑圖也仍能分析，此事希望能透過體驗去理解。

情況 1：多重指標模式——從潛在變數到潛在變數的因果關係

潛在變數「活動性」影響潛在變數「調和性」，試分析如此的因果關係看看。資料是使用所調查的數據（數據檔請參 17-1.sav）。

觀測變數是 8 個，其中 4 個是來自「活動性」的影響，剩下的 4 個是來自「調和性」的影響。

【繪製路徑圖】

1. 畫潛在變數－由潛在變數向潛在變數畫路徑（因素分析模式）

步驟 1　試畫出如下的路徑圖。

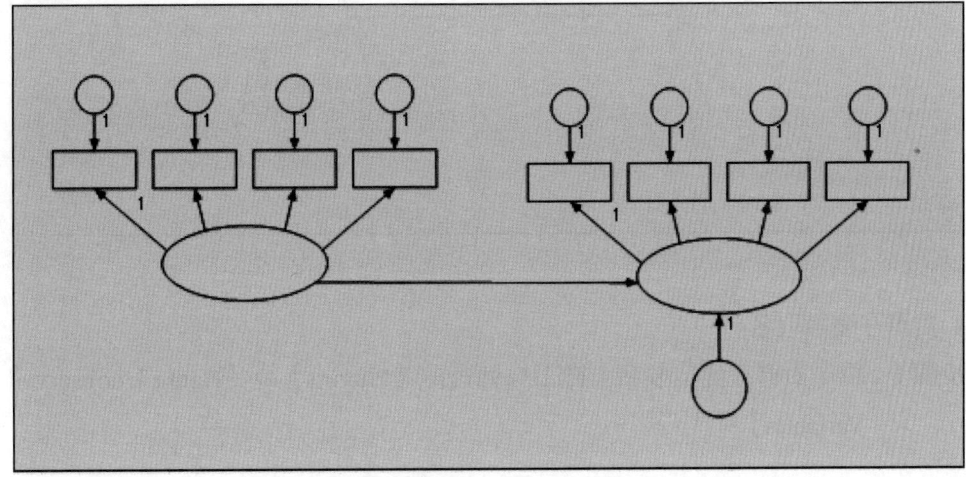

- 使用【Draw a latent variable or add an indication to a latent variable】圖像（ ），畫出橢圓與觀測變數及誤差變數，再以【Select all objects】圖像（ ）與【Duplicate objects】圖線（ ）進行複製。
- 以【Draw path（single headed arrows）】圖像（←），從左側的潛在變數向右側的潛在變數畫箭線。
- 使用【Add a unique variable to an existing variable】圖像（ ），在右側的潛在變數按一下時，即可畫出誤差變數。

2. 指定觀測變數的變數名

步驟 1　按一下【list variables in data set】圖像（▦），或從工具列選擇【View】⇒【Variables in dataset】，對觀測變數指定資料內的變數名。

【HINT】：當然，不要忘了事前先指定好數據檔。

步驟 2　變數名太長溢出方框時，以【Object properties】設定變數標籤。

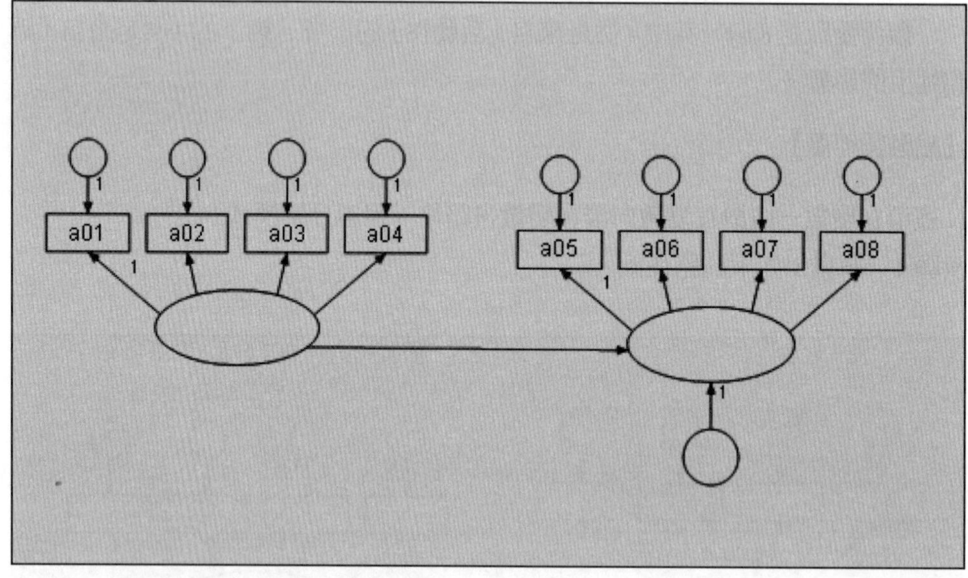

3. 對潛在變數取名

步驟 1　爲了對潛在變數取名，從工具列選擇【Plugins】➪【Name Unobserved Variables】。

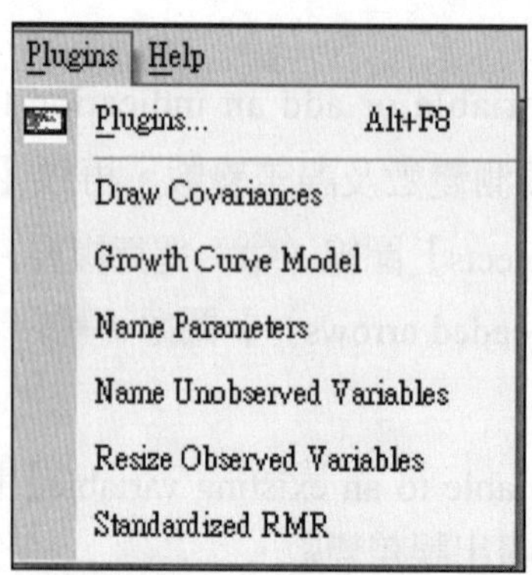

步驟 2　左側的潛在變數橢圓取名爲活動性，右側的潛在變數（橢圓）取名爲調和性。

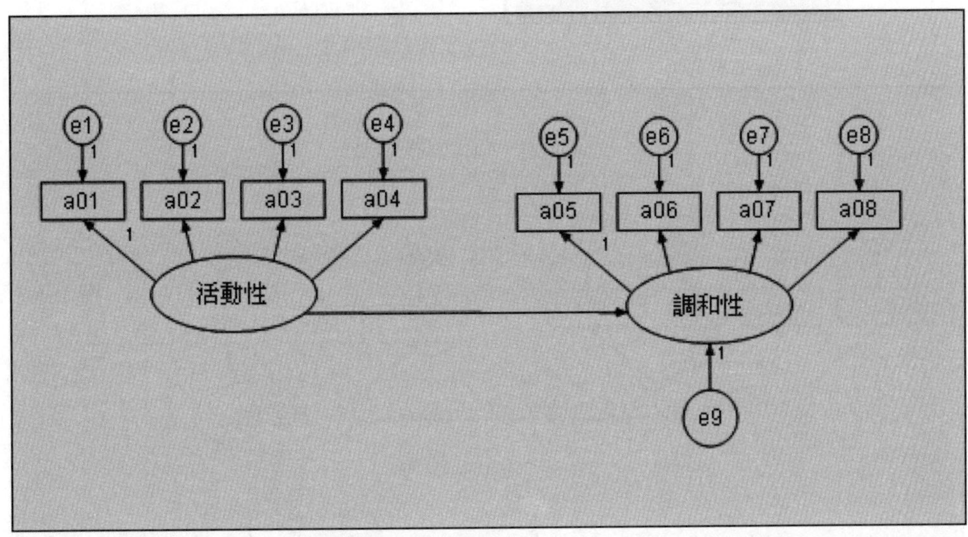

4. 分析的指定與執行

進行分析及輸出的指定。

步驟 1　按一下【Analysis Properties】圖像（），或者從工具列選擇【View】⇒【Analysis Properties】。

點選【Output】Tab。

勾選【Standardized estimates】，【Squared multiple correlation】關閉視窗。

步驟 2　按一下【Calculate estimates】圖像（），或從工具列選擇【Analyze】⇒【Calculate estimates】，再執行分析。

如要求檔案的儲存時，即可儲存在適當的場所中。

5. 觀察路徑圖輸出

步驟 1　顯示標準估計値。按一下【View the output path diagram】圖像（），點選【Parameter format】欄的【Standardized estimates】，變成如下。

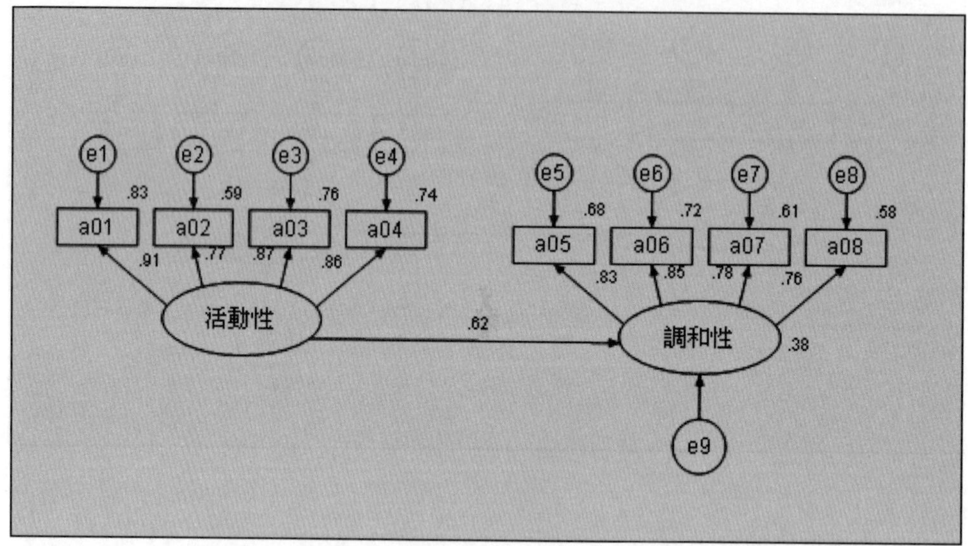

● 從活動性到調和性的標準化路徑係數是 0.62。

6. 觀察正文輸出

接著，請看【模式適合度（Model Fit）】。

CMIN

Model	NPAR	CMIN	DF	P	CMIN/DF
Default model	17	38.665	19	.005	2.035
Saturated model	36	.000	0		
Independence model	8	563.734	28	.000	20.133

Baseline Comparisons

Model	NFI Delta1	RFI rho1	IFI Delta2	TLI rho2	CFI
Default model	.931	.899	.964	.946	.963
Saturated model	1.000		1.000		1.000
Independence model	.000	.000	.000	.000	.000

RMSEA

Model	RMSEA	LO 90	HI 90	PCLOSE
Default model	.102	.055	.148	.038
Independence model	.440	.408	.472	.000

RMR, GFI

Model	RMR	GFI	AGFI	PGFI
Default model	.078	.909	.828	.480
Saturated model	.000	1.000		
Independence model	.605	.320	.126	.249

$\chi^2 = 38.665$，df = 19，$p < 0.01$

GFI = 0.909，AGFI = 0.828，CFI = 0.963，RMSEA = 0.102

AGFI略為低些，RMSEA 並未超過0.10，因之目前似乎不能說是配適良好。

STEP UP：小提醒

根據標準化迴歸係數（因素負荷量）估計值中可以計算出潛在變數的組合信度，「組合信度」可作為檢定潛在變數的信度指標。組合信度公式如下：

$$\rho_c = \frac{(\sum\lambda)^2}{[(\sum\lambda)^2 + \sum(\theta)]} = \frac{(\sum \text{標準化因素負荷量})^2}{[(\sum \text{標準化因素負荷量})^2 + \sum \text{觀測變數的誤差變異量}]}$$

式中信度為標準化因素負荷量的平方，觀測變數的誤差變異量等於（1 – 信度）。潛在變數的組合信度為模式內在品質的判別準則之一，潛在變數的組合信度若是在 0.6 以上，表示模式的內在品質理想。

以活動性來說明。各測量指標變數的因素負荷量、信度、測量誤差整理如下：

測量指標	因素負荷量	信度	測量誤差	組合信度	平均變異量抽取值
a01	0.91	0.828	0.172		
a02	0.77	0.593	0.407		
a03	0.87	0.757	0.243		
a04	0.86	0.739	0.261		
				0.9148	0.7294

$$\rho_C = \frac{(0.91+0.77+0.87+0.86)^2}{(0.91+0.77+0.87+0.86)^2+(0.172+0.407+0.243+0.261)} = 0.9148$$

另外，與「組合信度」類似的指標爲「平均變異數抽取量」，平均變異數抽取量可以直接顯示被潛在構念所解釋的變異量有多少是來自測量誤差，亦即潛在變數可以解釋其指標變數變異量的比值，其數值愈大表示測量指標愈能有效反應其共同因素構念的潛在特質，一般判別的標準是要大於 0.5。平均變異數抽取量的公式如下：

$$\rho_v = \frac{(\sum\lambda^2)}{[(\sum\lambda^2)+\sum(\theta)]} = \frac{(\sum \text{標準化因素負荷量}^2)}{[(\sum \text{標準化因素負荷量}^2)+\sum \text{觀測變數的誤差變異量}]}$$

$$\rho_v = \frac{(0.91^2+0.77^2+0.87^2+0.86^2)}{(0.91^2+0.77^2+0.87^2+0.86^2)+(0.172+0.407+0.243+0.261)} = 0.7294$$

解說：多重指標模式

像情況 1 那樣，經常從潛在變數對觀測變數造成影響的模式稱爲多重指標模式（Multiple Indicators Model）。此模式可以說是結構方程模式的基本模式。像第 9 章與第 10 章所探討的那樣，此模式是對應因素分析。表示潛在變數的是肉眼看不見的構成概念。原本是想直接測量此構成概念。

可是，無法直接測量，只能間接測量的情形也有。

即使是此次的例子，「活動性」與「調和性」是無法直接測量的構成概念。因爲無法直接測量，因之測量「認爲自己本身明朗到何種程度」、「認爲爽朗到何種程度」、「認爲優雅到何種程度」等，即爲間接地測量「活動性」與「調和性」。

並且，實際被觀測的變數，也可以想成此種構成概念所「反映的結果」。智商的構成概念因爲優越，所以智商檢查的結果就很不錯的一種想法。

多重指標模式是假定「活動性高」會影響「認爲自己本身是開朗的」。箭線的方向是從潛在變數向觀測變數畫出，也可以說是反映此假定。

並且，即使智商優越，也不一定智商檢查的結果佳。有時情況不佳，有時環境不良的情形也是有的。

像此種「例外」的要素當作「誤差」來設置，對觀測變數造成影響者如以連結箭線來考量時，不是很容易理解多重指標模式嗎？

情況 2　MIMC 模式——從觀測變數到潛在變數的因果關係

2 個例子是活動性所反映的 4 個觀測變數 a01_ 明朗、a02_ 爽朗、a03_ 精神、a04_ 充實，影響潛在變數調和性，想檢討此模式看看。

重點是 4 個活動性之中的何者，最具影響調和性。

【繪製路徑圖】

1. 畫路徑－從觀測變數向潛在變數畫路徑

步驟 1　利用前面的 Amos 操作，畫出如下的路徑圖。

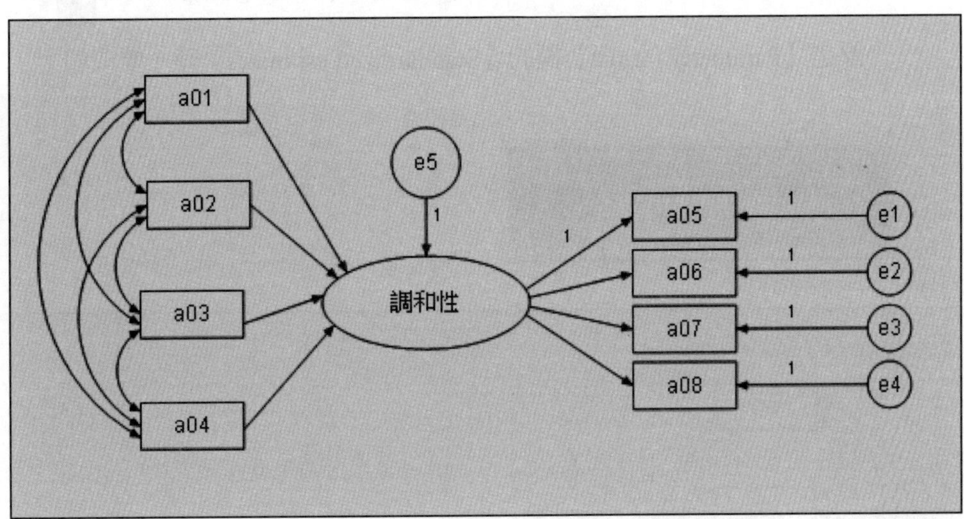

■ a01 到 a04 畫在左側，將 4 個變數相組合全部以雙向箭線連結。

■ 潛在變數「調和性」與影響潛在變數的誤差變數，觀測變數 a05 到 a08，以及影響各個觀測變數的誤差變數，均與情況 1 相同（畫圖的方向有改變）。

【註】：從潛在變數到觀測變數的路徑之中，有 1 條係數被固定成「1」。不妨確認看看，從觀測變數到潛在變數的路徑之中的一條路徑固定成「1」或未固定成「1」，標準化估計值均相同。

2. 分析的指定與執行

進行分析及輸出的指定。

步驟 1 按一下【Analysis Properties】圖像（），或者從工具列選擇【View】⇒【Analysis Properties】.

點選【Output】Tab.

勾選【Standardized estimates】【Squared multiple correlations】。

關閉視窗。

步驟 2 按一下【Calculate estimates】圖像（），或者從工具列選擇【Analyze】⇒【Calculate estimates】後，再執行分析。

如要求儲存檔案時，可儲存在當時的場所中。

3. 觀察路徑圖的輸出

步驟 1 顯示標準化估計值。按一下【View the output path diagram】圖像（），點選【Parameter format】欄的【Standardized estimates】時，變成如下。

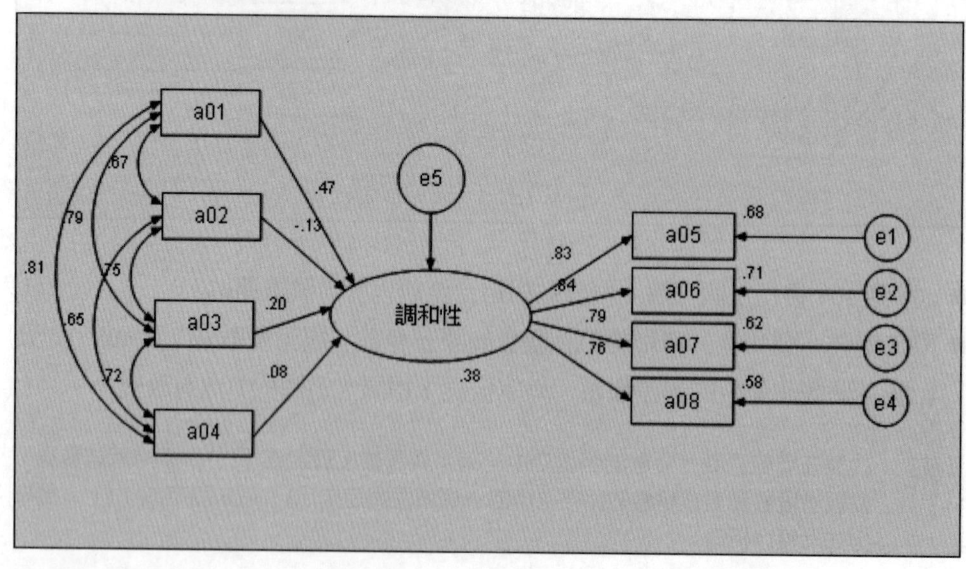

4. 觀察正文輸出

步驟 1　按一下【View text】圖像（▦），或者從工具列選擇【View】⇒【Text output】。

請看【Estimates】。

Regression Weights: (Group number 1 - Default model)

			Estimate	S.E.	C.R.	P	Label
調和性	<---	a02_爽朗	-.100	.107	-.927	.354	
調和性	<---	a03_精神	.159	.128	1.244	.214	
調和性	<---	a04_充實	.056	.114	.493	.622	
調和性	<---	a01_明朗	.368	.136	2.703	.007	
a05_優雅	<---	調和性	1.000				
a06_親切	<---	調和性	.944	.100	9.459	***	
a07_協調	<---	調和性	.923	.106	8.689	***	
a08_溫和	<---	調和性	.901	.108	8.306	***	

Standardized Regression Weights: (Group number 1 - Default model)

			Estimate
調和性	<---	a02_爽朗	-.126
調和性	<---	a03_精神	.203
調和性	<---	a04_充實	.076
調和性	<---	a01_明朗	.467
a05_優雅	<---	調和性	.827
a06_親切	<---	調和性	.844
a07_協調	<---	調和性	.788
a08_溫和	<---	調和性	.762

從 a01_ 明朗到調和性的路徑是顯著的，但由 a02、a03、a04 到調和性，卻似乎不顯著。

此結果必可以理解。因為愈明朗的人，與他人的協調愈能順利進行所致。

步驟 2　請看【Model Fit】

CMIN

Model	NPAR	CMIN	DF	P	CMIN/DF
Default model	22	24.890	14	.036	1.778
Saturated model	36	.000	0		
Independence model	8	563.734	28	.000	20.133

RMR, GFI

Model	RMR	GFI	AGFI	PGFI
Default model	.067	.937	.837	.364
Saturated model	.000	1.000		
Independence model	.605	.320	.126	.249

Baseline Comparisons

Model	NFI Delta1	RFI rho1	IFI Delta2	TLI rho2	CFI
Default model	.956	.912	.980	.959	.980
Saturated model	1.000		1.000		1.000
Independence model	.000	.000	.000	.000	.000

RMSEA

Model	RMSEA	LO 90	HI 90	PCLOSE
Default model	.089	.023	.144	.128
Independence model	.440	.408	.472	.000

AIC

Model	AIC	BCC	BIC	CAIC
Default model	68.890	73.290	126.203	148.203
Saturated model	72.000	79.200	165.786	201.786
Independence model	579.734	581.334	600.575	608.575

情況 2 的模式之自由度是 14。並且，整體上，比情況 1 的模式之自由度（與第 8 章相同之值）呈現更好之值。

解說 MIMIC 模式

像情況 2 所探討的那樣，潛在變數被數個觀測變數所規定，且該潛在變數對其它的數個觀測變數造成影響的模式，稱爲 MIMIC 模式（多重指標多重原因模式：Multiple Indicators MultIple Causes Model）。

此模式可以想成觀測變數與觀測變數之間連結著 1 個潛在變數，以表示因果關係之箭線相連結的模式。並且，此模式也可想成成爲原因的數個觀測變數，對成爲結果的觀測變數與潛在變數之組合（調和性與 a05～a08 的組合）造成影響的模式。

Amos 能設定柔軟的模式。因之，設定哪種的模式在理論上的考察是不可欠缺的。

情況 3 PLS 模式——從觀測變數到潛在變數，再由潛在變數到潛在變數的因果關係

第 3 個例子是某一個潛在變數是觀測變數的合成，而另一個潛在變數是觀測變數的共同原因，想檢討此種模式看看。

不限於胃癌，消化器官系統的癌症的一部分原因在於飲食生活，證明此事之研究成果近年來相繼地有所發表。即使本身並非是發癌性的普通食品，如大量地攝取特定的食品也極易產生癌症。

多吃肉類的歐美人士，大腸癌與直腸癌的發生率高，此事也是較爲人所熟知的。下表是世界 47 個國家男性的癌症部位別訂正死亡率（10 萬對）與食物供給量（cal/day）的數據（參數據檔 17-3-1.sav）。又所謂「訂正死亡率」是比較年齡構成在不同地域間之死亡率所使用的指標。

國編號	總熱量 x_1	肉類 x_2	乳製品 x_3	酒類 x_4	大腸癌	直腸癌
1	2336	40	89	38	2.98	2.52
2	3190	575	388	109	14.60	5.91
3	2578	168	127	128	3.92	1.90

國編號	總熱量 x_1	肉類 x_2	乳製品 x_3	酒類 x_4	大腸癌	直腸癌
4	2200	120	142	23	3.99	0.71
5	2431	205	117	42	6.75	2.84
6	1940	79	101	37	1.28	0.59
7	1895	98	111	41	3.51	0.88
8	1819	55	94	26	0.89	0.57
9	2352	178	100	192	13.76	2.66
10	2570	144	93	68	1.94	0.66
11	2342	140	92	44	4.12	1.61
12	2436	151	133	12	8.53	5.72
13	3349	672	413	121	14.95	4.38
14	2938	720	364	91	12.13	6.07
15	2225	175	167	61	3.27	1.39
16	2468	291	47	25	8.58	4.02
17	2869	187	218	56	9.69	3.89
18	2551	55	47	75	5.01	6.00
19	1915	99	20	19	2.74	1.11
20	2416	146	112	19	9.05	6.18
21	2135	88	17	11	1.84	0.13
22	3366	487	337	218	13.51	9.99
23	3364	486	272	194	13.53	7.88
24	3242	229	136	100	4.07	5.15
25	3398	443	254	192	11.02	11.92
26	3409	474	402	131	11.59	10.99
27	3192	291	590	70	5.48	5.32
28	3351	450	254	317	13.32	7.45
29	3264	485	293	211	13.35	9.74
30	2862	166	181	77	5.69	0.66
31	3246	311	190	142	11.35	9.12
32	3093	459	730	60	9.96	2.73

國編號	總熱量 x_1	肉類 x_2	乳製品 x_3	酒類 x_4	大腸癌	直腸癌
33	3457	490	438	95	14.67	7.42
34	3079	208	186	262	10.58	6.38
35	3364	486	272	194	13.12	8.72
36	3239	406	386	72	11.79	6.90
37	3107	285	483	49	7.93	6.34
38	3260	327	385	131	5.46	5.49
39	2861	179	91	228	7.86	6.46
40	2903	189	199	74	3.33	3.45
41	2848	192	159	202	6.86	4.27
42	3177	416	444	118	12.17	6.87
43	3521	447	436	227	12.81	7.03
44	3396	529	371	144	13.04	8.56
45	3201	161	182	104	4.11	4.91
46	3256	683	345	146	15.32	6.34
47	3517	753	422	128	16.08	9.59

【繪製路徑圖】

1. 繪製路徑——從觀測變數向潛在變數繪製路徑，從潛在變數向觀測變數繪製路徑

步驟 1　利用前面的 Amos 操作，繪製出如下的路徑圖。

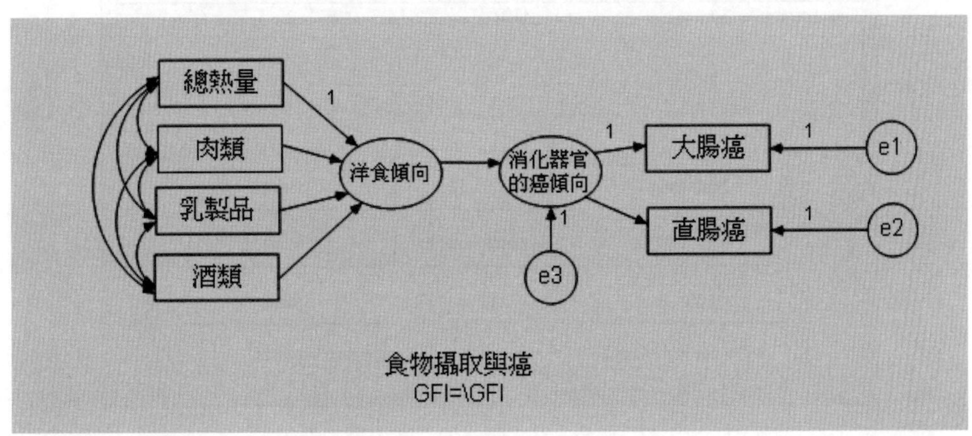

■ 總熱量到酒類畫在左側，將 4 個變數相組合全部以雙向箭線連結。

■ 潛在變數「洋食傾向」影響潛在變數「消化器官的癌傾向」，而此潛在變數「消化器官的癌傾向」又影響觀測變數「大腸癌」與「直腸癌」，以及誤差變數影響各個觀測變數。

【註】：從觀測變數到潛在變數的路徑之中，有 1 條係數被固定成「1」。另外，由潛在變數到觀測變數的路徑之中，有 1 條係數被固定成「1」不妨確認看看。

2. 指定觀測變數的變數名

步驟 1 按一下【list variables in data set】圖像（▤），或從工具列選擇【View】⇒【Variables in dataset】，對觀測變數指定資料內的變數名。

步驟 2 數據檔的指定。按一下【Select data file（s）】圖線（▦），從【File Name】指定 17-3-1.sav。

3. 分析的指定與執行

進行分析及輸出的指定。

步驟 1 按一下【Analysis Properties】圖像（▦），或者從工具列選擇【View】⇒【Analysis Properties】。

點選【Output】Tab.

勾選【Standardized estimates】【Squared multiple correlations】

關閉視窗。

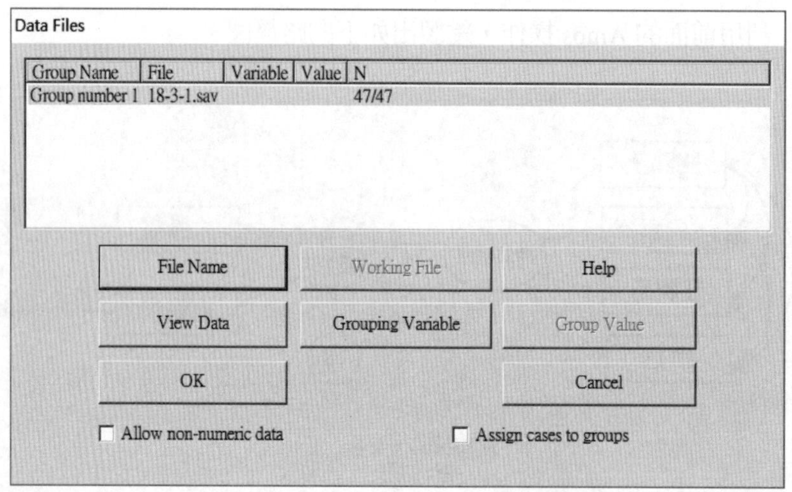

步驟 3　按一下【Calculate estimates】圖線（），或者從工具列選擇【Analyze】⇒【Calculate estimates】後，即執行分析。

如要求儲存檔案時，可儲存在當時的場所中。

4. 觀察路徑圖的輸出

步驟 1　顯示標準化估計值。按一下【View the output path diagram】圖像（），點選【Parameter format】欄的【Standardized estimates】時，變成如下。

Unstandardized estimates
Standardized estimates

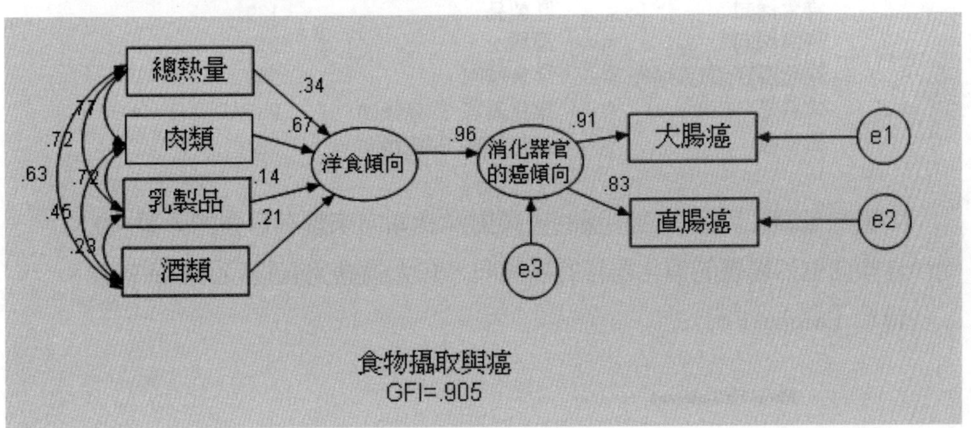

5. 觀察正文輸出

步驟 1　按一下【View text】圖像（），或者從工具列選擇【View】⇒【Text output】。

請看【Estimates】。

Regression Weights: (Group number 1 - Default model)

			Estimate	S.E.	C.R.	P	Label
洋食傾向	<---	總熱量	1.000				
洋食傾向	<---	肉類	5.044	2.717	1.856	.063	
洋食傾向	<---	乳製品	-1.267	.963	-1.315	.188	
洋食傾向	<---	酒類	4.139	3.446	1.201	.230	
消化器官_的癌傾向	<---	洋食傾向	.003	.001	2.244	.025	
大腸癌	<---	消化器官_的癌傾向	1.000				
直腸癌	<---	消化器官_的癌傾向	.624	.078	7.958	***	

Standardized Regression Weights: (Group number 1 - Default model)

			Estimate
洋食傾向	<---	總熱量	.345
洋食傾向	<---	肉類	.674
洋食傾向	<---	乳製品	-.139
洋食傾向	<---	酒類	.212
消化器官_的癌傾向	<---	洋食傾向	.960
大腸癌	<---	消化器官_的癌傾向	.909
直腸癌	<---	消化器官_的癌傾向	.827

與總熱量與乳製品有強相關的肉類對洋食傾向來說有最強的影響（0.67），受洋食傾向強烈影響的消化器官的癌傾向，知大腸癌比直腸癌的關係較強。

請看【Model Fit】

Model Fit Summary

CMIN

Model	NPAR	CMIN	DF	P	CMIN/DF
Default model	18	17.342	3	.001	5.781
Saturated model	21	.000	0		
Independence model	6	246.012	15	.000	16.401

RMR, GFI

Model	RMR	GFI	AGFI	PGFI
Default model	41.556	.905	.337	.129
Saturated model	.000	1.000		
Independence model	21788.683	.315	.041	.225

適合度指標的GFI是0.905，與基準值1接近，因之模式與數據的配適良好。

解說 PLS 模式

此圖所表示者稱爲偏最小平方法「PLS（Partial Least Square）」的模型。此處引進 2 個潛在變數，此點與多重指標模型相類似。與多重指標模型不同的地方是，第一個潛在變數「洋食傾向」，改變成爲接受來自與食物攝取有關的四個觀測變數之箭頭的一方。這在 PLS 是意指與食物攝取有關的四個觀測變數成爲原因，以決定洋食傾向之潛在變數，採取如此之想法。換言之，表現出與多重指標模型相反的因果方向。

此外，PLS 的另一個特徵是，雖然洋食傾向是接受箭頭一方的變數，卻與其他的模型不同，並未接受來自誤差變數的箭線。此意指「洋食傾向」是以 4 種觀測變數的比重和來表現的一種「被合成的變數」。

像這樣，潛在變數的功能，並不一定需要限定是觀測變數的「共同原因」。PLS 模型之情形，觀測變數的比重和，由於並非是直接觀測，所以還是可以想成潛在變數。

另一方面，對第二個潛在變數「消化器官的癌症傾向」來說，第一個潛在變數「洋食傾向」是它的一部分原因。當然，保留有無法利用「洋食傾向」加以說明的「消化器官的癌症傾向」之變動部分，因之這可以想成是誤差變數的出現。「消化器官的癌症傾向」會影響與二個部位之癌症有關的觀測變數，此點與多重指標模型及 MIMIC 模型相同。

情況 4：以 SPSS 分析看看—潛在變數間的因果關係的分析

■情況 1 的情形（多重指標模式）

以 SPSS 執行與情況 1 幾乎相同的分析時，可以按照以下的步驟進行。

1. 以活動性的 4 項目（a01_ 明朗、a02_ 爽朗、a03_ 精神、a04_ 充實）進行 1 因素的因素分析，計算因素分數。

2. 以調和性的 4 項目（a05_ 優雅、a06_ 親切、a07_ 協調、a08_ 溫和）進行 1 因素的因素分析，計算因素分數。

3. 在所計算的因素分數間，進行簡單迴歸分析。

上述的 1. 是活動性的潛在變數與誤差對 4 個觀測變數造成影響的部分，2. 是調和性的潛在變數與誤差變數對 4 個觀測變數造成影響的部分，3. 是相當於潛在變數間的因果關係之部分。

並且，請回想以 SPSS 進行問卷尺度的分析時，經常所採行的步驟。

1. 進行因素分析。

2. 計算信度。

3. 將顯示高因素負荷量的項目的分數合計。

4. 檢討 3. 中所求出的分數間的關聯與因果關係。

此步驟按理說是將情況 1 所畫出的模式，以階段的方式進行分析。取代估計潛在變數，將詢問項目的分數合計，之後再分析關聯與因果關係。

那麼，使用前者的方法，以 SPSS 進行分析看看。

步驟 1 以活動性的 4 項目進行 1 因素的因素分析。

選擇【分析 (A)】⇒【資料縮減 (D)】⇒【因素 (F)】

【變數 (V)：】指定從 a01 到 a04 的 4 個項目。

點選【萃取 (E)】。

步驟 2 【方法 (M)：】當作【最大概似法】

將（萃取）基準的【因素個數（N）：】當作「1」。

按【繼續】。

按一下【分數 (S)】。

步驟 3 勾選【因素儲存成變數 (S)】

「方法」仍然按照「迴歸方法 (R)」。

按【繼續】。

按【確定】。

【HINT】：此處如勾選時，因素分數即追加在數據之中。

步驟 4 以 a05 到 a08 的 4 個項目重複相同的分析。

● 儲存了 2 個因素分數。

	a07_協調	a08_溫和	FAC1_1	FAC1_2
1	3	1	-1.13562	-.84522
2	3	3	1.34705	-.38912
3	4	4	1.34705	.45397
4	3	3	-.60842	-.33352
5	4	3	.44597	.47061
6	3	3	.81985	.45615
7	2	3	-.73543	-.04768
8	2	2	-.34163	-.57602
9	3	2	-1.38606	-.31688
10	4	4	1.34705	.94335
11	2	2	-1.38606	-.82072
12	2	2	-.09118	-.57602
13	1	1	-.81012	-1.90850
14	2	3	-.09118	-.64827
15	2	2	-.67673	-.87632
16	4	4	1.34705	1.18804
17	2	3	-1.38606	.44170
18	2	3	.23431	-.34798
19	1	3	1.34705	-.06214
20	4	3	-1.38606	.22592
21	1	1	-.00653	-1.90850
22	2	3	-.55968	-1.19325

資料檢視 / 變數檢視

步驟 5　選擇【變數檢視】，將所儲存的因素分數的名稱變更爲「活動性」，「調和性」。

	名稱	類型	寬度	小數	標記	數值	遺漏
1	NO	數字的	11	0		無	無
2	a01_明朗	數字的	11	0		無	無
3	a02_爽朗	數字的	11	0		無	無
4	a03_精神	數字的	11	0		無	無
5	a04_充實	數字的	11	0		無	無
6	a05_優雅	數字的	11	0		無	無
7	a06_親切	數字的	11	0		無	無
8	a07_協調	數字的	11	0		無	無
9	a08_溫和	數字的	11	0		無	無
10	活動性	數字的	11	5		無	無
11	調和性	數字的	11	5		無	無

【註】：消去標籤的文字再改變變數名，或者變更標籤的文字也行。

步驟 6　將活動性當作自變數，調和性當作依變數進行迴歸分析。

選擇【分析 (A)】⇒【迴歸方法 (R)】⇒【線性 (L)】

【依變數 (D)：】指定調和性，【自變數 (I)：】指定活動性，按【確定】。

● 結果輸出如下：

模式摘要

模式	R	R 平方	調過後的 R 平方	估計的標準誤
1	.541[a]	.293	.286	.79404143

a. 預測變數：(常數), 活動性

變異數分析[b]

模式		平方和	自由度	平均平方和	F 檢定	顯著性
1	迴歸	25.605	1	25.605	40.611	.000[a]
	殘差	61.789	98	.631		
	總和	87.394	99			

a. 預測變數：(常數), 活動性

b. 依變數：調和性

係數[a]

模式		未標準化係數		標準化係數	t	顯著性
		B 之估計值	標準誤	Beta 分配		
1	(常數)	-1.22E-016	.079		.000	1.000
	活動性	.529	.083	.541	6.373	.000

a. 依變數：調和性

標準偏迴歸係數（β）是 0.541，$R^2 = 0.293$（$P < 0.001$）。

■情況 2 的情形（MIMIC 模式）

與情況 1 幾乎相同的分析，可以考慮按如下的分析步驟來進行。

1. 以調和性的 4 項目（a05_ 優雅，a06_ 親切，a07_ 協調，a08_ 溫和）進行 1 因素的因素分析，求出因素分數。

2. 將 a01_ 明朗，a02_ 爽朗，a03_ 精神，a04_ 充實的 4 項目當作自變數，以 1. 所求出的因素分數當作依變數，進行複迴歸分析。

1. 相當於 MIMIC 模式的後半，潛在變數影響觀測變數的部分（路徑圖的右半份），2. 相當於 MIMIC 模式的前半，觀測變數影響潛在變數的部分（路徑圖的左半份）。

步驟 1　以調和性的 4 項目進行 1 因素的因素分析。步驟與情況 1 完全相同，所儲存的因素分數的變數名也變更成「調和性」。

步驟 2　從 a01 到 a04 的 4 項目當作自變數，所求出的因素分數當作依變數，進行複迴歸分析。

選擇【分析 (A)】、【迴歸方法 (R)】、【線性 (L)】

【依變數 (D)：】指定調和性，【自變數 (I)：】指定 a01_ 明朗，a02_ 爽朗，a03_ 精神，a04_ 充實，按【確定】。

● 結果如下。

模式摘要

模式	R	R 平方	調過後的 R 平方	估計的標準誤
1	.569[a]	.324	.295	.78866470

a. 預測變數：(常數), a04_充實, a02_爽朗, a03_精神, a01_明朗

變異數分析[b]

模式		平方和	自由度	平均平方和	F 檢定	顯著性
1	迴歸	28.305	4	7.076	11.377	.000[a]
	殘差	59.089	95	.622		
	總和	87.394	99			

a. 預測變數：(常數), a04_充實, a02_爽朗, a03_精神, a01_明朗

b. 依變數：調和性

係數[a]

模式		未標準化係數		標準化係數	t	顯著性
		B 之估計值	標準誤	Beta 分配		
1	(常數)	-1.156	.211		-5.489	.000
	a01_明朗	.350	.134	.428	2.601	.011
	a02_爽朗	-.113	.108	-.139	-1.053	.295
	a03_精神	.164	.128	.203	1.286	.202
	a04_充實	.058	.115	.075	.503	.616

a. 依變數：調和性

與利用 Amos 進行分析時相同，知【a01_ 明朗】對【調和性】有最大的正的影響。

■**情況 3 的情形（PLS 模式）**

SPSS 對 PLS 模式顯得無力。此處省略。

此處爲了加深對 MIMIC 模式及 PLS 模式的理解再列舉如下 2 例予以說明。

● 分析例 1.　試以 Amos 分析與情況 2 有逆向因果關係的 MIMIC 模式。數據檔參 17-1.sav。

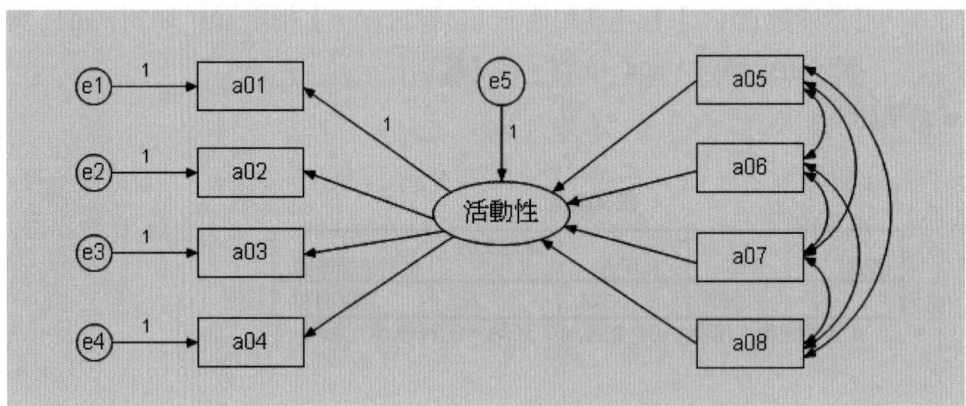

此乃 a05 到 a08 是影響潛在變數活動性，a01 到 a04 是受活動性影響的模式，試求解以下的內容。

a05 到 a08 之中，哪一觀測變數對活動性最具影響？

將適合度指標與情況 2 相比，哪一模式較爲適合數據？

● 分析例 2.　利用 PLS 模式實際分析資料看看。以下所揭載的資料是某大型機械廠將安全對策資料加以整理而成者，參數據檔 17_exercise2。

表 1　某大型機械廠安全對策資料

課 No.	研修時間	傳達次數	安全提案數	事故報告單
1	15	11	6	5
2	19	12	4	5
3	21	15	7	5

課 No.	研修時間	傳達次數	安全提案數	事故報告單
4	22	16	7	6
5	8	3	4	8
6	19	7	5	8
7	19	0	7	6
8	21	15	8	4
9	18	10	8	5
10	21	12	8	5
11	21	15	7	6
12	21	17	8	7
13	21	15	8	5
14	20	14	5	5
15	19	6	8	6
16	18	7	6	6
17	22	17	10	3
18	21	14	9	3
19	7	13	5	6
20	21	17	7	5
21	22	16	9	3
22	22	17	6	5
23	21	16	7	4
24	20	13	6	3
25	21	12	6	6
26	21	17	7	6
27	20	14	7	4
28	20	16	8	3
29	20	16	6	6
30	18	14	7	5

以此公司的安全教育來說，是以研修與安全傳達作爲支柱。爲了觀察這些的效果，將員工的安全提案件數與事故報告件數整理成資料。以想像來說，如果增加安全的「研修時間」與「傳達次數」時，「安全意識」會提高，其結果，員工就會做到更進一步的「安全努力」。於是，「安全提案件數」增加，「事故報告件數」就應該減少。

在此種想像之下所整理者，即爲以下的路徑圖。

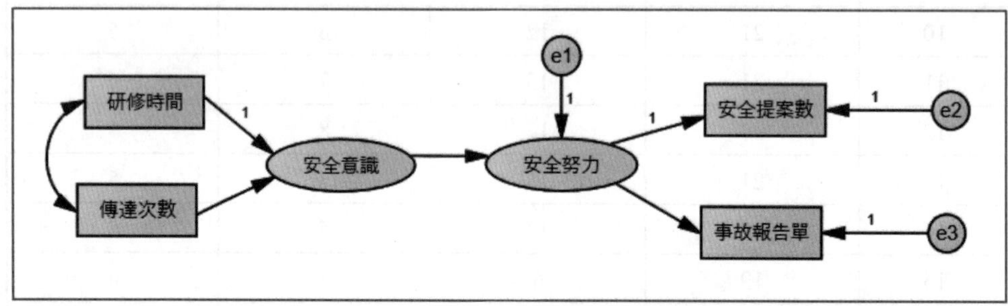

上圖安全意識並無誤差，若要加入誤差時，需將路徑設爲 0，變異數設爲 1，表示成如下。

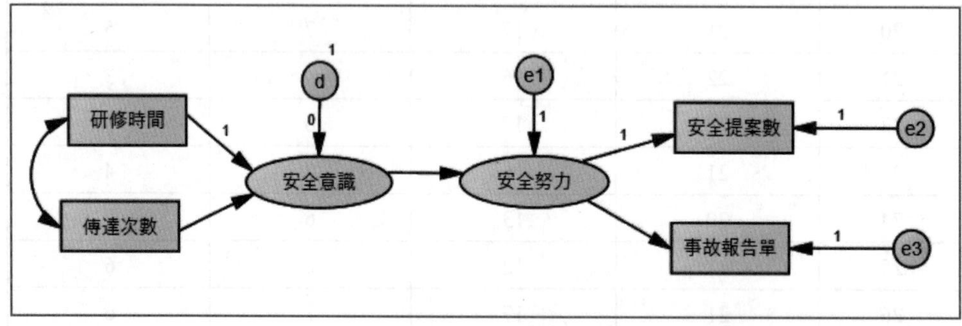

數據檔請參 17_exercise3.sav。執行的結果相同，不妨確認看看。

■例 1 的輸出結果

● 標準化估計值如下。

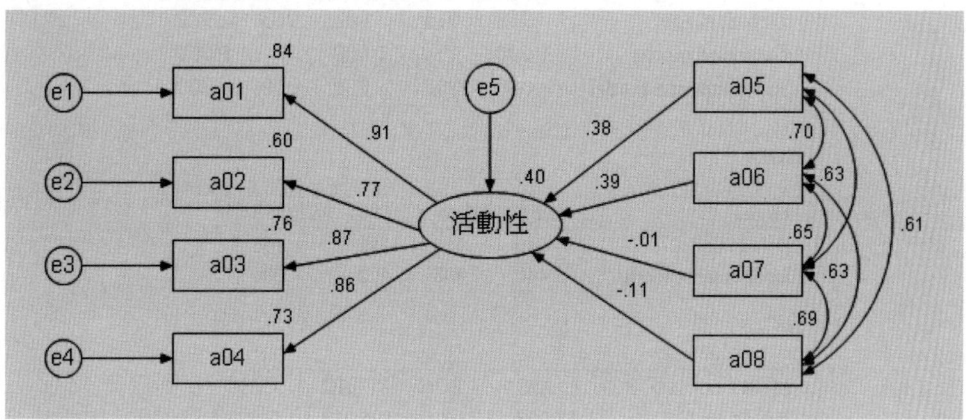

對活動性來說，a05_優雅、a06_親切的 2 個觀測變數分別顯示 0.38、0.39 的路徑係數。

因此，此 2 個可以說幾乎有相同程度的影響。

➢ 適合度指標如下。

CMIN

Model	NPAR	CMIN	DF	P	CMIN/DF
Default model	22	23.903	14	.047	1.707
Saturated model	36	.000	0		
Independence model	8	563.734	28	.000	20.133

RMR, GFI

Model	RMR	GFI	AGFI	PGFI
Default model	.045	.948	.866	.369
Saturated model	.000	1.000		
Independence model	.605	.320	.126	.249

Baseline Comparisons

Model	NFI Delta1	RFI rho1	IFI Delta2	TLI rho2	CFI
Default model	.958	.915	.982	.963	.982
Saturated model	1.000		1.000		1.000
Independence model	.000	.000	.000	.000	.000

RMSEA

Model	RMSEA	LO 90	HI 90	PCLOSE
Default model	.085	.010	.141	.156
Independence model	.440	.408	.472	.000

AIC

Model	AIC	BCC	BIC	CAIC
Default model	67.903	72.303	125.217	147.217
Saturated model	72.000	79.200	165.786	201.786
Independence model	579.734	581.334	600.575	608.575

任一值都比情況 2 好，此處所表示的模式似乎非常配適數據。

■例 2 的輸出結果

● 標準化估計值如下。

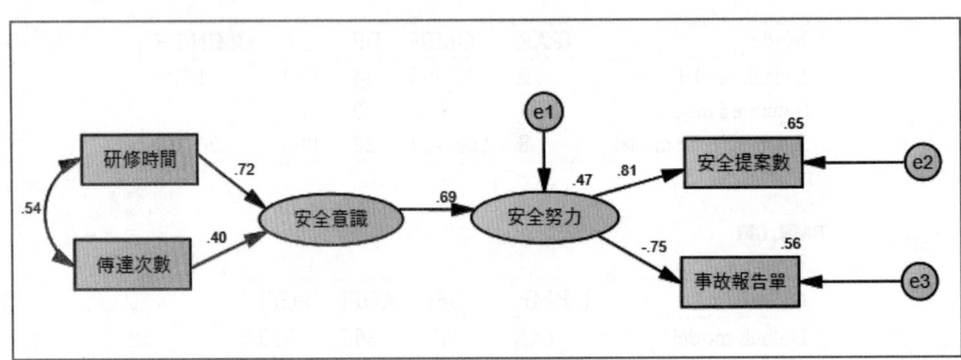

標準化解的迴歸係數的平方即爲能利用說明變量說明的資訊量，此情形，「安全努力」的 $0.70^2 = 0.49 \fallingdotseq 50\%$ 能以「安全意識」說明。

其次，請注意由潛在變數「安全努力」到觀測變數「事故報告件數」的路徑。以式子表示時即爲如下。

事故報告數 = –0.70× 安全努力 + e_2

路徑係數是負數。這是表示「安全努力」增加時，事故就會變少。

最後調查對安全意識來說「研修時間」與「傳達次數」的關係。以式子表示如下。

安全意識 = 0.72× 研修時間 + 0.40× 傳達次數

增加研修次數比安全傳達對安全更有效。

● 適合度指標如下：

Model Fit Summary

CMIN

Model	NPAR	CMIN	DF	P	CMIN/DF
Default model	9	1.964	1	.161	1.964
Saturated model	10	.000	0		
Independence model	4	12.975	6	.043	2.162
Zero model	0	58.000	10	.000	5.800

RMR, GFI

Model	RMR	GFI	AGFI	PGFI
Default model	.425	.966	.661	.097
Saturated model	.000	1.000		
Independence model	4.405	.776	.627	.466
Zero model	7.562	.000	.000	.000

Baseline Comparisons

Model	NFI Delta1	RFI rho1	IFI Delta2	TLI rho2	CFI
Default model	.849	.092	.920	.171	.862
Saturated model	1.000		1.000		1.000
Independence model	.000	.000	.000	.000	.000

RMSEA

Model	RMSEA	LO 90	HI 90	PCLOSE
Default model	.182	.000	.566	.176
Independence model	.200	.033	.351	.060

AIC

Model	AIC	BCC	BIC	CAIC
Default model	19.964	23.714	32.574	41.574
Saturated model	20.000	24.167	34.012	44.012
Independence model	20.975	22.641	26.579	30.579
Zero model	58.000	58.000	58.000	58.000

以 GFI 所表示的適合度是 0.965。超過一般的基準 0.9。在此方面，也可以說所調查的模式在統計學上是可以認同的。

第18章 調節變數與中介變數 — PROCESS 軟體

18.1 簡介

干擾變數（Moderator）又稱爲調節變數，爲一種外生變數，是因果關係的第三者，被定義爲一個變數可以有系統性的改變自變數與依變數之間的相關形式或強度。

干擾變數有兩種形態：

1. 在傳統模型中影響自變數與依變數之間相關的強度。

2. 改變了自變數與依變數之間相關的形式。

在一個模型中，任一個變數，本身既有自（因）變數（IV）的特性，又有依（果）變數（DV）的特性，那麼就必有「干擾」或「中介（Mediator）」的現象存在。

干擾變數一般圖示如下。干擾變數也會影響IV（X）和DV（Y）之間的關係。IV 和 DV 之間的關係會因爲干擾變數的值而改變，有可能干擾變數是 0 的時候，IV 跟 DV 的關係很強，但干擾變數是 1 的時候，IV 跟 DV 的關係就不顯著了。

要選擇中介變數或是干擾變數呢？Baron and Kenny（1986）的文章提供了很實務的建議。如果 IV 與 DV 之間的關係很強，你可能想要用中介變數解釋 IV 是如何影響 DV 的；如果 IV 到 DV 之間的關係沒那麼強或是不一致，你可能會想要看干擾變數，來看 IV 對 DV 的影響是不是受到其它變數的影響。

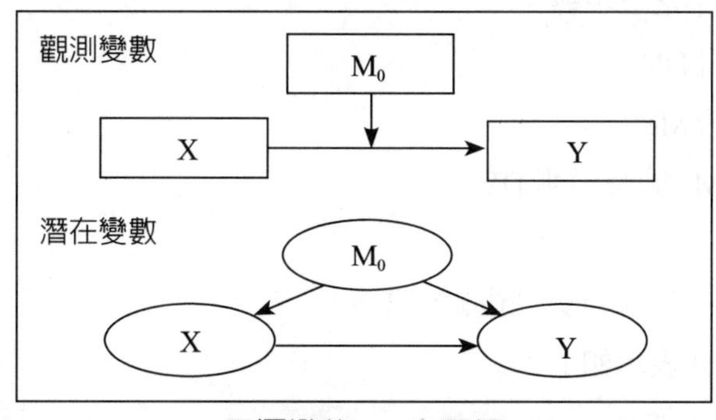

干擾變數 M_0 之圖解

干擾變數的一個特點是它可以是質性的（如：性別、種族、階級），也可以是量性的（譬如：得到不同程度的獎勵）。干擾變數可能會影響到 IV 對 DV 影響的方向（譬如，男生則有影響，女生則無影響）或是強度（譬如，IV 對 DV 的影響來說，男生比女生大）。如果熟悉 ANOVA 的話，干擾變數就是變異數分析中所看到的交互作用（interaction）。

另一特點是干擾變數與 IV 是在同一個層級的，也就是干擾變數其實也可以當作是一個 IV 來看待。

交互作用與干擾效果雖然是同樣的檢定方式，但其統計意義是完全不同的，干擾效果隱藏著因果關係的存在而交互作用是沒有的。

在階層式迴歸分析中，可以從自變數和干擾變數的交互作用項顯著與否來判斷是否存在干擾變數。

另外，中介變數（mediator）顧名思義，指的是 IV 對 DV 的影響，這個影響（一部分）是透過中介變數的。換言之，中介變數可解釋一部分 IV 對 DV 的影響。這三個變數的關係如下圖所顯示。要測試是否有中介效果，必須用複迴歸（multiple regression）或路徑分析（path analysis）。

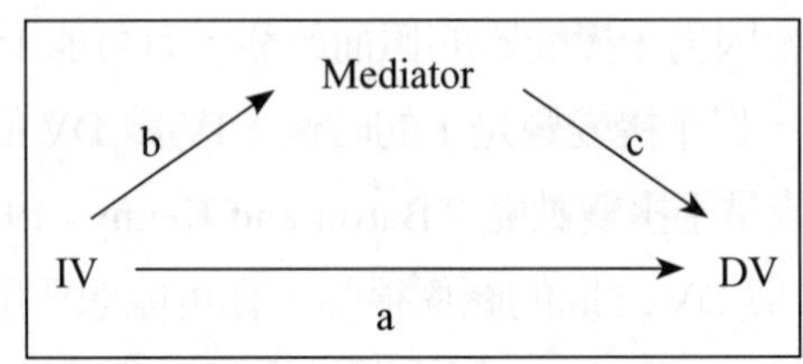

中介變數（mediator）關係圖

驗證中介效果之三步驟：

1. 以 IV 預測 DV。
2. 以 IV 預測 Me。
3. 以 IV 和 Me 同時預測 DV。

我們解釋如下：

1. 第一步驟：以 X（IV）預測 Y（DV）

   迴歸方程式表示如下：

$$Y = \beta_{10} + \beta_{11}X$$

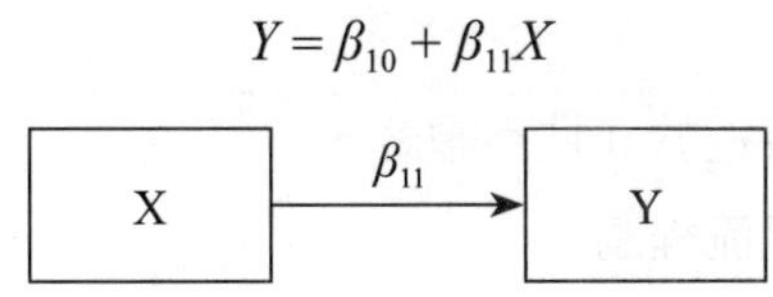

β_{10} 爲常數，β_{11} 爲迴歸係數

檢定：β_{11} 要達顯著，執行第二步驟，否則中止中介效果分析。

2. 第二步驟：以 IV 預測 Me

迴歸方程式表示如下：

$$M = \beta_{20} + \beta_{21}X$$

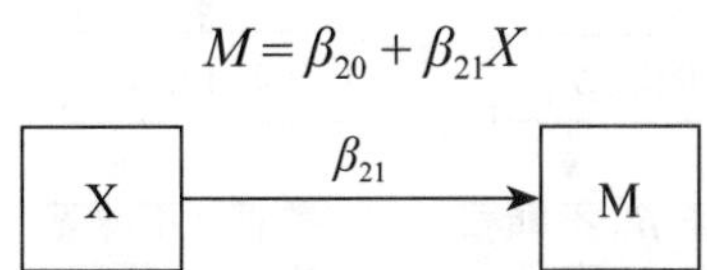

β_{20} 爲常數，β_{21} 爲迴歸係數

檢定：β_{21} 要達顯著，執行第三步驟，否則中止中介效果分析

3. 第三步驟：以 IV 和 Me 同時預測 DV

迴歸方程式表示如下：

$$Y = \beta_{30} + \beta_{31}X + \beta_{32}M$$

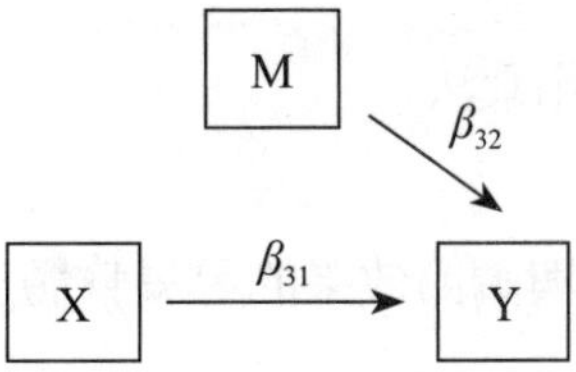

β_{30} 爲常數，β_{31} 爲 X 的迴歸係數，β_{32} 爲 Me 的迴歸係數

檢定：β_{31} 若爲不顯著且接近於 0 →結果爲完全中介

β_{31} 若爲顯著，且係數小於第一步驟的 β_{11} →結果爲部分中介。

Me 爲中介成立的條件爲：

1. β_{11}、β_{21} 要顯著。

2. β_{32} 要顯著。

3. β_{31} 要小於 β_{11}。

最好的中介效果為接近於 0 且不顯著。

以下是中介效果檢定流程圖。

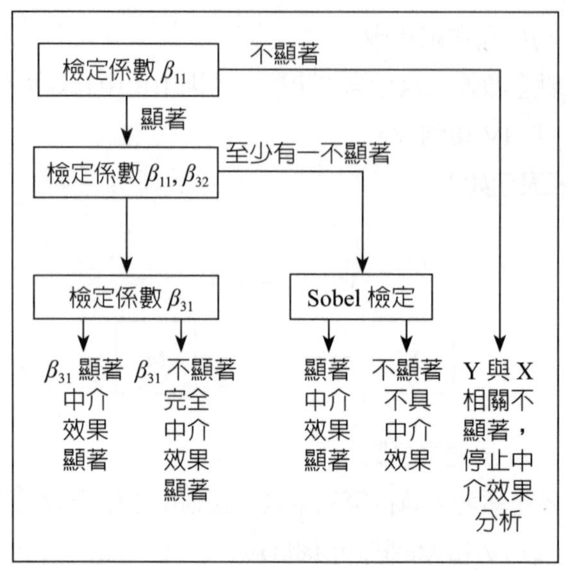

中介效果的計算：

1. Judd & Kenny（1981）的係數相差法

$B_{indirect} = \beta_{11} - \beta_{31}$

2. Sobel（1982）的係數相乘法

$B_{indirect} = \beta_{21}\beta_{32}$

以下介紹驗證中介效果與調節效果的專業軟體——PROCESS，此軟體可外掛於 SPSS 中。

PROCESS 是由 Andrew F. Hayes 撰寫。目前使用的版本是 v2.16。有興趣的讀者可參閱其所著的書：*Introduction to Mediation, Moderation, and Conditional Process Analysis: A Regression-Based Approach*。

PROCESS 是使用一般的最小二乘法或以邏輯迴歸為基礎的路徑分析架構來估計單個和多個中介變項模型（並列和直列）中的直接和間接影響，在調節模型中的兩元和三元的交互作用連同簡單的斜率與顯著的區間用以探測交互作用，以及探測具有單個與多個中介和調節變項的**調節中介模型**（moderated mediation models）中的條件間接效果，同時也探測具有單個與多個中介變項在**中介調節模型**（mediated moderation model）中交互作用的間接效果。重抽樣法（Bootstrap）和蒙特卡羅信賴區間（Monte Carlo confidence intervals）被用來推斷間接效果，包括效果大小的各種測量方法。PROCESS 可以估計具有多個調節變項的調節中介模型（moderated mediation models），個別路徑的多個調節變項，個別路徑上調節變項的交互作用效果，以及具有二分型結果變項（dichotomous outcomes）的模型。

18.2 Process 軟體的下載

以下介紹 Process 軟體的下載方法。

步驟 1　首先點選以下網站。

http://www.processmacro.org/index.html

出現以下畫面。

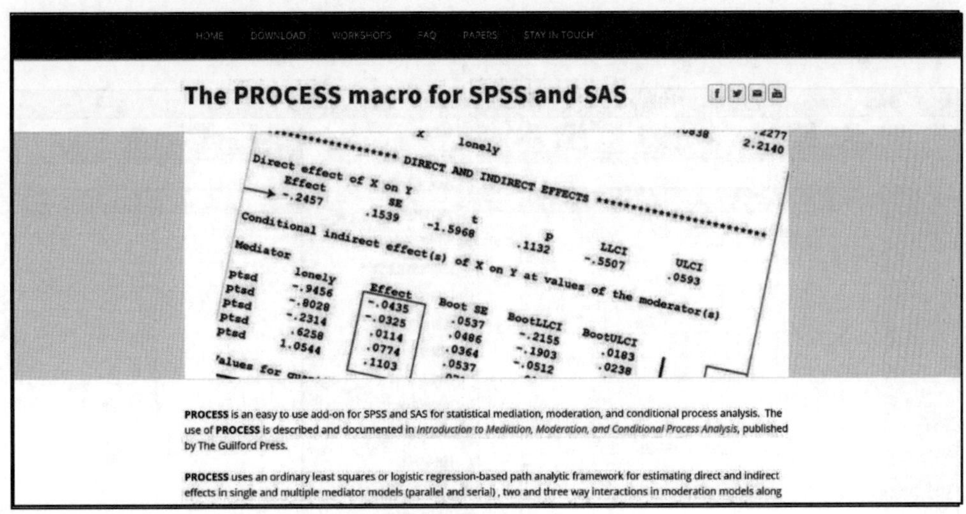

步驟 2　於上方清單中點選 download。出現以下畫面。

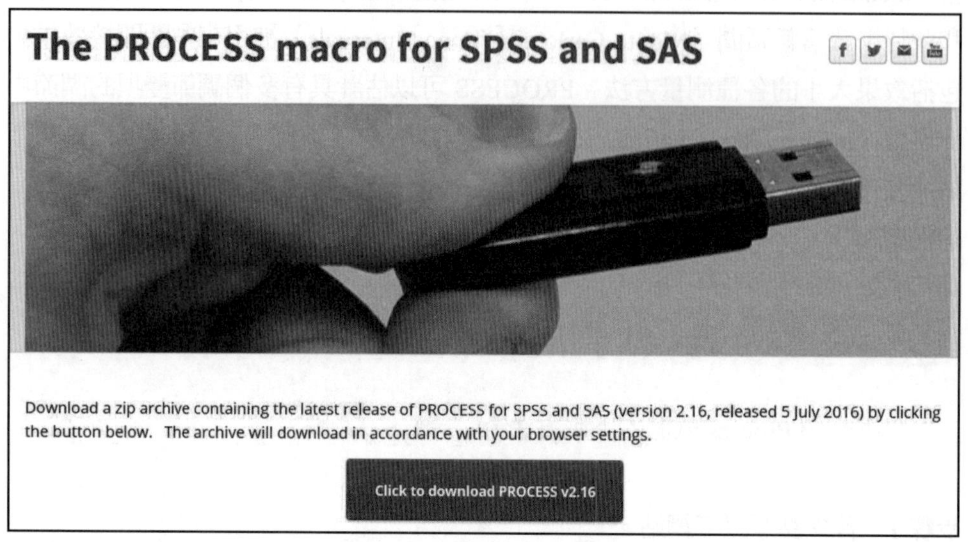

步驟 3　按一下 Click to download process v2.16。以壓縮檔先下載於桌面。

經解壓縮後，開啓 SPSS，由公用程式點選自訂對話框選擇安裝自訂對話框。

檔案(F)　編輯(E)　檢視(V)　資料(D)　轉換(T)　分析(A)　直效行銷　統計圖(G)　公用程式(U)　視窗(W)　說明(H)

變數(V)...
OMS 控制台(O)...
OMS ID(I)...
評分精靈(W)...
合併模型 XML(X)...
使用欄結表計算
資料檔備註(C)...
合併檢視器表格...
定義變數集(D)...
設限表格
使用變數集(U)...
顯示所有變數(A)
程序資料檔
拼字(S)...
執行 Script(S)...
製作公用程式...
地圖轉換公用程式...
自訂對話框(D)　▸　安裝自訂對話框(D)...
延伸組合(B)　▸　自訂對話框建置器(B)...

步驟 4　從桌面中點選 process.spd 檔案。

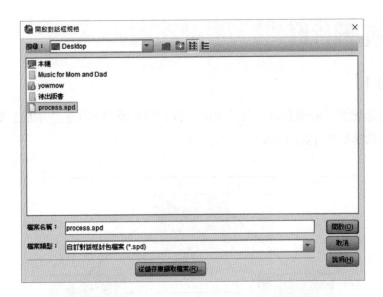

開啟對話框規格
搜尋：Desktop
本機
Music for Mom and Dad
yowmow
待出版書
process.spd
檔案名稱：process.spd
檔案類型：自訂對話框封包檔案 (*.spd)
開啟(O)
取消
說明(H)
從儲存庫擷取檔案(R)...

步驟 5　從分析 (A) 再點選迴歸 (R)，於序數的下方出現 PROCESS, by Andrew F. Hayes，表示此軟體已外掛在 SPSS 中。

【註】解壓縮後的 Templates（PDF）檔中提供有 76 種使用中介變數與干擾變數的模型可供參考選擇。

以下介紹 Templates 中的 2 個模型供讀者參考。其他請參考相關書籍。

18.3 解析例

【範例 1】

此處想驗證「健康意識」對「生活品質」的影響中，「生活環境」是否有中介效果。數據檔參 18-3-1.sav。

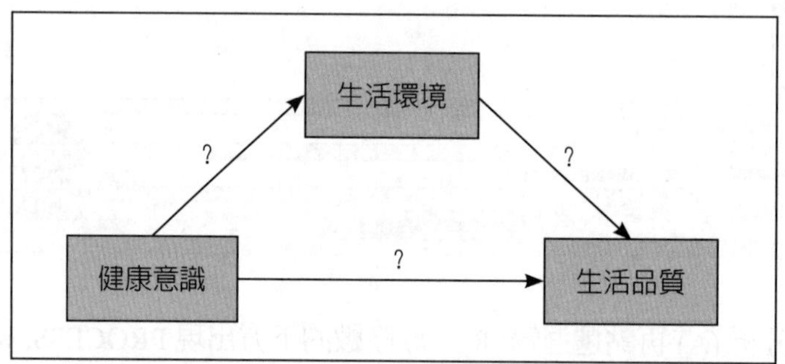

此處以模型 4 進行說明。

1. 資料輸入

檔案(F) 編輯(E) 檢視(V) 資料(D) 轉換(T) 分析(A) 直效行銷 統計圖(G) 公用程式(U) 視窗(W

	意識	環境	品質	var	var	var	var
1	4	4	4				
2	4	5	5				
3	3	5	4				
4	4	4	5				
5	3	5	4				
6	4	4	5				
7	3	4	4				
8	3	4	4				
9	4	5	4				
10	4	4	4				
11	4	3	4				
12	3	4	4				
13	4	4	4				
14	4	5	4				
15	4	5	5				
16	5	5	5				
17	3	4	4				
18	3	5	5				
19	3	4	4				
20	2	4	3				
21	3	2	4				
22	3	3	3				
23	3	5	5				
24	2	4	4				
25	3	4	5				

【註】變數名稱不可以打超過 8 個英文字母（中文也不行），但標籤即無限定。

2. 分析步驟

步驟 1 首先確定自己的模型。此處以模型 4 進行說明。其概念模型與統計模型表示如下。

Model 4

Conceptual Diagram

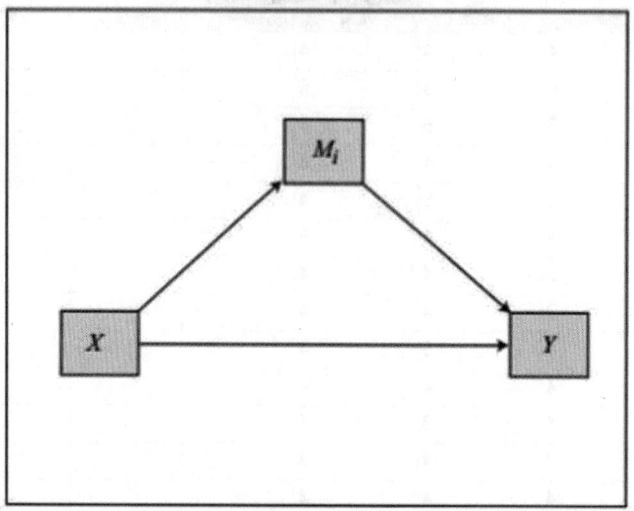

Statistical Diagram

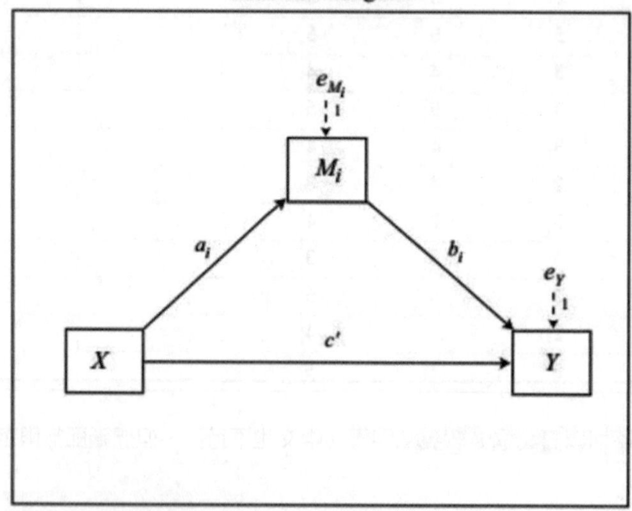

Indirect effect of X on Y through $M_i = a_i b_i$

Direct effect of X on $Y = c'$

Note: Model 4 allows up to 10 mediators operating in parallel.

步驟 2　選擇【分析 (A)】⇨【迴歸 (R)】⇨【PROCESS】。

步驟 3 將依變數 (Y)、自變數 (X)、中介變數 (M) 移入方框中。

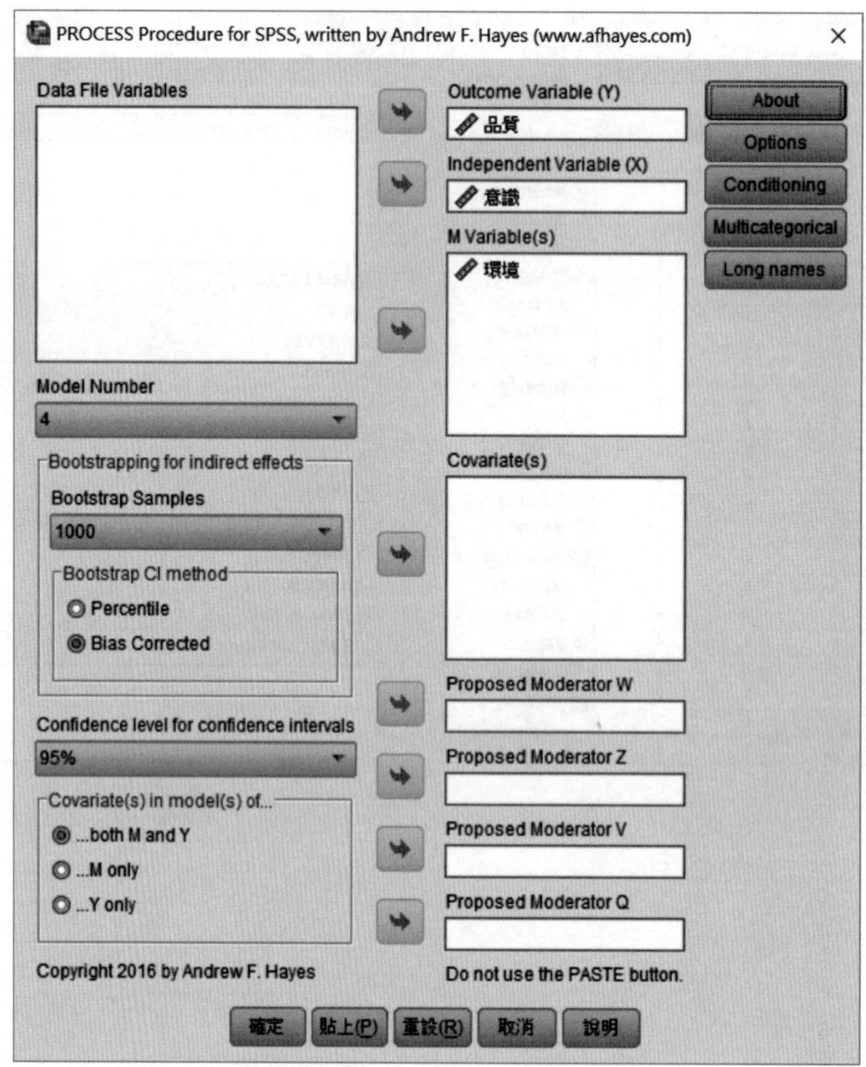

模型選擇 4（預設就是 4）。重抽樣樣本數（Bootstrap Samples）為 1000。其他如預設。

【註】Process 強大的功能：M 可以一次放很多個。
左下的重抽樣（bootstrap）可以選擇 1000 以上（數值越大跑越久）。

步驟 4 點選 Options，出現以下畫面，點選 OLS/ML confidence intervals。按【繼續】。

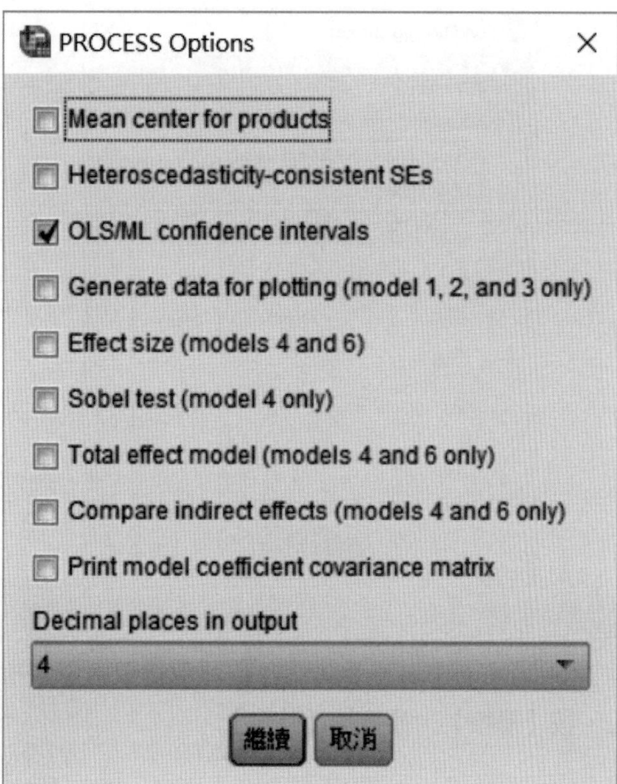

步驟 5 點選 Conditioning 。出現以下畫面，按照預設選擇 Mean and ±1 SD from Mean。按【繼續】。

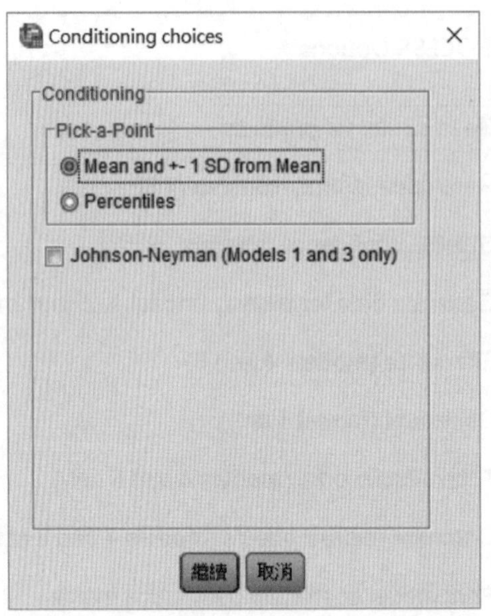

步驟 6 按一下 Multicategorical，因此爲多重類別變數所需的指定，此處點選 Neither。按【繼續】，最後按【確定】。

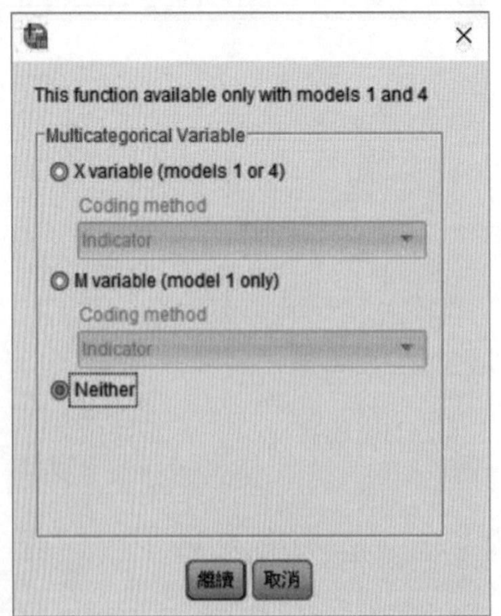

3. SPSS 輸出

得出輸出如下。

```
**************************************************************************
Model = 4
    Y = 品質
    X = 意識
    M = 環境

Sample size
        350

**************************************************************************
Outcome: 環境

Model Summary
          R       R-sq        MSE          F        df1        df2          p
      .3001      .0900      .5633    34.4371     1.0000   348.0000      .0000

Model
              coeff         se          t          p       LLCI       ULCI
constant     2.8236      .1639    17.2259      .0000     2.5012     3.1459
意識          .2784      .0474     5.8683      .0000      .1851      .3717

**************************************************************************
```

以生活環境爲結果變數時，上表說明健康意識 (X) 對生活環境 (M) 有顯著的影響（p = 0.000）。

```
**************************************************************************
Outcome: 品質

Model Summary
          R       R-sq        MSE          F        df1        df2          p
      .4311      .1858      .4126    39.6019     2.0000   347.0000      .0000

Model
              coeff         se          t          p       LLCI       ULCI
constant     2.2100      .1910    11.5735      .0000     1.8344     2.5856
環境          .3384      .0459     7.3761      .0000      .2482      .4287
意識          .1080      .0426     2.5367      .0116      .0243      .1917

******************** DIRECT AND INDIRECT EFFECTS *************************

Direct effect of X on Y
     Effect         SE          t          p       LLCI       ULCI
      .1080      .0426     2.5367      .0116      .0243      .1917

Indirect effect of X on Y
          Effect    Boot SE   BootLLCI   BootULCI
環境       .0942      .0212      .0594      .1458

******************** ANALYSIS NOTES AND WARNINGS *************************
```

以生活品質爲結果變數時，發現健康意識 (X) 對生活品質 (Y) 的影響呈現顯著，並且，健康意識 (X) 對生活環境 (M) 的影響是顯著的，生活環境 (M) 對生活品質 (Y) 的影響也是顯著的。

接著，看 Indirect 那一列，即所謂的中介效果。

我們只要看 BootLLCI～BootULCI 數値，.00594～.01458，並沒有經過 0，所以存有中介效果。

【範例 2】

想驗證「數學」對「科學」的影響中，「閱讀」是否有中介效果，同時想了解「寫作」是否具有調節作用。數據檔參 18-3-2.sav。

此處以模型 8 進行說明。

1. 數據輸入型式

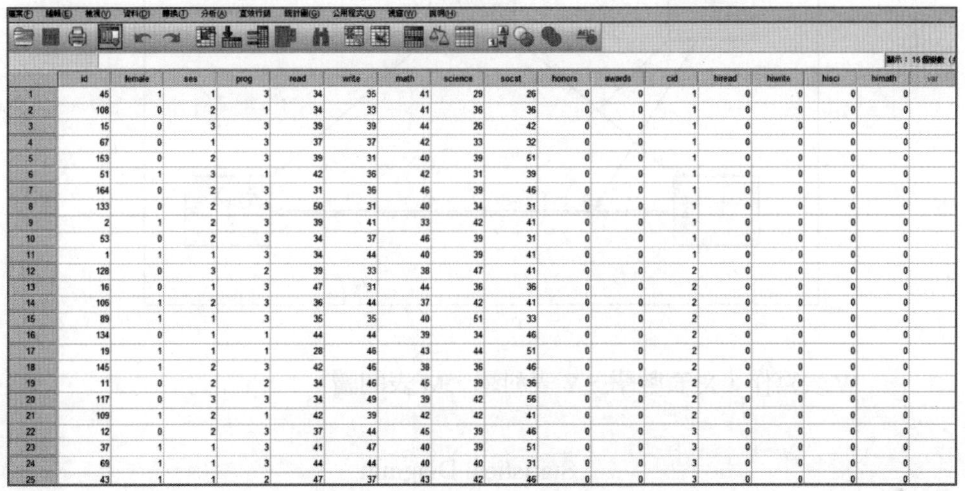

	id	female	ses	prog	read	write	math	science	socst	honors	awards	cid	hiread	hiwrite	hisci	himath	var
1	45	1	1	3	34	35	41	29	26	0	0	1	0	0	0	0	
2	108	0	2	1	34	33	41	36	36	0	0	1	0	0	0	0	
3	15	0	3	3	39	39	44	26	42	0	0	1	0	0	0	0	
4	67	0	1	3	37	37	42	33	32	0	0	1	0	0	0	0	
5	153	0	2	3	39	31	40	39	51	0	0	1	0	0	0	0	
6	51	1	3	1	42	36	42	31	39	0	0	1	0	0	0	0	
7	164	0	2	3	31	36	46	39	46	0	0	1	0	0	0	0	
8	133	0	2	3	50	31	40	34	31	0	0	1	0	0	0	0	
9	2	1	2	3	39	41	33	42	41	0	0	1	0	0	0	0	
10	53	0	2	3	34	37	46	39	31	0	0	1	0	0	0	0	
11	1	1	1	3	34	44	40	39	41	0	0	1	0	0	0	0	
12	128	0	3	2	39	33	38	47	41	0	0	2	0	0	0	0	
13	16	0	1	3	47	31	44	36	36	0	0	2	0	0	0	0	
14	106	1	2	3	36	44	37	42	41	0	0	2	0	0	0	0	
15	89	1	1	3	35	35	40	51	33	0	0	2	0	0	0	0	
16	134	0	1	1	44	44	39	34	46	0	0	2	0	0	0	0	
17	19	1	1	1	28	46	43	44	51	0	0	2	0	0	0	0	
18	145	1	2	3	42	46	38	36	46	0	0	2	0	0	0	0	
19	11	0	2	2	34	46	45	39	36	0	0	2	0	0	0	0	
20	117	0	3	3	34	49	39	42	56	0	0	2	0	0	0	0	
21	109	1	2	1	42	39	42	42	41	0	0	2	0	0	0	0	
22	12	0	2	3	37	44	45	39	46	0	0	3	0	0	0	0	
23	37	1	1	3	41	47	40	39	51	0	0	3	0	0	0	0	
24	69	1	1	3	44	44	40	40	31	0	0	3	0	0	0	0	
25	43	1	1	2	47	37	43	42	46	0	0	3	0	0	0	0	

2. 分析步驟

步驟 1　選擇所需模式，此處以模型 8 進行說明。

Model 8

Conceptual Diagram

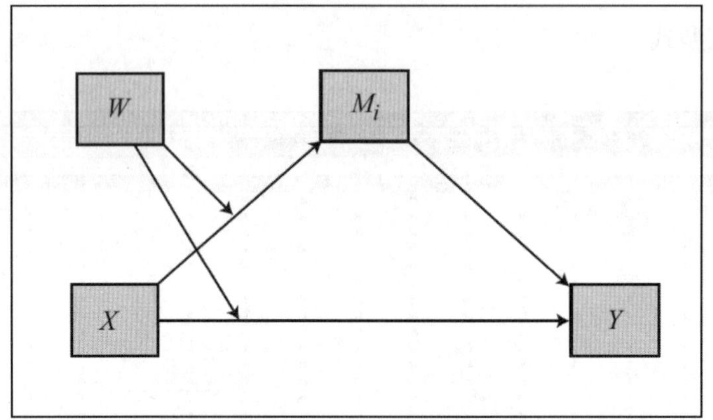

W 表寫作，X 表數學，Y 表科學，M 表閱讀。

Statistical Diagram

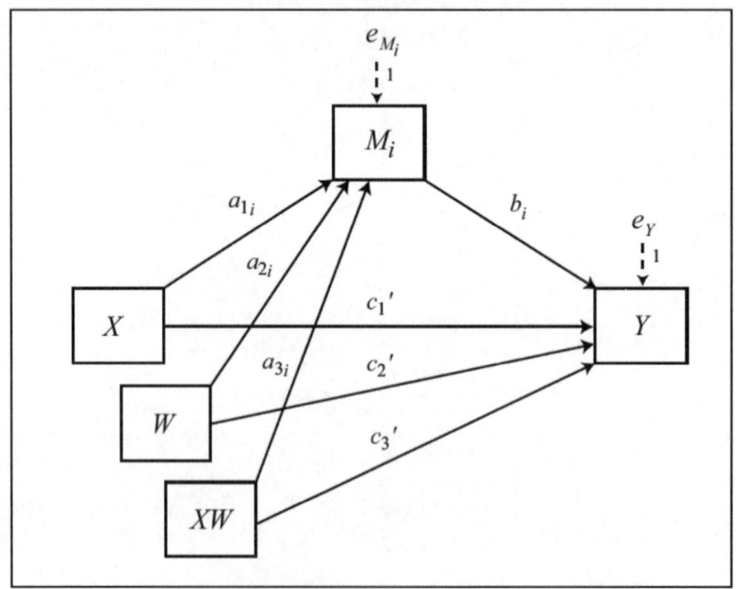

Conditional indirect effect of X on Y through $M_i = (a_{1i} + a_{3i}W)b_i$

Conditional direct effect of X on $Y = c_1' + c_3'W$

步驟 2　如以下將變數輸入到方框中。將 write 輸入到建議的調節方框中（Proposed Moderator W）。其他步驟如前述，最後再按確定。

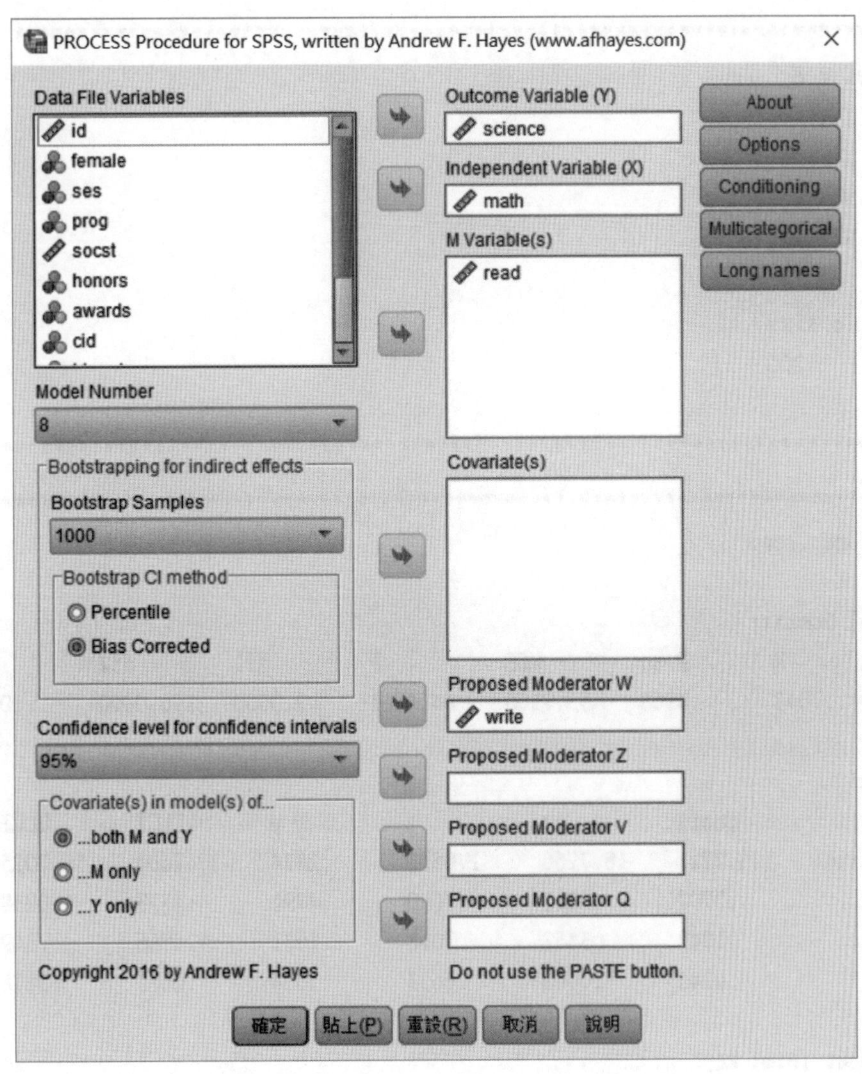

3. SPSS 輸出

得出輸出如下。

```
**************************************************************************
Model = 8
    Y = science
    X = math
    M = read
    W = write

Sample size
      200

**************************************************************************
**************************************************************************
Outcome: read

Model Summary
          R       R-sq        MSE          F        df1        df2          p
      .7048      .4968    53.7100    64.4961     3.0000   196.0000      .0000

Model
              coeff         se          t          p       LLCI       ULCI
constant    19.7711    18.7266     1.0558      .2924   -17.1604    56.7025
math          .2707      .3818      .7090      .4791     -.4823     1.0238
write         .1042      .3452      .3018      .7631     -.5766      .7849
int_1         .0045      .0068      .6633      .5079     -.0089      .0178

Product terms key:

 int_1    math        X     write
```

以中介變項的閱讀（read）作爲結果變數時，自變項的數學（math）、調節變項的寫作（write）、以及數學與寫作兩元的交互作用（int_1）對閱讀的影響是不顯著的。

```
**************************************************************************
Outcome: science

Model Summary
          R       R-sq        MSE          F        df1        df2          p
      .7102      .5043    49.5874    49.5991     4.0000   195.0000      .0000

Model
              coeff         se          t          p       LLCI       ULCI
constant   -14.8875    18.0446     -.8250      .4104   -50.4752    20.7002
read          .3058      .0686     4.4555      .0000      .1704      .4411
math          .7903      .3674     2.1512      .0327      .0657     1.5148
write         .6317      .3317     1.9041      .0584     -.0226     1.2859
int_2        -.0085      .0065    -1.3116      .1912     -.0214      .0043

Product terms key:

 int_2    math        X     write
```

以科學爲結果變數時，發現數學、閱讀對科學有顯著的影響，但寫作以及數學與寫作的交互作用（int_2）對科學的影響則不顯著

```
******************** DIRECT AND INDIRECT EFFECTS *************************

Conditional direct effect(s) of X on Y at values of the moderator(s):
      write     Effect         SE          t          p       LLCI       ULCI
    43.2964      .4208      .1090     3.8604      .0002      .2058      .6358
    52.7750      .3399      .0782     4.3481      .0000      .1858      .4941
    62.2536      .2591      .0891     2.9060      .0041      .0832      .4349
```

數值型的調節變數（write）是採平均加減 1 個標準差，若是 2 分型的調節變數則採 2 個數值（0,1）。本例，寫作是數值型變項，以寫作當作調節變數時，發現數學對科學的直接效果呈現顯著。

```
Conditional indirect effect(s) of X on Y at values of the moderator(s):

Mediator
          write     Effect    Boot SE   BootLLCI   BootULCI
read    43.2964      .1422      .0492      .0652      .2664
read    52.7750      .1552      .0421      .0830      .2529
read    62.2536      .1682      .0426      .0914      .2557

Values for quantitative moderators are the mean and plus/minus one SD from mean.
Values for dichotomous moderators are the two values of the moderator.
```

當間接效果的大小取決於另一個變量的值時，我們稱之爲條件間接效果。基本上，模型中存在影響間接效果的交互作用。總的來說，我們將這些類型的模型稱爲調節型中介（moderated mediation）。中介變項（此處是閱讀）在調節變項（寫作）的作用下呈現顯著，隨著其値的增加，閱讀的間接效果也呈現增加。因此，當閱讀（read）增加，數學對科學的影響即增加。

STEP UP：小提醒

【中介型調節與調節型中介】

中介型調節（mediated moderation）爲獨立變項和調節變項間的交互作用效果，透過中介變項，進而影響結果變項。

調節型中介（moderated mediation）爲調節變項作用於獨立變項至中介變項，進而至依變項中的路徑。

```
-----
Indirect effect of highest order product:

Mediator
          Effect   SE(Boot)   BootLLCI   BootULCI
read       .0014      .0020     -.0024      .0057

******************** INDEX OF MODERATED MEDIATION ************************

Mediator
           Index   SE(Boot)   BootLLCI   BootULCI
read       .0014      .0020     -.0024      .0057
```

意指透過閱讀此中介變數之影響，數學（自變項）與寫作（調節變項）的交互作用之影響不顯著，亦即高次項的交互作用之影響不顯著。

第19章 多群組因素分析

19.1 何謂測量不變性

如前面的章節所探討的那樣，將無法直接觀測的構成概念視爲潛在變數引進模式中，爲查明其因果關係而進行分析是結構方程模式分析的特徵之一。

譬如，想要知道「在購買洗髮精時是重視什麼，想萃取其重視的構成概念」，製作出幾個詢問項目以 5 級尺度予以測量。爲了使用這些觀測變數萃取構成概念，以 SPSS 進行探索式因素分析時，觀察「樣型矩陣」所顯示的因素負荷量後，再進行因素的解釋也是一種方法。

STEP UP：顯示格式

以 SPSS 進行因素分析時，如勾選【選項】對話框中的【依據因素負荷大小排序】時，矩陣的排列方式即改變成按因素負荷量之遞減順序排列，結果變得容易閱讀。

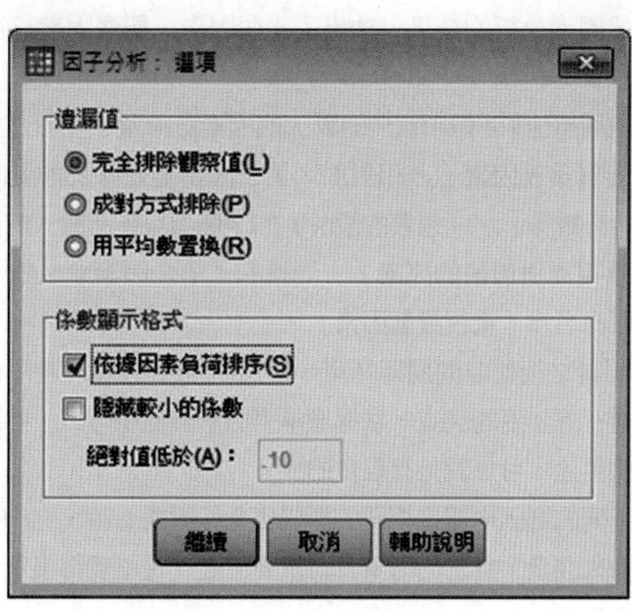

樣型矩陣

	因素			
	1	2	3	4
出現光澤	.956	.051	-.065	-.109
頭髮好整理	.583	.019	.149	.005
有保溼效果	.582	-.178	.144	.142
頭髮的觸感好	.354	.088	-.155	.226
洗頭髮時有香味	-.033	.865	.081	.020
吹乾頭髮時有香味	.056	.844	-.070	.017
包裝的設計佳	-.108	.329	.298	-.021
對肌膚好	.013	-.041	.863	.014
防止癢	.057	.091	.542	-.047
價格與效能均衡	.093	.0162	.186	.060
有護髮效果	-.022	-.046	-.010	.959
染髮或燙髮時可防止髮質傷害	.070	.200	.027	.379

萃取方法：最大概似法。

旋轉方法：含 Kaiser 常態化的 Promax 法。

a. 轉軸收斂於 6 個疊代。

進行探索式因素分析的結果，抽出了 4 個因素。觀察因素負荷量大者再解釋因素。第 1 因素是因爲在「頭髮出現光澤」、「頭髮好整理」、「有保溼效果」、「頭髮的觸感佳」4 個項目中有較大的因素負荷量，基於這些的共同點，可以命名爲「**髮質重視因素**」。相對的，第 2 因素是在「洗頭髮時有香味」、「頭髮吹乾後會有香味」、「包裝的設計」的 3 個項目中有較大的因素負荷量，因之命名爲「**重視周邊價值的因素**」，同樣的，第 3 因素命名爲「**重視頭皮因素**」，第 4 因素命名爲「**重視護髮因素**」。

抽出這些因素之後並非問題即結束。使用所抽出的因素進行各種群組的比較，並且，也進行下年度的調查，掌握歷年來的意識變化等等，將因素當作構成概念從事各種的用途，可以說是有很多的。

因之，在不同的群組中假定相同的構成概念（因素）時，它的構成概念要以相同的觀測變數來測量，且它的因素負荷量要使之一定就變得很重要。稱此爲測量不變性（Invariant）。

測量不變性被認同時，即可在數個組中進行因素的比較，譬如：

分析 5 年前與今年的調查數據之後，【髮質重視因素】的測量不變性可被認同

➤ 因爲是從它的觀測變數抽出相同的構成概念，因之透過因素分數的比較，與 5 年前相比，髮質重視因素是如何改變，即可以掌握變化的有無。

分析 5 年前與今年的調查數據之後，【髮質重視因素】的測量不變性不被認同

➤ 因爲無法從它的觀測變數抽出相同的構成概念，利用因素分數比較 5 年前的組與今年的組並無意義。斟酌各種的可能性如構成概念是否因時間而發生變動呢？是市場變化引起的嗎？是消費者的意識變化引起的嗎？此外也要檢討問卷的項目設計。

【註】在探索式因素分析中無法確認測量不變性，但使用確認式因素分析時，施加等值限制即可進行驗證。

STEP UP：8 種巢形模式

Amos 的 Multiple-Group Analysis 可以討論各種型態的不變性（Invariant），包括 1. 測量路徑；2. 測量截距；3. 結構路徑；4. 結構截距；5. 結構平均數；6. 結構供變異數；7. 結構誤差；8. 測量誤差等 8 種。模式可以是這 8 種型態之中的一種不變性，也可以是結合多種型態的不變性。

Amos 內設有 8 種巢形的模式，依序爲：

1. 測量路徑係數相同（Measurement weights）
2. 測量路徑、測量截距相同（Measurement intercepts）
3. 測量路徑、測量截距、結構路徑係數相同（Structural weights）
4. 測量路徑、測量截距、結構路徑、結構截距相同（Structural intercepts）
5. 測量路徑、測量截距、結構路徑、結構截距、結構平均數相同（Structural means）
6. 測量路徑、測量截距、結構路徑、結構截距、結構平均數、結構共變異數矩陣相同（Structural covariances）
7. 測量路徑、測量截距、結構路徑、結構截距、結構平均數、結構共變異數、結構誤差相同（Structural residuals）
8. 測量路徑、測量截距、結構路徑、結構截距、結構平均數、結構共變異數、結構誤差、測量誤差相同（Structural residuals）

19.2 測量不變性的分析操作

本節使用 3 個觀測變數

【Q4-3：洗髮精重視點 _ 有保溼滋潤效果】

【Q4-4：洗髮精重視點 _ 頭髮出現光澤】

【Q4-5：洗髮精重視點 _ 頭髮好整理】

抽出了在購買洗髮精時假定有影響的【髮質重視因素】的構成概念。並且，將此在 20 世代（組 1）與 30 世代（組 2）的 2 個世代組中驗證是否可以認同測量不變性。

步驟 1 啓動 Amos 製作模式。因爲是使用 3 個觀測變數抽出 1 個構成概念，因之使用【Draw a latent variable or add an indicator to a latent variable】圖像 。

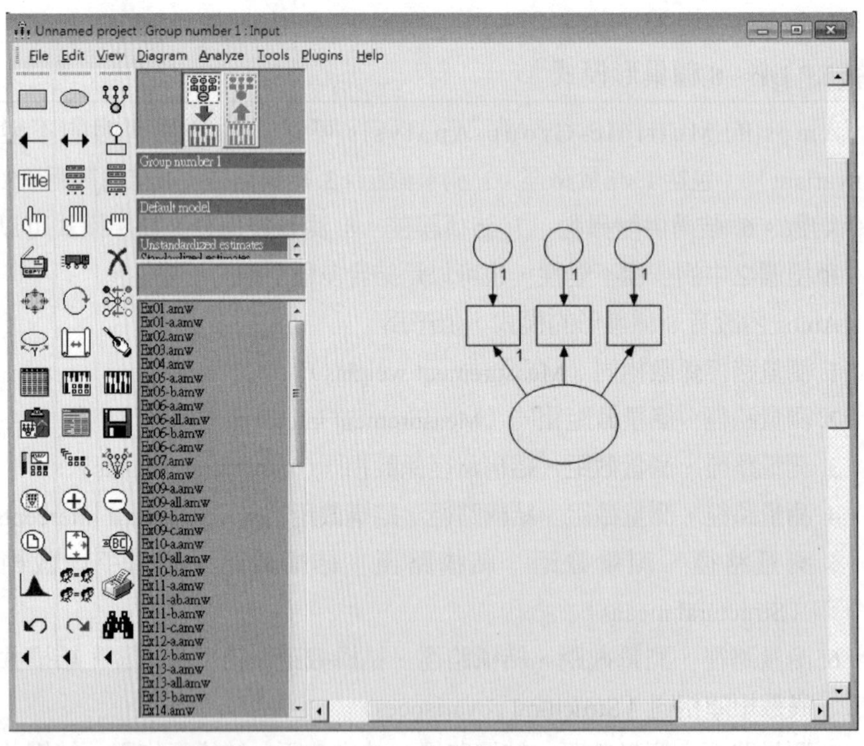

步驟 2　指定 20 世代女性（組 1）的數據。

使用【Select data file(s)】圖像 ，開啓資料檔視窗，指定【File Name】、【Grouping variable】、【Group value】。

- ➢ 按一下【Select data file(s)】，即開啓數據檔。
- ➢ 按一下【File Name】，指定數據檔（19-1.sav）。
- ➢ 選擇識別組的變數之後，指定對應的數值，此處輸入 1。

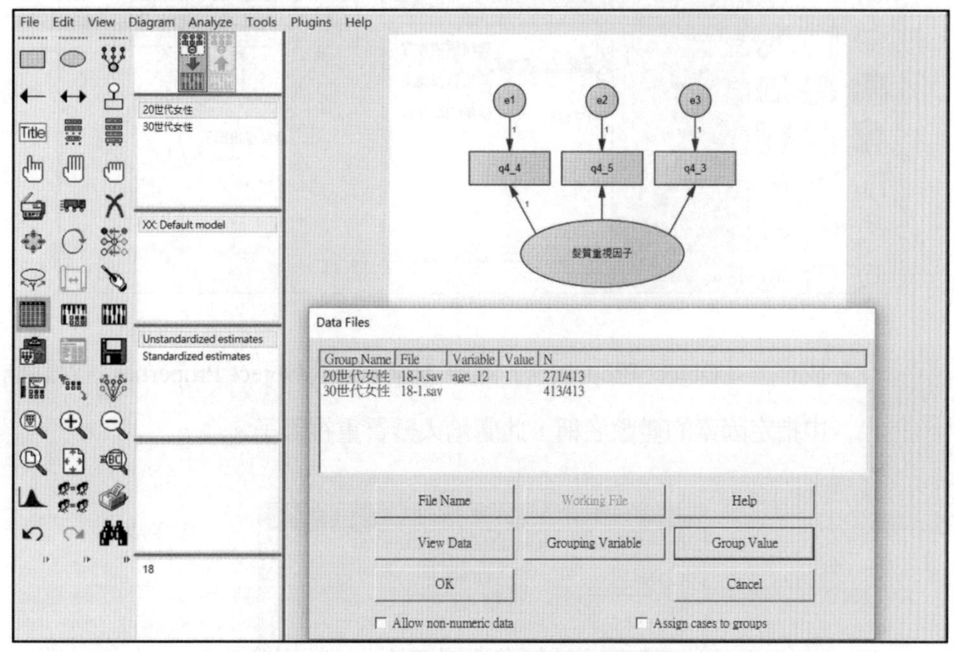

步驟 3　指定變數名。

按一下【List variable in data set】圖像 ，從【Variables in dataset】框中點選及拖移 3 個觀測變數，放入觀測變數的方框之中。

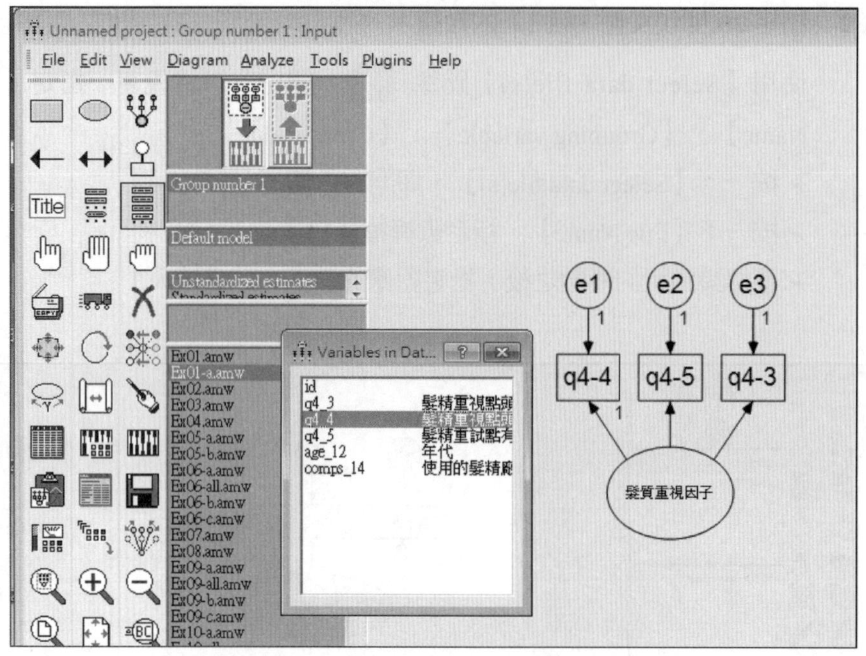

➤ 按一下【Object Properties】圖像 ，在【Object Properties】對話框中指定因素的變數名稱，此處輸入髮質重視因子。

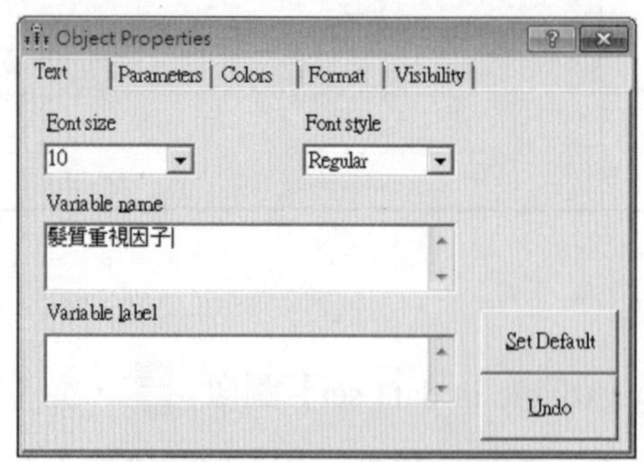

步驟 4 對誤差變數命名。

要自動命名時，使用【Plugins】清單中的【Name Unobserved Variables】。

File Edit View Diagram Analyze Tools Plugins Help
Plugins... Alt+F8
Draw Covariances
Growth Curve Model
Name Parameters
Name Unobserved Variables
Resize Observed Variables
Standardized RMR

步驟 5 追加 30 世代女性（組 2）。

連按 2 下【組】視窗中的【Group number 1】之後開啓【Manage Groups】視窗。

於組名中輸入【20 世代女性】後，再按一下【New】按鈕。

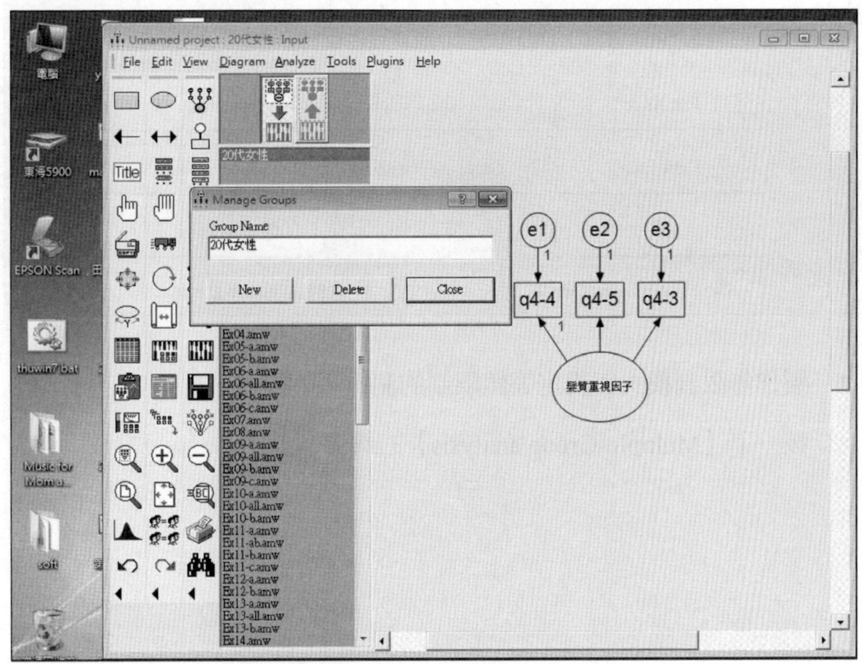

➢將【Group number2】變更爲【30 世代女性】。

➢組的追加結束時，按一下【Close】。

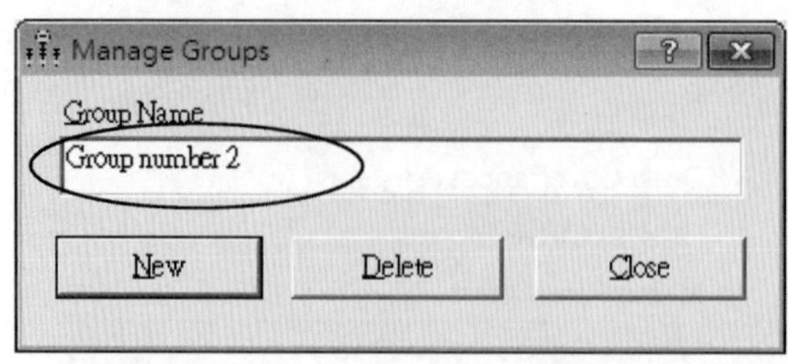

步驟 6　指定所追加組的數據。

與步驟2一樣，按一下【Select data file(s)】圖像，使用【Data Files】視窗。

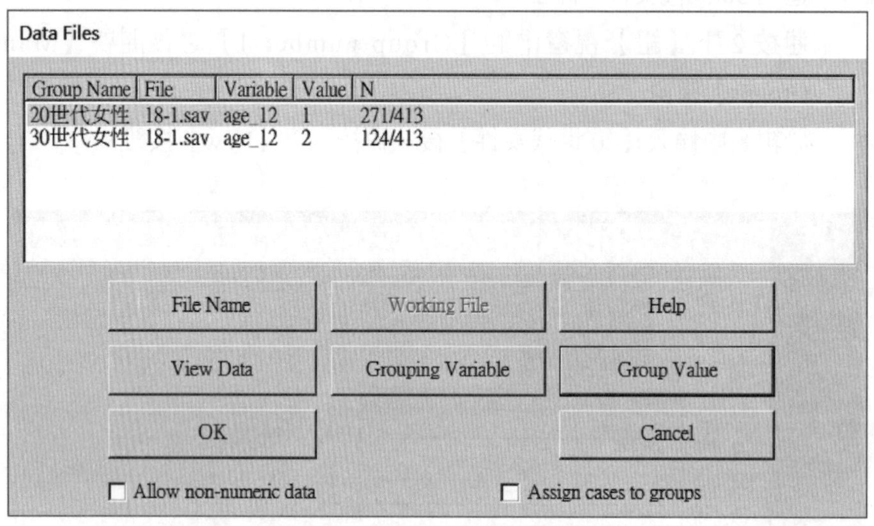

步驟 7　製作無限制模式與設定等值限制的測量不變模式。

按一下【Multiple-Group analysis】的圖像 。

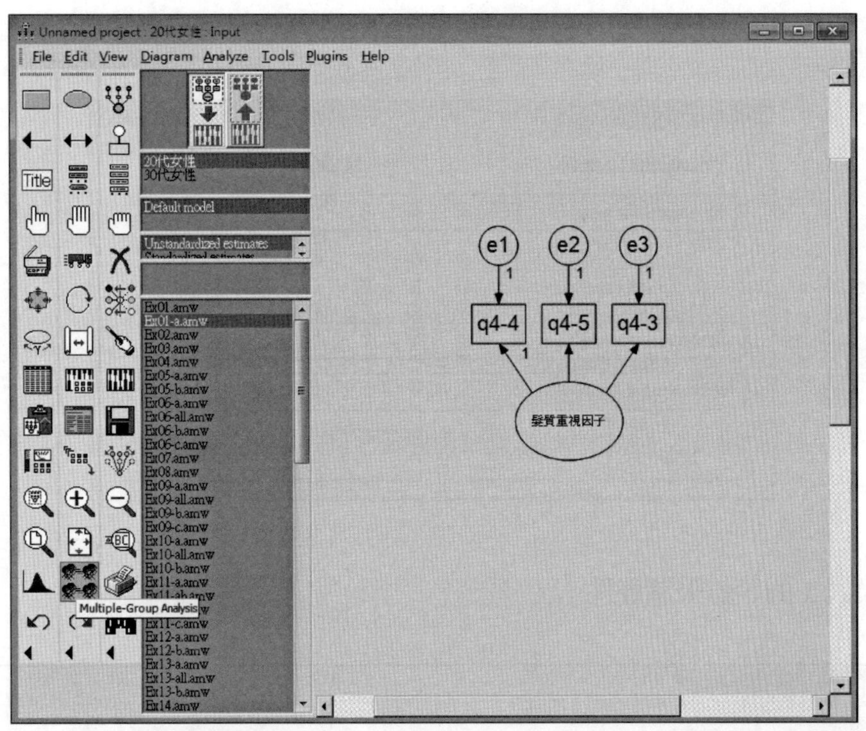

Amos 視窗開啓後，出現警告模式，視窗中追加的模式會被刪除，參數限制會被變更。此警告是未追加模式時也會自動顯示。此處按一下【確定】。

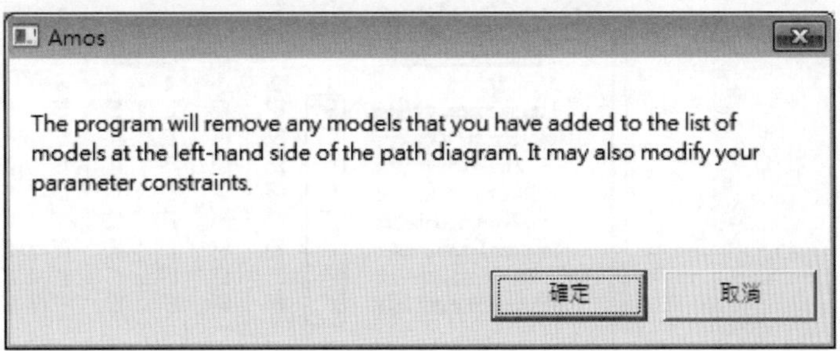

其次，【數組分析】視窗即被開啓。列（row）方是排列著所估計的參數，在已製作的模式中，要被估計的參數呈現反黑而右方的勾選盒呈現空白。在此模式中被估計的是【測量模式的比重（Measurement Weights）】、【結構模式的共變異數（Structural covariances）】、【測量模式的殘差（Measurement residuals）】。

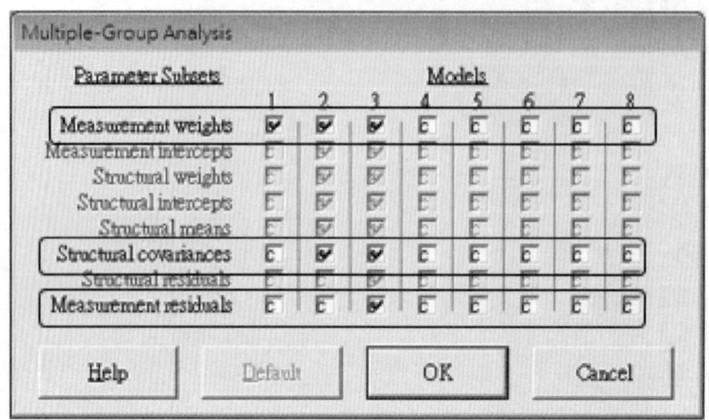

■模式 1 的等值限制條件

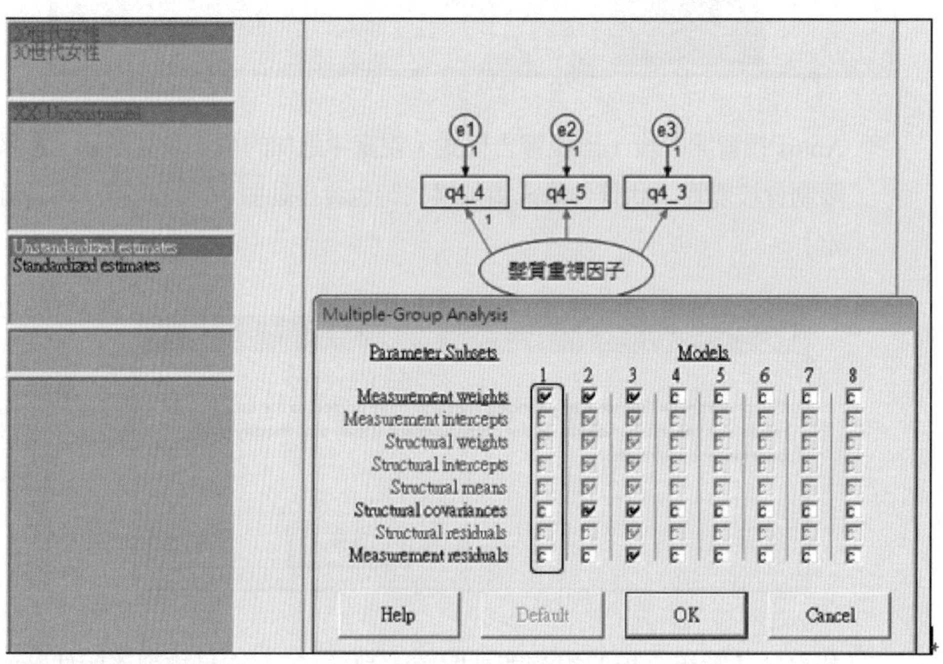

模式 1 只對【測量模式的比重（Measurement Weights）】有勾選。按一下【Measurement Weights】，路徑圖的紅色箭頭部分即顯示【測量模式的比重】，

顯示 20 世代女性組與 30 世代女性組均為設定等值限制的模式。

此事是表示在 20 世代女性組與 30 世代女性中它的構成概念，是以相同的觀測變數加以測量，它的因素負荷量是固定的，相當於測量不變模式。此模式被捨棄，接受無等值限制的模式時，20 世代女性與 30 世代女性其同質的構成概念即無法測量。

■模式 2 的等值限制條件

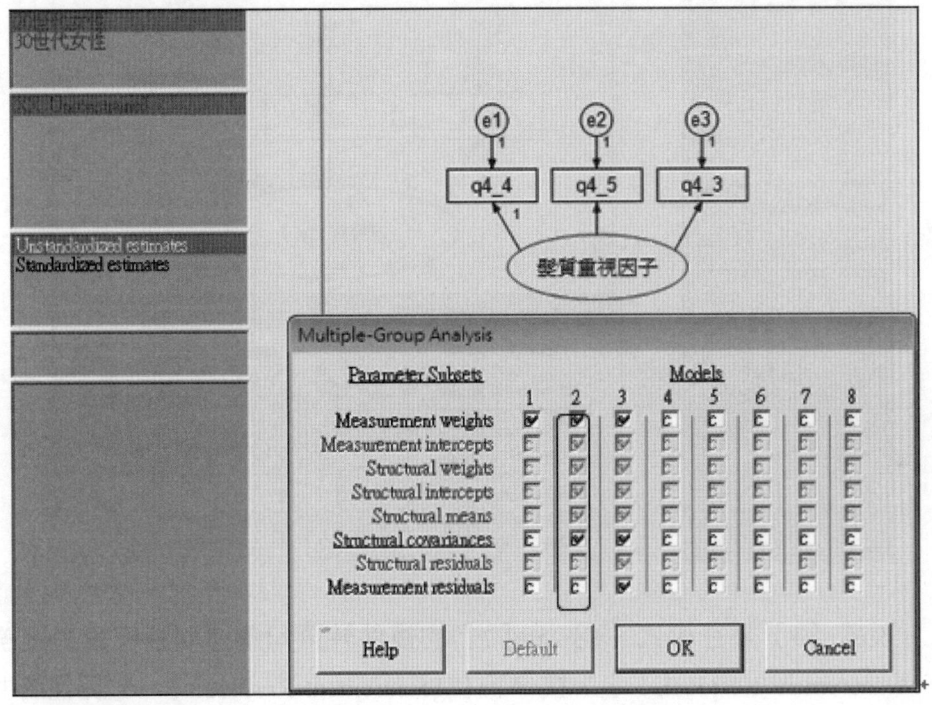

模式 2 是除模式 1 的條件外，再勾選【結構模式的共變異數（Structural Covariance）】。按一下【Structural Covariance】，在路徑圖中呈現出紅色所圍著的潛在變數的變異數，表示20世代女性組與30世代女性組的【髮質重視因素】的變異數設定等值限制。此模式即為 20 世代女性與 30 世代女性同質的構成概念【髮質重視因素】可被測量，並且，【髮質重視因素】的個體差也是相等的。

STEP UP：小提醒

【數組分析】對話框中如對準列一方所呈現之被估計的參數標示後按一下滑鼠時，路徑圖的相當部位即反紅，表示哪一部位可以立即明白。

■模式 3 的等值限制條件

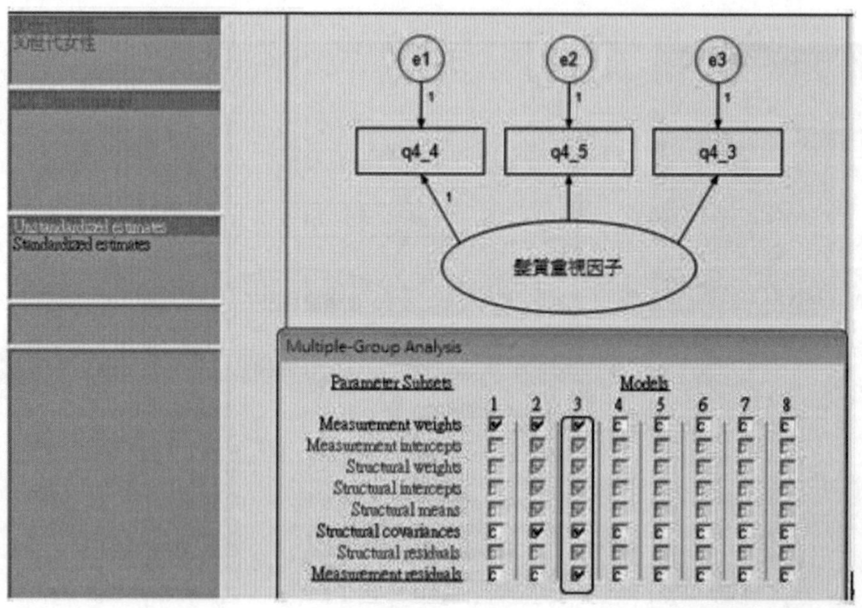

模式【3】是在模式【1】、【2】的條件外再勾選【測量模式的殘差（Measurement Residuals）】。按一下【Measurement Residuals】，在路徑圖中顯示紅色所圍著的誤差變數的變異數，表示 20 世代女性組與 30 世代女性組間的誤差變數之變異數設定等值限制。這表示 20 世代女性與 30 世代女性其同質的構成概念【髮質重視因素】可被測量，並且，組間群組的變異數共變異數矩陣是相等的。

想追加已變更等值限制條件之模式時，可在【數組分析】盒中，像是在【4】等之中任意地予以勾選。

此處爲了照預設執行，按一下【確定】。

按一下【確定】鈕後，如要確認 Amos Graphics 視窗中的【模式】視窗，出現 4 個模式。

模式視窗中，除了數組分析視窗所顯示的 3 個模式之外，追加了【無限制（Unconstraind）】模式。

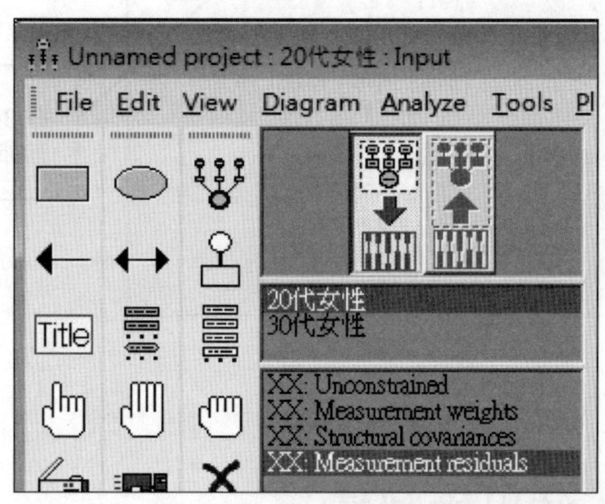

並且，20 世代女性組與 30 世代女性組中要被估計的參數自動命名，可以在路徑圖中確認。

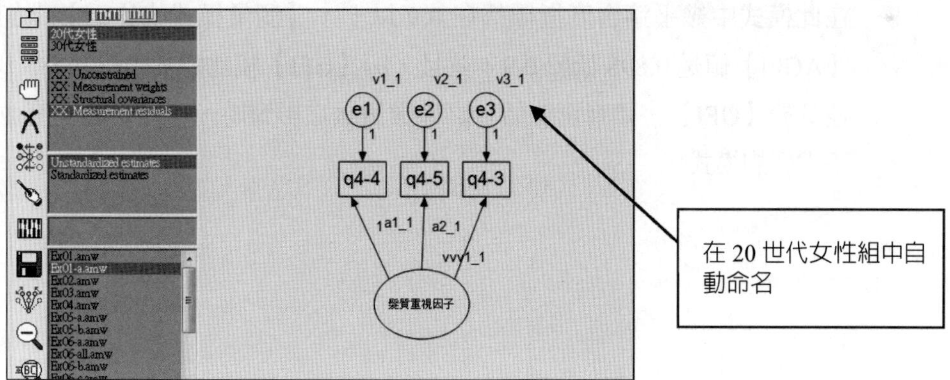

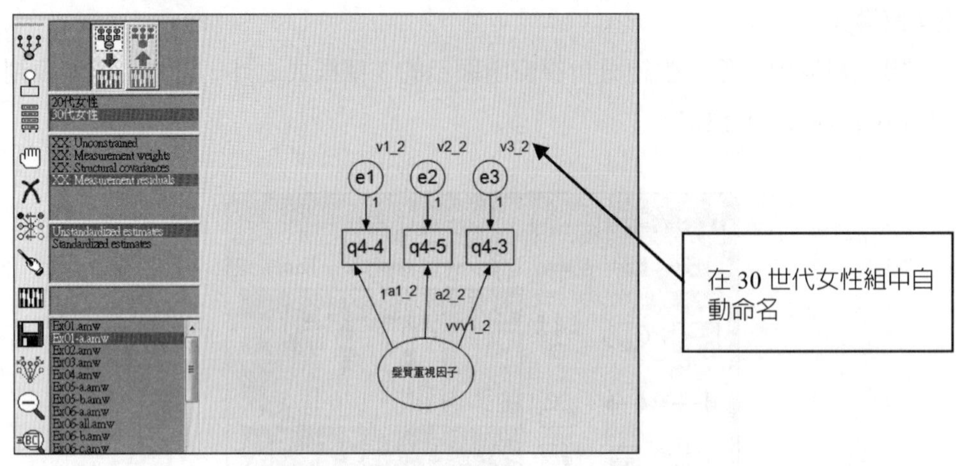

步驟 8　執行計算，開啓正文輸出。

19.3 分析結果的判讀

步驟 1　開啓【Model Fit】的位置，確認評價各個模式的【GFI】、【AGFI】、【CFI】。

在此模式中幾乎適合度指標都在 0.9 以上，【測量模式的比重】中的【AGFI】値是 0.898 低於 0.9，並且，與【GFI】相比時其差是 0.085，遠低於【GFI】，如修正要估計之參數個數之影響時，可知是適合度並不太好的模式。

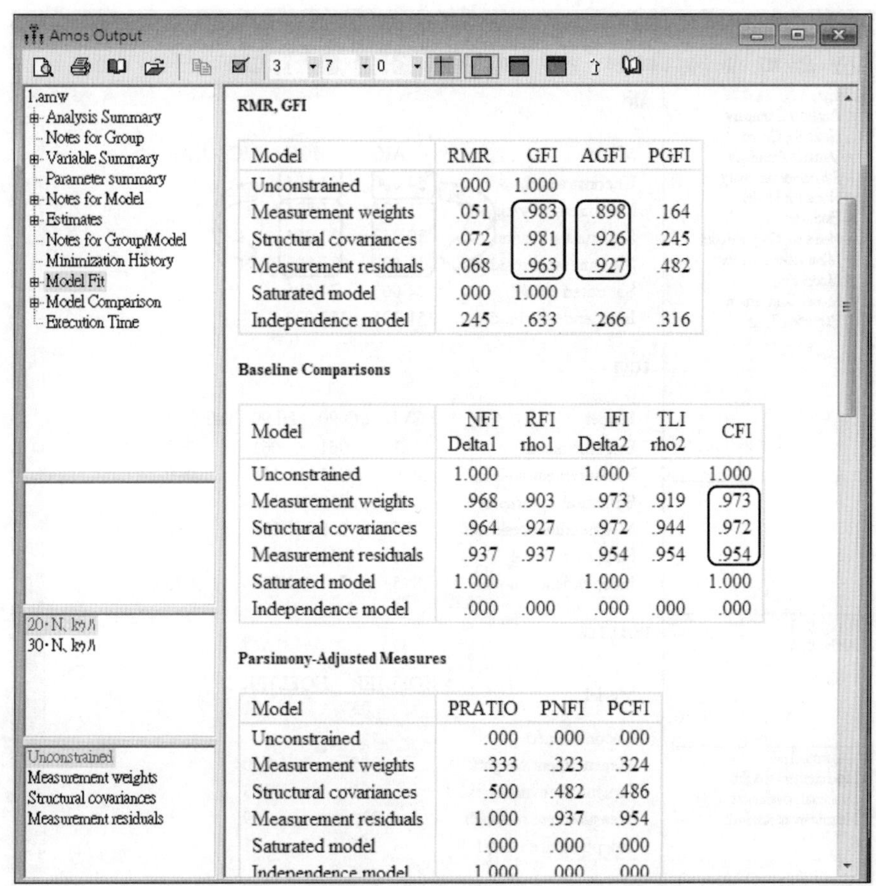

RMR, GFI

Model	RMR	GFI	AGFI	PGFI
Unconstrained	.000	1.000		
Measurement weights	.051	.983	.898	.164
Structural covariances	.072	.981	.926	.245
Measurement residuals	.068	.963	.927	.482
Saturated model	.000	1.000		
Independence model	.245	.633	.266	.316

Baseline Comparisons

Model	NFI Delta1	RFI rho1	IFI Delta2	TLI rho2	CFI
Unconstrained	1.000		1.000		1.000
Measurement weights	.968	.903	.973	.919	.973
Structural covariances	.964	.927	.972	.944	.972
Measurement residuals	.937	.937	.954	.954	.954
Saturated model	1.000		1.000		1.000
Independence model	.000	.000	.000	.000	.000

Parsimony-Adjusted Measures

Model	PRATIO	PNFI	PCFI
Unconstrained	.000	.000	.000
Measurement weights	.333	.323	.324
Structural covariances	.500	.482	.486
Measurement residuals	1.000	.937	.954
Saturated model	.000	.000	.000
Independence model	1.000	.000	.000

步驟 2 此外，爲了要選擇最適模式，如觀察【AIC】與【BCC】時，【無限制】模式之值比【測量模式之比重】、【結構模式之共變異數】、【測量模式之殘差】都小。

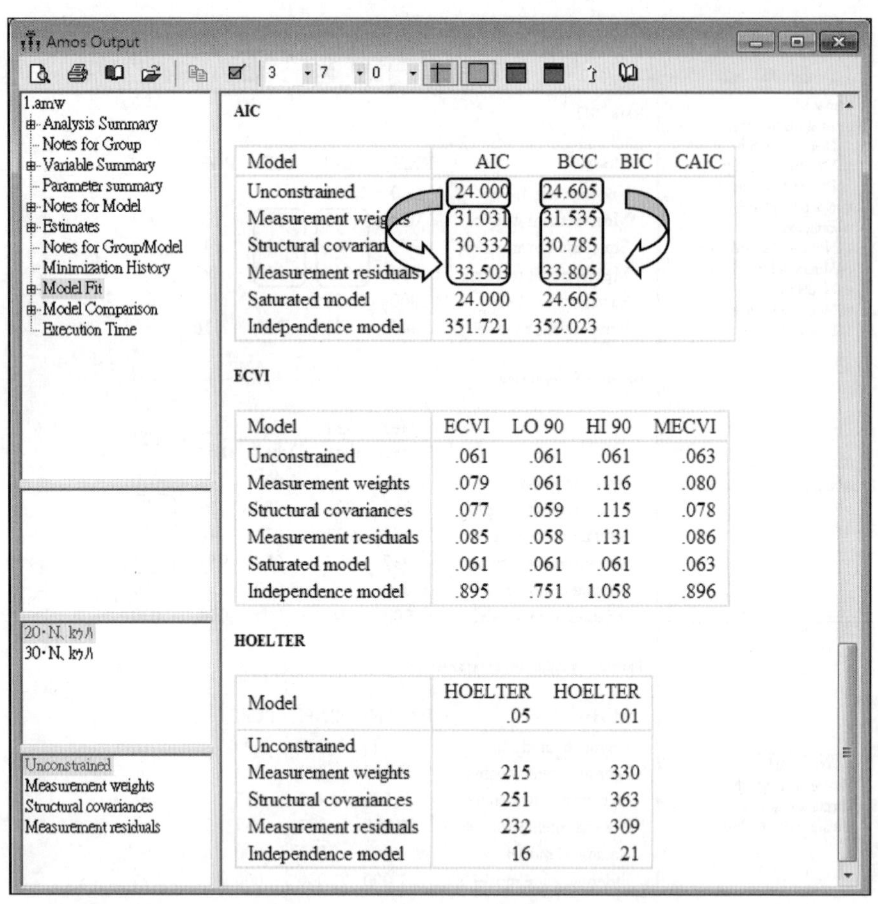

AIC

Model	AIC	BCC	BIC	CAIC
Unconstrained	24.000	24.605		
Measurement weights	31.031	31.535		
Structural covariances	30.332	30.785		
Measurement residuals	33.503	33.805		
Saturated model	24.000	24.605		
Independence model	351.721	352.023		

ECVI

Model	ECVI	LO 90	HI 90	MECVI
Unconstrained	.061	.061	.061	.063
Measurement weights	.079	.061	.116	.080
Structural covariances	.077	.059	.115	.078
Measurement residuals	.085	.058	.131	.086
Saturated model	.061	.061	.061	.063
Independence model	.895	.751	1.058	.896

HOELTER

Model	HOELTER .05	HOELTER .01
Unconstrained		
Measurement weights	215	330
Structural covariances	251	363
Measurement residuals	232	309
Independence model	16	21

從此等結果來看，對 20 世代女性與 30 世代女性使用相同的調查項目抽出【髮質重視因素】並不適切，分析因素分數差異並無意義。

基於此結果，20 世代對髮質之意識與 30 世代對髮質之意識有無差異，或生活型態及其世代髮型是否有差異等，要考慮各種的要素檢討構成概念可以想成是今後的課題。

19.4 廠商別測量不變性的分析結果

第 2 節與第 3 節中已查明了取決於世代的構成概念並不同質。第 4 節中是對 P 公司的洗髮精用戶與 S 公司的洗髮精用戶使用相同的項目進行調查，進行測量不變性的分析，再判讀其結果。

使用與第 2 節相同的模式，只有數據檔變更為【P 公司用戶組】與【S 公司用戶組】之後再進行分析。

P 公司用戶組的路徑圖

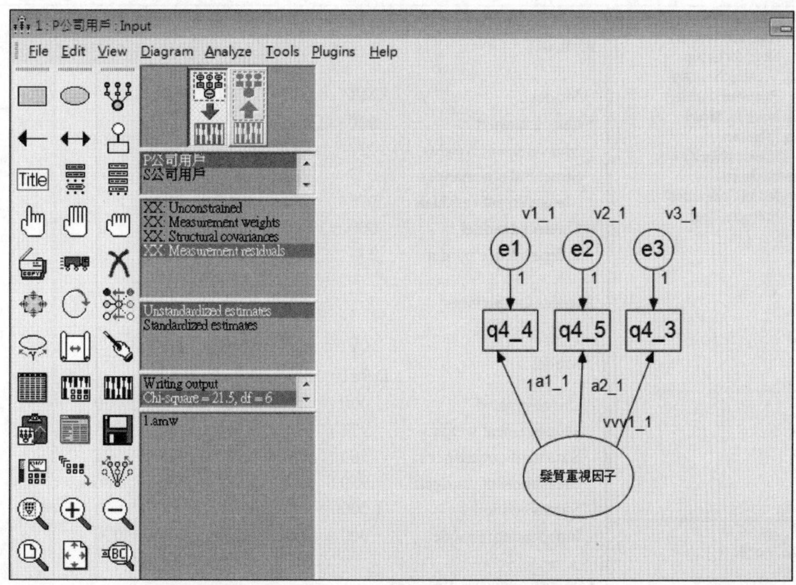

S 公司用戶組的路徑圖

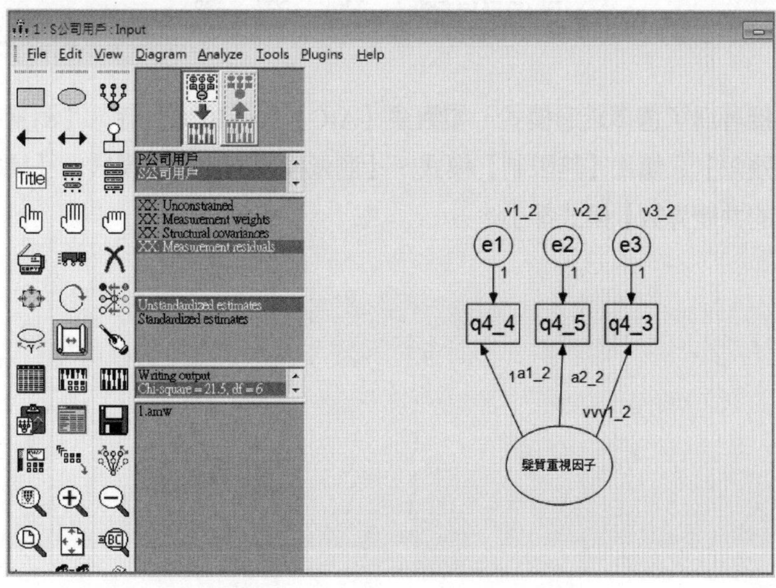

步驟 1 開啓【Model Fit】的位置，確認【GFI】、【AGFI】、【CFI】。

在此模式中 3 個適合度指標均在 0.9 以上，顯示各個模式的適配良好。

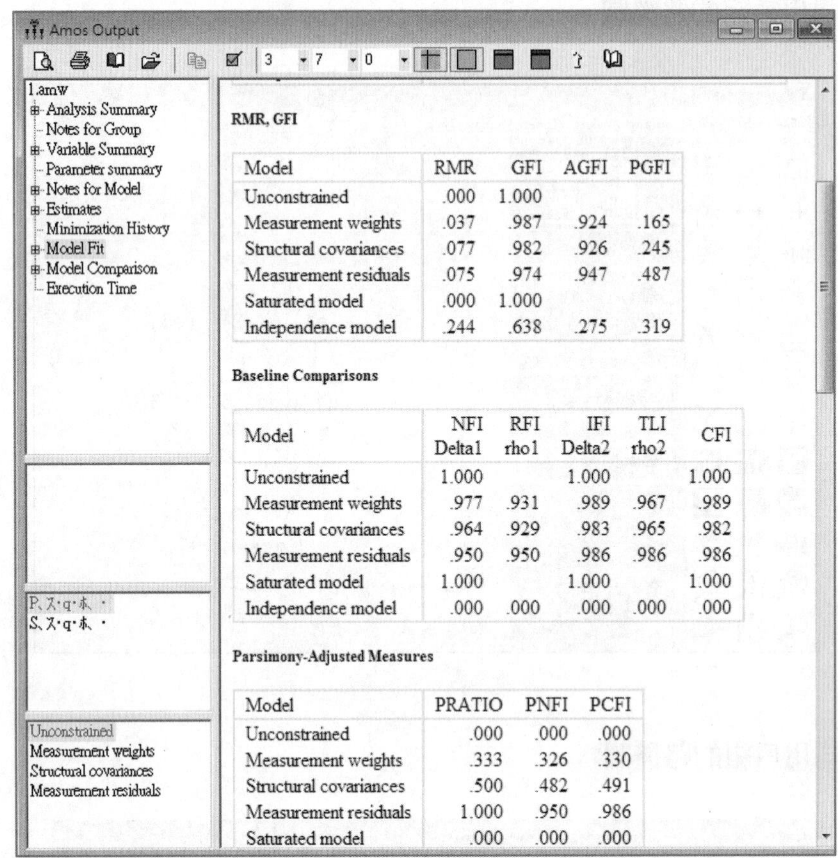

RMR, GFI

Model	RMR	GFI	AGFI	PGFI
Unconstrained	.000	1.000		
Measurement weights	.037	.987	.924	.165
Structural covariances	.077	.982	.926	.245
Measurement residuals	.075	.974	.947	.487
Saturated model	.000	1.000		
Independence model	.244	.638	.275	.319

Baseline Comparisons

Model	NFI Delta1	RFI rho1	IFI Delta2	TLI rho2	CFI
Unconstrained	1.000		1.000		1.000
Measurement weights	.977	.931	.989	.967	.989
Structural covariances	.964	.929	.983	.965	.982
Measurement residuals	.950	.950	.986	.986	.986
Saturated model	1.000		1.000		1.000
Independence model	.000	.000	.000	.000	.000

Parsimony-Adjusted Measures

Model	PRATIO	PNFI	PCFI
Unconstrained	.000	.000	.000
Measurement weights	.333	.326	.330
Structural covariances	.500	.482	.491
Measurement residuals	1.000	.950	.986
Saturated model	.000	.000	.000

步驟 2 接著爲了選擇最適模式，如觀察【AIC】與【BCC】時，【測量模式的殘差】之値比【無限制】模式、【測量模式的比重】模式、【結構模式的共變異數】模式都小。

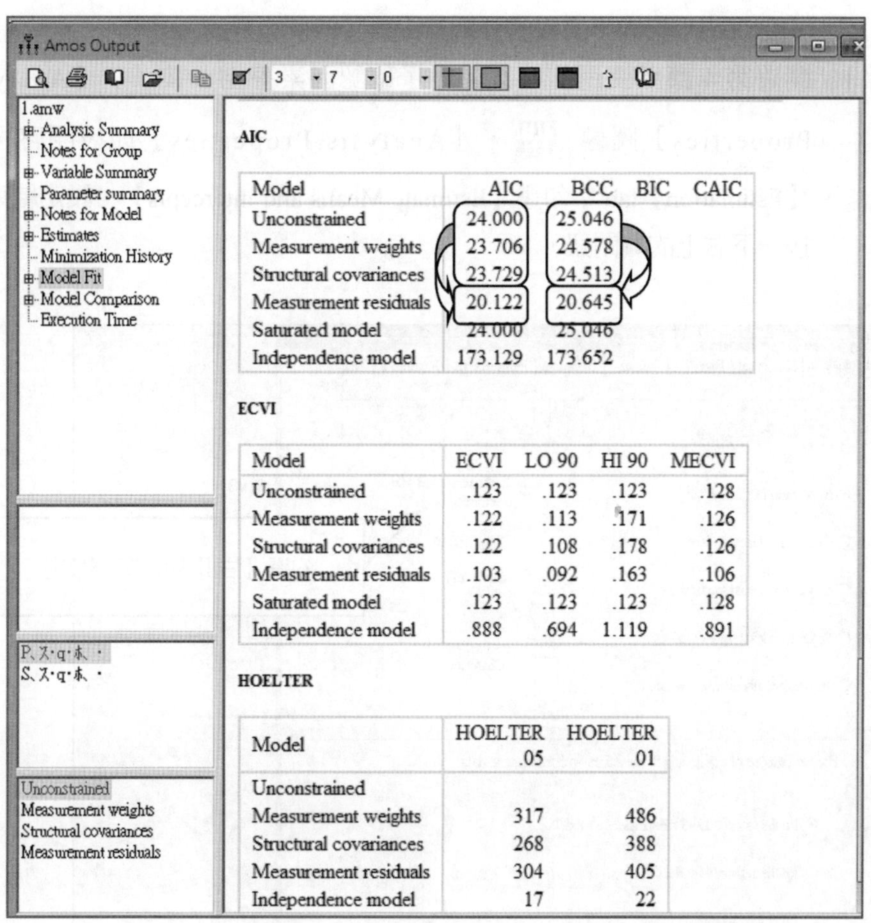

AIC

Model	AIC	BCC	BIC	CAIC
Unconstrained	24.000	25.046		
Measurement weights	23.706	24.578		
Structural covariances	23.729	24.513		
Measurement residuals	20.122	20.645		
Saturated model	24.000	25.046		
Independence model	173.129	173.652		

ECVI

Model	ECVI	LO 90	HI 90	MECVI
Unconstrained	.123	.123	.123	.128
Measurement weights	.122	.113	.171	.126
Structural covariances	.122	.108	.178	.126
Measurement residuals	.103	.092	.163	.106
Saturated model	.123	.123	.123	.128
Independence model	.888	.694	1.119	.891

HOELTER

Model	HOELTER .05	HOELTER .01
Unconstrained		
Measurement weights	317	486
Structural covariances	268	388
Measurement residuals	304	405
Independence model	17	22

從這些結果來看，從【Q4-3：洗髮精重視點 _ 有保溼滋潤效果】、【Q4-4：洗髮精重視點 _ 頭髮出現光澤】、【Q4-5：洗髮精重視點 _ 頭髮好整理】3 個觀測變數所抽出的構成概念在 P 公司的用戶組與 S 公司的用戶組之間可以判斷是具測量不變性的。此外，因爲採納了【測量模式的殘差】模式，P 公司用戶的群組與 S 公司用戶的群組的變異數共變數矩陣是同質的。

19.5 平均的等質性的分析方法與結果

第 4 節中已確認了變異共變異矩陣是相等的，但未檢討因素平均的等質性，認同平均的等質性時，將兩組合併在分析是可行的。

第 5 節是說明平均的等質性的分析方法與其結果的判讀。

步驟 1 開啓第 4 節所使用的檔案。爲了確認因素平均，按一下【Analysis Properties】圖像 ，【Analysis Properties】即被開啓，在【Estimation】tab 中勾選【Estimate Means and intercepts】。設定結束後按一下右上的關閉鈕。

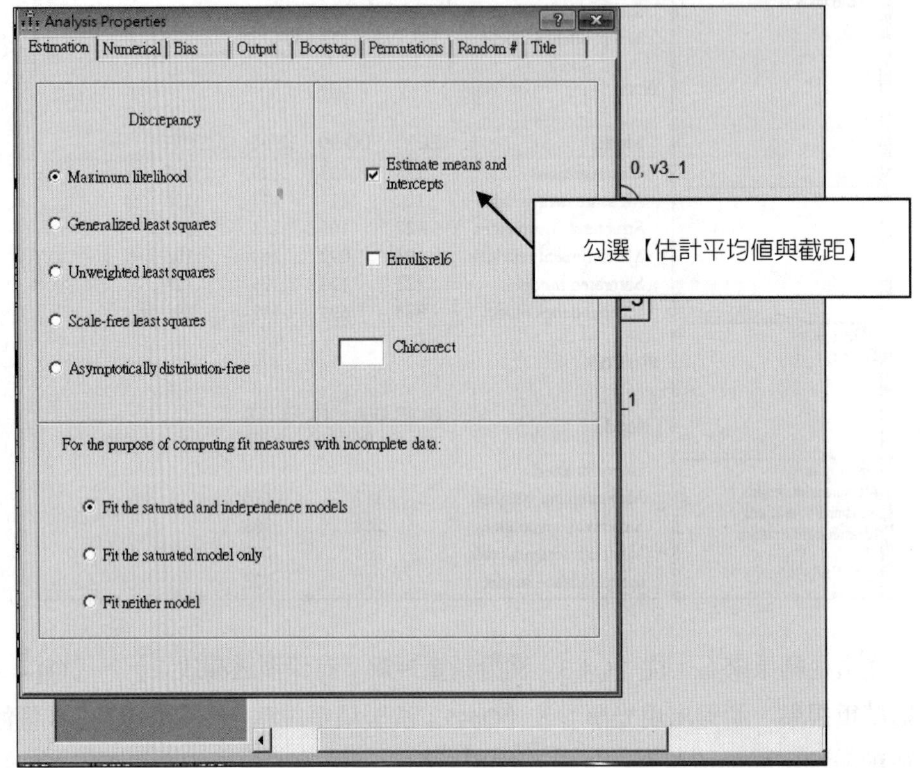

步驟 2 爲了驗證平均的等質性，將其中的一組的因素平均固定成 0，另一組的因素平均則予以開放。此處將 P 公司的因素平均固定成 0，S 公司的因素平均則開放。

➢ (1) 按一下【Object Properties】圖像

➢ (2) 按一下【物件性質】視窗中的【參數（Parameter）】

➢ (3) 按一下【髮質重視因素】

➤(4) 按一下組視窗中【S 公司用戶】

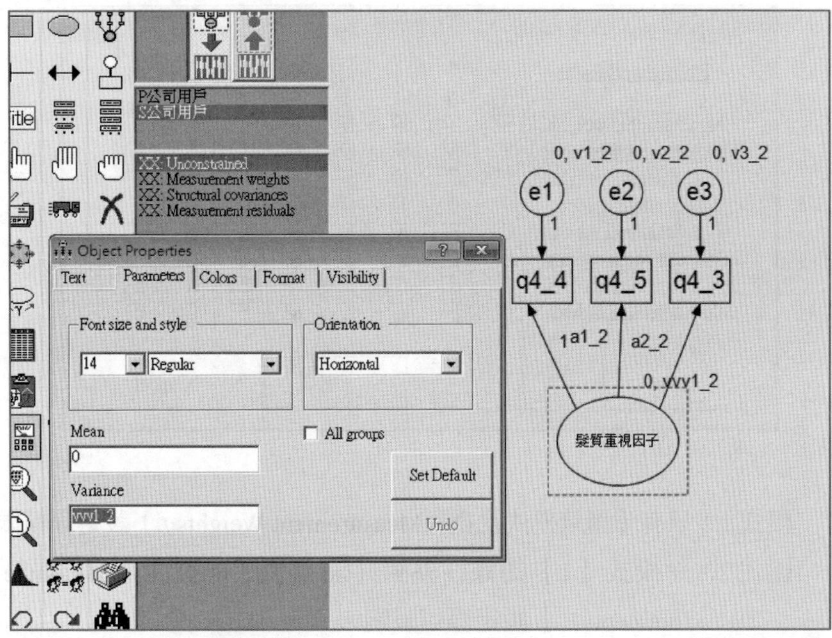

步驟 3　按一下【Multiple-Group Analysis】圖像，在 Amos 視窗的警告中按一下【確定】。

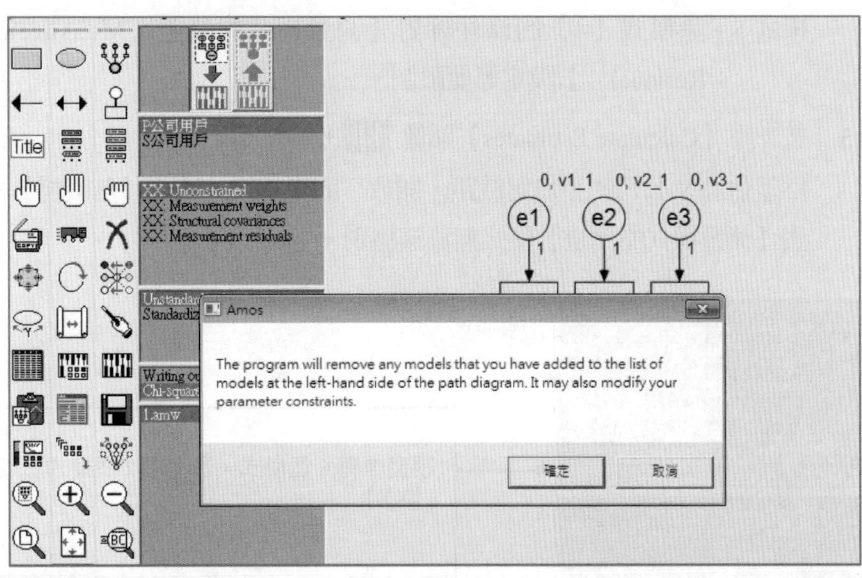

步驟 4　如確認所顯示的【數組分析】對話框時，知自動地做出 5 個模式。

Multiple-Group Analysis

Parameter Subsets	Models 1	2	3	4	5	6	7	8
Measurement weights	☑	☑	☑	☑	☑	☐	☐	☐
Measurement intercepts	☐	☑	☑	☑	☑	☐	☐	☐
Structural weights	☐	☐	☑	☑	☑	☐	☐	☐
Structural intercepts	☐	☐	☑	☑	☑	☐	☐	☐
Structural means	☐	☐	☑	☑	☑	☐	☐	☐
Structural covariances	☐	☐	☐	☑	☑	☐	☐	☐
Structural residuals	☐	☐	☐	☐	☑	☐	☐	☐
Measurement residuals	☐	☐	☐	☐	☑	☐	☐	☐

Help　Default　OK　Cancel

模式 1：只有【測量模式比重（Measurement Weights）】設定等值限制。

模式 2：除模式【1】的條件外對【測量模式的截距（Measurement Intercepts）】設定等值限制。

模式 3：除模式【2】的條件外對【結構模式的平均值（Structural Means）】設定等值限制。

模式 4：除模式【3】的條件外對【結構模式的共變異數（Structural Covariance）】設定等值限制。

模式 5：除模式【4】的條件外對【測量模式的殘差（Measurement Residual）】設定等值限制。

步驟 5　按一下【Calculate Estimates】圖像 。

為了估計 S 公司的平均與截距，開放了因素平均，因之【無限制】模式與【測量模式的比重】模式無法被識別。

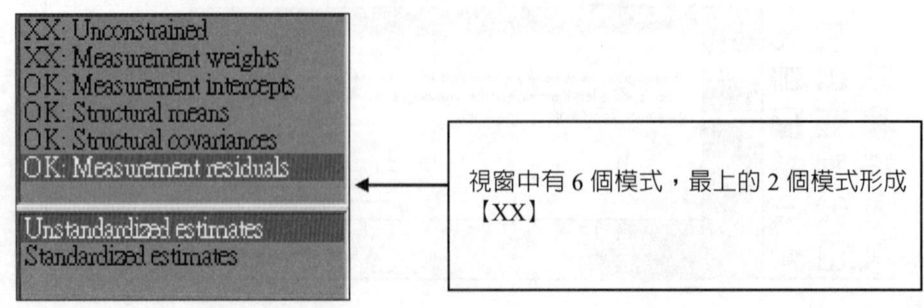

步驟 6　爲了確認其他 4 個模式的適合性，按一下【Text Output】後，即顯示【Model Fit】一覽表。

Model Fit Summary

CMIN

Model	NPAR	CMIN	DF	P	CMIN/DF
Measurement intercepts	14	4.817	4	.307	1.204
Structural means	13	4.987	5	.418	.997
Structural covariances	12	7.023	6	.319	1.171
Measurement residuals	9	9.374	9	.403	1.042
Saturated model	18	.000	0		
Independence model	12	161.129	6	.000	26.855

Baseline Comparisons

如觀察【CMIN】表中的【機率 (P)】時，所有模式都在 0.05 以上，針對飽和模式進行檢定時，知無法捨棄。

接著，使用【RMSEA】判斷各模式的適合度，所有的模式均未滿 0.05，顯示適合度佳。

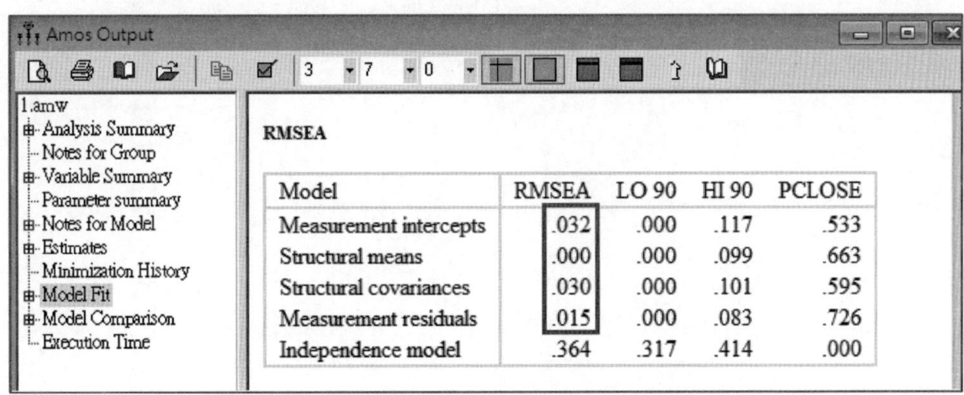

RMSEA

Model	RMSEA	LO 90	HI 90	PCLOSE
Measurement intercepts	.032	.000	.117	.533
Structural means	.000	.000	.099	.663
Structural covariances	.030	.000	.101	.595
Measurement residuals	.015	.000	.083	.726
Independence model	.364	.317	.414	.000

最後使用【AIC】之值，判斷要採用的模式。

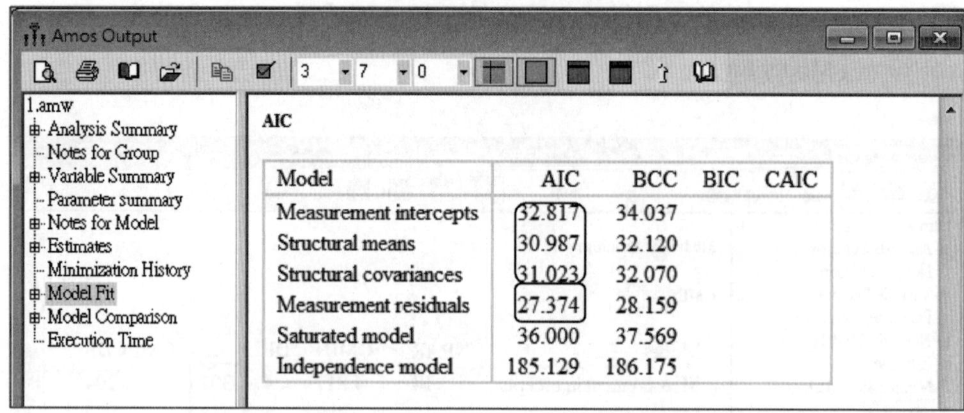

Model	AIC	BCC	BIC	CAIC
Measurement intercepts	32.817	34.037		
Structural means	30.987	32.120		
Structural covariances	31.023	32.070		
Measurement residuals	27.374	28.159		
Saturated model	36.000	37.569		
Independence model	185.129	186.175		

【AIC】之值最小的模式是【測量模式的殘差】。

亦即在 P 公司與 S 公司的用戶中，

- 可以抽出相同因素
- 變異共變異矩陣相等
- 因素平均相等

基於此，今後的分析可以將群組合併再分析。

第 20 章 複數模式的比較

平常的結構方程模式分析是製作 1 個模式再估計參數，相對的，製作出要因間的組合均爲不同的複數模式，並比較模式的方法，從測量要因間之關係性的觀點，到掌握要因全體的構造觀點以及活用的範圍，是有甚大不同的。

本章學習可以在 1 張路徑圖上比較數個模式的簡便方法。

1. **單一模式**：平常的結構方程模式分析，分析者基於假設與數據，利用要因間的關係性製作 1 個模式估計參數，從所得到的結果彙整見解。

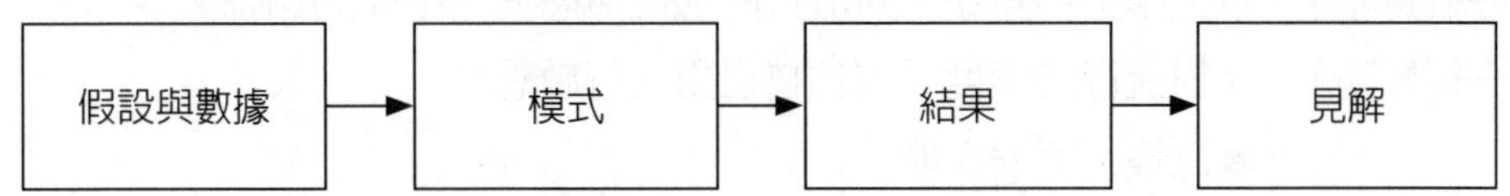

2. **複數模式**：數個模式的比較是針對假設與數據，組合要因製作數個模式，估計各模式的參數，從比較模式的結果掌握最適構造，配合所採納模式的結果再彙整見解。

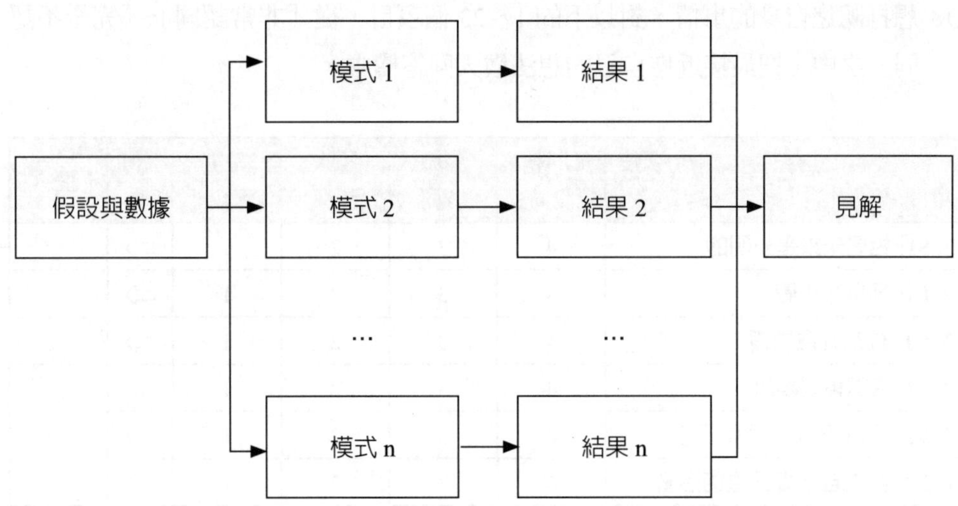

20.1 對流行的態度形成的心理

20.1.1 分析的概要

行爲是具有基於恐懼、不安所引起的一面，此見解在心理學上已有所解明，對流行的態度也可以說是一樣的。假設恐懼、不安是由 3 個概念（成功、失敗、拒絕）所構成，從 3 個概念探索對流行態度的關係，掌握「對流行態度」形成的心理構造。

【分析主題】：對流行的態度形成的構造與行爲的要素是什麼進行探討。

【分析對象】：以大學生爲對象，對流行的態度與恐懼、不安的調查。

【分析要因】：●對流行的態度「認爲自己對流行敏感」

●恐懼、不安尺度

（對成功的願望、對失敗的恐懼、對拒絕的恐懼）

【註】回答是以「非常地認同」～「完全不認同」的間隔尺度進行詢問。

20.1.2 問卷

Q：想打聽您自身的事情，對以下的 1～23 個項目，從「非常認同」～「完全不認同」之中，把最接近您自己的想法填入回答欄中。

尺度 / 項目	非常認同	些微認同	不太認同	完全不認同		回答欄
1. S1: 相信未來是光明的	4	3	2	1	⇨	
2. F1: 凡事想挑戰	4	3	2	1	⇨	
3. R1: 經常介意周遭	4	3	2	1	⇨	
4. S2: 有想實現夢想	4	3	2	1	⇨	
5. 認為慎重著手是很重要的	4	3	2	1	⇨	
6. R4: 認為自己要正直的活著	4	3	2	1	⇨	
7. S3: 想讓自己成長	4	3	2	1	⇨	
8. F2: 認為是不怕失敗類型	4	3	2	1	⇨	
9. 嚮往自由	4	3	2	1	⇨	
10. S4: 希望被周遭認同	4	3	2	1	⇨	

項目 \ 尺度	非常認同	些微認同	不太認同	完全不認同		回答欄
11. 經常認為安全第一	4	3	2	1	⇨	
12. 認為具體行動是很重要的	4	3	2	1	⇨	
13. S5: 認為夢想可以實現	4	3	2	1	⇨	
14. 立即忘記過去的不愉快	4	3	2	1	⇨	
15. R2: 容易受周圍的批評所影響	4	3	2	1	⇨	
16. S6: 自我實現是快樂的	4	3	2	1	⇨	
17. F3: 想從經驗學習許多	4	3	2	1	⇨	
18. R5: 認為他人是自私的	4	3	2	1	⇨	
19. S7: 對成功有強烈憧憬	4	3	2	1	⇨	
20. F4: 相信失敗有助於學習	4	3	2	1	⇨	
21. R3: 覺得被周遭忽略	4	3	2	1	⇨	
22. 認為自己對流行敏感	4	3	2	1	⇨	
23. 自己是留意健康的	4	3	2	1	⇨	

【註】調查是利用會場內的 PC 終端機以自填式回答問卷。

20.1.3 分析對象項目

從全部的調查項目之中就下面的 17 個項目作爲分析項目。各自的觀測變數是對應假定的 3 個潛在變數。下圖中附有記號□之調查項目 2、8、17、20、6 是基於愈是「不認同」的人恐懼就愈大，因之用於分析時，將評價尺度反轉（將 4-3-2-1 換成 1-2-3-4）。

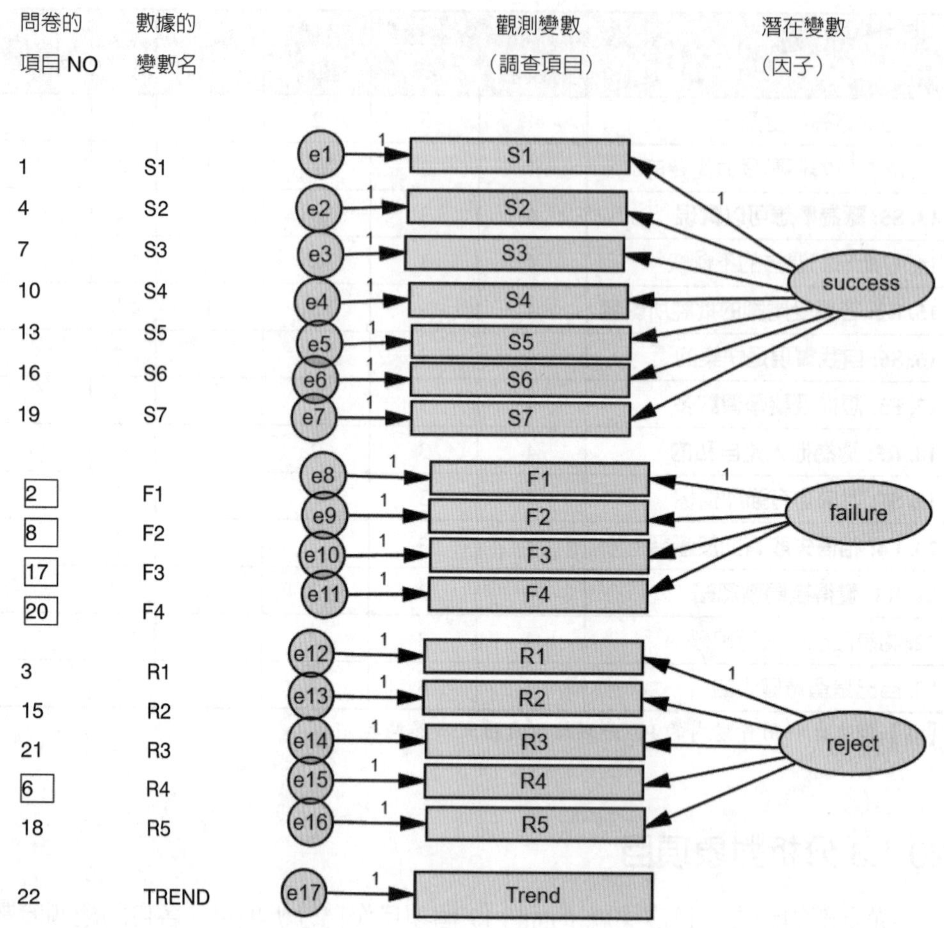

【注】恐懼、不安尺度依年齡之不同其特徵是有差異的。愈是年輕層，恐懼、不安愈低，隨著年齡的增加，恐懼、不安即增高，此次是以大學生作為對象，因之，5「認為慎重著手是很重要的」，9「嚮往自由」等一部分項目則從分析對象排除。

20.1.4 分析數據

將資料輸入 SPSS 的資料檢視中，以下式顯示其中的一部分。

	Trend	S1	S2	S3	S4	S5	S6	S7	F1
1	1	2	1	3	2	3	4	2	2
2	1	3	3	4	4	2	4	4	1
3	4	3	4	3	4	4	4	3	2
4	2	3	3	3	3	4	4	4	2
5	2	3	3	4	3	2	3	3	2
6	3	3	4	4	4	2	4	3	1
7	2	4	3	4	3	4	3	3	1
8	3	2	3	3	3	3	2	3	2
9	3	2	3	4	3	2	4	3	1
10	3	4	3	4	3	2	3	4	1
11	2	3	3	4	4	3	4	4	1
12	3	2	2	3	3	4	3	3	2
13	1	1	2	4	4	3	2	3	3
14	1	4	4	4	4	4	4	4	1
15	2	4	4	4	4	4	3	4	1
16	2	3	4	4	4	3	3	4	2
17	1	3	4	4	4	4	3	3	1
18	3	2	4	2	4	2	4	3	3
19	3	3	3	3	4	2	2	2	3
20	1	1	3	4	3	3	4	4	1
21	3	3	2	4	3	2	3	4	2

【注】數據檔請參 20-1.sav。

20.2 路徑圖的繪製

20.2.1 路徑圖的準備

讀取數據，繪製如下的路徑圖

此模式是以對成功的期待（success）、對失敗的恐懼（failure）、對拒絕的恐懼（reject）3 個要素當作潛在變數，定義出「認爲自己對流行敏感（trend）」的單向路徑，與 3 個潛在變數相互之間的單向路徑。

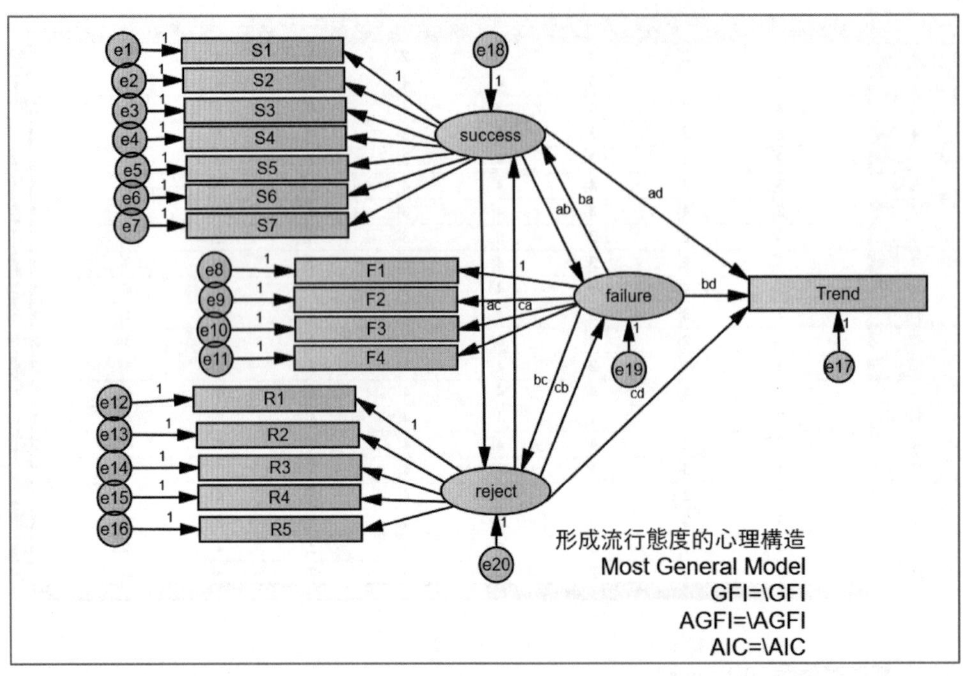

20.2.2 模式類型的設想

利用「對流行的態度」與 3 個潛在變數（對成功的期望、對失敗的恐懼、對拒絕的恐懼）的組合，設想 5 個模式類型。

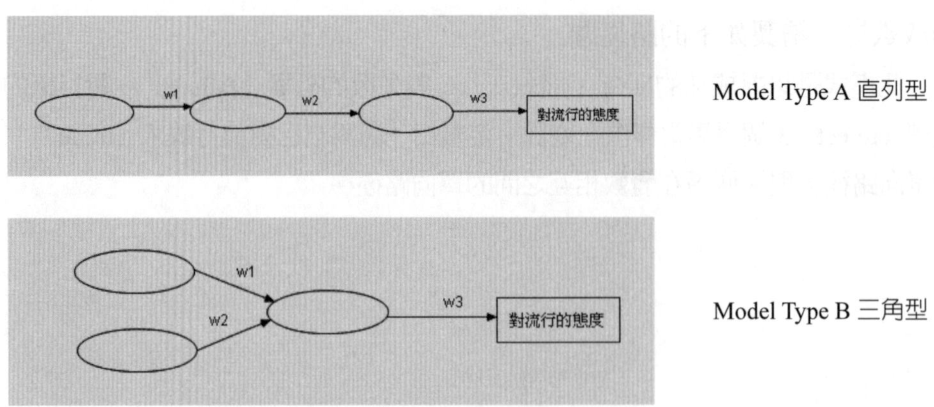

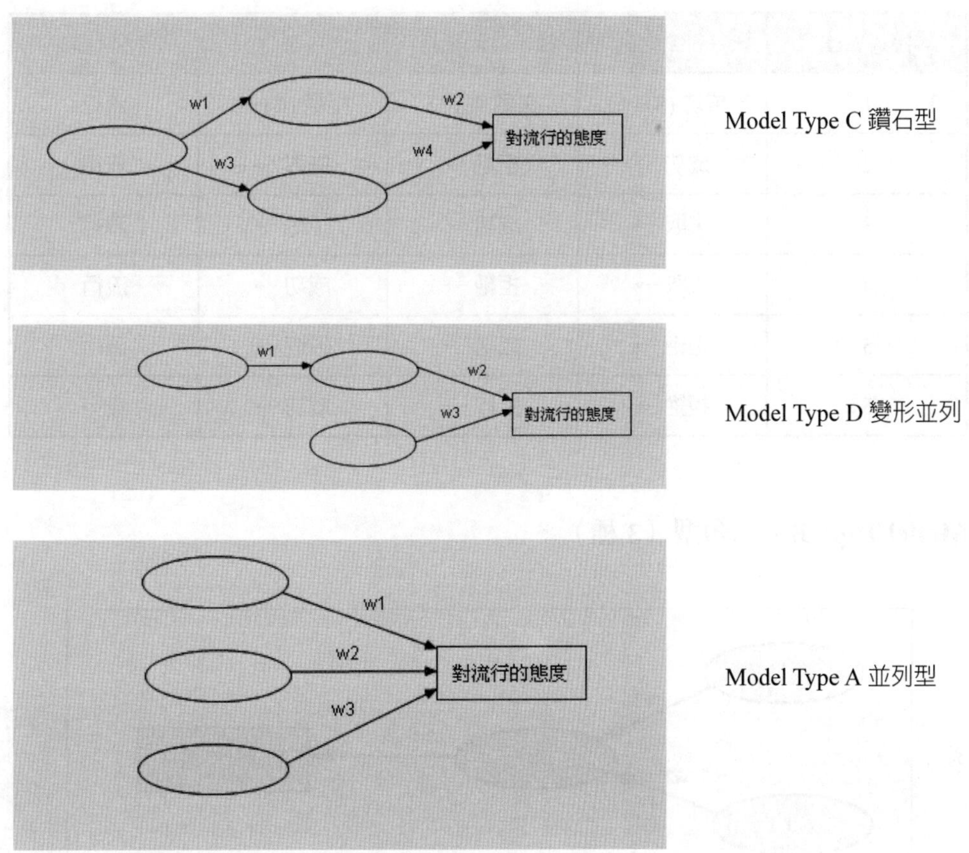

以 5 個類型建構出共 19 種的模式。

Model Type A：直列型（6 種）

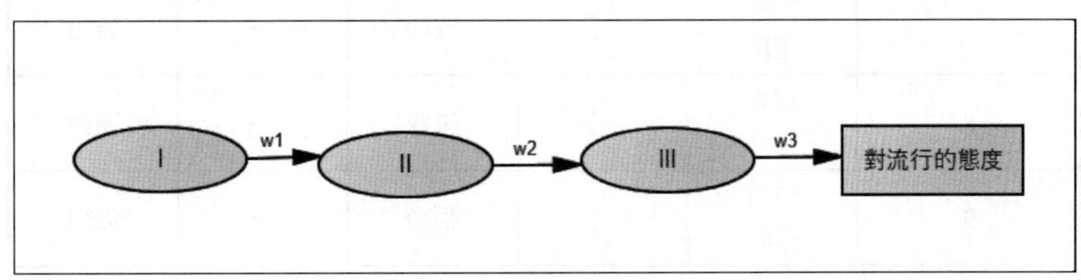

模式 NO.	I	II	III	
1	成功 (S) →	失敗 (F) →	拒絕 (R) →	流行
2	成功 →	拒絕 →	失敗 →	流行
3	失敗 →	成功 →	拒絕 →	流行
4	失敗 →	拒絕 →	成功 →	流行
5	拒絕 →	成功 →	失敗 →	流行
6	拒絕 →	失敗 →	成功 →	流行

Model Type B：三角型（**3** 種）

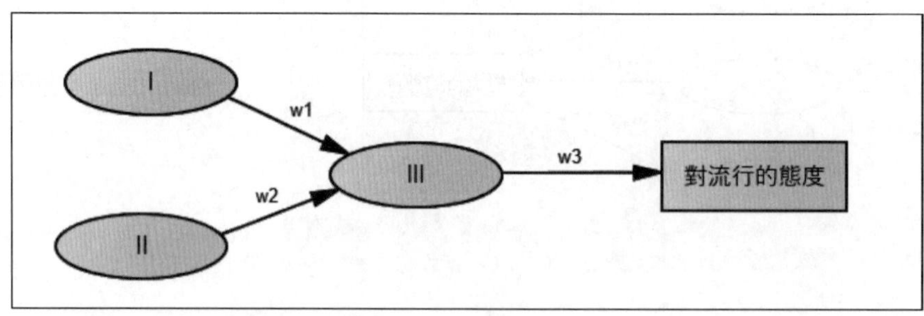

模式 NO.	II III		I		
7	失敗 拒絕	↘ ↗	成功	→	流行
8	成功 拒絕	↘ ↗	失敗	→	流行
9	成功 失敗	↘ ↗	拒絕	→	流行

Model Type C：鑽石型（3 種）

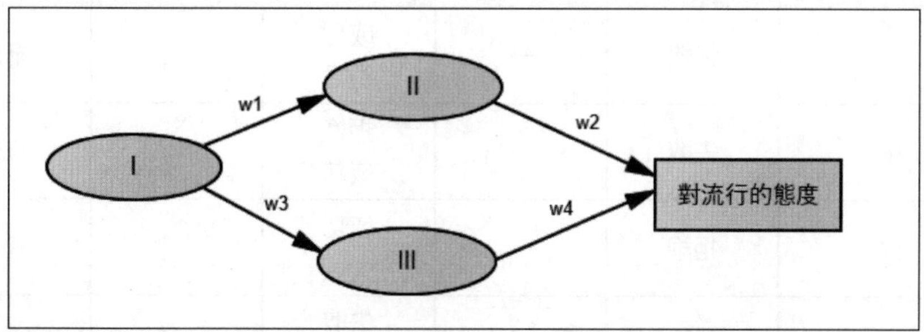

模式 NO.	I		II III		
10	成功	↗ ↘	失敗 拒絕	↘ ↗	流行
11	失敗	↗ ↘	成功 拒絕	↘ ↗	流行
12	拒絕	↗ ↘	成功 失敗	↘ ↗	流行

Model Type D：變形並列型（6 種）

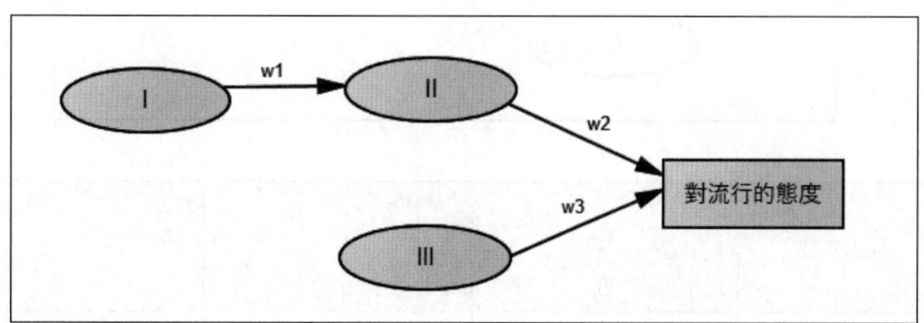

模式 NO.	I		II III		
13	成功	→	失敗 拒絕	↘ ↗	流行
14	成功	→	拒絕 失敗	↘ ↗	流行

模式 NO.	I		II III		
15	失敗	→	成功 拒絕	↘ ↗	流行
16	失敗	→	拒絕 成功	↘ ↗	流行
17	拒絕	→	成功 失敗	↘ ↗	流行
18	拒絕	→	失敗 成功	↘ ↗	流行

Model Type E：並列型（**1** 種）

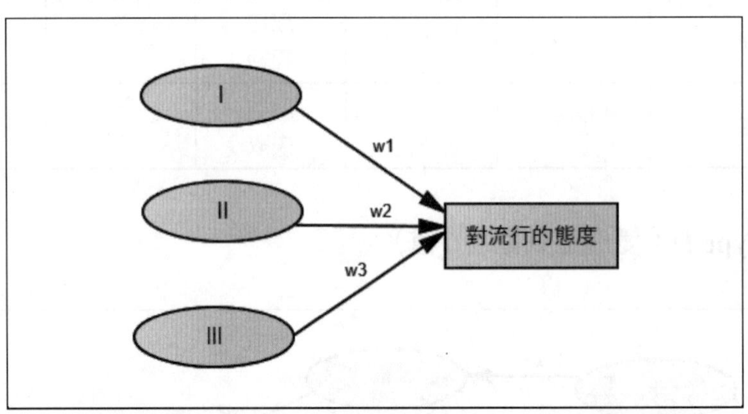

模式 NO.	I II III		
19	成功 失敗 拒絕	↘ → ↗	流行

20.2.3 在路徑上加上名稱

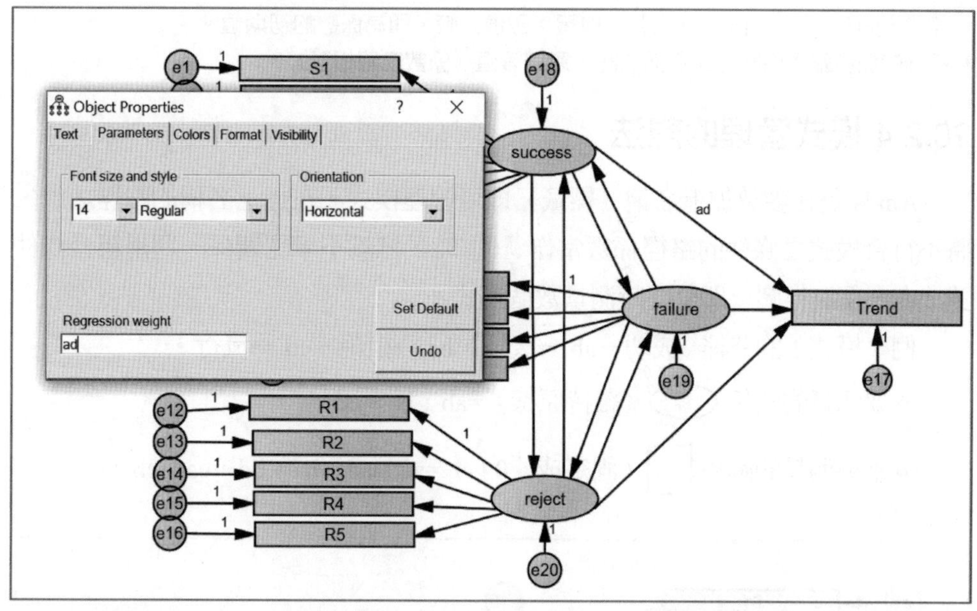

1. 將滑鼠的指針放在從「對成功的期待（success）」到「認爲自己對流行敏感（trend）」的路徑上按一下右鍵，選擇【物件性質】。

顯示出【物件性質】對話框。

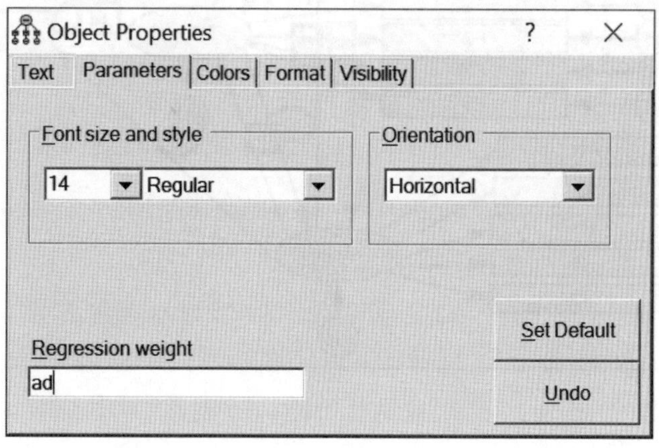

2. 按一下【參數】選片。在【係數】的方框中輸入「ad」。

3. 其他 8 個路徑也同樣輸入「名稱」。

* 在【係數】的方框中輸入「0.74」等數值時，即可固定未標準估計值。輸入「0.74？」（數字的後面有？）或【ab：0.74】（標籤：數值）時，即為係數的初期值。
* 不同的係數輸入相同的「名稱」時，意謂等值（係數之值相等）。

20.2.4 模式管理的想法

Amos 是在參數加上名稱（標籤）即可管理模式。在加上名稱的路徑之中，將不符合模式之條件的路徑係數當作「0」時，意謂不承認關係。利用組合條件式，在一個路徑圖上即可同時測量數個模式。

例：模式 1 的路徑　成功－ab→失敗－bc→拒絕－cd→流行。

- 要測量的關係 ⬭（維持原樣）=ab，bc，cd。
- 不要測量的關係 ☐（固定成「0」）=ac，ad，ba，bd，ca，cb。

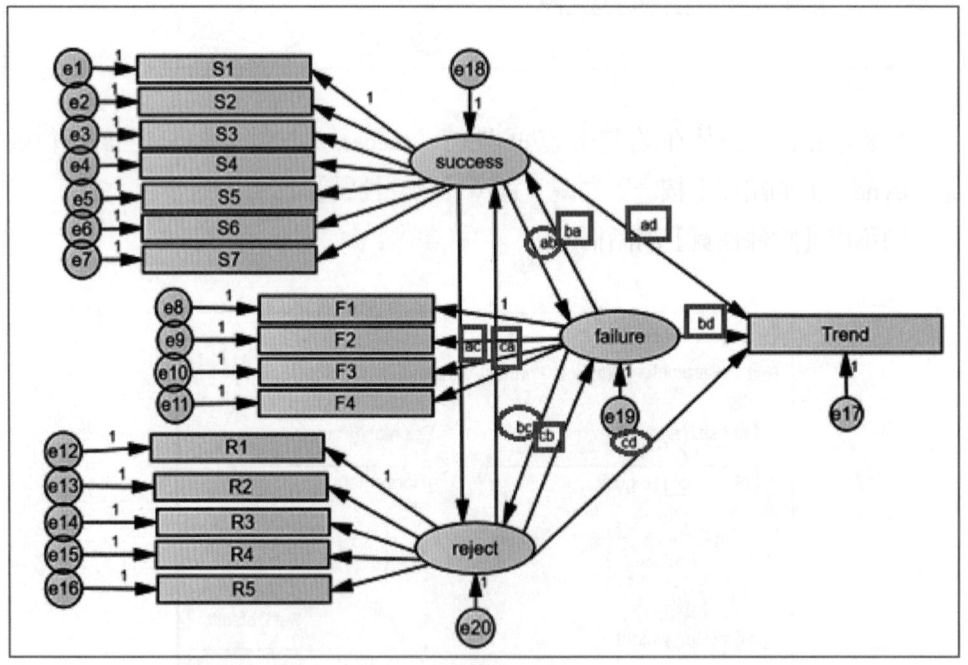

20.3 管理模式

20.3.1 管理模式對話框

從清單中選擇【分析】→【管理模式】。

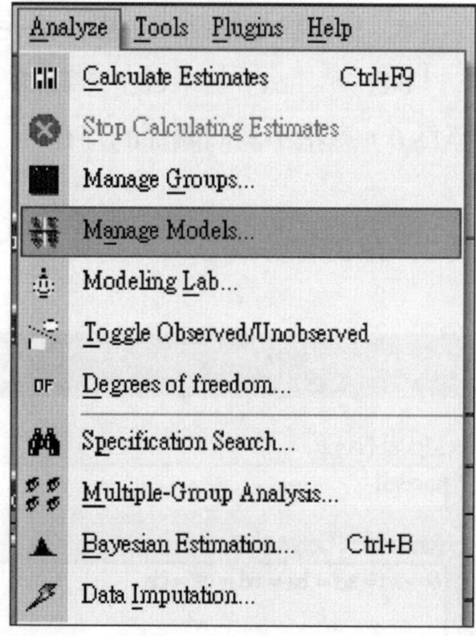

顯示如下的【管理模式】對話框。

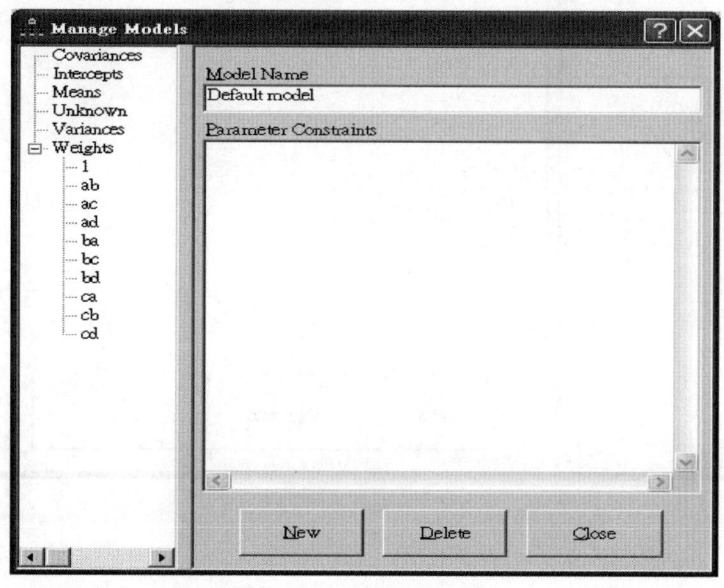

20.3.2 模式的條件式的設定

設定模式號碼的條件式

1. 在【參數限制】方框中先輸入「0」。

2. 在所設定的參數一覽表中的「ac」中連按兩下。在【參考限制】方框中即投入參數名稱。

3. 連按兩下「ad」。【=】會自動地被插入，顯示出定義式「0=ac=ad」。

4. 連按兩下「ba」、「bd」、「ca」、「cb」。確認下圖的限制已被輸入。0=…的式子是它們的路徑爲 0，意指不認同關係的存在。

5. 按一下「新增」。

6. 同樣輸入模式號碼 2～19 的條件式。

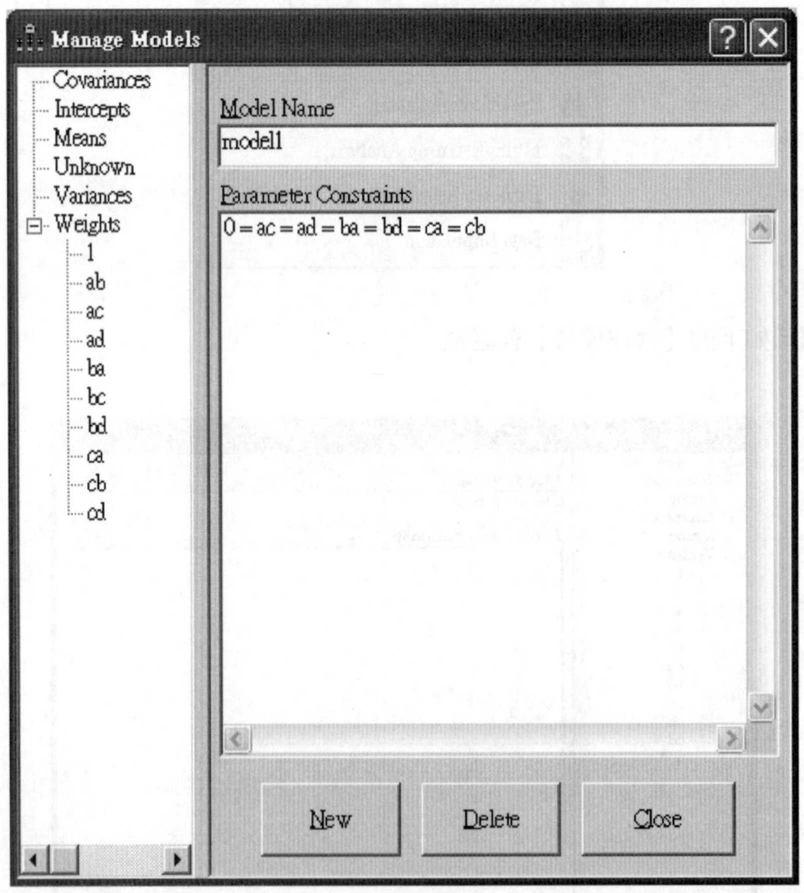

直列型模式的設定（模式 1～6）：Model Type A 直列型（6 種）

【注】按一下模式窗格上所顯示之「模型名稱」時即可切換模式。

三角形模式的條件式（模式號碼 7～9）：**Model Type B** 三角型（**3** 種）

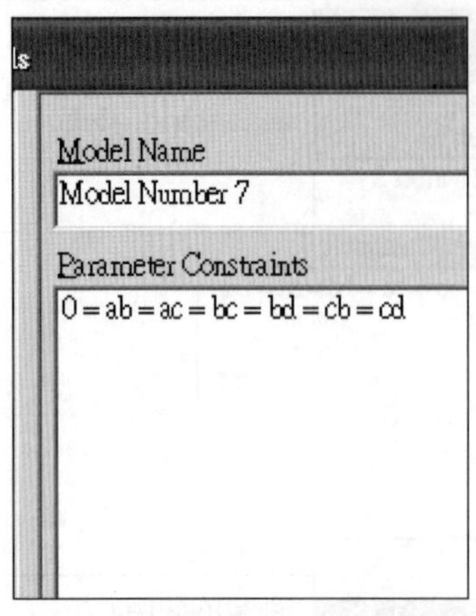

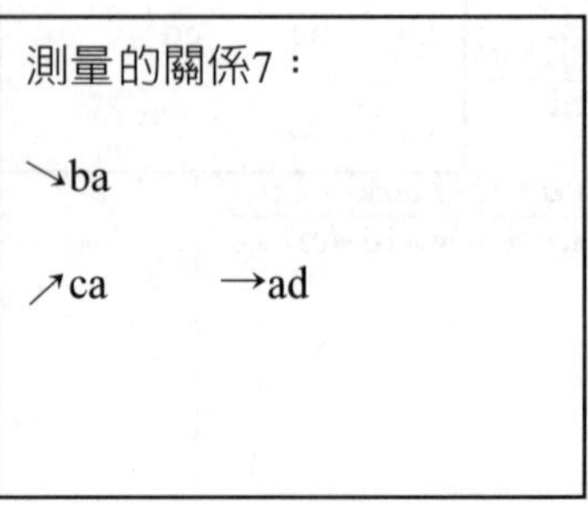

Model Name
Model Number 8
Parameter Constraints
0 = ac = ad = ba = bc = ca = cd

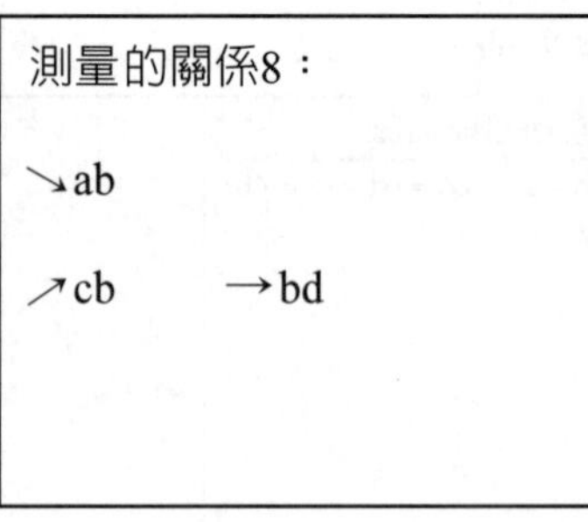

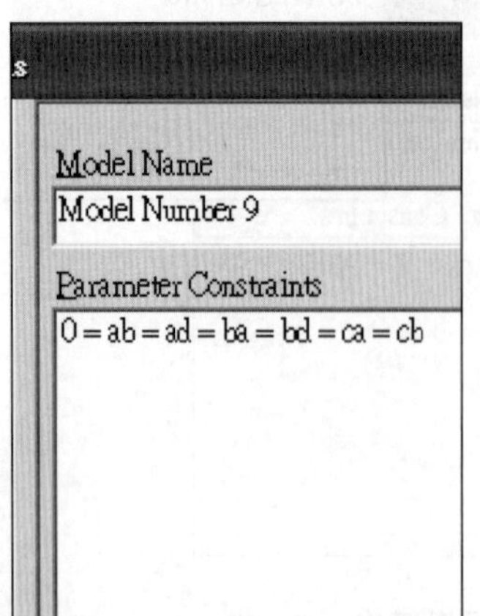

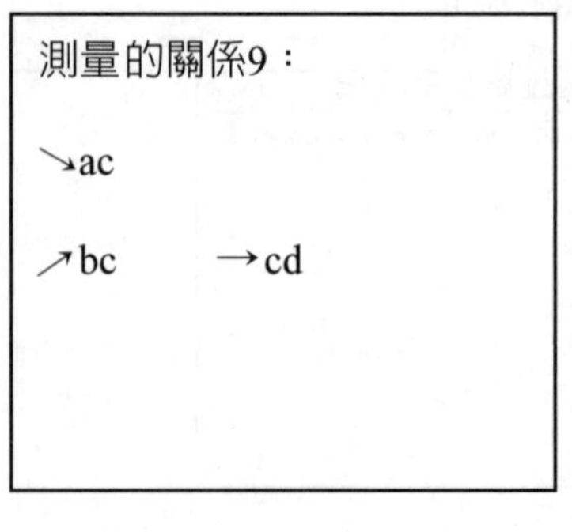

鑽石型模式的條件式（模式號碼 10～12）：Model Type C 鑽石型（3 種）

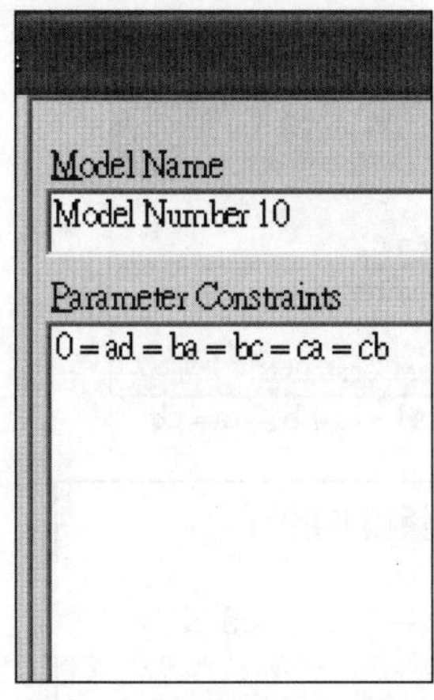

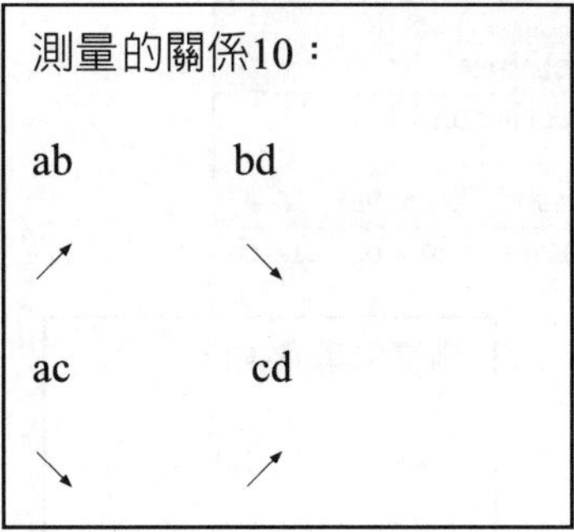

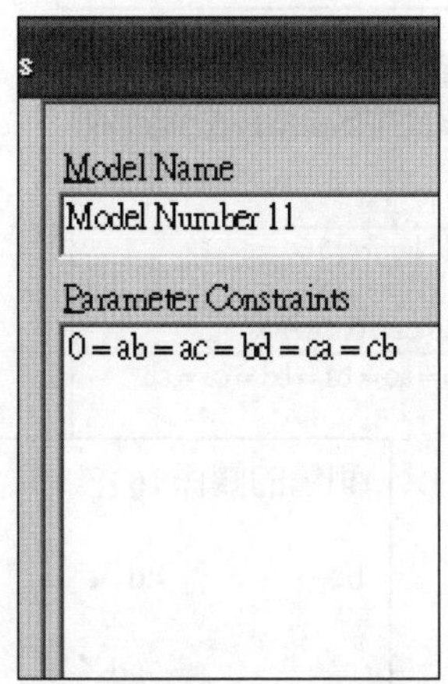

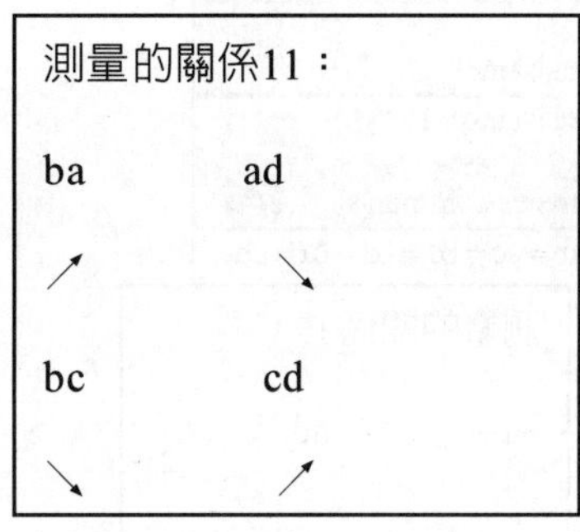

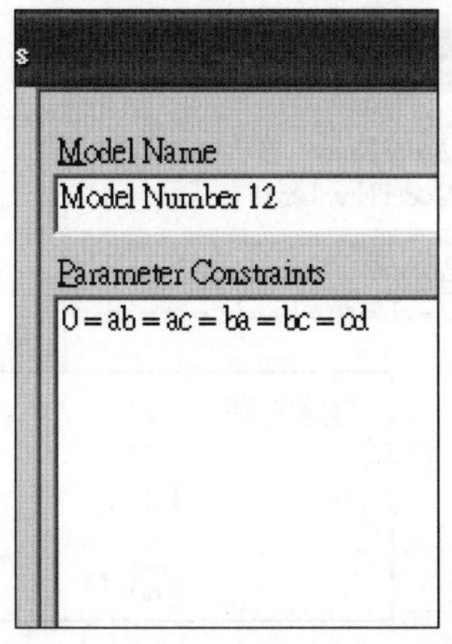

測量的關係12：

ca　　ad

↗　　↘

cb　　bd

↘　　↗

變形並列型模式的條件式（模式 13～18）：**Model TypeD** 變形並列型（**6** 種）

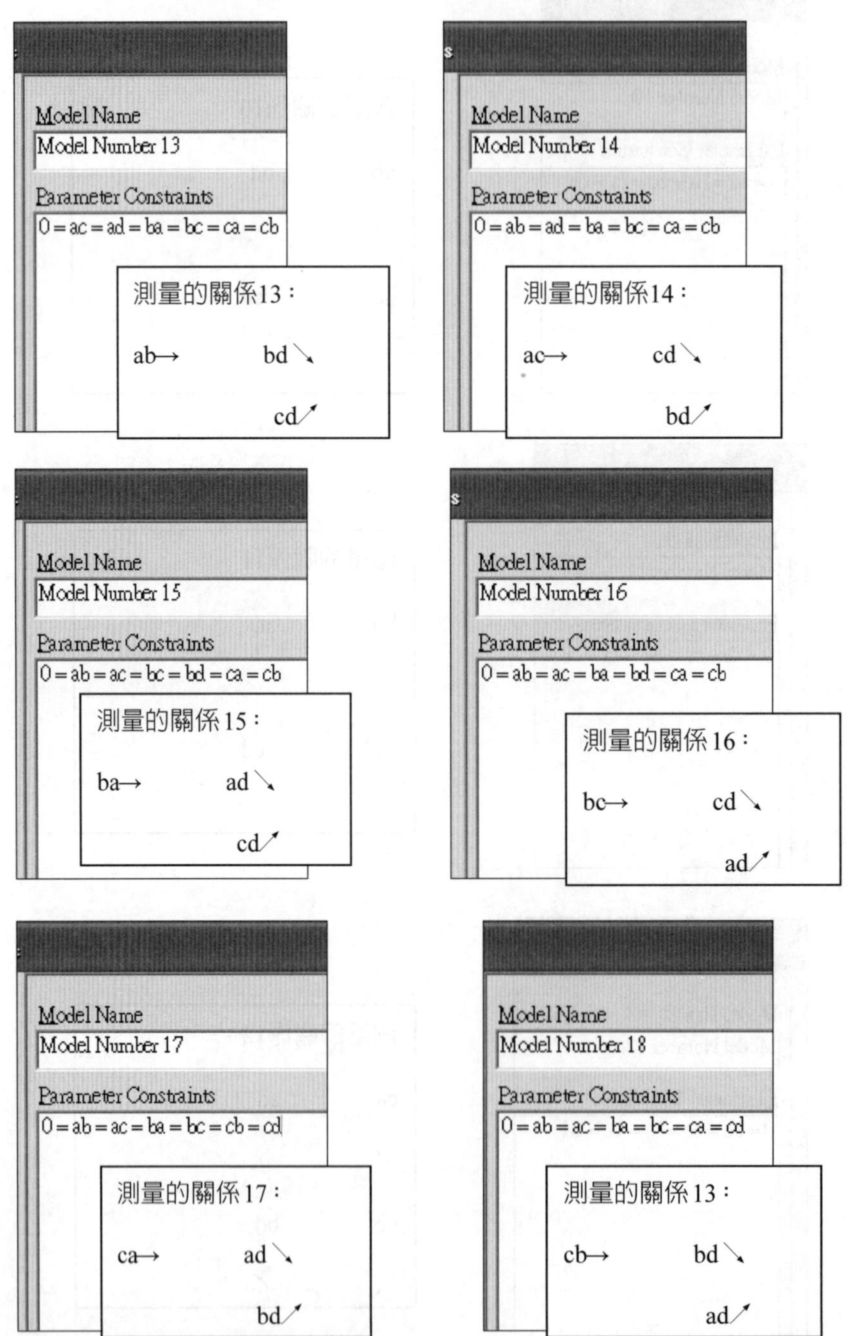

並列型模型的條件式（模式號碼 19）：**Model Type E** 並列型（1 種）

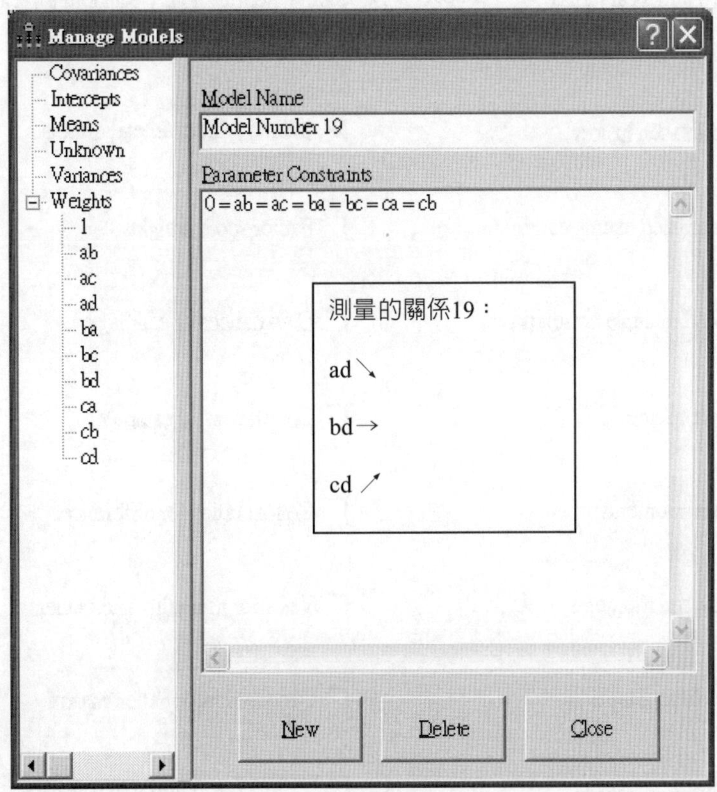

輸入所有模式的條件式後，按一下【關閉】。
關閉【管理模式】對話框。

20.4 分析的執行與結果的輸出

20.4.1 分析性質的設定

1. 從工具列按一下【分析性質】圖像（ ）。
2. 顯示【分析性質】對話框，按一下【輸出】選片。
3. 勾選【標準化估計值】。關閉對話框。

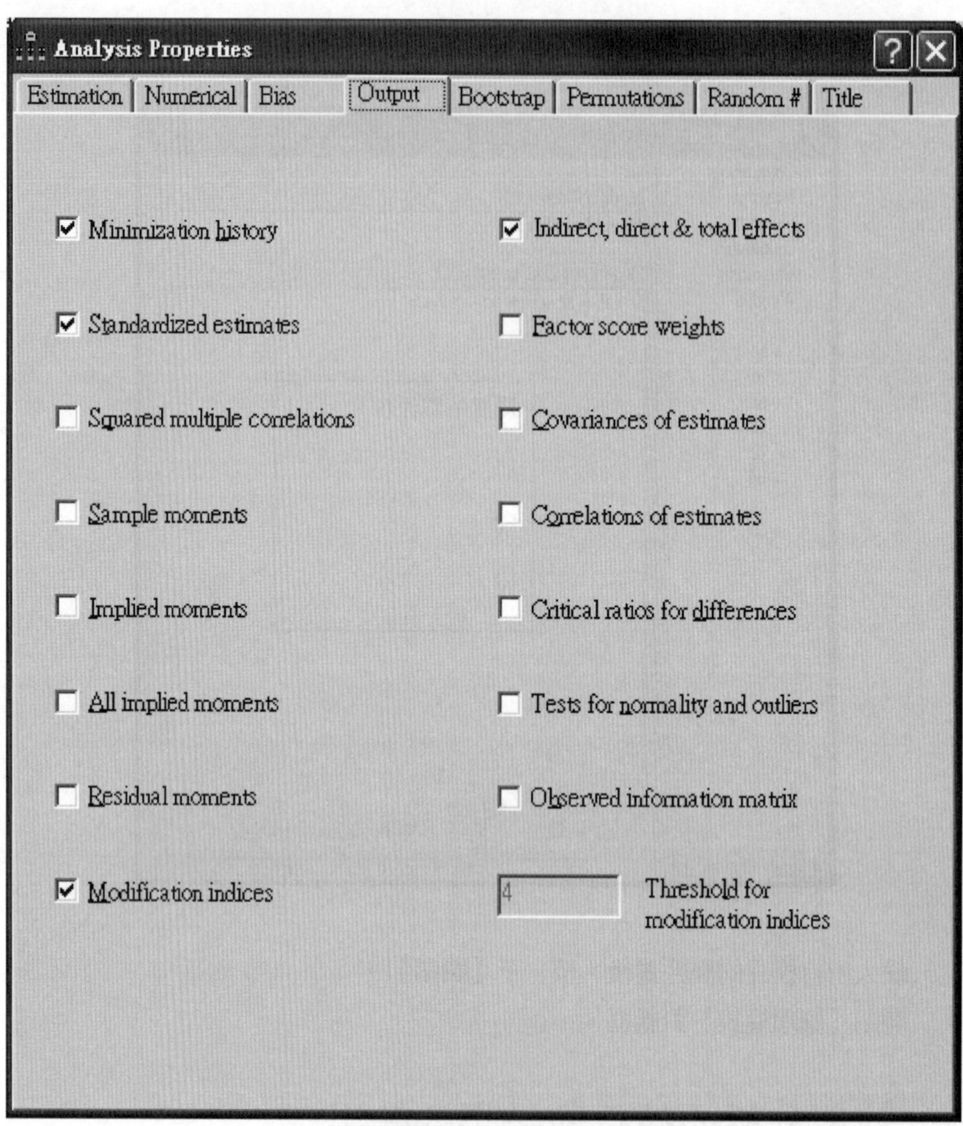
Analysis Properties
Estimation
Numerical
Bias
Output
Bootstrap
Permutations
Random #
Title
Minimization history
Indirect, direct & total effects
Standardized estimates
Factor score weights
Squared multiple correlations
Covariances of estimates
Sample moments
Correlations of estimates
Implied moments
Critical ratios for differences
All implied moments
Tests for normality and outliers
Residual moments
Observed information matrix
Modification indices
4
Threshold for
modification indices

20.4.2 分析的執行

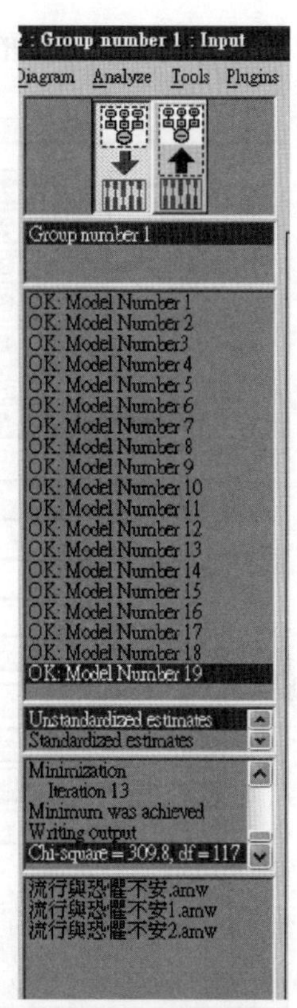

1. 從清單中點選【檔案】→【另存新檔】，輸入檔名（以一例來說，輸入「流行與恐懼不安」）。按一下【儲存】。

2. 按一下【計算估計值】圖像（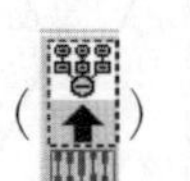）。

3. 如可求出估計值時，窗格最上方右側的【輸入路徑圖的顯示】即成爲有效的圖像（ ）。

4. 同時，模式窗格的顯示從「xx：模式名」切換成「OK：模式名」。

5. 如有未適合數據的模式時，仍維持「xx：模式名」，顯示並未改變。此時的原因可以想成是模式的條件式輸入有誤，或數據與模式不適配（所設想的模式不適合數據，亦即，見不到所假設的構造，本事例中全部的模式均可被估計）。

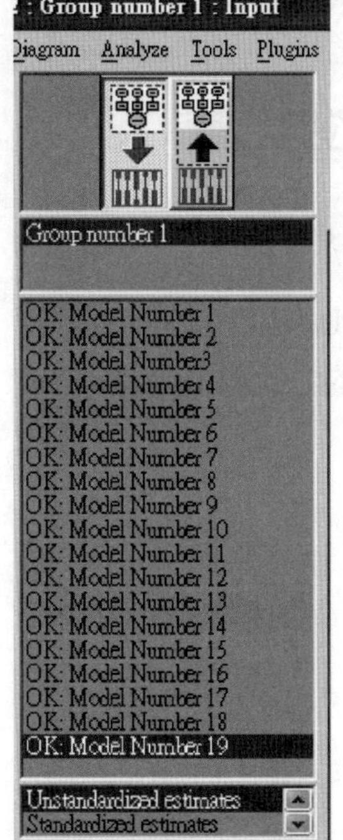

20.4.3 路徑圖的輸出——在路徑圖上輸出分析結果

1. 按一下窗格最上方右側的「輸出路徑圖顯示」，路徑圖上會輸出結果。

2. 進行數個模式的同時分析時，按一下模式窗格上所顯示的模式名稱，即可切換出所顯示的模式。

3. 在參數形式窗格上按一下【標準化估計值】路徑圖上標準化路徑係數即被輸出。

4. 試著按一下「模式號碼 1」。如要將結果輸入在路徑圖上時，【管理模式】方框中指定「0」的路徑係數即成爲「.00」（無關係），知可得出想估計的路徑係數（成功→失敗→拒絕→流行）。

5. 按一下模式窗格的模式名稱時，各個模式的路徑係數即配合所輸入的條件式輸出在路徑圖上。

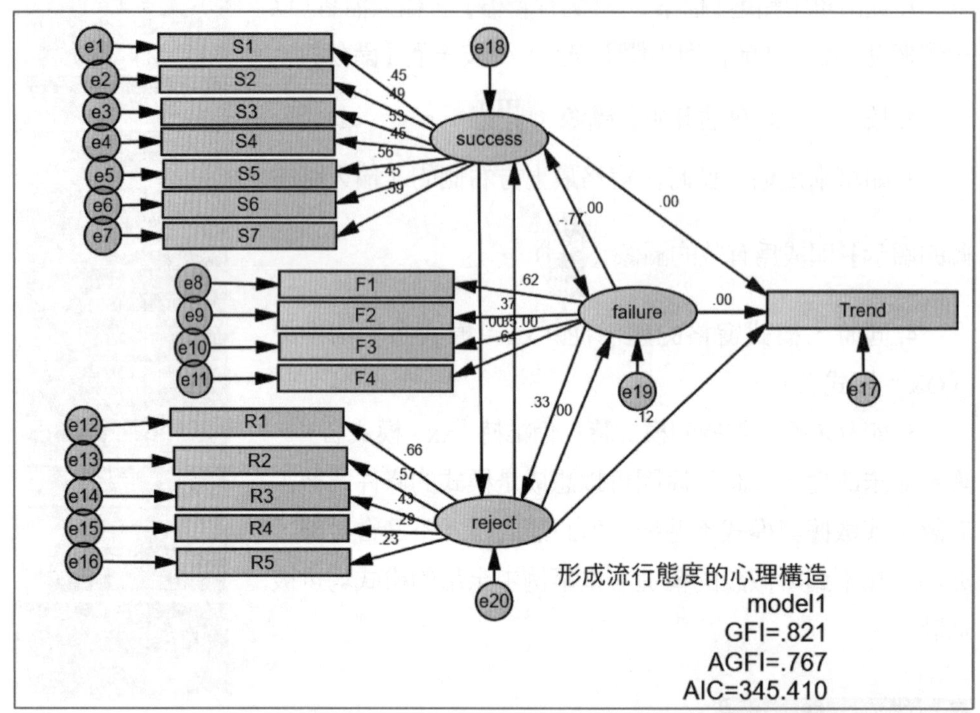

20.4.4 適合度的標出 —— 顯示模式與數據的適合度

1. 從清單按一下【從正文輸出】的顯示圖像（ ）。

2. 按一下導引樹（Navigation Tree）的【模式適配（Model Fit）】。如已進行數個模式的同時分析時，所有模式的適配度均可以一覽的方式顯示出來。

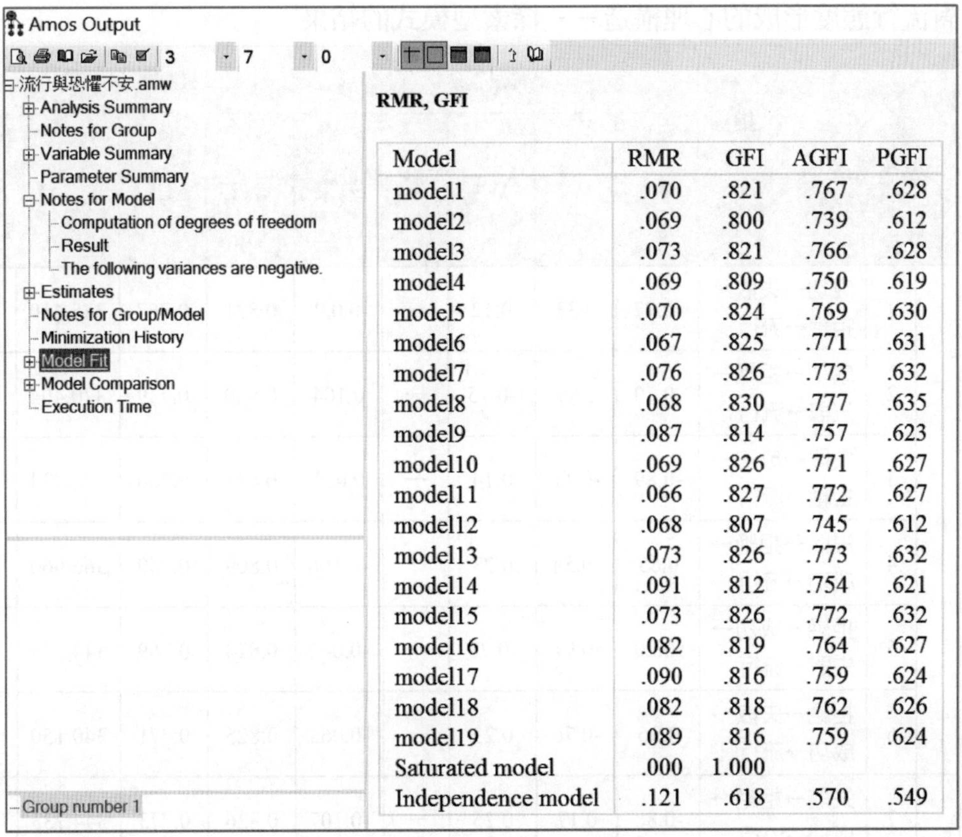

Amos Output

流行與恐懼不安.amw
- Analysis Summary
- Notes for Group
- Variable Summary
- Parameter Summary
- Notes for Model
  - Computation of degrees of freedom
  - Result
  - The following variances are negative.
- Estimates
- Notes for Group/Model
- Minimization History
- Model Fit
- Model Comparison
- Execution Time

Group number 1

RMR, GFI

Model	RMR	GFI	AGFI	PGFI
model1	.070	.821	.767	.628
model2	.069	.800	.739	.612
model3	.073	.821	.766	.628
model4	.069	.809	.750	.619
model5	.070	.824	.769	.630
model6	.067	.825	.771	.631
model7	.076	.826	.773	.632
model8	.068	.830	.777	.635
model9	.087	.814	.757	.623
model10	.069	.826	.771	.627
model11	.066	.827	.772	.627
model12	.068	.807	.745	.612
model13	.073	.826	.773	.632
model14	.091	.812	.754	.621
model15	.073	.826	.772	.632
model16	.082	.819	.764	.627
model17	.090	.816	.759	.624
model18	.082	.818	.762	.626
model19	.089	.816	.759	.624
Saturated model	.000	1.000		
Independence model	.121	.618	.570	.549

20.4.5 一覽表的製作

在 Amos 的正文輸出中選擇表格。點選工具列的（ ）圖像，複製在剪貼簿時，即可將數值貼在 Excel。調整格線即可複製一覽表。

對流行態度形成的心理構造——探索型模式的結果

模型類型 No 到「流行態度」的路徑 \ 指標			路徑係數					模型的適合度			
			W1	W2	W3	W4	效果	GFI	AGFI	AIC	
A	1	成功→失敗→拒絕→流行	-0.77	0.33	0.12	—	-0.030	0.821	0.767	345.410	9
	2	成功→拒絕→失敗→流行	-0.70	0.99	-0.15	—	0.104	0.800	0.739	370.404	14
	3	失敗→成功→拒絕→流行	-0.89	-0.17	0.14	—	0.021	0.821	0.766	348.724	10
	4	失敗→拒絕→成功→流行	0.85	-0.54	0.23	—	-0.106	0.809	0.750	366.060	11
	5	拒絕→成功→失敗→流行	-0.20	-0.91	-0.22	—	-0.040	0.824	0.769	344.859	8
	6	拒絕→失敗→成功→流行	0.36	-0.76	0.23	—	-0.063	0.825	0.771	340.150	3
B	7	失敗→拒絕→成功→流行	-0.88	0.17	0.25	—	-0.107	0.826	0.773	344.233	7
	8	**成功→拒絕→失敗→流行【採納】**	**-0.83**	**0.38**	**-0.17**	—	**-0.380**	**0.830**	**0.777**	**337.851**	**1**
	9	成功→失敗→拒絕→流行	0.20	0.54	0.14	—	0.184	0.814	0.757	376.326	16
C	10	成功→失敗與拒絕→流行	-0.91	-0.28	-0.20	0.22	0.211	0.826	0.771	342.363	4
	11	失敗→成功與拒絕→流行	-0.77	0.29	0.36	0.21	-0.148	0.827	0.772	338.046	2
	12	拒絕→成功與失敗→流行	-0.63	0.32	0.96	0.12	-0.086	0.807	0.745	367.434	12

模型類型 No 到「流行態度」的路徑 ＼ 指標			路徑係數					模型的適合度			
			W1	W2	W3	W4	效果	GFI	AGFI	AIC	
D	13	成功→失敗→流行，拒絕→流行	-0.89	-0.26	0.21	—	0.441	0.826	0.773	343.059	6
	14	成功→拒絕→流行，失敗→流行	-0.06	0.18	-0.09	—	-0.101	0.812	0.754	388.456	19
	15	失敗→成功→流行，拒絕→流行	-0.87	0.26	0.19	—	-0.036	0.826	0.772	342.559	5
	16	失敗→拒絕→流行，成功→流行	0.49	0.16	0.27	—	0.348	0.819	0.764	370.226	13
	17	拒絕→成功→流行，失敗→流行	-0.07	0.26	0.05	—	0.032	0.816	0.759	384.364	18
	18	拒絕→失敗→流行，成功→流行	0.52	0.03	0.26	—	0.276	0.818	0.762	372.604	15
E	19	成功→失敗→拒絕→流行	0.27	0.03	0.17	—	0.470	0.816	0.759	381.839	17

【注 1】路徑係數＝表示要因間的關係強度（效果是利用路徑係數的組合求出）。

【注 2】GFI、AGFI＝愈接近 1，判斷模式與表格的適配愈佳。

【注 3】AIC＝評價數個模式間相對性好壞的指標。採納值小的模式作爲備選。

* 效果的計算式

模式類型 A 的效果＝W1*W2*W3

模式類型 B 的效果＝(W1*W2)＋(W3*W2)

模式類型 C 的效果＝(W1*W2)＋(W3*W4)

模式類型 D 的效果＝(W1*W2)＋W3

模式類型 E 的效果＝W1＋W2＋W3

表中的數值除了揭示由 Amos 輸出所貼上的模式適合度之外，並加上路徑係數與其效果，利用 Excel 的 RANK 函數【RANK（數值 , 範圍 , 順序）】求出的 AIC 順位。

進行數個模式的比較時，以如下的基準採納最適模式。

1. 估計能順利進行（Amos 中顯示【OK：模式名】）。
2. AIC 的值小。
3. GFI 與 AGFI 的值大。
4. 未發生不適解（可在 Amos 輸出的對話框中確認 *）。
5. 在相同類型（構造相等）的模式中，效果之值大。
6. 結果的解釋容易理解且有用性高。

* 在【Amos 輸出】的方框中選擇【有關模式與組的注釋】。按一下方框左下的模式號碼確認各個模式的註解（不適解時，顯示「此解釋不適解」）。

在此次的情形中，

1. 所有的模式（模式 1-19）的估計均能順利進行。

2. AIC 是【模式號碼 8】為最小。

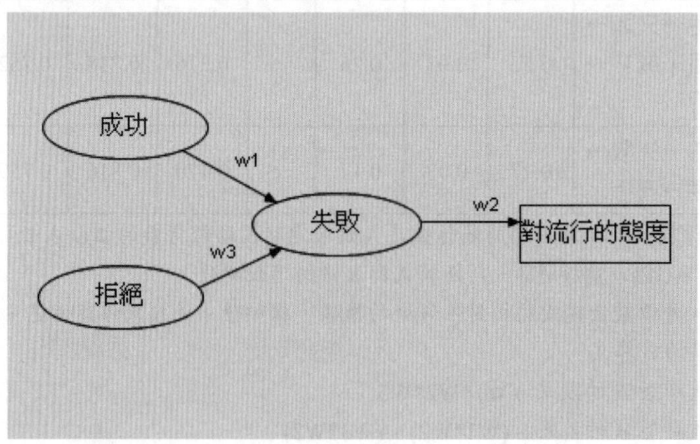

3. GFI 與 AGFI 之值最大的是【模式號碼 8】。

4. 從 Amos 輸出確認模式的註解時，【模式號碼 17】與【模式號碼 19】發生不適解，【模式號碼 8】是最好的。

5. 如比較與【模式號碼 8】相同類型的【模式號碼 7】與【模式號碼 9】的效果時，【模式號碼 8】之值（絕對值）也最大。

6. 結果的解釋因爲是從所得到的路徑係數進行，因之，基於①～⑤的結果，接受【模式號碼 8】作爲備選來整理結果。

20.4.6 輸出路徑圖的完成

針對「模式號碼 8」的路徑圖係數「.00」的路徑使之不顯示

1. 輸出路徑圖。按一下模式窗格的【模式號碼 8】。

2. 在顯示「.00」的路徑上按右鍵。選擇【物件性質】。按一下【Visibility】。

3. 取消【Show picture】、【Show parameter】。於是路徑與係數即消失。

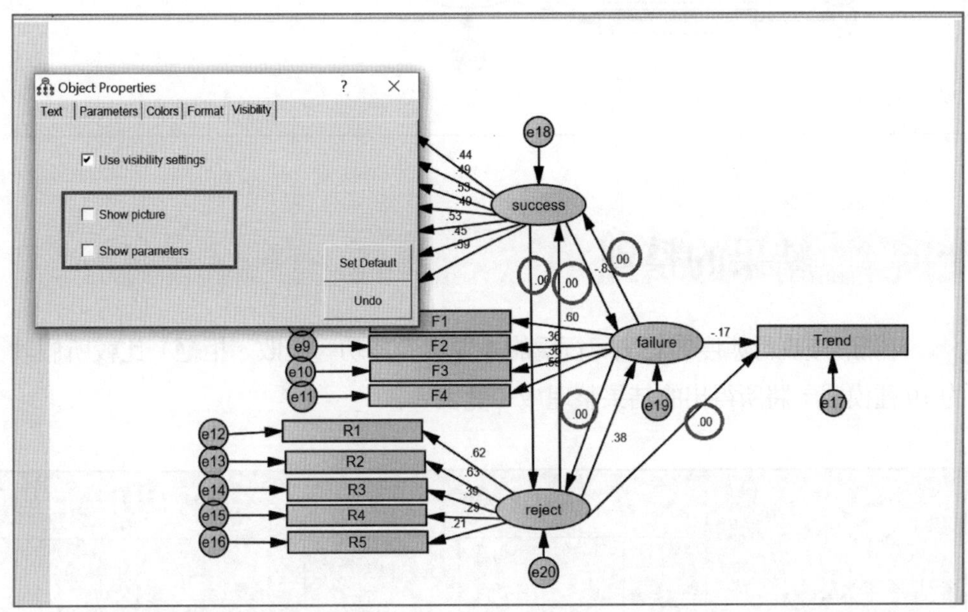

4. 在顯示方框的狀態下將其他的「.00」的路徑也取消，最後關閉方框。所完成的路徑圖即爲如下。

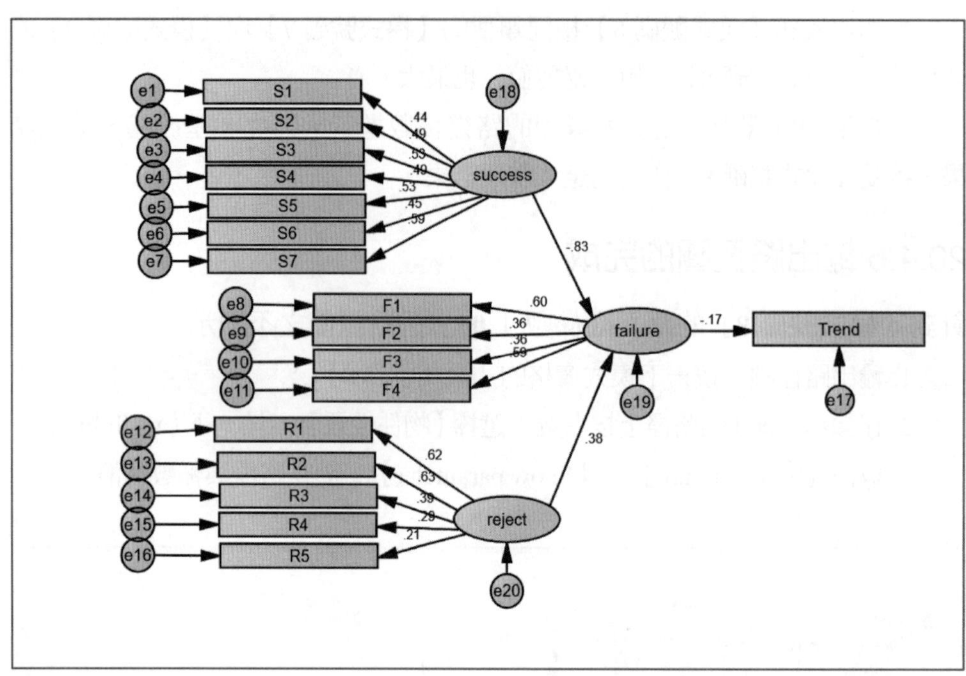

20.5 結果的整理

有關形成流行態度的想法與行爲的 3 要素（成功、失敗、拒絕）比較所假設的 19 種模式，將所得出的結果整理成一覽表。

指標 模型類型 No. 到「流行態度」的路徑			路徑係數					模型的適合度			
			W1	W2	W3	W4	效果	GFI	AGFI	AIC	
A	1	成功→失敗→ 拒絕→流行	-0.77	0.33	0.12	—	-0.030	0.821	0.767	345.410	9
	2	成功→拒絕→ 失敗→流行	-0.70	0.99	-0.15	—	0.104	0.800	0.739	370.404	14
	3	失敗→成功→ 拒絕→流行	-0.89	-0.17	0.14	—	0.021	0.821	0.766	348.724	10

指標 模型類型	No.	到「流行態度」的路徑	路徑係數 W1	路徑係數 W2	路徑係數 W3	路徑係數 W4	路徑係數 效果	模型的適合度 GFI	模型的適合度 AGFI	模型的適合度 AIC	
	4	失敗→拒絕→成功→流行	0.85	-0.54	0.23	—	-0.106	0.809	0.750	366.060	11
	5	拒絕→成功→失敗→流行	-0.20	-0.91	-0.22	—	-0.040	0.824	0.769	344.859	8
	6	拒絕→失敗→成功→流行	0.36	-0.76	0.23	—	-0.063	0.825	0.771	340.150	3
B	7	失敗。拒絕→成功→流行	-0.88	0.17	0.25	—	-0.107	0.826	0.773	344.233	7
B	**8**	**成功。拒絕→失敗→流行【採納】**	**-0.83**	**0.38**	**-0.17**	—	**-0.380**	**0.830**	**0.777**	**337.851**	**1**
B	9	成功。失敗→拒絕→流行	0.20	0.54	0.14	—	0.184	0.814	0.757	376.326	16
C	10	成功→失敗與拒絕→流行	-0.91	-0.28	-0.20	0.22	0.211	0.826	0.771	342.363	4
C	11	失敗→成功與拒絕→流行	-0.77	0.29	0.36	0.21	-0.148	0.827	0.772	338.046	2
C	12	拒絕→成功與失敗→流行	-0.63	0.32	0.96	0.12	-0.086	0.807	0.745	367.434	12
D	13	成功→失敗→流行，拒絕→流行	-0.89	-0.26	0.21	—	0.441	0.826	0.773	343.059	6
D	14	成功→拒絕→流行，失敗→流行	-0.06	0.18	-0.09	—	-0.101	0.812	0.754	388.456	19
D	15	失敗→成功→流行，拒絕→流行	-0.87	0.26	0.19	—	-0.036	0.826	0.772	342.559	5

模型類型 No. 到「流行態度」的路徑 ＼ 指標			路徑係數					模型的適合度			
			W1	W2	W3	W4	效果	GFI	AGFI	AIC	
	16	失敗→拒絕→流行，成功→流行	0.49	0.16	0.27	—	0.348	0.819	0.764	370.226	13
	17	拒絕→成功→流行，失敗→流行	-0.07	0.26	0.05	—	0.032	0.816	0.759	384.364	18
	18	拒絕→失敗→流行，成功→流行	0.52	0.03	0.26	—	0.276	0.818	0.762	372.604	15
E	19	成功。失敗。拒絕→流行	0.27	0.03	0.17	—	0.470	0.816	0.759	381.839	17

1. 在比較的模式之中【模式號碼 8】的 AIC 是最小的，GFI 與 AGFI 是最高的，另外，在相同類型的模式之中效果的絕對值是最大的。

2.【模式號碼 8】是「對成功的願望」與「對拒絕的恐懼」平行地影響「對失敗的恐懼」，「對失敗的恐懼」影響「Trend: 對流行的態度」。

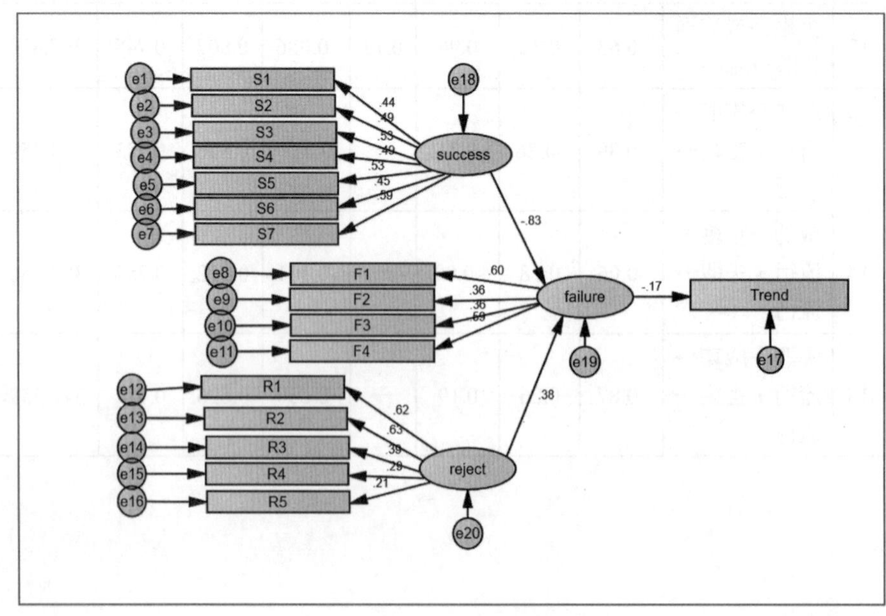

3. 從所得出的路徑係數（標準化估計值）可看出「對成功的願望」到「對失敗的恐懼」有強烈的負面關係（-0.83），「對拒絕的恐懼」到「對失敗的恐懼」有正面的關係（0.38），「對成功的願望」愈強「對失敗的恐懼」就愈弱，「對拒絕的恐懼」（特別來自周遭）愈強，「對失敗的恐懼」即愈強。另外，從受到成功與拒絕影響的「對失敗的恐懼」到「認爲自己對流行敏感」的關係是負面關係（-0.17），「對失敗的恐懼」愈強，「對流行的態度」愈是負面（保守的）。

4. 由此事來看，暗示「對流行的態度」是以「對失敗的恐懼」爲中介，透過「對成功的願望」與「對拒絕的恐懼」之平行關係所形成的。可以解釋成功與失敗是相反關係，「對成功的願望」緩和「對失敗的恐懼」，「對拒絕的恐懼」提高「對失敗的恐懼」，此結果形成「對流行的態度」。

5. 適合度指標的 GFI 與 AGFI 之値雖然對基準値 1 來說是低些，但如考慮測量有模糊不明的心裡要素時，模式與數據的適配大致是良好的。

參考 1　利用單一模式探討的結果

繪製所採納的模式路徑圖之後，執行平常的結構方程模式分析時，可知與進行數個模式的同時分析所得出的結果是一致的。

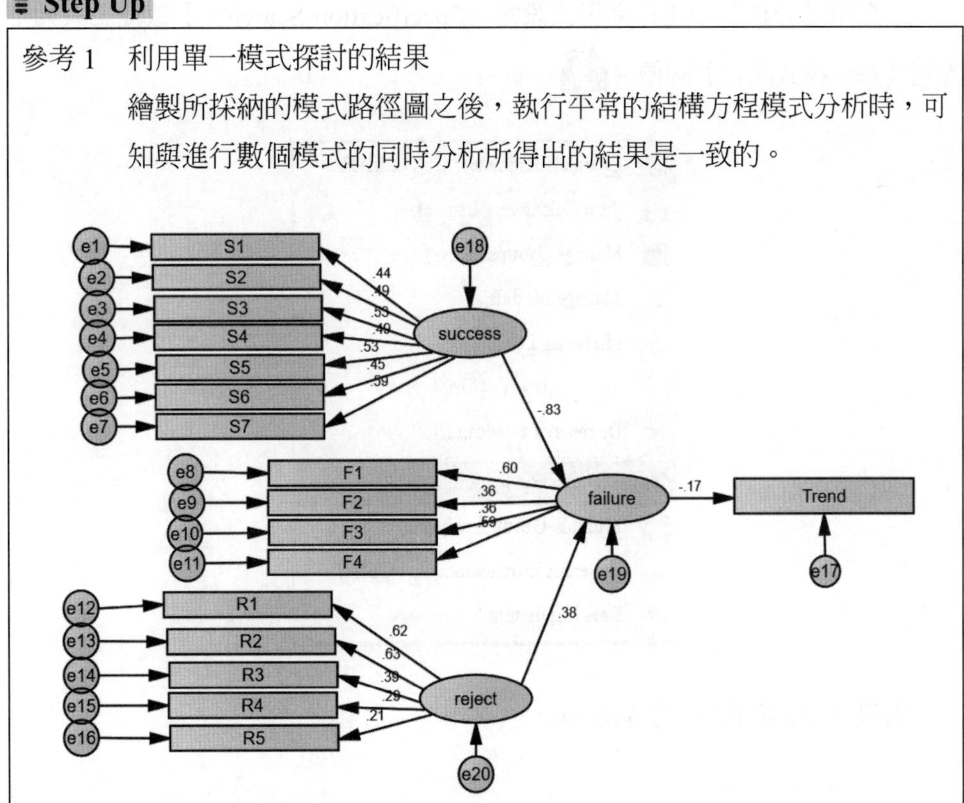

> 參考 2　模式間差異的檢定
> 執行數個模式的同時分析時，取決於模式在 Amos 輸出中可自動做出「模式的比較」，可比較模式間之差異。

20.6 探索模式設定

20.6.1 指定要探索的路徑

前面學習了自行設定類型探索模式的方法，Amos 中也安裝有探索模式特定化的機能，將所指定之路徑（單向或雙向路徑）的有無加以組合，自動地製作模式再進行分析。此處學習此方法。

1. 繪製包含所有路徑的路徑圖。

2. 點選【分析】→【探索模式設定（Specification Search）】或從工具列中點選【探索模式設定】圖像（ ）。

出現【探索模式設定】對話框。

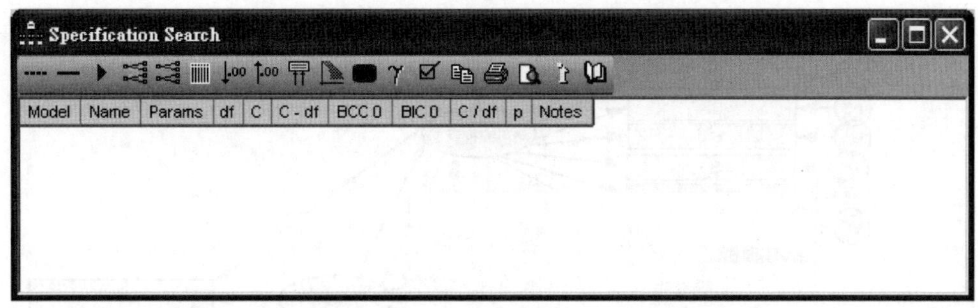

3. 按一下（ ）【設定選擇箭線】。

按一下探索中想指定的路徑【事例是 3 個潛在變數之間以及對流行的態度】後，所指定的路徑顏色會改變。

（想解除指定時，按一下（ ）【設定必要箭線】紐時，即選擇路徑）。

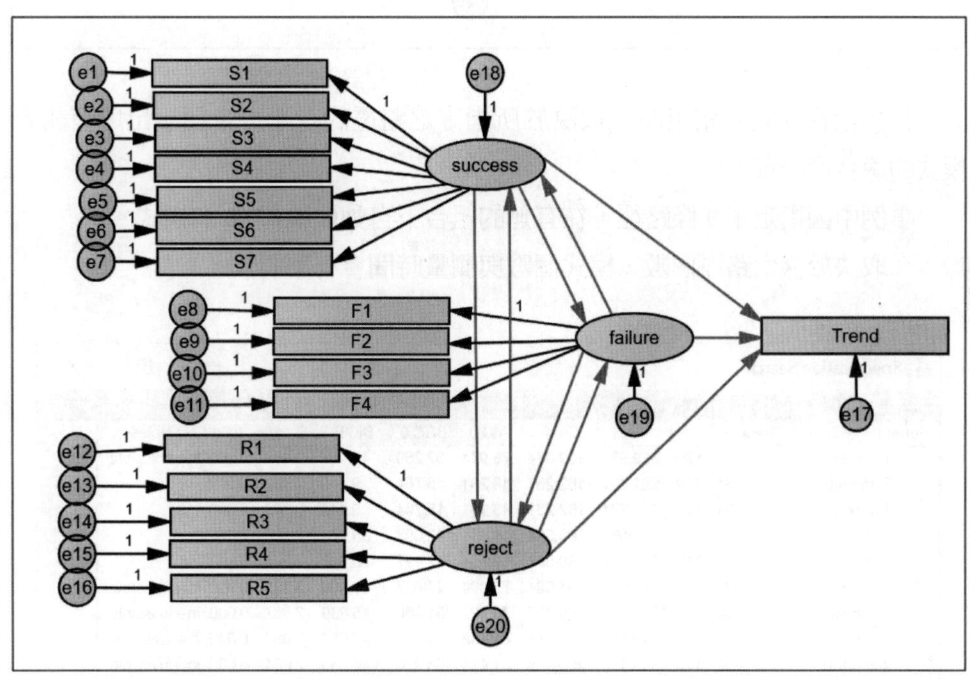

20.6.2 執行探索模式設定

1. 按一下【執行探索模式設定】（ ）紐。

探索模式設定即被執行。

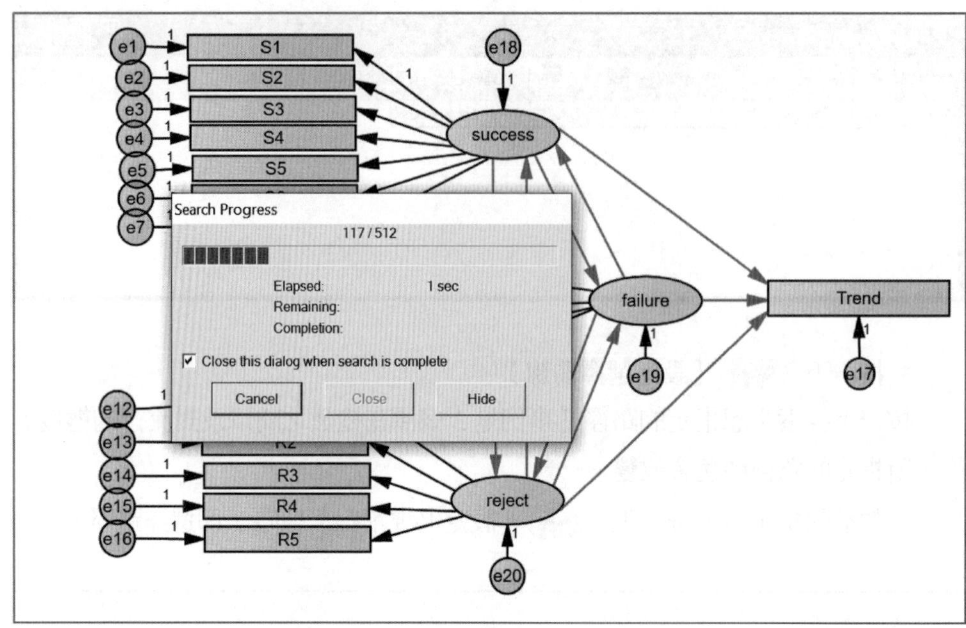

2. 探索模式設定結束時，取決於所指定之路徑的有無，會顯示出所有組合模式的適合度一覽。

事例中因指定了 9 條路徑，在有無的組合下自動地執行 80 個模式。

（取決於探索路徑個數，模式個數與測量時間會有不同）。

Specification Search

Model	Name	Params	df	C	C - df	AIC 0	BCC 0	BIC 0	C / df	p	Notes
1	model1	33	120	319.974	199.974	79.974	52.250	43.118	2.666	0.000	Inadmissible
2	model1	34	119	281.231	162.231	43.231	15.764	9.443	2.363	0.000	
3	model1	34	119	281.231	162.231	43.231	15.764	9.443	2.363	0.000	
4	model1	34	119	307.564	188.564	69.564	42.097	35.776	2.585	0.000	
5	model1	34	119	307.564	188.564	69.564	42.097	35.776	2.585	0.000	
6	model1	34	119	313.094	194.094	75.094	47.627	41.306	2.631	0.000	Inadmissible
7	model1	34	119	317.427	198.427	79.427	51.960	45.639	2.667	0.000	Inadmissible
8	model1	34	119	319.438	200.438	81.438	53.970	47.650	2.684	0.000	Inadmissible
9	model1	34	119	319.438	200.438	81.438	53.970	47.650	2.684	0.000	Inadmissible
10	model1	34	119	319.807	200.807	81.807	54.340	48.020	2.687	0.000	
11	model1	35	118	269.308	151.308	33.308	6.098	2.589	2.282	0.000	
12	model1	35	118	274.446	156.446	38.446	11.236	7.728	2.326	0.000	
13	model1	35	118	274.446	156.446	38.446	11.236	7.728	2.326	0.000	
14	model1	35	118	274.612	156.612	38.612	11.402	7.893	2.327	0.000	
15	model1	35	118	274.612	156.612	38.612	11.402	7.893	2.327	0.000	
16	model1	35	118	274.612	156.612	38.612	11.402	7.893	2.327	0.000	
17	model1	35	118	275.327	157.327	39.327	12.117	8.608	2.333	0.000	
18	model1	35	118	275.327	157.327	39.327	12.117	8.608	2.333	0.000	
19	model1	35	118	278.453	160.453	42.453	15.243	11.734	2.360	0.000	

＊ 利用【探索模式設定】的數個模式之比較，模式個數是取決於各個路徑有無之組合，因之比設定類型管理模式的前述方法，組合的類型會更多。

3. 連按兩下【模式 3】的列。

顯示出所選擇的【模式 3】的路徑圖。

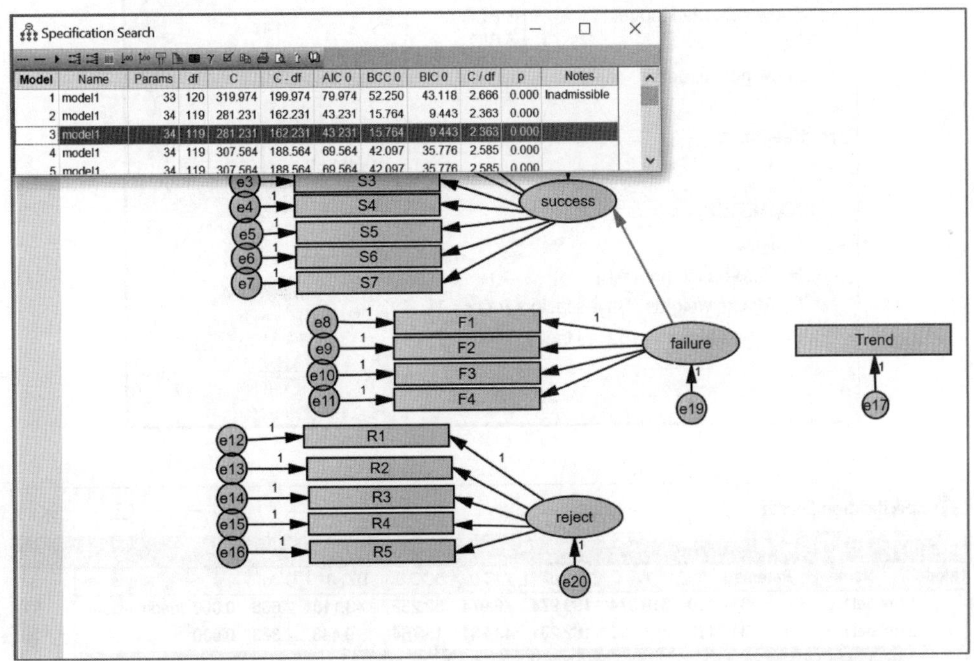

20.6.3 模式的設定

1. 按一下工具列的【選項】鈕（☑）。

顯示出【選項】方框。

2. 按一下【目前結果】選片。將【揭示】方框的卷軸向下拉，勾選 AIC。

關閉【選項】方框，AIC 即被追加到適合度一覽表中。

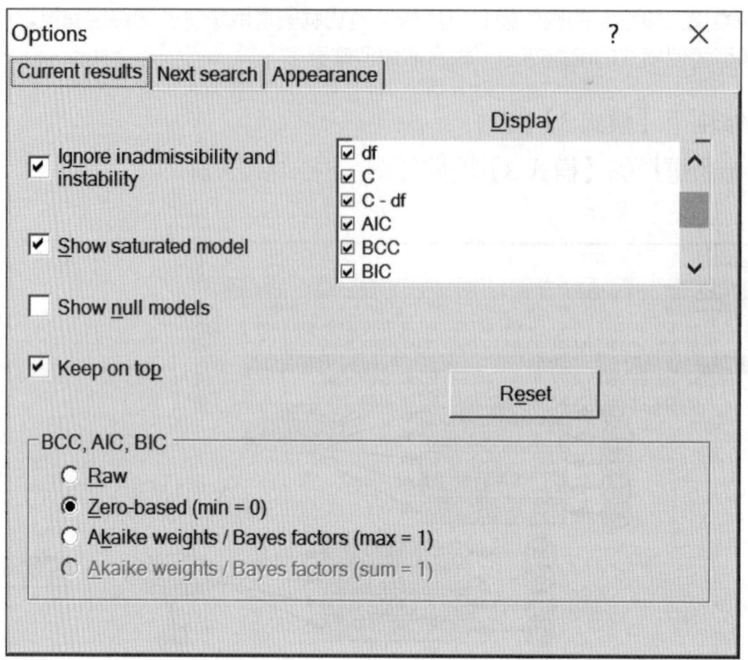

Specification Search

Model	Name	Params	df	C	C - df	AIC 0	BCC 0	BIC 0	C / df	p	Notes
1	model1	33	120	319.974	199.974	79.974	52.250	43.118	2.666	0.000	Inadmissible
2	model1	34	119	281.231	162.231	43.231	15.764	9.443	2.363	0.000	
3	model1	34	119	281.231	162.231	43.231	15.764	9.443	2.363	0.000	
4	model1	34	119	307.564	188.564	69.564	42.097	35.776	2.585	0.000	
5	model1	34	119	307.564	188.564	69.564	42.097	35.776	2.585	0.000	
6	model1	34	119	313.094	194.094	75.094	47.627	41.306	2.631	0.000	Inadmissible
7	model1	34	119	317.427	198.427	79.427	51.960	45.639	2.667	0.000	Inadmissible
8	model1	34	119	319.438	200.438	81.438	53.970	47.650	2.684	0.000	Inadmissible
9	model1	34	119	319.438	200.438	81.438	53.970	47.650	2.684	0.000	Inadmissible
10	model1	34	119	319.807	200.807	81.807	54.340	48.020	2.687	0.000	
11	model1	35	118	269.308	151.308	33.308	6.098	2.589	2.282	0.000	
12	model1	35	118	274.446	156.446	38.446	11.236	7.728	2.326	0.000	
13	model1	35	118	274.446	156.446	38.446	11.236	7.728	2.326	0.000	
14	model1	35	118	274.612	156.612	38.612	11.402	7.893	2.327	0.000	
15	model1	35	118	274.612	156.612	38.612	11.402	7.893	2.327	0.000	
16	model1	35	118	274.612	156.612	38.612	11.402	7.893	2.327	0.000	
17	model1	35	118	275.327	157.327	39.327	12.117	8.608	2.333	0.000	

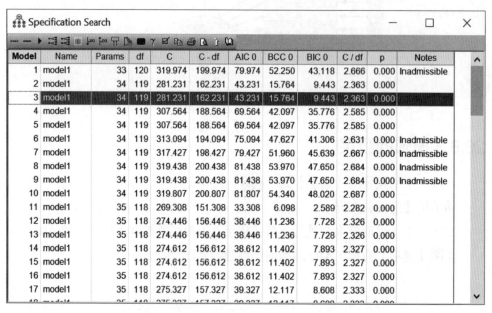

3. 按一下 AIC 的行名。AIC 之値案由大而小的順序整理模式。
4. 連按兩下【模式 31】的模式名，路徑圖即被顯示。

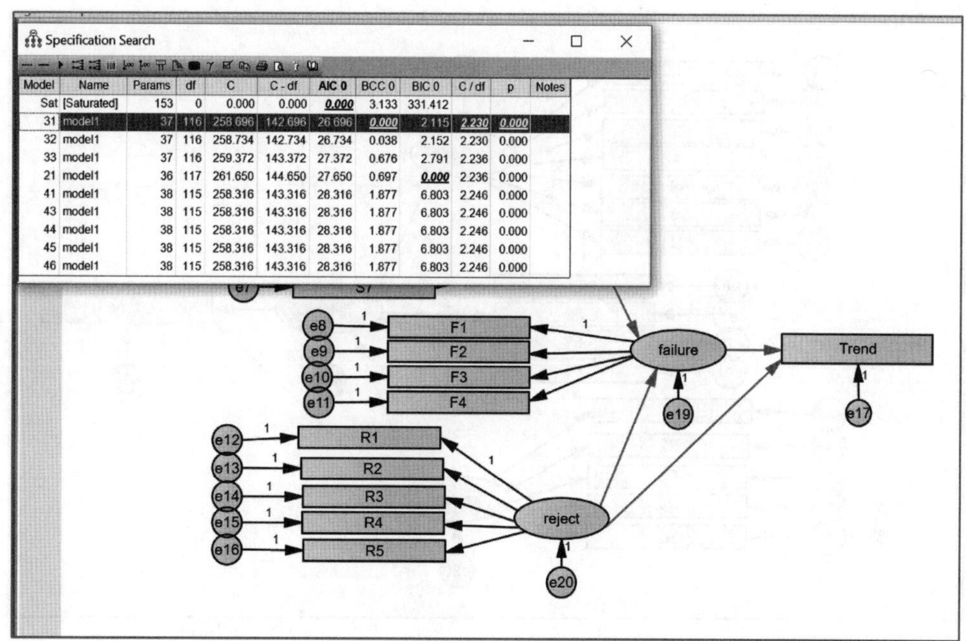

Specification Search

Model	Name	Params	df	C	C - df	AIC 0	BCC 0	BIC 0	C / df	p	Notes
Sat	[Saturated]	153	0	0.000	0.000	0.000	3.133	331.412			
31	model1	37	116	258.696	142.696	26.696	0.000	2.115	2.230	0.000	
32	model1	37	116	258.734	142.734	26.734	0.038	2.152	2.230	0.000	
33	model1	37	116	259.372	143.372	27.372	0.676	2.791	2.236	0.000	
21	model1	36	117	261.650	144.650	27.650	0.697	0.000	2.236	0.000	
41	model1	38	115	258.316	143.316	28.316	1.877	6.803	2.246	0.000	
43	model1	38	115	258.316	143.316	28.316	1.877	6.803	2.246	0.000	
44	model1	38	115	258.316	143.316	28.316	1.877	6.803	2.246	0.000	
45	model1	38	115	258.316	143.316	28.316	1.877	6.803	2.246	0.000	
46	model1	38	115	258.316	143.316	28.316	1.877	6.803	2.246	0.000	

* Amos 以評估模式來說，推薦 BBC（Browne-Cudeck）。像「平均構造模式」等考量與其他探討之關聯性時，採用 AIC。

20.6.4 路徑係數之輸出

1. 按一下工具列的【路徑圖上顯示參數估計值】圖像（ ）。
2. 連按兩下模式名「31」。

估計值被計算，係數輸出在路徑圖中。

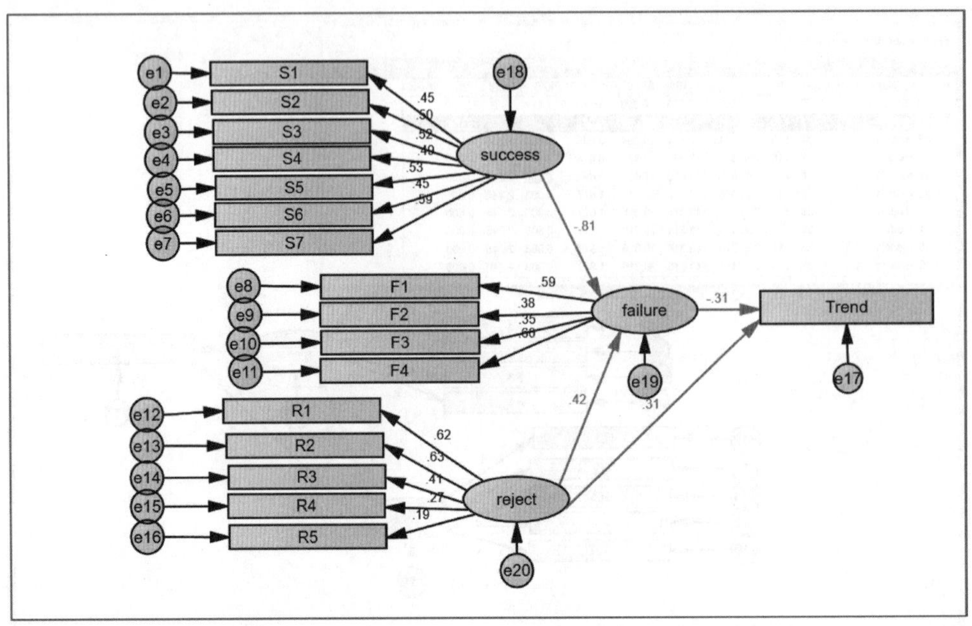

● 從「對拒絕的恐懼（reject）」到「認為自己對流行敏感（trend）」有著直接連結的路徑，此是與前面的圖形不同的地方，但與設定模式進行探索的情形幾乎得出相同的結果。

●「對拒絕的恐懼」與流行直接連結的正向路徑，也可以解釋成，為了不落後於流行而掌握流行態度的一面。

20.6.5 結果的儲存

執行了探索模式特定化後，於儲存路徑圖時，可以選擇是否要與探索結果的表格一起儲存。已被儲存的表格在讀取路徑圖時會被顯示。

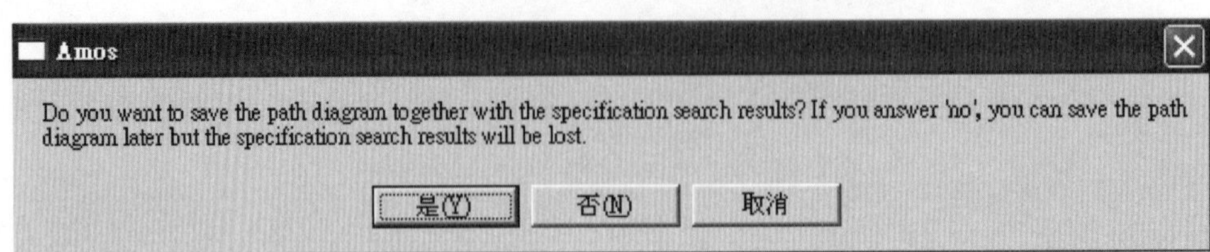

■數個模式比較的特徵

<table>
<tr><th colspan="2">與單一模式的測量相比較</th></tr>
<tr><td>優點</td><td>利用單一模式的探討是基於分析者的假設，在假定構造之後再估計參數，相對的，數個模式的比較可以探索構造本身。</td></tr>
<tr><td>缺點</td><td>像要因或路徑的個數甚多時，對複雜的模式是難以適用的。</td></tr>
<tr><th colspan="2">已設想類型的數個模式相比較</th></tr>
<tr><td>優點</td><td>在設想的模式之中進行探索，容易解釋條件設定的想法與結果。</td></tr>
<tr><td>缺點</td><td>在模式的管理上需要花時間。</td></tr>
<tr><th colspan="2">利用探索模式設定以比較數個模式</th></tr>
<tr><td>優點</td><td>不花時間即可得出結果。</td></tr>
<tr><td>缺點</td><td>探索的類型變得過多，要解釋條件設定之差異與結果時，像路徑之有無不同或要因有無獨立之情形等，有判斷困難的時候。
（定期應用所得到的數據之情形，前次與此次為不同的結果時，解釋上特別困難）。</td></tr>
</table>

第21章 結構方程模式案例分析

21.1 前言

飲食生活是人類生活的一個原點，與人的成長或健康有密切的關係。因營養失調或某一部分所需之營養素的不足而妨害成長或妨害健康的情形是眾所皆知的。

對於現代人的飲食生活，如從總體來看營養素的攝取狀況幾乎處於滿足狀態，並且也受惠於豐富食品的供應，可以認爲並無營養不足的狀態。可是，如從個別來看時，像依賴加工食品或已調理完成之食品、攝取食品之偏好、飲食習慣的不正常等，在飲食生活中被指出有種種的問題。

此種飲食中的問題，也可以認爲是「半健康狀態」人數增加的一個原因，也會變成一個社會問題。我們針對此種飲食生活背景如何影響半健康狀態一直在持續調查。此種因果關係之檢討雖然使用著各種方法，但我們則是基於意見調查以統計的方式分析數據來檢討。此處是針對女大學生所調查的數據，來調查飲食生活背景影響健康狀態的因果關係。

以往我們利用來自半健康狀態的幾個自覺症狀（訴苦）測量受驗者的健康狀態，以其構成概念「半健康狀態」的尺度來建構「健康度」的指標。此健康度是針對各個飲食生活因素亦即與攝取食品或飲食習慣有關的幾個狀況，調查各小組間可否認爲有差異，探求可能會影響健康狀態的飲食生活要因。從中找出幾個有可能影響健康狀態的要因。

此次再進行此種研究，重新檢討構成概念與解明因果關係。首先利用探索式因素分析與檢證式因素分析進行構成概念「健康度」的檢討，同樣就構成概念「飲食生活」進行檢討，從其結果使用多重指標模型調查「飲食生活」與「健康度」的因果關係。此處，把說明它的結果與分析的經過當作使用「結構方程模式分析」進行因果分析的一個案例。

21.2 調查及數據

利用以下問卷（一部分）進行調查，從女大學生 1278 人獲得回答。除了一個項目（4 級法）外，全部回答是採 3 級法，在進行結構方程模式分析方面是有問題的（狩野，1996），但此處則看成間隔尺度進行分析。關於此問題，最後再進行若干的考察。

問卷（一部分）

一、打聽有關飲食生活的狀況。

1. 關於食品攝取狀況

(a) 每餐吃蔬菜嗎？

①幾乎每餐吃　②幾乎 1 日吃 2 餐　③幾乎不吃

2. 關於飲食習慣

(a) 吃零食嗎？

①每日 2 次以上　②每日 1 次　③ 2 日 1 次　④不太吃

二、打聽健康狀況

1. 在平日的生活中，在適合的症狀中填記✓。

(1) 身體懶倦　①經常有　②偶而有　③幾乎沒有

(2) 沒有食慾　①經常有　②偶而有　③幾乎沒有

➢ 關於健康狀態的項目

以身體的、精神的訴苦為中心，關於健康狀態設定 12 個項目當作觀測項目，對於此，以「經常有」、「偶而有」、「幾乎沒有」三段式獲得回答。此處括號內是項目的簡稱，在表示分析結果時使用（以下同樣）。

身體懶倦（懶倦）　頭昏沉沉（頭昏）

沒有食慾（食慾）　想睡（想睡）

感冒（感冒）　沒耐性（耐性）

精神不集中（不集中）　肩部痠痛（肩疼）

眼眩（眼眩）　便秘（便秘）

生理不規則（生理）　頭疼（頭疼）

➢ 關於飲食生活背景之項目

將有關攝取食品以及飲食習慣的以下項目，設定成與飲食生活背景有關之項目，詢問其程度的項目是以三級法獲得回答。

1. 關於攝取食品

蛋白系食品的攝取狀況（蛋白）
蔬菜類的攝取狀況（蔬菜）
綠黃色蔬菜的攝取狀況（綠黃蔬菜）
水果的攝取狀況（水果）
牛乳的攝取狀況（牛乳）
油物的攝取狀況（油物）
加工食品的攝取狀況（加工食品）

2. 關於飲食習慣

午餐的用餐方式（午餐）
晚餐的用餐方式（晚餐）
零食的程度（零食）
宵夜的程度（宵夜）
很多缺食的餐（缺食）
偏食的有無（偏食）

➢ **關於健康度的驗證式因素分析**

以調查有關健康度的因素構造作為目的，以先前有關健康度的 12 個項目作爲對象進行驗證型的因素分析。首先，進行探索式的因素分析探索因素構造，基於該結果的考察構成因素模式，利用驗證式的因素分析進行該模式的驗證。

21.3 探索式的因素分析

探索式的因素分析是利用主軸因子法萃取出因素並利用 Quartimax 法使用旋轉來進行。以特徵值 1 以上的條件取出因素之後，得出 3 因素，累積貢獻率爲 48%。另外，迴轉後的因素負荷量如表 21-1 所示。

就這些三個因素，基於因素負荷量，從與其中的觀測變數的關係來考察它的意義時，分別可以理解具有如下概念的因素。第一因素是與身體的不正常有強烈的關聯，可以想成是「身體的健康度」。第二因素是由「沒耐性」以及「不集中」之症狀所構成，可以理解爲「精神的健康度」。最後第三因素是由「便秘」與「生理不順」所構成，可以理解爲「生理的健康度」。像這樣，以健康狀況來說，除了平常所考慮的「身體的健康度」與「精神的健康度」之外，另加上女性特有的「生理的健康度」作爲表示健康狀態的因素。

此時一併考察因素負荷量以及因素與症狀之間的其他見解，並考慮模式的單純化時，以構成各因素的觀測變數來說，選擇圖中所表示的變數可以認爲是適當的。關於「想睡」與「頭昏」，基於與這些三個因素的關聯度低，或與複數的因素有關聯且其差異甚少等之理由，將之除外可以認爲是適當的。

表 21-1　探索式因素分析的結果

變數	因素 1	因素 2	因素 3
頭疼	.699	.116	.044
眼眩	.663	.053	.156
感冒	.576	.111	.173
懶倦	.538	.493	.144
肩疼	.526	.061	.178
食慾	.458	.093	.156
耐性	.060	.855	.059
不集中	.050	.837	.141
頭昏	.502	.525	.177
想睡	.201	.500	.221
便秘	.016	.102	.730
生理	.021	.029	.660
特徵值	3.342	.1315	1.105
貢獻率	27.849	10.959	9.211
累積貢獻率	27.849	38.808	48.019

21.4 驗證式的因素分析

圖 21-1 是依據上記的探索式因素分析的結果所構成的驗證式因素分析之模式。就各因素考察的結果，除了「身體懶倦」外，所有的各觀測變數是針對特定的因素進行測量所形成的模式。此模式是就最初的模式進行分析，利用修正指標修正之後的結果，選擇作爲更合適狀態的良好模式。修正部分是從第 2 因素到觀測變數「身體懶倦」的路徑（path），利用此可以期待卡方值相當低，以及因素解釋上也無甚大不合理，因之加上此路徑。就各因素來說，如前述從與觀測變數之關聯分別可以解釋成身體的健康度、精神的健康度、生理的健康度，並如此予以命名。另外爲了確保識別性，如圖中所示，各因素的變異數固定爲 1。估

計法使用 ML（最大概似法），為了可以求出標準化解以及修正指標，指定了 $ Standardized 與 $ Mods。

此處所使用之數據的相關矩陣如表 21-2 所示。關於遺漏值事先使用 SPSS 以分析單位（表列單位）予以除外。此分析所使用的觀察值（case）是 703。

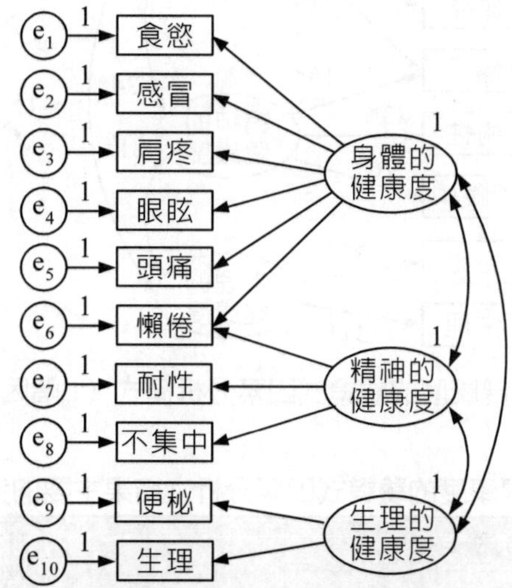

圖 21-1　關於健康度的驗證式因素分析模式（1 階因素模式）

表 21-2　觀測變數間的相關矩陣

食慾	1.000									
感冒	.154	1.000								
耐性	.100	.145	1.000							
不集中	.086	.129	.633	1.000						
肩疼	.106	.208	.111	.132	1.000					
眼眩	.205	.212	.156	.168	.251	1.000				
便秘	.008	.000	.055	.063	.097	.075	1.000			
生理	.046	.000	.047	.078	.015	.115	.120	1.000		
頭痛	.190	.313	.164	.147	.258	.370	.066	.030	1.000	
懶倦	.201	.260	.315	.274	.324	.332	.119	.066	.321	1.000
零食	.042	.019	.200	.150	.050	.002	.055	.020	.077	.114
宵夜	.082	.029	.085	.101	.083	.011	.020	.024	.001	.076

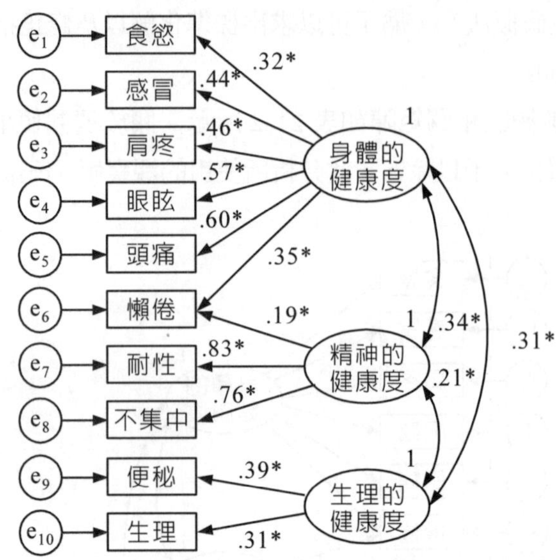

圖 21-2　關於健康度的驗證式因素分析模式（1 階因素模式）

表 21-3　關於健康度的驗證式因素分析之結果主要的適合度指標

模式	卡方檢定			GFI	AGFI	AIC	RMSEA
	卡方值	自由度	機率				
修正前	52.273	32	0.013	0.985	0.974	98.273	0.030
修正後	34.128	31	0.320	0.990	0.983	82.128	0.012

表 21-3 是它的結果，表示已標準化之解。卡方值是 34.128，它的機率是 0.320，從卡方檢定知是可以充分接受。各種的適合度指標如表 21-3（參照表中的「修正後」本身）。GFI 是 0.990，充分超過作為接受基準的 0.9。因素間的相關是第 1 因素與第 2 因素，第 2 因素與第 3 因素，第 1 因素與第 3 因素之間（圖表 21-4 中，從上而下當作第 1，2，3 因素），分別是 0.344、0.211、0.315 屬於較高者。

表 21-4　關於健康度的驗證式因素分析之結果路徑係數及相關之值與 C.R.（非標準化解）

路徑		係數	標準誤差	C.R.
懶倦	←身體的健康度	0.039	0.030	11.462
食慾	←身體的健康度	0.173	0.024	7.106

路徑		係數	標準誤差	C.R.
感冒	←身體的健康度	0.309	0.030	10.150
肩疼	←身體的健康度	0.373	0.035	10.529
眼眩	←身體的健康度	0.399	0.030	13.299
頭痛	←身體的健康度	0.433	0.031	14.131
懶倦	←精神的健康度	0.123	0.027	4.465
耐性	←精神的健康度	0.547	0.034	16.324
不集中	←精神的健康度	0.529	0.034	15.455
便秘	←生理的健康度	0.312	0.091	3.410
生理	←生理的健康度	0.244	0.074	3.308

表 21-4 是路徑係數以及相關之值與其 C.R.（Critical Ratio），在 1.96 以上時是顯著，換言之「路徑係數或相關之值爲 0」之假設可以捨棄。如依據此時，所得到的路徑係數全部是顯著的。另外，對於路徑係數的顯著性來說，使用 5% 顯著水準，對於顯著的情形來說，在路徑圖的路徑係數上表示成「*」。

像這樣，所假想的模式可以認爲能充分接受。只是在三個因素之間由於被認爲有相當的相關，因之在這些的三因素之背後可以考慮再假想「綜合的健康度」之因素的模式。關於此當作「高次的因素分析」容後敘述。

➢ **識別性**

本模式是比較單純的模式，確保識別性並不怎麼困難。如先前所敘述，上面的分析是將三個因素的變異數限制成 1，各誤差變數到觀測變數的路徑，利用限制成 1 來確保識別性。這是最常進行的方法之一。相對的，對於從因素到觀測變數的路徑係數，如圖 21-3 按各因素有採用將其中一個固定成 1 的方法。此時，卡方檢定的結果與 GFI 等的適合度不管是在哪一個限制下均完全相同，就標準化解而言，路徑係數也是相同的。因此，本模式的情形，以任一方法進行限制也無不妥。只是，固定變異數時，由於可以對所有的路徑係數調查顯著性，因之可以認爲比較適切。

➢ **模式的修正**

如先前所述，圖 21-2 是依據修正指標修正之後最終所得到的結果。最初的模式並未從「第 2 因素」向觀測變數「身體懶倦」畫路徑。與修正後的模式之差異只在於此。此情形如表 21-3 的「修正前」那樣，卡方值是 52.273，其機率爲 0.013，在 0.05 的顯著水準下即被捨棄。此時，所表示的修正指標，基於從第 2 因素到觀測變數「身體懶倦」的路徑，顯示卡方值減少 12.904 以上，在合理的範圍內利用此路徑來改善是最佳的。「身體懶倦」的症狀除了出現身體不適合之同時，以出現精神不適來說，也十分有可能被訴諸出來，乃決定從第 2 因素到觀測變數「身體懶倦」追加路徑。結果，卡方值從 52.273 減少 23.145 變成 34.128，它的機率爲 0.320 變成可以充分接受之值。

觀察其他的適合度指標。GFI 與 AGFI 之差雖然並不太大，但 AIC 與 RMSEA 之差是很顯著的。

21.5 高階因素分析

驗證式因素分析的結果，三個因素間認定有較大的相關，它的背後可以考慮基本的健康度。將此表示成模式時即如圖 21-3。此模式可以想成是三種健康度全部是受到由其背後的基本健康度所影響之部分與各健康度原有的部分所構成。

以此模式的限制條件來說，依據最一般性的方法，如圖 21-3 所示，外生的（exogenous）潛在變數「綜合性健康度」的變異數當作 1，從其他三個潛在變數到觀測變數的路徑之中，分別就圖上最上方的路徑將路徑係數當作 1。只要進行如此的限制時，此模式就能識別。此情形，除「綜合的健康度」外其他三個潛在變數是內生變數（Endogenous variable），因之無法採用將此變異數當作 1 的限制方法。另外此模式在誤差變數 e_1 與 e_8 之間加上共變動進行修正。

分析的結果如表 21-5 與圖 21-4 所示。卡方值是 27.290（自由度 30），它的機率是 0.068。GFI、AGFI 以及 AIC 分別是 0.992、0.986 以及 77.290。路徑係數的 C.R.（Critical Ratio）均在 1.96 以上故均爲顯著。從背後的「綜合健康度」到三個健康度的路徑係數均顯示相當高的值，並且 C.R. 值分別是 3.573、3.928、2.774，在顯著水準 0.01 下均爲顯著。這些可以判斷在三種健康度的背後考慮綜合的健康度之妥當性。並且，從「身體的健康度」到「食慾」等的路徑係數並無表示顯著性的「*」，這是因爲這些路徑是受到限制的路徑，所以並未計算 C.R. 之值。

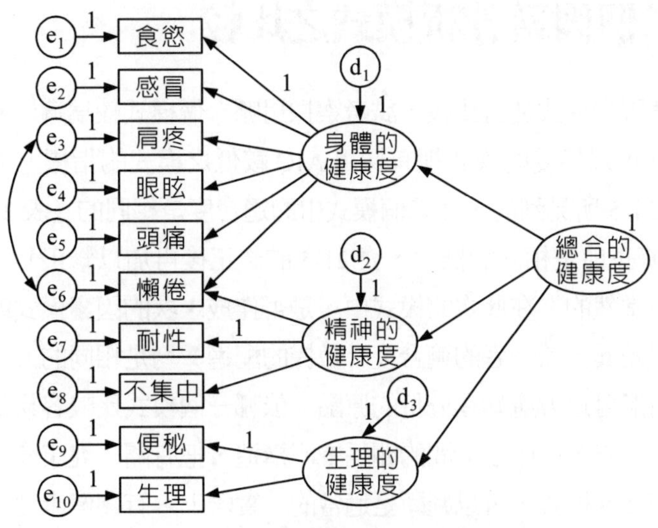

圖 21-3　關於健康度的二階因素模式

表 21-5　關於健康度利用二次的因素模式進行驗證式因素分析之結果主要的適合度指標

模式	卡方檢定			GFI	AGFI	AIC	RMSEA
	卡方值	自由度	機率				
修正前	34.128	31	0.320	0.990	0.983	82.128	0.012
修正後	27.290	30	0.608	0.992	0.986	77.290	0.000

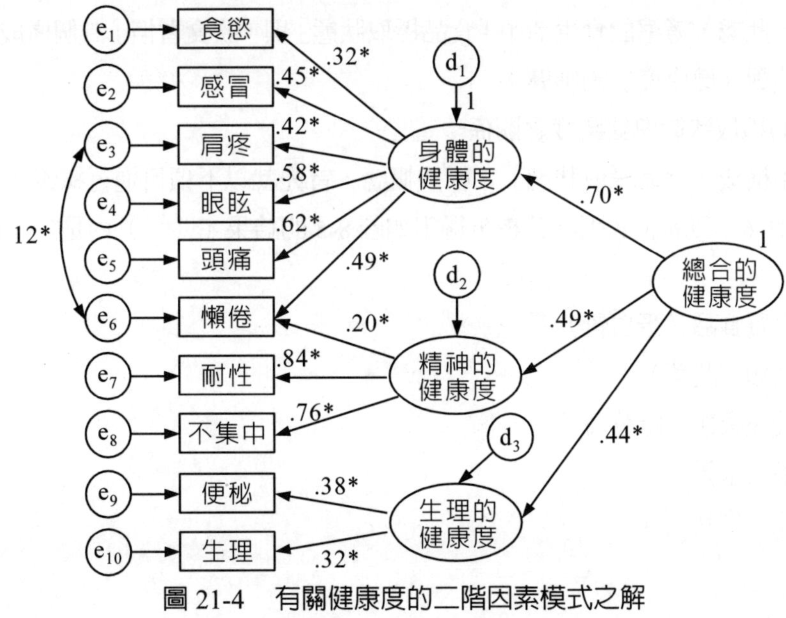

圖 21-4　有關健康度的二階因素模式之解

21.6 二個因素分析模式之比較

就上記二個因素模式進行比較，試考察採用哪一個模式較為適切。如以適合度來判斷時，在可以接受的模式裡有採用 AIC 較低之模式的指標。可是此情形如表 21-3 與表 21-5 所見到的，在二個模式中的適合度是相同的（表 21-4 的修正後與表 21-5 的修正前是相同的條件，表 21-5 的修正後再加以修正）。這在模式的性質上是理所當然的，在此次的模式中，是否作成 1 次的因素模式或 2 次的因素模式並未出現差異。任一者的適合度（數據的配適）均是相同的。

因此，此情形可以考慮站在分析的原點，依哪一個模式比較容易了解事實來判斷即可。此時，就各健康度之間的關係查明構造，把有關「健康度」的構造採用更詳細表示的 2 次模式，可以判斷是適當的。實際上，有關健康度之構成概念的構造，受到全體的健康度之影響而有各種的健康度，各健康度是由全體健康度的部分與各自的部分所形成，是極為自然可以理解的。從此結果可以考察健康度的構造。譬如，「身體的健康度」幾乎依存全體的健康度，「精神的健康度」與「生理的健康度」與此比較時，獨自的要素較高是可以理解的。

21.7 有關飲食生活與健康度之間的因果關係之分析

有關「飲食生活」對上述因素分析所得到的構成概念「健康度」之影響進行了分析。此處，考察飲食生活中「食品攝取狀態」與「飲食習慣」二個構成概念，調查這些對「健康度」的影響。

➢ 食品的攝取狀態與健康度之關係

為了構成「食品攝取狀態」之構成概念，首先就以下項目進行探索式因素分析（表 21-6）與驗證式因素分析，得出如圖 8-5 的結果。（　）內是各項目的略稱。

蛋白質食品（蛋白質）

蔬菜類（蔬菜）

綠黃蔬菜類（綠黃蔬菜）

水果（水果）

牛乳（牛乳）

從探索式因素分析之結果，構成如圖表 21-5 的二次因素模式。這些項目被視爲對健康不錯的代表性食品，調查攝取這些食品對健康狀態是否有良好的影響。變數名稱使用略稱。

表 21-6　有關食品攝取狀況之探索式因素分析結果迴轉後的因素負荷量

變數	因素 1	因素 2
蔬菜	.855	.107
蛋白質	.798	.102
綠黃蔬菜	.734	.276
牛乳	-.09	.877
水果	.401	.576
貢獻率	2.204	1.071
貢獻率（%）	44.073	23.411
累積貢獻率（%）	44.073	65.484

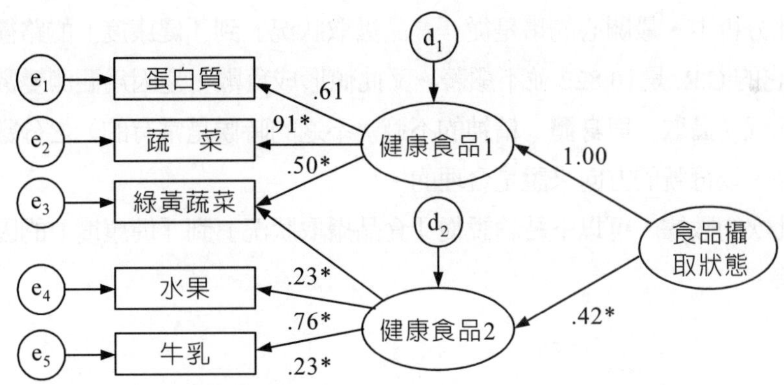

圖 21-5　有關食品攝取狀態之驗證式因素分析的結果（標準化解）

表 21-7　從食品攝取狀況到健康度之因果模式的分析結果主要的適合度指標

統計量		值
卡方檢定	卡方值	111.355
	自由度	81
	機率	0.014

統計量	值
GFI	0.980
AGFI	0.970
AIC	209.355
RMSEA	0.023

此模式的卡方值是 4.301，它的機率是 0.231，GHI、AGFI 分別是 0.998 與 0.988，可以充分接受。並且在此模式中，爲了避免潛在變數「健康食品 1」的干擾 d_1 的變異數成爲負數，將它的變異數固定爲 0。像這樣就所構成的「食品攝取狀況」建立如圖 21-6 的因果模型後進行分析。它的結果如表 21-7 的適合度指標與圖 21-6 的路徑圖。如表 21-7 所示，利用卡方檢定的機率是 0.014，在顯著水準0.05下予以捨棄。另外，依據修正指標，仍然無法期待卡方值的大幅減少。只是 GFI 等的適合度高，RMSEA 是 0.023 比可以接受之指標 0.08 還低。像這樣從全體的觀點來看模式的接受，判定是非常微妙的。可是，在此模式中，各個路徑係數不顯著者可以看出幾個（圖21-6的路徑圖中路徑係數未有「*」記號者）。特別是在此分析中，最關心的事是從「食品攝取狀況」到「健康度」的路徑係數爲 -0.09，它的 C.R. 是 -0.822 並不顯著。又此值形成負數，是因爲觀測變數中食品的攝取狀況（攝取）與身體、精神的不適（不適的時候是常有的）之分數處於相反之關係，以符號的方向來說是合理的。

依據此次的數據，可以下結論說從「食品攝取狀況」到「健康度」的因果關係無法明確。

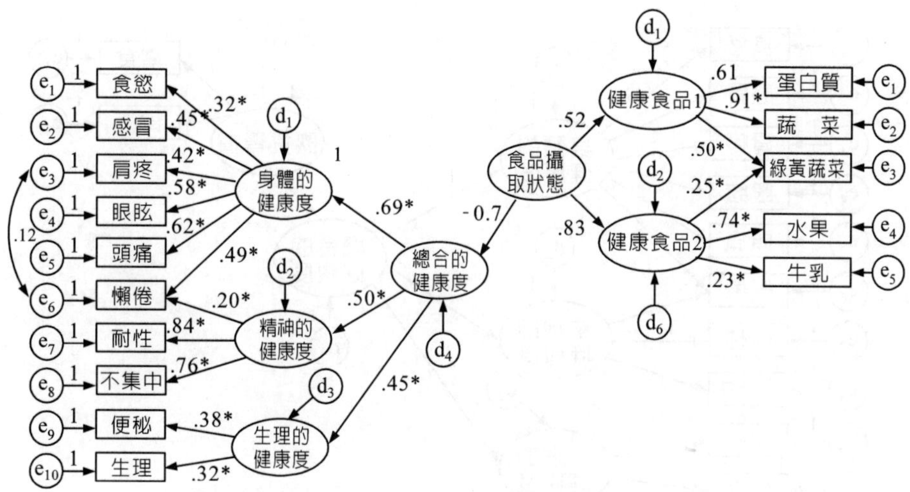

圖 21-6　從食品攝取狀況到健康度之因果模式與其分析結果（標準化解）

➢ 飲食習慣與健康度的關係

其次調查「飲食習慣」對「健康度」的影響。關於「飲食習慣」雖然可以想到各種的構成，但此處在調查數據的限制下，視爲依零食及宵夜程度來構成。原本從構成概念來看，測量此事應該設定適當的觀測項目，此處就已構成的「飲食習慣」，再加上缺食的程度認爲是理想的。

構成的模式如圖 21-7，在此圖的限制條件下進行分析。限制條件的重點是潛在變數「健康度」與「飲食習慣」的部分 。「健康度」在此模式之中成爲內生變數，因從此到「身體的健康度」的路徑係數固定成 1，規定它的尺度。「飲食習慣」成爲外生變數，將它的變異數固定成 1。由數據算出之相關矩陣如表 21-2，觀察值個數是 703 。實際的分析是從原始數據進行，使用 SPSS 事先以分析單位去除遺漏值。另外此模式並未進行修正。並且，此模式的分析結果所得到的修正指標，並無特別可以期待甚大改善的部分 。

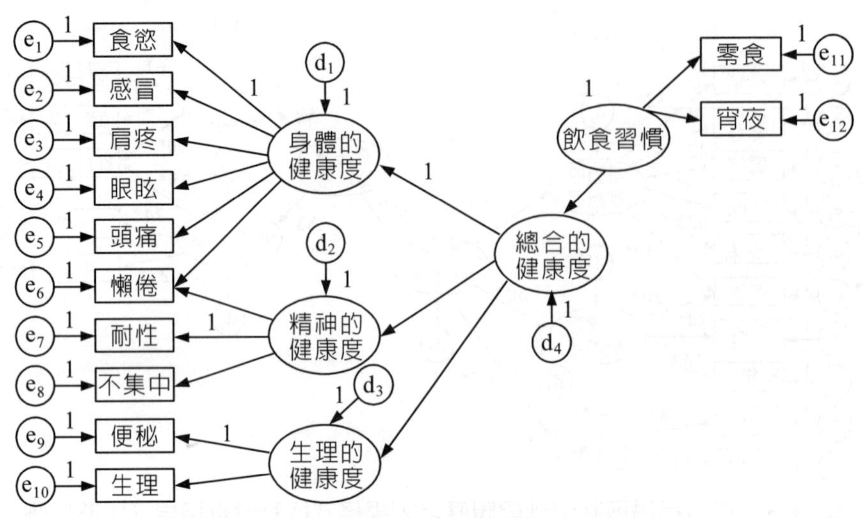

圖 21-7　從飲食習慣到健康度的因果模式

表 21-8　從飲食習慣到健康度的因果模式主要的適合度指標

估計法	卡方檢定			GFI	AGFI	AIC	RMSEA
	卡方值	自由度	機率				
ML	55.445	48	0.214	0.992	0.979	115.455	0.015
ADF	59.364	48	0.126	0.987	0.987	119.364	0.020

分析的結果如表 21-8 及圖 21-8。卡方值是 55.445，它的機率是 0.214。GFI 與 AGFI 分別是 0.987 與 0.979。依據這些可以判斷此模式整體來說是可以接受的。另外，就各路徑係數而言，來自「生理的健康度」的觀測變數「生理不順」，C.R. 是 1.703 在顯著水準 0.05 下無法捨棄，但並非極端低值。另外，除此以外全部均被捨棄。從路徑係數此點來看，也可判斷此模式是可以接受的。

依據此結果，在零食與宵夜方面所見到的飲食習慣，可以判斷對此處所考慮的健康度是有影響的。此模式中的「健康度」是以到「精神的健康度」的路徑係數爲最大。此處所構成的「飲食習慣」是對「精神健康度」的影響最強，對「身體的健康度」與「生理的健康度」之影響與此相比，可以判斷是較小的。另外，從「生理的健康度」到觀測變數「生理不順」的路徑係數不顯著此點來說，此種的「飲食習慣」可以看出對「生理不順」的影響是很小的。

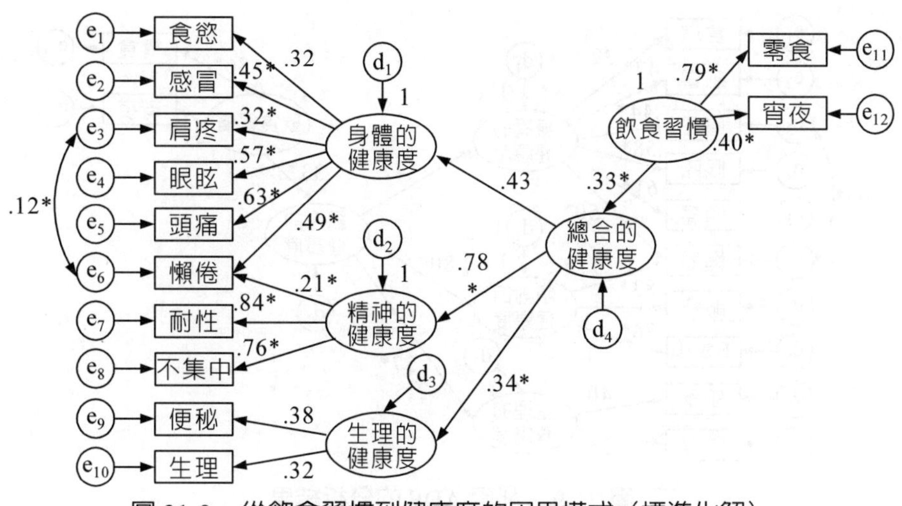

圖 21-8　從飲食習慣到健康度的因果模式（標準化解）

21.8 利用其他估計法的分析

在本文中，至目前爲止的分析全部是依據最大概似法（ML 法）。最大概似法嚴格而言是以多變量常態分配爲前提。可是，如最初所敘述的，此處所使用的數據是利用三級法，在數量的處理上是稍有問題，難以期待滿足此前提。因此，以不利用分配的方法來說，可利用 ADF（Asymptotically Distribution-Free）法進行分析，再與最大概似法進行比較。只是 ADF 法是應該使用數千件以上的大樣本，因之在此點上此處所使用的數據（700 多個觀測值）並非足夠。

分析的結果與表 21-8 的適合度比較時，如圖 21-9 的 ADF 結果所見到的，適合度及母數的估計值（路徑係數）看不出有甚大的差異。

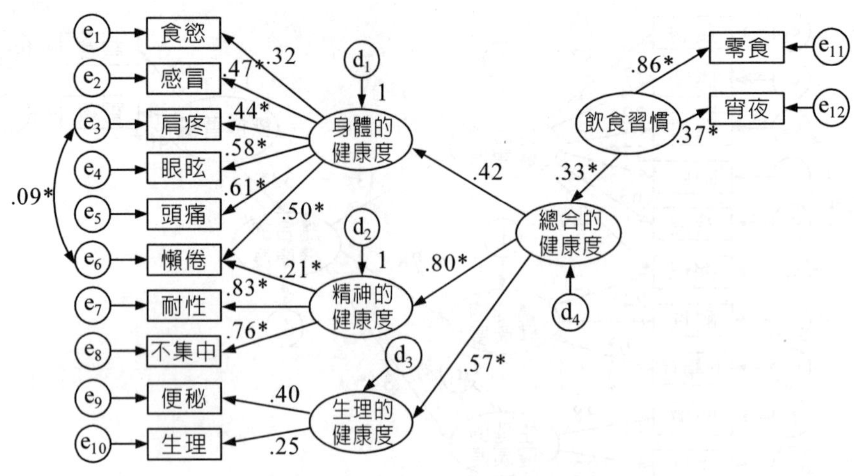

圖 21-9　利用 ADF 的分析結果

21.9 輸入了包含遺漏值的事件

在 SPSS Amos 的軟體中是利用最大概似法估計遺漏值，備有有效使用數據的方法。本文所處理的數據有甚多的遺漏值，如能使用包含遺漏值的觀察值時，觀察值個數從 703 增加到 1278。圖 21-10 是輸入包含遺漏值之觀察值時之分析結果（標準化解）。對於路徑係數來說，與圖 21-8 之值相比看不出甚大的差異。表 21-9 是把包含遺漏值之觀察值除外之情形，與估計遺漏值將此包含在內之情形相比較 C.R. 之值。輸入包含遺漏值的觀察值再分析時，C.R. 是大幅的上升，路徑係數的可靠度提高。像這樣，增加樣本數時之效果是可以被認定的。

如表中所見到的，將包含遺漏值之觀察值除外的分析中，從未被捨棄的「生理健康度」到「生理不順」的路徑，也在顯著水準 0.001 下被捨棄。從此結果來看，可以判斷與上述的考察不同，「飲食生活」對「生理不順」此種形式的「生理健康度」也是有影響的。

表 21-9 包含遺漏值之觀察值依其處理之不同來比較 C.R.

路徑	遺漏值的處理	
	除外 *	估計 **
飲食習慣→健康度	2.460	3.736
健康度→精神的健康度	2.679	4.065
健康度→生理的健康度	2.213	3.903
身體的健康度→懶倦	5.911	8.033
身體的健康度→感冒	5.950	8.517
身體的健康度→肩疼	5.688	7.772
身體的健康度→眼眩	6.366	9.019
身體的健康度→頭痛	6.469	9.240
精神的健康度→眼眩	10.581	16.054
精神的健康度→懶倦	4.778	7.389
生理的健康度→生理	1.703	2.789
飲食習慣→零食	5.150	7.535
飲食習慣→宵夜	4.752	7.025

* 將遺漏值在分析單位中除外時

** 利用估計填補遺漏值時

從飲食習慣到健康度的因果模型之分析結果（標準化解）

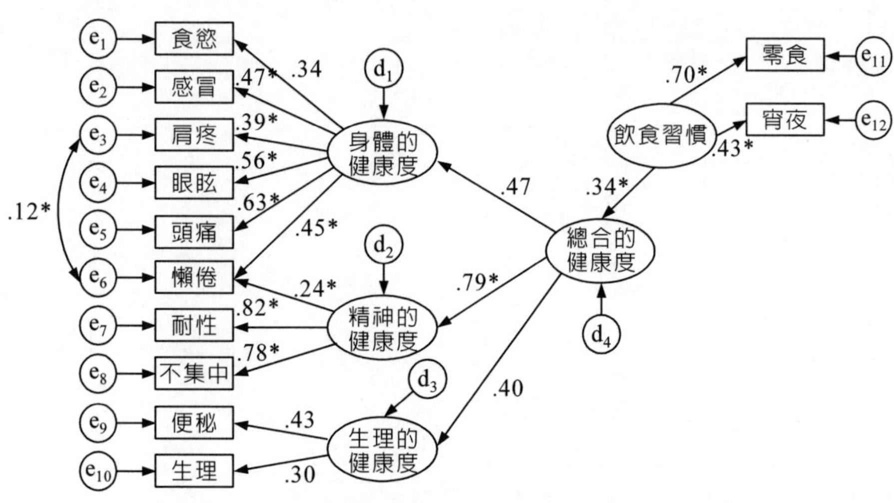

圖 21-10 輸入包含遺漏值之觀察值進行分析之結果

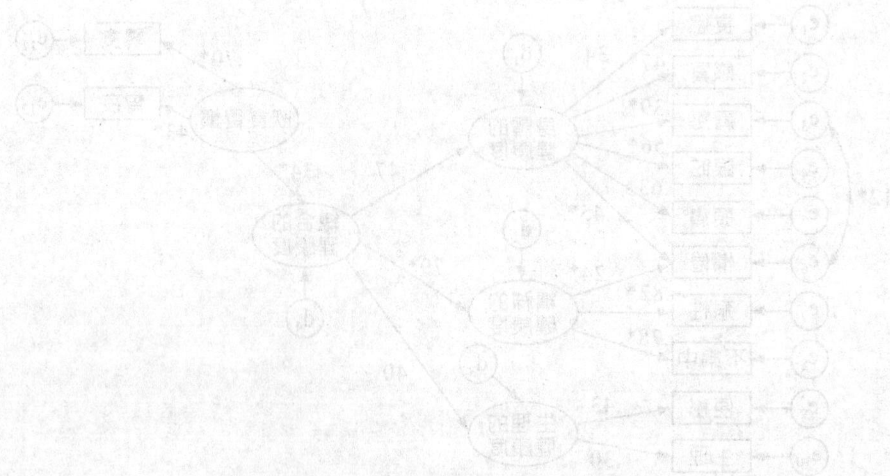

第 22 章 結構方程模式所需知識

22.1 簡介

結構方程模式（Structural Equation Modeling, SEM）是一門基於統計分析技術的研究方法學（Statistical Methodology），用以處理複雜的多變量研究數據之探究與分析。一般而言，結構方程模式被歸類於高等統計學，隸屬於多變量統計（Multivariate Statistics）的一環，但是由於結構方程模式有效整合了統計學的兩大主流技術「因素分析」與「路徑分析」，同時應用範圍相當廣泛，因此在瑞士籍的統計學者 Karl Jöreskog 於 1970 年代提出相關的概念，並首先發展分析工具 LISREL 軟體之後，有關結構方程模式的原理討論與技術發展便蔚爲風潮，普遍成爲社會與行爲科學研究者必備的專門知識之一。

從發展歷史來看，結構方程模式的起源甚早，但其核心概念在 1970 年代初期才被相關學者專家提出，到了 1980 年代末期即有快速的發展。基本上，結構方程模式的概念與 70 年代主要高等統計技術的發展（如因素分析）有著相當密切的關係，隨著電腦的普及與功能的不斷提升，一些學者（如 Jöreskog, 1973; Keesing, 1972; Wiley, 1973）將因素分析、路徑分析等統計概念整合，結合電腦的分析技術，提出了結構方程模式的初步概念，可以說是結構方程模式的先驅者。其後 Jöreskog 與其同事 Sörbom 進一步發展矩陣模式的分析技術來處理共變異數結構的分析問題，提出測量模式與結構模式的概念，並將其納入 LISREL 之中，積極的促成了結構方程模式的發展。到了今天，關於結構方程模式的專門著作如雨後春筍般的出現，分析軟體也不斷開發更新，目前坊間已經有數套專門應用於結構方程模式分析的套裝軟體，例如 LISREL（Jöreskog & Sörbom, 1989, 1996）、EQS（Bentler, 1985, 1995）、Amos（Arbuckle, 1997）、MPLUS（Muthén & Muthén, 1998）、CALIS（Hartmann, 1992）、RAMONA（Browne, Mels, & Cowan, 1994）等，這些分析工具多已能搭配視窗軟體與文書作業系統，使得結構方程模式的分析效能大爲提升，報表呈現與繪圖作業簡化且美觀，更能夠結合網際網路的編輯規格（HTML 格式），快速的將結構方程模式的分析結果整理與傳播，其中尤以 Amos 爲研究者最爲喜愛。

結構方程模式分析早期稱爲線性結構關係式（Linear Structural Relationships, LISREL），日本則稱爲共變異數構造分析（Covariance structure analysis）。主要目的在於考察潛在變數（Latent variables）與外顯變數（Manifest variable，又稱觀察變數）之關係，此種關係猶如古典測驗理論中眞實分數（true score）與實際分數（Observed score）之關係。它結合了因素分析（Factor analysis）與路徑分析（Path analysis），包涵測量模式與結構模式。

22.2 模式特性

結構方程模式（Structural Equation Modeling, SEM）具有以下特性：

1. SEM 具有理論先驗性。SEM 被視爲具有驗證性而非探索性的統計方法。

2. SEM 可同時處理測量與分析問題。相對於傳統的統計方法，SEM 是一種可以將「測量」（measurement）與「分析」（analysis）整合爲一的計量研究技術，它可以同時估計模式中的測量指標、潛在變數，不僅可以估計測量過程中指標變數的測量誤差，也可以評估測量的信度與效度。

3. SEM 關注於共變異數的運用。SEM 分析的核心概念是變數間的「共變異數」（covariance）。在 SEM 分析中，共變異數有二種功能：其一是利用變數間的共變異數矩陣，觀察出多個連續變數間的關聯情形，此爲 SEM 的描述性功能；其二是可以反應出理論模式所導出的共變異數與實際蒐集資料的共變異數之間的差異。

4. SEM 適用於大樣本的統計分析。取樣樣本數愈多，則 SEM 統計分析的穩定性與各種指標的適用性也較佳。學者 Velicer 與 Fava（1998）發現在探索性因素分析中，因素負荷量的大小、變數的數目、樣本數的多寡等是決定一個良好因素模式的重要變因，此種結果可類推至 SEM 分析中。一般而言，大於 200 以上的樣本，才可稱得上是一個中型的樣本，若要追求穩定的 SEM 分析結果，樣本數最好在 200 以上。

5. SEM 包含了許多不同的統計技術。在 SEM 分析中，雖然是以變數間的共變異數關係爲主要核心內容，故也稱此爲共變異數構造分析，但由於 SEM 模式往往牽涉到大量變數的分析，因此常借用一般線性模式分析技術來整合模式中的變數，許多學者常將 SEM 也納入多變量分析之中。SEM 是一種呈現客觀狀態的數學模式，主要用來檢定有關觀察變數與潛在變數之間的假設關係，如前述它融合了因素分析（factor analysis）與路徑分析（path analysis）兩種統計技術。

6. SEM 重視多重統計指標的運用。SEM 所處理的是整體模式適配度的程度，關注的是整體模式的比較，因而模式參考的指標是多元的，研究者必須參考多種不同指標，才能對模式的適配度做一整體的判別，對於個別估計參數顯著性與否並不是 SEM 分析的重點，在整體模式適配度的檢定上，就是要檢定母體的共變異數矩陣與根據樣本適配假設模式所導出的共變異矩陣兩者的差異程度，即殘差矩陣的大小，當殘差矩陣元素均爲 0，表示假設模式與觀測資料間達到完美契合，此種情形在行爲及社會科學領域中達成的機率很低。

研究者要檢定樣本資料所得的共變異數矩陣 S 與由理論模式所推導出的共變異數矩陣 Σ 之間的契合程度，此即爲模式適配度的檢定，測量 Σ 如何接近 S 的函數稱爲適配函數，不同的適配函數有不同的估計方法。最廣泛估計模式的方法爲最大概似法（Maximum Likelihood, ML），其次是一般化最小平方法（Generalized Least Squares, GLS）。使用 ML 時必須滿足以下條件：樣本是多變量常態母體且是以簡單隨機抽樣所獲得的。觀測變數是連續變數，在常態分配且大樣本之下，ML 估計值、標準誤和卡方值檢定結果都是適當可信且正確的，但是違反常態分配的假設時，可使用一般加權最小平方法（Generally Weighted Least Squares, WLS）之替代估計法。

$$\text{理論值}\ \Sigma = \begin{bmatrix} \sigma_x^2 & \sigma_{xy} & \sigma_{xu} & \sigma_{xv} \\ \sigma_{xy} & \sigma_y^2 & \sigma_{yu} & \sigma_{yv} \\ \sigma_{xu} & \sigma_{yu} & \sigma_u^2 & \sigma_{uv} \\ \sigma_{xv} & \sigma_{yv} & \sigma_{uv} & \sigma_v^2 \end{bmatrix}$$

$$\text{實測值}\ S = \begin{bmatrix} S_x^2 & S_{xy} & S_{xu} & S_{xv} \\ S_{xy} & S_y^2 & S_{yu} & S_{yv} \\ S_{xu} & S_{yu} & S_u^2 & S_{uv} \\ S_{xv} & S_{yv} & S_{uv} & S_v^2 \end{bmatrix},$$

H0：理論模式所推導出的共變異數矩陣 $\hat{\Sigma}$（Amos 稱爲 implied covariance）= 樣本資料所得的共變異數矩陣 S（sample covariance）。

Amos 內設的參數估計法爲 ML 法，但 ML 法較不適用於小樣本的估計，對於小樣本的 SEM 分析，Amos 提供了貝氏估計法（Bayesian estimate），採用貝氏估計法估計模式之前，會同時對平均數與截距先進行估計，再執行功能列【Analyze】→【Bayesian Estimation】進行小樣本的 SEM 模式估計。

Boomsma（1987）建議使用 ML 法估計結構方程模式時，最少的樣本數為 200，研究的樣本數若少於 100，會導致錯誤的推論結果。Bentler 與 Chou（1987）建議使用小規模的資料組時，至多 20 個變數，其中潛在變數大約 5～6 個，而每個潛在變數的觀測變數大約 3～4 個。

Hair 等人（1998）對於 SEM 模式的分析程序，根據測量模式、結構模式的建構與模式產生的有效性，認為應有下列 7 個步驟：

1. 理論模式架構的建立。
2. 建立因素變數間因果關係的路徑圖。
3. 轉換因果路徑圖為結構方程式與測量方程式。
4. 選擇分析模式（是以相關係數矩陣或是以共變異數矩陣為資料檔）。
5. 評估模式的鑑定。
6. 模式適配基準的評估。
7. 模式的解釋與修正。

此外，Diamantopoulos 與 Siguaw（2000）認為 SEM 模式的分析程序有 8 個步驟：

1. 模式的概念化（model conceptualization）。
2. 路徑圖的建構（path diagram construction）。
3. 模式的界定（model specification）。
4. 模式的識別（model identification）。
5. 參數的估計（parameter estimation）。
6. 模式適配度的評估（assessment of model fit）。
7. 模式的修正（model modification）。

模式的修正最好配合理論基礎，不能純以資料為導向，如確認要修正，則回到步驟 1 模式的概念化。模式的改變意謂「模式界定」，模式界定就是增列或刪除某些參數，模式的改善指的是模式朝向更佳的適配或成為更簡約的模式，可以得到實質的合理解釋。針對初始理論模式進行局部的修改或調整的程序，以提高假設模式的適配度，稱為模式的修正。由於模式修正的主要目的在於改善模式的適配度，因此一般建議先增加參數的估計，提高模式的適配度後，再進行參數的刪減，以簡化模式的複雜度。

8. 模式的複核效度（model cross-validation）

當假設模式經過修正後達成較佳的模式之後，可以進一步以此較佳模式與初始模式進行比較，一個模式若是有用，此模式不僅適用於已知的樣本，同時也能適用於其他的樣本，此即所修改的模式是否也可適用於來自相同母體的不同樣本，進一步來說，若是不同母體的樣本也可獲致理想的適配結果。

一般而言，一個複雜的模式，所含的變數就愈多，模式所需的樣本數也就愈多。小規模的資料組時，至多 20 個變數即可，其中潛在變數大約 5～6 個，而每個潛在變數的指標變數大約 3～4 個即可。Boomsma 建議使用最大概似法（ML）估計結構方程模式時，樣本數至少要 200，若少於 100 會導致錯誤的推論結果。如前述，ML 較不適用小樣本的估計，對於小樣本的 SEM 分析，Amos 另外提供了貝氏估計法（Bayesian estimation），採用貝氏估計法估計模式前，會同時對平均數與截距進行估計。

一個理論是否符合科學本質，主要關鍵在於此理論是否可接受驗證，如果無法驗證只有兩種可能，一爲它是意識型態並非是理論，二爲此理論根本不存在於這個現實世界情境中。對於 SEM 而言，一個模式是否可以接受否證，在統計的觀點上，從模式自由度的有無就可以判別，若自由度爲 0，就統計而言它的假設是無法檢定的，無法檢定的假設模式就不具有否證性（Principle of disconfirmable）。

一個廣義的結構方程模式，包括數個測量模式及一個結構模式，研究者依據理論文獻或經驗法則建立潛在變數與潛在變數間的迴歸關係，亦即建立潛在變數間的結構模式，此外，也要建構潛在變數與其他測量指標間的反應關係，即建立各潛在變數與其他指標間的測量模式。在 SEM 分析中，由於涉及數個測量模式及一個結構模式，變數間的關係較爲複雜，因而 SEM 分析中即在探究一組複雜變數間的關係，變數間關係的建立要有堅強的理論爲依據，模式界定時必須依循精簡原則（Principle of parsimony），在 SEM 分析中，同樣一組變數的組合有許多的可能，不同的關係模式可能代表了特定的理論意義，若是研究者可以用一個比較單純簡單的模式來解釋較多的實際觀測資料的變化，如此以這個模式來反應變數間的眞實關係，比較不會得到錯誤的結論。

一個好的理論必須具備下列條件：

1. 對客觀現象解釋的情況要強而有力。

2. 理論必須是可以檢證的（testable）。可檢證性是理論能否具有科學特性的條件之一，能夠被檢證的理論才具有科學的特性。

3. 理論必須具備簡單性。在既有的解釋程度下，能夠以愈少的概念和關係來呈現現象的理論愈佳。

以下圖而言，此結構方程模式，包括 3 個測量模式及 1 個結構模式。在 SEM 模式中，研究者依據理論文獻或經驗法則建立潛在變數與潛在變數間的迴歸關係，亦即確立潛在變數間的結構模式；此外，也要建構潛在變數與其測量指標間的反應關係，亦即各潛在變數與其觀測指標間的測量模式。

下圖為 SEM 的概念圖。

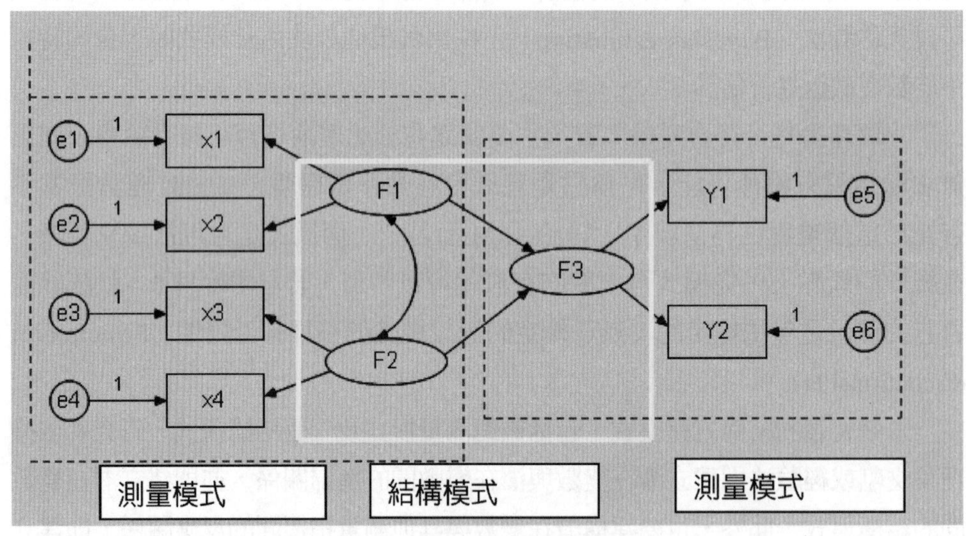

圖 1　SEM 構造方程模式

22.3　SEM 分析應用的 14 點原則

對於SEM的分析應用，Thompson（2000）提出以下 14點原則供使用者參考。

1. 在應用 SEM 分析時，應使用大樣本，不可使用小樣本。

2. 使用者所提出的 SEM 假設模式應以理論為基礎，或有一般的經驗法則來支持，而非根據使用者編製之量表或觀測資料來架構假設模式。

3. 在選擇相關聯的矩陣作爲分析資料時，要注意測量指標變數尺度的屬性。

4. 一個可以獲得的假設模式是適配好又簡約的模式，但此結果應儘量減少人爲操控。

5. 模式使用的估計方法需配合資料是否符合多變量常態性假定，不同的假定需使用不同的估計方法。

6. 使用多元判斷準則，不同適配指標反應不同模式的計量特徵，參考不同的指標值進行模式適配度的判斷。

7. 模式評估及界定搜尋程序時，除了考量統計量數外，更要兼顧理論建構與實務層面。

8. 進行整體模式評估之前，應進行個別測量模式與結構模式的檢定，查驗模式是否有違反模式識別規則。

9. 界定模式搜尋程序，最好採用較大的樣本，或以不同的受試群體進行比較分析，這樣模式的複核效度（cross-validation）才會可靠。

10. 一個配適良好的模式並不一定是有用的，因爲許多不同的假設模式也許與觀測資料均能適配。

11. 假設模式必須有其基底的理論基礎，有理論基礎的假設模式才能經得起檢定。

12. SEM 分析的最終結果並非是一定要提出一個適配資料的假設模式，而是要探究依據理論建構的假設模式之合理性與適當性。

13. 一個有用的模式適配度策略包括：如果可能的話，應使用數個估計方法（如最小平方法、最大概似法）來進行參數估計，並比較這些估計值，像是估計值的符號與期望假設相符嗎？所有的變異數都是正數嗎？殘差矩陣差異很小嗎？假設模式矩陣與資料矩陣相似嗎？變數間影響的標準化效果是否達到顯著？將一個大樣本分割爲二時，二個樣本群體是否皆可以與假設模式適配？模式的穩定性是否有加以比較？

14. 當一個 SEM 模式當中兼含測量模式與結構模式時，研究者宜先進行測量模式的檢定，待測量模式具有相當的合理性之後，再進行結構模式的參數估計，使 SEM 模式評估程序具有測量的「漸進合理性」。

22.4 識別性條件的設定

在建構模式時常會面臨到識別性的問題，模式無法確保識別性的原因，在於所欲求的母數（自由母數）的個數比方程式的個數少。求解具有 2 個未知數的聯立方程式，如方程式的個數只有 1 個，即與可以自由設定解而無法確定的情形是相同的。此時，如能將某一個未知數之值固定時，即可求得另一個解。或者以某種方法可以得出另一個方程式也行。任一方法均是在模式中加入限制（將一部分的母數當作已知）的情形。

在不損及分析目的或數據的性質之範圍內加入限制，使之可以識別。一般經常使用的限制方法有：

1. 將獨立變數的潛在變數的變異數固定成 1。
2. 從從屬變數的潛在變數到觀測變數的路徑之中的一個固定成 1。
3. 誤差變數當作相互獨立，誤差變數之間的共變動固定成 0。
4. 來自誤差變數的路徑係數固定成 1。
5. 根據路徑係數相等或誤差變數的變異數相等之已知見解加以限制。

識別性問題的一般論目前還未確定，以上述的方法可以解決的情形甚多，但也有無法解決的時候。

此處假定有如下模式（MIMIC），試以此模式說明識別性的條件。

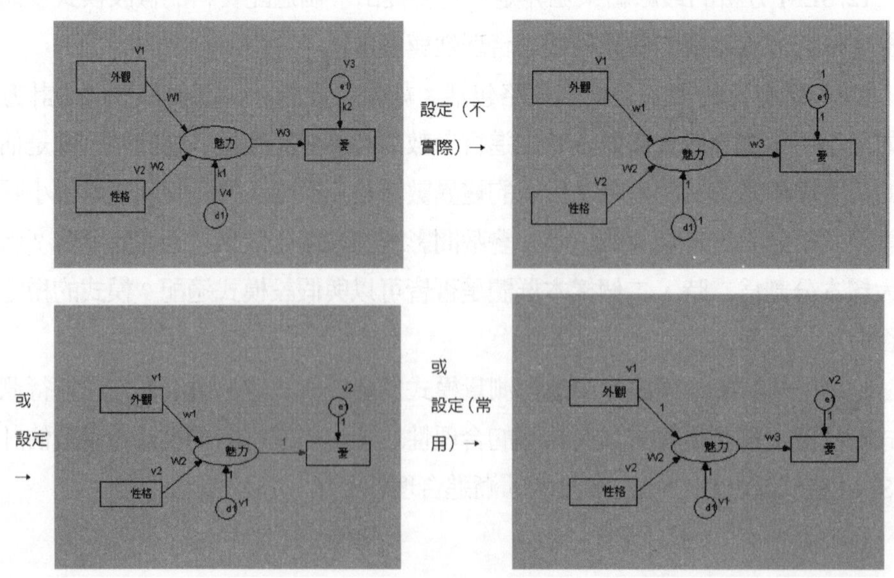

應估計的對象，有各誤差的變異數 (2)，觀測變數的變異數 (2)，從觀測變數到潛在變數的路徑 (2)，從潛在變數到觀測變數的路徑 (1)，誤差變數的路徑 (2)，總共是 2 + 1 + 2 + 1 + 1 = 9。

另一方面，已知的是觀測變數間的變異數與共變異數。如以下的共變異數矩陣所表示。譬如，

	性格	外表	愛
性格	2.21	−0.26	1.05
外表	−0.26	0.96	0.10
愛	1.05	0.10	6.85

除去重複者外已知的要素有 6 個。將此一般化時，變數的個數當作 p，$\frac{p(p+1)}{2}$ 即為已知的要素，參數個數為 k，則 $t=\frac{p(p+1)}{2}-k$ 稱為自由度。

此情形所求的參數的個數是 9，已知的要素是 6，自由度是 –3，求不出解。實際上會出現無數的解，何者是妥當的呢？出現無法區別的狀況。恰如只有一個方程式 $x + 2y = 12$，2 個未知數 x, y 出現無數的組合解一樣，稱為識別不足（under-identified），自由度成為負。如在一個方程式 $x + y = 20$ 再另加一個方程式 $x - y = 6$ 一樣。此時 x 與 y 即唯一決定，稱為剛好識別（just-identified）。自由度成為 0 時，解即唯一。若再加上一個方程式 $x + y = 4$ 時，解即無法求出，稱為過度識別（over-identified）。解要能求出，除自由度要不為負之外，所調查的觀察值個數要比未知數多是必要條件，但這並非是充要條件。亦即，兩者滿足也不一定經常可以求出解。因此，了解識別條件的實際方法是執行 Amos 觀察結果。當自由度是負時會顯示錯誤訊息，如限制條件不足時即顯示要加入限制的訊息。此時，將某限制條件加在模式中即可得出解。

【註】從 Plugins → Name parameter 即可確認要估計之母數的個數。

以下再以一例題說明識別性設定的情形。

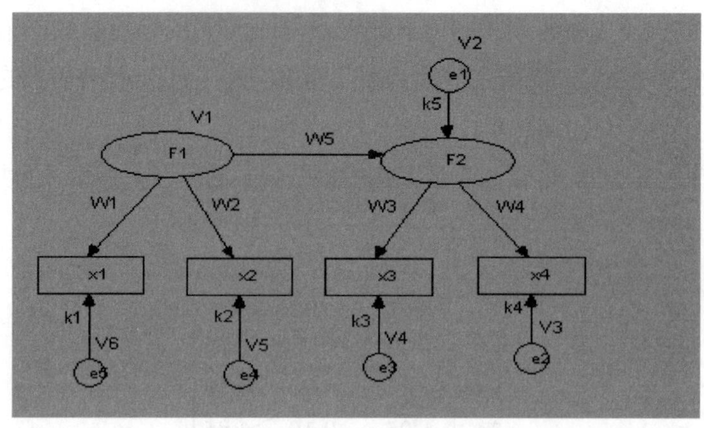

其中共有 $k=16$ 個參數（變異數、共變異數、係數）要估計。

V1～V6，w1～w5，k1～k5

觀測變數有 $p=4$ 個，$\frac{1}{2}p(1+p)=\frac{1}{2}4(1+4)=10<16$ ← 識別不足

將 k1～k5 的路徑係數設爲 1，w3 或 w4 之中的一者設爲 1，V1 設爲 1（左圖）。或將 k1～k5 的路徑係數設爲 1，w3 或 w4 之中的一者設爲 1，w1 或 w2 之中的一者設爲 1，w5 設爲 1（右圖）。

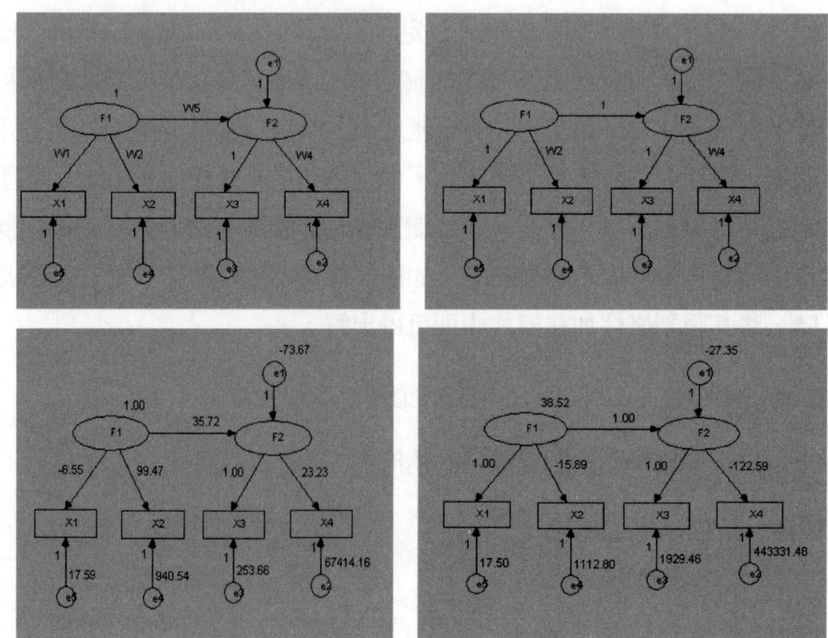

$\frac{1}{2}p(1+p)=k \rightarrow$ 剛好識別

$\frac{1}{2}p(1+p)>k \rightarrow$ 過度識別

$\frac{1}{2}p(1+p)<k \rightarrow$ 識別不足

22.5 模式識別性的要點

另外，在模式識別性的設定上應注意以下幾項要點。

1. 外生的數個構造變數 f_i 與 f_j，以及 V_i 與 V_j 之間，只要沒有違反事前資訊，所有的組合最好要設定共變異數，外生的複個構造變數 f_i 與 V_i 之間所有的組合最好也要設定共變異數。

2. 外生的構造變數 f_i 與 V_i 不必列入誤差變數 d_i 與 e_i。

3. 誤差變數間的共變異數，以及誤差變數與外生的構造變數之間的共變異數，只要沒有適切的事前資訊不要設定。

4. 內生的觀測變數 V_i，每一個都要引進誤差變數 e_i。

5. 內生的構造變數 f_i，每一個都要引進誤差變數 d_i。

6. 內生變數的變異數，由於是以外生變數的變異數與係數的函數表現（構造化），所以內生變數的變異數不設定。

7. 內生變數間，以及內生變數與外生變數的共變異數，由於是以外生變數的變異數與係數的函數表現，所以不設定。

8. 要估計的母數有 3 種，它是變異數、共變異數、係數。

9. 模式中要估計的母數總數，不行超過觀測變數的變異數與共變異數個數之和，即 $n_x(n_x+1)/2$。

10. 對各 f_i 來說，由 f_i 離去的單方向的箭頭，可任意選出 1 者將其係數之值固定，不管選何者，因標準化之解可唯一決定，所以可以任意選取。如果 f_i 是外生變數時，取而代之固定 f_i 的變異數也行。固定值大多使用 1。

11. 對只有一個測量變數的潛在變數，其測量誤差項的變異數、平均數可設爲 0。

12. 如果識別問題已處理而不合理估計仍存在時，可以下列方式進行：

(1) 當變異數估計值爲負值，可將此變異數固定爲很小的正數，如 0.005。

(2) 若相關係數超過或接近 1，可考慮刪除其中一個變數。

另外，檢查識別問題的方法有：

1. 電腦報表上出現 unidentified or inadmissible。
2. 參數的標準誤非常大。
3. 有不合理的參數估計，如變異數為負數或標準化係數 > 1。

可能原因有：

1. 自由度爲負。
2. 非單向效應（nonrecurrence）。
3. 潛在變數忘記訂定其尺度（單位）。
4. 誤差項到內生變數的路徑係數未設定爲 1。
5. 測量系統未設定一個測量路徑爲 1（或設定潛在變數之變異數爲 1）。
6. 單一測量變數的誤差項變異數未設定爲固定參數。

解決識別問題的方法是設法使模式變成過度識別，對不足識別的補救方式爲

1. 以最少的路徑（即自由參數）建立理論上的 SEM 模式。
2. 如果可能對測量模式誤差項的變異數設爲固定參數。
3. 如果某路徑係數有其他訊息得到其數值，可以設定爲參數。
4. 刪除不必要的參數。

剛好識別時，整體模式的適合度統計量的卡方值 = 0，其他如 RMSEA、AGFI 值等無法估計，p 值無法計算。在 SEM 的分析就是在對一個過度識別進行模式的檢定，以檢定假設模式與實際資料是否適配，一個過度識別模式雖然是一個可識別的模式，但不一定是適合度佳的模式，經 Amos 分析的結果，模式有可能被接受或拒絕。當卡方值 $< \chi^2_{k,0.05}$，表示此模式是合適的（與飽和模式比較），表示模式可接受，但仍要評估可否再簡化。如果模式不合適，則要增加路徑，可利用修正指標去尋找。不足識別模式是表示參數太多，需重新設定。

22.6 模式的適配評價

在模式的整體適配評價上，可從以下三類來考量。

1. 絕對適配指標
(1) Chi-square (2) GFI 與 AGFI (3) RMR 與 SRMR (4) RMSEA (5) ECVI
2. 相對適配指標
(1) NFI (2) NNFI (3) CFI (4) IFI (5) RFI
3. 簡效適配指標
(1) PNFI (2) PGFI (3) AIC (4) CN（Holelter 0.5 or 0.1 指標） (5) Normed Chi-square

SEM 雖提供甚多的整體適配指標，研究者可從三類指標中選取所需的指標。但要注意整體適配指標的好壞，無法保證一個理論模式的有用性，它只是告訴我們模式適配的缺乏性，此外，一個良好適配指標值實際上並未證明什麼，因爲有其它競爭模式也可適配得很好。最後需注意 SEM 的評估與解釋必須依據原始的理論構想。

當結構模式或測量模式的參數估計超過可接受範圍時，稱爲「不合理估計」。最常發生的不合理估計有：

1. 變異數爲負值。
2. 標準化係數超過 1.0 或非常接近 1。
3. 參數標準誤非常大。

22.7 測量模式的評估要點

在測量模式的評估方面應注意以下幾點：

1. 測量模式中因素負荷量（> 0.7）均達顯著（$p < 0.05$，t 的絕對值 > 1.96），此種情形表示測量的指標變數能有效反應出潛在變數。也可以結構信度（construct reliability）、萃取變異數（variance extracted）爲評估指標，VE ≦ CR。一般建議 CR > 0.5 以上，當 VE < 0.5，表示測量誤差所造成的變異大於一半以上，顯示測量變數的正確性是值得懷疑的。

$$\mathrm{CR} = \frac{\left(\sum_{i=1}^{m}\lambda_i\right)^2}{\left(\sum_{i=1}^{m}\lambda_i\right)^2 + \sum_{i=1}^{m}Var(e_i)}$$

$$\mathrm{VE} = \frac{\sum_{i=1}^{m}\lambda_i^2}{\sum_{i=1}^{m}\lambda_i^2 + \sum_{i=1}^{m}Var(e_i)}$$

2. 測量誤差是指標變數的誤差變異量，測量誤差要愈小愈好，但也要非 0 値的顯著性，測量誤差達到顯著性，表示測量指標變數反映出它的潛在變數時，有誤差值存在，但此種關係是有實質意義的。當然，也要沒有出現負的誤差變異量。

3. 參數估計值的檢定，當 C.R. 的絕對值 > 1.96（顯著水準 0.05）可以拒絕虛無假設 H_0：參數估計值＝ 0。未達顯著的參數，對理論模式而言並不是重要的路徑，從科學簡效原則的觀點此路徑可從模式中移除。

22.8 結構模式的評估要點

在結構模式的評估方面應注意以下幾點：

1. 要檢查因素的信度，即潛在變數的組合信度（> 0.6），組合信度主要是在評鑑一組潛在構念指標的一致程度，亦即所有測量指標分享該因素構念的程度，組合信度愈高，表示測量指標間有高度的內在關聯。

2. 潛在變數的平均變異數抽取量（> 0.5）是表示相較於測量誤差變異量的大小，潛在變數構念所能解釋指標變數變異量的大小，若是在 0.5 以上，表示指標變數可以有效反映其潛在變數。

3. 標準化殘差也可以解釋爲標準化常態變異，其值應介於 –2.58 至 2.58 之間。在一個夠大樣本觀察值中，若是理論模式界定正確，標準化殘差共變異數會呈現標準常態分配，因而理論模式如果是合適的，則標準化殘差共變異數中的數值絕對值會小於 2。

4. 修正指標若大於 3.84（在 0.05 的顯著水準），表示模式的參數有必要修正，將限制參數改爲自由參數時，模式的自由度減少一個，模式的卡方值也將減少 。在 Amos 中內定的修正指標是 4。

5. 每一條結構方程式中複相關的平方值（R^2）要愈大愈好，並且達到顯著水準，但不能出現負的誤差變異量，若出現負的誤差變異量表示 R^2 超過 1，解釋上不合理。複相關的平方值愈高，表示結構方程式具有較佳的信度與效度。

總之，對 SEM 模式必須評估 3 種類型之指標：

1. 模式適合度評估指標

卡方值愈小愈好，以 P 值是否大於 0.05 爲判斷依據，P 值 > 0.05 表可接受模式，其他適合度指標有 GFI > 0.9 以上、AGFI > 0.9 以上、RMSEA < 0.05、CN > 200 等。

2. 測量模式評估指標

以測量路徑係數大小爲評估依據，如果所有標準化路徑係數 > 0.7 表示測量系統佳。

3. 結構模式評估指標

對每個內生變數被其他變數解釋變異數的比例 R^2，每個 R^2 愈大愈好，一般 R^2 超過 0.3 表示解釋能力佳。

在進行整體模式適合度評估之前，宜先進行測量模式的檢定，待測量模式具有相當的合理性後，再進行結構模式的檢定，最後才是整體模式的檢定。

22.9 模式修正要點

當模式不適合時要進行修正（增加路徑），模式適合時要進行簡化（減少路徑）。

研究者依據經驗提出初始模式，然後對模式進行修正，修正原則通常是將 t 值（C.R.）小的路徑刪除，將修正指標 M.I. 值大的路徑增加。

1. 當卡方值小（P > 0.05），表可接受模式，但不表示此模式就是最終要找的模式，依精簡原則應再簡化模式。可由報表中看 t 值（C.R.）是否有小於 2 的路徑，如有表示可刪除此路徑，但一次只刪除一條。【卡方值小時，減少路徑】。

2. 卡方值大（P < 0.05）時，表示不接受此模式，利用修正指標 M.I. 大者增加路徑，降低卡方值【卡方值大時，增加路徑】。

當模式卡方值小、P 值 > 0.05 且所有路徑的 P 值皆 < 0.05 時，考慮接受此模式。

又，研究者很多時候並不清楚變數間的結構關係，希望經由蒐集到的資料來找到合適的模式，我們稱此種選取模式的進行方式爲尋找模式（model generating）。

1. 研究者依經驗提出初始模式
2. 以飽和模式爲初始模式
3. 以獨立模式爲初始模式

此處以 1. 及 2. 爲例進行說明。數據檔參考 22-1-9.sav。

1. 依經驗提出初始模式

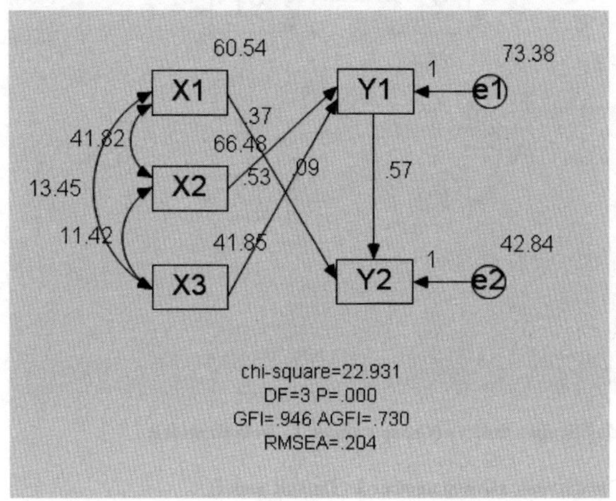

由於 P 值 = 0.000，此初始模式不適合，利用修正指標 M.I. 如下：

Modification Indices (Group number 1 - Default model)

Covariances: (Group number 1 - Default model)

	M.I.	Par Change
e1 <--> X2	5.573	-9.816
e1 <--> X1	13.637	14.463
e2 <--> X2	8.238	9.120

Variances: (Group number 1 - Default model)

	M.I.	Par Change

Regression Weights: (Group number 1 - Default model)

	M.I.	Par Change
Y1 <--- X1	7.488	.239
Y2 <--- X2	4.698	.138

由 Regression Weights 建議增加 X1 到 Y1 的路徑，結果如下：

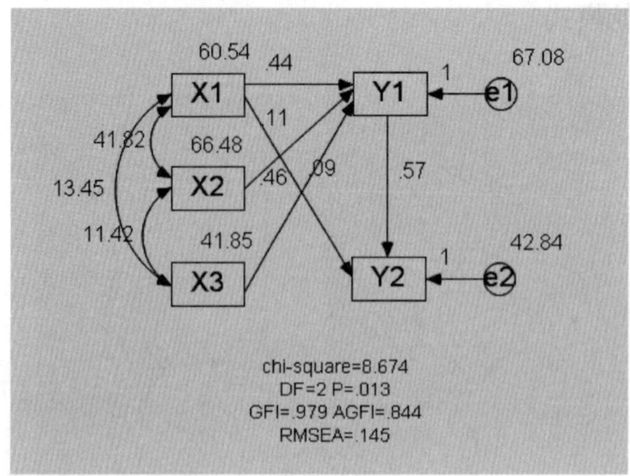

Modification Indices (Group number 1 - Default model)

Covariances: (Group number 1 - Default model)

	M.I.	Par Change
e2 <--> X2	8.238	9.120

Variances: (Group number 1 - Default model)

	M.I.	Par Change

Regression Weights: (Group number 1 - Default model)

	M.I.	Par Change
Y2 <--- X2	4.698	.138

由 Regression Weights 建議增加 X2 到 Y2 的路徑，結果如下：

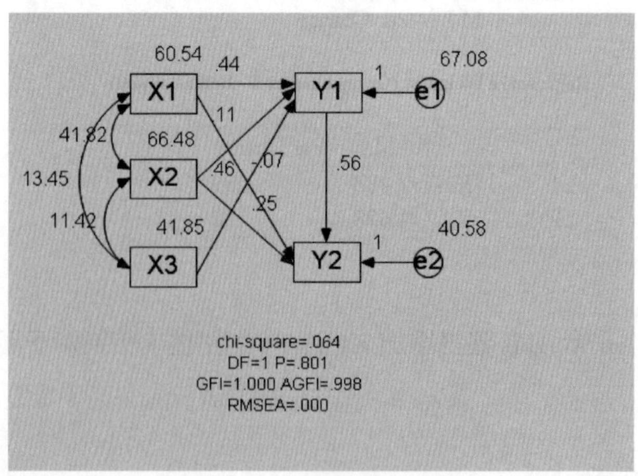

增加此路徑後卡方值由原來的 8.674 降到 0.064，表可接受此模式，可考慮再精簡模式。

Modification Indices (Group number 1 - Default model)

Covariances: (Group number 1 - Default model)

	M.I.	Par Change

Variances: (Group number 1 - Default model)

	M.I.	Par Change

Regression Weights: (Group number 1 - Default model)

	M.I.	Par Change

增加此路徑後卡方值由原來的 8.674 降到 0.064，表可接受此模式，可考慮再精簡模式。

Regression Weights: (Group number 1 - Default model)

	Estimate	S.E.	C.R.	P	Label
Y1 <--- X2	.105	.106	.994	.320	
Y1 <--- X3	.463	.104	4.437	***	
Y1 <--- X1	.435	.113	3.862	***	
Y2 <--- Y1	.558	.058	9.588	***	
Y2 <--- X1	-.071	.092	-.776	.438	
Y2 <--- X2	.246	.083	2.974	.003	

由報表 X1 → Y2 及 X2 → Y1 兩路徑 P 值分別爲 0.44, 0.32 大於 0.05，可考慮刪除此兩路徑，但必須注意一次刪一條，先刪 P 值較大的 X1 → Y2。結果如下：

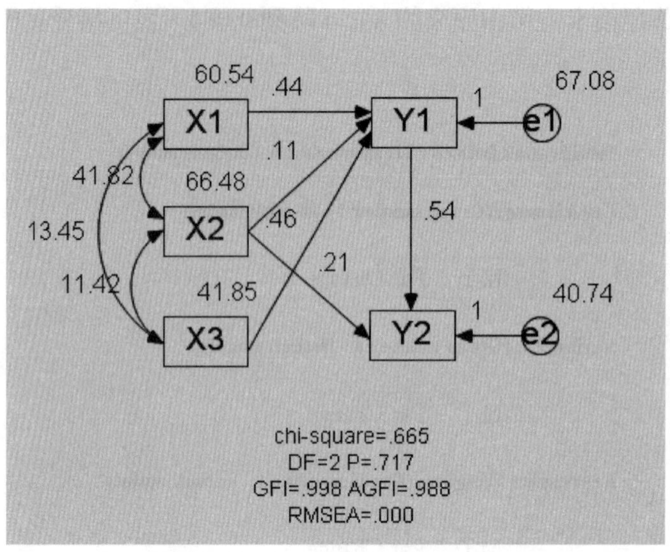

刪除 X1 → Y2 後 P 值 = 0.717，表可接受此模式，此模式的報表如下：

Modification Indices (Group number 1 - Default model)

Covariances: (Group number 1 - Default model)

	M.I.	Par Change

Variances: (Group number 1 - Default model)

	M.I.	Par Change

Regression Weights: (Group number 1 - Default model)

	M.I.	Par Change

Regression Weights: (Group number 1 - Default model)

	Estimate	S.E.	C.R.	P	Label
Y1 <--- X2	.105	.106	.994	.320	
Y1 <--- X3	.463	.104	4.437	***	
Y1 <--- X1	.435	.113	3.862	***	
Y2 <--- Y1	.543	.055	9.869	***	
Y2 <--- X2	.208	.067	3.109	.002	

由 X2 → Y1 路徑 P 值 = 0.32，故可再刪此路徑，變成下列的路徑圖：

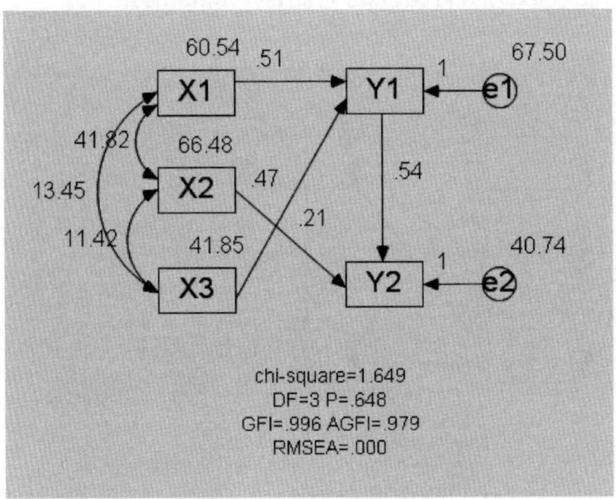

Covariances: (Group number 1 - Default model)

	M.I.	Par Change

Variances: (Group number 1 - Default model)

	M.I.	Par Change

Regression Weights: (Group number 1 - Default model)

	M.I.	Par Change

Regression Weights: (Group number 1 - Default model)

	Estimate	S.E.	C.R.	P	Label
Y1 <--- X3	.469	.105	4.485	***	
Y1 <--- X1	.507	.087	5.831	***	
Y2 <--- Y1	.543	.054	10.064	***	
Y2 <--- X2	.208	.066	3.171	.002	

由於 P 值 = 0.648 且所有路徑的 P 值皆小於 0.05，可考慮接受此模式。

2. 以飽和模式為初始模式

每次刪除一條路徑，直到所有路徑的 P 值都 < 0.05 為止。

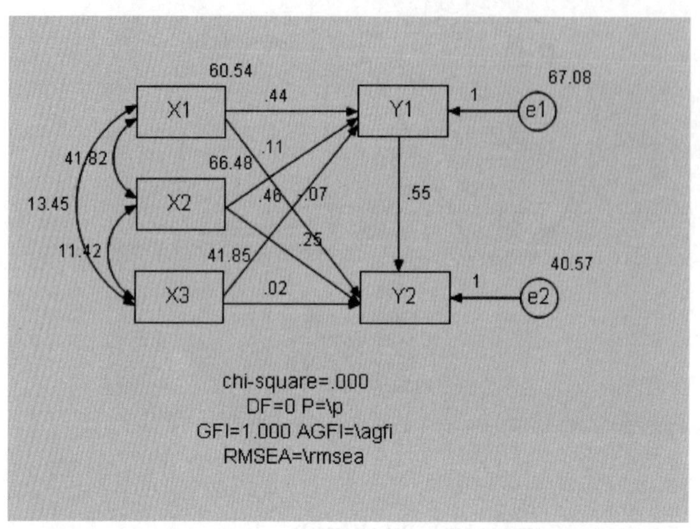

由於是飽和模式，自由度 = 0，沒有 P 值，無法評估其適合度。

Modification Indices (Group number 1 - Default model)

Covariances: (Group number 1 - Default model)

	M.I.	Par Change

Variances: (Group number 1 - Default model)

	M.I.	Par Change

Regression Weights: (Group number 1 - Default model)

	M.I.	Par Change

M.I. 並未提出要減少的路徑。因之，參考參數估計表。

Regression Weights: (Group number 1 - Default model)

	Estimate	S.E.	C.R.	P	Label
Y1 <--- X1	.435	.113	3.862	***	
Y1 <--- X2	.105	.106	.994	.320	
Y1 <--- X3	.463	.104	4.437	***	
Y2 <--- X1	-.072	.092	-.789	.430	
Y2 <--- X2	.246	.083	2.967	.003	
Y2 <--- X3	.022	.086	.252	.801	
Y2 <--- Y1	.553	.062	8.963	***	

有 3 條路徑 P 值 > 0.05，最大者為 X3 → Y2，故刪除此路徑。

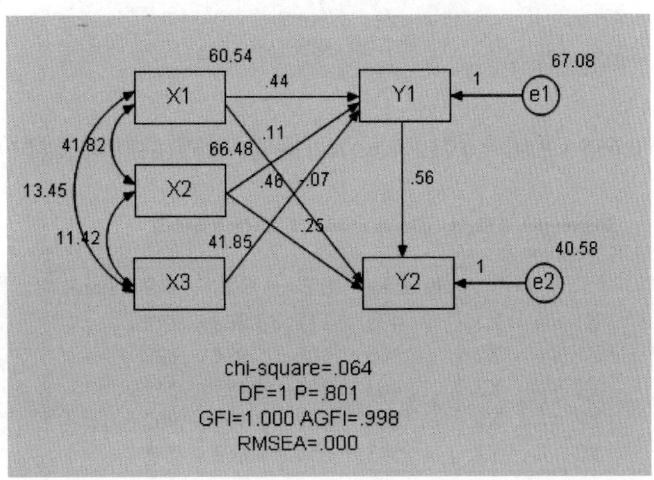

由於卡方值 = 0.064，P 值 = 0.801，可接受此模式。參數估計報表如下：

Regression Weights: (Group number 1 - Default model)

	Estimate	S.E.	C.R.	P	Label
Y1 <--- X1	.435	.113	3.862	***	
Y1 <--- X2	.105	.106	.994	.320	
Y1 <--- X3	.463	.104	4.437	***	
Y2 <--- X1	-.071	.092	-.776	.438	
Y2 <--- X2	.246	.083	2.974	.003	
Y2 <--- Y1	.558	.058	9.588	***	

有 2 條路徑 P 值 > 0.05，將 P 值較大的 X1 → Y2 路徑刪除。

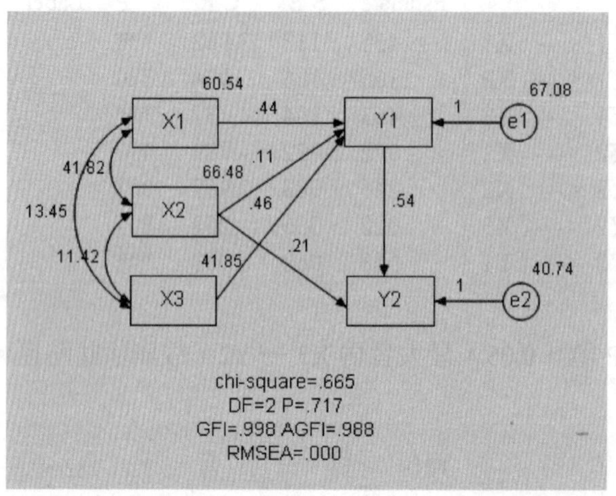

卡方值 = 0.665，P 值 = 0.717，表示可接受。參數估計報表如下：

Regression Weights: (Group number 1 - Default model)

	Estimate	S.E.	C.R.	P	Label
Y1 <--- X1	.435	.113	3.862	***	
Y1 <--- X2	.105	.106	.994	.320	
Y1 <--- X3	.463	.104	4.437	***	
Y2 <--- X2	.208	.067	3.109	.002	
Y2 <--- Y1	.543	.055	9.869	***	

由報表 X2 到 Y1 的 P 值 = 0.32 > 0.05，建議再刪除此路徑。

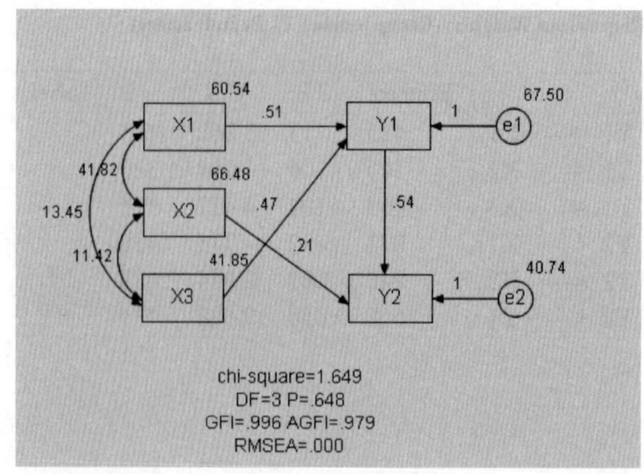

由於卡方值 = 1.645，P 值 = 0.648，可接受此模式。參數估計報表如下：

Regression Weights: (Group number 1 - Default model)

	Estimate	S.E.	C.R.	P	Label
Y1 <--- X1	.507	.087	5.831	***	
Y1 <--- X3	.469	.105	4.485	***	
Y2 <--- X2	.208	.066	3.171	.002	
Y2 <--- Y1	.543	.054	10.064	***	

由於所有路徑 P 值都 < 0.05，所以不再刪除路徑，而將此結果當做最後選取的模式，此最後選取的模式與上例相同。

22.10 各種模式的意義

以下，解釋飽和模式、獨立模式、單向模式、非單向模式的意義。

1. 飽和模式（Saturated model）

若一組資料有 m 個變數，如路徑圖這 m 個變數兩兩間都有直線或曲線連接，就稱此種模式爲飽和模式（saturated model）。

飽和模式基本上有 3 大類：

(1) 全部都是曲線連接。

(2) 全部都是直線連接。

(3) 有曲線也有直線連接。

對一組資料所有飽和模式的自由度都爲 0，卡方值也都爲 0。以 5 科成績爲例，說明下列 5 個模式的自由度都爲 0，卡方值也都爲 0。

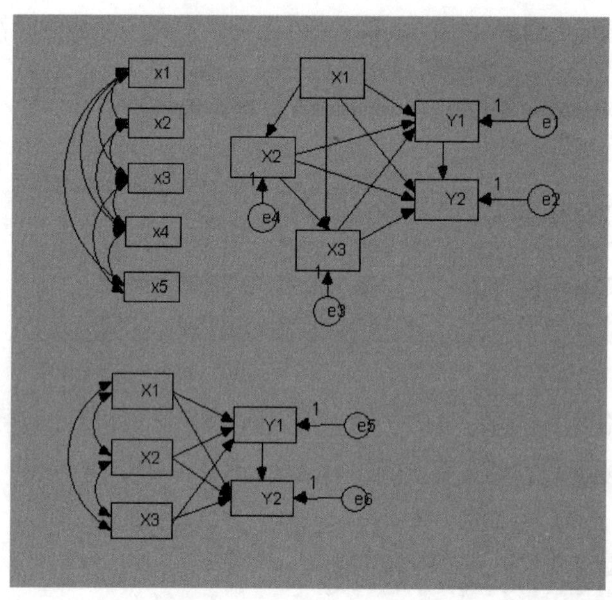

2. 獨立模式（Independent model）

飽和模式中 m 個變數兩兩間都有直線或曲線連接，相反的，如 m 個變數兩兩變數間都沒有直線或曲線連接，就稱此種模式爲獨立模式（independent model）。

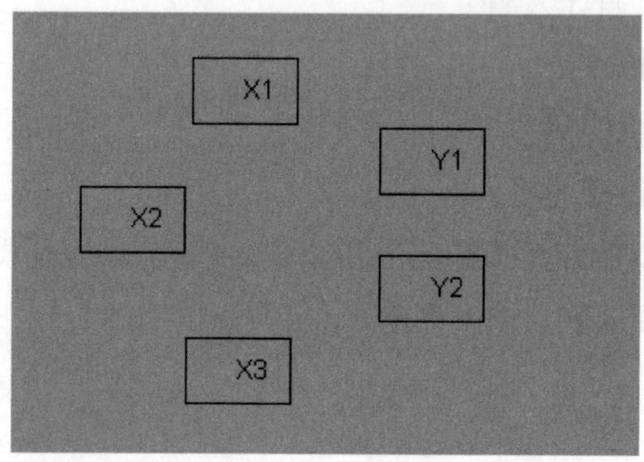

飽和模式中變數間都有連線，模式太複雜，相對的，獨立模式中任何兩變數都沒有相關，模式又太簡單，一般研究的模式界於此兩種極端之間。一個飽合模式如果去除幾條路徑就會變成過度識別模式，也就是過度識別模式是由於對參數加上限制所造成的。

3. 單向模式（Recursive model）、非單向模式（Nonrecursive model）

路徑分析可大略分類爲非單向模式與單向模式。所謂非單向模式（nonrecursive model）是指只循著單向箭線至少有一個可以回到原來的變數之模式。另一方面，單向模式（recursive model）是只循著單向箭線而無一個可以回到原來的變數，且誤差間並無相關的模式。單向模式之中自由度是 0 的模式稱爲完全單向模式（complete recursive model）。

從觀測變數的變異數、共變異數的個數（觀測變數的個數設爲 p 時，即爲 p(p + 1)/2，要進行估計的自由母數的個數（獨立變數的變異數、獨立變數間的共變異數、路徑係數、誤差變異數的合計）即可求出。自由度不能成爲負數是識別模式的必要條件，因之自由度是負時，即無法識別。

試以例題求自由度，並試著識別模式看看。

在以下的 4 個模式之中，自由度爲負，無法識別的模式有 1 個。剩下的 3 個模式，自由度均在 0 以上，是可以識別的模式。請從其中選出回答無法識別的模式。又從剩下的模式中選出單向模式、完全單向模式、非單向模式。

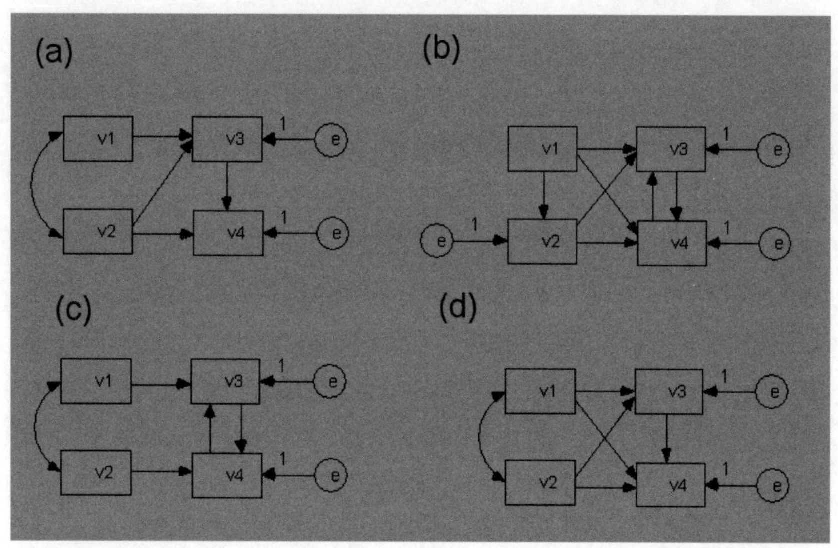

在例題的 (a)～(d) 的所有路徑圖中，因觀測變數有 4 個，因之觀測變數的變異數、共變異數的個數是 10（= 4×5/2）。因此，從路徑圖去計數要估計之母數的個數後，自由度可以如下分別求出。

dfa = 10 – 2「變異數」– 1「共變異數」– 4「係數」– 2「誤差變數」= 1

dfb = 10 – 1「變異數」– 0「共變異數」– 7「係數」– 3「誤差變數」= –1

dfc = 10 – 2「變異數」– 1「共變異數」– 4「係數」– 2「誤差變數」= 1

dfd = 10 – 2「變異數」– 1「共變異數」– 5「係數」– 2「誤差變數」= 0

自由度成為 –1 的 (b) 是無法識別的模式。同時，單向模式是 (a)，非單向模式是 (c)，完全單向模式是 (d)。

結語

SPSS 與 Amos 只要選擇清單即可簡單進行數據解析，是非常不錯的軟體。可是，爲了要充分活用它，基本的統計知識是不可欠缺的，需要知道哪一種數據對應哪一種分析。

本書對於執行各種分析手法的步驟、該分析可以應用在哪種數據、以結果而言可以得到什麼，以及分析的前提不可不知的事項，儘可能詳細地記述。但本書所列舉的統計知識是最低限度必須要知道的，爲了能攝取更多的知識，希望讀者可以同時參閱其他的參考書。

因此，對於想要學習類別性資料分析的讀者，希望能利用參考文獻中的其他書籍來彌補。此外，以下書籍也可一併參閱。

- 《工業調查資料分析》，五南出版
- 《醫護統計與 SPSS》，五南出版
- 《醫護研究資料分析》，五南出版
- 《統計風險分析》，五南出版
- 《時間數列分析》，五南出版

希望這些書有助於您的分析與應用。

參考文獻

1. 岩淵千明，你也會的資料處理與分析，福村出版，1997
2. 小塩眞司，研究事例利用 SPSS 與 Amos 的心理調查資料分析，東京圖書，2006
3. 小塩眞司，利用 SPSS 與 Amos 心理調查資料分析（3V），東京圖書，2018
4. 石村貞夫，利用 SPSS 多變量資料分析的步驟，東京圖書，2001
5. 田部井明美，SPSS 完全活用法，東京圖書，2001
6. 石村貞夫，利用 SPSS 變異數分析與多重比較，東京圖書，2001
7. 柳井晴夫等，Q&A 統計資料分析，科學社，1999
8. 遠藤健治，例題心理統計學，培風館，2002
9. 小塩眞司，初級共變異數構造分析，東京圖書，2008
10. 田部井明美，SPSS 完全活用法——利用共變異數構造分析（V2），東京圖書，2011
11. 山本嘉一郎 & 小野寺孝義，共變異數構造分析與分析事例，Nakasjya 出版，1999
12. 涌井良幸 & 涌井良美，圖解共變異數構造分析，日本實業出版，2003
13. 豐田秀樹，共變異數構造分析（Amos 篇），朝倉書店，2000
14. 豐田秀樹，共變異數構造分析（R 篇），朝倉書店，2000
15. 柳井晴夫 & 緒方裕光，利用 SPSS 的統計資料分析，現代數學社，2006
16. 柳井晴夫 & 緒方裕光，統計學——基礎與應用，現代數學社，1999
17. 柳井晴夫，多變量資料分析法，朝倉書店，1994
18. 大石展緒 & 都竹浩生，利用 Amos 學習的調查資料分析，東京圖書，2009
19. Andrew F. Hayes (2013): Introduction to Mediation, Moderation, and Conditional Process Analysis: A Regression-Based Approach.
20. c.f. Cronbach, L. J., 1987, "Statistical Tests for Moderator Variables: Flaws in Analyses Recently Proposed," Psychological Bulletin, 102(3): 414-7.

21.Reuben M. Baron and David A. Kenny: The Moderator-Mediator Variable Distinction in Social Psychological Research: Conceptual, Strategic, and Statistical Considerations, Journal of Penality and Social Psychology, 1986, Vol. 51, No. 6, 1173-1182.

國家圖書館出版品預行編目資料

社會調查資料分析：活用SPSS與Amos／陳耀茂編著. 一一初版. 一一臺北市：五南，2020.08
面； 公分
ISBN 978-986-522-023-5(平裝)

1.統計套裝軟體 2.統計分析

512.4 109006686

5B57

社會調查資料分析
活用SPSS與Amos

作　　者 — 陳耀茂（270）
發 行 人 — 楊榮川
總 經 理 — 楊士清
總 編 輯 — 楊秀麗
主　　編 — 王正華
責任編輯 — 金明芬
封面設計 — 姚孝慈
出 版 者 — 五南圖書出版股份有限公司
地　　址：106台北市大安區和平東路二段339號4樓
電　　話：(02)2705-5066　　傳　　真：(02)2706-6100
網　　址：http://www.wunan.com.tw
電子郵件：wunan@wunan.com.tw
劃撥帳號：01068953
戶　　名：五南圖書出版股份有限公司
法律顧問　林勝安律師事務所　林勝安律師
出版日期　2020年8月初版一刷
定　　價　新臺幣800元

經典永恆・名著常在

五十週年的獻禮——經典名著文庫

五南，五十年了，半個世紀，人生旅程的一大半，走過來了。
思索著，邁向百年的未來歷程，能為知識界、文化學術界作些什麼？
在速食文化的生態下，有什麼值得讓人雋永品味的？

歷代經典・當今名著，經過時間的洗禮，千錘百鍊，流傳至今，光芒耀人；
不僅使我們能領悟前人的智慧，同時也增深加廣我們思考的深度與視野。
我們決心投入巨資，有計畫的系統梳選，成立「經典名著文庫」，
希望收入古今中外思想性的、充滿睿智與獨見的經典、名著。
這是一項理想性的、永續性的巨大出版工程。
不在意讀者的眾寡，只考慮它的學術價值，力求完整展現先哲思想的軌跡；
為知識界開啟一片智慧之窗，營造一座百花綻放的世界文明公園，
任君遨遊、取菁吸蜜、嘉惠學子！